중국어
통번역 대학원
입시 마스터

중한편

저자의 말

직업이 통번역 대학원 입시 강사이다 보니 항상 합격률을 생각하지 않을 수 없다. '내년은 올해보다 더 좋은 결과를 얻자'라는 생각으로 정신없이 달려왔는데 어느새 '전국 최고 합격률, 최다 합격생 제조기'라는 수식어까지 붙게 되었다. 올해도 역시 한국외대 통번역 대학원 입시에서 최다 합격생(정원 20명 중 9명)을 배출하면서 2016년을 행복하게 마무리 하고 있다. 거기다 오랜 기간 야심차게 준비한 『중국어 통번역 대학원 입시 마스터』까지 출간하게 되어 그 행복이 배가 되었다.

많은 학생들이 통대 공부를 어떻게 하면 좋을지 그 기준을 잘 모르겠다는 말을 많이 한다. 그래서 학생들의 통대 번역 학습에 길잡이가 되어 줄 수 있는 책을 만들어야겠다는 마음을 항상 품어왔고, 이를 충실하게 담은 것이 바로 『중국어 통번역 대학원 입시 마스터』이다.

『중국어 통번역 대학원 입시 마스터』는 '중한편'과 '한중편'으로 나눠져 있다. 우선 '중한편'에서는 학생들이 반드시 알아야 할 각 분야의 중요한 이슈들을 엄선해 수준 높은 중국어 문장을 담았다. '한중편'에서는 수준별 학습이 가능하도록 난이도 상, 중, 하로 나누어 자세한 설명을 곁들인 다양한 표현을 실었고, 실전 대비가 가능한 예문을 통해 스스로 번역 연습을 해 볼 수 있도록 구성했다. 부록에는 통대를 준비하면서 참고하면 좋을 요약과 에세이의 모범 사례까지 실어 자신의 실력을 체크해 볼 수 있다. 특히 한국외대 통번역 대학원을 준비하는 학생들에게 많은 도움이 될 것이라 생각된다. 여기에 별책 부록으로 간편하게 들고 다니며 필수 어휘를 학습할 수 있도록 책에 나온 중한, 한중 단어를 모두 실은 어휘 노트까지 준비했다. 『중국어 통번역 대학원 입시 마스터』는 이제까지 나의 모든 노하우를 쏟아 부은 통대 입시 분야의 최고의 교재라고 감히 자부한다.

누구나 인생에서 중요한 전환점은 있기 마련이다. 내게 그 전환점은 2016년이 아닌가 싶다. 그동안 계획했던 다양한 콘텐츠들을 하나씩 구현하고 있고, 새로운 오프라인 강의와 온라인 강의도 준비하고 있다. 육체적으로는 너무 힘들었지만 그래도 이렇게 좋은 결과물을 만들 수 있었던 것은 끝까지 나를 믿어 주고 1년을 함께 해 준 우리 학생들이 있었기에 가능했다. 그래서 앞으로 내가 할 일은 통번역사에 도전하는 모든 학생들이 꿈을 이룰 수 있도록 최선을 다해 도와주는 것이라고 생각한다. 이 책이 학생들의 통번역 입시에 있어서 큰 전환점이 되어 줄 수 있으리라 기대한다. 모든 학생들의 합격을 바라는 마음이 이 책에 담겨있고, 오늘도 여전히 새로운 학습법과 커리큘럼을 고민하고 있다. 아무쪼록 이 교재가 중국어 통번역사를 꿈꾸는 많은 사람들에게 큰 도움이 되기를 바란다.

마지막으로 이 교재가 출판되기까지 많은 분이 애써 주셨지만 그중에서도 특히 한중 번역에 큰 도움을 준 까오잔 선생님, 1년 동안 공부한 학습 노하우를 아낌없이 나누어 준 우리 학생들, 사랑하는 가족에게 감사의 말을 전한다.

이선아

합격자 생생 후기

저는 사실 통번역 대학원 공부를 시작하기 전에는 AIIB가 무엇인지, FRB가 무엇인지 하나도 모르는 학생이었습니다. 그래서 처음 학원을 다닐 때는 셰일오일, 뉴노멀 이런 단어들로 채워진 글들을 보며 많이 위축되기도 했습니다. '이런 걸 내가 할 수 있을까?'라는 생각을 매일매일 했죠. 하지만 신문은 물론이고 이선아 선생님께서 주신 자료를 매일 꾸준히 읽으면서 배경지식이 하루가 다르게 늘어가는 걸 느꼈습니다. 선생님께서 워낙 방대한 양의 다양한 자료들을 주셔서 저는 따로 많은 자료를 찾아 볼 필요가 없었습니다. 『중국어 통번역 대학원 입시 마스터』는 평소에 학생들에게 시험 전날까지 하나라도 더 많이 알려 주려고 애쓰셨던 선생님의 애정이 그대로 담긴 책 같습니다. 이 책을 통해 선생님의 학습 노하우를 팍팍 전수받으셨으면 합니다.

-정유진 (2017년 한국외국어대학교 통번역 대학원 합격생)-

지난 입시 준비 기간은 이선아 선생님의 어록들을 하나하나 몸소 느끼고 증명하는 시간이었습니다. 선생님 수업 시간에 친구들과 함께 나누고 고민했던 모든 단어와 표현들은 피가 되고 살이 되었습니다. 선생님의 가르침 아래 서로의 부족한 부분을 채워나가며 함께 노력했기에 저희 모두가 함께 성장할 수 있었습니다. 『중국어 통번역 대학원 입시 마스터』는 이선아 선생님의 모든 노하우가 담겨 있는 책입니다. 저는 이 책을 통해 더 많은 분들이 저희가 수업시간에 익혔던 스킬과 노하우를 습득하실 수 있으리라 믿습니다. 그리고 한 가지 팁을 더 드리자면 시역, 요약, 에세이 등 모든 통대 입시 공부에 있어서 스터디 파트너 간 협력은 그 무엇보다 중요한 부분입니다. 세상에 완벽한 통번역은 있을 수 없지만 나와 여러 파트너의 머리를 함께 맞대면 조금 더 완벽함에 가까워질 수 있습니다. 혼자만의 공부도 물론 중요하지만 통대를 준비하는 분이라면 꼭 이 점을 명심하시길 바랍니다.

-사공관숙 (2017년 한국외국어대학교 통번역 대학원 합격생)-

이선아 선생님께서 항상 수업 시간에 강조하셨던 말씀이 있습니다. 그것은 바로 간결하고 쉬운 문장이지만 논리성을 포인트로 잡아 읽기 편한 문장을 쓰라는 것입니다. 한중 요약에 어려움을 느끼던 저에게 그 말씀은 큰 도움이 되었습니다. 아마 책을 살펴보면 끊임없이 선생님께서 이 부분을 강조하고 있다는 것을 알 수 있을 것입니다. 그리고 에세이는 통번역 대학원 입시를 본격적으로 준비할 때부터 제 자신의 가장 큰 장점이라고 판단한 부분입니다. 그중에서 한국어 에세이는 자신의 모국어를 바탕으로 쓰는 부분에서는 우월함을 드러내야 한다는 선생님의 말씀에 충실해 논리를 명확하게 하고 표현은 화려하게 썼습니다. 특히 성어와 속담을 적절하게 사용하는 데 가장 큰 포인트를 두었습니다. 반면 중국어 에세이는 죽었다 깨어나도 중국인처럼 쓸 수는 없기 때문에 쉽고 간결하되 논리에 강점을 두고 썼습니다. 통대 준비에 방향을 잡지 못하는 분들이 있다면 이 책이 큰 도움이 될 것이라고 생각합니다. 통대 입시에 길잡이를 찾고 싶으신 분들에게 이 책을 적극 추천합니다.

-심효정 (2017년 한국외국어대학교 통번역 대학원 합격생)-

차례

저자의 말	2
차례	4
이 책의 활용	9
통번역 대학원 입시 소개	11
통번역 대학원 합격을 위한 공부 노하우	14

국가별 이슈 — 한국

UNIT 01 韩国的创造经济 — 18
한국의 창조경제

UNIT 02 MERS考验韩国经济"免疫力" — 22
메르스, 한국 경제의 면역력을 시험하다

UNIT 03 韩国"单婚族"的苦恼 — 26
한국 '싱글웨딩족'의 고민

UNIT 04 "平均化"难解社会顽症 — 30
평준화는 사회의 고질병을 해결할 수 없다

UNIT 05 美在韩部署"萨德"贻害亚太 — 34
한미 사드 배치, 아태 지역에 큰 위협

UNIT 06 "精灵宝可梦GO"风靡韩国 — 38
포켓몬 고, 한국을 휩쓸다

국가별 이슈 — 미국

UNIT 07 美货币政策仍将保持量化宽松 — 44
미국의 통화정책, 변함없이 양적 완화 유지

UNIT 08 美国校园枪击案原因复杂 — 48
미국 캠퍼스 총기 사건의 복잡한 원인

UNIT 09 美联储加息对我国不利影响有限 — 52
Fed 금리 인상이 중국에 미치는 악영향은 제한적이다

국가별 이슈 — 중국

UNIT 10 "一带一路"惠及欧亚 — 58
일대일로가 유라시아에 가져다 준 혜택

UNIT 11 "中国梦"的动力源 — 62
차이나 드림의 원동력

UNIT 12 深刻认识我国经济发展新常态 — 66
중국 경제 발전의 뉴노멀에 대한 심층 탐구

UNIT 13 看清最"世界化"的"双11"背后的奥秘 — 70
가장 글로벌한 솔로데이의 숨은 비결

UNIT 14 中国为什么对南海仲裁案说不 — 74
중국은 왜 남중국해 중재안에 반대하는가

국가별 이슈 — 일본

UNIT 15	女性职场作用成为前沿课题 직장 여성이 능력을 발휘하게 하는 것이 최우선 과제	80
UNIT 16	日本"少子化"达危害国家兴衰地步 일본의 저출산, 국가의 존망을 위협하다	84

국가별 이슈 — 유럽·아프리카

UNIT 17	难民潮：欧洲自食苦果 난민 사태, 유럽의 자업자득	90
UNIT 18	加强国际合作是反恐必由之路 국제 협력 강화는 반테러의 필수 요소	94
UNIT 19	土耳其："短命"政变冲击不小 터키 쿠데타 실패, 후폭풍 엄청나	98
UNIT 20	英国新首相，将带来什么样的新内阁？ 영국의 새 총리, 어떤 새로운 내각을 꾸릴까?	102
UNIT 21	非洲一体化值得期待 아프리카 통합을 기대한다	106

경제

UNIT 22	谨防"三明治陷阱" 샌드위치 함정을 피하라	112
UNIT 23	经济全球化走向纵深 심화되는 경제 글로벌화	116
UNIT 24	活力亚太，世界引擎 다이내믹 APEC, 세계의 엔진	120
UNIT 25	亚投行符合整个亚洲愿望 AIIB는 아시아 전체의 이익에 부합	124
UNIT 26	竞争性货币贬值没有赢家 경쟁적인 평가절하에 승자는 없다	128
UNIT 27	提高消费税率的紧缩之虞 소비세율 인상으로 인한 긴축 우려	132
UNIT 28	"依赖症"有碍世界经济复苏 의존증, 세계 경제 회복 더디게 해	136
UNIT 29	世界多极化加速演进 빨라지는 세계 다극화	140

정치

UNIT 30	经济全球化与世界两极化 경제 글로벌화와 세계 양극화	146
UNIT 31	中美新型大国关系利在世界 미중 신형대국관계는 세계를 이롭게 한다	150
UNIT 32	美加快推进亚太"再平衡"针对中国 미국, 아태 '리밸런스' 정책에 박차를 가해 중국 견제에 나서다	154
UNIT 33	警惕"棱镜门"推进核心技术国产化 핵심 기술의 국산화를 일깨워 준 프리즘 게이트	158
UNIT 34	"阿拉伯之春"带来了什么？ '아랍의 봄'이 가져온 것은?	162

사회

UNIT 35	整形美容折射时代浮躁 불안정한 시대의 반영 – '성형'	168
UNIT 36	为"尊严死"开一扇窗 존엄사를 허용하라	172
UNIT 37	大学生为什么争当公务员 대학생들이 공무원이 되려는 이유?	176
UNIT 38	反家暴，立法之外咋跟进 가정폭력 방지를 위해 수반 되야 할 것은?	180
UNIT 39	世界在变"老"，各国谋应对 늙어가는 세계, 대응에 나선 각국	184
UNIT 40	要成家，先"成人" 결혼하려면 먼저 '어른'이 되라	188
UNIT 41	如何看待"状元"远离数理化 수능 만점자들의 이공계 기피 현상, 어떻게 봐야 하나?	192
UNIT 42	找找你的就业"蓝海" 자신만의 취업 '블루오션'을 찾아라	196
UNIT 43	韩国剩男剩女无房不结婚 집이 없어 결혼하지 않는 한국의 노총각·노처녀	200
UNIT 44	韩国校园暴力呈网络化 사이버화 되어가는 한국의 학교폭력	204
UNIT 45	VR将被AR取代？ AR이 VR을 대체할까?	208
UNIT 46	谷歌创始人秘密打造飞行汽车 구글 창업자, 비밀리에 '하늘을 나는 자동차'에 투자	212

과학

UNIT 47	"虫洞"假设的意义 웜홀 가설의 의미	218
UNIT 48	你好,"人造大脑" 안녕, 인공 두뇌	222
UNIT 49	别让孩子沉溺"指尖世界" 아이들을 '손끝 세계'에 빠지지 않게 하자	226
UNIT 50	无人驾驶汽车 무인 자동차	230

IT

UNIT 51	"隐身"不是梦 투명인간, 꿈이 아니다	236
UNIT 52	穿戴式智能设备是鸡肋吗? 웨어러블 스마트 기기는 계륵인가?	240
UNIT 53	数码痴呆症 디지털 치매	244
UNIT 54	APP时代:内容依然为王 앱 전성시대, 콘텐츠가 여전히 왕이다	248
UNIT 55	"杀手机器人"的伦理悖论 킬러 로봇의 윤리적 역설	252

에너지

UNIT 56	生物燃料 바이오 연료	258
UNIT 57	当终结化石能源成为约定 기정사실이 된 화석연료의 종말	262
UNIT 58	页岩繁荣面临资金瓶颈 셰일 산업, 자금에 발목 잡히다	266
UNIT 59	能源体制改革症结何在 에너지 시스템 개혁의 문제는?	270

환경

UNIT 60 寒冬也与变暖有关 … 276
엄동설한도 지구온난화와 관계 있다

UNIT 61 大气中CO₂浓度突破400ppm的启示 … 280
대기 중 CO₂ 농도 400ppm 돌파의 의의는?

UNIT 62 电子垃圾堪为"矿山" … 284
전자 쓰레기는 광산이다

UNIT 63 谁来拯救"地球之肺" … 288
누가 지구의 허파를 구할 것인가?

UNIT 64 垃圾分类为何形同虚设 … 292
분리수거는 왜 효과를 거두지 못할까?

UNIT 65 温暖与蓝天并非两难 … 296
난방과 파란 하늘은 양립할 수 없다

연설문

● 共绘世界经济增长新蓝图 … 302
——在第九届夏季达沃斯论坛上的特别致辞
세계 경제 성장의 새로운 청사진을 함께 그려 나가자
–제9회 하계 다보스 포럼 특별 연설

● 谋共同永续发展，做合作共赢伙伴 … 308
——在联合国发展峰会上的讲话
영원한 공동발전과 협력 원원의 파트너십을 도모하자
–유엔 개발정상회의 연설

● 在白宫南草坪欢迎仪式上的致辞 … 314
백악관 남쪽 잔디 광장 환영식에서의 연설

이 책의 구성과 활용

『중국어 통번역 대학원 입시마스터』는 통번역 대학원 입시를 준비하는 학생들을 위해 최신 중국어 시사 독해와 한중 번역의 스킬을 정리한 책으로, 중한 통번역 학습법을 다룬 '중한편', 한중 통번역 학습법을 다룬 '한중편', 한중과 중한 어휘를 정리한 어휘 노트로 구성되어 있다.

중한편

크게 국가별 이슈, 경제, 정치, 사회, 과학, IT, 에너지, 환경, 연설문으로 주제가 나뉘어 있다. 국가별 이슈는 다시 한국, 미국, 중국, 일본, 유럽·아프리카로 나누어져 각 나라와 관련해 반드시 알아 두어야 할 주요 이슈를 다루었다. 각 분야에서 화제가 되었던 최신 주제들을 다룬 수준 높은 문장을 통해 중한 통번역 감각을 기를 수 있도록 했다.

각 UNIT은 아래와 같이 구성되어 있다.

- 먼저 주제와 관련된 글을 중문으로 확인할 수 있다.
- 새로 나온 단어와 구문을 바로바로 확인할 수 있다. 새 단어는 사전 그대로의 표현보다는 각 상황에서 알맞은 표현을 학습할 수 있도록 했다.

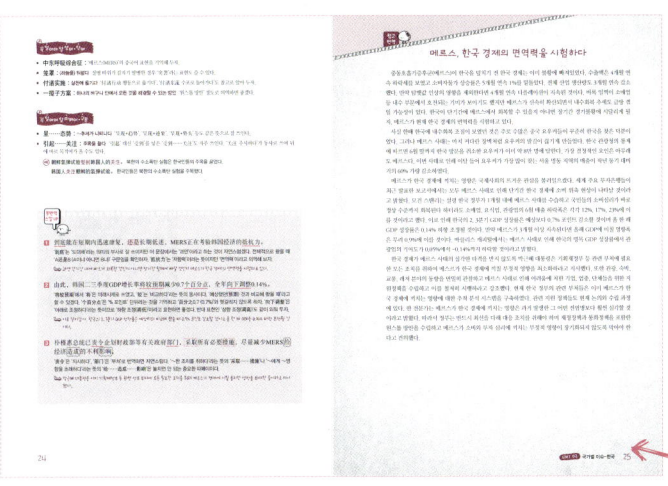

- 핵심 문장을 차근차근 짚어 보며 통번역의 스킬을 키울 수 있다. '꼭 알아야 할 성어·단어', '꼭 알아야 할 따페이·구문', '알짜팁' 등의 코너를 통해 핵심 학습 사항을 체크해 보자.
- 참고 번역을 확인하며 해당 UNIT의 학습 사항을 마무리하고 점검한다. 제목을 포함한 번역문은 자연스러운 표현을 위해 어느 정도 의역이 되었음을 참고하길 바란다. 자신만의 방법으로 문장을 만드는 연습을 해 보자.

어휘 노트

중한편과 한중편에서 배운 주요 단어와 구문을 모두 수록하여 가볍게 들고 다닐 수 있도록 했다. 중한편의 단어는 중국어-한어병음-한국어의 순서로, 한중편의 단어는 한국어-중국어의 순서로 담았다. 중한과 한중 단어 간에 중복되는 경우가 있지만, 순서를 바꿔서 확인하는 과정을 통해 단어를 확실히 내 것으로 만들어 볼 수 있다.

MP3 음원

- 중한편에서는 중국어 원문을 원어민의 음성으로 담았다. 음원을 활용해 효과적으로 실전에 대비해 보자.

- 해당 부분에 MP3 트랙 번호가 기재되어 있다.
  (중한편의 음원 : Track 1-1~Track 1-68, 한중편의 음원 : Track 2-1~Track 2-106)

- MP3 음원은 다락원 홈페이지(www.darakwon.co.kr)에서 다운로드 받을 수 있으며, 스마트폰으로 QR코드를 스캔하면 MP3 다운로드 및 실시간 재생 가능한 페이지로 바로 연결된다.

통번역 대학원 입시 소개

한국외국어대학교 통번역 대학원

1 입시일자
① 1차 시험 : 10월 넷째 주 토요일
② 2차 시험 : 11월 첫째 주 토요일

2 입시유형
① 1차 시험 : 요약과 에세이
- 1교시(요약) : 스피커에서 들려주는 지문을 듣고 테이킹 한 뒤 한→중, 중→한 요약한다.
- 2교시(에세이) : 주어진 지문을 읽고 주제에 대한 자신의 생각을 각각 한국어와 중국어로 에세이를 쓴다.

② 2차 시험: 면접
- 한국어 텍스트를 보고 중국어로 시역하고, 중국어 텍스트를 보고 한국어로 시역한다.
- 최신 이슈에 관한 질의 응답이 이루어진다.

3 특징
한국외국어대학교 통번역 대학원은 통번역 대학원 중에서 가장 오랜 역사와 전통을 자랑한다. 해마다 20여 명의 학생을 선발하는데 전공이나 나이에 상관없이 오로지 입학시험 성적만으로 합격생을 뽑는다. 대학원에 입학하면 10명씩 두 개의 반으로 나누어 수업을 진행하며 2년 동안 순차통역, 전문번역, 동시통역을 모두 공부한다.

이화여자대학교 통번역 대학원

1 입시일자
① 통역 시험
- 1차 시험 : 10월 넷째 주 토요일 오전/오후
- 2차 시험 : 10월 넷째 주 일요일 오전/오후

② 번역 시험
10월 넷째 주 토요일 오전

2 입시유형
① 통역 시험
- 1차 시험 : 한중 메모리와 한중 Q&A
먼저 면접관이 읽어 주는 한국어 지문을 잘 듣고 전체 내용을 중국어로 통역한다. 다음으로는 면접관이 읽어 주는 한국어 지문을 잘 들은 다음 면접관의 질문에 중국어로 대답한다.

- **2차 시험** : 중한 메모리와 중한 Q&A
  먼저 면접관이 읽어 주는 중국어 지문을 잘 듣고 전체 내용을 한국어로 통역한다. 다음으로는 면접관이 읽어 주는 중국어 지문을 잘 들은 다음 면접관의 질문에 한국어로 대답한다.

② **번역 시험**
100분 동안 한국어 지문을 중국어로, 중국어 지문을 한국어로 각각 번역한다.

③ 특징
이화여자대학교 통번역 대학원은 통역 전공과 번역 전공을 따로 나눠서 시험을 보고, 합격하면 2년 동안 자신의 전공분야인 통역이나 번역을 좀 더 심도 있게 배울 수 있다.

중앙대학교 통번역 대학원

① 입시일자(일반전형)
① **1차 시험** : 11월 첫째 주 토요일
② **2차 시험** : 11월 셋째 주 토요일

② 입시유형
① **1차 시험** : 청취 시험, 번역 시험
- 청취 시험 : 스피커에서 들려주는 각각의 지문을 듣고 테이킹 한 뒤, 질문을 잘 듣고 중 → 중, 중→한, 중→한, 한→중으로 답을 쓴다. 들려주는 지문은 4개 정도이고 질문은 총 10개가 출제된다.
- 번역 시험 : 중→한, 한→중 번역 시험을 치르는데, 텍스트는 중한과 한중 각각 2개씩 4개 정도가 출제된다. 시험 시간은 60분이다.

② **2차 시험** : 2분 스피치, 시역, 인터뷰
- 1단계(2분 스피치) : 한국인은 중국어로, 중국인은 한국어로 주어진 주제에 관해 2분간 스피치를 한다.
- 2단계(시역) : 한국어 텍스트를 보고 중국어로 시역하고, 중국어 텍스트를 보고 한국어로 시역한다.
- 3단계(인터뷰) : 그룹 면접으로 진행한다. 최신 이슈와 개인 질문 각각 한 가지씩을 물어 보는데 잘 듣고 순발력 있게 답변해야 한다.

③ 특징
중앙대학교 통번역 대학원은 통번역 대학원 중에서 2차 시험이 까다로운 편에 속한다. 또 국제지역학대학원 소속이라 전공 수업 이외에 영어 원어 수업을 들어야 한다. 교환학생 프로그램이 있어서 중국으로 한 학기 유학이 가능하다.

서울외국어대학원대학교 통번역 대학원

1 입시일자(일반전형)
① 1차 시험 : 11월 첫째 주 토요일
② 2차 시험 : 11월 셋째 주 토요일

2 입시유형
① **1차 시험:** 전공외국어 요약시험
스피커에서 들려주는 지문을 듣고 테이킹 한 뒤 한→중, 중→한, 중→중 문장으로 요약한다.

② **2차 시험 :** 면접
- 한국어 텍스트를 보고 중국어로 시역하고, 중국어 텍스트를 보고 한국어로 시역한다.
- 최신 이슈에 관한 질의 응답 및 개별 질문이 이루어진다.

3 특징
서울외국어대학원대학교 통번역 대학원은 전공이나 나이에 상관없이 오로지 입학시험 성적만으로 합격생을 뽑는다. 대학원에 입학하면 10명 이내로 두 개의 반으로 나누어 수업을 진행하며 2년 동안 순차통역, 전문번역, 동시통역을 모두 공부한다.

- 이외에도 부산외국어대학교 통번역 대학원, 계명대학교 통번역 대학원, 선문대학교 통번역 대학원에 한중과가 있다.

★ 졸업 후 진로 ★

많은 학생들이 가장 관심 두는 부분이 졸업 이후의 취업 상황인데, 일반적으로 4년제 대학교를 졸업한 학생들과 취업 상황을 비교했을 때 통번역 대학원을 졸업한 석사 출신들의 취업 상황은 상대적으로 좋은 편이다. 취업하는 다수의 졸업생들은 삼성이나 LG, 현대, SK 등 대기업의 인하우스 통번역사로 일하고 있고, 정부기관이나, 연구원, 외교부 등으로 진출하기도 한다. 최근에는 중국 현지에 진출한 대기업으로 바로 취업해서 중국에서 직장 생활을 시작하는 졸업생들이 늘고 있다. 이외에도 프리랜서로 활동하면서 자신의 입지를 쌓아가는 통번역사도 다수 있다.

통번역 대학원 합격을 위한 공부 노하우

1 시사 배경지식 – 신문 정독
많은 학생들이 통번역 대학원을 준비할 때 중국어 실력만 신경 쓰는데 실은 그보다 더 중요한 것이 있다. 그건 바로 다양한 방면에 관한 배경지식을 쌓아야 한다는 것이다. 전문가 수준의 깊이 있는 지식까지는 아니어도 좋다. 매일 꾸준히 신문을 구독하면서 다양한 이슈들을 공부하는 기초 작업을 탄탄히 하길 바란다.

2 한국어 논리 잡기 – 요약 노트
매일 신문을 꾸준히 정독하면서 주요 이슈들의 흐름을 파악하는 동시에 중요한 문장들은 요약 노트를 준비해서 한국어로 다시 정리해 써 보는 연습을 꾸준히 하면 한국어 표현과 논리를 잡는 데 도움이 된다. 이런 연습이 쌓이면 한국어 에세이를 준비하는데 많은 도움이 된다.

3 중국어 시역 – 다양한 문장 직독직해
중국어 실력을 늘리는 가장 좋은 방법은 다양한 문장들을 많이 보는 것이다. 볼 때도 그냥 눈으로만 보는 것이 아니라 보면서 바로바로 한국어로 옮기는 직독직해 연습을 하면서 보는 것이 좋다. 이 연습을 꾸준히 하면 중국어의 문장 구조가 빠르게 파악되면서 독해 속도가 확실히 빨라지고 더 나아가서는 듣기 실력까지 향상된다.

4 중국어 논리 잡기 – 필사 노트
직독직해로 중국어 기초를 쌓으면서 같이 하면 좋은 작업이 바로 필사이다. 그날 공부한 중국어 문장 가운데 유용한 중국어 문장 2~3개를 선택해서 매일 꾸준히 필사를 해 보자. 필사는 문장을 보고 그대로 따라 쓰는 것인데 처음에는 30분 정도 시간을 정해서 빠르게 보고 쓰면서 문장을 정리해 본다. 그러다가 어느 정도 익숙해지면 한 단어씩 보고 쓰지 말고 한 문장씩 기억해 써 보는 것이 좋다. 처음에는 시간도 많이 걸리고 어렵게 느껴지지만 익숙해지면 중국어 실력을 늘리는 데 확실히 도움이 된다.

5 한중 시역 – 다양한 문장 번역과 시역
한국 학생들이 가장 어렵다고 느끼는 부분이 한국어를 중국어로 옮기는 한중 시역이다. 어려운 만큼 실력 향상까지 시간도 많이 걸린다. 이 부분의 실력을 빠르게 올리고 싶다면 한중 시역을 매일 꾸준히 연습해야 한다. 다양한 한국어 문장을 분석해 보면서 어떻게 하면 중국어로 빠르게 옮길 수 있는지 고민하고 유사한 패턴의 문형들을 분류하여 중국어 표현이 기계적으로 나올 수 있도록 연습해야 한다. 또 매일 시역한 문장들 중에서 1~2개는 꼼꼼하게 번역해 보고 피드백을 받아 보는 것이 좋다.

6 중국어 통역 실력 순발력 쌓기 – 중국 뉴스 섀도잉
중국어 통역사가 되고 싶어하는 분들에게 뉴스 섀도잉 방법을 추천한다. 뉴스 섀도잉이란 뉴스를 진행하는 아나운서의 발음과 성조, 어기(语气), 휴지(停顿) 등을 그대로 모방하면서 유창함을 연습하는 방법을 말한다. 이때 가능하면 자신의 음색과 톤이 비슷한 특정 아나운서를 정해서 계속해서 흉내 내는 것이 좋다. 섀도잉을 할 때는 뉴스의 의미를 정확하게 몰라도 상관없으니 들으면서 앵무새처럼 따라하며 중국인처럼 자연스럽게 말하는 데 포인트를 두고 연습하기 바란다.

7 발음, 성조 – 낭독(朗读)

발음, 성조를 제대로 하지 않고는 아무리 중국어 실력이 좋다고 해도 통번역 대학원에 합격한다고 보장할 수 없다. 거꾸로 발음, 성조가 유창하다면 시험에 유리할 수 있다. 발음, 성조는 통역사가 되기 위한 가장 기본적인 실력이다. 중국어 모국어로 하지 않는 이상 매일 낭독(朗读) 연습을 해야 한다. 텍스트 하나를 정해서 일주일 동안 반복해서 읽으며 정확한 발음, 성조를 연습해도 좋고, 시간을 정해 두고 매일 다른 텍스트를 읽는 연습을 해도 좋다.

8 요약, 에세이 준비

요약과 에세이는 스터디 멤버들이 중요하다. 서로 보완해 줄 수 있는 파트너들을 5~6명 정도를 구성한 뒤, 시간을 정해 한 가지 주제에 대한 에세이를 써 보거나 요약을 하고, 서로의 문장들을 공유하면서 좋은 표현들과 논리 잡기를 공부하면 좋다. 이 방법은 시간 대비 효율적으로 실력을 쌓을 수 있는 방법이다.

9 면접 – 실전 같은 연습

평소 수업시간에는 떨지 않다가도 실제 면접장을 가면 너무 긴장해서 실력 발휘를 제대로 못 해 아쉽게 불합격하는 학생들이 있다. 면접이 부담스러운 학생들은 시험 보기 2~3개월 전부터 스터디 시간을 이용해 실전처럼 모의 면접을 꾸준히 연습하며 긴장된 분위기에 적응하고, 자신의 문제점을 철저히 파악해서 고쳐나가면 좋다.

10 중국인을 위한 한국어 공부 팁

중국인들이 통번역 대학원에 합격하기 위해 가장 중요한 부분은 한국어 발음이다. 그 다음이 한국어 이해와 표현 순서이다. 한국인 학생들이 중국어 읽기를 매일 연습하는 것처럼 중국인 학생들도 매일 한국어 읽기 연습을 하며 어색한 발음을 고쳐야 하고, 한국어 뉴스 섀도잉도 빠지지 않고 해야 한다. 한국어 글쓰기는 필사부터 시작해서 좋은 문장들을 많이 외우고 어느 정도 기초가 쌓이면 한국어 글쓰기를 꾸준히 연습해야 한다.

국가별 이슈

UNIT 01	**韩国的创造经济** 한국의 창조경제
UNIT 02	**MERS考验韩国经济"免疫力"** 메르스, 한국 경제의 면역력을 시험하다
UNIT 03	**韩国"单婚族"的苦恼** 한국 '싱글웨딩족'의 고민
UNIT 04	**"平均化"难解社会顽症** 평준화는 사회의 고질병을 해결할 수 없다
UNIT 05	**美在韩部署"萨德"贻害亚太** 한미 사드 배치, 아태 지역에 큰 위협
UNIT 06	**"精灵宝可梦GO"风靡韩国** 포켓몬 고, 한국을 휩쓸다

韩国的创造经济

1 所谓创造经济是指以想象力、创意和科学技术为基础推动经济发展，从而创造新的增长动力、市场和工作岗位。朴槿惠政府看似把创造经济当作能解决一切问题的灵丹妙药。但是，创造经济具体是一个什么样的概念却极其模糊。如果向韩国新政府经济政策的设计师们询问，创造经济究竟是什么，得到的回答只会是"将韩国占有优势的IT产业与其他产业相结合，创造新的增长动力"、"看看Psy的《江南Style》利用YouTube这IT工具创造的成就就知道了。"然而，过去也曾有过将IT技术与其他产业相结合的尝试，而且只要有赚钱机会民间企业就会立刻尝试，政府究竟能做什么？

新政府最先要阐明的是政府在创造经济中将会发挥什么作用。从一方面看，创造经济似乎是国家主导的产业发展战略。因为总统曾多次强调："要想使韩国经济进一步飞跃并创造优质的工作岗位，必须以科学技术和广电、通信产业的融合为基础培养信息通信技术(ICT)产业。"如果说这是创造经济的目标，不由使人联想起过去以选择和集中为基础，重点扶植出口和重化学工业的战略。但从国家直接介入资源分配这一层面来看，这是一种倒退行为，而且可能会使大企业进一步壮大，经济集中现象愈加严重。

但从另一方面看，创造经济指的是完全不同的一种新模式。即政府不直接介入资源分配，而是交给市场，但会为创造经济的独立发展壮大，建立相关制度和环境。**2** 让有创意的人积极创业，与大企业公平竞争，即使失败也有机会东山再起，同时搞活风险投资产业。"新企业不断诞生的创造国家"就是具有代表性的政策提议。如果说前者是政府主导战略，后者就是市场主导战略，前者是集中战略，后者就是分散战略。

但要实现真正意义上的创造经济，有两种问题亟待解决。第一个是死板的社会氛围。据《东亚日报》消息，10名韩国人当中有7人觉得韩国社会是重视学历和阶级的"招牌社会"，而不重视个人的创意。**3** 要实现创造经济，就要建设能够培养创意性人才、敢于挑战创新性构想的生态系统，但目前韩国就缺少能够促进创造经济发展的社会氛围、文化基础设施。另一个就是日益严重的两极分化问题。

주요 단어 및 구문

创造经济 chuàngzào jīngjì 창조경제
所谓 suǒwèi 소위, 이른바
以A为基础 yǐ A wéi jīchǔ A를 기초로 하다
创意 chuàngyì 창의적인 아이디어, 독창적인 견해
推动 tuīdòng 추진하다, 촉진하다
工作岗位 gōngzuò gǎngwèi 일자리
看似 kànsì ~인 것처럼 보이다
灵丹妙药 língdān-miàoyào 만병통치약
概念 gàiniàn 개념
极其 jíqí 매우, 몹시
模糊 móhu 모호하다
设计师 shèjìshī 설계자 → 정책 결정자
询问 xúnwèn 묻다, 의견을 구하다
究竟 jiūjìng 도대체
回答 huídá 대답하다
占有优势 zhànyǒu yōushì 우위를 점하다, 우세하다
结合 jiéhé 결합하다
工具 gōngjù 도구, 수단
然而 rán'ér 그러나
尝试 chángshì 시도해 보다
赚钱 zhuànqián 돈을 벌다
民间企业 mínjiān qǐyè 민간기업
阐明 chǎnmíng 명확하게 밝히다
发挥……作用 fāhuī……zuòyòng ~역할[작용]을 하다
主导 zhǔdǎo 주도하다
战略 zhànlüè 전략
强调 qiángdiào 강조하다
飞跃 fēiyuè 도약하다, 비약적으로 발전하다
优质 yōuzhì 양질의, 우수한 품질의
广电 guǎngdiàn 방송
通信 tōngxìn 통신
融合 rónghé 통합, 융합
培养产业 péiyǎng chǎnyè 산업을 육성하다
信息通信技术(ICT) xìnxī tōngxìn jìshù 정보통신기술
不由 bùyóu 저절로
联想 liánxiǎng 연상하다
选择和集中 xuǎnzé hé jízhōng 선택과 집중
重点 zhòngdiǎn 중점적으로
扶植 fúzhí 육성하다
重化学工业 zhònghuàxué gōngyè 중화학공업

直接介入 zhíjiē jièrù 직접 개입하다
资源分配 zīyuán fēnpèi 자원 배분
层面 céngmiàn 방면, 영역, 측면
倒退 dàotuì 퇴보하다
壮大 zhuàngdà 강대해지다
经济集中 jīngjì jízhōng 경제 집중화 현상
愈加 yùjiā 더욱
模式 móshì 방식, 모델
积极 jījí 적극적이다, 긍정적이다
东山再起 dōngshān-zàiqǐ 재기하다, 권토중래
搞活 gǎohuó 활성화하다
风险投资产业 fēngxiǎn tóuzī chǎnyè 벤처 투자 산업
诞生 dànshēng 탄생하다
具有 jùyǒu 지니다, 구비하다, 가지고 있다
代表性 dàibiǎoxìng 대표적인
提议 tíyì 제의, 제안하다
分散 fēnsàn 분산하다
亟待解决 jídài jiějué 해결이 시급하다
死板 sǐbǎn 융통성 없는, 틀에 박힌
社会氛围 shèhuì fēnwéi 사회 분위기
基础设施 jīchǔ shèshī 인프라
学历 xuélì 학력
阶级 jiējí 계급
招牌 zhāopai 간판
构想 gòuxiǎng 생각, 아이디어, 구상, 계획
促进 cùjìn 촉진시키다
日益 rìyì 날로, 나날이 더욱
两极分化 liǎngjí fēnhuà 양극화

꼭 알아야 할 성어·단어

- **灵丹妙药** : 만병통치약 모든 문제를 해결할 수 있는 좋은 방법을 뜻하는 성어이다.
- **愈加严重** : (상황 따위가) 점점 더 심각해지다 같은 뜻을 가진 성어 '愈演愈烈'도 함께 알아 두자.
- **死板的社会氛围** : '死板'은 '틀에 박히다'라는 뜻으로, '死板的社会氛围'란 '융통성 없이 틀에 박힌 사회 분위기'를 의미한다.
- **招牌社会** : '招牌'가 '간판'을 뜻하므로, 간판을 중시하는 '간판 사회'라는 뜻이다.

1 所谓创造经济是指以想象力、创意和科技为基础推动经济发展，从而创造新的增长动力、市场和工作岗位。

'A B'는 '소위 A라는 것은 B를 가리킨다'라는 의미이고, '……'는 '〜을 바탕으로 하다'라는 뜻이다.

↳ 소위 창조경제라는 것은 상상력, 혁신과 과학기술을 바탕으로 경제 발전을 추진하여 새로운 성장동력과 시장 그리고 일자리를 창출하는 것을 말한다.

2 让有创意的人积极创业，与大企业公平竞争，即使失败也有机会东山再起，同时搞活风险投资产业。

'A B'는 '설사 A할지라도 B하겠다'라는 뜻으로, 기본적이면서도 중요한 구문이다. '……'는 '〜산업을 활성화하다'라는 뜻이다.

↳ 아이디어가 있는 사람들이 적극적으로 창업하여 대기업과 공평하게 경쟁할 수 있게 하고, 설사 실패하더라도 다시 일어설 수 있는 기회를 갖게 해야 한다. 동시에 벤처 투자 산업을 활성화한다.

3 要实现创造经济，就要建设能够培养创意性人才、敢于挑战创新性构想的生态系统，但目前韩国就缺少能够促进创造经济的社会氛围、文化基础设施。

이 문장은 '……' 따페이와 "의 목적어가 " 이렇게 두 개라는 것을 알면 쉽게 번역할 수 있다.

↳ 창조경제를 실현하려면 창의적인 인재를 육성하고 혁신적인 아이디어[구상]에 용감하게 도전할 수 있는 생태 시스템을 만들어야 한다. 하지만 현재 한국은 창조경제를 촉진시킬 수 있는 사회적 분위기와 문화인프라가 부족하다.

★ 将 : 서면어에서 '将'은 두 가지 용법 밖에 없다. 첫째, '将' 다음에 명사나 대명사가 오는 경우에는 목적어를 앞으로 나오게 하는 '把'의 용법으로 쓰인 것이다. 둘째, '将' 다음에 동사가 오면 '〜할 것이다'라는 뜻의 미래시제를 나타낸다.

한국의 창조경제

창조경제란 상상력, 아이디어, 과학기술을 토대로 경제 발전을 이루어 새로운 성장동력, 시장, 일자리를 만들어 내는 것을 말한다. 박근혜 정부는 이 창조경제를 모든 문제를 해결할 수 있는 만병통치약으로 생각하는 듯하다. 그러나 창조경제가 구체적으로 무엇을 의미하는 것인지는 너무 모호하다. 만약 한국 정부의 새로운 경제정책 전문가들에게 창조경제가 도대체 무엇인지 물어본다면 아마 '한국이 우위를 점하고 있는 IT 산업과 다른 산업을 결합하여 새로운 성장동력을 발굴해 내는 것을 말한다' 혹은 '싸이의 강남스타일이 유튜브라는 IT 기술을 사용해 만들어 낸 성과를 보면 바로 알 수 있다'라는 정도의 답변만을 듣게 될 것이다. 그러나 이전에도 IT 기술과 다른 산업을 접목해 보려는 시도는 있었다. 게다가 돈을 벌 수 있는 기회만 있다면 민간기업들이 곧바로 시도에 들어갈 텐데 정부가 도대체 무엇을 할 수 있다는 것인가?

박근혜 정부가 가장 먼저 밝혀야 하는 것은 창조경제에서 정부가 어떠한 역할을 할 것인가이다. 한편으로 창조경제는 국가가 주도하여 산업을 발전시키는 전략으로 보인다. 왜냐하면 과거 박 대통령이 "한국 경제가 한 단계 더 도약하고 양질의 일자리를 창출하려면 반드시 과학기술, 방송, 통신산업의 융합을 기반으로 정보통신기술(ICT) 산업을 육성해야 한다"라고 여러 차례 강조했기 때문이다. 만약 이것이 창조경제의 목표라 한다면 과거 '선택과 집중'을 기초로 수출과 중화학공업을 집중 육성했던 전략이 자연스레 떠오른다. 그러나 국가가 자원 분배에 직접 개입한다는 점에서 이는 퇴보한 정책이라 할 수 있고, 대기업만 성장하게 되며 경제 집중화 현상은 더욱 심해질 것이다.

그러나 또 다른 관점에서 보자면 창조경제는 이전과 전혀 다른 새로운 방식이다. 즉 정부가 자원 분배에 직접 개입하지 않고 이를 시장에 맡기는 것이다. 하지만 정부는 창조경제가 독립적으로 발전하고 성장할 수 있도록 관련 제도를 제정하고 환경을 조성해야 한다. 창조경제는 누구든 참신한 아이디어만 있으면 창업을 할 수 있게 하고 대기업과의 공평한 경쟁이 가능케 하며, 설사 실패하더라도 다시 재기할 수 있는 기회를 제공한다. 이와 동시에 벤처 투자 산업을 육성할 수 있다. '신생 기업들이 끊임없이 탄생하는 창조국가'가 바로 대표적인 정책안이다. 만약 전자가 정부 주도의 전략이라면 후자는 시장 주도의 전략이고, 전자가 집중 전략이라면 후자는 분산 전략이라 할 수 있다.

그러나 진정한 의미의 창조경제를 실현하려면 다음과 같은 두 가지 문제를 시급히 해결해야 한다. 첫 번째는 융통성 없는 사회 분위기이다. 동아일보 보도에 따르면 한국인 10명 중 7명은 한국 사회가 개인의 창의력보다는 학력과 계급을 중시하는 '간판 사회'라고 생각하는 것으로 나타났다. 창조경제를 실현하려면 창의적인 인재를 육성하고 혁신적인 아이디어에 과감히 도전할 수 있는 생태 시스템을 만들어야 한다. 그러나 현재 한국에는 창조경제의 발전을 촉진시킬 수 있는 사회적·문화적 분위기가 부족하다. 두 번째는 나날이 심각해져 가는 양극화 문제이다.

MERS考验韩国经济"免疫力"

Track 1-2

早在中东呼吸综合征(MERS)"笼罩"韩国之前，韩国经济已出现了"不适"症状：出口额连续4个月出现下滑，消费者物价增幅连续5个月低于1%，整体工业生产连续3个月呈下降态势，如果不计烟草提价的影响，已连续4个月出现通货紧缩。虽然早些时候韩国零售业等内需部门出现好转迹象，但随着MERS疫情的迅速蔓延，内需复苏态势随时有可能夭折。❶到底能在短期内迅速复苏，还是长期低迷，MERS正在考验韩国经济的抵抗力。

实际上，韩国前段时间出现的内需复苏迹象很大程度上得益于持续大量涌入的中国游客。但MERS疫情就像一扇巨大的闸门，中国游客潮随时有中断的风险。据韩国旅游部门统计显示，截至6月底，中国游客已有约8万人取消了访韩行程。显然，MERS疫情是最重要的因素。受此影响，本月以来中国游客最钟爱的首尔明洞地区，销售额较去年同期下降了近60%。

MERS疫情对韩国经济的影响引起了国际社会的广泛关注。世界主要投行在近期的报告中均认为，MERS疫情将使韩国经济出现短期的消费萎缩。摩根士丹利认为，假若韩国政府能在一个月内控制住MERS疫情，并使民众消费心理即刻恢复到正常水平，那么6月的零售业、餐饮业和旅游业销售额降幅也将分别达到12%、17%和23%。❷由此，韩国二三季度GDP增长率将较预期减少0.7个百分点，全年向下调整0.14%。如果MERS疫情持续3个月以上，对全年GDP的影响幅度可能高达0.9%。巴克莱资本则认为，MERS疫情将使旅游业对韩国名义GDP增长率的贡献度由0.05%下降到-0.14%。

为防止MERS疫情重创韩国经济，❸朴槿惠总统已责令企划财政部等有关政府部门，采取所有必要措施，尽量减少MERS给经济造成的负面影响，并密切关注旅游、住宿、交通、休闲领域动向，为因MERS疫情面临困难的企业、行业和群体制定扶持政策并付诸实施。目前，韩国政府有关部门已建立疫情对经济影响的跟踪分析体系，相关扶持政策也正在商讨和制定之中。有关专家建议，MERS疫情对韩国经济的影响很可能会超过以往发生的历次疫情，政府必须以最积极的态度采取应对措施，制定包括财政和货币政策在内的一揽子方案，防止疫情对消费和投资心理的影响长期化。

주요 단어 및 구문

考验 kǎoyàn 시험하다
免疫力 miǎnyìlì 면역력
中东呼吸综合征 Zhōngdōng hūxī zōnghézhēng 중동호흡기증후군(MERS), 메르스
笼罩 lǒngzhào 뒤덮다, 휩싸이다
症状 zhèngzhuàng 증상
出口额 chūkǒu'é 수출액
连续 liánxù 연속, 계속, 연이어
下滑 xiàhuá 하락하다, 떨어지다
消费者物价 xiāofèizhě wùjià 소비자물가
增幅 zēngfú 증가폭
低于 dīyú ~보다 낮다
烟草提价 yāncǎo tíjià 담뱃값 인상
通货紧缩 tōnghuò jǐnsuō 디플레이션
零售业 língshòuyè 소매업
内需 nèixū 내수
好转 hǎozhuǎn 호전되다
迹象 jìxiàng 조짐, 기미, 현상
疫情 yìqíng 전염병 발생과 유행 상황
迅速 xùnsù 빠르게
蔓延 mànyán 만연하다, 확산되다, 번지다
复苏 fùsū 회복
态势 tàishì 상태, 형세
随时 suíshí 수시로
夭折 yāozhé 중도에 실패하다, 단명하다
低迷 dīmí 불경기이다, 불황이다, 저조하다, 부진하다
抵抗力 dǐkànglì 저항력
得益于 déyìyú ~덕분이다
涌入 yǒngrù 유입하다, 몰려들다
游客 yóukè 요우커 [중국인 관광객]
扇 shàn 폭, 짝 [문, 창문 등을 세는 양사]
闸门 zhámén 갑문, 장벽, 수문
风险 fēngxiǎn 리스크, 위험
截至 jiézhì ~까지
取消 qǔxiāo 취소하다
访韩 fǎng Hán 방한
因素 yīnsù 요인
销售额 xiāoshòu'é 판매액, 매출액
引起关注 yǐnqǐ guānzhù 관심을 끌다
广泛 guǎngfàn 광범위하다, 폭넓다

投行 tóuháng 투자은행
均 jūn 모두
消费萎缩 xiāofèi wěisuō 소비 위축
摩根士丹利 Mógēnshìdānlì 모건 스탠리
假若 jiǎruò 만약
控制 kòngzhì 통제하다, 제어하다
消费心理 xiāofèi xīnlǐ 소비심리
即刻 jíkè 즉시, 바로
恢复 huīfù 회복하다
餐饮业 cānyǐnyè 요식업
旅游业 lǚyóuyè 관광업
降幅 jiàngfú 하락폭
由此 yóucǐ 이로 인해, 이에 따라
季度 jìdù 분기
预期 yùqī 예상하다, 예기하다
个百分点 gèbǎifēndiǎn % 포인트
向下调整 xiàngxià tiáozhěng 하향 조정하다
幅度 fúdù 폭, 정도
名义GDP míngyì GDP 명목 GDP
贡献度 gòngxiàndù 기여도, 공헌도
防止 fángzhǐ 방지하다
重创 zhòngchuāng 심한 타격을 주다, 중상을 입히다
责令 zélìng 명령을 내리다
企划财政部 qǐhuà cáizhèngbù 기획재정부
政府部门 zhèngfǔ bùmén 정부 부처
措施 cuòshī 조치
负面 fùmiàn 부정적인
造成 zàochéng 초래하다
密切关注 mìqiè guānzhù 면밀히 주시하다
住宿 zhùsù 숙박
休闲 xiūxián 레저, 여가
行业 hángyè 업계, 분야, 업종
扶持政策 fúchí zhèngcè 부양정책, 지원정책
付诸实施 fùzhū shíshī 실천에 옮기다, 실행하다
跟踪分析 gēnzōng fēnxī 추적 분석
商讨 shāngtǎo 논의하다
历次 lìcì 지금까지
应对措施 yìngduì cuòshī 대응 조치
货币政策 huòbì zhèngcè 통화정책
一揽子 yìlǎnzi 일괄, 원스톱

꼭 알아야 할 성어·단어

- 中东呼吸综合征 : '메르스(MERS)'의 중국어 표현을 기억해 두자.
- 笼罩 : (하늘을) 뒤덮다 질병 따위가 갑자기 발병한 경우 '突袭'라는 표현도 쓸 수 있다.
- 付诸实施 : 실천에 옮기다 '付诸行动 행동으로 옮기다', '付诸东流 수포로 돌아가다'도 참고로 알아 두자.
- 一揽子方案 : 하나의 바구니 안에서 모든 것을 해결할 수 있는 방안 '원스톱 방안' 정도로 의역하면 좋겠다.

꼭 알아야 할 따페이·구문

- 呈……态势 : ~추세가 나타나다 '呈现+趋势', '呈现+迹象', '呈现+势头' 등도 같은 뜻으로 잘 쓰인다.
- 引起……关注 : 주목을 끌다 '引起' 대신 '受到'를 넣은 '受到……关注'도 자주 쓰인다. '关注 주시하다'가 동사로 쓰여 뒤에 바로 목적어가 올 수도 있다.

    예) 朝鲜氢弹试验受到韩国人的关注。 북한의 수소폭탄 실험은 한국인들의 주목을 끌었다.
    韩国人关注朝鲜的氢弹试验。 한국인들은 북한의 수소폭탄 실험을 주목했다.

1 到底能在短期内迅速康复，还是长期低迷，MERS正在考验韩国经济的抵抗力。

'到底'는 '도대체'라는 의미의 부사로 잘 쓰이지만 이 문장에서는 '과연'이라고 하는 것이 자연스럽겠다. 전체적으로 봤을 때 'A还是B (A이냐 아니면 B냐)' 구문임을 확인하자. '抵抗力'는 '저항력'이라는 뜻이지만 '면역력'이라고 의역해 보자.

↳ 과연 단기간 내에 빠르게 회복할 것인지 아니면 장기간 침체에 빠질 것인지 메르스가 한국 경제의 면역력을 시험하고 있다.

2 由此，韩国二三季度GDP增长率将较预期减少0.7个百分点，全年向下调整0.14%。

'将较预期'에서 '将'은 미래시제로 쓰였고, '较'는 '비교하다'라는 뜻의 동사이다. '예상했던(预期) 것과 비교해 봤을 때'라고 할 수 있겠다. '个百分点'은 '% 포인트' 단위라는 것을 기억하고 '百分之0.7 (0.7%)'와 헷갈리지 않도록 하자. '向下调整'은 '아래로 조정하다'라는 뜻이므로 '하향 조정(调低)'이라고 표현하면 좋겠다. 반대 표현인 '상향 조정(调高)'도 같이 외워 두자.

↳ 이로 말미암아, 한국의 2, 3분기 GDP 성장률은 예상치와 비교해 봤을 때 0.7 포인트 감소할 것이고 올 한 해 GDP는 0.14% 하향 조정될 것이다.

3 朴槿惠总统已责令企划财政部等有关政府部门，采取所有必要措施，尽量减少MERS给经济造成的不利影响，

'责令'은 '지시하다', '部门'은 '부처'로 번역하면 자연스럽다. '~한 조치를 취하다'라는 뜻의 '采取……措施'나 '~에게 ~영향을 초래하다'라는 뜻의 '给……造成……影响'은 놓치면 안 되는 중요한 따페이이다.

↳ 박근혜 대통령은 이미 기획재정부 등 관련 정부 부처에 모든 필요한 조치를 취해 메르스가 경제에 미칠 불리한 영향을 최대한 줄이라고 지시했다.

메르스, 한국 경제의 면역력을 시험하다

중동호흡기증후군(메르스)이 한국을 덮치기 전 한국 경제는 이미 불황에 빠져있었다. 수출액은 4개월 연속 하락세를 보였고 소비자물가 상승률은 5개월 연속 1%를 밑돌았다. 전체 산업 생산량도 3개월 연속 감소했다. 만약 담뱃값 인상의 영향을 제외한다면 4개월 연속 디플레이션이 지속된 것이다. 비록 일찍이 소매업 등 내수 부문에서 호전되는 기미가 보이기도 했지만 메르스가 신속히 확산되면서 내수회복 추세도 금방 꺾일 가능성이 있다. 한국이 단기간에 메르스에서 회복할 수 있을지 아니면 장기간 경기불황에 시달리게 될지, 메르스가 현재 한국 경제의 면역력을 시험하고 있다.

사실 한때 한국에 내수회복 조짐이 보였던 것은 주로 수많은 중국 요우커들이 꾸준히 한국을 찾은 덕분이었다. 그러나 메르스 사태는 마치 커다란 장벽처럼 요우커의 발길이 끊기게 만들었다. 한국 관광청의 통계에 따르면 6월 말까지 한국 방문을 취소한 요우커가 이미 약 8만 명에 달한다. 가장 결정적인 요인은 아무래도 메르스다. 이번 사태로 인해 이달 들어 요우커가 가장 많이 찾는 서울 명동 지역의 매출이 작년 동기 대비 거의 60% 가량 감소하였다.

메르스가 한국 경제에 끼치는 영향은 국제사회의 뜨거운 관심을 불러일으켰다. 세계 주요 투자은행들이 최근 발표한 보고서에서는 모두 메르스 사태로 인해 단기간 한국 경제에 소비 위축 현상이 나타날 것이라고 밝혔다. 모건 스탠리는 설령 한국 정부가 1개월 내에 메르스 사태를 수습하고 국민들의 소비심리가 바로 정상 수준까지 회복된다 하더라도 소매업, 요식업, 관광업의 6월 매출 하락폭은 각각 12%, 17%, 23%에 이를 것이라고 했다. 이로 인해 한국의 2, 3분기 GDP 성장률은 예상보다 0.7% 포인트 감소할 것이며 올 한 해 GDP 성장률은 0.14% 하향 조정될 것이다. 만약 메르스가 3개월 이상 지속된다면 올해 GDP에 미칠 영향폭은 무려 0.9%에 이를 것이다. 바클리스 캐피털에서는 메르스 사태로 인해 한국의 명목 GDP 성장률에서 관광업의 기여도가 0.05%에서 −0.14%까지 하락할 것이라고 밝혔다.

한국 경제가 메르스 사태의 심각한 타격을 받지 않도록 박근혜 대통령은 기획재정부 등 관련 부처에 필요한 모든 조치를 취하여 메스르가 한국 경제에 끼칠 부정적 영향을 최소화하라고 지시했다. 또한 관광, 숙박, 교통, 레저 분야의 동향을 면밀히 관찰하고 메르스 사태로 인해 어려움에 처한 기업, 업종, 단체들을 위한 지원정책을 수립하고 이를 철저히 시행하라고 강조했다. 현재 한국 정부의 관련 부처들은 이미 메르스가 한국 경제에 끼치는 영향에 대한 추적 분석 시스템을 구축하였다. 관련 지원 정책들도 현재 논의와 수립 과정에 있다. 한 전문가는 메르스가 한국 경제에 끼치는 영향은 과거 발생한 그 어떤 전염병보다 훨씬 심각할 것이라고 밝혔다. 따라서 정부는 반드시 최선을 다해 대응 조치를 취해야 하며 재정정책과 통화정책을 포함한 원스톱 방안을 수립하고 메르스가 소비와 투자 심리에 끼치는 부정적 영향이 장기화되지 않도록 막아야 한다고 건의했다.

韩国"单婚族"的苦恼

🎧 Track 1-3

婚纱，寄托了多数女性与生俱来的"公主情结"，同时婚纱也是美好爱情的象征。但对于那些还没有"另一半"的女性来说呢？"拍一组婚纱照，要赶在成为剩女之前……"这是当下不少韩国未婚女性的选择，"单身婚礼"甚至发展为一种社会现象。

简单来讲，❶这一现象源于20岁至50岁之间的韩国未婚女性，是指在没有异性陪伴的情况下也想经历和记录人生中最光彩夺目的瞬间。她们独自前往摄影工作室，或在女性好友的陪伴下到户外拍摄婚纱照，这种"单婚族"日趋增多。据业界人士介绍，"单身婚礼"的价格在200万韩元至230万韩元之间。"四五年前'单身婚礼'的观念连想都不敢想，现在正逐渐增加""每个月都会有顾客咨询"。伴随着这股潮流，提供婚纱租赁、摄影、化妆等行业也迎来了新的商机。

如此新奇的现象背后，是因为无法回避的苦涩现实：晚婚或者单身日渐成风。

据调查，韩国成年男女中未婚比重占45%，在经合组织中排名较高。1990年至2010年间，居住于首尔的单身人群比重增长了两倍以上，尤其是高学历女性中，单身比重已经突破了35%。究其根源，首先是在"对"的年龄没有"对"的条件。从几年前流行的"三抛族"人群，即抛弃恋爱、结婚、生孩子，到增加了抛弃人际关系、住房、就业和梦想的"七抛族"人群，年轻人的生活压力日益增大。而且，年轻人对结婚的成本预算已经越来越高。韩国某婚庆公司公布的一项报告指出，❷韩国新婚夫妇用于筹办婚礼、置办新房、彩礼等结婚平均花费约为2.5亿韩元，年轻人难以承受这一巨大负担，很多父母也难有余力帮孩子承担大部分结婚费用。

惧怕工作经历"断层"也是一个原因。2014年韩国的一项调查显示，60%的受访女性曾因结婚、怀孕或生育辞职，这些人大部分到现在仍是全职主妇，远离职场多年，很难再重新找到工作。事实上，韩国很多未婚女性在追求高学历和频繁参与社会活动的同时，一再推迟谈婚论嫁，错过了"最佳结婚时间"。❸由此可见，"单身婚礼"的流行背后实际上是万般不得已。"单婚族"增加，自然是不容忽视的社会问题。正如英国《经济学人》杂志指出，相对富裕国家的低出生率将会导致人口减少，其中韩国的情况最为严重。今年，韩国总统朴槿惠也警告人口红利时代即将终结。

单婚族 dānhūnzú 싱글웨딩족
苦恼 kǔnǎo 고뇌, 고민
婚纱 hūnshā 웨딩드레스
寄托 jìtuō (이상, 감정 등을 어떤 사물에) 두다, 담다
与生俱来 yǔshēng-jùlái 천성적으로 가지고 있다
情结 qíngjié 마음 속 감정 → 로망, 콤플렉스
象征 xiàngzhēng 상징하다
拍婚纱照 pāi hūnshāzhào 웨딩 촬영을 하다
赶在……之前 gǎnzài……zhīqián ~하기 전에
剩女 shèngnǚ 노처녀
源于 yuányú 원인은 ~이다, ~에서 비롯되다
异性 yìxìng 이성
陪伴 péibàn 동행, 동반하다, 함께하다 → 배우자
经历 jīnglì 겪다, 체험하다
记录 jìlù 기록하다
光彩夺目 guāngcǎi duómù 아름다워 이목을 끌다
瞬间 shùnjiān 순간
独自 dúzì 혼자
摄影工作室 shèyǐng gōngzuòshì 스튜디오
户外 hùwài 실외, 야외, 아웃도어
拍摄 pāishè 촬영하다
日趋 rìqū 나날이, 더더욱
增多 zēngduō 많아지다
逐渐 zhújiàn 점점, 점차
咨询 zīxún 문의하다
伴随着 bànsuízhe ~가 따르다, ~가 수반되다
股 gǔ 기체, 냄새, 힘 등의 양사
潮流 cháoliú 열풍, 유행, 추세
租赁 zūlìn 임대(하다), 임차(하다)
化妆 huàzhuāng 메이크업
商机 shāngjī 비즈니스 기회
新奇 xīnqí 신기하다, 새롭다
背后 bèihòu 배후, 이면에, ~뒤에
回避 huíbì 회피하다
苦涩现实 kǔsè xiànshí 씁쓸한 현실
晚婚 wǎnhūn 만혼
成风 chéngfēng 보편화되다, 일반화되다, 유행하다
未婚 wèihūn 미혼
经合组织 jīnghé zǔzhī 경제협력개발기구(OECD)
排名 páimíng 순위를 매기다, 순위, 랭킹

居住 jūzhù 거주하다
高学历 gāo xuélì 고학력
突破 tūpò 돌파하다
究其根源 jiū qí gēnyuán 그 원인을 살펴보다
三抛族 sānpāozú 삼포세대, 삼포족
抛弃 pāoqì 포기하다
人际关系 rénjì guānxì 인간관계
预算 yùsuàn 예산
婚庆公司 hūnqìng gōngsī 웨딩 업체
公布 gōngbù 발표하다
筹办 chóubàn 준비하다, 기획하다
婚礼 hūnlǐ 결혼식
置办 zhìbàn 마련하다, 구입하다, 장만하다
新房 xīnfáng 신혼집
彩礼 cǎilǐ 혼수, 예물, 예단
难以 nányǐ ~하기 어렵다
承受负担 chéngshòu fùdān 부담을 감당하다
余力 yúlì 여력
惧怕 jùpà 두려워하다
工作经历断层 gōngzuò jīnglì duàncéng 경력 단절
受访 shòufǎng 인터뷰에 응하다
怀孕 huáiyùn 임신
生育 shēngyù 출산
辞职 cízhí 사직하다
全职主妇 quánzhí zhǔfù 전업주부
追求 zhuīqiú 추구하다, ~를 원하다
频繁 pínfán 잦다, 빈번하다
推迟 tuīchí 미루다, 늦추다, 연기하다
谈婚论嫁 tán hūn lùn jià 결혼에 대해 이야기하다
由此可见 yóu cǐ kějiàn 여기서 볼 수 있듯이, 이를 통해 알 수 있듯이
万般不得已 wànbān bùdéyǐ 어쩔 수 없다
不容忽视 bùróng hūshì 홀시할 수 없다, 간과할 수 없다
《经济学人》 jīngjì xuérén 이코노미스트
富裕 fùyù 부유한
警告 jǐnggào 경고하다
人口红利 rénkǒu hónglì 인구 보너스
即将 jíjiāng 곧, 머지않아
终结 zhōngjié 종식, 종말, 끝나다

꼭 알아야 할 성어·단어

- **单身婚礼** : 싱글웨딩 배우자 없이 혼자 올리는 결혼식을 말한다.
- **排名较高** : 순위가 비교적 높다 '排名'은 '순위'를 말한다. '占据第一位 1위를 차지하다'와 '排名靠后 꼴찌'도 함께 외워 두자.
- **人口红利** : 인구 보너스 효과 생산 인구가 많아 얻게 되는 경제적 이익을 의미한다.

꼭 알아야 할 따페이·구문

- **连想都不敢想** : 생각조차 못 하다
- **迎来……商机** : 비즈니스 기회를 얻다 '商机'는 '상업적 기회'를 뜻하는데, '비즈니스 기회'라고 의역하면 좋겠다.

1 这一现象源于20岁至50岁之间的韩国未婚女性，是指在没有异性陪伴的情况下也想经历和记录人生中最光彩夺目的瞬间。

'源于'는 '~에서 비롯되다'라는 뜻의 동사이며, '在……情况下'는 '~하는 상황하에'라는 뜻이다. 그리고 '经历'와 '记录' 두 개의 동사가 모두 '瞬间'에 걸린다. '~순간을 기록하고 경험하다'라고 해석한다.

↳ 이 현상은 20세에서 50세 사이의 한국 미혼 여성들 사이에서 비롯되었다. 이성 배우자가 없는 상황에서 인생의 가장 빛나는 순간을 기록하고 경험해 보려는 것을 말한다.

2 韩国新婚夫妇用于筹办婚礼、置办新房、彩礼等结婚平均花费约为2.5亿韩元，年轻人难以承受这一巨大负担，很多父母也难有余力帮孩子承担大部分结婚费用。

'用于'는 '~에 사용하다'라는 뜻이며, '承担……费用'은 '~비용을 부담하다'라는 뜻이다. '2.5亿韩元'에서 '.'은 숫자 뒤에 나오는 단위를 의미하는데 뒤에 '억(亿)'이 단위로 나왔으므로 2억 5천만 원으로 읽어야 한다. 다른 예를 들어 보면 '3.56万亿韩元'은 마지막 숫자 뒤의 단위가 '조(万亿)'이므로 3조 5천6백억 원으로 읽는다.

↳ 한국의 신혼부부들은 결혼식과 신혼집 장만, 혼수 등 결혼 준비에 평균 약 2억 5천만 원을 지출한다. 젊은이들은 이 큰 부담을 감당하기 어렵고 많은 부모들도 대부분의 결혼 비용을 도와줄 만한 여력이 없다.

3 由此可见，"单身婚礼"的流行背后实际上是万般不得已。

'万般不得已'는 '어찌해 볼 방법이 없다'라는 뜻으로, '无可奈何'보다 더 심각한 느낌을 주는 표현이다.

↳ 여기서 알 수 있듯이 싱글웨딩이 유행하는 이면에는 실제로 어찌해 볼 수 없는 안타까운 현실이 존재한다.

한국 '싱글웨딩족'의 고민

웨딩드레스는 수많은 여성들이 선천적으로 가지고 있는 '공주에 대한 로망'을 잘 보여 주는 동시에 아름다운 사랑의 상징이기도 하다. 그러나 아직 인생의 반쪽을 찾지 못한 여성들에게는 어떠한가? "노처녀가 되기 전에 웨딩 촬영이나 할까……" 현재 많은 한국의 미혼 여성들이 바로 이러한 선택을 한다. 심지어 이 같은 싱글웨딩은 하나의 사회 현상이 되었다.

간단히 소개하면, 싱글웨딩은 20~50세 사이의 한국 미혼 여성들로부터 시작되었는데 배우자 없이 인생에서 가장 아름다운 순간을 만끽하고 기록으로 남기려 하는 것을 말한다. 그녀들은 혼자 스튜디오를 방문하거나 친한 동성 친구들을 불러 함께 야외 웨딩 촬영을 하는데, 이러한 싱글웨딩족은 갈수록 늘어나고 있다. 업계 관계자에 의하면 싱글웨딩에 드는 비용은 약 200~230만 원 사이라고 한다. "4~5년 전에는 싱글웨딩이란 것은 생각조차 못 했는데 현재는 점차 증가하고 있다"며 "매달 싱글웨딩에 대해 문의하는 고객들이 늘어나고 있다"고 한다. 이러한 유행에 따라 웨딩드레스 대여, 촬영, 메이크업 등의 업종들이 새로운 비즈니스 기회를 얻게 되었다.

이처럼 신기한 현상의 이면에는 한국의 피할 수 없는 씁쓸한 현실이 존재한다. 바로 만혼과 독신주의 현상이 나날이 심각해지고 있다는 것이다.

조사에 따르면 한국 성인 남녀 중 45%가 아직 미혼이며 이는 OECD 국가 중 높은 수준에 속한다. 1990년부터 2010년까지 서울에 사는 미혼 인구의 비중은 2배 이상 증가했는데 특히 그중에서 고학력 여성의 미혼 비중은 이미 35%를 넘어섰다. 그 원인으로는 우선 혼인 적령기에 결혼을 위한 조건이 아직 갖추어지지 않았기 때문이다. 몇 년 전 한국에서는 '삼포세대'라는 말이 유행했다. 즉 연애, 결혼, 출산을 포기한 세대라는 말이다. 그런데 이제는 인간관계, 내 집 마련, 취업, 꿈마저 포기한 '칠포세대'까지 등장하였다. 이는 우리나라 젊은이들의 삶이 갈수록 힘들어지고 있음을 보여 준다. 게다가 젊은이들의 결혼 비용도 점차 높아지고 있다. 한국의 한 웨딩 업체에서 발표한 보고서에 따르면 한국 신혼부부가 결혼식, 신혼집 마련, 혼수 등을 위해 지출하는 평균 결혼 비용이 약 2억 5천만 원이나 된다고 한다. 젊은이들이 이 거액을 감당하기란 쉽지 않으며 대부분의 부모들도 자녀의 결혼 자금을 지원해 줄 여력이 많지 않다.

경력 단절에 대한 우려도 하나의 원인이다. 2014년에 발표된 자료에 의하면 여성 응답자 중 60%가 결혼, 임신 혹은 출산 때문에 일을 그만두었다고 한다. 응답자 대부분은 현재 전업주부가 되었고, 직장을 그만 둔 지 여러 해가 되어서 다시 일자리를 찾기가 매우 어려운 상황이다. 사실 한국의 많은 미혼 여성들이 고학력을 추구하고 적극적으로 사회 활동에 참여하면서 결혼 시기를 계속 미루다가 결국 결혼 적령기를 놓치게 되었다. 여기서 볼 수 있듯이 싱글웨딩이 유행하는 이면에는 어찌해 볼 수 없는 안타까운 현실이 존재한다. 싱글웨딩족이 많아지는 것은 간과할 수 없는 사회 문제이다. 영국의 경제 잡지 〈이코노미스트〉는 상대적으로 부유한 국가들이 저출산으로 인해 인구 감소가 초래되는데 그중 한국의 상황이 가장 심각하다고 보도했다. 올해 들어 박근혜 대통령도 한국의 인구 보너스 시대가 이미 저물고 있음을 경고했다.

"平均化"难解社会顽症

🎧 Track 1-4

❶教育能够为社会底层学子提供跳跃龙门的机会，也可能以一种貌似公平的方式使阶层地位在代际间复制。为了缓解阶层固化问题，韩国采取了教育资源"平均化"的做法。从上世纪60年代起，韩国推行了初中免试就近推荐入学制度，1974年开始逐步推行高中教育"平均化"政策，教师在学校间定期任教，获得高中入学资格考试的学生，只能以抽签的方式在所属学区择校。不过政策实施的结果却与初衷背道而驰，教育引发的阶层固化现象愈加严重，公立学校出现"崩溃危机"之说，素质教育进展缓慢，学生仍在高考指挥棒下疲于奔命。

出现这样的结果，原因之一在于政策制定者没有考虑到校外教育这一因素。"平均化"政策实施后，韩国校外补习班发展迅猛。据韩国统计厅数据，韩国家庭校外教育支出接近国内生产总值的1%，在经合组织国家中高居首位，85%的小学生和70%以上的中学生都在接受校外教育，高中生每周校外学习时间平均超过20个小时。

同时，富裕家庭与贫困家庭校外教育支出差距悬殊。贫困家庭缺乏选择补习班的经济能力，一批收费昂贵的名牌补习班在富裕社区聚集起来，还推高了这些社区的房价。有的富裕家庭不但可以挑老师，甚至要求补习班只招收中上层家庭子女，❷由此形成的阶层屏障加剧了贫困人群的失落感。贫困家庭校外教育支出数额虽少，但占其家庭收入比例却很高，很多家庭难以承担。父辈的经济实力与子女学业竞争力之间的关系日益密切，名牌大学里的贫困家庭学生比例不断下降，"鸡窝里再难飞出金凤凰"。

韩国校外教育多以应试为目标，即提前教授学校教学内容，帮助学生备考。❸一些学生在补习班提前学完学校课程后，将学校变为睡觉的地方，老师威信下降，校园暴力增多，"学校崩溃"成为韩国社会最严重的问题。为了夺回教育主导权，政府提倡学校办兴趣学习班，教育电台免费播放补习讲座，但终究无法与高价补习班相竞争。政府也曾颁布过限制开办补习班的法令，结果被裁定为违宪。校外教育加重了学生负担。媒体不断出现小学生上深夜补习班损害身心健康的报道。中学生都知道"四当五落"，意思是每天睡4个小时能考上好大学，睡5个小时就落榜。韩国教育部一直希望推动素质教育却难有成果。例如，教育部加大入学考试的体育成绩比例，就会马上出现跳绳补习班、跳远补习班。

주요 단어 및 구문

平均化 píngjūnhuà 평준화
顽症 wánzhèng 고질병
底层 dǐcéng 하류층, 하층민
提供机会 tígōng jīhuì 기회를 제공하다
跳跃龙门 tiàoyuè lóngmén 출세하다, 개천에서 용 나다
貌似 màosì ~인 것처럼 보이다, (겉으로는) ~인 듯하다
阶层 jiēcéng 계층
代际间 dàijì jiān 세대 간
复制 fùzhì 복제하다
缓解 huǎnjiě 완화시키다
阶层固化 jiēcéng gùhuà 계층 고착화
逐步 zhúbù 점차
推行 tuīxíng 추진하다
免试 miǎnshì 무시험, 시험 면제
推荐入学制度 tuījiàn rùxué zhìdù 추천입학제
定期 dìngqī 정기적인
任教 rènjiào 교편을 잡다
资格 zīgé 자격
抽签 chōuqiān 추첨하다, 제비를 뽑다
所属 suǒshǔ 산하, 소속된
学区 xuéqū 학군
初衷 chūzhōng 본래의 뜻, 초심, 취지
背道而驰 bèidào'érchí 완전히 정반대이다, ~에 위배되다
公立学校 gōnglì xuéxiào 공립학교, 공교육
崩溃 bēngkuì 붕괴, 무너지다
素质教育 sùzhì jiàoyù 인성 교육
缓慢 huǎnmàn 더디다, 느리다
指挥棒 zhǐhuībàng 지휘봉
疲于奔命 píyúbēnmìng ~하기 바쁘다[급급하다], ~에 목숨 걸다
在于 zàiyú ~에 있다
校外教育 xiàowài jiàoyù 사교육, 과외 교육
补习班 bǔxíbān 학원
迅猛 xùnměng 급격하다, 빠르다
统计厅 tǒngjìtīng 통계청
数据 shùjù 데이터
支出 zhīchū 지출
接近 jiējìn 육박하다, 근접하다, 가깝다
国内生产总值 guónèi shēngchǎn zǒngzhí 국내총생산(GDP)
高居首位 gāojū shǒuwèi 1위를 차지하다

差距 chājù 차이, 격차
悬殊 xuánshū 차이가 크다
一批 yīpī 한 무리의
收费 shōufèi 비용, 돈을 받다
昂贵 ánggùi 비싸다
名牌 míngpái 유명 (브랜드), 이름 있는
聚集 jùjí 모이다
推高 tuīgāo 올리다, 높이다
房价 fángjià 집값, 부동산 가격
招收 zhāoshōu 모집하다, 받아들이다
屏障 píngzhàng 장벽
加剧 jiājù 가중시키다, 악화되다
失落感 shīluògǎn 상실감, 실망감
父辈 fùbèi 부모 세대, 아버지 세대
密切 mìqiè 밀접하다
鸡窝里飞出金凤凰 jīwō li fēichū jīnfènghuáng 개천에서 용 나다
应试 yìngshì 입시, 응시하다
提前 tíqián 미리, 앞당기다
教授 jiàoshòu 가르치다
备考 bèikǎo 시험 대비, 입시 준비
威信 wēixìn 체면, 권위, 위신
校园暴力 xiàoyuán bàolì 학교폭력
夺回 duóhuí 되찾다
主导权 zhǔdǎoquán 주도권
提倡 tíchàng 제창하다
兴趣学习班 xìngqù xuéxíbān 특기 적성 수업
免费 miǎnfèi 무료로
播放 bōfàng 방송하다
讲座 jiǎngzuò 강좌, 강의
颁布 bānbù 반포하다, 공포하다
限制 xiànzhì 제한하다, 한정하다
开办 kāibàn 개설하다
裁定 cáidìng 법원이 판결을 내리다
违宪 wéixiàn 위헌
深夜 shēnyè 심야, 한밤
损害 sǔnhài 손해를 입다, 손상시키다
落榜 luòbǎng 시험에 떨어지다
例如 lìrú 예를 들어
跳绳 tiàoshéng 줄넘기
跳远 tiàoyuǎn 멀리뛰기

꼭 알아야 할 성어·단어

- **背道而驰** : 위배되다 보통 앞에 '与'가 함께 쓰여 '与……背道而驰'의 형태로 많이 쓰이는데, '~와 위배된다'라고 해석한다.
- **疲于奔命** : '奔命'은 '명령을 받들어 뛰어다니다'라는 뜻이다. 여기서는 '목숨 걸다'로 의역하면 앞의 내용과 자연스럽게 이어진다.
- **差距悬殊** : 격차가 크게 벌어지다 '贫富悬殊'는 '빈부 격차'를 뜻한다.
- **鸡窝里再难飞出金凤凰** : 닭의 둥지에서 다시 금색 봉황이 날아 오르기 어렵다 즉 개천에서 용 나기는 어렵다는 뜻이다.

꼭 알아야 할 따페이·구문

- **缓解……问题** : ~문제를 완화하다
- **被裁定为违宪** : 위헌으로 판결나다 여기서 '为'는 '되다'라는 의미로, 제2성으로 발음해야 한다.
- **加重……负担** : ~부담을 가중시키다 '~부담을 덜어 주다'라는 표현은 '减轻……负担'이라는 것도 같이 알아 두자.

1 教育能够为社会底层学子提供跳跃龙门的机会，也可能以一种貌似公平的方式使阶层地位在代际间复制。

'为……提供……机会'는 '~에게 ~기회를 제공하다'라는 따페이로 문장에서 자주 볼 수 있으니 꼭 외워 두기 바란다. '以……方式'는 '~방식으로'라는 뜻이다 '貌似公平'에서 '貌似'는 '마치 ~처럼 보이다'라는 뜻이므로 '공평해 보이는' 정도로 해석할 수 있겠다. 그리고 '代际间复制'를 직역하면 '세대 간의 복제'라고 할 수 있는데 부모 세대가 자식 세대에게 지위를 물려 주는 것을 의미한다.

➥ 교육은 사회 빈곤층 학생들에게 신분 상승의 기회를 줄 수 있고, 또 공평해 보이는 방식으로 세대 간 계층 세습도 가능하게 해 준다.

2 由此形成的阶层屏障加剧了贫困人群的失落感。

'由此'는 '이로 말미암아'라는 뜻으로, '由此形成的'는 '이로써 형성된'으로 해석할 수 있겠다. '加剧……失落感'은 '실망감을 더 크게 했다'라는 뜻으로, '增加'가 아닌 '加剧'를 쓴 것에 주의하자. '失落感'과 비슷한 의미인 '挫折感 좌절감'도 올 수 있다.

➥ 이로써 형성된 계층 장벽 때문에 빈곤 인구의 실망감은 더욱 커졌다.

3 一些学生在补习班提前学完学校课程后，将学校变为睡觉的地方，老师威信下降，校园暴力增多，"学校崩溃"成为韩国社会最严重的问题。

'将A变为B'는 'A를 B로 바꾸다'라는 뜻을 가진 구문이다. '校园暴力'에서 '校园'은 '캠퍼스'를 뜻하지만 '暴力'와 결합하면 '학교폭력'이라고 하는 것이 좀 더 자연스럽겠다.

➥ 일부 학생들은 학원에서 미리 학교의 교과 과정을 모두 끝내 버려서 학교는 잠자는 곳으로 변해 버렸고, 교사의 위신은 땅에 떨어졌으며 학교폭력도 증가하여 "학교 붕괴"가 한국 사회에서 가장 심각한 문제가 되었다.

평준화는 사회의 고질병을 해결할 수 없다

　교육은 가난한 학생들에게 '개천에서 용 날 수 있는' 기회를 제공해 줄 수도 있지만 동시에 공평해 보이는 듯한 방식으로 세대 간 계층 세습도 가능하게 한다. 사회 계층의 고착화 문제를 해결하기 위해 한국은 교육 자원의 평준화 방법을 채택했다. 1960년대부터 한국은 중학교 입학 시 무시험 추천제를 실시하기 시작했다. 1974년부터는 점차적으로 고교 평준화 정책을 시행하여 교사들이 정기적으로 순환 근무를 하게 되었고, 고등학교 입학시험을 볼 자격이 되는 학생들은 오직 추첨 방식에 의해 소속 학군에서 학교를 선택할 수 있게 되었다. 그러나 정책 시행의 결과는 오히려 초기 의도와 정반대였다. 교육으로 인해 발생하는 사회 계층 고착화 현상이 더욱 심해진 것이다. 공립학교들은 '붕괴 위기'라는 말까지 나오고 있고 인성 교육은 뒷전이며 학생들은 여전히 수능에 목숨 걸고 있다.

　이러한 결과가 나타난 원인 중 하나는 정책 결정자들이 사교육을 고려하지 않았기 때문이다. 평준화 정책 시행 이후 한국의 사교육 시장은 급격히 팽창하였다. 한국 통계청의 데이터에 따르면 한국 가정에서 사교육비 지출은 GDP의 1%에 육박하며 OECD 국가 중 1위를 기록했다. 초등학생의 85%, 중학생의 70% 이상이 사교육을 받고 있으며, 고등학생이 사교육을 받는 시간은 1주일에 평균 20시간 이상이나 된다.

　이와 동시에 부유한 가정과 빈곤 가정의 사교육비 지출도 상당한 격차를 보이고 있다. 가난한 가정은 학원을 선택할 수 있는 경제력이 부족하고, 학원비가 비싼 유명 학원들은 부유한 지역으로 몰리면서 그 지역 집값을 올려 놓았다. 일부 부유한 가정에서는 선생님을 고를 수 있을 뿐만 아니라 심지어 학원 측에 중산층 이상 되는 집안의 자녀들만 모아서 반을 개설해 달라고 요구하기도 한다. 이로 인해 형성된 계층 장벽은 빈곤 가정들의 상실감을 가중시켰다. 가난한 가정의 사교육비 지출은 비록 액수는 적지만 가정 소득에서 차지하는 비중이 매우 높기 때문에 많은 가정에서 감당하기가 어렵다. 부모의 재력과 아이들의 학업 경쟁력이 갈수록 밀접한 관계를 형성하고, 빈곤 가정 학생들의 명문 대학 진학률이 계속 하락하면서 개천에서 용 나기가 더욱 어려워졌다.

　한국의 사교육은 대부분 입시를 목표로 한다. 즉 선행 학습을 하여 학생들의 시험 준비를 도와주는 것이다. 일부 학생들은 학원에서 미리 선행 학습을 마쳐 이들에게 학교는 그저 잠자는 곳으로 전락해 버렸다. 교권은 추락하고 학교폭력은 더욱 심각해져 '공교육 붕괴'가 한국 사회에서 가장 심각한 문제가 되었다. 교육의 주도권을 되찾기 위해 정부는 학교에 특기 적성 수업을 개설하게 하고 EBS에서 무료로 강좌를 들을 수 있게 하였음에도 불구하고 학원의 상대가 되지 못했다. 정부는 예전에 학원 개설을 제한하는 법령을 발표한 적 있으나 위헌 판정을 받았다. 사교육은 학생들의 부담을 가중시켰다. 언론에서는 초등학생들이 밤 늦게까지 학원에 다니느라 건강이 나빠졌다는 보도가 끊임없이 나오고 있다. 중학생들 사이에서는 '사당오락'이라는 말이 있을 정도이다. 하루에 4시간만 자면 명문대에 붙을 수 있고 5시간 이상 자면 떨어진다는 것이다. 한국 교육부에서는 계속 인성 교육을 추진하고자 하지만 딱히 성과는 없다. 일례로 교육부가 대입 시험에서 체육 성적의 비중을 높이자 바로 줄넘기 학원이나 멀리뛰기 학원이 생겨났다.

美在韩部署"萨德"贻害亚太

美韩两国宣布将在韩国部署"萨德"反导系统。美韩在联合声明中称，**1**此举旨在应对朝鲜对韩国及驻韩美军构成的核及导弹威胁，除此之外并无他意，不针对任何第三国。考虑到半岛南北军事对峙的地理环境等特点，用"萨德"反导系统来防备朝鲜对韩国的攻击，似乎有些"大材小用"。在很长一段时间里，韩国国内对部署"萨德"反导系统的利弊争议越演越烈。

美国力推"萨德"系统，看重的是该系统的战略意义。美国全球战略的最主要目标是维持世界霸权和对国际事务的主导权，防止任何力量对美主导地位构成挑战。为此，美国的一个关键手段是在军事领域谋求决定性优势。美国欲在"矛"与"盾"、"攻"与"防"两方面都占据优势。在欧洲和亚太部署导弹防御系统，正是美国这种思维的反映。美国在韩部署"萨德"反导系统将严重损害中俄等国的战略安全利益。**2**"萨德"系统的覆盖范围，特别是其X波段雷达监测范围远远超出所谓对朝防御需求，而且深入亚洲大陆腹地。

美国在韩部署"萨德"反导系统，贻害亚太。这再次反映了美国为一己之私，不顾他国安全利益；也再次表明，美国的外交和安全政策给各地区制造的麻烦往往比帮助解决的麻烦多。美韩只是一再重复说部署"萨德""完全是应对朝鲜"，不针对任何第三方，远不足以消除中俄的疑虑。当然，相信中俄有足够手段，恢复被破坏的战略平衡。**3**但这种轮番升级的"战略平衡"并不是包括中俄在内的国际社会广大成员所希望的。国际社会有充分的理由要求美韩停止"萨德"反导系统部署进程，不采取导致地区形势复杂化的行动，不做有损亚太各国战略安全利益的事情。

주요 단어 및 구문

部署"萨德"反导系统 bùshǔ sàdé fǎndǎo xìtǒng
사드 배치

贻害 yíhài 해를 끼치다, 후환을 남기다

亚太 Yàtài 아시아와 태평양, 아태

宣布 xuānbù 선포하다, 발표하다

联合声明 liánhé shēngmíng 연합성명, 공동성명

旨在 zhǐzài ~을 목적으로 하다, 취지는 ~이다

驻韩美军 zhù hán měijūn 주한미군

核 hé 핵

导弹 dǎodàn 미사일

威胁 wēixié 위협(하다)

他意 tāyì 다른 뜻, 타의

针对 zhēnduì 겨냥하다

军事对峙 jūnshì duìzhì 군사적 대치

地理环境 dìlǐ huánjìng 지리 환경

防备 fángbèi 대비하다, 대응하다

攻击 gōngjī 공격하다

大材小用 dàcái-xiǎoyòng 큰 인재를 작은 일에 쓰다

利弊 lìbì 장단점, 이로움과 폐단

争议 zhēngyì 논쟁, 논란

越演越烈 yuè yǎn yuè liè 갈수록 심각해지다

维持 wéichí 유지하다, 지키다

霸权 bàquán 패권

为此 wèicǐ 이 때문에, 이를 위해

关键 guānjiàn 관건

占据优势 zhànjù yōushì 우위를 차지하다

导弹防御系统 dǎodàn fángyù xìtǒng 미사일 방어 체계

反映 fǎnyìng 반영하다

覆盖范围 fùgài fànwéi 도달 범위, 커버 가능한 범위

X波段雷达 X bōduàn léidá X 밴드 레이더

监测 jiāncè 탐측하다, 모니터링하다

远远超出 yuǎnyuǎn chāochū 훨씬 초과하다

腹地 fùdì 중심 지역, 내륙 지역

一己之私 yījǐ zhī sī 이기주의, 사사로운 이익

不顾 búgù ~에도 불구하고, ~를 무시하고

消除疑虑 xiāochú yílǜ 우려를 불식시키다

恢复平衡 huīfù pínghéng 균형을 되찾다

轮番 lúnfān 교대로 ~하다

升级 shēngjí (사태가) 심해지다, 고조되다

进程 jìnchéng 과정, 프로세스

UNIT 05 국가별 이슈-한국

- **大材小用** : 큰 인재를 작은 일에 쓰다 북한의 미사일을 감시하기 위해 탐측 범위가 훨씬 넓은 사드를 쓰는 것은 용도 활용을 잘못하는 것이라는 뜻을 비유적으로 나타낸 표현이다.
- **"矛"与"盾"** : 직역하면 '창과 방패'이지만 여기서는 '공격과 방어'라는 비유적인 의미로 쓰였다.

1 此举旨在应对朝鲜对韩国及驻韩美军构成的核及导弹威胁，除此之外并无他意。

여기서는 '旨在应对' 구조를 정확하게 알아야 한다. '旨在'는 '~할 취지가 있다'라는 뜻의 동사이고 '应对' 역시 동사로 '대응하다'라는 뜻이다. 동사 두 개가 이어서 나온 구조인데 여기서 본동사는 '旨在'이다. '对……构成……威胁 ~에 위협을 끼치다' 따페이도 확인하자.

↳ 이 조치는 한국과 주한미군에 위협을 끼치는 북한의 미사일 위협에 대응하려는 취지이지 이외에 다른 의도는 없다.

2 "萨德"系统的覆盖范围，特别是其X波段雷达监测范围远远超出所谓对朝防御需求，而且深入亚洲大陆腹地。

이 문장에서 동사는 '超出'로, '远远超出 훨씬 뛰어넘다'가 동사 부분이다. 즉 동사 '超出'를 중심으로 그 앞은 주어이고, 뒷부분은 목적어가 되겠다. 주어가 길게 나와서 처음에는 혼동될 수 있으니 주의하자. 주어 부분은 '사드 시스템의 커버 범위, 특히나 X 밴드 레이더의 탐측 범위는'으로 번역할 수 있다. 목적어 부분이 좀 복잡한데 먼저 '对……需求' 구문을 찾아서 '소위 대북 방어를 위한 수요를 뛰어넘어서'라는 뜻을 잡는다. 그리고 '深入亚洲大陆腹地'는 '아시아 대륙 한가운데까지 들어간다'라고 번역하면 된다. '而且'는 '게다가'의 의미로 앞뒤 문장을 연결해 주는 기능을 한다.

↳ 사드의 방어 범위, 특히 X 밴드 레이더의 탐지 범위는 대북 방어에 필요한 범위를 훨씬 초과하여 아시아 내륙 지역까지 포함된다.

3 但这种轮番升级的"战略平衡"并不是包括中俄在内的国际社会广大成员所希望的。

이 문장에서 까다로운 부분은 '轮番升级'인데 직역하면 '돌아가면서 심해지다'라고 할 수 있다. 즉 미국이 군사 전략을 취하면 중국도 취하고, 중국이 취하면 미국이 또 취하면서 점점 심해진다는 의미로, '경쟁적인 전략 균형'으로 번역하면 무난하겠다. '所希望'에서 '所'는 '바라다'라는 뜻의 동사 '希望'을 명사화하는 기능을 하므로 '바라는 바'라고 번역하면 되겠다.

↳ 그러나 이런 경쟁적인 '전략적 균형'은 중국과 러시아를 포함한 국제사회의 대부분 국가들이 바라던 결과는 아니다.

한미 사드 배치, 아태 지역에 큰 위협

한미 양국이 한국에 사드를 배치하겠다고 발표했다. 한미 양국은 공동성명을 통해 이번 결정은 한국과 주한미군에 대한 북한의 핵·미사일 위협에 대응하기 위함이고, 이외에 다른 목적은 없으며 다른 제3국을 겨냥한 조치가 아님을 밝혔다. 한반도에서 남북이 군사적으로 대립하는 지리적 환경 등의 특징들을 고려했을 때 북한의 한국 공격에 사드로 대응하는 것은 '소 잡는 칼을 닭 잡는 데 쓰는' 격이다. 국내에서의 사드 배치 찬반 논란은 오랜 기간 갈수록 더욱 가열되는 양상을 띠고 있다.

미국이 사드 배치를 강력히 추진하는 이유는 이 시스템의 전략적 의의 때문이다. 미국이 글로벌 전략을 펼치는 가장 주된 목적은 국제사회에서 그들의 패권과 주도권을 유지하고 미국의 지위에 도전하는 모든 세력을 막아버리는 것이다. 이를 위해 미국이 사용하는 결정적 수단이 바로 군사적 영역에서 절대적인 우위를 차지하는 것이다. 미국은 공격전이든 방어전이든 늘 우위를 점하려 한다. 미국의 이러한 의도를 잘 보여 주는 것이 바로 유럽과 아시아 태평양 지역에 미사일 방어 체계를 배치하는 것이다. 미국이 한국에 사드를 배치하면 중국과 러시아 등의 전략적 안보 이익에 큰 손해를 입힐 것이다. 사드의 방어 범위, 특히 X 밴드 레이더의 탐지 범위는 대북 방어에 필요한 범위를 훨씬 초과하여 아시아 내륙 지역까지 포함된다.

사드 배치는 아태 지역에 큰 위협이 된다. 이번 조치는 미국의 타국 안보 이익을 고려하지 않는 미국의 이기주의적인 태도를 다시금 확인하게 했다. 또한 미국의 외교 및 안보 정책은 각 지역의 문제를 해결하기보다 오히려 문제를 더 일으킨다는 점도 보여 주고 있다. 한미 양국은 사드 배치가 북한 대응만을 위한 것이며 그 어떤 제3국도 겨냥하지 않을 것이라고 재차 강조하고 있지만 중국과 러시아의 우려를 불식시키기에는 턱없이 부족하다. 물론 중국과 러시아가 깨져버린 전략적 균형을 다시 회복하기 위한 수단들을 충분히 가지고 있다고 믿는다. 그러나 이러한 경쟁적인 '전략적 균형'은 중국과 러시아를 포함한 국제사회의 대부분 국가들이 바라던 결과는 아니다. 국제사회는 한미 양국에 사드 배치를 중단하라고 요구할 충분한 이유가 있다. 또한 한미 양국 역내 형세를 더욱 복잡하게 만드는 행위를 일삼지 말아야 하며 아시아 태평양 지역 각국의 안보 이익을 해치지 말아야 한다.

UNIT 06

"精灵宝可梦GO"风靡韩国

🎧 Track 1-6

　　风靡全球的手游"精灵宝可梦GO(Pokemon Go)"还未在韩国正式上线，就已经吸引大批狂热玩家。据韩国《亚洲经济》报道，7月7日至15日期间，韩国共有103万人通过各种渠道下载安装了"精灵宝可梦GO"，足见其人气之高。❶在这款游戏中，玩家需要扮演精灵训练师的角色，利用智能手机在现实世界里发现精灵，并进行抓捕和战斗。该游戏于7月7日首发，目前仅在澳大利亚、新西兰、美国等少数国家上线。

　　"精灵宝可梦GO"的运行需要依靠谷歌地图，但由于韩国政府对地图使用的限制，韩国境内多数地区目前都属于"锁区"。但上周，有玩家发现靠近朝韩边界的江原道束草地区可以正常登陆使用该游戏。❷于是，大批韩国玩家争先恐后涌入束草，导致从首尔到束草的大巴车票销售一空。在首尔工作的一位束草市民说："本打算这周末回家看望父母，但车票都被那些去抓'精灵'的人买光了。"

　　这款游戏的超高人气还带动了束草的旅游业。据当地一些从事旅店行业的人士介绍，受该游戏的影响，近期内旅店的客房已被全部订满。有些旅行社还专门推出了到束草玩"精灵宝可梦GO"的一日游行程，以此来吸引游客。此外，束草市立博物馆也推出了相关的优惠活动，游客只需抓捕30只小精灵并拍下认证照片，就可以免费参观博物馆。据悉，韩国还将趁热打铁推出以小企鹅"波鲁鲁"为主题的"波鲁鲁GO"手游。❸与"精灵宝可梦GO"相比，"波鲁鲁GO"加入了教育元素，更适合儿童和青少年。"波鲁鲁GO"目前已投入制作，有望年内上线。

주요 단어 및 구문

精灵宝可梦GO jīnglíng bǎokěmèng GO 포켓몬 고
风靡 fēngmǐ 휩쓸다, 유행하다
带动 dàidòng 촉진시키다, 이끌다
手游 shǒuyóu 모바일 게임 =
正式上线 zhèngshì shàngxiàn 공식적으로 출시되다
吸引 xīyǐn 끌어당기다, 매료시키다
大批 dàpī 대량의, 많은
狂热 kuángrè 열성적인, 매니악한
玩家 wánjiā 게임 유저, 게이머
通过 tōngguò 통과하다, ～를 통해
渠道 qúdào 통로, 루트, 경로
下载 xiàzǎi 다운로드하다
安装 ānzhuāng 설치하다
足见 zújiàn 충분히 알 수 있다, 충분히 ～를 보여 주다
游戏 yóuxì 게임
扮演……角色 bànyǎn……juésè ～역할을 하다
精灵 jīnglíng 포켓몬
训练师 xùnliànshī 트레이너
抓捕 zhuābǔ 붙잡다
战斗 zhàndòu 대결을 하다
澳大利亚 Àodàlìyà 호주
新西兰 Xīnxīlán 뉴질랜드
运行 yùnxíng 운영하다, 작동하다
依靠 yīkào ～에 의지하여, ～를 통하여
谷歌地图 Gǔgē dìtú 구글맵
境内 jìngnèi 국내
属于 shǔyú ～에 속하다
锁区 suǒqū 사용 금지 구역, 봉쇄구역
边界 biānjiè 국경, 경계
江原道束草 Jiāngyuán Dào Shùcǎo 강원도 속초
登陆 dēnglù 로그인, 접속
争先恐后 zhēngxiān kǒnghòu 뒤질세라, 앞다투어
大巴 dàbā 버스
车票 chēpiào 차표
销售一空 xiāoshòu yīkōng 매진되다
旅店 lǚdiàn 숙박소, 여관
客房 kèfáng 객실
订满 dìngmǎn 예약이 다 차다
推出 tuīchū 출시하다
此外 cǐwài 이외에

优惠活动 yōuhuì huódòng 할인 이벤트
拍下认证照片 pāixià rènzhèng zhàopiàn 인증 사진을 찍다
据悉 jùxī 아는 바에 의하면, 소식에 따르면
趁热打铁 chènrè-dǎtiě 한창때를 이용하여 신속히 일을 마치다
企鹅 qǐé 펭귄
波鲁鲁 bōlǔlǔ 뽀로로
元素 yuánsù 요소
适合 shìhé 적합하다
有望 yǒuwàng 가능성이 있다, 예상하다, 기대되다

꼭 알아야 할 성어·단어

- **锁区**: 직역하면 '봉쇄 구역' 정도인데 여기서는 '게임을 할 수 없는 지역'이라고 풀어서 설명하는 것이 좋겠다.
- **销售一空**: 매진되다, 다 팔리다 같은 문단 안에 나오는 '被……买光了'도 같은 뜻으로 쓰이는 표현이니 함께 기억해 두자.

1 在这款游戏中，玩家需要扮演精灵训练师的角色，利用智能手机在现实世界里发现精灵，并进行抓捕和战斗。

'游戏'의 양사는 무엇일까? 답은 문장에 있다. 바로 '款'이다. 우리가 중국어 명사의 모든 양사를 다 외울 수는 없다. 문장을 보면서 그때그때 중요한 양사들은 정리해 두자. '玩家'는 게임과 관련된 내용이니 '게이머' 또는 '게임 유저'라고 번역하는 것이 자연스럽다. 따페이 '扮演……角色'는 '~역할을 하다'라는 뜻으로 출현 빈도가 높은 따페이이니 꼭 외워 두자. '进行+동사'는 서면어에서 자주 볼 수 있는 패턴이니 주의하자.

↪ 이 게임에서 유저들은 포켓몬을 훈련시키는 트레이너 역할을 한다. 스마트폰을 이용하여 현실 세계에서 포켓몬을 잡고 대결을 펼친다.

2 于是，大批韩国玩家争先恐后涌入束草，导致从首尔到束草的大巴车票销售一空。

'大批'는 '무리'를 나타내는 표현으로, 이미 복수의 의미를 가지기 때문에 '韩国玩家' 뒤에 '们'을 붙일 필요가 없다. 뒷문장을 '导致+목적어' 구조로 표현한 것을 눈여겨 봐야 한다. 중국어에서는 '导致'를 써서 문장을 만드는 경우가 상당히 많다.

↪ 이에 따라 수많은 게임 유저들이 속초로 몰려들었고 그 결과 서울에서 속초로 가는 버스표가 전부 매진되었다.

3 与"精灵宝可梦GO"相比，"波鲁鲁GO"加入了教育元素，更适合儿童和青少年。

'与……相比'는 '~와 비교해 봤을 때'라는 뜻이다. '加入了教育元素'는 '동사(加入)+목적어(教育元素)' 구조로 '교육적 요소를 가미하다'라고 번역할 수 있겠다. 그리고 '适合'는 뒤에 목적어가 오는 타동사라는 것을 기억해야 한다. 하지만 '合适'는 뒤에 목적어가 오지 못하고 '对……合适'의 형태로 쓰인다는 것을 꼭 기억해 두자.

↪ '뽀로로 고'는 포켓몬 고보다 교육적인 요소를 가미하여 어린이와 청소년에게 보다 적합한 게임이다.

포켓몬 고, 한국을 휩쓸다

　　전 세계를 휩쓸고 있는 모바일 게임 '포켓몬 고'는 아직 한국에 공식 출시되지 않았지만 이미 수많은 게임 유저들 사이에서 폭발적인 인기를 끌고 있다. 아주경제의 보도에 따르면 7월 7일부터 15일까지 한국에서 여러 가지 통로를 통해 포켓몬 고를 다운받은 유저들이 103만 명에 달해 그 뜨거운 인기를 여실히 보여 주었다고 한다. 포켓몬 고 게임에서 유저들은 포켓몬을 훈련시키는 트레이너 역할을 한다. 스마트폰을 이용해 현실 세계에서 포켓몬을 잡고 대결을 펼치는 것이다. 포켓몬 고는 7월 7일 처음 출시되었는데 현재까지 호주, 뉴질랜드, 미국 등 일부 국가에서만 가능하다.

　　포켓몬 고는 구글맵을 통해서 작동되는데 현재 한국 정부는 구글맵 사용을 제한하여 국내 대다수 지역은 게임이 불가능하다. 그런데 지난주, 한 게임 유저가 38선과 가까이 있는 강원도 속초에서 포켓몬 고 게임이 된다는 것을 발견하게 되었다. 이에 따라 수많은 게임 유저들이 속초로 몰려들었고 그 결과 서울에서 속초로 가는 버스표가 전부 매진되었다. 서울에서 근무하는 한 속초 시민은 "원래 이번 주에 집에 내려가서 부모님을 뵐 예정이었는데 포켓몬 고 게임 유저들 때문에 표가 다 매진됐다"고 말했다.

　　한편 게임이 선풍적인 인기를 끌면서 속초의 관광산업이 활성화되었다. 현지에서 여행 숙박업을 하는 관계자에 따르면 포켓몬 고 덕분에 객실 예약이 전부 다 찼다고 한다. 일부 여행사에서는 '포켓몬 고 당일 속초 여행' 상품을 내놓아 여행객을 끌어 모으고 있다. 뿐만 아니라 속초시립박물관에서도 포켓몬 30마리를 잡아 인증 사진을 올리면 무료로 박물관을 관람할 수 있게 하는 이벤트를 실시하고 있다. 포켓몬 고 열풍에 힘입어 펭귄 캐릭터인 '뽀로로'를 이용한 '뽀로로 고' 게임도 출시될 예정이라고 한다. '뽀로로 고'는 포켓몬 고보다 교육적인 요소를 가미하여 어린이와 청소년에게 보다 적합한 게임이다. '뽀로로 고'는 현재 이미 제작에 들어갔으며 연내에 출시될 것으로 보인다.

국가별 이슈

UNIT 07 美货币政策仍将保持量化宽松
미국의 통화정책, 변함없이 양적 완화 유지

UNIT 08 美国校园枪击案原因复杂
미국 캠퍼스 총기 사건의 복잡한 원인

UNIT 09 美联储加息对我国不利影响有限
Fed 금리 인상이 중국에 미치는 악영향은 제한적이다

美货币政策仍将保持量化宽松

🎧 Track 1-7

当地时间9月17日下午2点，美国联邦公开市场委员会（FOMC）第六次会议声明对外公布，美联储联邦基金利率维持0至0.25%不变。美联储认为，考虑到全球经济疲弱及美国持续的低通胀水平，决定把联邦基金利率维持在现有水平，但预计会在年底前启动金融危机以来的首次加息。在随后举行的新闻发布会上，美联储主席耶伦强调，此次暂缓加息的主要原因之一就是目前的国际经济形势，美联储关注包括中国在内的新兴市场风险。

分析人士认为，美联储暂缓加息，表明"鸽派"观点占据强势，即更担忧因过早加息而引起的外部经济形势变化对美国经济的"溢回效应"——过早加息造成海外经济增长放缓和美元走强，导致美国通胀水平难以达到美联储预估的目标。耶伦在新闻发布会上表示，美国通胀水平一直低于预期目标，❶近期全球经济形势的演变会给美国通胀带来下行压力。❷即使启动了首次加息，货币政策还将在一段时间内保持高度宽松，以便刺激美国经济增长。

针对美国经济的未来走势，美联储认为，自7月份会议以来，FOMC得到的信息显示，美国经济活动正温和扩张。家庭消费支出和企业固定投资适度增长，房地产行业得到进一步改善。总体来说，劳动力市场指标显示，劳动力资源利用不足的情况自年初以来有所改善。通胀持续低于美联储长期目标水平，部分反映了较早时候的能源价格下跌及非能源进口价格下降。目前，通胀指标虽仍处低位，但更长期通胀预期仍保持稳定。

美联储9月17日还公布了最新一期季度经济预测，❸将2015年美国经济增长预期由之前的1.9%上调到2.1%，失业率预期从5.3%调整到5%，个人消费支出价格指数从0.7%调整到0.4%，上述数据是美联储考虑加息的主要依据。在此次会议中，FOMC成员提供的预测中值显示，美联储将在2015年启动1次加息，在2016年启动4次加息，到2016年年底利率水平将达到1.4%。

国际货币基金组织总裁拉加德在前不久举行的二十国集团财长和央行行长会议上表示，美联储不应急于加息，而应在确信加息决策不会很快逆转的情况下考虑加息。世界银行首席经济学家上周指出，美联储应该按兵不动，一直等到全球经济有一个更牢靠的基础。对于美联储未来的加息时点，耶伦在新闻发布会上再次强调"加息具体时间远比不上加息路径对经济的重要性"。多数市场人士认为，美联储很有可能在今年12月份加息。曾在美联储供职的多位经济学家认为，若近期全球经济放缓和金融市场动荡没有对美国经济增长前景产生重大影响，美联储年内启动加息势在必行。

주요 단어 및 구문

保持 bǎochí 유지하다
量化宽松 liànghuà kuānsōng 양적 완화(QE)
加息 jiāxī 금리 인상
当地时间 dāngdì shíjiān 현지 시각
美国联邦公开市场委员会
Měiguó liánbāng gōngkāi shìchǎng wěiyuánhuì
미국 연방공개시장위원회(FOMC)
美联储 Měiliánchǔ 미국 연방준비제도이사회(미 연준)
利率 lìlǜ 금리
疲弱 píruò 부진하다
通胀 tōngzhàng 인플레이션
预计 yùjì 예측하다
启动 qǐdòng 개시하다, 시동을 걸다
随后 suíhòu 뒤이어, 이어서
举行 jǔxíng 개최하다, 열다
新闻发布会 xīnwén fābùhuì 기자회견
主席 zhǔxí 의장
耶伦 Yēlún 옐런 [·재닛 옐런]
暂缓 zànhuǎn 잠시 미루다
新兴市场 xīnxīng shìchǎng 이머징마켓
鸽派 gēpài 비둘기파(온건파)
占据强势 zhànjù qiángshì 우위를 점하다
担忧 dānyōu 걱정하다, 우려하다
过早 guòzǎo 시기상조이다
溢回效应 yì huí xiàoyìng 스필백(spill back)
放缓 fànghuǎn 둔화하다
美元走强 měiyuán zǒuqiáng 달러 강세
达到目标 dádào mùbiāo 목표에 도달하다
预估 yùgū 짐작하다, 예상하다
演变 yǎnbiàn 변화 발전하다, 변화
下行 xiàxíng 하락하다
即便 jíbiàn 설령 ~일지라도
刺激 cìjī 부양하다, 북돋우다
针对 zhēnduì ~에 대하여
走势 zǒushì 추세
扩张 kuòzhāng 확장하다
固定 gùdìng 고정적인
投资 tóuzī 투자
适度 shìdù 적절하다
房地产 fángdìchǎn 부동산

总体来说 zǒngtǐ láishuō 전반적으로
指标 zhǐbiāo 지표, 수치
自……以来 zì……yǐlái ~이후로
有所改善 yǒusuǒ gǎishàn 어느 정도 개선되다
能源 néngyuán 에너지
下跌 xiàdiē 하락하다
非能源 fēinéngyuán 비에너지
进口 jìnkǒu 수입(하다)
低位 dīwèi 낮은 위치, 낮은 편
稳定 wěndìng 안정적이다, 안정되다
上调 shàngtiáo 상향 조정하다
上述 shàngshù 앞서 말한
依据 yījù 근거
中值 zhōngzhí 중간값
国际货币基金组织 guójì huòbì jījīn zǔzhī
국제통화기금(IMF)
总裁 zǒngcái 총재
拉加德 Lājiādé 라가르드 [인명]
二十国集团 èrshí guó jítuán G20
财长 cáizhǎng 재무장관
央行行长 yāngháng hángzhǎng 중앙은행 총재
急于 jíyú ~하는 데 급급하다
确信 quèxìn 확신하다
决策 juécè 정책 결정
逆转 nìzhuǎn (원상태로) 돌리다, 번복하다
世界银行 Shìjiè Yínháng 세계은행(WB)
首席经济学家 shǒuxí jīngjì xuéjiā 수석 이코노미스트
按兵不动 ànbīng-búdòng
잠시 멈추고 시기를 기다리다, 복지부동, 동결하다
牢靠 láokào 탄탄하다
时点 shídiǎn 시기
比不上 bǐbúshàng 비교할 수 없다
路径 lùjìng 경로, 수단, 방법
供职 gòngzhí 일하다
金融市场 jīnróng shìchǎng 금융시장
动荡 dòngdàng 불안하다, 동요하다
前景 qiánjǐng 전망
产生重大影响 chǎnshēng zhòngdà yǐngxiǎng
심각한 영향을 끼치다
势在必行 shìzàibìxíng 피할 수 없는 추세이다

꼭 알아야 할 성어·단어

- **通胀** : '通货膨胀'의 줄임말로 '인플레이션'을 의미한다. '디플레이션'은 '通货紧缩'를 줄여서 '通缩'라고 한다.
- **鸽派** : '비둘기파'라는 뜻으로 온건파를 의미한다. 반대로 강경파인 '매파'는 '鹰派'라고 한다.

1 近期全球经济形势的演变会给美国通胀带来下行压力。

'给……带来……压力' 따페이는 '~에게 ~압력[부담]을 주다'라는 뜻이다. 서면어에 자주 나오는 표현이므로 반드시 외워 둬야 한다.

↳ 최근 글로벌 경제 정세의 변화는 미국의 인플레이션에 하락 압력을 가져다 줄 것이다. [미국의 인플레이션 추세가 하락하게 할 것이다.]

2 即使启动了首次加息, 货币政策还将在一段时间内保持高度宽松, 以便刺激美国经济增长。

'即使'는 '설사 ~라 할지라도'의 뜻으로 보통 '也' 또는 '还'와 호응한다. '以便'은 '~하기 위해서'라는 뜻으로 의미는 '为了'와 같지만 문장에서 놓이는 위치가 다르다. '为了'는 항상 문장의 앞에 오지만 '以便'은 두 번째 문장의 맨 앞에 온다는 것을 유의하자.

↳ 설사 처음으로 금리를 인상했다 하더라도 통화정책은 한동안 양적 완화를 유지할 것이다. 미국의 경기를 부양하기 위해서.

3 将2015年美国经济增长预期由之前的1.9%上调到2.1%,

'上调'와 '上调到'를 구분해 보자. 우선 '上调'에 '到'가 붙으면 '~까지 상향 조정하다'라는 뜻이 된다. 따라서 '上调到 2.1%'은 '2.1%까지 상향 조정하다'라는 의미이다. 반면 '上调 2.1%'은 '2.1% 상향 조정해서 (결과적으로) 몇 %가 되었다'는 의미가 된다. '到'가 있느냐 없느냐에 따라 뜻이 달라지므로 매우 주의해야 한다. 마찬가지로 '下降到5%'는 5%까지 하락한 것이고, '下降5%'는 5% 하락해서 결과적으로 어떤 수치에 도달했다라는 의미임을 확실히 이해하자.

↳ 2015년 미국의 경제성장 예측을 이전의 1.9%에서 2.1%까지 상향 조정했다.

★ **美联储** : '미국 연방준비제도이사회(미 연준)'는 FRB 또는 Fed라고 하며, 우리나라의 한국은행에 해당하는 미국의 중앙은행이다. 다른 국가의 중앙은행은 정부의 통제를 받지만 미 연준은 미국 정부의 통제를 받지 않는 독립적인 민간기관이다. 주요 임무 중의 하나가 화폐발행인데, 2008년 금융 위기 때 천문학적으로 달러를 찍어 내는 양적 완화 정책(量化宽松政策)을 취했다가, 경제가 회복되자 2015년 12월 출구전략의 일환인 금리 인상(加息)을 전격 단행했다. 미 연준의 재닛 옐런 의장은 미국 대통령 다음으로 경제 분야에서 영향력이 막강하다.

미국의 통화정책, 변함없이 양적 완화 유지

현지 시각 9월 17일 오후 2시, 미국 연방공개시장위원회(FOMC)는 제6차 회의 성명을 통해 미 연준(Fed)이 기준 금리를 0~0.25% 수준으로 유지할 것이라는 결정을 대외적으로 밝혔다. 미 연준은 글로벌 경제가 취약하고 미국의 인플레 수준이 지속적으로 낮은 점을 고려하여 기준 금리를 현재 수준으로 동결하기로 결정한 것이다. 그러나 연말 전에 금융 위기 발발 이후 첫 번째 금리 인상을 단행할 것으로 예측된다. 잇따라 열린 기자회견에서 재닛 옐런 연준의장은 연준이 이번에 금리 인상을 연기한 주요 원인 중 하나는 현재의 글로벌 경제 추세이고, 연준은 중국을 포함한 이머징마켓의 리스크를 예의 주시하고 있다고 강조했다.

애널리스트들은 연준이 금리 인상을 연기한 것은 비둘기파(온건파)의 입장이 힘을 얻고 있다는 것을 의미한다고 밝혔다. 즉 섣부른 금리 인상이 가져올 외부 경제 추세의 변화가 미국 경제에 미칠 스필백(spill back: 한 나라의 경제 정책 여파가 다시 그 나라 경제로 돌아오는 현상)을 더 걱정하고 있다는 것이다. 금리를 너무 서둘러 인상하면 해외 경제성장 둔화와 달러 강세를 초래할 것이고, 결국 미국의 인플레 수준이 연준의 목표치에 도달하기 어려워질 것이다. 기자회견에서 옐런 의장은 미국의 인플레 수준이 줄곧 목표치를 밑돌았으며, 최근 글로벌 경제 추세의 변화가 미국의 인플레율을 떨어뜨릴 수 있다고 밝혔다. 따라서 설령 첫 번째 금리 인상을 단행하더라도 일정 기간 높은 수준의 양적 완화 정책을 유지할 것이며 이를 통해 미국 경제를 부양할 것이라고 주장했다.

미국 경제의 향후 추세에 대해 연준은 7월 회의 이후 FOMC에서 얻은 정보가 보여 주듯이 미국 경제가 안정적으로 성장하고 있다고 밝혔다. 가계 소비 지출과 기업의 고정 투자가 적절히 증가하고 있으며 부동산 업계 경기도 한층 호전되었다. 전반적으로 노동시장 지표를 보면 노동 자원 이용 부족 상황이 연초 이후로 다소 개선되었다. 인플레가 연준이 지정한 장기적 목표 수준을 계속 밑도는 현상은 올해 초 에너지 가격 하락 및 비에너지 수입 가격의 하락을 부분적으로 반영했기 때문이다. 현재 인플레 수치는 여전히 낮은 편이지만 좀 더 장기적인 인플레 전망치는 안정적인 수준을 유지하고 있다.

연준이 9월 17일 발표한 최신 분기 경제 전망에서는 2015년 미국의 경제성장 전망을 이전의 1.9%에서 2.1%까지 상향 조정했다. 또한 실업률 예상치도 5.3%에서 5%로 조정했고, 개인소비지출 물가지수(PCEPI)는 0.7%에서 0.4%로 조정했다. 이러한 수치들은 연준이 금리 인상을 고려할 때 참고하는 주요 데이터들이다. 이번 회의에서 FOMC 회원들이 제시한 평균 예측치를 살펴보면 연준은 2015년에 금리 인상을 한 차례 단행할 것이며 2016년에는 네 차례 금리 인상을 시행하고, 2016년 연말에 금리는 1.4%에 이를 것으로 예상된다.

라가르드 IMF 총재는 얼마 전 열린 G20 재무장관 및 중앙은행 총재 회의에서 연준이 너무 조급하게 금리를 인상해선 안 되며 금리 인상 정책을 다시 번복하지 않겠다는 확신이 설 때 금리 인상을 고려해 봐야 한다고 지적했다. 세계은행 수석 이코노미스트는 지난주에 글로벌 경제의 펀더멘털이 좀 더 탄탄해질 때까지 연준은 때를 기다려야 한다고 지적했다. 연준의 향후 금리 인상 시기에 대해 옐런 의장은 기자회견에서 "금리 인상의 구체적인 시기보다 금리 인상의 필요성이 훨씬 더 중요하다"고 재차 강조하였다. 많은 시장 분석가들은 연준이 올해 12월에 금리를 인상할 가능성이 크다고 본다. 이전에 연준에 몸담았던 많은 경제학자들은 만약 최근에 나타나고 있는 글로벌 경제 둔화 현상과 금융시장의 불안정성이 미국의 경제성장 추세에 그다지 심각한 타격을 입히지 않는다면 연내에 미 연준이 금리 인상을 단행할 것이라고 밝혔다.

美国校园枪击案原因复杂

10月1日上午,位于美国偏远地区的一个社区学院再次传来阵阵枪声。一名26岁的男性枪手在乌姆普夸社区学院开枪杀人,枪击事件造成包括枪手在内的至少13人死亡,20人受伤。1消息传来,震惊朝野。美国总统奥巴马发表电视讲话,对枪击案表示悲痛与愤慨。他称,美国枪击事件接连不断,大家开始出现麻木情绪。作为总统的奥巴马每隔一段时间都要为校园枪击案发表谈话,这已成为一种"例行公事"。

2听完奥巴马的讲话,我发现,不少美国人的表情已经由短暂的震惊转为无解的木讷。针对屡见报端的校园枪击惨剧,民众开始见怪不怪。而这次枪击案还是让我感到震惊,震惊的并非惨案的死伤人数,而是它已经成为美国今年第45起校园枪击案,也是第17起发生在美国大学校园的枪击案。如果校园枪击案仅是偶发事件,也许可以在某些偶发因素中寻找动机。但高频率校园枪击案的发生一定有更深层次的原因。那么,美国校园枪击案有什么新的趋势,其背后是否存在某些社会体制上的原因呢?

首先,美国最近几年发生的校园枪击案正开始转移到一些民风纯朴、人口较少、治安常年良好的偏远地区。3在这样的地区发生校园枪击案,不仅令当地居民感到不解;同时也突然失去了习以为常的安全感,身心受到极大创伤。例如,这次发生枪击案的乌姆普夸社区学院就位于俄勒冈州罗斯堡小镇的郊外。学院有3300名学生,师生之间彼此熟悉,小镇居民也只有2万多,距离最近的大城市有数百公里。相反城市里的学校治安普遍较好,还制定了应对枪击案等突发事件的紧急预案。我儿子在学校也参加过多次类似演习。

第二,4近年来发生的一系列校园枪击案会给美国人的内心留下难以磨灭的创伤。5校园枪击案也发生在世界其它国家,但频率远低于美国。媒体报道的数据显示,自1991年11月1日中国留学生卢刚在爱荷华大学开枪打死四人到2013年7月16日21年间,美国共有55起至少有一人死亡的校园枪击案。在此期间,世界上有21个国家出现了校园枪击案,但没有任何一个国家高于美国。

第三,美国是一个民众持枪比例很高的国家。据统计,美国民众手中有2.7亿支各类枪械,远高于出现过校园枪击案的21个国家所有非军事人员所持有的总数。与这21国相比,美国人持有枪支的绝对数量最高,人均持枪数也最高。更可怕的是,美国人所持枪支用于校园枪击案的比例也最高。其它21国民众持有枪支用于校园枪击案的人均比例为0.111,而美国是它的五倍。

주요 단어 및 구문

校园枪击案 xiàoyuán qiāngjī'àn 캠퍼스 총기 사건
偏远 piānyuǎn 외지다
传来 chuánlái 전해지다, 들려 오다
阵阵 zhènzhèn 이따금
枪声 qiāngshēng 총성
枪手 qiāngshǒu 총격범, 총기범
开枪 kāiqiāng 총을 쏘다
受伤 shòushāng 부상을 입다, 상처를 입다
震惊 zhènjīng 깜짝 놀라게 하다, 경악하게 하다
朝野 cháoyě 여야, 정부와 민간
奥巴马 Àobāmǎ 오바마
发表讲话 fābiǎo jiǎnghuà 연설을 하다
悲痛 bēitòng 비통해하다
愤慨 fènkǎi 분개하다
接连不断 jiēlián búduàn 끊임없이, 연이어
麻木 mámù 마비되다, 무감각하다
作为 zuòwéi ~로서
每隔 měigé 매 ~마다
例行公事 lìxíng-gōngshì 관례대로만 처리하는 업무 방식, 형식적인 절차
由A转为B yóu A zhuǎnwéi B A에서 B로 바뀌다
短暂 duǎnzàn 잠깐, 잠시, (시간이) 짧다
木讷 mùnè 소박하고 말수가 적다
屡见报端 lǚjiàn bàoduān 자주 보도되다
惨剧 cǎnjù 참사
民众 mínzhòng 국민
见怪不怪 jiànguài bú guài 이상한 일을 겪어도 아무렇지 않게 생각하다
死伤者人数 sǐshāngzhě rénshù 사상자 수
偶发事件 ǒufā shìjiàn 우발적인 사건, 돌발 사건 =
寻找 xúnzhǎo 찾다
动机 dòngjī 동기
高频率 gāo pínlǜ 빈도수가 높다
更深层次 gèng shēncéngcì 더욱 심도 있는
趋势 qūshì 추세
转移到 zhuǎnyídào ~로 옮겨가다, 전이되다
民风纯朴 mínfēng chúnpǔ 민심이 순박하다
治安 zhì'ān 치안
常年 chángnián 오랜 기간, 일 년 내내
不解 bùjiě 이해할 수 없다

习以为常 xíyǐwéicháng 습관이 되다, 일상화되다
受到创伤 shòudào chuāngshāng 상처를 입다
俄勒冈州 Élēigāng zhōu 오리건 주
小镇 xiǎozhèn 작은 마을
郊外 jiāowài 교외
彼此 bǐcǐ 서로, 피차
熟悉 shúxī 잘 알다
相反 xiāngfǎn 반대로, 오히려
普遍 pǔbiàn 보편적인, 일반적인
紧急 jǐnjí 긴급하다, 긴박하다
预案 yù'àn 매뉴얼, 대응책
类似 lèisì 유사하다
演习 yǎnxí 훈련하다
一系列 yíxìliè 일련의, 연속의
留下创伤 liúxià chuāngshāng 상처를 남기다
磨灭 mómiè 없어지다, 사라지다
频率 pínlǜ 빈도
远低于 yuǎn dīyú 훨씬 낮다
爱荷华 Àihéhuá 아이오와
共有 gòng yǒu 총 ~이 있다
持枪 chíqiāng 총기를 보유하다
比例 bǐlì 비율
据统计 jù tǒngjì 통계에 따르면
支 zhī 자루 [총을 세는 양사]
枪械 qiāngxiè 총(기) =
持有 chíyǒu 가지고 있다
总数 zǒngshù 총합
与A相比 yǔ A xiāngbǐ A와 비교해 보면
人均 rénjūn 1인당
用于 yòngyú ~에 사용하다

꼭 알아야 할 성어·단어

- **每隔一段时间** : '每隔'는 '매 ~마다'라는 뜻으로, '每隔一段时间'은 '일정 기간마다'라는 뜻이다. '时隔'는 '~만에'라는 뜻이다. 예를 들어 '1년 만에 다시 만나다'는 '时隔一年再次见面'이라고 한다.
- **见怪不怪** : 직역하면 '이상한 것을 보고도 이상하게 여기지 않다'라고 할 수 있다. '대수롭지 않게 여기다', '익숙해지다' 정도로 의역해 볼 수 있겠다.
- **是否** : ~인지 아닌지 '能否 할 수 있을지 없을지', '会否 ~일지 아닐지'도 함께 기억해 두자.

1. 消息传来，震惊朝野。美国总统奥巴马发表电视讲话，对枪击案表示悲痛与愤慨。

   '소식이 전해지다[퍼지다]'의 적당한 중국어 표현을 바로 떠올리기가 쉽지 않다. '消息传来'라는 표현을 아예 외워 두자. '震惊朝野'에서 '朝野'는 '여야' 즉 '전국'이란 의미로 번역한다. '对……表示悲痛与愤慨'는 '~에 대해 비통함과 분노를 표하다'라는 뜻으로 '对……表示+목적어' 구조를 기억해 두자.

   ↪ 이 소식이 전해지자 미국 전역이 충격에 휩싸였다. 오바마 미국 대통령은 TV 연설을 통해 총기 사건에 대한 비통함과 분노를 표현했다.

2. 听完奥巴马的讲话，我发现，不少美国人的表情已经由短暂的震惊转为无解的木讷。

   '由A转为B'는 'A에서 B로 바뀌다'라는 뜻으로 여기서 '由'는 '从'의 용법이다. '木讷'라는 단어는 다소 생소한 단어인데 원래의 의미는 '소심하고 말수가 적다'라는 뜻이지만 이 문장에서는 사전적 의미보다는 적당히 의역해야 자연스러운 문장이 된다.

   ↪ 오바마 대통령의 연설을 듣고 난 뒤, 나는 많은 미국인들이 잠시 경악했다가 이내 무덤덤한 모습으로 변하는 것을 목격했다.

3. 在这样的地区发生校园枪击案，不仅令当地居民感到不解；同时也突然失去了习以为常的安全感，身心感到极大创伤。

   '不仅A，也B' 구조이고, 중간에 '令'이 있는 사역문이다. '习以为常'은 자주 쓰이는 성어로 '습관적인', '일상적인' 정도로 번역해 볼 수 있겠다. '엄청난 충격을 받았다'라는 표현을 이 문장에서는 '身心感到极大创伤'이라고 했는데 '受到冲击', '受到重创', '受到打击' 등으로 표현할 수 있다.

   ↪ 이러한 지역에서 캠퍼스 총기 사건이 발생하자 해당 지역의 주민들은 의아해했다. 동시에 예전에는 당연하게 여겼던 안전함을 더 이상 느낄 수 없게 되어 심적으로 큰 충격을 받았다.

4. 近年来发生的一系列校园枪击案会给美国人的内心留下难以磨灭的创伤。

   '给……留下……'는 '~에게 ~을 남기다'라는 뜻으로, 자주 나오는 따페이이다. 그중에서도 '给我留下深刻印象 나에게 깊은 인상을 남겼다'는 자주 나오는 표현이니 외워 두자.

   ↪ 최근 들어 발생한 일련의 캠퍼스 총기 사건은 미국인들에게 잊혀지지 않는 상처를 남겼다.

5. 校园枪击案也发生在世界其它国家，但频率远低于美国。

   '低于……'는 '~보다 낮다'라는 뜻으로, 비교문을 쉽게 만들어 준다. '~보다 높다'라는 뜻의 '高于'도 마찬가지이다. 예를 들어 '한국의 경제성장률은 중국의 성장률보다 낮다'를 중국어로 번역해 보라고 하면 대부분의 학생들은 '韩国的经济增长率比中国的增长率还低.'라고 할 것이다. 하지만 '低于'를 활용하면 '韩国的经济增长率低于中国.'라고 훨씬 간단하게 표현할 수 있다. 마찬가지로 '중국의 경제성장률은 한국의 성장률보다 높다'라는 표현은 '中国的经济增长率高于韩国.'라고 하면 된다. '低于', '高于', '多于', '快于' 등의 단어들은 꼭 외워 두자. 그리고 동사 앞에 부사 '远'이 오면 '훨씬'의 의미이다. '멀다'라는 뜻의 형용사가 아님을 주의하자.

   ↪ 캠퍼스 총기 사건은 전 세계 각지에서 발생하고 있지만 미국에서의 발생 빈도에는 훨씬 못 미친다.

미국 캠퍼스 총기 사건의 복잡한 원인

　10월 1일 오전, 미국의 외딴 지역에 위치한 한 학교에서 또 한 번의 총성이 울려 퍼졌다. 총을 든 26살의 남성이 움프콰 커뮤니티 칼리지(Umpqua Community College)에서 총기를 난사했고, 이 사건으로 가해자를 포함하여 최소 13명이 사망하고 20명이 부상을 입었다. 이 소식이 전해지자 미국 전역이 충격에 휩싸였다. 오바마 미국 대통령은 TV 연설을 통해 총기 사건에 대한 비통함과 분노를 표했다. 그는 미국에서 총기 사건이 끊이질 않아 국민들이 이에 대해 무감각해지기 시작했다고 말했다. 오바마 대통령이 주기적으로 캠퍼스 총기 사건에 대한 연설을 발표하는 것도 이미 '연례행사'가 돼 버렸다.

　오바마 대통령의 연설을 듣고 난 뒤, 나는 많은 미국인들이 잠시 경악했다가 이내 무덤덤한 모습으로 변하는 것을 목격했다. 언론에서 자주 보도되는 캠퍼스 총기 사건에 대해 이제 미국 국민들은 대수롭지 않게 여기기 시작한 것이다. 그러나 나는 이번 총기 사건에 경악을 금치 못했다. 내가 놀란 것은 이 참혹한 사건의 사상자 수가 아니라 이것이 이미 역대 미국에서 발생한 45번째 캠퍼스 총기 사건이자 올 한 해 미국 대학 캠퍼스 내에서 발생한 17번째 총기 사건이라는 사실 때문이다. 만약 캠퍼스 총기 사건이 우발적인 사건일 뿐이라면 우연한 원인들 중에서 사건의 동기를 찾을 수도 있을 것이다. 그러나 캠퍼스 총기 사건이 이토록 자주 발생하는 것은 분명 더욱 심층적인 원인이 있을 것이다. 그렇다면 현재 미국의 캠퍼스 총기 사건에는 어떤 새로운 추세가 나타나고 있고, 그 배후에는 어떤 사회 체제적 원인이 있는 것일까?

　첫째, 최근 들어 미국 캠퍼스 총기 사건은 인심 좋고 인구도 적으며 장기간 치안이 안전했던 변두리 지역으로 퍼지기 시작했다. 이러한 지역에서 캠퍼스 총기 사건이 발생하자 해당 지역의 주민들은 의아해했다. 동시에 예전에는 당연하게 여겼던 안전함을 더 이상 느낄 수 없게 되어 심적으로 큰 충격을 받았다. 예를 들어, 이번 총기 사건이 발생한 움프콰 커뮤니티 칼리지는 오리건 주 로즈버그의 교외에 위치하고 있는데 이 학교의 학생 수는 3300명 정도이고 교수와 학생들은 서로 잘 알고 지내는 사이였다. 마을 주민들도 2만여 명 밖에 안 되며, 가장 가까운 대도시와는 수백 킬로 떨어져 있다. 이와 달리 도심에 위치한 학교의 치안 상태는 대부분 양호하고 총기 사건 등 돌발 사건에 대한 매뉴얼도 만들어 놓았다. 필자의 아들도 학교에서 여러 차례 유사한 훈련에 참가해 본 적이 있다.

　둘째, 최근 발생한 캠퍼스 총기 사건은 미국인들의 마음 속에 지울 수 없는 상처가 될 것이다. 캠퍼스 총기 사건은 전 세계 각지에서 발생하고 있지만 미국에서의 발생 빈도에는 훨씬 못 미친다. 언론에서 보도한 통계를 보면, 1991년 11월 1일 중국인 유학생 루강이 아이오와 대학에서 총기를 난사하여 4명이 사망한 사건부터 2013년 7월 16일까지 21년 동안, 미국에서는 사망자가 최소 1명인 캠퍼스 총기 사건이 모두 55건이나 일어났다. 이 기간 동안 전 세계적으로 21개 국가에서 캠퍼스 총기 사건이 발생하였는데 미국보다 심한 나라는 없었다.

　셋째, 미국은 국민의 총기 보유 비율이 매우 높은 국가이다. 통계에 따르면 미국 국민들은 2억 7천만 개에 달하는 각종 총기를 소지하고 있다. 이는 캠퍼스 총기 사건이 발생했던 21개 국가에서 군인이 아닌 일반 국민들이 보유하고 있는 총기의 총합보다 훨씬 많은 수치이다. 이들 21개국과 비교했을 때, 미국인들이 보유하고 있는 총기의 수는 절대적으로 많을 뿐만 아니라, 1인당 소지하고 있는 총기 수량도 가장 많다. 더욱 놀라운 것은 미국인들이 가지고 있는 총기가 가장 많이 이용되는 곳이 바로 캠퍼스 총기 사건이라는 사실이다. 국민 한 명 당 보유한 총기가 캠퍼스 총기 사건에 이용될 수 있는 비율이 미국을 제외한 21개 국가에서는 0.111밖에 안 되지만, 미국은 이 수치의 5배나 된다.

美联储加息对我国不利影响有限

🎧 Track 1-9

北京时间12月17日凌晨4点，美联储宣布加息0.25个百分点。市场上一直很关注美联储加息，尤其是这件事会对中国产生哪些影响。有人认为，美联储加息将会使人民币进入贬值通道，加大资本外流压力，引起市场剧烈动荡。作为世界头号经济体，**1** 美国的一举一动对全球经济都会产生不小的影响。此次是其近10年来首次加息，标志着美联储对美国经济现状有信心，确认美国经济开始走强，必然有着特殊意义。

一方面，进入12月以来，人民币对美元汇率连续多日走低，汇率走势较弱。但是，当前我国经济和市场的基本面是稳健的，美联储加息短期内可能使人民币贬值压力加大，但长期看人民币不存在大幅贬值空间。**2** 观察人民币汇率也不应仅以美元为参考，要参考一揽子货币，从更全面的角度来看。

另一方面，我国资本尚未完全开放，资本进出相对可控。并且，**3** 随着改革开放不断深化，中国企业的竞争力将越来越经得起国际风雨的检验，我国国际收支结构会保持长期稳健。再加上美国目前经济增长势头并不强劲，此次加息主要是为了控制持续大规模量化宽松货币政策带来的流动性扩张，舒缓未来通胀压力，加息步伐和幅度不会过快过强。因此，加息对于中国的跨境资本流动会产生一定影响，但并不会非常凸显。

无论影响几何，美联储重启加息，对于全球市场来说都是一件大事。这只靴子落地，接下来，美联储如何控制加息的速度和力度，将成为市场关注的焦点。我们在理性分析其影响的同时，更重要的是保持定力，积极做政策准备，应对可能到来的风险和挑战，**4** 比如疏通基础货币的国内投放渠道，释放存款准备金冻结的流动性，提高汇率政策的灵活性等。

주요 단어 및 구문

有限 yǒuxiàn 한계가 있다, 제한적이다
凌晨 língchén 새벽
贬值 biǎnzhí 평가절하
通道 tōngdào 통로, 경로
外流 wàiliú 해외 유출
剧烈 jùliè 극렬하다, 격렬하다
动荡 dòngdàng 요동치다, 동요하다, 불안정하다
头号 tóuhào 첫 번째
一举一动 yìjǔ yídòng 일거수일투족
标志 biāozhì 상징하다, 의미하다
有信心 yǒu xìnxīn 자신감이 있다, 믿음이 있다
确认 quèrèn 확신하다
走强 zǒuqiáng 상승하는 추세이다
特殊 tèshū 특수하다
汇率 huìlǜ 환율
基本面 jīběnmiàn 펀더멘털
稳健 wěnjiàn 탄탄하다, 굳건하다
大幅 dàfú 대폭
一揽子货币 yìlǎnzi huòbì 통화바스켓
尚未 shàngwèi 아직 ~하지 않다
可控 kě kòng 통제 가능하다
经得起 jīng de qǐ 견뎌낼 수 있다
风雨 fēngyǔ 비바람, 혹독한 시련
检验 jiǎnyàn 시험, 검증
收支 shōuzhī 수지
结构 jiégòu 구조
强劲 qiángjìng 강력하다
量化宽松政策 liànghuà kuānsōng zhèngcè 양적 완화 정책
货币 huòbì 통화
流动性 liúdòngxìng 유동성
扩张 kuòzhāng 확대, 확장
舒缓 shūhuǎn 느리다, 완만하다, 완화하다
步伐 bùfá 발걸음, 속도
跨境 kuàjìng 국경을 넘다, 국가 간, 국제
凸显 tūxiǎn 두드러지다, 부각되다
无论 wúlùn ~를 막론하고
重启 chóngqǐ 다시 시작하다
靴子 xuēzi 장화, 부츠
落地 luòdì 떨어지다
焦点 jiāodiǎn 초점

理性 lǐxìng 이성적으로
定力 dìnglì 확고한 의지, 신념
疏通 shūtōng 잘 통하게 하다
基础货币 jīchǔ huòbì 본원통화
投放 tóufàng 투자하다
释放 shìfàng 방출하다, 풀다
存款准备金 cúnkuǎn zhǔnbèijīn 지급준비금
冻结 dòngjié 동결하다
提高 tígāo 제고하다, 향상시키다
灵活性 línghuóxìng 융통성

꼭 알아야 할 성어 · 단어

- **加息** : 보통 '금리를 인상하다'라는 표현은 '调高利息'라고 하는데 명사로 '금리 인상'은 '加息'라고 한다. '금리 인하'는 '降息'이다.
- **资本外流** : **자본의 해외 유출** 자본이 해외로 나가는 것은 동사 '流出'를 쓰고 국내로 유입되어 들어오는 것은 '流入'를 쓴다.
- **一揽子货币** : **통화바스켓** '통화바스켓'이란 IMF 회원국들이 필요시에 인출을 요구할 수 있는 국제적 지급준비자산을 말한다. 특별인출권 통화바스켓에는 미국 달러, 유로, 영국 파운드, 일본 엔화, 중국 위안화가 포함된다.

1 美国的一举一动对全球经济都会产生不小的影响。

'对……产生……影响'은 '~에 ~한 영향을 미치다'라는 뜻이다. 매우 중요한 기본 따페이이므로 꼭 외워 두자. '产生'과 '影响' 사이에는 다양한 종류의 영향이 올 수 있다. 좋은 영향을 나타낼 때는 '积极', '良好', '有利' 등과 같은 단어를 쓸 수 있고, 나쁜 종류의 영향을 표현할 때는 '消极', '负面', '不利' 등과 같은 단어를 쓴다.

↪ 미국의 일거수일투족은 글로벌 경제에 중대한 영향을 끼친다.

2 观察人民币汇率也不应仅以美元为参考，要参考一揽子货币，从更全面的角度来看。

'以……为参考'는 '~을 참고하다', '从……角度来看'은 '~각도에서 보다'라는 의미의 구문이다.

观察 人民币汇率 也 / 不应仅以美元为参考, 要参考 一揽子货币, 从更全面的角度来看。
동사   목적어   동사   목적어

위와 같은 구조를 파악할 수 있어야 정확한 의미로 번역할 수 있다.

↪ 위안화 환율을 관찰할 때는 단지 달러만 참고해서는 안 되고 다른 통화바스켓들도 참고해서 좀 더 전체적인 관점에서 살펴봐야 한다.

3 随着改革开放不断深化，中国企业的竞争力将越来越经得起国际风雨的检验，我国国际收支结构会保持长期稳健。

'经得起……检验'은 '시험을 견뎌내다'라는 뜻의 따페이다. '风雨'는 직역하면 '비바람'이지만 '온갖 시련'으로 의역하는 것이 자연스럽겠다. '保持……稳健'은 '안정세를 유지하다'라는 의미이다.

↪ 개혁 개방이 부단히 심화됨에 따라 중국 기업들의 경쟁력은 더욱더 국제사회의 온갖 시련의 시험을 견뎌 낼 수 있을 것이고, 중국의 국제수지 구조는 장기간 안정세를 유지해 나갈 것이다.

4 比如疏通基础货币的国内投放渠道，释放存款准备金冻结的流动性，提高汇率政策的灵活性等。

'疏通……渠道'는 '루트를 열어 주다', '释放……流动性'은 '유동성을 풀어 주다', '提高……灵活性'은 '유연성을 제고하다'라는 뜻의 구문이다. 세 문장의 구조가 복잡해 보여도 모두 '동사+목적어'의 기본 구조임을 파악하자.

↪ 예를 들면 본원통화의 중국 내 공급 루트를 원활하게 하고, 지급준비율로 인해 동결되었던 유동성을 풀어 주며 환율정책의 유연성을 제고시키는 등의 방법이 있다.

Fed 금리 인상이 중국에 미치는 악영향은 제한적이다

　베이징 현지시각 12월 17일 새벽 4시, 미 연준은 기준 금리를 0.25% 포인트 인상하겠다고 발표했다. 시장은 줄곧 미 연준의 금리 인상 소식, 특히 금리 인상이 중국에 끼칠 영향에 대해 촉각을 곤두세우고 있다. 일부에서는 금리 인상으로 인해 위안화가 평가절하되면 자본 유출의 위험성이 커져 시장이 크게 요동칠 것이라고 지적한다. 세계 1위 경제 대국인 미국의 일거수일투족은 글로벌 경제에 중대한 영향을 끼친다. 이번 금리 인상은 거의 10년 만에 처음으로 단행된 것으로, 이는 미 연준의 미국 경제 현황에 대한 자신감을 상징하며 미국 경제가 호전되기 시작했다는 것을 확인시켜 주는 매우 중요한 의의를 지니고 있다.

　12월 이후 달러 대비 위안화 환율이 연일 하락하면서 위안화가 약세를 보이고 있다. 그러나 현재 중국 경제와 시장의 펀더멘털이 탄탄하기 때문에 미 연준의 금리 인상이 단기적으로는 위안화 평가절하 압력을 가중시킬 수 있지만 장기적으로 봤을 때 위안화 가치가 큰 폭으로 하락할 여지는 없다. 위안화 환율을 관찰할 때는 단지 달러만 참고해서는 안 되고 다른 통화바스켓들도 참고해서 좀 더 전체적인 관점에서 살펴봐야 한다.

　한편 중국의 자본은 아직 완전히 개방되지 않아서 자본 유출입이 상대적으로 통제 가능하다. 또한 개혁 개방이 끊임없이 심화되면서 중국 기업의 경쟁력도 나날이 강화되고 글로벌 리스크에 대한 대응 능력도 향상될 것이다. 중국의 국제 수지 구조는 장기간 안정세를 유지할 것이다. 게다가 현재 미국의 경제가 강력한 성장세를 보이는 것은 아니기 때문에 이번 금리 인상은 주로 장기간 지속된 대규모 양적 완화 조치로 인한 유동성 확장을 통제하고 향후 인플레이션 압력을 완화하기 위한 것이라서 금리 인상의 속도와 폭이 지나치게 빠르거나 크진 않을 것이다. 따라서 금리 인상이 중국의 해외 자본 유출에 어느 정도 영향은 끼치겠지만 심각한 수준이라고는 할 수 없다.

　미 연준 금리 인상의 파급효과를 떠나서 이번 조치는 글로벌 시장에 있어서는 매우 중대한 사건이라고 할 수 있다. 금리 인상은 이제 막 시작된 것에 불과하다. 앞으로 시장은 연준이 금리 인상의 주기와 인상폭을 어떻게 조절할지에 주목할 것이다. 중국은 그 영향에 대해 이성적으로 분석해야 하고 동시에 더욱 중요한 것은 페이스를 유지하면서 적극적으로 정책적인 준비를 해서 발생 가능한 리스크와 문제에 적절히 대응해 나가야 한다. 예를 들면 본원통화의 중국 내 공급 루트를 원활하게 하고, 지급준비율로 인해 동결되었던 유동성을 풀어 주며 환율정책의 유연성을 제고시키는 등의 방법이 있다.

국가별 이슈

중국

UNIT 10 "一带一路"惠及欧亚
일대일로가 유라시아에 가져다 준 혜택

UNIT 11 "中国梦"的动力源
차이나 드림의 원동력

UNIT 12 深刻认识我国经济发展新常态
중국 경제 발전의 뉴노멀에 대한 심층 탐구

UNIT 13 看清最"世界化"的"双11"背后的奥秘
가장 글로벌한 솔로데이의 숨은 비결

UNIT 14 中国为什么对南海仲裁案说不
중국은 왜 남중국해 중재안에 반대하는가

"一带一路"惠及欧亚

🎧 Track 1-10

"一带一路"建设将使沿线国家保持更紧密的政治、经济联系，实现这些国家交通基础设施方面的互联互通，创造更加有利的贸易环境，促进资金融通。这都是21世纪世界各国协调发展的迫切需求。

"一带一路"沿线多数为新兴市场国家和发展中国家，总人口约44亿，经济总量约21万亿美元，分别占全球的63%和29%。❶"一带一路"建设不仅将为中国的经济发展和产业结构优化提供新的动力，而且将给沿线其他国家带来利好。在陆上，可以建立一系列经贸产业园，并以此为依托打造国际经济合作走廊；在海上，可以吸引一系列港口城市共同建立自由、安全、高效的交通要道。

基础设施建设互联互通将是建设"一带一路"的重要推动力，在建的亚洲基础设施投资银行和丝路基金将起到举足轻重的作用。❷实现互联互通有利于在相关区域建立更为便利的投资、贸易环境，提高自然资源的利用率，共同发展绿色科技，给世界各国带来共同利益。

"一带一路"建设还给中亚国家提供了更为广阔的发展机遇。中亚五国总面积为400多万平方公里，总人口超过6000万，自然资源丰富，处于连通欧亚的关键地理位置。然而，没有出海口严重阻碍了这些国家的经济发展。❸丝绸之路经济带建设不仅能使中亚地区变为欧亚间的便利走廊，而且能拓展中亚地区与外部世界之间的联系。

中国在资金和基础设施建设方面具有优势，并且中国对外投资在未来10年内将达到1.25万亿美元，成为世界经济增长的有力引擎。建设"一带一路"能够为沿线国家的就业和获取投资创造有利环境，同时巩固各国与中国的友好关系。这不仅符合欧亚经济区利益，还能促进世界经济的发展。

주요 단어 및 구문

一带一路 yí dài yí lù 일대일로
惠及 huìjí 혜택이 미치다
欧亚 Ōu Yà 유럽과 아시아, 유라시아
沿线国家 yánxiàn guójiā 일대일로 선상에 있는 관련 국가
紧密 jǐnmì 긴밀하다
互联互通 hùlián hùtōng 상호 연결
有利 yǒulì 유리하다, 이롭다
创造环境 chuàngzào huánjìng 환경을 조성하다
融通 róngtōng 유통시키다, 통달하다
协调 xiétiáo 조화롭다
迫切需求 pòqiè xūqiú 간절한[절박한] 요구
新兴市场国家 xīnxīng shìchǎng guójiā 이머징마켓 국가
发展中国家 fāzhǎnzhōng guójiā 개발도상국
经济总量 jīngjì zǒngliàng 경제 규모
分别 fēnbié 각각, 따로따로
优化 yōuhuà 최적화하다
利好 lìhǎo 호재
陆上 lùshàng 육상
产业园 chǎnyèyuán 산업단지
依托 yītuō 의지하다, 근거, 바탕
打造 dǎzào 만들다, 조성하다
走廊 zǒuláng 복도, 회랑 → 벨트
港口 gǎngkǒu 항구
高效 gāoxiào 고효율의
要道 yàodào 중요한 길
推动力 tuīdònglì 추진력
亚洲基础设施投资银行 Yàzhōu jīchǔ shèshī tóuzī yínháng 아시아인프라투자은행(AIIB)
丝路基金 sīlù jījīn 실크로드 펀드
起到……作用 qǐdào……zuòyòng ~한 역할을 하다
举足轻重 jǔzú-qīngzhòng 중요한
自然资源 zìrán zīyuán 천연자원
绿色 lǜsè 친환경
中亚 Zhōng Yà 중앙아시아
广阔 guǎngkuò 광활하다, 넓다
机遇 jīyù (좋은) 기회, 찬스
面积 miànjī 면적
丰富 fēngfù 풍부하다
处于 chǔyú ~에 처하다[놓이다]

连通 liántōng 연결되다
地理位置 dìlǐ wèizhì 지리적 위치
出海口 chūhǎikǒu 출항로
阻碍 zǔ'ài 방해하다, 저지하다
丝绸之路经济带 sīchóu zhī lù jīngjìdài 실크로드 경제벨트
拓展 tuòzhǎn 확장하다
具有优势 jùyǒu yōushì 우위를 점하다
引擎 yǐnqíng 엔진
获取 huòqǔ 얻다
巩固 gǒnggù 공고히 하다
友好关系 yǒuhǎo guānxì 우호적인 관계
符合利益 fúhé lìyì 이익에 부합하다

꼭 알아야 할 성어·단어

- **"一带一路"建设 : 일대일로 건설, 원로드 원벨트** 시진핑 정부가 출범하면서 주창한 '中国梦'을 실현하기 위한 경제정책이다. '一带'는 '丝绸之路经济带 (실크로드 경제벨트)'를 의미하는데 과거 중국의 육상 실크로드를 뜻한다. '一路'는 '21世纪海洋丝绸之路 (21세기 해양 실크로드)'의 의미로 현대의 해상 실크로드를 뜻한다. 즉 '一带一路建设'는 중국 정부가 육상과 해상의 경제 발전을 추진하여 중화 민족의 위대한 부흥을 실현하겠다는 것을 나타낸다. '일대일로 건설'을 추진하려면 막대한 자금이 필요한데 이를 조달하기 위해 중국은 아시아인프라투자은행(AIIB)을 주도하여 설립했다. 많은 국가들이 여기에 참여했으며 우리나라 역시 많은 고민 끝에 참여하기로 결정했다. 'AIIB'는 중국어로 '亚洲基础设施投资银行'으로, 줄여서 간단히 '亚投行'이라고 한다는 것도 알아 두자.

1 "一带一路"建设不仅将为中国的经济发展和产业结构优化提供新的动力，而且将给沿线其他国家带来利好。

여러 개의 따페이가 섞여 있어 복잡해 보이는 구문이다. 가능하면 전체 내용을 아우르는 큰 구조부터 잡아내면 좋겠다. 가장 큰 구문은 '不仅A，而且B'로 앞뒤 내용이 서로 호응하고 있다. '不仅' 문장 안에 '为……提供……动力' 따페이가 들어 있고, 뒤에 나오는 '而且' 문장 안에는 '给……带来……'라는 세 번째 따페이가 들어 있다. 문장 안에 들어있는 따페이 구조가 눈에 들어온다면 괜찮은 실력이고, 아직 찾기 어렵다면 좀 더 실력을 쌓아야 한다. 구조를 잘 잡아내기 위해서는 많이 보고 많이 분석해 보는 방법 외에는 별다른 지름길이 없으니 매일 적어도 중국어 문장 하나 이상씩 분석하고 독해를 해 보자.

↪ 일대일로 건설은 중국의 경제 발전과 산업구조 고도화에 새로운 동력을 제공할 뿐 아니라 일대일로 선상의 다른 국가들에도 호재를 가져다 줄 것이다.

2 实现互联互通/有利于/在相关区域建立/更为便利的投资、贸易环境，/提高/自然资源的利用率，/共同发展/绿色科技，给世界各国/带来/共同利益。

먼저 이 문장에서 주어는 '实现互联互通'으로, 단순한 명사가 아닌 '동+목' 구조의 주어구이다. '상호 연결을 실현하는 것은'이라고 번역할 수 있겠다. 그 다음으로 동사는 '有利于'인데 뒤에 나오는 내용 전체가 '有利于'에 걸리는 목적절이라고 볼 수 있다. 긴 목적절 안에서 모두 '동+목' 구조로 나열되고 있다. 즉 '建立+环境', '提高+利用率', '发展+绿色科技', 그리고 마지막으로 '给……带来……利益' 따페이 구문이 들어 있는 구조이다. 이 구조를 잘 살려 번역하는 것이 중요하다.

↪ 상호 연결을 실현하는 것은 관련 지역에서 더욱 편리한 투자·무역 환경을 조성하고, 천연자원의 이용률을 제고시키며, 친환경 과학기술의 공동 발전을 이뤄 세계 각국에 공동의 이익을 가져다 주는 데 유리하다.

3 丝绸之路经济带建设不仅能使中亚地区变为欧亚间的便利走廊，而且能拓展中亚地区与外部世界之间的联系。

이 문장은 위의 두 문장보다는 간단해서 초보자도 어느 정도 구조 파악은 했을 것이다. '不仅A，而且B' 구문인데 '不仅' 문장에는 사역동사 '使'를 사용한 사역문이 들어 있고, '而且' 문장 안에는 '与……联系' 구조가 들어 있으니 주의해야 한다. 사역문은 번역할 때 평서문처럼 번역하는 것이 좋다.

↪ 실크로드 경제벨트 건설은 중앙아시아 국가들이 유라시아를 연결하는 편리한 경제벨트가 될 수 있게 할 뿐만 아니라 중앙아시아 지역과 외부 세계 간의 관계를 확장할 수 있게 해 준다.

일대일로가 유라시아에 가져다 준 혜택

　일대일로 건설은 일대일로 선상에 있는 국가들이 더욱 긴밀한 정치·경제적 관계를 구축하게 할 것이다. 또한 국가 간 교통 인프라 시설의 상호 연결을 실현하여 더욱 유리한 무역 환경을 조성하고, 자금의 흐름을 촉진시킬 것이다. 이러한 것들은 21세기 세계 각국의 조화로운 발전을 위해 절실하게 요구되는 사항이다.

　일대일로 선상에 있는 국가들은 대부분 이머징마켓 국가나 개도국이다. 이들 국가의 총인구수는 대략 44억 명으로 전 세계의 63%를 차지하며, 경제 규모는 약 21조 달러에 달해 전 세계의 29%를 차지한다. 일대일로 건설은 중국의 경제 발전과 산업구조 최적화에 새로운 활력을 불어넣어 줄 뿐만 아니라 다른 관련 국가들에도 좋은 기회를 가져다 줄 것이다. 육상으로는 경제 무역 산업단지 건설을 통해 국제 경제 협력을 위한 경제벨트를 만들고, 해상으로는 항구 도시들을 결집시켜 자유롭고 안전하며 고효율적인 교통 요지를 건설할 수 있다.

　인프라의 상호 연결은 일대일로 건설의 중요한 추진력이 될 것이다. 또한 현재 설립 단계에 있는 아시아인프라투자은행(AIIB)과 실크로드 펀드는 향후 매우 중요한 역할을 할 것으로 보인다. 인프라의 상호 연결은 관련 지역에 더욱 편리한 투자·무역 환경을 조성하고 천연자원의 이용률을 높여 친환경 과학기술 개발에도 도움이 된다. 이는 세계 각국에 공동의 이익을 안겨 줄 것이다.

　일대일로 건설은 또한 중앙아시아 국가에게 엄청난 발전의 기회를 제공했다. 중앙아시아 5개국의 총 면적은 400여만 제곱킬로미터이며 총인구수는 6000만을 넘는다. 중앙아시아는 풍부한 천연자원을 보유하고 있고 유라시아를 연결하는 지리적 요충지에 있다. 그러나 출항로가 없다는 단점이 중앙아시아 국가의 경제 발전을 저해했다. 실크로드 경제벨트의 건설은 중앙아시아 지역이 유라시아를 연결하는 편리한 통로로 거듭나게 할 뿐 아니라 중앙아시아 지역과 해외 국가들의 관계를 확장시켜 줄 것이다.

　중국은 자금과 인프라 건설 측면에 있어 우위를 점하고 있다. 또한 앞으로 10년간 중국의 해외 투자금액은 1조 2천5백억 달러에 달해 세계 경제성장을 이끄는 강력한 엔진이 될 것이다. 일대일로 건설은 관련 국가들이 일자리를 창출하고 새로운 투자를 얻을 수 있는 유리한 조건을 만들어 줄 것이다. 이와 동시에 세계 여러 나라와 중국 간의 우호적인 관계를 더욱 공고히 할 것이다. 이것은 유라시아 지역의 경제 이익에 부합할 뿐만 아니라 전 세계의 경제 발전에도 도움이 된다.

"中国梦"的动力源

自2012年11月中共新一届领导集体上任以来，"中国梦"一词正式进入官方语汇并受到热捧。但中国仍须回答一个关键问题，即在华夏广袤的土地上，乃至在博大的中华文化圈内，是否已具备一个能充分凝聚共识、人心所向的梦想支点？如果没有这个共同支点，中国梦就会成为海市蜃楼。

笔者认为，"中国梦"的主要动力有三大来源：第一，追求经济腾飞，生活改善，物质进步，环境提升；第二，追求公平正义，民主法制，公民成长，文化繁荣，教育进步，科技创新；第三，追求富国强兵，民族尊严，主权完整，国家统一，世界和平。**1** 在三大动力来源的基础之上，中国有远见、有胆识、有智慧的公民和团体及领导人，应及时准确地找到整合协调这三大动力源的共同支点，形成发展进步的兼容合力。

对比一下中国梦与美国梦的不同哲学背景，会得到一些有益的启示。"美国梦"的概念是指一个人无论什么背景，只要来到新大陆，通过努力工作创业，就可以实现梦想，而"中国梦"则推崇"国家好，民族好，大家才会好"，继承了东方文化的集体主义传统，坚信"国家的强大能成为人民福祉的保障，使每个人都能从国家的发展中收获自己应得的果实"。

不同国家民族在追求自身梦想时沿循不同的路径是自然现象，但也可以相互取长补短，不断优化。无论是"中国梦"还是"美国梦"，都应防止极端和异化。**2** 极端的个人主义行为已经让美国吃了不少苦头，从华尔街的金融巨骗到校园中的变态枪手都成为范例。而中国在实现国家富强的过程中，尤须重视保护个人的合法权利和创造精神。

주요 단어 및 구문

中国梦 Zhōngguómèng 차이나 드림
动力源 dònglìyuán 원동력
中共 Zhōng Gòng 중국 공산당 =
新一届 xīn yí jiè 새로운 정부 지도층
领导 lǐngdǎo 이끌다, 지도하다, 지도층
集体 jítǐ 집단, 단체
上任 shàngrèn 취임하다
官方 guānfāng 정부 측, 공식적인
语汇 yǔhuì 어휘
受到热捧 shòudào rèpěng 큰 환영을 받다
华夏 Huáxià 중화 민족
乃至 nǎizhì 더 나아가
博大 bódà 풍부하다
文化圈 wénhuàquān 문화권
具备 jùbèi 갖추다
凝聚 níngjù 응집하다
共识 gòngshí 공감대, 공통된 인식
人心所向 rénxīn suǒxiàng 민심의 향배, 여러 사람이 바라고 지지하는 것
支点 zhīdiǎn 지탱점, 구심점
海市蜃楼 hǎishì-shènlóu 신기루, 허황된 꿈
来源 láiyuán 기원
经济腾飞 jīngjì téngfēi 경제의 비약적인 발전
生活改善 shēnghuó gǎishàn 민생 개선
物质 wùzhì 물질
提升 tíshēng 향상되다, 업그레이드
公平正义 gōngpíng zhèngyì 공평하고 정의롭다
繁荣 fánróng 번영하다, 크게 발전하다
创新 chuàngxīn 혁신(적인)
富国强兵 fùguó qiángbīng 부국강병
尊严 zūnyán 존엄
主权 zhǔquán 주권
远见 yuǎnjiàn 통찰력, 선견지명
胆识 dǎnshí 담력과 식견
及时 jíshí 제때에
准确 zhǔnquè 정확하다, 확실하다, 틀림없다
整合 zhěnghé 통합하다, 재통합시키다
兼容 jiānróng 포용하다
合力 hélì 단결하다, 힘을 모으다
对比 duìbǐ 비교하다, 대비하다

得到启示 dédào qǐshì 시사점을 얻다
有益 yǒuyì 유익한
新大陆 Xīn Dàlù 신대륙, 미국
实现梦想 shíxiàn mèngxiǎng 꿈을 이루다
推崇 tuīchóng 추앙하다
继承 jìchéng 계승하다
集体主义 jítǐ zhǔyì 집단주의, 공동체주의
坚信 jiānxìn 굳게 믿다
福祉 fúzhǐ 복지
保障 bǎozhàng 보장하다
收获果实 shōuhuò guǒshí 성과를 얻다
沿循 yánxún 따르다
取长补短 qǔcháng-bǔduǎn 장점은 취하고 단점은 보완하다
极端 jíduān 극단
异化 yìhuà 변질되다
吃了不少苦头 chīle bùshǎo kǔtóu 애먹다, 고생하다
华尔街 Huá'ěrjiē 월스트리트
校园 xiàoyuán 캠퍼스, 교정
变态 biàntài 변태
范例 fànlì 모범 사례, 모델
尤须 yóuxū 더욱 ~해야 한다

꼭 알아야 할 성어·단어

- **华夏广袤** : '华夏'는 중국의 옛 명칭이고, '广袤'는 '대단히 넓다'라는 의미의 형용사이다.
- **海市蜃楼** : 공중누각, 신기루 '허무맹랑하거나 터무니없음'을 의미한다.
- **取长补短** : 장점은 취하고 단점은 보완하다 비슷한 뜻의 '优势互补'도 같이 외워 두자.

① 在三大动力来源的基础之上，中国<u>有远见、有胆识、有智慧</u>的公民和团体及领导人，应及时准确地找到整合协调这三大动力源的共同<u>支点</u>，形成发展进步的兼容合力。

우선 '有远见'은 '멀리 보는 능력'이라는 뜻인데 '안목'으로 의역하고, '有胆识'는 '용기', '有智慧'는 '지혜'로 글자수를 맞춰서 번역하면 통일감이 있어 보기 좋다. '支点'은 '지탱점'이라는 뜻이지만 여기서는 '민심을 결집시키는 구심점' 정도로 의역하면 좋겠다.

▶ 이 세 가지 원동력의 기초 위에 안목·용기·지혜를 가진 중국의 국민과 단체 그리고 지도자들은 적시에 이 세 가지 원동력을 조화롭게 결합시킬 수 있는 공통된 지향점을 찾아야 한다. 이로써 발전과 진보를 위한 포용성과 단결력을 형성해야 한다.

② 极端的个人主义行为已经<u>让</u>美国吃了不少苦头，<u>从</u>华尔街的金融巨骗<u>到</u>校园中的变态枪手都成为范例。<u>而</u>中国在实现国家富强的过程中，<u>尤须</u>重视保护个人的合法权利和创造精神。

앞 문장은 사역동사 '让'이 포함된 사역문이다. 평서문으로 번역하여 '극단적인 개인주의 행위 때문에 이미 미국인들이 많은 고통을 겪었다'라고 하면 좋겠다. 그 다음 문장에서는 '从A到B' 구조를 잡아서 'A에서부터 B까지'라는 의미를 살려서 번역하자. 즉 '월스트리트의 엄청난 금융 사기 사건에서부터 캠퍼스 총기 사건의 가해자들까지 모두'라고 번역하는 것이 좋은 예이다. 그 다음 문장은 첫 단어 '而'의 의미가 대단히 중요하다. '그래서'의 순접인지 '그러나'의 역접인지 앞뒤 내용을 파악해서 정확하게 잡아 주어야 한다. 여기서는 순접으로 해석하는 것이 맞다. '尤须'는 '尤其'와 '必须'가 합쳐진 단어로 '반드시 개인의 합법적인 권리와 창의적인 정신을 중시해야만 한다'라고 해석해야 한다. 중국어에서는 이렇게 '尤须'처럼 두 단어가 합쳐진 두 글자 단어들이 많이 사용된다. 이 단어들은 사전에도 나와 있지 않은 경우가 90% 이상이다. 문장에서 사전에 없는 단어를 발견하게 되면 혹시 두 단어가 결합된 새로운 단어인지 의심해 보기 바란다.

▶ 극단적인 개인주의 때문에 미국은 많은 고통을 겪었다. 월스트리트의 엄청난 금융 사기 사건에서부터 캠퍼스 총기 사건의 가해자까지 모두 이를 잘 보여 주는 사례이다. 그러므로 중국은 부강한 국가를 실현하는 과정에서 반드시 개인의 합법적인 권리와 창의력을 더욱 중시해야 한다.

차이나 드림의 원동력

2012년 11월 중국 공산당의 새로운 지도부가 취임한 이후, 차이나 드림이라는 단어가 공식적으로 중국 정부의 키워드에 포함되어 유행하기 시작했다. 그러나 중국은 여전히 중요한 한 가지 질문에 반드시 대답을 해야 한다. 그것은 바로 중국이라는 이 광활한 국토에서 더 나아가 이 넓은 중화 문화권 안에서 과연 민심을 결집시키고 공감대를 형성할 수 있는 구심점을 가지고 있는가? 하는 것이다. 만약 공통된 구심점이 없다면 차이나 드림은 그저 허황된 꿈으로 남게 될 것이다.

필자는 차이나 드림의 주요 원동력은 크게 세 가지에서 기원한다고 생각한다. 첫 번째, 경제의 비약적인 발전, 민생 개선, 물질적 진보 및 환경 개선을 추구하는 것, 두 번째, 공평 정의, 민주적 법률제도, 성숙한 시민, 문화 번영, 교육 개선, 과학기술의 혁신을 추구하는 것, 세 번째, 부국강병, 민족의 존엄성, 확고한 주권, 국가 통일, 세계 평화를 추구하는 것이다. 이 세 가지 원동력을 기초로 안목·용기·지혜를 지닌 중국의 국민과 단체 그리고 지도자들은 적시에 이 세 가지 원동력을 조화롭게 결합시킬 수 있는 공통된 지향점을 찾음으로써 발전과 진보를 위한 포용성과 단결력을 형성해야 한다.

차이나 드림과 아메리칸 드림의 서로 다른 철학적 배경을 비교해 보면 유익한 시사점을 얻을 수 있다. 아메리칸 드림은 한 사람의 배경이 어떠하든 간에 신대륙에 와서 열심히 일하고 창업을 하면 모두 꿈을 이룰 수 있음을 의미한다. 그러나 차이나 드림은 '국가와 민족이 잘 돼야 모두가 잘 된다'는 가치를 중시한다. 또한 차이나 드림은 동양 문화의 공동체주의적 전통을 계승한 것이며, '국가가 부강해야 국민들의 복지를 보장해 줄 수 있고 모든 사람들이 국가가 발전하는 과정에서 자신의 성과를 얻을 수 있다'고 굳게 믿는다.

서로 다른 나라의 국민들이 각자의 꿈을 추구할 때 서로 다른 길을 따라가는 것은 지극히 자연스러운 현상이다. 그러나 서로 장점은 배우고 단점을 보완하며 끊임없이 진보해 나갈 수도 있다. 차이나 드림이든 아메리칸 드림이든 모두 극단으로 치닫거나 변질되지 않도록 해야 한다. 극단적인 개인주의 행위는 이미 여러 차례 미국을 난처하게 만들었다. 월스트리트 금융계의 사기 사건에서부터 캠퍼스 총기 사건에 이르기까지 모두 이를 잘 보여 주는 예이다. 그러므로 중국은 부국강병을 실현하는 과정에서 개인의 합법적인 권리와 창의적인 정신을 우선적으로 중요시해야 한다.

深刻认识我国经济发展新常态

Track 1-12

1我国经济发展进入新常态，是党的十八大以来以习近平同志为总书记的党中央在科学分析国内外经济发展形势、准确把握我国基本国情的基础上，针对我国经济发展的阶段性特征所作出的重大战略判断，是对我国迈向更高发展阶段的明确宣示。认识新常态、适应新常态、引领新常态，对于进一步推动经济的持续健康发展，协调推进"四个全面"战略布局，实现"两个一百年"奋斗目标和中华民族伟大复兴的中国梦，具有重大而深远的意义。

经济发展进入新常态，是我国经济社会发展的必经之路，**2**是不以人的意志为转移的大趋势。**3**经济发展新常态之所以"新"，不仅在于当前我国经济发展呈现诸多新的特征，而且包含新的战略方针、新的制度条件、新的思想方法、新的工作理念。新的战略方针，突出体现为以提高经济发展质量和效益为中心的价值取向。习近平同志不断强调，坚持经济建设为中心，是为了实现经济的持续健康发展，而不应把发展简单理解为增加国内生产总值。必须明确，发展是我们党的第一要务，仍是解决我国所有问题的基础和关键。

经济发展新常态不是不要发展，不是不讲GDP，而是要有质量、有效益、可持续的发展。经济发展进入新常态，没有改变我国发展仍处于可以大有作为的重要战略机遇期的判断，改变的是重要战略机遇期的内涵和条件；没有改变我国经济发展总体向好的基本面，改变的是经济发展方式和经济结构。必须准确把握这种发展条件和发展要求的变化，更加自觉地坚持以提高经济发展质量和效益为中心，大力推进经济结构战略性调整。这是我国迈上更高一级发展阶段时必须越过的坎。因此，组织经济活动，既要看发展，又要看基础；**4**既要看显绩，又要看潜绩；既要注重GDP增长，又要注重民生改善、社会进步、生态效益的提升。显而易见，新的战略方针、新的制度条件、新的思想方法和新的工作理念使中国经济发展已经呈现新的状态，展现出许多新的亮点。

주요 단어 및 구문

新常态 xīnchángtài 뉴노멀
进入 jìnrù 진입하다
党的十八大 dǎng de shíbā dà
중국 공산당 제18차 전국대표대회(당대회)
总书记 zǒngshūjì 총서기
把握 bǎwò 파악하다
国情 guóqíng 나라의 정세, 국정
阶段性 jiēduànxìng 단계적인
作出判断 zuòchū pànduàn 판단을 내리다
迈向 màixiàng 내딛다
宣示 xuānshì 공식적으로 선언하다
适应 shìyìng 적응하다
引领 yǐnlǐng 이끌다
四个全面 sì gè quánmiàn 4개 전면
布局 bùjú 구도, 구조, 국면
两个一百年 liǎng gè yìbǎi nián 두 개의 백년
奋斗目标 fèndòu mùbiāo 분투 목표
必经之路 bì jīng zhī lù 반드시 거쳐야 할 길 또는 과정
意志 yìzhì 의지
转移 zhuǎnyí 바꾸다
大趋势 dàqūshì 메가트렌드
呈现 chéngxiàn 나타나다
诸多 zhūduō 많은, 여러 가지
包含 bāohán 포함하다
方针 fāngzhēn 방침
突出 tūchū 두드러지다, 뚜렷하다
效益 xiàoyì 효익
取向 qǔxiàng 추세, 방향
要务 yàowù 중요한 임무
可持续 kěchíxù 지속 가능하다
大有作为 dàyǒu-zuòwéi 크게 이바지할 수 있다
内涵 nèihán 내포, 의미
向好 xiànghǎo 호전되다, 좋아지다
自觉 zìjué 자발적으로
调整 tiáozhěng 조정하다, 조절하다
越过 yuèguò 뛰어넘다, 극복하다
坎 kǎn 고비, 위기의 순간
显而易见 xiǎn'éryìjiàn 분명하고 뚜렷이 보이다
亮点 liàngdiǎn 빼어난 점, 눈에 띄는 성과

꼭 알아야 할 성어·단어

- **两个一百年** : 직역하면 '두 개의 백 년'으로, 중국 공산당 창당 100주년(2021년)과 신중국 건국 100주년(2049년)을 의미한다. 중국 정부는 2021년까지 전면적인 소강사회(小康社會) 건설 목표를 실현하고, 2049년까지 초급 단계의 선진국 진입을 목표로 하고 있다.
- **大有作为** : 능력을 충분히 발휘하다

1 我国经济发展进入新常态，/是/党的十八大以来/以习近平同志为总书记的/党中央/在科学分析/国内外经济发展形势、准确/把握/我国基本国情的基础上，/针对我国经济发展的阶段性特征/所作出的 重大战略 判断，/是/对我国迈向更高发展阶段的明确宣示。

꽤 까다로워 보이는 문장이다. 일단 큰 구조를 잡아보면 '주어(我国经济发展进入新常态)+동사(是)+목적절 1, 동사(是)+목적절 2'의 구문이다. 목적절 부분이 복잡해서 어렵게 느껴질 수 있지만 실은 매우 단순한 '주+동+목' 형식의 문장이다. 우선 첫 번째 목적절에서 주어는 '党中央'으로, '당중앙이 ~를 기초로 하여(在……基础上), ~에 대해(针对) 내린 판단이다(作出的判断)'라고 번역해야 한다. 중간의 목적절이 아무리 길고 복잡해도 결국 핵심 성분은 '주어(중국 경제 발전이 뉴노멀에 진입한 것은)+동사(~이다)+목적어(판단)'의 구조인 것이다. 이 뼈대 부분에 다양한 수식 성분들이 붙어 있다고 할 수 있다. 두 번째 목적절(对我国迈向更高发展阶段的明确宣示。)을 분석해 보자. 주어는 앞 문장의 주어와 동일해서 생략된 형태이며, 바로 동사 '是'가 나오고 뒤에 목적어를 받는 구조이다. 역시 간략하게 뼈대만 잡아 보면 '동사(~이다)+목적어(선포)'의 문장이다.

↪ 중국의 경제 발전이 뉴노멀에 진입한 것은 제18차 당대회 이후 시진핑 동지를 총서기로 하는 당중앙이 중국 국내외 경제 발전 추세를 과학적으로 분석하고, 중국의 기본 국정을 정확하게 파악한 것을 기초로 해서 중국 경제 발전의 단계적 특징에 대해 내린 중대한 전략적 판단이자, 중국이 더욱 높은 발전 단계로 나아가고 있음을 명백히 선언한 것이다.

2 ……，是不以人的意志为转移的大趋势。

'以A为B' 구문의 부정문이다. 'A로 B하다'라는 뜻인데 앞에 '不'가 있으니까 문장 전체를 부정으로 받아야 한다. '大趋势'는 직역하면 '큰 추세'이지만 고급스럽게 '메가트렌드'라고 번역해 보면 좋겠다.

↪ ~는 인간의 의지로 바뀌지 않는 메가트렌드이다.

3 经济发展新常态之所以"新"，不仅在于当前我国经济发展呈现诸多新的特征，而且包含新的战略方针、新的制度条件，包含新的思想方法、新的工作理念。

'之所以A, (是因为)B' 구문에서 '是因为'가 생략되고 그 자리에 '不仅A, 而且B' 구문이 온 형태이다. '是因为'가 생략된 형태이지만 앞부분이 '결과' 뒷부분이 '원인'인 구조는 변함이 없다.

↪ 경제 발전의 뉴노멀이 "뉴(New)"한 것은 오늘날 중국의 경제 발전이 많은 새로운 특징을 띠고 있어서일 뿐 아니라 새로운 전략 방침, 새로운 제도적 여건을 포함하고 있고, 새로운 사고방식과 새로운 업무 이념을 내포하고 있기 때문이다.

4 既要看显绩，又要看潜绩；

'既要A, 又要B' 구문으로, 'A도 해야 하고 B도 해야 한다'라는 뜻이다.

↪ 가시적인 성과도 봐야 하고 잠재적인 성과도 볼 수 있어야 한다.

중국 경제 발전의 뉴노멀에 대한 심층 탐구

중국의 경제 발전이 뉴노멀 시대로 접어들었다는 것은 중국 제18차 당대회 이후 시진핑을 총서기로 하는 당중앙이 국내외 경제 발전 추세를 과학적으로 분석하고 국내 상황을 정확히 파악하여 국내 경제 발전의 단계적 특징에 대해 내린 중대한 전략적 판단이다. 이는 중국이 더 높은 발전 단계로 나아가고 있음을 명백히 선언한 것이다. 뉴노멀에 대한 인식·적응·주도는 중국이 건전한 경제 발전을 지속적으로 실현하고 '4개 전면' 전략을 조화롭게 추진해 나가며, '두 개의 백년' 목표와 중화 민족의 위대한 부흥이라는 차이나 드림을 실현하는 데 있어 아주 중대하고 심오한 의의를 갖는다.

경제 발전이 뉴노멀 시대에 진입하는 것은 중국이 경제 및 사회 발전에서 반드시 거쳐야 할 길이다. 이는 사람의 의지로 바꿀 수 있는 것이 아닌 메가트렌드이다. 경제 발전의 뉴노멀이 '뉴(new)'한 이유는 현재 중국 경제 발전이 여러 가지 새로운 특징을 보여서일 뿐 아니라 새로운 전략적 방침, 새로운 제도적 여건, 새로운 사고방식, 새로운 업무 이념을 포함하고 있기 때문이다. 새로운 전략적 방침은 경제 발전의 질과 효율 제고를 핵심으로 하는 가치를 구현한다. 시진핑 주석이 경제 건설을 핵심으로 삼아야 한다고 끊임없이 강조하는 것은 지속 가능하고 건강한 경제 발전을 이루기 위해서이며, 발전을 단순히 GDP 증가로만 이해해서는 안 되기 때문이다. 우리는 당의 첫 번째 임무가 발전이고, 중국의 모든 문제를 해결하는 기초이자 관건도 여전히 발전임을 분명히 알아야만 한다.

경제 발전의 뉴노멀이란 발전을 거부하는 것도, GDP를 무시하자는 것도 아닌 수준 높고 효율적이며 지속 가능한 발전을 의미한다. 경제 발전이 뉴노멀 시대로 진입했다고 해서 중국의 발전이 여전히 맹활약할 수 있는 중요한 전략적 기회를 맞이하였다는 판단이 바뀌는 것은 아니다. 변하는 것은 중요한 전략적 기회의 내재적 의의와 조건이다. 또한 뉴노멀 시대에 들어섰다고 해서 전반적으로 호전되고 있는 중국의 펀더멘털이 바뀌는 것도 아니다. 변하는 것은 경제 발전의 방식과 경제 구조이다. 따라서 우리는 반드시 이러한 발전 조건과 발전 요구의 변화를 정확히 파악하고, 경제 발전의 질과 효율 제고를 핵심으로 삼아 경제 구조의 대대적인 전략적 조정을 견지해 나가야 한다. 이것은 중국이 더 높은 발전 단계로 나아갈 때 반드시 넘어야 할 고비이다. 따라서 경제 활동을 조직할 때 발전과 펀더멘털을 모두 중시해야 한다. 가시적인 성과는 물론 잠재적인 성과도 고려해야 한다. GDP 증가도 중시하면서 동시에 민생 개선·사회 발전·생태 효율 제고도 더욱 중시해야 한다. 분명한 것은 새로운 전략적 방침, 새로운 제도적 여건, 새로운 사고방식과 새로운 업무 이념으로 인해 중국 경제 발전의 새로운 모습들과 눈에 띄는 성과들이 이미 나타나고 있다는 것이다.

看清最"世界化"的"双11"背后的奥秘

Track 1-13

近4500家来自美国、亚洲等地的海外品牌"参战",中国产品同时被推销给60余个国家和地区的消费者,在有史以来最"世界化"的这个"双11",❶1分21秒销售破11亿,13分28秒破120亿,11时51分跃过550亿,打破了去年同日全天成交额纪录。早在1个月前,各路电商就纷纷开始赠送优惠券、优惠礼包;微信群、朋友圈,遍地都是有关"双11"的购物信息,在排山倒海般的宣传攻势下,地球人或许很难对这个"全球最强网购节"做到视而不见。

在互联网飞速发展的当下,网络空间对松散的"网民"进行聚合,要远远超过传统地理空间的人口集聚。尤其是电子商务的问世,使得节日消费文化引发网购群体的深层次情感共鸣。不仅仅是中国,越来越多的国家正主动加入到这场购物节之中。国际品牌的参与,中国品牌的外销,中国网民的"shopping",海外网友的加入,让"双11"的迷人魅力,在世界舞台得以尽情挥洒、绽放,让全球网友开心快乐地消费。

尽管近年来全球经济增长迟缓、各国外部需求锐减,但中国经济始终保持稳定前行。特别是随着移动互联网的普及,人们购物习惯的转变,网络消费的强大潜力正不断被激发,拉动内需的同时,也为新业态发展提供了许多新的可能,❷这是理应被国内外许多企业所重视的。正如李克强总理所言,"别以为电子商务只是'虚拟经济',事实上,它在很大程度上直接带动了'实体经济'的发展,无论是B2B、B2C还是C2C。"

据不完全统计,目前中国有近2亿中等收入人群,未来15年内会增加到近6亿,这里面有巨大的消费潜力。而一个明显的趋势是,电子商务正在冲破国家间的障碍,使国际贸易走向无国界贸易。❸所以说,"双11"虽然是从中国起步,但其中所蕴含的无限商机,可以为全球经济发展所共享。正如马云所言,今天的世界经济,更要呼唤企业家的开拓精神,因为消费和服务的提升需要更多的企业参与。面对"双11"这片已经起势的"电商蓝海",相关企业是否能抓住这背后的全球机遇,积极推进产业组织、商业模式、供应链、物流链等各环节的创新,吸引更多领域、更多行业、更多人群一起来享受互联网经济的发展盛宴。这,或许才是最"世界化"的"双11"的奥秘所在。

주요 단어 및 구문

看清 kànqīng 분명히 파악하다
世界化 shìjièhuà 글로벌화
双11 shuāng shíyī 11월 11일, 솔로데이
奥秘 àomì 비밀, 수수께끼 → 비결
品牌 pǐnpái 브랜드
参战 cānzhàn 참전하다
推销 tuīxiāo 마케팅하다, 팔다
有史以来 yǒu shǐ yǐ lái 역사상
销售 xiāoshòu 판매하다, 매출
跃过 yuèguò 뛰어넘다
打破纪录 dǎpò jìlù 기록을 깨다
成交 chéngjiāo 거래가 성사되다
电商 diànshāng 전자상거래
纷纷 fēnfēn 잇따라
赠送 zèngsòng 증정하다
优惠券 yōuhuìquàn 할인권, 쿠폰
优惠礼包 yōuhuì lǐbāo 사은품
微信群 wēixìnqún 위챗 채팅방
朋友圈 péngyouquān 위챗의 모멘트 [글과 사진을 올리는 곳]
遍地 biàndì 도처에
购物 gòuwù 구매
排山倒海 páishān-dǎohǎi 위세가 대단하다
般的 bānde ~와 같은
宣传 xuānchuán 선전, 홍보
攻势 gōngshì 공세
网购 wǎnggòu 온라인 쇼핑
视而不见 shì'érbújiàn 보고도 못 본 체하다
飞速 fēisù 매우 빠르다
松散 sōngsǎn 흩어지다
聚合 jùhé (한데) 모이다, 집합하다
集聚 jíjù 모이다
问世 wènshì 세상에 나오다, 출품되다
引发 yǐnfā 일으키다, 야기하다
群体 qúntǐ 무리
情感 qínggǎn 감정
共鸣 gòngmíng 공감
不仅仅 bùjǐnjǐn ~일 뿐만 아니라
主动 zhǔdòng 자발적으로
外销 wàixiāo 해외 판매
迷人魅力 mírén mèilì (사람을 홀리는) 매력

舞台 wǔtái 무대
得以 déyǐ ~할 수 있다
尽情 jìnqíng 실컷, 마음껏
挥洒 huīsǎ 거리낌 없다
绽放 zhànfàng 터지다, 활짝 피다
迟缓 chíhuǎn 둔화되다
锐减 ruìjiǎn 급감하다
始终 shǐzhōng 시종, 줄곧
前行 qiánxíng 앞으로 나아가다
移动互联网 yídòng hùliánwǎng 모바일 인터넷
普及 pǔjí 보급
转变 zhuǎnbiàn 변화
潜力 qiánlì 잠재력
激发 jīfā 촉발시키다, 촉진시키다
拉动内需 lādòng nèixū 내수 진작
理应 lǐyīng 마땅히 ~해야 한다
正如 zhèngrú ~처럼, 했듯이
虚拟 xūnǐ 가상의, 사이버
带动 dàidòng 진작시키다, 이끌다
实体经济 shítǐ jīngjì 실물경제
收入 shōurù 소득
冲破 chōngpò 돌파하다
障碍 zhàng'ài 장애물
走向 zǒuxiàng ~를 향하여 발전하다
无国界 wú guójiè 국경 없는
从A起步 cóng A qǐbù A에서 시작되다
蕴含 yùnhán 내포하다
无限 wúxiàn 무한한
共享 gòngxiǎng 공유하다, 함께 누리다
呼唤 hūhuàn 외치다
企业家 qǐyèjiā 기업가
开拓精神 kāituò jīngshén 개척 정신
环节 huánjié 일환
领域 lǐngyù 분야, 영역
盛宴 shèngyàn 성대한 연회

꼭 알아야 할 성어·단어

- **有史以来** : 유사이래 '史无前例 역사상 전례 없다'와 헷갈릴 수 있으니 같이 외워 두자.
- **排山倒海** : 산을 밀고 바다를 뒤집어엎다, 위세가 대단하다
- **视而不见** : 보고도 못 본 체하다 비슷한 표현으로 '视若无睹', '袖手旁观', '隔岸观火'가 있다.
- **需求锐减** : 수요부진 '锐减'은 '급격하게 감소하다'라는 뜻이다.
- **虚拟经济** : 가상 경제, 사이버 경제
- **电商蓝海** : 전자상거래 블루오션 '蓝海'는 경쟁이 상대적으로 덜 치열한 블루오션을 말한다. 레드오션은 '红海'라고 한다.

1 1分21秒销售破11亿，13分28秒破120亿，11时51分跃过550亿，打破了去年同日全天成交额纪录。

'打破……纪录'는 '~기록을 깨다'라는 뜻의 따페이다. 같은 의미를 가진 표현으로 '打破……大关', '创……纪录'가 있고, 응용 표현 '创……新高', '创……新低'도 기억하자.

↳ 1분 21초 안에 매출액 11억 위안을 돌파하고, 13분 28초만에 120억을, 11시간 51분만에는 매출액이 550억 위안을 뛰어넘으면서 작년 같은 날 하루 총 거래금액 기록을 깨뜨렸다.

2 这是理应被国内外许多企业所重视的。

문장 전체적으로는 '被……所'의 피동문이다. '理应'은 '마땅히'라는 뜻의 부사이다. '이것은 당연히 국내외 많은 기업으로부터 중시를 받았다'라는 의미이지만 평서문처럼 번역하면 좀 더 자연스럽겠다.

↳ 이것은 당연히 국내외 많은 기업들이 중시하는 바다.

3 所以说，"双11"虽然是从中国起步，但其中所蕴含的无限商机，可以为全球经济发展所共享。

'从……起步'는 '~에서 시작되다'라는 뜻이다. '为+명사+所+동사'는 피동 구문인데, 여기서 '为'는 '被'의 용법이다.

↳ 그러므로 솔로데이는 비록 중국에서 시작되었지만 그 안에 담긴 무한한 비즈니스 기회는 글로벌 경제 발전을 위해 공유될 수 있다.

가장 글로벌한 솔로데이의 숨은 비결

　미국, 아시아 등지에서 온 4천5백여 개 해외 브랜드들이 한자리에 모였다. 이와 동시에 중국 제품은 60여 개 국가 및 지역의 소비자들에게 동시에 판매되었다. 역사상 가장 '글로벌한' 솔로데이가 시작된지 1분 21초 만에 매출액은 11억 위안을 돌파하였고 13분 28초 만에 120억 위안을 넘어섰다. 11시간 51분만에는 550억 위안을 초과하여 작년 11월 11일 하루 동안의 총 거래금액 기록을 깨뜨렸다. 한달 전부터 각 전자상거래 업체들은 잇따라 할인권을 증정하거나 사은품을 주기 시작했다. 위챗 채팅방이나 모멘트에는 전부 솔로데이와 관련된 구매 정보로 넘쳐났다. 대대적인 광고 공세 때문에 어쩌면 지구상의 모든 사람들이 이 '전 세계에서 가장 뜨거운 온라인 쇼핑 데이'를 못 본 척 할 수 없었을 것이다.

　인터넷이 빠른 속도로 발전하는 오늘날, 물리적인 현실 공간에서 사람들을 모으는 것보다 인터넷 공간에서 흩어져 있는 네티즌들을 모으는 것이 훨씬 더 쉽다. 특히 전자상거래의 등장은 쇼핑데이 소비문화를 통해 온라인 쇼핑족들 사이에 더욱 심층적인 공감대를 형성할 수 있도록 했다. 중국뿐만 아니라 점점 더 많은 나라들이 자발적으로 이 쇼핑 데이에 뛰어들고 있다. 세계적인 브랜드의 참여, 중국 브랜드의 해외 판매, 중국 네티즌의 쇼핑, 해외 네티즌의 동참으로 전 세계가 솔로데이의 매력에 흠뻑 빠져들게 되었고, 이날 전 세계 네티즌들은 즐겁고 신나는 쇼핑을 즐길 수 있게 되었다.

　비록 최근 몇 년간 글로벌 경제성장이 둔화되고 각국의 해외 수요가 급감했지만 중국의 경제는 줄곧 안정적인 성장세를 유지해 왔다. 특히 모바일 인터넷이 보급되면서 사람들의 소비패턴이 바뀌게 되었고, 인터넷 소비의 거대한 잠재력이 끊임없이 확대되면서 내수를 진작시키는 동시에 신산업 발전에 수많은 새로운 가능성을 제공해 주었다. 이는 당연히 국내외 많은 기업으로부터 주목을 받았다. 리커창 총리가 말했듯 전자상거래를 사이버 경제라고만 생각해선 안 된다. 실제로 B2B, B2C든 혹은 C2C든 전자상거래는 실물경제의 발전을 이끄는 데 매우 중요한 역할을 한다.

　대략적인 통계에 따르면 현재 중국의 중산층은 약 2억 명 정도로, 향후 15년 내에 약 6억 명까지 늘어날 것으로 예상된다. 여기에는 거대한 잠재 소비력이 존재한다. 그리고 한 가지 분명한 추세는 전자상거래가 국가 간 장벽을 허물면서 국제 무역이 이제 '국경 없는 무역'으로 발전해 나가고 있다는 점이다. 따라서 솔로데이는 중국에서 시작되었지만 그 속에 숨겨진 무한한 비즈니스 기회는 전 세계 경제가 함께 누릴 수 있다. 마윈 회장이 말했듯 오늘날 글로벌 경제는 기업가의 개척 정신이 필요하다. 왜냐하면 소비와 서비스의 개선을 위해 더 많은 기업들의 참여가 필요하기 때문이다. 이미 막이 오른 '전자상거래의 블루오션'인 솔로데이를 맞이해서 관련 업계 종사자들이 그 이면의 글로벌 비즈니스 기회를 잡아 산업 조직, 비즈니스 모델, 공급 사슬, 유통 라인 등 각 단계에서 적극적으로 혁신을 추진할 수 있을까. 그리고 더 많은 영역, 더 많은 업종, 더 많은 인재들을 끌어들여 인터넷 경제 발전의 성대한 축제를 함께 즐길 수 있을 것인가. 어쩌면 이는 가장 '글로벌한' 솔로데이의 성공 비결이 될 것이다.

中国为什么对南海仲裁案说不

菲律宾单方提起的南海仲裁案备受人们的关注，海牙仲裁庭已经宣布将于7月12日公布最终裁决结果。部分西方国家和媒体似乎知晓裁决结果将对中国不利，早早开始敦促中方接受裁决。但中国对仲裁案的立场十分明确，即"不接受、不参与、不承认、不执行"。中国反对南海仲裁案有充分的国际法理依据。中国这样做不仅是在维护自身的国家利益，也是在捍卫国际海洋秩序的完整性和合法性。

为什么中国拒绝接受和参与仲裁程序？❶因为中国作为主权国家，有权选择解决争议的方式，这是国际法赋予主权国家的合法权利。❷同时也是因为菲律宾单方提起的南海仲裁案存在滥用争端解决程序、偷换概念和刻意掩盖争议实质的诸多问题，自始就存在瑕疵，因此缺乏合法性。

首先，菲律宾提起仲裁的诉求涉及与中国一些岛礁争议和两国之间的海域划界问题。领土主权问题不属于《联合国海洋法公约》(以下简称《公约》)调整范围，因而不再接受使用强制争端解决程序。

第二，菲律宾单方面提起的强制仲裁未满足《公约》规定的前置条件。根据"无争议不仲裁"的原则，提起任何强制仲裁前，双方就仲裁事项须确实存在争议。因此，菲单方面提起的仲裁并未满足《公约》规定的法定前置条件。❸除此之外，菲方单方面提起仲裁也违反了其先前与中方达成的共识，即：双方承诺通过双边谈判和协商解决争议。

주요 단어 및 구문

仲裁案 zhòngcái'àn 중재안
菲律宾 Fēilǜbīn 필리핀
备受关注 bèishòu guānzhù 주목을 받다
海牙 Hǎiyá 헤이그
仲裁庭 zhòngcáitíng 중재재판소
裁决结果 cáijué jiéguǒ 재판 결과
知晓 zhīxiǎo 알다, 이해하다
敦促 dūncù 촉구하다
依据 yījù 근거하다
维护 wéihù 지키다, 보호하다
捍卫 hànwèi 수호하다
海洋秩序 hǎiyáng zhìxù 해양 질서
完整性 wánzhěngxìng 완전성
合法性 héfǎxìng 합법성
拒绝 jùjué 거절하다
仲裁程序 zhòngcái chéngxù 중재절차
解决争议 jiějué zhēngyì 논쟁을 해결하다
赋予 fùyǔ 부여하다
滥用 lànyòng 남용하다
争端 zhēngduān 분쟁
合法权利 héfǎ quánlì 합법적 권리
偷换 tōuhuàn 몰래[슬쩍] 바꾸다
刻意 kèyì 애써서, 힘껏
掩盖 yǎngài 감추다
瑕疵 xiácī 흠, 결함
诉求 sùqiú 호소하여 요구하다
岛礁争议 dǎojiāo zhēngyì 도서 분쟁
简称 jiǎnchēng 약칭, 간단하게 부르다
不再 búzài 더 이상 ~가 아니다
单方面 dānfāngmiàn 일방적으로
强制 qiángzhì 강제하다
前置条件 qiánzhì tiáojiàn 전제조건
确实 quèshí 확실히, 틀림없이
承诺 chéngnuò 약속하다, 승낙하다

꼭 알아야 할 따페이·구문

- **备受人们的关注** : 사람들에게 주목을 받다 '人们备受关注'라고 하는 경우가 많은데 주의하길 바란다. 목적어가 '备受……关注' 사이에 들어가야 한다.

1 因为中国作为主权国家，有权选择解决争议的方式，这是国际法赋予主权国家的合法权利。

'作为'는 '~로서'라는 뜻으로 자격을 나타낸다. '作为老师 선생님으로서', '作为伙伴 파트너로서'도 잘 쓰이는 표현이니 외워 두자. '~할 권리가 있다'라는 서술 표현은 문장 앞에 '有权(利)……'을 넣어 만들 수 있다. '赋予' 동사는 뒤에 목적어가 두 개 온다는 것에 주의하자. 예를 들면 '정부는 그에게 엄청난 권력을 부여했다'는 중국어로 '政府赋予他巨大权力。'라고 할 수 있는데, '赋予'의 목적어로 '他'와 '巨大权力'가 왔다.

⇨ 주권국가로서 중국은 분쟁 해결의 방식을 선택할 권리가 있으며 이는 국제법이 주권국가에 부여한 합법적인 권리이다.

2 同时也是因为菲律宾单方提起的南海仲裁案存在滥用争端解决程序、偷换概念和刻意掩盖争议实质的诸多问题，自始就存在瑕疵，因此缺乏合法性。

'菲律宾单方'에서 '单方'은 '혼자서' 또는 '일방적으로'라고 번역하면 좋겠다. '南海仲裁案'에서 '南海'가 중국어로는 '남해'이지만 한국어로 번역할 때는 '남중국해'라고 해야 한다. 우리나라의 남해와 헷갈리지 않도록 하자. '存在……问题' 사이에 있는 목적절(滥用争端解决程序、偷换概念和刻意掩盖争议实质)은 3개의 '동사+목적어' 구조가 '、(顿号)'로 연결된 형태인 것도 분석할 줄 알아야겠다.

⇨ 또한 필리핀이 일방적으로 제시한 남중국해 중재안에는 분쟁 해결 절차 남용, 의미 왜곡, 논쟁 사실의 의도적 은폐 등 여러 문제들이 존재하고 시작부터 결함이 많아 합법적이지 못하다.

3 除此之外，菲方单方面提起仲裁也违反了其先前与中方达成的共识，即：双方承诺通过双边谈判和协商解决争议。

'达成……共识'는 '합의하다'라는 뜻의 따페이로, 위의 문장에서는 '중국과의 합의'라고 해서 '与中方达成的共识'로 응용된 형태이다. '即'는 '즉' 이라는 뜻으로, 부연 설명할 때 문장 맨 앞에 쓰인다. '即' 뒤에 나온 부호 ' : (冒号)' 역시 부연 설명의 기능을 가지고 있다. '双方承诺'는 '주어+동사' 구조로 '양측이 약속하다'라는 뜻이고, 이후의 내용들은 '承诺'의 목적어 부분이다.

⇨ 이외에도 필리핀 측이 일방적으로 제기한 중재안은 과거 필리핀과 중국이 양자 간의 분쟁은 협상과 대화를 통해 해결하기로 합의한 내용에도 위배된다.

★ **联合国海洋法公约** : '유엔 해양법 공약 또는 협약'이라고 한다. ① 영해의 폭을 최대 12해리로 확대, ② 200해리 배타적 경제수역제도 신설, ③ 심해저 부존광물자원을 인류의 공동유산으로 정의하는 등의 내용들이 포함되어 있는 중요한 협약이다. '배타적 경제수역(EEZ)'의 중국어 표현인 '专属经济区'는 꼭 외워 두자. 출현 빈도가 높은 전문용어이다.

중국은 왜 남중국해 중재안에 반대하는가

필리핀이 일방적으로 제기한 남중국해 중재안이 뜨거운 관심을 받고 있다. 헤이그 중재재판소는 7월 12일 최종 판결 결과를 발표하겠다고 이미 선언하였다. 일부 서방국가들과 언론들은 판결 결과가 중국에 불리하게 나올 것을 미리 알기라도 한듯 일찍부터 중국에 판결 결과를 수용할 것을 촉구하였다. 그러나 중재안에 대한 중국의 입장은 분명하다. 중국은 판결 결과를 받아들일 수 없고, 참여하지도 않을 것이며, 인정할 수도 없고, 이를 이행하지도 않을 것이다. 중국이 남중국해 중재안에 반대하는 이유는 국제법상 충분한 근거가 있다. 중국의 이러한 태도는 자국의 이익을 지키려는 것뿐만 아니라 국제 해양 질서의 온전성과 합법성을 수호하기 위함이다.

그렇다면 중국은 중재 과정을 수용하고 이에 참여하는 데 왜 반대하는 것인가? 주권국가로서 중국은 분쟁 해결의 방식을 선택할 권리가 있기 때문이며 이는 국제법이 주권국가에 부여한 합법적인 권리이기도 하다. 또한 필리핀이 일방적으로 제시한 남중국해 중재안에는 분쟁 해결 절차 남용, 의미 왜곡, 논쟁 사실의 의도적 은폐 등 여러 문제들이 존재하고 시작부터 결함이 많아 합법적이지 못하기 때문이다.

우선 필리핀이 제기한 중재 요구는 중국과의 일부 도서·산호초에 대한 논쟁 및 양국 간 해양 경계선 문제와 관련이 있다. 영토 주권 문제는 〈유엔 해양법 협약〉(이하 〈협약〉)의 조정 범위에 속하지 않는다. 따라서 강제적인 방식으로 분쟁을 해결하려는 방안은 수용할 수 없다.

둘째, 필리핀이 일방적으로 제시한 강제적 중재안은 〈협약〉이 규정한 전제조건에 부합하지 않는다. 분쟁이 발생하지 않으면 중재를 하지 않는다는 원칙에 따라 어떠한 형식이든 강제적 중재를 요구하기 전에는 반드시 중재 사안에 대해 양측 간에 분쟁이 발생해야 한다. 따라서 필리핀이 일방적으로 요구한 중재안은 〈협약〉의 법적 전제조건에 부합하지 않는다고 할 수 있다. 이외에도 필리핀 측이 일방적으로 제기한 중재안은 과거 필리핀과 중국이 양자 간의 분쟁은 협상과 대화를 통해 해결하기로 합의한 내용에도 위배된다.

국가별 이슈

UNIT 15 女性职场作用成为前沿课题
직장 여성이 능력을 발휘하게 하는 것이 최우선 과제

UNIT 16 日本"少子化"达危害国家兴衰地步
일본의 저출산, 국가의 존망을 위협하다

女性职场作用成为前沿课题

生了宝宝的妈妈要不要去上班？新时代的女性如何兼顾工作和家庭，这个老命题不断出现新注解，"女性经济学"便是其中之一。鼓励女性就业，是日本首相安倍晋三提振经济的措施之一。去年日本女性劳动参与率为66%，❶低于欧美等发达国家，而日本男性的这一数据达到84.9%，几乎为世界之最。在日本人口逐渐老龄化的今天，劳动力短缺已严重阻碍日本经济社会的发展。有日本专家分析称，如果女性进入职场，不仅会增加日本劳动力的数量，还将提高日本企业的运营质量，有助于经济复苏。据估算，若日本女性劳动参与率提高至80%，这将带动日本国内生产总值提高13%。

然而，一年来，安倍通过鼓励女性工作的方式来复苏经济的计划实施效果并不理想。许多接受过高等教育的日本女性仍不愿工作。究其原因，日本职场文化并不利于女性就业，由男性主导的日本企业并不看重女性的职业能力。在这种情况下，大量日本年轻女性主动选择当家庭主妇。有分析指出，❷如果日本职场不改变以工作时长、忠诚度和年龄来评价员工的倾向，日本女性就业将永远处于边缘地带。

与日本的实用主义不同，许多欧美现代企业认为，女性就业是企业与员工的双赢选择，❸女性的自由不应被她的职业所限。眼下，欧美职场正流行带着孩子去上班，即在婴儿断母乳到会走路这段期间，孩子跟着妈妈或者爸爸一起去办公室。此类创举的先行者们表示，带孩子上班势必会影响工作效率，但与重新培养一名新员工相比，有孩子的老员工更有价值。更为重要的是，办公室里的孩子比想象中安静得多，他们的父母也会更踏实，对企业的忠诚度也就更高。

随着经济社会的发展，工作和家庭生活的分离相对而言是一个新生事物。在女性劳动参与率相对较高的欧美国家，❹如何提升女性就业质量，让女性在就业的同时兼顾家庭，使她们不再为二选一的抉择而苦恼，企业则通过更深入地了解和利用女性在职场中的作用而获得经济实惠，这才是真正的前沿课题。

주요 단어 및 구문

前沿 qiányán 최전방
兼顾工作和家庭 jiāngù gōngzuò hé jiātíng
일과 가정생활을 병행하다
注解 zhùjiě 해석, 주석
女性经济学 nǚxìng jīngjìxué 우머노믹스
鼓励 gǔlì 장려하다
日本首相安倍晋三 Rìběn shǒuxiàng Ānbèi Jìnsān
아베 신조 일본 총리
提振 tízhèn 부양하다
发达国家 fādá guójiā 선진국
世界之最 shìjiè zhī zuì 세계 최고
短缺 duǎnquē 부족하다
阻碍 zǔ'ài 저해하다
运营 yùnyíng 운영, 경영
有助于 yǒuzhùyú ~에 도움이 되다
估算 gūsuàn 추산하다
接受高等教育 jiēshòu gāoděng jiàoyù 고등교육을 받다
仍 réng 여전히
究其原因 jiū qí yuányīn 원인을 살펴보면
不利于 búlìyú ~에 불리하다
看重 kànzhòng 중시하다
主动 zhǔdòng 자발적으로
家庭主妇 jiātíng zhǔfù 가정주부
忠诚度 zhōngchéngdù 충성도
倾向 qīngxiàng 경향
边缘地带 biānyuán dìdài 가장자리 지대 → 사각지대
双赢 shuāngyíng 윈윈(win-win), 양측 모두 이익을 얻다
婴儿 yīng'ér 아기
断母乳 duàn mǔrǔ 모유를 끊다
创举 chuàngjǔ 최초의 시도
先行者 xiānxíngzhě 선구자, 개척자
势必 shìbì 반드시
工作效率 gōngzuò xiàolǜ 업무 효율
培养 péiyǎng 기르다
安静 ānjìng 조용하다
踏实 tāshí 편안하다, 성실하다
相对而言 xiāngduì ér yán 상대적으로
二选一 èr xuǎn yī 양자택일
抉择 juézé 선택하다
苦恼 kǔnǎo 몹시 괴롭다, 고뇌하다
实惠 shíhuì 실질적인 혜택

꼭 알아야 할 성어·단어

- **女性经济学** : **우머노믹스** 여성이 경제성장에 중요한 역할을 한다는 이론으로 최근에 주목 받고 있다.
- **究其原因** : '究'는 '연구하다', '조사하다'라는 의미가 있다. '其'는 대명사로 앞에 나오는 명사를 대신 받는다. 따라서 '究其原因'은 '그 원인을 조사하다'라는 뜻이다.
- **双赢选择** : **윈윈(win-win)하는 선택** '双赢'은 직역하면 '양측 모두 이기다'라는 뜻이므로 '윈윈'이라고 번역하면 자연스럽다.

1 ……，低于欧美等发达国家，而日本男性的这一数据达到84.9%，几乎为世界之最。

'低于'는 비교문을 간단하게 만들어 주는 유용한 동사이다. 간단한 문장의 비교문은 크게 어렵지 않지만 조금만 복잡해져도 학생들은 어렵게 느끼는 부분이 비교문이다. 예를 들어 '올해 브라질의 경제성장률은 작년보다 낮다'라는 문장을 비교문으로 만들어 보면 '今年巴西的经济增长率比去年还低。'이다. 이 문장은 '低于'를 사용하여 '동+목' 구조의 평서문으로 만들 수 있는데, '今年巴西的经济增长率低于去年。'이라고 할 수 있다.

↪ ~ 유럽이나 미국 등의 선진국보다 낮았다. 그러나 일본 남성들의 노동 참여율은 84.9%에 달해 거의 세계 최고 수준이었다.

2 如果日本职场不改变以工作时长、忠诚度和年龄来评价员工的倾向，日本女性就业将永远处于边缘地带。

이 구문은 '如果' 가정법으로 '不改变……倾向' 따페이 안에 '以……来' 구문이 겹쳐 있는 형식이다. '处于边缘地带'에서 '边缘地带'는 중심에서 먼 외곽지대를 뜻하는데 (취업의) 외곽지대에 놓인다는 표현은 어색하기 때문에 '사각지대에 놓이다' 정도로 의역하면 좋겠다.

↪ 만약 일본의 직장이 업무 시간, 충성도와 나이로 직원을 평가하는 경향을 바꾸지 않는다면 일본 여성들의 취업은 영원히 사각지대에 놓이게 될 것이다.

3 女性的自由不应被她的职业所限。

'被……所' 피동문 형식이다. 보통은 '被+명사+所+동사' 순서로 오는데 '~(명사)에 의해서 ~(동사) 당하다'라는 피동으로 번역할 수 있다. '被' 대신 '为'를 써도 같은 의미라는 것을 알아 두자.

↪ 여성의 자유가 직업에 의해 제한받아서는 안 된다.

4 如何提升女性就业质量，让女性在就业的同时兼顾家庭，使她们不再为二选一的抉择而苦恼，企业则通过更深入地了解和利用女性在职场中的作用而获得经济实惠，这才是真正的前沿课题。

앞뒤 내용의 흐름을 이해해야 정확한 의미로 번역할 수 있는 난도가 높은 문장으로, 기본적인 '동+목' 구조에 사역문이 2개 들어가 있다. '通过A而B'는 'A를 통해서 (그래서) B를 하다'라는 뜻의 구문이다.

↪ ~가 어떻게 여성 취업의 질을 높여서 여성들이 취업을 하면서도 동시에 가정을 돌볼 수 있게 했는지, 또 여성들이 더 이상 둘 중에 하나 (가정이냐 직장이냐)를 선택해야 하는 고민을 하지 않게 됐는지, 또 기업들이 직장에서 여성들의 역할을 더 깊이 이해하고 활용해 경제적 실익을 얻게 되었는지 등의 문제는 진정한 첫 번째 과제이다.

★ '达' 또는 '为+숫자' : 일반적으로 숫자는 동사 '是' 보다는 '达' 또는 '为'와 같이 온다. 예를 들어 '올해 한국의 경제성장률은 3%이다'를 번역하라고 하면 많은 학생들이 '今年韩国的经就增长率是3%'이라고 하는데 숫자가 올 때는 '为'나 '达'를 쓰는 것을 주의한다. 따라서 '今年韩国的经济增长率为[达]3%'라고 하는 것이 옳은 표현이다.

직장 여성이 능력을 발휘하게 하는 것이 최우선 과제

　아이를 낳은 엄마들은 회사에 출근을 해야 할까? 신세대 여성들은 어떻게 일과 가정생활을 병행하느냐는 이 오래된 명제에 대해 새로운 해설들이 끊임없이 나오고 있다. '우머노믹스'도 그중 하나이다. 여성 취업 장려는 일본의 아베 총리가 경제를 부양하기 위해 제시한 조치 중 하나이다. 작년 일본 여성들의 노동 참여율은 66%로 유럽이나 미국 등의 선진국보다 낮았다. 그러나 일본 남성들의 노동 참여율은 84.9%에 달해 거의 세계 최고 수준이었다. 오늘날 일본의 고령화가 점점 심해지면서, 노동력 부족은 이미 일본의 경제와 사회의 발전을 심각하게 저해하는 장애물이 되었다. 일본 전문가들은 만약 여성들이 직장에 들어가 일을 하게 된다면 일본의 노동 인구가 증가할 뿐 아니라 일본 기업의 경영이 개선되어 경제 회복에도 도움이 될 것이라고 분석하였다. 추산에 따르면 만약 일본 여성들의 노동 참여율이 80%까지 증가하면 일본의 GDP는 13% 증가할 것이라고 한다.

　그러나 지난 1년 간 아베 총리가 여성들의 취업 장려를 통해 경제를 회복시키려는 계획은 딱히 큰 효과를 보지 못했다. 고등교육을 받은 많은 일본 여성들은 여전히 취업을 하려 하지 않는다. 그 이유로는 일본의 직장 문화가 여성 취업에 불리하고, 남성 위주의 일본 기업들은 여성들의 직업 능력을 중시하지 않기 때문이다. 이러한 상황에서 일본의 많은 젊은 여성들은 자발적으로 가정주부가 되려 하고 있다. 분석에 따르면 만약 일본 기업들이 업무 시간, 충성도, 나이로 직원을 평가하는 경향을 바꾸지 않는다면 여성 취업은 영원히 '취업의 사각지대'에 놓이게 될 것이라고 한다.

　일본의 실용주의와 달리, 오늘날 유럽과 미국의 많은 기업들은 여성 취업이 기업과 직원들이 모두 '윈윈' 할 수 있는 선택이며 여성의 자유가 직업에 의해 제한받아서는 안 된다고 생각한다. 현재 유럽과 미국의 기업에서는 아이를 데리고 출근하는 것이 유행이다. 즉 아이가 모유를 끊고 걸어 다닐 수 있을 때까지 엄마나 아빠와 함께 회사에 출근할 수 있다. 이러한 조치를 최초로 시도한 회사에서는 아이를 데리고 출근하면 업무 효율에 영향을 미치긴 하지만 새로운 신입사원을 다시 키우는 것보다 아이가 있는 기존 직원이 훨씬 더 낫다고 밝혔다. 더욱 중요한 것은 사무실에 있는 아이들이 생각했던 것보다 훨씬 조용하다는 것이다. 아이들의 부모는 더 편안한 마음으로 일할 수 있고 기업에 대한 충성도도 더욱 높아진다.

　경제와 사회가 발전함에 따라 일과 가정생활의 분리는 상대적으로 새로운 개념이라 할 수 있다. 여성의 노동 참여율이 비교적 높은 미국과 유럽 국가들이 어떻게 여성의 취업의 질을 높여 이들이 일하면서 동시에 가정을 돌볼 수 있게 해 주었는지 그리고 어떻게 더 이상 양자택일 하는 것을 고민하지 않게 되었는지 또 기업들은 어떻게 직장에서 여성들의 역할을 더욱 심층적으로 이해하고 활용하여 실질적인 경제 혜택을 얻었는지 등은 우리가 시급히 연구해야 할 과제이다.

UNIT 16

日本"少子化"达危害国家兴衰地步

少子化意味着日本未来人口可能逐步减少，这会给社会结构、经济发展等各方面带来很多负面影响。日本的人口问题研究所曾预测，若"少子化"现象继续发展下去，2006年人口开始减少，2050年人口将减少到1亿，2100年将减少到6400万。

这是一个让日本很忧虑的结果，难怪日本政府的一份内部文件近期将少子化的严重程度，称为"静默发生中的紧急状态"，可见，❶少子化在日本已达到危害"国家兴衰"的地步，这绝非危言耸听。日本政府的一项新调查显示，日本要维持良好的社会结构，最理想的状况是每对夫妇诞下2.48名孩子，但在2008年，每对夫妇的生育率平均只有1.37，生育率极低。情况正在进一步恶化中，未婚化社会也将加剧日本的少子化困境。

日本已经进入未婚化社会，众多适龄青年男女未婚。2008年全球金融海啸之后，这种现象更为凸显，日本的未婚率不断攀升。据NHK报道，"日本社会目前有71%的适龄男性未婚，在25~29岁的女性中，有60%未婚，在30~34岁的女性中，有近一半未婚。"愈来愈多的日本年轻女性寻求稳定的生活，青睐低风险婚姻，在择偶标准中，对男性经济能力的要求逐渐升级。结婚生子毕竟是一个现实问题，需要强有力的经济实力作支撑，城市物价偏高，养育成本上升都是要面对的问题。理想与现实始终存在差距。据报道，有70%的女性要求男性年收入在400万日元以上，而实际上74.9%的男性年收入在400万日元以下。9成日本女性择偶倾向于选择公务员和大公司职员，目的是寻求稳定。

日本女性择偶追求稳定与经济实力，其背后反映出女性雇佣环境的恶化。20多年前，日本未婚男性大部分都是正式员工，❷女性择偶一般不会太过于追求眼前的利益，因为未来的预期是好的，有正式工作，收入稳定，且两个人都是正式员工。然而，如今日本的非正式员工男性达到2成多，女性超过一半，而且他们对日本经济未来的预期较低，所以在择偶时看重当前。另外，日本8成未婚女性和父母住在一起，❸在此情形下，她们更愿意等待符合她们条件的男性，不会急着结婚。

주요 단어 및 구문

少子化 shǎozǐhuà 저출산
危害 wēihài 위협하다
兴衰 xīngshuāi 흥망성쇠
意味着 yìwèizhe ~를 의미하다
带来负面影响 dàilái fùmiàn yǐngxiǎng 부정적인 영향을 끼치다
预测 yùcè 예측하다
忧虑 yōulǜ 우려하다, 걱정하다
难怪 nánguài 어쩐지
文件 wénjiàn 문서
称为 chēngwéi ~라고 부르다
静默 jìngmò 침묵하다, 조용히 하다
紧急状态 jǐnjí zhuàngtài 긴급상황
可见 kějiàn 볼 수 있듯이
达到……地步 dádào……dìbù ~지경에 이르다
绝非 juéfēi 절대 ~가 아니다
危言耸听 wēiyán-sǒngtīng 일부러 놀래는 말을 하여 사람들을 두렵게 하다
夫妇 fūfù 부부
诞下 dànxià 낳다, 출산하다
生育率 shēngyùlǜ 출산율
平均 píngjūn 평균
适龄 shìlíng 적령기이다
海啸 hǎixiào 쓰나미, 해일
攀升 pānshēng 끊임없이 오르다
愈来愈多 yù lái yù duō 갈수록 많아지다 =
寻求 xúnqiú 추구하다
稳定 wěndìng 안정적이다
青睐 qīnglài 인기, 선호하다
择偶 zé'ǒu 배우자를 선택하다
标准 biāozhǔn 기준
升级 shēngjí 올라가다
强有力 qiángyǒulì 강력하다, 탄탄하다
支撑 zhīchēng 지탱하다, 지지대
物价 wùjià 물가
偏高 piāngāo 비교적 높다
养育 yǎngyù 양육
差距 chājù 차이, 괴리
成 chéng 10분의 1, 할
倾向于 qīngxiàngyú ~하는 경향이 있다

雇佣 gùyōng 고용
正式员工 zhèngshì yuángōng 정규직
眼前 yǎnqián 현재, 목전
预期 yùqī 전망, 예측, 예기하다
等待 děngdài 기다리다
急着 jízhe 서둘러 ~하다

꼭 알아야 할 성어·단어

- **少子化** : '아이를 적게 갖는 추세'라는 의미로 '저출산'을 말한다. '저출산'이라고 해서 '低出产'이라고 해서는 안 된다.
- **适龄男性** : 결혼 적령기 남성 '适龄'은 '적령기'라는 뜻으로 '适龄儿童 취학 아동', '适龄孕妇 가임 여성', '适龄结婚 결혼 적령기'도 같이 알아 두자.
- **择偶标准** : 배우자 선택 기준 '择偶'는 '배우자를 선택하다'라는 뜻으로, '选择'와 '配偶'를 합친 말이다.
- **9成** : 90% '成'은 단위로 '할'이다. 1할은 10%이므로 9성은 90%이다.

꼭 알아야 할 따페이·구문

- **青睐低风险婚姻** : 위험성이 낮은 결혼을 선호하다 '동사(青睐)+목적어(低风险婚姻)' 구조이다.
- **需要强有力的经济实力作支撑** : 막강한 경제력이 뒷받침될 필요가 있다 '作支撑' 역시 '동사(作)+목적어(支撑)' 구조이다.

1 少子化在日本已达到危害"国家兴衰"的地步，这绝非危言耸听。

'达到……地步'는 '~지경에 이르다'라는 뜻으로, 중간에 긴 문장이 들어갈 수도 있으니 따페이를 잘 기억해 잡아내도록 해야겠다. '国家兴衰'는 '국가의 흥망성쇠'로 이 문장에서는 '국가 존망'이 더 잘 어울린다. '绝非'는 '절대로 ~이 아니다'라는 부정을 나타내는 단어이고, '危言耸听'은 '겁주다'라는 의미의 성어이다.

↳ 저출산 문제는 일본에서 이미 일본의 국가 존망을 위협하는 지경에까지 이르렀다. 이것은 결코 겁주려는 말이 아니다.

2 女性择偶一般不会太过于追求眼前的利益，

'过于追求'는 '지나치게 추구하다'라는 뜻이다. '追求'는 '추구하다'라는 뜻 이외에 '(사람을) 쫓아다니다'라는 의미로도 쓰인다.

↳ 여성들은 배우자를 선택할 때 일반적으로 지나치게 눈앞의 이익을 좇지 않는다.

3 在此情形下，她们更愿意等待符合她们条件的男性，不会急着结婚。

'符合……条件'은 '~조건에 부합하다'라는 뜻의 따페이고, '急着' 뒤에 동사가 오면 '서둘러 ~하다'라는 표현이 된다.

↳ 이런 상황에서 여성들은 자신들의 조건에 맞는 남성을 기다리길 원하며 서둘러 결혼하려 하지 않는다.

일본의 저출산, 국가의 존망을 위협하다

저출산 현상은 앞으로 일본의 인구가 점차 감소한다는 것을 의미하며 이는 일본의 사회구조와 경제 발전 등 여러 방면에 심각한 부정적 영향을 끼칠 것이다. 일본의 인구문제연구소의 과거 예측에 따르면 만약 저출산 현상이 계속 심각해지면 2006년부터 인구가 감소하기 시작해 2050년에는 일본 인구가 1억 명까지 줄어들고, 2100년에는 6400만 명까지 감소할 것이라고 한다.

일본은 이러한 상황을 매우 우려하고 있다. 이 때문에 최근 일본 정부의 내부 문건에서는 저출산의 심각성을 '조용히 발생 중인 긴급사태'라고 표현했다. 여기서 볼 수 있듯이 저출산 문제는 이미 일본의 국가 존망을 위협하는 지경에 이르렀다. 이는 절대 겁주려는 말이 아니다. 일본 정부의 새로운 조사 결과에서는 일본이 안정적인 사회구조를 유지하기 위한 가장 이상적인 상태는 모든 부부가 2.48명의 아이를 낳는 것이라고 밝혔다. 그러나 2008년, 일본에서 부부 한 쌍당 평균 출산율은 1.37명으로 지극히 낮은 수준이다. 게다가 상황은 더욱 악화되고 있고 결혼을 기피하는 '비혼' 현상이 일본의 저출산 문제를 더욱 심각하게 만들 것이다.

일본은 이미 '비혼' 사회로 접어 들었다. 많은 결혼 적령기의 남녀가 미혼 상태. 2008년 글로벌 금융 위기 이후, 이러한 현상은 더욱 두드러졌고 일본의 미혼 비율은 계속해서 증가하고 있다. NHK에서는 현재 일본에서 결혼 적령기의 남성 중 71%는 미혼이고, 25세~29세의 여성 중 60%가 미혼이며, 30세~34세의 여성 중 거의 절반이 미혼이라고 보도하였다. 점점 더 많은 일본의 젊은 여성들이 안정적인 생활을 원하여 리스크가 적은 결혼을 선호한다. 즉 배우자를 선택할 때 남성의 경제적 능력에 대한 요구사항이 나날이 늘어나고 있는 것이다. 결혼해서 아이를 낳는 것은 매우 현실적인 문제이기 때문에 충분한 경제적 능력이 뒷받침돼야 한다. 도시 물가가 비교적 높고 양육 비용이 오르는 것도 문제이다. 이상과 현실 사이에는 늘 괴리가 있다. 보도에 따르면 여성 중 70%가 남성의 연봉이 400만엔 이상이었으면 좋겠다고 밝혔으나 남성 중 74.9%는 연봉이 400만엔 이하였다. 90%의 여성이 배우자를 선택할 때 공무원과 대기업 직원을 선호하는데 그 이유는 안정적인 생활을 원하기 때문이다.

일본 여성들이 배우자를 고를 때 안정적인 생활과 경제력을 추구하는 것은 여성 고용 환경의 악화라는 문제를 반영한다. 20여 년 전, 대부분의 일본 미혼 남성은 정규직이었고, 여성들이 배우자를 선택할 때도 과도하게 당장의 이익만을 추구하진 않았다. 왜냐하면 미래를 낙관적으로 예상했고 제대로 된 일자리와 안정적인 수입이 있었기 때문이다. 더군다나 남성과 여성 모두 정규직이었다. 그러나 오늘날 일본의 비정규직 남성은 약 20%에 육박하며 여성은 절반을 넘는다. 게다가 향후 일본 경제에 대한 전망도 낙관적이지 못하기 때문에 배우자를 선택할 때 현재를 중시하게 되었다. 한편, 일본에서 80%에 달하는 미혼 여성들이 부모와 함께 산다. 이러한 상황에서 여성들은 그들의 조건에 부합하는 남성을 기다리길 원하며 급하게 결혼하려 하지 않는다.

국가별 이슈

유럽·아프리카

UNIT 17 难民潮：欧洲自食苦果
난민 사태, 유럽의 자업자득

UNIT 18 加强国际合作是反恐必由之路
국제 협력 강화는 반테러의 필수 요소

UNIT 19 土耳其："短命"政变冲击不小
터키 쿠데타 실패, 후폭풍 엄청나

UNIT 20 英国新首相，将带来什么样的新内阁？
영국의 새 총리, 어떤 새로운 내각을 꾸릴까?

UNIT 21 非洲一体化值得期待
아프리카 통합을 기대한다

难民潮：欧洲自食苦果

分析人士指出，难民潮引发欧洲经济社会问题和人道主义危机，正成为一些国家难以承受的重压，考验着欧盟内部的团结和应对能力。然而，探究这场危机产生的根源，却与欧洲在西亚北非盲目追随美国的外交政策密不可分。综合来看，欧洲此次爆发大规模移民潮的原因主要有三个方面。

首先，西亚北非地区的持续动荡造成大量难民。一位国际问题专家表示，本次的欧洲难民潮源自于局势动荡不安的阿富汗、伊拉克等国以及叙利亚等爆发内战的国家。西方国家曾试图稳定阿富汗、伊拉克等国局势，但却以失败告终。❶伊拉克局势的动荡又引起整个中东的不稳定，加之"伊斯兰国"扩张地盘，难民潮由此而来。

其次，目前的难民潮有人口走私者的推波助澜。这位专家指出，在目前的难民潮中存在令人难以置信的"专业化"人口走私活动，人口走私者组织并运输大批难民。由于拥有令人难以置信的现代技术，人口走私者已经知道使用手机等技术指挥难民的行动，告诉他们朝哪个方向走，该怎么做。

第三，欧洲因地理位置和经济利益等原因受到难民的青睐。这位专家还说，❷目前的难民以信奉伊斯兰教为主，他们无法前往富有的阿拉伯国家，因为沙特等海湾国家关闭了边界不愿接纳他们。欧洲则不然，一些欧洲国家如德国表示愿意接纳他们，因此这些国家对他们具有吸引力。此外，难民选择欧洲国家也有经济方面的考虑。

❸就法国来说，分析人士指出，法国位于西欧核心地区，通往英国和西欧国家的交通都很便捷。而法国作为前殖民大国，在历史上与很多非洲和中东国家有持久且广泛的联系，目前法国本土有大量来自这些国家的合法移民，有些人经过几十年的奋斗已经成功立足当地，在法国社会获得良好发展。

주요 단어 및 구문

难民潮 nànmín cháo 난민 사태
自食苦果 zìshí-kǔguǒ 자업자득
人道主义 réndào zhǔyì 인도주의
难以承受 nányǐ chéngshòu 감당하기 힘들다
重压 zhòngyā 중압, 부담
欧盟 Ōuméng 유럽연합(EU)
团结 tuánjié 단결하다
应对能力 yìngduì nénglì 대응 능력
探究 tànjiū 탐구하다
根源 gēnyuán 근본 원인
西亚北非 Xī Yà Běi Fēi 서아시아와 북아프리카
盲目 mángmù 맹목적으로
追随 zhuīsuí 따라하다, 뒤따르다
密不可分 mì bù kě fēn 밀접한 관련이 있는
爆发 bàofā 발발하다
源自于 yuánzìyú ~에서 발원하다
局势 júshì 국면, 정세
阿富汗 Āfùhàn 아프가니스탄
伊拉克 Yīlākè 이라크
叙利亚 Xùlìyà 시리아
内战 nèizhàn 내전
试图 shìtú 시도하다
以失败告终 yǐ shībài gàozhōng 실패로 끝나다
伊斯兰国 yīsīlánguó IS
地盘 dìpán 세력 범위, 근거지
由此而来 yóu cǐ ér lái 여기에서 비롯되었다
人口走私者 rénkǒu zǒusīzhě 인신매매범
推波助澜 tuībō-zhùlán 사태가 번지도록 선동하다[부추기다]
难以置信 nányǐ zhìxìn 믿을 수 없다
运输 yùnshū 운송하다
指挥 zhǐhuī 지휘하다
朝 cháo ~를 향해
受到……青睐 shòudào……qīnglài ~의 환영을 받다
信奉 xìnfèng 신봉하다
伊斯兰教 Yīsīlánjiào 이슬람교
前往 qiánwǎng 나아가다
阿拉伯国家 Ālābó guójiā 아랍 국가
沙特 Shātè 사우디아라비아
海湾国家 hǎiwān guójiā 걸프만 국가
关闭边界 guānbì biānjiè 국경을 닫다

接纳 jiēnà 받아들이다, 수용하다
不然 bùrán 그렇지 않다
吸引力 xīyǐnlì 매력
通往 tōngwǎng ~로 (나아)가다
便捷 biànjié 빠르고 편리하다
殖民 zhímín 식민통치하다
持久 chíjiǔ 오래된
移民 yímín 이민
奋斗 fèndòu 분투(하다), 고생(하다)
立足 lìzú 정착하다, 적응하다, 발붙이다

꼭 알아야 할 성어·단어

- **综合来看** : 종합해 보면 비슷하게 쓰이는 단어로는 '总之', '一言以蔽之', '总而言之' 등이 있다.
- **人口走私者** : 인신매매자 '走私'는 원래 '밀수하다'라는 뜻인데 여기서는 '사람을 밀수한다'라고 표현하기보다는 '인신매매'라고 하는 것이 자연스럽겠다.
- **难以置信** : 믿기 어렵다 관용적으로 앞에 '令人'을 붙여서 사용한다.

꼭 알아야 할 따페이·구문

- **与……密不可分** : ~와 밀접해서 떨어질 수 없다 즉 '~와 긴밀한 관계가 있다'라는 의미이다.
- **受到……青睐** : ~의 인기를 얻다 '追捧'도 같은 뜻으로 쓸 수 있는 표현이다.
  - (예) 受到中国青年的青睐。 중국 젊은이들에게 인기가 있다.

1 伊拉克局势的动荡又引起整个中东的不稳定，加之"伊斯兰国"扩张地盘，难民潮由此而来。

'动荡'은 원래 동사로 많이 쓰이지만 이 문장에서는 명사로 쓰여 주어 역할을 하고 있다. '加之'는 '게다가'의 뜻이고, "伊斯兰国"는 인용 부호가 있을 때 보통의 이슬람국가가 아닌 테러조직 IS를 의미한다. '难民' 뒤에 '潮'가 붙은 '难民潮'는 '난민 조류' 즉 '난민 행렬' 정도로 번역해 보면 좋겠다.

↪ 이라크 정세의 혼란은 전 중동 지역의 불안을 야기했고 게다가 IS가 본거지를 확장해 나가면서 대량의 난민이 발생하였다.

2 目前的难民以信奉伊斯兰教为主，他们无法前往富有的阿拉伯国家，因为沙特等海湾国家关闭了边界不愿接纳他们。欧洲则不然，

'以……为主'는 '~를 위주로 하다'라는 뜻이다. '前往'은 '앞쪽'이 아니라 '가다(去)'라는 뜻의 동사이며, '不愿接纳'는 '받아들이기를 원하지 않는다'라는 뜻이다. '欧洲则不然'에서 '则'은 앞 문장과 뒤 문장의 내용을 대비(对比)하는 역할을 한다. '그에 반해 ~하다' 정도로 번역하면 좋겠다.

↪ 현재의 난민들은 이슬람교를 신봉하는 사람들이 대부분으로, 그들은 부유한 아랍 국가로 갈 수 없다. 왜냐하면 사우디아라비아 등 걸프만 국가들이 국경을 폐쇄하고 그들을 받아들이려 하지 않기 때문이다. 그에 반해 유럽은 그렇지 않다.

3 就法国来说，分析人士指出，法国位于西欧核心地区，通往英国和西欧国家的交通都很便捷。

'就……来说'는 '~(입장)에 대해 말하자면'이라는 뜻이다. 비슷한 표현으로 '对……而言', '从……角度来看' 등이 있다. '位于'는 '~에 위치하다', '通往'은 '~로 통하다'라는 의미이다.

↪ 프랑스를 예로 들어 보면 전문가들은 프랑스가 서유럽의 중심에 위치하고 있어 영국과 서유럽 국가로 가기 위한 교통이 매우 편리하다고 분석하였다.

난민 사태, 유럽의 자업자득

분석가들은 난민 사태가 유럽의 경제 사회 문제와 인도주의적 위기를 초래할 것이며 일부 국가들의 감당하기 힘든 부담이자 EU 내부의 단결력과 대응 능력을 테스트하는 시험대가 될 것이라고 지적했다. 그러나 이러한 위기가 발생한 근본 원인을 살펴보면 유럽이 서아시아와 북아프리카 지역에서 맹목적으로 미국의 외교 정책을 따라 한 것과 깊은 관련이 있다. 종합적으로 봤을 때, 유럽의 이번 대규모 난민 사태의 원인으로는 주로 세 가지가 있다.

첫째, 서아시아 및 북아프리카 지역의 계속되는 혼란이 대량의 난민을 발생시켰다. 한 국제 문제 전문가는 이번 유럽 난민 사태는 국정 상황이 불안정한 아프가니스탄과 이라크 등의 국가들과 내전이 진행 중인 시리아 등의 국가에서 비롯되었다고 밝혔다. 서양 국가들은 일찍이 아프가니스탄과 이라크 등 국가들의 정세를 안정시키려는 시도를 했지만 성공하지 못했다. 이라크 정세의 혼란은 중동 전체를 불안에 빠뜨렸고, 심지어 IS까지 세력을 확장하면서 난민 사태가 발발하게 된 것이다.

둘째, 현재의 난민 사태는 인신매매범들로 인해 사태가 더욱 심각해지고 있다. 이 전문가는 현재의 난민 사태에는 믿기 어려울 정도로 전문화된 인신매매범들이 활동하고 있는데 이들이 대량의 난민들을 모으고 운송한다고 밝혔다. 이들은 놀라울 만큼 현대화된 기술을 보유하고 있어 휴대폰 등의 기술을 통해 난민들의 행동을 통제하고 그들에게 어디로 가고 어떤 걸 해야 할지를 명령한다.

셋째, 난민들이 유럽을 선호하는 이유는 지리적 위치와 경제적 이익 등의 원인 때문이다. 이 전문가는 현재 난민들은 주로 이슬람교 신자들인데 사우디아라비아 등 걸프만 국가들이 국경을 폐쇄하고 난민 수용을 거부하고 있기 때문에 부유한 아랍 국가로는 들어갈 수가 없는 상황이라고 말했다. 그러나 유럽의 상황은 다르다. 독일과 같은 일부 유럽 국가들이 기꺼이 난민을 수용하겠다고 밝히면서 이들 유럽 국가는 난민들이 가고 싶어하는 나라가 되었다. 이외에도 난민들이 유럽 국가를 선택하는 또 다른 원인에는 경제적인 이유도 있다.

프랑스를 예로 들어 보면 전문가들은 프랑스가 서유럽의 중심에 위치하고 있어 영국과 서유럽 국가로 가기 위한 교통이 매우 편리하다고 분석하였다. 그런데 프랑스는 과거에 식민통치 대국이었기 때문에 역사적으로 많은 아프리카 및 중동 지역 국가들과 오랜 인연을 맺고 있다. 현재 프랑스 본토에는 이들 국가에서 온 많은 합법적인 이민자들이 있는데 어떤 이민자들은 수십 년 동안 고생한 끝에 이미 성공적으로 현지에 정착했고 프랑스 사회에서 비교적 성공한 삶을 살고 있다.

加强国际合作是反恐必由之路

Track 1-18

11月13日晚，法国巴黎发生的系列恐怖袭击事件造成了惨重的人员伤亡。事实上，"9·11"事件过后，各国在反恐方面不断加大投入，也取得了积极进展。然而，恐怖主义不但未被清除，反而在近些年呈回潮态势。美国国务院今年5月发布的报告显示，2014年，世界范围内的恐怖袭击比上一年增加35%，死亡人数上升81%。袭击发生在95个国家，中东、南亚、西非等地为重灾区。就在巴黎遭袭前一天，黎巴嫩首都贝鲁特发生两起自杀性爆炸事件，至少导致43人死亡，240人受伤。由此可见，当前反恐形势十分严峻，恐怖主义严重威胁世界和平。

反恐已不再是一国之事，需要国际社会的共同应对。恐怖主义属于非传统安全挑战，具有超国家、超地区的性质，**1** 任何一个国家都无法凭借一己之力加以应对。各国须强化共同安全的理念，开展安全合作。面对国际恐怖主义新特点和新变化，国际社会要拿出新思路和新举措，其中包括加大信息收集与分享，切断恐怖信息传播、恐怖分子跨境流窜和恐怖融资等渠道。

反恐容不得私心。**2** 个别西方国家惯于采用双重标准，对有些恶性事件不但不予以谴责，反而颠倒黑白，借此攻击别国宗教政策。有的国家则非要将恐怖主义与特定国家、民族和宗教联系起来。这些做法不仅不利于维护安全，反而会助长暴恐活动，最终将养虎自伤。

打击恐怖主义还须标本兼治。贫穷落后是滋生恐怖主义的温床，要从根源入手来解决问题。各国应支持联合国发挥主导作用，落实发展目标，消除贫困，向发展中国家提供支持和援助。**3** 在联合国框架下促进南南合作和南北合作，推动实现普遍繁荣和共同发展。G20也是发展合作的重要平台，以促进增长和就业为核心任务，正努力使G20整体GDP到2018年增幅超过2%。各国领导人要在G20框架下讨论安全问题，必然离不开发展的支撑。

恐怖主义问题正在发酵。有组织、有预谋的暴力恐怖袭击经过严密策划正在危害无辜民众的生命和安全。各国应坚决反对一切形式的恐怖主义，加强安全领域的合作。合作是反恐的必由之路。

주요 단어 및 구문

加强合作 jiāqiáng hézuò 협력을 강화하다
反恐 fǎnkǒng 테러리즘에 맞서다, 반테러
必由之路 bìyóuzhīlù 반드시 거쳐야 할 길[단계]
法国 Fǎguó 프랑스
巴黎 Bālí 파리
系列 xìliè 연쇄
恐怖(主义) kǒngbù (zhǔyì) 테러(리즘)
袭击 xíjī 습격(하다)
惨重 cǎnzhòng 극심하다
人员伤亡 rényuán shāngwáng 인명 피해
取得进展 qǔdé jìnzhǎn 성과를 얻다
清除 qīngchú 깨끗이 없애다, 근절하다
反而 fǎn'ér 반대로, 오히려
回潮 huícháo 되살아나다, 다시 나타나다
国务院 guówùyuàn 국무부 [미국], 국무원 [중국]
重灾区 zhòngzāiqū 피해를 심각하게 입은 지역
黎巴嫩 Líbānèn 레바논
贝鲁特 Bèilǔtè 베이루트
自杀性爆炸事件 zìshāxìng bàozhà shìjiàn 자살 폭탄 사건
严峻 yánjùn 심각하다
不再是 búzài shì 더 이상 ~가 아니다
国际社会 guójì shèhuì 국제사회
凭借 píngjiè ~에 의거하여
一己之力 yìjǐ zhī lì 자기만의 힘
思路 sīlù 사고(의 방향)
举措 jǔcuò 조치
信息收集 xìnxī shōují 정보 수집
分享 fēnxiǎng 공유(하다)
切断渠道 qiēduàn qúdào 경로를 차단하다
传播 chuánbō 전파(하다)
流窜 liúcuàn 도피하다
容不得 róng bu dé ~해서는 안 된다
私心 sīxīn 사심, 이기심
惯于 guànyú ~에 습관이 되다, ~에 익숙하다
采用 cǎiyòng 이용하다
双重标准 shuāngchóng biāozhǔn 이중잣대
予以 yǔyǐ ~을 주다
谴责 qiǎnzé 규탄하다, 비난하다
颠倒黑白 diāndǎo-hēibái 사실을 왜곡하다
借此 jiècǐ 이를 기회로 삼아

助长 zhùzhǎng 조장하다
养虎自伤 yǎnghǔ zìshāng 화를 자초한 꼴이 되다
打击恐怖主义 dǎjī kǒngbù zhǔyì 테러리즘을 격퇴하다
标本兼治 biāoběn-jiānzhì 표면과 근본을 모두 해결하다
贫穷 pínqióng 빈곤하다
落后 luòhòu 낙후하다
滋生 zīshēng 자생하다, 초래하다
温床 wēnchuáng 온상
入手 rùshǒu 착수하다
落实 luòshí 실현되다
消除贫困 xiāochú pínkùn 빈곤 퇴치
援助 yuánzhù 원조, 지원, 도와주다
框架 kuàngjià 프레임
平台 píngtái 플랫폼
任务 rènwù 임무
离不开 líbùkāi 없어서는 안 된다
支撑 zhīchēng 뒷받침
发酵 fājiào 발효하다 → (문제가) 악화되다
预谋 yùmóu 일을 꾸미다
经过 jīngguò 거치다, 통하여
严密 yánmì 빈틈없다
策划 cèhuà 정책을 기획하다
危害 wēihài 해치다, 해를 끼치다
无辜民众 wúgū mínzhòng 무고한 시민
坚决 jiānjué 단호히

꼭 알아야 할 성어·단어

- **双重标准**: 직역하면 '이중 표준'이지만 의역해서 '이중잣대'라고 한다. 보통 '이중잣대를 들이대다'라는 표현을 관용적으로 사용하는데, 동사 '采用'을 써서 '采用双重标准'이라고 한다는 것도 함께 기억해 두자.
- **养虎自伤**: 호랑이를 키워서 스스로 상처입다 '화를 키우다'라고 할 수 있겠다.
- **发酵**: 원래는 '발효하다'라는 뜻이지만 서면어 문장에서 상태가 더욱 심해진다는 뜻으로 자주 사용한다. 예를 들어 '유럽의 채무 위기가 나날이 심각해지다'라는 표현을 '欧洲主权债务危机持续发酵'라고 할 수 있다.

꼭 알아야 할 따페이·구문

- **不但A，反而B**: A하기는커녕 오히려 B하다 뒤에 '反而'이 나오면 '不但' 문장은 부정사가 포함된 부정문인 경우가 많다.
  - (예) 弟弟捡到的钱，不但没有放入自己的口袋，反而捐给了路边的乞讨者。
    남동생은 주운 돈을 자기 주머니에 넣기는커녕 오히려 길거리 거지에게 적선했다.
- **滋生恐怖主义的温床**: 테러리즘의 온상이다 '滋生……温床'이 같이 다닌다는 것을 기억하자.

1 任何一个国家都无法凭借一己之力加以应对。

'任何'는 '모든'이라는 뜻이다. '凭借'는 '의지하다', '빌리다', '一己之力'는 '자기 혼자의 힘'이라는 뜻이다.

↳ 모든 국가들은 자국의 힘안으로는 대응할 수 없다.

2 个别西方国家惯于采用双重标准，对有些恶性事件不但不予以谴责，反而颠倒黑白，借此攻击别国宗教政策。有的国家则非要将恐怖主义与特定国家、民族和宗教联系起来。

'采用双重标准'에서 '双重标准'은 '이중잣대'라는 뜻으로 '采用'과 따페이 되어 '이중잣대를 들이대다'라는 뜻이 된다. '不但A，反而B'는 'A하지 않고 오히려 B하다'라는 뜻으로, A에는 주로 부정문이 온다. '非要'는 '~해서는 안 된다'라는 뜻이고, '将A与B联系起来'는 'A를 B와 연결시키다'라는 의미이다.

↳ 일부 서방국가들은 이중잣대를 들이대는 것에 익숙하다. 일부 악의적 사건을 비난하기는 커녕 오히려 진실을 왜곡시켜 이것을 핑계로 다른 국가의 종교 정책을 비난한다. 일부 국가들은 테러리즘을 특정 국가와 민족 그리고 종교와 연결시키려 한다.

3 在联合国框架下促进南南合作和南北合作，推动实现普遍繁荣和共同发展。

지구본의 적도를 기준으로 아래쪽, 즉 남쪽에는 주로 빈민 국가들이 많이 분포하고 있고 북쪽으로는 선진국들이 위치하고 있기 때문에 '南'은 빈민국, '北'은 선진국을 대표한다. 따라서 '南南合作'는 빈민국끼리의 협력을 말하고, '南北合作'는 빈민국과 선진국과의 협력을 의미한다.

↳ 유엔이라는 프레임 안에서 개도국 간 협력 및 개도국·선진국 간 협력을 촉진하여 모두가 잘 살고 함께 발전할 수 있도록 해야 한다.

★ **增加35% vs 增加到35%**: '增加35%'는 35% 만큼의 양이 늘었다는 뜻이고 '增加到35%'는 35%까지 늘어났음을 의미한다. 예를 들어 '今年中国的经济增长率增加到6%'는 '올해 중국의 경제성장률은 6%까지 늘어났다'라는 뜻으로 결과를 말한다. 하지만 '今年中国的经济增长率增加6%'는 '올해 중국의 경제성장률이 6% 증가했다'라는 뜻이다.

국제 협력 강화는 반테러의 필수 요소

　11월 13일 저녁, 프랑스 파리에서 연쇄 테러 사건이 발생해 심각한 인명 피해를 초래했다. 사실상 9.11 테러 이후 세계 각국에서는 테러 격퇴에 지속적인 노력을 기울여 왔고 긍정적인 성과도 거두었다. 그러나 테러리즘은 아직 완전히 사라지지 않았다. 오히려 최근 몇 년간 다시 더 심각해지는 양상을 보이고 있다. 미국 국무부가 올해 5월 발표한 보고서에 따르면, 2014년 전 세계에서 발생한 테러 사건이 전년보다 35% 증가하였으며 사망자 수는 81%나 증가하였다. 테러 사건은 95개 국가에서 발생했으며, 중동·남아시아·서아프리카 등은 테러 다발 지역이다. 파리 테러 발생 하루 전날, 레바논의 수도 베이루트에서는 자폭 테러 사건이 두 차례나 발생해 최소 43명이 사망하고 240명이 다쳤다. 이로써 오늘날 반테러 활동이 더욱 어려워지고 있고, 테러리즘이 전 세계의 평화를 심각하게 위협하고 있다는 것을 잘 알 수 있다.

　반테러는 더 이상 한 국가만의 일이 아니다. 따라서 국제사회가 공동으로 대응해야 한다. 테러는 비전통적인 안보 문제에 속하며 국경과 지역을 초월하는 특성이 있다. 어느 나라도 자국의 힘만으로 테러에 대응할 수 없다. 각국은 반드시 공동 안보 이념을 강화하고 안보 협력을 전개해 나가야 한다. 국제적인 테러 사건의 새로운 특징과 새로운 변화 앞에 국제사회는 새로운 사고방식과 새로운 조치들을 제시해야 한다. 즉 정보의 수집과 공유를 확대하고, 테러 정보의 확산, 테러리스트들의 해외 도피, 테러조직의 자금 조달 등의 경로를 차단해야 한다.

　반테러에 있어서 사심이 개입되어선 안 된다. 일부 서방국가들은 습관적으로 이중잣대를 들이댄다. 일부 테러 사건에 대해서는 비난은커녕 오히려 사실을 왜곡하여 이를 빌미로 다른 국가의 종교 정책을 공격한다. 일부 국가들은 어떻게든 테러를 특정 국가나 민족 그리고 종교와 연결시키려 한다. 이러한 수법은 안전을 수호하는 데 전혀 도움이 되지 않으며 오히려 테러 활동을 조장하여 결국 화를 자초하게 될 것이다.

　테러 격퇴는 반드시 표면적인 문제와 근본적인 원인을 모두 해결해야 한다. 빈곤이 바로 테러의 온상이다. 우리는 이런 근본적인 문제부터 해결해 나가야 한다. 각국은 유엔이 주도하여 발전 목표를 추진하고 빈곤을 퇴치하며 개도국에 지원과 원조를 제공하는 것을 적극 지지해야 한다. 유엔이라는 프레임 안에서 개도국 간 협력 및 개도국·선진국 간 협력을 촉진하여 모두가 잘 살고 함께 발전할 수 있도록 해야 한다. G20도 발전 협력의 중요한 플랫폼이며 성장 촉진과 고용 창출을 핵심 임무로 삼고 있다. 그리고 2018년까지 G20의 전체 GDP가 2% 이상 성장할 수 있도록 노력하고 있다. 각국의 지도자들이 G20의 프레임 하에서 안보 문제를 논의하려면 반드시 발전이 뒷받침되어야 한다.

　테러 문제는 더욱 악화되고 있는 중이다. 치밀한 계획을 통해 조직적으로 행해지는 테러 사건들이 무고한 시민들의 생명을 빼앗고 안전을 위협하고 있다. 전 세계 각국은 반드시 모든 형태의 테러 행위를 단호히 반대해야 한다. 그리고 안보 영역의 협력을 강화해야 한다. 협력이야 말로 테러와의 전쟁에서 가장 중요한 필수 조건이다.

土耳其:"短命"政变冲击不小

对于土耳其政变事件,专家认为,这主要是土国内世俗势力与宗教势力之间斗争的结果。而且土耳其历史上军人干政并不罕见。这次政变可以说是土耳其军方作为世俗势力的代表所作的反抗。**❶宗教势力在土耳其有着广泛的民众基础**,然而这却与土耳其建国后所奉行的世俗化方针形成了长期矛盾。土耳其军方历史上频繁发动政变,实质上就是不停地进行"**政治重启**",以释放世俗势力与宗教势力之间矛盾所带来的压力。

土耳其历史上发生的几次政变的共同特点是,军队总参谋长以及海陆空和宪兵四个军种的司令达成一致,有预谋有计划,而且行动力很强。但此次政变却与之前有所不同:一是领导人并非高层将领,二是参与人数有限,三是没有得到陆军的支持,明显具有"赌博"性质,这也是此次政变很快就遭遇失败的原因。**❷可以预料,埃尔多安下一步必将加强对军队的管控和整肃,反对力量将因此受到重创。**

这次行动难以成功主要有两个原因:一方面,在正义与发展党的领导下,土耳其近年的社会、文化生活虽然宗教色彩较浓,但并没有彻底偏离世俗道路,土耳其依旧是政教分离的国家;另一方面,埃尔多安政府在执政中并没有犯下大错。

这次政变失败后,军方在土耳其国内政治领域的影响力将被终结,土耳其可能将更加趋向于宗教化,很可能这会导致世俗势力和宗教势力之间的矛盾加剧。在这种情况下,**❸埃尔多安可能会采取一定强硬措施,尤其是加强打击土耳其国内的库尔德分离势力,以此来赢取更多民众的支持。**

주요 단어 및 구문

土耳其 Tǔ'ěrqí 터키
政变 zhèngbiàn 쿠데타
冲击 chōngjī 타격
世俗势力 shìsú shìlì 세속주의 세력
斗争 dòuzhēng 투쟁하다, 싸우다
干政 gānzhèng 정치에 개입[간섭]하다
罕见 hǎnjiàn 드물다
奉行 fèngxíng 신봉하다, 추구하다
发动 fādòng 일으키다
重启 chóngqǐ 재개하다
释放 shìfàng 방출하다, 내보내다
总参谋长 zǒngcānmóuzhǎng 참모총장
海陆空 hǎilùkōng 육해공
宪兵 xiànbīng 헌병
司令 sīlìng 사령관
达成一致 dáchéng yízhì 합의하다
预谋 yùmóu 사전 모의하다
有所不同 yǒusuǒ bùtóng 다소 다르다
高层将领 gāocéng jiànglǐng 고위급 장교
赌博 dǔbó 도박
预料 yùliào 예상하다
埃尔多安 Āi'ěrduō'ān 에르도안 대통령
管控 guǎnkòng 관리 통제하다, 컨트롤하다
整肃 zhěngsù 숙청하다
受到重创 shòudào zhòngchuāng 심각한 타격을 입다
正义与发展党 zhèngyì yǔ fāzhǎn dǎng 정의개발당
色彩 sècǎi 색채
浓 nóng 짙다
彻底 chèdǐ 철저하다, 제대로
偏离……道路 piānlí……dàolù ~노선에서 벗어나다
政教分离 zhèngjiào fēnlí 신정 분리, 정교 분리
执政 zhízhèng 집권하다
犯下大错 fànxià dàcuò 큰 실수를 저지르다
终结 zhōngjié 끝나다, 종결하다
趋向于 qūxiàngyú ~하는 경향이 있다
加剧 jiājù 격화되다, 악화되다, 심해지다
强硬 qiángyìng 강경하다
库尔德分离势力 Kù'ěrdé fēnlí shìlì 쿠르드 분리주의 세력

꼭 알아야 할 성어·단어

- **民众基础**: 직역하면 '민중의 기초[기반]'이지만 '국민들의 지지'라고 의역할 수 있겠다.
- **政治重启**: 직역하면 '정치 재개'라는 뜻인데 여기서는 '(군부의) 정치 개입'의 의미로 이해하자.

1 宗教势力在土耳其有着广泛的民众基础，然而这却与土耳其建国后所奉行的世俗化方针形成了长期矛盾。

'与……形成……矛盾 ~와 갈등을 형성하다' 구문이다. 응용 표현으로 '~와 선명한 대비를 이루다'라는 뜻의 '与……形成鲜明的对比'도 잘 쓰이니 꼭 기억해 두기 바란다.

☞ 터키에서 종교 세력은 국민들의 탄탄한 지지를 받고 있다. 그런데 이는 터키가 건국 이래로 줄곧 추구해 왔던 세속주의 방침과 장기간 충돌해 왔다.

2 可以预料，埃尔多安下一步必将加强对军队的管控和整肃，反对力量将因此受到重创。

'将'은 미래시제를 나타낸다. '加强对……的管控和整肃'는 많이 활용해 볼 수 있는 구문이니 꼭 외워 두면 좋겠다. '受到重创'은 '큰 타격을 입다'라는 의미의 따페이이다. 꼭 기억하자.

☞ 이후 에르도안 대통령의 행보는 군부에 대한 통제 강화와 숙청 작업이 될 것이며 이로 인해 반대 세력은 심각한 타격을 받을 것으로 예상된다.

3 埃尔多安可能会采取一定强硬措施，尤其是加强打击土耳其国内的库尔德分离势力，以此来赢取更多民众的支持。

'采取……措施'는 유명한 따페이이므로 꼭 외워 둬야 한다. '以此来'는 '이로써'란 뜻으로 앞뒤 문장을 연결하는 역할을 한다. '赢取……支持'는 '지지를 얻다'라는 뜻인데 '赢取' 대신 '获得', '得到' 등도 쓸 수 있다.

☞ 에르도안 대통령은 강경한 조치를 취할 것이고 특히 터키 국내 쿠르드 분리주의 세력에 대한 단속을 강화하여 더 많은 국민들의 지지를 얻으려 할 것이다.

터키 쿠데타 실패, 후폭풍 엄청나

　터키 쿠데타에 대해 전문가들은 터키 국내의 세속주의 세력과 종교 세력 간의 분쟁으로 보고 있다. 또한 터키 역사상 군부의 정치 개입은 하루 이틀 일이 아니다. 이번 쿠데타는 세속주의 세력의 대표인 터키 군부의 저항이라고 할 수 있다. 터키에서 종교 세력은 국민들의 탄탄한 지지를 받고 있다. 그런데 이는 터키가 건국 이래로 줄곧 추구해 왔던 세속주의 방침과 장기간 충돌해 왔다. 터키 군부가 역사적으로 계속 여러 차례 쿠데타를 일으키는 것은 사실 끊임없이 정치적 간섭을 도모하여 이를 통해 세속주의 세력과 종교 세력 간의 대립이 초래한 갈등을 해소하려는 것이다.

　과거 터키에서 발생한 쿠데타들의 공통점은 바로 육군 참모총장과 육해공 및 헌병 4개 부대의 사령관들이 합의하여 쿠테타를 모의했기 때문에 추진력이 굉장히 강했다는 점이다. 그러나 이번 쿠데타는 이전과 다른 양상을 띠었다. 첫째, 주도자가 고위급 장교가 아니었다. 둘째, 쿠데타에 가담한 인원수가 제한적이었다. 셋째, 육군의 지원을 받지 않아 '도박'에 가까운 행위였고 그렇기 때문에 이번 쿠데타는 얼마 지나지 않아 바로 실패로 돌아갔다. 이후 에르도안 대통령의 행보는 군부에 대한 통제 강화와 숙청 작업이 될 것이며 이로 인해 반대 세력은 심각한 타격을 받을 것으로 예상된다.

　이번 쿠데타가 성공할 수 없었던 원인은 주로 두 가지다. 우선 정의개발당이 이끄는 터키는 최근 몇 년간 비록 사회와 문화 생활 방면에서 종교적 색채가 짙어졌지만 완전히 세속주의 노선에서 벗어난 것은 아니었다. 그리고 터키는 여전히 종교와 정치가 분리된 국가이다. 또 다른 이유는 에르도안 정부가 집권 기간 동안 큰 과오를 저지른 적도 없다는 점이다.

　쿠데타가 실패로 돌아간 후 군부 세력은 더 이상 터키 국내 정치에 영향력을 발휘하지 못할 것으로 예상된다. 터키는 종교적 성향이 더욱 강해질 것이며 이는 아마도 세속주의 세력과 종교 세력 간의 갈등을 격화시킬 가능성이 높다. 이러한 상황에서 에르도안 대통령은 강경한 조치를 취할 것이고 특히 터키 국내 쿠르드 분리주의 세력에 대한 단속을 강화하여 더 많은 국민들의 지지를 얻으려 할 것이다.

英国新首相，将带来什么样的新内阁？

Track 1-20

近期"爆炸新闻"接连不断的英国再度新闻爆炸：早先宣布因"脱欧公投"结果事与愿违而拟辞职的卡梅伦，宣布将于13日辞职，同样有"铁娘子"绰号的内政大臣特雷莎·梅，届时将成为继撒切尔夫人之后的第二位女性英国首相。

长期以来，人们原以为卡梅伦钦定的接班人是和他理念高度一致的财相奥斯本，但随着卡梅伦辞职，奥斯本已提前出局。接下来人们曾普遍看好前伦敦市长、"脱欧派"领军人物约翰逊，没想到他在公投后宣布"功成身退"。在这种情况下，党魁选举暨未来首相人选争夺，被认为将在梅和"保守派脱欧三杰"之一的利德索姆之间展开。**1** 7月11日利德索姆也宣布退出，党魁争夺便成为了梅的独角戏，早有退意的卡梅伦就顺水推舟宣布提前结束看守内阁状态，让梅早日"上课"。

"脱欧"公投以脱欧告终，很大程度上是因为保守党内部意见不一，在保守党许多重量级人物看来，这种状态若持续下去，对保守党不利。**2** "脱欧"公投后反对党和舆论纷纷施压，希望在今年底或明年初举行新的立法选举，以产生新的议会格局、新的执政党和新的首相，反对保守党利用自己在下院过半议席的优势，耗满由卡梅伦在2015年大选中赢来的5年执政期。**3** 如果保守党四分五裂，会增大反对党渔翁得利和保守党提前终结执政党地位的风险。

因此，"留欧派"选择了资深且各派都容易接受的梅。梅的政治风格保守，接近传统的保守党主流，虽然主张"留欧"，但在拒绝"难民强制配额"、主张限制外国移民等问题上却和"脱欧"派有不少共同语言，由她继任党魁、首相，"脱欧"派容易接受。同样，"脱欧"派也明白，**4** 不论"脱欧三杰"中哪位出任党魁，保守党都会陷入更严重的分裂，覆巢之下无完卵，这并非他们所期望的结果。

주요 단어 및 구문

内阁 nèigé 내각
爆炸 bàozhà (큰 소리를 내며) 폭발하다
接连不断 jiēlián búduàn 끊임없다
脱欧公投 tuō Ōu gōngtóu 브렉시트 국민투표
事与愿违 shìyǔyuànwéi 일이 바라는 대로 되지 않다
拟 nǐ ~하려고 하다
辞职 cízhí 사직하다
铁娘子 tiě niángzǐ 철의 여인
绰号 chuòhào 별명
内政 nèizhèng 내정
大臣 dàchén 대신
届时 jièshí 그 때가 되다, 정한 기일이 되다
继……之后 jì……zhīhòu ~에 이어
撒切尔夫人 Sāqiè'ěr fūrén 마가렛 대처
长期以来 chángqī yǐlái 오랫동안
钦定 qīndìng 정하다
接班人 jiēbānrén 후계자, 후임자
出局 chūjú 밀려나다, 실격되다
功成身退 gōng chéng shēn tuì
공을 세운 뒤 곧 물러나서 명성을 지키다
争夺 zhēngduó 쟁탈하다, 다투다
顺水推舟 shùnshuǐ-tuīzhōu
물 들어올 때 노 젓는다, 기회를 놓치지 않고
重量级 zhòngliàngjí 중량급
舆论 yúlùn 여론
纷纷 fēnfēn 쉴 새 없이, 계속해서, 잇달아
施压 shīyā 압력을 가하다
私相授受 sī xiāng shòushòu 몰래 주고받다
配额 pèi'é 할당액
继任 jìrèn 직무를 이어받다
党魁 dǎngkuí 당수
领军人物 lǐngjūn rénwù 리더격인 인물
暨 jì 및, ~와
独角戏 dújiǎoxì 독무대
提前 tíqián 앞당기다
看守 kānshǒu 돌보다, 보살피다
以……告终 yǐ……gàozhōng ~로 끝을 맺다, 결말나다
意见不一 yìjiàn bùyī 의견이 분분하다
持续 chíxù 지속하다
立法 lìfǎ 입법

执政党 zhízhèngdǎng 집권당, 여당
过半 guòbàn 절반을 넘다
议席 yìxí 의석
四分五裂 sìfēn-wǔliè 사분오열되다
渔翁得利 yúwēng dé lì 어부지리
资深 zīshēn 베테랑의, 경력이 오랜
陷入 xiànrù 빠지다
覆巢之下无完卵 fù cháo zhī xià wú wán luǎn
엎어진 둥지에 성한 알 없다, 전체가 궤멸되면 개인도 헤어나지 못한다

꼭 알아야 할 성어·단어

- **爆炸新闻**: 직역하면 '폭탄 뉴스'인데 비유적으로 폭탄 같은 강력한 파급효과가 있는 뉴스란 뜻에서 '특종거리', '특종 뉴스'로 번역해 보면 좋겠다.
- **脱欧公投**: '公投'는 '국민투표'를 뜻한다. '脱欧'는 '摆脱欧盟'의 약자로 'EU에서 벗어나다', 즉 'EU에서 탈퇴하다'라는 의미이다. 영국이 EU에서 탈퇴하는 것을 '브렉시트', 그리스(希腊)가 EU에서 탈퇴하는 것을 '그렉시트'라고 한다.

1 7月11日利德索姆也宣布退出，党魁争夺便成为了梅的独角戏，早有退意的卡梅伦就顺水推舟宣布提前结束看守内阁状态，让梅早日"上课"。

'退出'는 '퇴출'보다 '탈퇴'라고 표현하는 것이 더 자연스럽다. '便'은 '就'의 의미로 쓰이는 서면어 표현이다. '独角戏'는 '혼자서 하는 연기'라는 뜻이니 '독무대'로 의역하면 좋겠고, '顺水推舟'는 '이어서', '곧바로'라고 번역하면 좋겠다. '让梅早日上课'는 메이 총리로 하여금 일찍 수업받게 하겠다는 의미로 '서둘러 총리직을 수행하도록 하겠다'라는 뜻으로 이해해야 한다. 인용 부호인 큰 따옴표(" ") 안에 있는 단어는 비유적 표현이니 문장 안에서 진짜 의미를 잘 파악하는 것이 중요하다.

↪ 7월 11일 레드섬 역시 불출마를 선언하며 당 대표 선거는 메이의 독무대가 되었다. 그러자 일찍이 사퇴 의사를 밝혔던 캐머런은 곧바로 자리만 지키고 있는 내각 상황을 앞당겨 끝내 메이가 바로 총리직을 수행할 수 있도록 하겠다고 발표하였다.

2 "脱欧"公投后反对党和舆论纷纷施压，希望在今年底或明年初举行新的立法选举，以产生新的议会格局就、新的执政党和新的首相，

'施压'는 '施加压力'의 줄임말로 보통 앞에 '对', '给'와 함께 쓰여서 '~에게 압력을 가하다'라는 뜻으로 쓰인다. 문장 중간에 혼자 나오는 '以'는 보통 '为 ~하기 위해서'의 의미이다.

↪ 국민투표 이후 반대당과 여론은 올해 연말이나 내년 초에 새로운 입법 선거를 치러 의회, 집권당, 총리를 모두 새로 뽑아야 한다고 압박하면서

3 如果保守党四分五裂，会增大反对党渔翁得利和保守党提前终结执政党地位的风险。

이 문장에는 중요한 성어들이 나와 있다. 모두 출현 빈도가 높은 성어이니 외워 두자. '四分五裂'는 '분열되다'라는 의미이고, '渔翁得利'는 '어부지리'의 뜻이다. '增大 커지다'의 목적어는 '风险 위험'이고 중간에 있는 것이 '风险'을 수식하는 구조라는 것을 알아야 정확하게 번역할 수 있다.

↪ 만약 보수당이 분열하게 된다면 반대당은 어부지리를 얻게 될 것이며 보수당은 집권당의 자리를 예정보다 빨리 내줘야 하는 위험도 있다.

4 不论"脱欧三杰"中哪位出任党魁，保守党都会陷入更严重的分裂，覆巢之下无完卵，这并非他们所期望的结果。

'不论……, 都……'가 호응해서 '누가 당수로 나오든지 간에 보수당은 ~할 것이다'라고 번역할 수 있다. '覆巢之下无完卵'은 직역하면 '둥지가 엎어져 남은 알이 없다'로, '전체가 무너지면 개인도 무사할 수 없다'라는 의미이다.

↪ 브렉시트 찬성파도 EU 탈퇴를 주도한 대표 인사 3명 중 누가 당대표가 되든 보수당은 더욱 심각한 분열 상태에 빠져 모두가 그 피해를 보게 될 것임을 잘 안다. 이러한 결과는 브렉시트 지지 세력도 바라던 바가 아니다.

영국의 새 총리, 어떤 새로운 내각을 꾸릴까?

최근 특종 뉴스가 연이어 터진 영국에서 또 다시 새로운 소식이 보도되었다. 우선 브렉시트 국민투표가 예상치 못한 방향으로 흘러가자 사퇴를 예고한 캐머런 총리가 13일 총리직에서 물러나겠다고 선언했다. 그리고 '철의 여인'이라 불리는 테레사 메이 영국 내무부 장관이 마거릿 대처 전 총리에 이어 영국의 두 번째 여성 총리가 될 것으로 예상된다.

사실 캐머런 전 총리가 내정해 둔 후계자는 그와 성향이 매우 비슷한 조지 오스본 재무부 장관이라는 추측이 오랫동안 있어 왔다. 그러나 캐머런 전 총리가 사퇴를 하면서 오스본 장관은 일찍이 후계자 대상에서 제외되었다. 이후 여론은 유력한 후보로 브렉시트를 주도했던 보리스 존슨 전 런던 시장을 주목했다. 그런데 예상치 못하게 그가 국민투표 후 임무를 다했으니 물러나겠다며 경선 불출마를 선언했다. 그리하여 당 대표 선거 및 총리 선거는 테레사 메이와 보수당 브렉시트파 대표 의원 3명 중 한 명인 안드레아 레드섬 간의 대결이 될 것으로 보였다. 그러나 7월 11일 레드섬 역시 불출마를 선언하며 당 대표 선거는 메이의 독무대가 되었다. 그러자 일찍이 사퇴 의사를 밝혔던 캐머런은 곧바로 자리만 지키고 있는 내각 상황을 앞당겨 끝내 메이가 바로 총리직을 수행할 수 있도록 하겠다고 발표했다.

브렉시트 국민투표가 찬성으로 끝난 주요 원인은 보수당 내부적으로 의견이 통일되지 못했기 때문이다. 적지 않은 보수당 주요 인사들은 현 상황이 지속되면 당에 불리하다고 보았다. 국민투표 이후 반대당과 여론은 올해 연말이나 내년 초에 새로운 입법 선거를 치러 의회, 집권당, 총리를 모두 새로 뽑아야 한다고 압박하면서 보수당이 하원의 과반석을 차지하는 우세를 이용하여 캐머런이 2015년 대선에서 확보한 5년 임기를 채우려는 것을 반대하였다. 만약 보수당이 분열하게 된다면 반대당은 어부지리를 얻게 될 것이며 보수당은 집권당의 자리를 예정보다 빨리 내줘야 하는 위험도 있다.

따라서 브렉시트 반대파들은 각 파가 모두 받아들일 수 있는 베테랑 정치인인 메이를 선택한 것이다. 메이는 보수적인 정치성향을 가지고 있으며 전통적인 보수당 주류에 가깝다. 그녀는 EU 잔류를 주장했지만 난민 쿼터제 반대, 이민자 입국 제한 등의 문제에 있어서 브렉시트 찬성파와 유사한 입장을 가지고 있다. 따라서 브렉시트 파도 메이가 당 대표와 총리직을 맡는 것을 찬성한다. 또한 브렉시트 찬성파도 EU 탈퇴를 주도한 대표 인사 3명 중 누가 당대표가 되든 보수당은 더욱 심각한 분열 상태에 빠져 모두가 그 피해를 보게 될 것임을 잘 안다. 이러한 결과는 브렉시트 지지 세력도 바라던 바가 아니다.

非洲一体化值得期待

在非洲统一组织(非统)即将迎来成立50周年纪念日前夕，中国非洲史研究会、中国亚非学会、中国非洲问题研究会、中国中东学会、中国亚非发展交流协会5家涉非团体于5月17日至18日在天津举行研讨会，来自全国各地高等院校和科研机构非洲研究领域的100多位专家学者、政府官员、资深外交官、媒体代表等欢聚一堂，以"非统/非盟五十年与亚非合作"为主题进行深入研讨，非同寻常。

非统成立于1963年5月25日，为非洲国家的民族独立和解放、促进非洲的和平与发展及人类的进步事业做出了卓越贡献。❶进入新世纪，非统在顺利完成历史使命之后，于2001年由非盟取代，体现了非洲国家希望迈向更高程度一体化水平的坚强意愿。非洲国家下定决心将非盟建设成为具有比非统机制更加完善、更有效率和更具权威性、拥有更广泛民众基础的全非一体化组织，以更好地领导非洲国家应对新形势带来的各种严峻挑战、摆脱被边缘化的不利处境、实现发展与复兴。

中国亚非发展交流协会会长武东和指出，近年来非洲一体化进程明显加快，整个非洲大陆的政治生态与经济关系都在发生积极变化。非洲国家政界和舆论不断发出支援非洲地区一体化和促进非洲更快融入经济全球化的呼声，"一体化"已成为广大非洲人民的奋斗目标。

与会者认为，一体化给非洲大陆带来的好处至少体现在以下三个方面：首先，非盟力争协调成员国在重大国际事务中的立场，在联合国安理会改革、世界贸易组织谈判和国际金融体系改革等全球治理议题中用一个声音说话，大力推动非洲国家的团结合作。其次，❷将区域内贸易发展视为推进非洲经济发展的基本动力已经被非洲社会广泛接受，一体化建设有助于非洲进一步挖掘增长潜力，促进非洲国家之间的互利共赢。第三，近年来非盟、西共体、南共体等组织采取一系列果断措施，在平息政局动荡和战乱、维护地区安全稳定和恢复有关国家正常社会秩序上发挥了重要作用。❸非洲是一块充满希望的大陆。尽管道路曲折，但非洲一体化进程前景美好，值得期待。

주요 단어 및 구문

非洲 Fēizhōu 아프리카
一体化 yìtǐhuà 통합, 일체화하다
值得 zhídé ~할 만하다
期待 qīdài 기대하다
迎来 yínglái 맞이하다
前夕 qiánxī 전날 밤, 전야
交流 jiāoliú 대화, 교류
协会 xiéhuì 협회
团体 tuántǐ 단체
研讨会 yántǎohuì 토론회, 세미나
科研 kēyán 과학 연구
欢聚一堂 huānjù yì táng 한자리에 모이다
进行研讨 jìnxíng yántǎo 토론하다
做出卓越贡献 zuòchū zhuóyuè gòngxiàn 큰 공헌을 하다
历史使命 lìshǐ shǐmìng 역사적 사명
取代 qǔdài 대체하다
迈向 màixiàng ~로 나아가다
坚强 jiānqiáng 굳세다, 완강하다
意愿 yìyuàn 바람, 소망
下定决心 xiàdìng juéxīn 결심하다, 결정하다
机制 jīzhì 메커니즘, 시스템
权威性 quánwēixìng 권위성
拥有 yōngyǒu 가지다
摆脱 bǎituō 벗어나다
边缘化 biānyuánhuà 비주류화하다
处境 chǔjìng 처지
复兴 fùxīng 부흥하다
加快 jiākuài 속도를 올리다, 박차를 가하다
政界 zhèngjiè 정치계, 정계
发出呼声 fāchū hūshēng ~목소리를 내다
融入 róngrù 진입하다
全球化 quánqiúhuà 국제화, 글로벌화
力争 lìzhēng 매우 노력하다, 힘쓰다
协调 xiétiáo 어울리게 하다, 조율하다
成员国 chéngyuánguó 회원국
联合国安理会 Liánhéguó ānlǐhuì 유엔 안전보장이사회(안보리)
世界贸易组织 Shìjiè Màoyì Zǔzhī 세계무역기구(WTO)
议题 yìtí 의제
将A视为B jiāng A shìwéi B A를 B로 간주하다

挖掘潜力 wājué qiánlì 잠재력을 발굴하다
互利共赢 hùlì gòngyíng 모두가 이익을 얻다, 원윈하다
西共体 xīgòngtǐ 서아프리카 경제공동체
南共体 nángòngtǐ 남아프리카 개발공동체
果断 guǒduàn 과감하다
平息 píngxī 진압하다, 수습하다
政局 zhèngjú 정국
动荡 dòngdàng 혼란, 동요
战乱 zhànluàn 전란
秩序 zhìxù 질서
发挥重要作用 fāhuī zhòngyào zuòyòng 중요한 역할을 하다
充满希望 chōngmǎn xīwàng 희망으로 가득 차다
曲折 qūzhé 곡절이 많다, 우여곡절
前景美好 qiánjǐng měihǎo 전망이 밝다

꼭 알아야 할 성어·단어

- **资深外交官** : '资深'은 어떤 분야에 조예가 깊다는 뜻으로, 조예 깊은 외교관 즉 '베테랑 외교관'으로 의역할 수 있겠다.
- **非同寻常** : '寻常'은 '平常'의 뜻이고, '非同'은 '不同'의 뜻이다. 사람이나 사물이 평범하지 않거나 보통과 다름을 의미한다.

꼭 알아야 할 따페이·구문

- **于5月17日至18日** : 5월 17일부터 18일까지 '于'는 시간사 앞에 오는 개사로, '与'와 발음이 같아서 헷갈리기 쉬우니 유의해야 한다. '与'는 '~와'라는 뜻으로 '跟'의 서면어 표현이다. '跟→与', '都→均', '也→亦', '把→将', '就→便', '对→就'는 모두 외워 두면 유익한 서면어 단어들이다.
- **为……做出……贡献** : ~하는 데 공헌하다 '为……做出' 사이가 길어져서 자칫 호응 관계를 놓칠 수 있지만 뒤에 나온 '贡献'을 보고 따페이를 떠올려야 하겠다. '发挥……作用'과 호환해서 써 볼 수 있다.

1. 进入新世纪，非统在顺利胜利完成历史使命之后，于2001年由非盟取代，体现了非洲国家希望迈向更高程度一体化水平的坚强意愿。

    일단 이 문장을 분석하는 순서를 보면 먼저 '在……之后 ~하고 나서'를 보고 문장을 끊어야 한다. 그 다음 그 안에 들어 있는 '完成……使命 사명을 완수하다' 따페이를 잡아야 한다. 참고로 '使命' 대신 '任务'도 자주 온다는 것을 알아 두자. 그 다음 '由……取代'는 '~로 대체되다'로 여기서 '由'는 '取代'의 주어가 '非盟'이라는 것을 강조하고 있다. '迈向……水平'은 '~수준으로 나아가다'라는 뜻의 따페이로 서면어 문장에서 자주 보는 표현이니 외워 두도록 하자.

    ↳ 21세기 들어 아프리카통일기구(OAU)는 역사적 사명을 완수하고, 2001년 아프리카연합(AU)으로 대체되었다. 이는 더 높은 차원의 통합으로 나아가려는 아프리카 국가들의 강한 의지를 드러냈다.

2. 将区域内贸易发展视为推进非洲经济发展的基本动力已经被非洲社会广泛接受，一体化建设有助于非洲进一步挖掘增长潜力，促进非洲国家之间的互利共赢。

    '将A视为'는 'A를 B로 여기다'라는 뜻이며, '被……接受'는 '~에 의해서 받아들여지다'라는 뜻으로 피동문이다. '有助于'는 '~에 도움이 되다'라는 뜻의 동사이다. '挖掘……潜力' 역시 잘 나오는 따페이로 '잠재력을 발굴하다'라는 뜻이다.

    ↳ 역내 무역 발전을 아프리카 경제 발전 추진의 기본동력으로 보는 인식은 이미 아프리카 사회에서 광범위하게 받아들여졌다. 아프리카 통합은 아프리카의 성장동력을 더욱 발굴하는 데 도움이 되고 아프리카 국가 간의 윈윈을 촉진하는 데도 도움이 된다.

3. 非洲是一块充满希望的大陆。尽管道路曲折，但非洲一体化进程前景美好，值得期待。

    '道具曲折'는 '길이 굽었다'라는 뜻으로, '갈 길이 험난하다'로 의역하는 것이 좋다. 비슷한 표현인 '重任道远'이나 '还有很长的路要走'도 같이 외워 두자. '전망이 좋다'는 표현은 '前景美好'도 있지만, '前景明朗'도 많이 쓰인다. 반대 표현은 '前景暗淡'이다.

    ↳ 아프리카는 희망으로 가득 찬 대륙이다. 비록 앞으로의 갈 길이 험해도 아프리카 통합의 전망은 밝다. 그래서 충분히 기대할 만 하다.

아프리카 통합을 기대한다

아프리카통일기구(OAU)의 창립 50주년 기념일을 즈음하여 아프리카와 관련된 5개 단체 즉, 중국 아프리카 역사연구회, 중국 아시아 아프리카 학회, 중국 아프리카 문제연구회, 중국 중동 학회 그리고 중국 아시아 아프리카 발전교류협회가 5월 17일부터 18일까지 톈진에서 세미나를 열었다. 전국 각지에서 온 100여 명의 대학 및 과학 연구 기관의 아프리카 연구 전문가, 정부 관리, 베테랑 외교관 및 언론 대표 등이 한자리에 모여 '아프리카통일기구, 아프리카연합 50주년과 아시아 아프리카 협력'을 주제로 심층 토론을 진행하였는데, 이는 매우 중요한 의의를 지니고 있다.

1963년 5월 25일 창립된 아프리카통일기구(OAU)는 아프리카 국가들의 민족 독립 및 해방, 아프리카의 평화 발전과 인류의 진보를 위해 큰 공헌을 해 왔다. 21세기 들어 아프리카통일기구(OAU)는 역사적 사명을 완수하고 2001년 아프리카연합(AU)으로 대체되었다. 이는 더 높은 차원의 통합으로 나아가려는 아프리카 국가들의 강한 의지를 드러냈다. 아프리카 국가들은 아프리카연합(AU)을 아프리카통일기구(OAU)보다 더 완벽하고 효율적이며 광범위한 국민을 기반으로 하는 더욱 영향력 있는 아프리카 통합 조직으로 만들어, 아프리카 국가들이 새로운 정세로 인해 초래된 여러 문제들에 더 잘 대응하고 비주류라는 불리한 상황에서 벗어나 발전과 부흥을 이루고자 한다.

우둥허 중국 아시아 아프리카 발전교류협회 회장은 최근 몇 년 간 아프리카 통합 과정이 속도를 내고 있으며 전체 아프리카 대륙의 정치 생태계와 경제적 관계가 긍정적으로 변화하고 있다고 했다. 아프리카 국가의 정계와 여론에서는 아프리카 지역의 통합을 지지하고 아프리카가 경제 글로벌화에 조속히 동참하길 촉구하는 목소리들이 계속 커지고 있다. 통합은 이미 많은 아프리카 국민들이 함께 추구하는 목표가 되었다.

회의 참석자들은 통합이 아프리카 대륙에 가져다 줄 이점은 적어도 다음과 같은 세 가지가 있다고 밝혔다. 첫 번째, 아프리카연합(AU)은 중요한 국제적 사무에 대한 회원국들의 의견을 조율하는 데 힘쓸 것이다. 유엔 안보리 개혁, WTO 협상, 국제 금융 시스템 개혁 등 글로벌 거버넌스 의제에 대해 아프리카연합(AU)은 한 목소리를 낼 것이며 이로써 아프리카 국가들의 단결과 협력을 이끌어 낼 것이다. 두 번째, 아프리카 사회는 역내 무역 발전을 아프리카 경제 발전의 기본동력으로 생각한다. 아프리카 통합은 아프리카가 성장 잠재력을 발굴하고 아프리카 국가 간의 '호혜공영'을 실현하는 데 도움이 될 것이다. 세 번째, 최근 몇 년간 아프리카연합, 서아프리카 경제공동체, 남아프리카 개발공동체 등의 기구들이 취한 과감한 조치들은 정치적 혼란과 전쟁을 종식시키고, 지역 안전을 수호하며 관련 국가들이 정상적인 사회질서를 회복하는 데 있어서 중요한 역할을 하고 있다. 아프리카는 희망으로 가득 찬 대륙이다. 비록 앞으로 갈 길이 험난해도 아프리카 통합의 전망은 밝다. 그래서 충분히 기대할 만 하다.

경제

UNIT 22 谨防"三明治陷阱"
샌드위치 함정을 피하라

UNIT 23 经济全球化走向纵深
심화되는 경제 글로벌화

UNIT 24 活力亚太，世界引擎
다이내믹 APEC, 세계의 엔진

UNIT 25 亚投行符合整个亚洲愿望
AIIB는 아시아 전체의 이익에 부합

UNIT 26 竞争性货币贬值没有赢家
경쟁적인 평가절하에 승자는 없다

UNIT 27 提高消费税率的紧缩之虞
소비세율 인상으로 인한 긴축 우려

UNIT 28 "依赖症"有碍世界经济复苏
의존증, 세계 경제 회복 더디게 해

UNIT 29 世界多极化加速演进
빨라지는 세계 다극화

谨防"三明治陷阱"

制造业向欧美等国回流是多重因素共同作用的结果。首先，针对国际金融危机造成的失业率大幅上升、经济持续衰退和财政状况持续恶化等问题，欧美等国纷纷提出重振本国制造业的计划及配套扶持政策，并将培育和发展战略性新兴产业作为抢占未来国际竞争的制高点。其次，近年来，中国的劳动力成本和土地价格快速并持续上涨，工人工资和福利的年增长速度达15%，以致中国逐渐丧失低成本比较优势。第三，中国周边国家的生产成本虽低于中国，但受基础设施、人口技能和产业网络等限制，尚无法承接高端的制造业转移。

从短期来看，制造业向欧美国家回流，其象征意义大于实际趋势，政治意义大于经济意义。尽管中国和欧美国家的相对成本劣势正逐步缩小，但欧美国家的劳动力成本仍然较高，将劳动密集型制造业回迁到国内，不符合发达国家的比较优势。工业化国家重振制造业，不是简单地恢复已经转移到发展中国家的制造业，而是向更高层次升级，它们所能重振的，是那些适合自己的资本和技术密集型产业或价值链环节，至于劳动密集型产业或价值链环节，仍将保留在发展中国家。回流美国的企业大多属于自动化程度较高的制造业环节，以及需要快速响应当地市场需求的环节。中国在劳动密集型领域的竞争优势消失后，还会有其他发展中国家递补上来，因此，劳动密集型产业很难回归工业化国家。

眼下，中国制造业面临发展中国家与发达国家的双重挤压。一方面，中国的劳动力成本增速很快，国内制造业因此出现向周边国家转移的趋势。随着周边国家基础设施的改善和产业配套体系的完善，制造业转出的步伐会进一步加快；另一方面，正在兴起的第三次工业革命尽管尚处于萌芽阶段，还未出现足以改变当前国际分工格局的根本性技术突破，但伴随着工业机器人、人工智能、3D打印、在线协作制造等技术的不断完善和成熟，工业化国家对发展中国家廉价劳动力的依赖将逐步减弱，这将加速国际分工布局重新洗牌。因此，如果不能顺利实现产业的转型升级，中国制造业将会陷入"高不成、低不就"的"三明治陷阱"。

应对制造业外流的挑战，从根本上看要靠产业的转型升级。一方面，要积极利用因中国地区经济发展不平衡而形成的成本洼地，促进制造业向中西部地区转移，为制造业的转型升级赢得时间；另一方面，要积极加大对技术创新的投入，增强中国制造业的技术创新能力，大力培育和发展战略型新兴产业，真正将中国制造业的国际竞争力，从低成本劳动力形成的价格优势，转移到知识、技术和人才等高端生产要素上。

주요 단어 및 구문

谨防 jǐnfáng 몹시 경계하다
三明治 sānmíngzhì 샌드위치
陷阱 xiànjǐng 함정
制造业 zhìzàoyè 제조업
回流 huíliú 역류하다 → 리턴, 회귀
多重 duōchóng 여러 가지, 다중의
失业率 shīyèlǜ 실업률
上升 shàngshēng 오르다
衰退 shuāituì 쇠퇴하다, 쇠락하다
恶化 èhuà 악화되다
提出 tíchū 제시하다
重振 chóngzhèn 부흥시키다
配套 pèitào 세트로 만들다, 결합하다
培育 péiyù 육성하다
新兴产业 xīnxīng chǎnyè 신흥산업
抢占制高点 qiǎngzhàn zhìgāodiǎn 고지를 선점하다
劳动力成本 láodònglì chéngběn 인건비
上涨 shàngzhǎng (물가가) 오르다
工人 gōngrén 노동자
工资 gōngzī 임금
福利 fúlì 복지
以致 yǐzhì ~를 초래하다
丧失 sàngshī 잃어버리다
比较优势 bǐjiào yōushì 비교우위
周边国家 zhōubiān guójiā 주변국
受A限制 shòu A xiànzhì A의 제약을 받다
技能 jìnéng 기능, 기술력
网络 wǎngluò 네트워크, 인터넷
承接 chéngjiē 담당하다
高端 gāoduān 첨단의, 고급의
转移 zhuǎnyí 이전하다, 옮기다, 이동시키다
从短期来看 cóng duǎnqī láikàn 단기적으로 보면
大于 dàyú ~보다 크다
劣势 lièshì 열위
缩小 suōxiǎo 줄어들다 → 상쇄되다
仍然 réngrán 여전히
劳动密集型 láodòng mìjíxíng 노동집약형
回迁 huíqiān 회귀하다
符合 fúhé 부합하다
高层次 gāocéngcì 고차원적인

技术密集型 jìshù mìjíxíng 기술집약형
价值链 jiàzhíliàn 가치사슬
至于 zhìyú ~에 대해
保留 bǎoliú 남겨 두다
响应 xiǎngyìng 반응하다
当地市场 dāngdì shìchǎng 현지 시장
消失 xiāoshī 사라지다, 없어지다
递补 dìbǔ 보충하다, 메우다
回归 huíguī 회귀하다
挤压 jǐyā 내리누르다, 압박하다
兴起 xīngqǐ 일어나기 시작하다
工业革命 gōngyè gémìng 산업혁명
处于萌芽阶段 chǔyú méngyá jiēduàn 걸음마 단계에 있다
分工 fēngōng 분업
格局 géjú 구조, 국면
机器人 jīqìrén 로봇
人工智能 réngōng zhìnéng 인공지능
3D打印 sān D dǎyìn 3D 프린팅
在线 zàixiàn 온라인
成熟 chéngshú 성숙하다
廉价劳动力 liánjià láodònglì 저가 노동력
依赖 yīlài 의지하다, 의존하다
减弱 jiǎnruò 약해지다
加速 jiāsù 가속하다, 속도를 내다
洗牌 xǐpái 재조정하다
顺利 shùnlì 순조롭게
转型 zhuǎnxíng 전환, 변화, 전환하다
陷入陷阱 xiànrù xiànjǐng 함정에 빠지다
靠 kào 의지하다
洼地 wādì 움푹한 지대, 저지대 → 사각지대
赢得时间 yíngdé shíjiān 시간을 벌다
加大投入 jiādà tóurù 투자를 늘리다
增强……能力 zēngqiáng……nénglì ~능력을 강화하다
要素 yàosù 요소

꼭 알아야 할 성어·단어

- **低于中国** : 중국보다 낮다 '低于'는 '~보다 낮다'라는 뜻으로 복잡한 비교문을 간단하게 해결해 주는 유용한 표현이다.
- **随着/伴随着** : '随着'는 '~함에 따라'라는 뜻이다. '伴随'는 동사로 '동행하다', '수반하다'라는 의미의 동사이지만 '伴随着'는 '~에 맞추어', '~함에 따라'라는 뜻이다.
- **重新洗牌** : '洗牌'는 '노름에서 패를 섞다'라는 의미이다. '重新洗牌'는 '다시 조정하다'로 의역해 보자.
- **洼地** : '움푹 파인 지대', 즉 '저지대'라는 뜻이다. 여기서는 '사각지대'로 의역하는 것이 좋겠다.
- **赢得时间** : '赢得'는 '승리하다'라는 뜻이지만 '时间'과 함께 쓰였을 때는 '시간을 벌다'로 자연스럽게 의역해 보자.

꼭 알아야 할 따페이·구문

- **受……限制** : ~의 제약을 받다 중간에 오는 수식이 길어지면 놓치기 쉽지만 끝까지 집중하자. '限制' 대신에 '影响'을 쓸 수도 있다.

통번역 스킬 UP

1 并将培育和发展战略性新兴产业作为抢占未来国际竞争的制高点。

'将A作为B'는 'A를 B로 삼다'라는 뜻으로, 자주 나오는 구문이니 꼭 알아 두어야 한다. '培育和发展战略性新兴产业'는 '培育'와 '发展'이라는 두 개의 동사가 '战略性新兴产业'라는 목적어 하나를 받고 있는 구조이다. '抢占……制高点'에서 '制高点'은 '유리한 위치', '우세' 정도로 번역하면 좋겠다.

↳ 그리고 전략적인 신흥 산업의 육성과 발전을 통해 향후 글로벌 경쟁에서 우위를 차지하고자 한다.

2 尽管中国和欧美国家的相对成本劣势正逐步缩小，但欧美国家的劳动力成本仍然较高，将劳动密集型制造业回迁到国内，不符合发达国家的比较优势。

'尽管A, 但B'는 '비록 A하지만 그러나 B하다'라는 뜻의 구문이다. '将A回迁到B'는 'A를 B로 다시 가져오다'라는 뜻의 따페이로 여기서 '将'은 '把'의 용법이다. '不符合'가 본동사이다.

↳ 비록 중국과 구미 국가와의 상대적인 비용 열세가 점차 줄어들고 있긴 하지만 구미 국가의 인건비는 여전히 높은 편이어서 노동집약형 제조업을 국내로 이전시키는 것은 선진국의 비교우위에 부합하지 않는다.

3 中国制造业将会陷入"高不成、低不就"的"三明治陷阱"。

"高不成、低不就"는 '높은 것은 할 수 없고 낮은 것은 하지 않는다'라는 의미로, 첨단 제조업은 (능력이 없어서) 할 수 없고, 노동집약형 제조업은 하지 않는다는 뜻이다. '陷入……陷阱' 따페이도 중요하다. '함정에 빠지다'라는 뜻으로, '함정' 대신에 '泥淖 늪', '漩涡 소용돌이'도 잘 쓰이니 같이 외워 두자.

↳ 중국 제조업은 '첨단산업은 할 수 없고, 노동집약형 산업은 하지 않으려는' 샌드위치 신세가 될 것이다.

샌드위치 함정을 피하라

　제조업이 다시 유럽과 미국 등의 국가들로 리턴하는 현상은 여러 가지 원인이 복합적으로 작용하여 나타난 결과이다. 첫 번째, 글로벌 금융 위기로 인한 실업률 급등, 장기 경제 불황, 재정 악화 등의 문제들에 대해 유럽과 미국 등의 국가들은 잇따라 자국의 제조업 부흥을 위한 계획과 여러 지원 정책들을 제시하였다. 그리고 전략적인 신흥산업의 육성과 발전을 통해 향후 글로벌 경쟁에서 우위를 차지하고자 한다. 두 번째, 최근 몇 년 간 중국의 인건비와 토지 가격이 지속적으로 빠른 상승세를 보였다. 노동자 임금과 복지가 연 15%의 속도로 성장하여 중국의 저비용 비교우위가 점차적으로 사라지게 되었다. 세 번째, 비록 중국 주변국들의 생산 비용이 중국보다 저렴하지만 인프라, 노동자의 기술력 및 산업 네트워크 등의 제약으로 인해 아직까지는 첨단 제조업 공장이 이전하지 못하고 있다.

　단기적으로 보았을 때 제조업이 구미 국가로 리턴하는 추세는 그 상징적 의의가 실질적 추세보다 더 크며, 정치적 의의가 경제적 의의보다 더 크다. 비록 중국과 구미 국가 간의 비용상 비교우위가 점차 줄어들고 있긴 하지만 구미 국가들의 인건비는 여전히 높은 편이어서 노동집약형 제조업을 국내로 이전시키는 것은 선진국의 비교우위에 부합하지 않는다. 선진국들의 제조업 부흥은 단순히 이미 개도국으로 이전된 제조업을 다시 가져오겠다는 것이 아니라 더욱 고차원적인 업그레이드를 목표로 하고 있다. 이들 국가가 부흥시키려는 것은 그들에게 적합한 자본 및 기술집약형 산업 혹은 가치사슬 부문이다. 노동집약형 산업 혹은 가치사슬 부문은 여전히 개도국에 남게 될 것이다. 미국으로 돌아온 기업들 대부분은 자동화 정도가 비교적 높은 제조업 부문이며 또한 현지 시장의 수요에 빠르게 반응해야 하는 부문이다. 중국이 노동집약형 산업 영역에서 경쟁우위를 잃게 되더라도 다른 개도국들이 그 빈자리를 메울 수 있기 때문에 노동집약형 산업이 선진국으로 리턴하기는 매우 어렵다.

　현재 중국 제조업은 개도국과 선진국의 사이에서 이중 압박에 시달리고 있다. 중국의 인건비가 빠르게 상승하면서 중국 국내 제조업이 주변국으로 이전하는 추세가 나타나고 있는 것이다. 주변국들의 인프라 시설이 개선되고 산업 시스템이 완비되면서 제조업 이전의 속도는 한층 더 빨라졌다. 한편, 현재 진행 중인 제3차 산업혁명이 비록 아직 걸음마 단계이긴 하지만 아직까지도 국제 분업 구조를 바꿀 수 있는 획기적인 기술이 나타나지 않고 있다. 그러나 공업용 로봇, 인공지능, 3D 프린팅, 온라인 협력 제조 등의 기술이 끊임없이 개선되고 개발되면서, 개발도상국의 저가 노동력에 대한 선진국들의 의존도가 점차적으로 줄어들 것이며 이러한 변화는 국제 분업 구조의 재편을 가속화할 것이다. 따라서 만약 산업의 전환과 업그레이드가 순조롭게 진행되지 않는다면 중국 제조업은 '첨단산업은 할 수 없고, 노동집약형 산업은 하지 않으려는' 샌드위치 신세가 될 것이다.

　제조업 해외 유출 문제에 대응하려면 근본적으로 산업의 전환과 업그레이드가 필요하다. 우선, 중국의 지역 경제 발전 불균형이 초래한 발전 사각지대를 적극적으로 이용하여 제조업이 중국 중서부 지역으로 이전될 수 있도록 장려하고 제조업의 전환 및 업그레이드를 위해 충분한 시간을 벌어야 한다. 다른 한편으로는, 기술 혁신에 대한 투자를 적극적으로 늘리고 중국 제조업의 기술 혁신 능력을 강화하며 전략적 신흥산업을 대대적으로 육성하고 발전시켜야 한다. 이로써 중국 제조업의 국제 경쟁력을 저가 인건비가 만들어 낸 가격 우위에서 지식·기술·인재 등의 고급 생산요소로 바꾸어야 한다.

经济全球化走向纵深

🎧 Track 1-23

国际分工既是超越国民经济疆界的社会分工，又是国民生产之间的分工。国际分工的深化既是国际生产一体化的结果，同时又促进着国际生产一体化的形成和发展。**1** 国际生产一体化网络的逐步形成，意味着传统的以国际贸易为主体的国际分工向世界性以国际生产为主体的国际分工转变。

当前国际分工主要存在两个问题：一是跨国公司主导国际分工，导致世界各国发展利益分配失衡。比如，中国许多外贸企业承担总部在外的加工和组装生产，加工贸易在中国出口总额中占比60%，但利润的大头被跨国公司拿走，中国企业只能拿到不足10%的总利润。二是当前国际分工格局导致生产与消费分离，贸易数量与实际所获利益分离，进而导致相关国家出现国际收支不平衡的现象。

在生产全球化进程中，全球产业结构经历着大规模的深刻调整，发达国家不断加快产业升级并优化增长方式，产业结构正在向知识密集、技术密集和服务密集的方向升级，大力增强产业竞争和技术优势。与此同时，发达国家向发展中国家转移生产能力也达到新水平，并在发达国家和发展中国家之间形成全球共享型生产。**2** 截至目前，世界已经完成3次产业转移。第一次发生在20世纪50、60年代，主要是美国把淘汰的钢铁、纺织等劳动密集型产业转移到日本等国。第二次发生在20世纪60~80年代，美国、日本等国把劳动密集型产业转移至东亚发展中国家。第三次发生在20世纪80~90年代，发达国家又把劳动密集型企业转移至中国东南沿海。

进入21世纪以来，随着经济全球化的不断深入，新一轮国际产业转移浪潮逐步形成，并呈现出一些新的趋势。首先，由跨国公司推动的国际产业转移的规模不断扩大。联合国贸发会议数据显示，2000年全球外国直接投资总额增加到1.3万亿美元，为30年来的顶峰，2007再创新高，猛增到1.8万亿美元。发达国家产业转移的步伐也随着全球外国直接投资规模的扩大而加快。其次，产业转移的方式变得更为多元化，涉及的领域更为广泛。20世纪90年代以来，由于知识经济和信息时代的到来，发达国家的产业转移不再局限于劳动密集型、资本密集型、技术密集型的梯度性转移。

주요 단어 및 구문

走向 zǒuxiàng ~로 나아가다
纵深 zòngshēn 깊숙한 (단계)
既A, 又B jì A, yòu B A하고, B하다
超越 chāoyuè 초월하다
疆界 jiāngjiè 국경
以A为主体 yǐ A wéi zhǔtǐ A를 주체로 하다
跨国公司 kuàguó gōngsī 다국적기업
导致 dǎozhì 야기하다
利益 lìyì 이익
分配 fēnpèi 분배하다
失衡 shīhéng 균형을 잃다, 불균형
外贸 wàimào 대외무역
承担 chéngdān 담당하다
总部 zǒngbù 본부
加工 jiāgōng 가공
组装 zǔzhuāng 조립하다
总额 zǒng'é 총액
利润 lìrùn 이윤
大头 dàtóu 대부분
分离 fēnlí 분리하다, 디커플링
收支不平衡 shōuzhī bùpínghéng 수지 불균형
产业结构 chǎnyè jiégòu 산업구조
大规模 dàguīmó 대규모
服务 fúwù 서비스
优势 yōushì 우세, 우위
与此同时 yǔ cǐ tóngshí 이와 동시에
截至目前 jiézhì mùqián 현재까지
20世纪~年代 èrshí shìjì ~niándài 19~년대
淘汰 táotài 도태하다
钢铁 gāngtiě 철강
纺织 fǎngzhī 방직
沿海 yánhǎi 연해 지역
新一轮 xīn yì lún 새로운
浪潮 làngcháo 붐, 조류
联合国 Liánhéguó 유엔(UN), 국제연합
显示 xiǎnshì 보여주다
外国直接投资 wàiguó zhíjiē tóuzī 해외 직접 투자
万亿 wànyì 조(兆)
为顶峰 wéi dǐngfēng 정점에 이르다
创新高 chuàng xīngāo 최고치를 기록하다

猛增 měngzēng 급증하다
多元化 duōyuánhuà 다원화
涉及 shèjí 연관되다
领域 lǐngyù 영역, 분야
到来 dàolái 도래(하다)
局限于 júxiànyú ~에 국한되다
梯度 tīdù 단계별, 순서별로

1 国际生产一体化网络的逐步形成，意味着传统的以国际贸易为主体的国际分工向世界性以国际生产为主体的国际分工转变。

이 문장은 주어 부분이 길다. '意味着'가 본동사로 그 앞이 전부 주어이다. '意味着', '是', 그리고 '了'가 붙은 동사는 대부분 본동사여서 그 앞부분이 아무리 길어도 주어가 된다는 것을 기억하자. '意味着' 다음에 나온 'A向B转变' 구문을 찾지 못했다면 단언컨대 이 문장을 제대로 번역하지 못했을 것이다. A와 B 부분이 '以……为主体 ~를 주체로 하다' 구문으로 앞뒤로 나란히 나와 있는데 그 사이에 있는 '向'에서 힌트를 얻어서 'A가 B로 전환한다'라고 번역해야 한다.

↪ 국제 생산 통합 네트워크가 점차 형성되고 있다는 것은 국제무역을 주체로 하던 전통적인 국제분업이 국제 생산을 주체로 하는 세계적인 국제분업 형태로 전환한다는 것을 의미한다.

2 截至目前，世界已经完成3次产业转移。第一次发生在20世纪50、60年代，主要是美国把淘汰的钢铁、纺织等劳动密集型产业转移到日本等国。

'截至目前'은 '지금까지'라는 뜻으로, 원래는 '截至目前为止'인데 '为止'를 생략해서 쓰기도 한다. '发生在……'는 뒤에 시간과 장소가 모두 올 수 있지만 엄밀히 구분해 보면 '发生在' 뒤에는 장소가 오고 '发生于' 다음에는 시간이 온다. 이 문장에서는 '20세기'라는 시간을 나타내는 표현이 왔기 때문에 원래는 '发生于'로 쓰는 것이 더 정확하겠다. '把A转移到B'는 'A를 B로 이전하다'라는 뜻이다.

↪ 지금까지 세계는 이미 세 차례의 산업 이전을 실시했었다. 첫 번째는 1950~60년대에 발생한 것으로, 주로 미국이 도태된 철강업과 방직업 등 노동집약형 산업을 일본 등의 국가로 이전한 것이다.

- ★ 1.3万亿美元은 1조3천억 달러이다. 중국어로 '조'는 '万亿'이다. '1.3'에서 '.'은 뒤에 나오는 화폐단위라고 생각하면 된다. 예를 들어 1.3亿美元은 1억3천만 달러이고, 1.3万美元은 1만3천 달러의 뜻이다. 그리고 '.' 뒤에 나오는 숫자는 하나하나 읽어준다. 예를 들어 1.34万亿는 一点三四万亿로 읽어야 하며 一点三十四万亿로 읽어서는 안 된다.

- ★ 중국어 필수 기호
  逗号(，) 중국어에서 가장 많이 쓰이는 기호로 한국어의 마침표 기능과 비슷하다. 의미 단위로 끊어질 때 사용한다.
  句号(。) 중국어와 한국어의 마침표는 그 기능이 다르다. 한국어는 의미가 끝났을 때 찍지만 중국어는 문장이 끝났음을 뜻한다.
  顿号(、) 한국어의 쉼표 기능과 유사한데 주로 단어들을 열거할 때 사용한다.
  冒号(：) 주로 앞의 내용을 뒤에서 부연 설명할 때 사용한다.
  分号(；) 앞뒤 문장이 댓구를 이룰 때 사용하거나 단어가 아닌 문장을 열거할 때 사용한다.
  双引号(" ") 한국어처럼 대화문에 사용하기도 하지만 단어에 사용하면 이중적 의미를 나타낸다.

심화되는 경제 글로벌화

국제분업은 국민경제의 경계를 뛰어넘는 사회적 분업이자 국민생산 간의 분업이다. 국제분업의 심화는 국제 생산 통합의 결과이며 이와 동시에 국제 생산 통합의 발전을 촉진시키고 있다. 국제 생산 통합 네트워크의 점진적 형성은 전통적으로 국제무역을 주체로 하던 국제분업이 전 세계적으로 국제 생산을 주체로 하는 국제분업으로 바뀌었음을 의미한다.

현재 국제분업에는 주로 두 가지 문제가 존재한다. 첫 번째, 다국적기업이 국제분업을 주도하여 각국의 발전 이익이 고르게 분배되지 못한다는 것이다. 예를 들면 중국의 많은 대외무역 회사들은 본사가 해외에 있는 기업의 가공과 조립 생산을 맡고 있다. 가공무역이 중국 수출 총액에서 차지하는 비중은 60%나 되는데 이윤의 대부분은 다국적기업이 가져간다. 중국 기업들은 전체의 10%도 안 되는 이윤만 챙길 수 있다. 두 번째, 현재 국제분업 구조가 생산과 소비의 디커플링, 무역 수량과 실질 이윤의 디커플링을 초래하여 관련 국가들의 국제무역 수지 불균형 현상을 야기하였다.

생산의 글로벌화가 진행되면서 전 세계 산업구조는 대대적인 변화가 일어나고 있다. 선진국은 끊임없이 산업 업그레이드에 박차를 가하고 성장 모델을 최적화하고 있다. 산업구조가 지식·기술·서비스 집약형으로 진화하고 있으며 이로써 산업의 경쟁력과 기술 우위를 대폭 강화하였다. 이와 동시에 선진국들이 개도국으로 생산 기지를 이전하는 추세도 새로운 국면을 맞이하여, 선진국과 개도국 간 글로벌 공유 생산 모델을 형성하였다. 현재까지 전 세계적으로 세 차례의 산업 이전이 있었다. 첫 번째는 1950~60년대에 주로 미국에서 도태된 철강과 방직 등 노동집약형 산업이 일본 등의 국가로 이전된 것이다. 두 번째는 1960~80년대 미국, 일본 등의 국가가 노동집약형 산업을 동아시아의 개도국으로 이전한 것이다. 세 번째는 1980~90년대 선진국이 또다시 노동집약형 산업을 중국 동남부 연해 지역으로 옮긴 것이다.

21세기 들어 경제 글로벌화가 지속적으로 진행되면서 국제 산업 이전의 새로운 붐이 점차 형성되어 새로운 트렌드가 등장하고 있다. 우선, 다국적기업이 주도하는 국제 산업 이전의 규모가 계속 확대되고 있다. 유엔 무역개발협의회(UNCTAD)의 데이터에 따르면, 2000년 글로벌 해외 직접 투자 총액이 1조3천억 달러까지 증가하여 30년 이래 최고치를 기록하였다. 2007년에는 1조8천억 달러까지 급증하면서 또 다시 신기록을 세웠다. 글로벌 해외 직접 투자 규모가 확대되면서 선진국의 산업 이전 속도도 더욱 빨라졌다. 두 번째, 산업 이전의 방식이 더욱 다원화되고 관련 영역도 더 광범위해졌다. 1990년대 이후, 지식 경제와 정보 시대가 도래하면서 선진국의 산업 이전은 더 이상 노동·자본·기술집약형 산업의 단계별 이전 방식에 국한되지 않는다.

活力亚太，世界引擎

"活力亚太，世界引擎"，这是即将拉开帷幕的第十九届亚太经合组织(APEC)贸易部长会议的主题。这一主题凸显了当今世界经济的鲜明特点。

眼下，世界经济形势复杂多变。主要发达经济体复苏乏力，严重拖累亚太地区的经济增长。发达经济体推行的一些反危机政策，**①不是同舟共济，而是同舟共"挤"**，对外转嫁危机。贸易和投资保护主义很有可能进一步加剧。自亚太经合组织成立以来，**②贸易投资自由化和便利化与经济技术上的合作**，一直是该组织前行的两个轮子。在目前的形势下，推动两个轮子齐头并进，难度很大，但必要性丝毫没有减弱。让亚太经济保持强劲活力，只能靠这两个轮子转动起来，没有别的路径。任何一个经济体，无论大小，都会有各种各样的困难，但没有理由因为自己的困难**制造麻烦**，而应更多地为推动两个轮子转起来出力。若两个轮子停转，甚至倒转，受损的将是大家。

亚太地区是世界经济主要引擎。国际金融危机爆发以来，以购买力平价计算，APEC成员对世界经济增长的贡献率达61%。无论是在激发该地区增长活力这一方面，还是在开发未来经济发展潜力这一方面，创建一个更自由、更便利的贸易投资环境至关重要。全球经济进入深度调整期，整体复苏艰难曲折，更需要有能够着眼于整个区域和全球以及未来的眼界与胸怀。亚太经济今天的活力源自于合作共赢，同时也创造了更多合作共赢的机会。亚太经济未来的活力，也将依赖于不断加深的合作共赢。

APEC作为多边贸易体制的积极支持者，应呼吁各方拿出政治诚意，推动多哈回合谈判。此次贸易部长会议的一项重要任务是，继续推进贸易投资自由化便利化，并通过提出新的步骤和措施抑制区域内贸易保护主义的态势，**③为推动区域互联互通和贸易投资自由化便利化取得新进展做好铺垫**。各方应保持市场开放，共同反对各种形式的保护主义，通过对话和协商妥善解决经贸分歧。推动全球经济尽快全面复苏，亚太引擎如何发力，关键在于合作能否进一步加深，贸易与投资能否更加自由、便利。

近年来，世界经济增速下滑，全球贸易保护倾向上升。**④中国遭受各种贸易保护主义**的冲击。为此，中国政府和企业也在积极采取措施，**加以应对**。中国一直是APEC贸易投资自由化便利化的积极倡导者。今后5年，中国进口规模有望超过10万亿美元，对外投资规模将达到5000亿美元。中国愿与各经济体加强合作，共同推动亚太地区经贸交流，进而实现本地区持久繁荣。

주요 단어 및 구문

拉开帷幕 lākāi wéimù 막을 올리다
届 jiè 차 [회의, 정권 등을 세는 양사]
亚太经合组织 Yàtài jīnghé zǔzhī
아시아태평양경제협력체(APEC)
部长 bùzhǎng 장관
凸显 tūxiǎn 분명하게 나타내다
鲜明 xiānmíng 선명하다, 명백하다
眼下 yǎnxià 현재
复杂多变 fùzá duōbiàn 복잡하고 변화무쌍하다
经济体 jīngjìtǐ 경제체
乏力 fálì 능력이 부족하다
拖累 tuōlěi 발목잡다, 짐이 되다, 연루되다
同舟共济 tóngzhōu-gòngjì 함께 협력하여 곤경을 헤쳐 나가다
挤 jǐ 서로 밀치다, 붐비다
转嫁 zhuǎnjià 떠넘기다, 전가하다
保护主义 bǎohù zhǔyì 보호주의
轮子 lúnzi 바퀴
齐头并进 qítóu-bìngjìn 함께 나란히 나아가다
丝毫 sīháo 추호도, 조금도
制造麻烦 zhìzào máfan 문제를 일으키다
出力 chūlì 힘을 쓰다
停转 tíngzhuǎn 멈추다
倒转 dàozhuǎn 거꾸로 돌다
受损 shòusǔn 손해를 입다
购买力 gòumǎilì 구매력
贡献率 gòngxiànlǜ 공헌도
激发 jīfā 불러일으키다
至关重要 zhìguān zhòngyào 매우 중요하다
艰难曲折 jiānnán qūzhé 풍파, 순탄치 못한 길
着眼于 zhuóyǎnyú ~에 착안하다
眼界 yǎnjiè 시야, 안목
胸怀 xiōnghuái 포부
合作 hézuò 협력하다
共赢 gòngyíng 윈윈(win-win)
依赖于 yīlàiyú ~에 의지하다
加深 jiāshēn 더욱 심해지다
多边贸易体制 duōbiān màoyì tǐzhì 다자간 무역 체제
支持者 zhīchízhě 옹호자
呼吁 hūyù 호소하다
诚意 chéngyì 성의

多哈回合谈判 Duōhā huíhé tánpàn 도하 라운드 협상
步骤 bùzhòu 절차
抑制 yìzhì 억제하다
态势 tàishì 추세
取得 qǔdé 얻다
铺垫 pūdiàn 깔다 → 바닥을 다지다
协商 xiéshāng 협상
妥善 tuǒshàn 적절하다, 타당하다
解决分歧 jiějué fēnqí 이견을 해소하다
尽快 jìnkuài 최대한 빨리
增速 zēngsù 증가 속도
下滑 xiàhuá 하락하다
倾向 qīngxiàng ~하는 경향이 있다
遭受冲击 zāoshòu chōngjī 충격을 받다
采取措施 cǎiqǔ cuòshī 조치를 취하다
倡导 chàngdǎo 제창하다, 옹호하다
有望 yǒuwàng ~하기를 기대하다, 희망하다
规模 guīmó 규모
持久 chíjiǔ 지속되다

꼭 알아야 할 성어·단어

- **拉开帷幕** : 서막을 열다 '막을 내리다'라는 표현인 '落下帷幕'도 같이 외워 두자.
- **制造麻烦** : '制造'는 '만들다'라는 뜻이고 '麻烦'은 '골칫거리'이니 '문제를 일으키다' 또는 '트러블 메이커' 정도로 의역하면 좋겠다.
- **加以应对** : 대응하다 서면어에서 많이 볼 수 있는 표현이다. '加以+동사' 형식으로 많이 쓰이는데 '~하다'라는 뜻이다. '加以配合 협조하다', '加以推进 추진하다' 등도 잘 쓰이는 표현이다.

1 不是同舟共济，而是同舟共"挤"，

'不是A, 而是B' 구문으로 'A가 아니라 B이다'라는 뜻이다. 원래 '同舟共济'는 '같은 배를 타고 함께 고난을 이겨내다'라는 뜻인데 이 성어를 응용한 '同舟共"挤"'는 '挤'에 큰따옴표(" ")를 찍어 이중적 의미를 가지고 있음을 표현했다. 즉 '한 배를 타고 함께 밀쳐내다'로 직역할 수 있지만, '서로 협력하지 않고 싸우다'로 의역할 수 있겠다.

↳ 한 배를 타고 함께 협력하는 것이 아니라 한 배에서 서로 밀치고 싸우는 격이 되었고

2 贸易投资自由化和便利化与经济技术上的合作，

'A和B与C' 구조인데 간단해 보이지만 주의해야 하는 문장이다. '和'는 '그리고(and)'의 뜻이고 '与'는 '~와(with)'의 뜻이다.

↳ 무역 투자의 자유화와 간편화 및 경제 기술 협력은

3 为推动区域互联互通和贸易投资自由化便利化取得新进展做好铺垫。

복잡해 보이지만 우선 큰 구조부터 살펴보면 '为……做好铺垫 ~하기 위해 기초를 다지다'를 찾을 수 있겠다. '取得新进展'은 '새로운 진전을 거두다'라는 뜻이다.

↳ 역내 상호 연결과 무역 투자 자유화 및 편리화가 새로운 진전을 거둘 수 있도록 기초를 다져야 한다.

4 中国遭受各种贸易保护主义的冲击。为此，中国政府和企业也在积极采取措施，加以应对。

'遭受……冲击'는 '충격을 받다'라는 뜻의 따페이로, 잘 나오는 표현이니 외워 두자. '为此'는 '이를 위해서'라고 번역한다. '采取……措施' 역시 자주 나오는 표현이니 꼭 외워 두자.

↳ 중국은 각종 보호주의 무역의 충격을 받았다. 이를 위해서 중국 정부와 기업도 적극적으로 조치를 취해 대응해 나가야 한다.

다이내믹 APEC, 세계의 엔진

"다이내믹 APEC, 세계의 엔진", 이것은 이제 곧 막을 올릴 제19차 APEC 무역 장관급 회의의 주제이다. 이 주제는 현 글로벌 경제의 특징을 잘 보여 주고 있다.

현재 글로벌 경제는 복잡하고 끊임없이 변화하고 있다. 주요 선진국들은 경제 회복을 위한 역량이 부족하여 아시아 태평양 지역 경제 발전의 발목을 잡고 있다. 선진국이 위기에 대응하기 위해 추진하고 있는 정책들은 한 배를 타고 함께 협력하는 것이 아니라 한 배에서 서로 밀치고 싸우는 격이 되었고, 위기를 해외로 떠넘기고 있다. 또한 보호주의 무역과 투자가 더욱 심화될 가능성이 높다. APEC 출범 이후 무역 투자의 자유화와 간편화, 그리고 경제 기술 협력은 줄곧 APEC 발전을 이끄는 두 개의 바퀴였다. 현재 상황에서는 이 두 개의 동력을 동시에 가동하는 것이 어려워졌지만 그 필요성은 조금도 줄어들지 않았다. 아태 지역의 경제가 지속적으로 활기를 띠게 하려면 이 두 바퀴를 동시에 가동하는 것 말고는 다른 방도가 없다. 규모가 크든 작든 모든 국가들은 저마다 여러 가지 어려움들이 있을 것이다. 하지만 자신이 처한 어려움 때문에 문제를 일으켜선 안 된다. 반드시 이 두 바퀴가 잘 돌아가게끔 더욱 힘써야 한다. 두 바퀴가 멈추게 되거나 혹은 거꾸로 돌아가게 되면 그 피해는 우리 모두에게 돌아올 것이다.

아태 지역은 세계 경제의 주요 엔진이다. 글로벌 금융 위기 발발 이후 구매력으로 계산했을 때, APEC 회원국들의 세계 경제성장에 대한 기여도는 61%에 달했다. 아태 지역의 경제에 활력을 불어넣는 것이든 미래 경제 발전의 잠재력을 개발하는 것이든 더욱 자유롭고 편리한 무역 투자 환경을 조성하는 것이 매우 중요하다. 현재 글로벌 경제는 대대적인 조정기에 진입하였고 전반적으로 경제 회복이 어려운 상황이다. 따라서 전 지역과 전 세계의 미래를 내다보는 안목과 포부가 무척 필요하다. 오늘날 아태 지역의 활력은 협력과 윈윈에서 비롯되었고 동시에 더 많은 협력·윈윈의 기회를 만들어 냈다. 향후 아태 지역의 활력 역시 더욱 심화될 협력과 윈윈에서 비롯될 것이다.

APEC은 다자간 무역 체제의 적극적인 지지자로서, 각 국가들이 정치적 성의를 보이고 도하 라운드 협상을 추진하도록 호소해야 한다. 이번 무역 장관급 회의의 중요한 임무는 지속적으로 무역 투자 자유화와 간편화를 추진하고, 새로운 절차와 조치를 제시하여 역내 보호주의 무역을 억제하는 것이다. 그리고 이를 통해 역내 상호 연결과 무역 투자 자유화 및 간편화를 추진하여 새로운 진전을 이뤄 내야 한다. 각 국가는 시장의 개방성을 유지해야 하며 함께 각종 형식의 보호주의를 반대해야 한다. 그리고 대화와 협상을 통해 경제 무역 측면의 이견을 해소해야 한다. 글로벌 경제가 최대한 빨리 전면적으로 회복하고, 아시아 태평양이라는 엔진이 힘차게 돌아갈 수 있게 하기 위해서는 협력을 더욱 심화할 수 있느냐 없느냐, 무역과 투자를 더욱 자유화하고 간편화할 수 있느냐 없느냐가 관건이다.

최근 몇 년간 글로벌 경제에는 발전 속도가 둔화되고 글로벌 보호주의 무역 성향이 강해지는 추세가 나타났다. 중국은 여러 가지 보호주의 무역의 영향을 받았다. 이 때문에 중국 정부와 기업도 적극적으로 조치를 취하고 대응에 나서고 있다. 중국은 줄곧 APEC 무역 투자 자유화와 간편화의 적극적인 옹호자였다. 향후 5년간 중국의 수입 규모는 10조 달러를 돌파하고 해외 투자 규모는 5천억 달러에 이를 것으로 보인다. 중국은 각 경제체와의 협력을 강화하고 아태 지역의 경제 무역 교류를 함께 활성화하며 더 나아가 이 지역의 지속적인 번영을 실현하기를 희망한다.

亚投行符合整个亚洲愿望

亚洲基础设施投资银行(亚投行)作为亚洲地区的多边开发金融机构,以推进基础设施建设、促进地区发展为目标。但有些人担心它与世界银行、亚洲开发银行(亚开行)功能重复,存在竞争关系。还有人担心,由于中国在世界银行与亚开行的出资比例始终没有得到提升,亚投行的成立是对美国和日本主导的国际金融秩序的挑战。其实,这些担心都是不必要的。

世界银行和亚开行的主要目标是消除贫困,这与亚投行以完善亚洲地区基础设施建设的目标截然不同。亚投行与世界银行、亚开行之间并不存在强烈的竞争关系和代替关系,而是相互补充关系,有着相互开展合作的广阔前景。此外,据权威机构推算,亚洲地区每年有近7000亿美元的基础设施投资需要,仅靠亚开行无法实现。成立亚投行可以弥补这一缺口,符合整个亚洲的愿望,而不是对日美两国的挑战。

亚投行的设立还有一点非常值得期待,那就是它将促进亚洲的金融合作进一步发展。亚洲金融危机之后,亚洲以10+3(东盟十国加中日韩)为框架开展金融合作,2000年以后,在清迈倡议(区域货币互换协议)下,建立了中日韩与东盟国家的双边互换协议。

此后,清迈倡议多边化协议生效,2014年又将货币互换资金规模增至3000亿美元。**1** 2011年成立的东盟与中日韩宏观经济研究办公室,作为东盟与中日韩三国设立的区域内经济监督机构,使其升级为国际组织的协议也于2014年10月正式签署。可以发现,密切的金融合作网络正在亚洲区域内逐渐展开,而亚投行的设立将会进一步推进亚洲的多边开发金融领域的合作。

在上述金融合作领域,日本与中国经常开展密切协商,在各项政策的制定上共同发挥重要作用。与此同时,日中两国之间的金融合作也正在取得丰硕成果。**2** 在清迈倡议下,日本银行与中国人民银行于2005年签署了货币互换协议。这是在清迈倡议的货币互换协议中,首个不用美元的本币互换协议。2012年,两国也启动了日元与人民币之间不以美元为中介的直接交换,这是主要国家货币之间的首次直接交换,成为了此后双边金融合作的范例。相信在日中两国的齐心协力下,亚洲金融合作会得到进一步发展,从而为整个亚洲的发展贡献积极作用。

주요 단어 및 구문

亚洲基础设施投资银行 Yàzhōu jīchǔ shèshī tóuzī yínháng
아시아인프라투자은행(AIIB) = 亚投行

符合 fúhé 부합하다

愿望 yuànwàng 바람, 희망

多边 duōbiān 다자간

金融 jīnróng 금융

基础设施建设 jīchǔ shèshī jiànshè 인프라 건설

担心 dānxīn 걱정하다

亚洲开发银行 Yàzhōu kāifā yínháng
아시아개발은행(ADB)

功能 gōngnéng 기능

重复 chóngfù 중복되다

出资比例 chūzī bǐlì 출자 비율

得到提升 dédào tíshēng 상승하다

秩序 zhìxù 질서

其实 qíshí 사실

截然不同 jiérán bùtóng 전혀 다르다

代替关系 dàitì guānxì 대체 관계

相互补充关系 xiánghù bǔchōng guānxì 상호 보완 관계

开展合作 kāizhǎn hézuò 협력하다

权威 quánwēi 권위 있는

弥补缺口 míbǔ quēkǒu 결함을 보완하다

值得 zhídé ~할 만한 가치가 있다

东盟 Dōngméng 동남아시아 국가연합(ASEAN)

框架 kuàngjià 프레임, 뼈대

清迈倡议 Qīngmài chàngyì 치앙마이 이니셔티브(CMI)

货币互换协议 huòbì hùhuàn xiéyì 통화 스왑 협정

双边 shuāngbiān 양자 간

生效 shēngxiào 발효되다

资金 zījīn 자금

增至 zēngzhì ~까지 증가하다

宏观经济 hóngguān jīngjì 거시경제

监督 jiāndū 감독(하다)

签署 qiānshǔ 체결하다

协商 xiéshāng 협상하다

本币 běnbì 자국 통화

启动 qǐdòng 시작하다

中介 zhōngjiè 중개하다

直接交换 zhíjiē jiāohuàn 직접 교환

齐心 qíxīn 합심하다

꼭 알아야 할 성어·단어

- **消除贫困**: **빈곤 퇴치** '消除'는 '없애다'라는 뜻인데 빈곤을 없애는 것이므로 '빈곤 퇴치'로 표현해 보자.
- **截然不同**: **전혀 다르다** 보통 '与A截然不同'으로 쓰인다. 비슷한 표현으로 '迥然不同'도 있다.
- **货币互换协议**: **통화 스왑 협정** 두 나라가 거래할 때 달러로 바꾸지 않고 자국의 화폐로 바로 맞바꾸는 협정을 말한다.
- **齐心协力**: 전심전력을 다 하다

꼭 알아야 할 따페이·구문

- **取得丰硕成果**: '取得……成果'는 '성과를 거두다'라는 뜻의 구문인데 중간에 '丰硕'를 넣어서 '풍성한 성과를 거두다'라는 뜻이 된다.
- **签署……协议**: **협의를 체결하다** '协议'와 같은 의미로 '协定'이 있다.
  - (예) 韩中两国签署了自由贸易协定。 한중 두 나라는 FTA를 체결하였다.
- **为……贡献+목적어**: '为……做出贡献'이라는 따페이 구문을 살짝 응용해서 '贡献'을 동사로 만들고 뒤에 '积极作用'을 목적어로 받았다.

1 2011年成立的东盟与中日韩宏观经济研究办公室，作为东盟与中日韩三国设立的区域内经济监督机构，使其升级为国际组织的协议也于2014年10月正式签署。

'作为'는 '~로서의 자격'을 나타낸다. '使其升级为……'는 사역문인데 '其'는 앞에 나온 명사를 받는 대명사로 앞에 나오는 '东盟与中日韩宏观经济研究办公室 아세안과 한중일 거시경제연구소'를 받는다. '升级为'는 '~로 격을 높이다'라는 뜻이므로 '~로 격상하다'라고 하면 좋겠다. '升级'는 '업그레이드'라는 뜻도 있다.

> 2011년에 설립된 아세안과 한중일 거시경제연구소는 아세안과 한중일 3국이 설립한 역내 경제 감독 기구로, 각국은 이 연구소를 국제조직으로 승격하는 협의를 2014년 10월에 공식 체결하였다.

2 在清迈倡议下，日本银行与中国人民银行于2005年签署了货币互换协议。这是在清迈倡议的货币互换协议中，首个不用美元的本币互换协议。

'清迈倡议'는 경제 분야에서 출현 빈도가 높은 단어이니 어떤 의미인지 확실히 알아 두자. '与'는 '跟'과 같은 의미로 '~와(with)'의 뜻이고 '于'는 시간사 앞에 쓰여서 '~에'라는 의미로 쓰인다. 발음과 모양이 비슷해서 혼동하기 쉬운 단어니 이번 기회에 확실히 구분해 두자. '首个'는 '第一个 첫 번째'의 뜻이다.

> 치앙마이 이니셔티브 체제 하에서 일본은행과 중국 인민은행은 2005년에 통화 스왑 협정을 체결하였다. 이것은 치앙마이 이니셔티브의 통화 스왑 협정 중에서 처음으로 달러를 사용하지 않는 자국 통화 스왑 협정이다.

★ <u>清迈倡议</u>(치앙마이 이니셔티브) : 한중일과 동남아시아 국가연합(ASEAN)이 외환위기 발생을 예방하기 위해 2000년 5월 체결한 역내 자금지원제도를 말한다. 회원국 중앙은행 간에 체결된 통화 스왑 거래를 기초로 위기 발생 시 자국통화와 국제통화를 일정 시점에서 결정된 환율로 차입하고 계약기간 경과 후 다시 상환하는 방식이다.

AIIB는 아시아 전체의 이익에 부합

　아시아인프라투자은행(AIIB)은 아시아 지역의 다자간 개발 은행이며 인프라 건설 추진과 지역 발전 촉진을 목표로 한다. 그런데 일부에서는 AIIB가 세계은행이나 아시아개발은행(ADB)의 역할과 중복되어 경쟁 관계가 되지 않을까 우려하고 있다. 또 일부에서는 세계은행과 ADB에 대한 중국의 출자 비율이 제자리걸음인 것을 근거로 중국이 AIIB를 설립하여 미국과 일본이 주도하는 국제 금융 질서에 도전하는 것이 아니냐는 지적도 나오고 있다. 사실 이러한 걱정들은 기우일 뿐이다.

　세계은행과 ADB의 주요 목표는 빈곤 퇴치로, 아시아 지역의 인프라 건설을 목표로 하는 AIIB와는 전혀 다르다. AIIB와 세계은행, ADB는 치열한 경쟁 관계나 대체 관계가 아니라 상호 보완 관계라서 서로 협력할 가능성이 매우 크다. 게다가 한 영향력 있는 기구의 추산에 따르면 아시아 지역에는 매년 7000억 달러에 달하는 인프라 투자수요가 발생하는데 ADB 만으로는 이 수요를 충족시킬 수가 없다. 그런데 AIIB를 설립하면 이 부족한 부분을 보완할 수 있고 이는 전체 아시아 지역의 이익에도 부합하며 따라서 미국과 일본에 대한 도전이라고 볼 수 없다.

　AIIB의 설립이 기대되는 또 다른 이유는 AIIB가 아시아의 금융 협력을 한층 더 발전시킬 수 있기 때문이다. 아시아 금융 위기 이후 아시아 국가들은 10+3(ASEAN 10국과 한중일) 체재 안에서 금융 협력을 펼쳐왔고, 2000년 이후로는 치앙마이 이니셔티브(역내 통화 스왑 협정) 하에서 한중일 3개국과 ASEAN 국가들 간의 양자 간 통화 스왑 협정을 체결하였다.

　이후 치앙마이 이니셔티브 다자간 협정이 발효되었고, 2014년에는 또 통화 스왑 규모가 3000억 달러까지 확대되었다. 한편 2011년에 설립된 아세안·한중일 거시경제조사기구(AMRO)는 아세안과 한중일 3국이 설립한 역내 경제 감독 기구로 각국은 이를 국제조직으로 승격시키는 협의를 2014년 10월에 정식 체결하였다. 이를 통해 긴밀한 금융 협력 네트워크가 아시아 지역 내에서 서서히 형성되고 있음을 알 수 있다. AIIB의 설립은 아시아 지역의 다자간 개발 은행 협력을 더욱 촉진시킬 것이다.

　앞서 말한 금융 협력 분야에서 일본과 중국은 줄곧 긴밀한 협의를 진행해 왔으며 여러 정책들을 제정할 때에도 함께 중요한 역할을 해 왔다. 동시에 중일 양국 간 금융 협력도 큰 성과를 거두고 있다. 치앙마이 이니셔티브 체제 하에서 일본은행과 중국 인민은행은 2005년에 통화 스왑 협정을 체결하였다. 이것은 치앙마이 이니셔티브의 통화 스왑 협정 중에서 처음으로 달러를 사용하지 않는 자국 통화 스왑 협정이다. 2012년 양국은 달러를 사용하지 않는 엔화와 위안화의 직접 교환을 추진하였다. 이는 최초의 주요국 통화 간 직접 교환으로 이후 양자 간 금융 협력의 모범 사례가 되었다. 중국과 일본이 함께 협력해 나간다면 아시아 금융 협력은 더욱 발전할 수 있을 것이며 이는 곧 아시아 전체 발전에 긍정적인 역할을 할 것이라 믿는다.

UNIT 26

竞争性货币贬值没有赢家

🎧 Track 1-26

❶从2012年第三季度开始，包括欧美在内的发达经济体纷纷采取各类宽松的货币政策，向市场增加货币供应量，试图通过货币贬值来刺激经济复苏。进入2013年，竞争性货币贬值愈发严重，其中数日本最为激进。日本新任央行行长黑田东彦上任伊始，就推出了更大规模超宽松货币政策：两年内将日本基础货币量扩大一倍，2014年底达到300万亿日元，并出台总额10万亿日元的经济刺激政策，同时加大日元贬值力度，力争全年日元贬值2%以上。

竞争性货币贬值是一把双刃剑。虽然量化宽松措施在短期内可以起到一定的刺激作用，但无法从根本上解决日本经济的结构性矛盾，随着日元贬值以及进口能源和原材料成本增加，将导致日本的通胀率进一步上升，使处于困境中的日企发展愈发艰难。另一方面，随着日元持续贬值以及日本财政赤字越来越大，有可能导致债务危机，使得日本经济、金融体系更为脆弱。

❷竞争性货币贬值没有赢家。从汇率变动的效果来看，如果各国都实施竞争性货币贬值，贬值效应部分将相互抵消，对刺激出口的效果是有限的，但货币政策溢出效应的负面影响却很大，容易导致本国的外汇储备和货币投放量大幅度增加，将引发资产和资源价格飞涨，进而产生全球性通货膨胀，最终再次导致实体经济严重受损。

G20国家应采取坚决而有效的共同行动，共同抵制各类过度利己的竞争性货币贬值。与此同时，G20国家应加强宏观经济政策的协调配合，根据自身经济失衡的特点和问题，采取有效且有针对性的对策。❸如美国应鼓励储蓄并减少财政赤字；欧洲国家应尽快摆脱债务危机，维护欧元的稳定；日本应改变政治右倾政策，与亚洲邻国搞好关系，以扩大外需；而新兴经济体国家和广大发展中国家则应增加内需，提高大众消费需求，减少对外部市场的依赖等。

주요 단어 및 구문

竞争性货币贬值 jìngzhēngxìng huòbì biǎnzhí 경쟁적인 통화 평가절하
赢家 yíngjiā 승자
从……开始 cóng……kāishǐ ~에서 시작하다
发达经济体 fādá jīngjìtǐ 선진국
宽松 kuānsōng 느슨하다, 완화하다
货币政策 huòbì zhèngcè 통화정책
供应量 gōngyìngliàng 공급량
刺激经济 cìjī jīngjì 경기를 부양하다
愈发 yùfā 더욱
激进 jījìn 급진적이다
新任 xīnrèn 새로 취임하다
伊始 yīshǐ 시작하다
推出/出台……政策 tuīchū/chūtái……zhèngcè
~정책을 실시하다
扩大 kuòdà 확대하다
双刃剑 shuāngrènjiàn 양날의 검
量化宽松措施 liànghuà kuānsōng cuòshī 양적 완화 정책
起到……作用 qǐdào……zuòyòng ~한 작용[역할]을 하다
从根本上 cóng gēnběn shàng 근본적으로
结构性矛盾 jiégòuxìng máodùn 구조적 모순
原材料 yuáncáiliào 원자재
通胀率 tōngzhànglǜ 인플레이션율
艰难 jiānnán 어렵고 힘들다
财政赤字 cáizhèng chìzì 재정 적자
债务危机 zhàiwù wēijī 채무 위기
脆弱 cuìruò 취약하다
汇率变动 huìlǜ biàndòng 환율 변동
抵消 dǐxiāo 상쇄하다
溢出 yìchū 넘치다
外汇储备 wàihuì chǔbèi 외환 보유
资产 zīchǎn 자산
飞涨 fēizhǎng 급증하다
通货膨胀 tōnghuò péngzhàng 인플레이션
坚决 jiānjué 결연하다
抵制 dǐzhì 저지하다
利己 lìjǐ 이기적인
协调 xiétiáo 협력
配合 pèihé 협동하다
针对性 zhēnduìxìng 맞춤형

鼓励 gǔlì 격려하다
储蓄 chǔxù 저축
政治右倾 zhèngzhì yòuqīng 정치 우경화
邻国 línguó 이웃 국가
新兴经济体 xīnxīng jīngjìtǐ 신흥경제체 [새롭게 경제적으로 성장중인 나라 혹은 지역]

꼭 알아야 할 성어·단어

- **经济刺激政策** : '刺激政策'은 '자극 정책'이라고 하기보다는 '경기 부양책'이라고 하는 것이 좋겠다.
- **一把双刃剑** : **양날의 검** 장점과 단점이 동시에 존재함을 비유한다. '把'는 칼을 세는 양사다.
- **愈发艰难** : **더욱 어렵게 하다** 비슷한 뜻으로 활용해 볼 수 있는 '雪上加霜 설상가상'도 기억해 두자.

꼭 알아야 할 따페이·구문

- **起到……作用** : **~작용을 하다** 같은 뜻으로 '发挥……作用'도 있다.
- **采取有效且有针对性的对策** : '采取……对策' 따페이 사이에 '有效 효과적인'과 '有针对性 맞춤식의'라는 표현이 들어 있다. 따라서 '효과적인 맞춤형 대책을 세우다'라고 해석할 수 있겠다.

1 从2012年第三季度开始，包括欧美在内的发达经济体纷纷采取各类宽松的货币政策，向市场增加货币供应量，试图通过货币贬值来刺激经济复苏。

'第三季度'는 '3분기'라는 뜻으로, '분기'는 '季度'라고 한다는 것을 기억하자. 참고로 '지난 분기 대비'라고 할 때는 '环比'라고 하고, '작년 동기 대비'라고 할 때는 '同比'를 쓴다. 예를 들어 '분기 대비 3% 증가하였다'는 '环比增长3%'이라고 하고, '동기 대비 3% 증가하였다'라고 하려면 '同比增长3%'이다.

↪ 2012년 3분기부터 미국과 유럽을 포함한 선진국들은 줄줄이 각종 양적 완화 정책을 실시해 시장에 통화 공급량을 늘렸고 통화 가치를 떨어뜨려 경기를 부양하려고 시도했다.

2 竞争性货币贬值没有赢家。从汇率变动的效果来看，如果各国都实施竞争性货币贬值，贬值效应部分将相互抵消，对刺激出口的效果是有限的。

'竞争性'은 '경쟁성'이라는 뜻의 명사가 아니라 '경쟁적인'이라는 뜻의 부사이다. '部分' 역시 '부분'이라는 뜻의 명사가 아니라 부사 '부분적으로'로 번역한다. '从……来看'은 '~에서 보자면'의 뜻이다.

↪ 경쟁적인 평가절하의 끝에는 승자가 없다. 환율 변동의 효과에 대해 말하자면, 만약 각국이 모두 경쟁적으로 평가절하를 단행하게 되면 평가절하 효과는 일부 상쇄될 것이며 수출 부양 효과 역시 제한적이게 된다.

3 如美国应鼓励储蓄并减少财政赤字；欧洲国家应尽快摆脱债务危机，维护欧元的稳定；日本应改变政治右倾政策，与亚洲邻国搞好关系，以扩大外需；

여기서 '如'는 '比如'의 뜻으로 쓰였지만 가끔은 '如果'의 뜻으로 쓰이는 경우도 있으니 잘 구별해야 한다. 이 문장에서 쓰인 '分号(；)'의 용법을 정리해 보자. '分号'는 앞뒤 문장이 댓구를 이루거나 병렬 관계일 때 문장을 나눠 주는 역할을 한다. 단어를 열거할 때는 '顿号(、)'를 사용하고, 구나 절을 열거할 때는 '分号(；)'를 쓴다는 것을 기억하고 활용해 보기 바란다. '摆脱……危机'는 '위기에서 벗어나다'라는 의미로 역시 잘 쓰이는 따페이이다.

↪ 예를 들어 미국은 저축을 장려하고 재정 적자를 줄여야 하며, 유럽 국가들은 서둘러 채무 위기에서 벗어나 유로화의 안정세를 유지해야 한다. 일본은 정치 우경화 정책을 바꿔 아시아 이웃 국가들과 좋은 관계를 유지해 수출을 확대해야 한다.

경쟁적인 평가절하에 승자는 없다

2012년 3분기부터 미국과 유럽을 포함한 선진국들이 잇따라 각종 양적 완화 정책을 추진하기 시작하면서 시장에는 통화 공급량이 늘어나게 되었다. 이는 통화가치를 평가절하시켜 경제를 부양하려는 시도였다. 2013년 들어 경쟁적인 평가절하 추세는 점점 더 심해졌고 그중에서도 일본이 가장 적극적이었다. 구로다 하루히코 일본은행 신임 총재는 취임 후 곧바로 대규모 양적 완화 정책을 실시하였다. 즉 2년 내에 일본의 본원통화량을 2배 늘려 2014년 말까지 300조엔으로 확대하고, 10조엔 규모의 경기 부양책을 실시하는 동시에 엔화를 좀 더 평가절하시켜 올 한해 엔화가치를 2% 이상 절하시키겠다는 것이다.

경쟁적인 평가절하는 양날의 검이다. 비록 양적 완화 정책이 단기간 내에 어느 정도 경기 부양의 작용을 할 수는 있지만 일본 경제의 구조적 모순을 근본적으로 해결해 주지는 못한다. 엔화가치가 떨어지고 에너지 및 원자재 수입 비용이 증가함에 따라 일본의 인플레율이 더욱 상승하게 되면 곤경에 처한 일본 기업들의 처지가 더 어려워질 것이다. 다른 한편으로는 엔저가 지속되고 일본의 재정 적자가 날로 늘어날 경우 채무 위기를 초래하여 일본 경제와 금융 시스템이 더욱 취약해질 수 있다.

경쟁적인 평가절하의 끝에는 승자가 없다. 환율 변동의 효과에 대해 말하자면, 만약 각국이 모두 경쟁적으로 평가절하를 단행하게 되면 평가절하 효과는 일부 상쇄될 것이며 수출 부양 효과 역시 제한적이게 된다. 그러나 통화정책의 스필오버 효과의 부정적 영향은 매우 심각해서 이는 자국의 외환 보유고와 통화량을 대폭 증가시켜 자산과 자원 가격의 폭등을 초래하게 될 것이다. 더 나아가 전 세계적으로 인플레이션 현상이 나타나면서 결국 실물경제에 또다시 심각한 타격을 줄 것이다.

G20 국가들은 함께 확고하고 효과적인 행동으로 지나치게 이기적인 여러 경쟁적 평가절하 정책들을 저지해야만 한다. 이와 동시에 G20 국가들은 거시경제정책에서 상호 협력을 강화해야 한다. 각국은 자국의 경제 불균형 특징과 문제점에 근거해 효과적인 맞춤형 정책들을 시행해야 한다. 예를 들어 미국은 저축을 장려하고 재정 적자를 줄여야 하며 유럽 국가들은 최대한 빨리 채무 위기에서 벗어나 유로화의 안정세를 유지해야 한다. 일본은 정치 우경화 정책을 개혁하고 아시아 이웃 국가들과 관계를 개선하여 수출을 확대해야 한다. 한편 신흥국가들과 개도국들은 내수를 확대하고 국민들의 소비를 진작시켜 해외시장에 대한 의존도를 낮춰야 한다.

提高消费税率的紧缩之虞

众所周知，日本的财政状况极为严峻，政府债务已超过千万亿日元，为国内生产总值的250%，在发达国家中名列前茅。提高消费税率是重建日本财政的重要一环。若不能按期实施，就等于政府失信于民，日本的国债信用等级还可能被调低，长期利率会迅速攀升，恶性循环将导致国债剧增。❶但提高消费税率也存在风险，恐令来之不易的复苏势头消失。

从短期看，提高消费税率必然会带来一定时期的消费受挫，经济景气将因此而后退。据日本权威智库测算，增税后，由于个人消费减少将使日本国内生产总值减少16万亿至18万亿日元。为避免经济出现大的滑坡，政府可能会确定规模为5万亿日元的刺激措施，相当于冲抵大约2/3的增税幅度。另有一些具体补救措施还在筹划中，如直接给低收入者发放现金、对购买住宅者进行补贴、减少法人税等。

❷将消费税率提高3个百分点，大约可增加税收9万亿日元。而用追加5万亿日元的补充预算进行对冲，实际等于借债堵窟窿，令提高消费税率的政策效果大打折扣。此外，❸有分析认为日本还可能将增税的收入转用于刺激经济，而非原来计划的那样用于填补财政亏空。若如此，提高消费税率则变成了安倍政府的短期政治工具，偏离了财政重建的方向，也就失去了原来的政策意义。

提高消费税率意味着提高物价，这对医治长期通缩似乎有利。不过，若民众收入得不到提高，百姓生活、特别是低收入者的生活将更加艰难。根据日本央行测算：消费税率提升3个百分点，将抬高物价3%，再加上央行打算推高2%的目标，日本的通胀率最终将达到5%。从过去的教训来看，1997年日本将消费税率从3%提高到5%，曾导致物价上升。由于翌年个人消费受到打击，工资转入徘徊局面，日本就此陷入长期通缩状态。 在这种情况下，消费税率的提高势必导致家庭实际购买力降低，消费的持续低迷，最终还是会使经济重蹈衰退的覆辙。

주요 단어 및 구문

消费税率 xiāofèi shuìlǜ 소비세율
紧缩 jǐnsuō 긴축
虞 yú 우려
众所周知 zhòngsuǒzhōuzhī 모두가 다 알고 있다
债务 zhàiwù 채무
名列前茅 mínglièqiánmáo 선두에 있다
重建 chóngjiàn 재건
一环 yìhuán 일환
按期 ànqī 기한대로, 기한 내에
失信于 shīxìnyú ~의 신뢰를 잃다
信用等级 xìnyòng děngjí 신용 등급
调低 tiáodī 하향 조정하다
恶性循环 èxìng xúnhuán 악순환
剧增 jùzēng 급증하다
恐 kǒng 아마
来之不易 lái zhī bú yì 이루기 어려운
受挫 shòucuò 좌절되다
经济景气 jīngjì jǐngqì 경기 호황
后退 hòutuì 후퇴하다
智库 zhìkù 싱크탱크
测算 cèsuàn 추산
增税 zēngshuì 증세
避免 bìmiǎn 피하다
滑坡 huápō 하락, 내리막
相当于 xiāngdāngyú ~와 같다
冲抵 chōngdǐ 상쇄하다
筹划 chóuhuà 계획하다
低收入者 dīshōurùzhě 저소득자
发放 fāfàng 지급하다
现金 xiànjīn 현금
住宅 zhùzhái 주택
补贴 bǔtiē 보조금
税收 shuìshōu 세금 수입
追加 zhuījiā 추가
对冲 duìchōng 상쇄하다
借债 jièzhài 빚을 내다, 돈을 빌리다
堵窟窿 dǔ kūlong 구멍을 메우다
大打折扣 dà dǎ zhékòu 크게 반감하다
填补亏空 tiánbǔ kuīkōng 결손[적자]를 메우다
偏离 piānlí 벗어나다

医治 yīzhì 복구하다, 치료하다
通缩 tōngsuō 디플레이션
抬高 táigāo 올리다, 높이다
翌年 yìnián 이듬해
受到打击 shòudào dǎjī 충격을 받다
徘徊 páihuái 배회하다
重蹈……覆辙 chóngdǎo……fùzhé ~의 전철을 밟다

꼭 알아야 할 성어·단어

- **名列前茅** : 직역하면 '이름이 가장 앞에 있다'로, '1위를 차지하다'라는 뜻이다. '榜上有名 합격하다'와 '名落孙山 불합격하다'도 같이 외워 두자.

꼭 알아야 할 따페이·구문

- **就等于政府失信于民** : '等于'는 '~와 마찬가지다'라는 뜻이며, '失信于民'은 '국민에게 신뢰를 잃다'라는 뜻이다.
- **避免……滑坡** : 하락하는 것을 피하다 '滑坡'는 '下滑', '下降'과 마찬가지로 '하락하다'라는 뜻이다. 유사표현인 '走下坡路 내리막길을 걷다'도 같이 외워 두자.
- **重蹈……覆辙** : ~의 전철을 밟다 '역사의 전철을 밟다'는 '重蹈历史的覆辙'로 목적어가 '重蹈'와 '覆辙' 사이에 온다는 것을 기억하자.

1 但提高消费税率也存在风险，恐令来之不易的复苏势头消失。

'恐'은 '恐怕'의 의미로 '아마도'라는 뜻이고, '令'은 사역 동사이다. '来之不易'는 '오기 쉽지 않다'라는 뜻으로 '어렵게', '간신히'로 해석하면 되겠다. '复苏势头消失 회복 조짐이 사라지다'에서 '势头消失'는 '夭折'로 바꿔서 표현하기도 한다.

☞ 그러나 소비세율을 인상하는 것에도 위험이 존재하는데, 어쩌면 힘들게 나타난 경기회복의 조짐이 금방 사라질지 모른다는 것이다.

2 将消费税率提高3个百分点，大约可增加税收9万亿日元。

'将A提高'는 'A를 올리다'라는 뜻으로 여기서 '将'은 '把'의 용법으로 쓰였다. '9万亿日元'은 '9조엔'인데 중국어에서는 조 단위를 표현할 때 '兆'를 쓰지 않고 '万亿'를 쓴다는 것을 기억하자.

☞ 소비세율을 3% 포인트 인상하면 약 9조엔의 세수가 증가한다.

3 有分析认为日本还可能将增税的收入转用于刺激经济，而非原来计划的那样用于填补财政亏空。

'有分析认为'는 '어떤 분석에서 말하기를'이라고 번역하기보다는 분석은 주로 전문가들이 하므로 '전문가'를 주어로 잡고, 서술어를 '분석하다'라고 하면 좀 더 자연스럽겠다. '将A转用于B'는 'A를 B에 전용하다'라는 뜻이다. '而非'는 '아니다'라는 뜻의 부정 표현이고, '用于填补'는 '메꾸는 데 사용하다'라는 뜻이다.

☞ 전문가들은 일본은 어쩌면 증세 수입을 원래 계획대로 재정 부족을 메우는 데 사용하지 않고 경기부양에 사용할지 모른다고 분석했다.

소비세율 인상으로 인한 긴축 우려

　일본의 재정 상황이 악화일로인 것은 이미 잘 알려진 사실이다. 일본 정부의 부채 규모는 이미 1000조엔을 돌파하였고 이는 GDP의 250%로 선진국 중 최고 수준이다. 일본의 재정 재건을 위한 중요한 조치는 바로 소비세율 인상이다. 만약 기한 내에 시행하지 않는다면 일본 정부는 국민의 신뢰를 잃게 될 것이고 일본의 국가 신용 등급은 하향 조정될 것이다. 또한 장기 금리가 급등하면서 이 악순환이 국가 부채를 더욱 가중시킬 것이다. 그러나 소비세율 인상에도 위험은 존재한다. 그것은 바로 어렵게 되찾은 경기회복의 조짐이 사라지게 될지 모른다는 것이다.

　단기적으로 보았을 때 소비세율 인상은 일정 기간 소비 위축을 초래하고 이 때문에 경제성장도 주춤하게 될 것이다. 일본의 권위 있는 싱크탱크의 추산에 따르면 증세 후 개인 소비가 줄면서 일본의 GDP는 16조~18조엔 가량 감소할 것으로 예상된다. 심각한 경기불황을 막기 위해 정부에서는 5조엔 규모의 부양 정책을 실시할 예정인데 이는 증세 폭의 약 2/3 정도를 상쇄시키는 규모이다. 또 일부 구체적인 부양 정책들도 계획 중에 있는데 예를 들면 저소득층에게 직접 현금을 지원해 준다든지, 주택 구매자에게 보조금을 지급한다든지, 법인세를 인하해 주는 등이다.

　소비세율을 3% 포인트 인상하면 약 9조엔 정도의 세수를 확충할 수 있다. 그런데 5조엔의 추가예산을 사용해 증세 수익분을 상쇄하는 것은 사실 빚을 내어 빚을 막는 것이나 마찬가지여서 소비세율 인상의 효과는 크게 반감된다. 이밖에 일부에서는 일본이 증세 수입 부분을 원래 계획했던 것처럼 재정 적자 보충에 쓰지 않고 경기부양에 사용할 것이란 분석도 있다. 만약 이렇게 된다면 소비세율 인상은 아베 정부의 단기적 정치 수단으로 전락해 재정 재건이라는 기존 방향에서 벗어나 원래의 정책적 의의를 상실하게 될 것이다.

　소비세율 인상은 물가 상승을 의미하는데 이는 장기적인 디플레이션을 해결하는 데 효과가 있어 보인다. 하지만 만약 국민들의 소득이 늘어나지 않으면 서민들, 특히 저소득층의 삶은 더욱 어려움에 빠지게 될 것이다. 일본 중앙은행의 예측에 따르면 소비세율이 3% 포인트 인상되면 물가는 3% 상승하게 되고, 여기에 더해 중앙은행이 2% 인상 목표를 추진하게 되면 일본의 인플레율은 최종적으로 5%까지 오르게 될 것이라고 한다. 과거 경험에서 봤을 때, 1997년 일본이 소비세율을 3%에서 5%로 인상하자 물가는 상승했었다. 이듬해 개인 소비가 심각한 타격을 받았고 임금이 제자리걸음만 하면서 이때부터 일본은 장기간 디플레이션 상태에 빠지게 되었다. 이런 상황에서 소비세율 인상은 틀림없이 가계의 실질 구매력을 떨어뜨리고 소비를 계속 위축시켜 결국 경제는 다시 침체의 전철을 밟게 될 것이다.

"依赖症"有碍世界经济复苏

Track 1-28

虽然当前世界经济形势不像国际金融危机爆发之初那般岌岌可危，但信心和勇气同样非常重要。国际货币基金组织新近公布的《世界经济展望报告》指出，在新兴经济体总体增速放缓、外部风险和挑战增加的情况下，中国经济增速仍将处于合理区间和预期目标内。1如果对稳中向好的中国经济都持有如此消极的看法，克服风险的信心和采取行动的勇气又从何而来？

长期以来，中国经济之所以能够保持强劲增长，关键在于中国能够坚持深化改革，不断扩大对外开放。坚持改革开放是中国经济增长的最大动力源。准确把握中国经济未来走向，不仅要分析一些具体数据，更需把握中国改革开放全局。2只要对中国经济基本面、中国推进发展方式战略转型的努力有所把握，就很容易理解中国经济增速有所放缓是主动调控的结果，目的是为了不断释放内需潜力、创新动力和改革红利，着力打造中国经济升级版。世界经济运行主要风险来自哪里，这个问题的确需要搞清楚。

当前，国际金融危机深层次影响仍未消除，跨境金融风险不可忽视；主要发达经济体结构性问题远未解决，加强宏观经济政策协调必要性突出；一些亚太新兴市场经济体面临的外部风险和压力增大，金融市场波动，经济增速放缓；世界贸易组织多哈回合谈判进展缓慢，贸易和投资保护主义有新的发展。上述严峻挑战需下大气力妥善应对。一旦问题解决不好，中国经济倒真有可能如一些人所说的那样碰上难题。

尽管中国努力扩大国内消费对经济发展的拉动作用，但不可能全然不受外部风险影响。要让世界经济增长得更稳、更快，各国都要通过积极的结构改革激发市场活力，增强经济竞争力。如同世界经济面临调整一样，中国经济也走到需要更扎实转型的关键阶段。今天的放缓意味着明天更为坚实的可持续发展。3中国率先进行经济结构调整，非但不是威胁或拖累，反而能够拉动新兴市场国家集体转型，最终将有利于世界经济可持续发展。

经济全球化极大地增强了联动性，世界经济的强劲增长以各国共同增长为基础。过于依赖某个国家的快速经济增长，对世界经济的健康发展没什么好处。早在2010年，英国经济杂志就向(对中国经济的)"依赖症"发出警告：中国经济虽然影响巨大，但不能将其任意夸大。4与其毫无根据地大谈中国经济减速消极影响，还不如清醒头脑，为世界经济复苏多出实招，多做实事。

주요 단어 및 구문

依赖症 yīlàizhèng 의존증
有碍 yǒu'ài 방해되다
岌岌可危 jíjí kě wēi 매우 위험하다
展望 zhǎnwàng 전망
增速放缓 zēngsù fànghuǎn 성장 속도가 둔화하다
处于合理区间 chǔyú hélǐ qūjiān 합리적인 구간에 있다
稳中向好 wěn zhōng xiànghǎo 안정적으로 성장하다
消极 xiāojí 소극적인, 부정적인
克服 kèfú 극복하다
采取行动 cǎiqǔ xíngdòng 행동을 취하다
从何而来 cóng hé ér lái 어디서 오는가
关键在于 guānjiàn zàiyú 관건은 ~에 있다
深化改革 shēnhuà gǎigé 심화 개혁
对外开放 duìwài kāifàng 대외 개방
改革开放 gǎigé kāifàng 개혁 개방
准确 zhǔnquè 확실하다, 틀림없다
未来走向 wèilái zǒuxiàng 향후 추세
全局 quánjú 전체적인 국면
主动 zhǔdòng 주동적으로
调控 tiáokòng 조정하다
着力 zhuólì 힘을 쓰다, 애쓰다
打造 dǎzào 만들다, 구축하다
升级版 shēngjíbǎn 업그레이드 버전
搞清楚 gǎo qīngchǔ 명확히 하다
深层次 shēncéngcì 심층적으로
仍未 réng wèi 아직 ~이 아니다
消除 xiāochú 없애다
跨境 kuàjìng 글로벌, 국경을 넘어선
不可忽视 bùkě hūshì 간과할 수 없다, 홀시할 수 없다
宏观经济政策 hóngguān jīngjì zhèngcè 거시경제정책
协调 xiétiáo 협조
突出 tūchū 대두되다, 부각되다
新兴市场经济体 xīnxīng shìchǎng jīngjìtǐ 이머징마켓 국가
波动 bōdòng 요동치다, 흔들리다
进展缓慢 jìnzhǎn huǎnmàn 진전이 더디다
贸易保护主义 màoyì bǎohù zhǔyì 보호무역주의
下大气力 xià dà qìlì 최선을 다해, 힘써
妥善应对 tuǒshàn yìngduì 적절히 대응하다
碰上难题 pèngshàng nántí 난제에 맞닥뜨리다

拉动 lādòng 이끌다
全然 quánrán 완전히
激发活力 jīfā huólì 활력을 불어넣다
增强竞争力 zēngqiáng jìngzhēnglì 경쟁력을 강화하다
扎实 zhāshí 견실하다, 튼튼하다 = 坚实
阶段 jiēduàn 단계
可持续发展 kěchíxù fāzhǎn 지속 가능한 발전
率先 shuàixiān 앞장서서, 솔선하여
非但 fēidàn 비단 ~뿐만 아니라
联动性 liándòngxìng 연결성
发出警告 fāchū jǐnggào 경고하다
任意 rènyì 마음대로, 제멋대로
夸大 kuādà 과장하다, 과대하다
毫无根据地 háowú gēnjù de 근거 없이
与其A，不如B yǔqí A, bùrú B A하느니 B하는 것이 낫다
清醒头脑 qīngxǐng tóunǎo 냉철하고 이성적으로
实招 shízhāo 실질적인 방법

꼭 알아야 할 성어·단어

- **岌岌可危** : 위태위태하다 비슷한 의미를 가진 성어 '摇摇欲坠', '危在旦夕'도 같이 외워 두자.
- **碰上难题** : 난제에 부딪히다
- **任意夸大** : 마음대로 과장하다

1 如果对稳中向好的中国经济都持有如此消极的看法，克服风险的信心和采取行动的勇气又从何而来？

'对……持有……看法'는 '~에 대해 ~견해를 가지다'라는 뜻이다. 부정적 견해는 '消极的看法', 긍정적 견해는 '积极的看法'라고 한다. '稳中向好'는 안정 속에서 좋아지는 것을 뜻하므로 '안정적인 발전'으로 의역하자.

↳ 만약 안정적인 성장세를 보이는 중국 경제에 대해 이토록 부정적인 생각을 갖고 있다면 위험을 극복할 자신감과 행동을 할 용기가 어디서 나오겠는가?

2 只要对中国经济基本面、中国推进发展方式战略转型的努力有所把握，就很容易理解中国经济增速有所放缓是主动调控的结果，目的是为了不断释放内需潜力、创新动力和改革红利，着力打造中国经济升级版。

'只要A，就B' 구문은 'A하기만 하면 B하다'라는 의미이다. '基本面'은 직역하면 '기본면'이지만 경제의 기본면이니 '펀더멘털'로 해석하면 좋겠다. '对……有所把握'는 '~에 대해 어느 정도 파악하다'라는 뜻이고, '升级版'은 '업그레이드 버전'이라고 알아 두자.

↳ 중국 경제의 펀더멘털과 발전 방식의 전략적 전환을 추진하기 위한 노력에 대해 어느 정도 파악한다면 중국 경제의 성장 속도가 다소 늦춰진 것은 모두 자발적 조정의 결과라는 점을 알 수 있다. 그 목적이 내수 잠재력과 혁신 동력, 개혁 보너스를 지속적으로 극대화하여 중국 경제를 업그레이드 시키려는 것임을 쉽게 이해할 수 있다.

3 中国率先进行经济结构调整，非但不是威胁或拖累，反而能够拉动新兴市场国家集体转型，最终将有利于世界经济可持续发展。

'率先'은 '앞장서다'라는 뜻이다. '非但不是A，反而B'는 'A하는 게 아니라 오히려 B하다'라는 표현이다. '集体转型'은 여러 나라들이 같이 전환하는 것을 말한다. '有利于……'는 '~하는 데 유리하다'라는 의미로 '有助于'와 같은 뜻이다. '于'로 끝나는 서면어 동사들이 많은데 한중 번역할 때 도움이 되니 나오는 대로 외워 두자. 예를 들면 '有益于', '不利于', '归功于', '归咎于' 등은 기본적인 단어들이다.

↳ 중국이 앞장서서 경제 구조조정을 하는 것은 위협하거나 저지하려는 게 아니라 오히려 이는 신흥시장 국가들의 집단적 전환을 이끌어 결국 세계 경제가 지속 가능한 발전을 하도록 하는 데 유리하다.

4 与其毫无根据地大谈中国经济减速消极影响，还不如清醒头脑，为世界经济复苏多出实招，多做实事。

'与其A，还不如B'는 'A하느니 차라리 B하는 게 낫다'라는 뜻의 구문이며, '毫无根据'는 '조금도 근거 없다'라는 뜻이다. 그리고 '为A多出B'는 'A를 위해서 B를 많이 하다'라는 의미이다.

↳ 전혀 근거 없이 중국 경제의 속도 둔화가 가져올 부정적 영향에 대해 떠들어대는 것보다는 냉철한 두뇌로 세계 경제 회복을 위한 실질적인 묘책을 짜거나 실질적인 행동을 하는 것이 낫다.

의존증, 세계 경제 회복 더디게 해

비록 오늘날 세계 경제의 형세가 글로벌 금융 위기 발발 초기만큼 위태롭지는 않지만 신념과 용기를 가지는 것은 여전히 매우 중요하다. IMF가 최근 발표한 〈세계 경제 전망 보고서〉에 따르면 신흥경제체들의 경제성장 속도가 전반적으로 둔화되고 외부 리스크와 도전이 증가하는 상황에서 중국의 경제성장 속도는 여전히 합리적인 구간과 예상 목표치 내에서 유지되고 있다고 한다. 만약 안정적인 성장세를 보이고 있는 중국 경제에 대해서도 이렇게 부정적인 견해를 지닌다면 난관을 극복하기 위한 신념과 행동하기 위한 용기는 어디에서 나오겠는가?

중국 경제가 장기간 강력한 성장세를 유지할 수 있었던 것은 중국이 끊임없이 개혁을 심화하고 대외 개방을 확대했기 때문이다. 중국 경제성장의 최대 원동력은 바로 지속적인 개혁 개방이다. 중국 경제가 앞으로 나아갈 방향을 정확하게 파악하려면 구체적인 데이터들을 분석해야 할 뿐 아니라 중국 개혁 개방의 전체 국면을 파악해야 한다. 중국 경제의 펀더멘털과 발전 방식의 전략적 전환을 추진하기 위한 중국 정부의 노력에 대해 어느 정도라도 파악한다면 중국 경제성장 속도가 다소 둔화된 것은 자발적인 경제 조정의 결과임을 쉽게 알 수 있고, 그 목적이 내수 잠재력, 혁신 동력, 개혁 보너스를 계속 극대화하여 중국 경제를 업그레이드 시키려는 것임을 이해할 수 있다. 세계 경제 운용에서 주요 리스크들이 어디서 비롯되는가 하는 문제는 확실히 파악해 둘 필요가 있다.

오늘날 글로벌 금융 위기의 심각한 영향이 아직 완전히 해소되지 않았기 때문에 국제 금융 리스크를 간과해서는 안 된다. 주요 선진국들의 구조적 문제는 해결되려면 아직 멀었고, 거시 경제 정책 협력을 강화해야 하는 필요성이 부각되고 있다. 일부 아시아 태평양 지역의 이머징마켓 국가들이 직면한 외부 리스크와 압력이 더욱 커지고 있고, 금융시장은 요동치고 있으며, 경제성장 속도는 둔화되고 있다. WTO의 도하 라운드 협상이 지지부진하면서 보호주의 무역 및 투자가 다시 등장하기 시작했다. 이런 심각한 도전들은 각국이 힘을 합쳐 적절히 대응해야 한다. 일단 문제가 제대로 해결되지 않으면 일부에서 지적하듯 중국 경제는 난제에 부딪히게 될 것이다.

비록 중국이 경제 발전에 대한 국내 소비의 기여도를 높이기 위해 노력하고 있지만 외부 리스크의 영향을 전혀 안 받을 순 없다. 글로벌 경제가 더욱 안정적이고 빠른 속도로 성장하려면 각국이 적극적인 구조 개혁을 통해 시장에 활력을 불어넣고 경제의 경쟁력을 강화해야 한다. 글로벌 경제가 조정기를 맞은 것처럼 중국 경제도 더욱 안정적인 전환이 필요한 핵심 단계로 접어들었다. 오늘의 발전 속도 둔화는 내일의 견고한 지속 가능한 발전을 의미한다. 중국이 앞장 서서 경제 구조조정에 나서는 것은 타국에 대한 위협이나 방해가 되지 않을 뿐더러 오히려 많은 이머징마켓 국가들의 전환을 이끌 것이며 결국에는 글로벌 경제의 지속 가능한 발전에 기여하게 될 것이다.

경제 글로벌화는 국가 간 상호 연계성을 극대화시켰고 글로벌 경제의 강력한 성장은 각국의 공동 성장을 토대로 이루어졌다. 특정 국가의 빠른 경제성장에만 지나치게 의존하는 것은 글로벌 경제의 건전한 발전에 그다지 도움이 되지 않는다. 2010년 영국 경제 잡지는 '(중국 경제에 대한) 의존증'에 대해 경고했었다. 즉 중국 경제의 영향력이 막강하지만 그 영향력이 제멋대로 커지게 내버려 둬서는 안 된다는 것이다. 아무런 근거 없이 중국 경제의 성장 둔화가 가져올 부정적 영향을 이야기하기보다는 글로벌 경제 회복을 위해 냉철하고 이성적으로 실효성 있는 대책을 세우고 실질적인 행동을 더 많이 하는 것이 중요하다.

世界多极化加速演进

Track 1-29

　　21世纪以来，以中国、巴西、印度等为代表的一批发展中国家集体崛起，世界经济版图巨变，**1**国际力量对比朝着相对均衡化和多极化的方向演进。新兴市场国家的崛起不是一枝独秀，而是百花齐放，群芳争艳。从崛起的进程和发展潜力来看，可分成以下3个梯队。

　　一是由中国、印度、巴西、俄罗斯、南非组成的"金砖国家"。10多年来，金砖国家经济的年平均增长速度达8%，远高于发达国家2.6%的平均增速。除南非外，金砖国家均已跻身世界十大经济体之列。

　　二是由越南、印尼、南非、土耳其和阿根廷5国组成的"展望五国"。这5国近年来经济增长率明显高于世界平均增长率。

　　三是由巴基斯坦、埃及、印度尼西亚、伊朗、韩国、菲律宾、墨西哥、孟加拉国、尼日利亚、土耳其、越南11个新兴市场国家组成的"新钻11国"。这11国近年来经济发展有出色表现，发展潜力紧随"金砖国家"之后。

　　三个梯队划分中，南非、土耳其等国兼具两个梯队的特点，因而重叠出现。**2**三个梯队的经济发展与复苏乏力、债务危机持续发酵的欧美形成鲜明对比，成为世界经济增长的重要支点。这些国家的崛起呈现出规模与质量同步提高、发展模式创新、发言权扩大等特点。

　　首先，这些国家大都保持了5年以上的增长，进入二战结束以来最为强劲的经济增长周期。从经济总量看，早在2009年，发展中国家的经济总量首次超过了发达国家，占全球经济总量的52%，目前已超过60%。**3**从经济质量看，虽然多为粗放式发展，但增长质量明显提高。

　　其次，**4**这些国家中几乎没有一个国家照搬西方发展模式，有的国家反而是在追随美国新自由主义模式失败后，从自身国情出发探索出了新的发展道路并最终取得成功，从而促进了世界发展模式的多样化。

　　第三，国际政治权力的划分与秩序重组已无法将新兴市场国家置之度外，这些国家也顺势而为，普遍要求增加国际规则的知情权、话语权和制定权并且加强合作，力争通过整体突破，实现自身利益。目前，新兴市场国家已形成了多个国际合作机制，代表性的有："金砖国家"机制、中俄印三方会晤机制、"8+5"中的五国会晤机制、气候谈判中的"基础四国"机制等。

주요 단어 및 구문

多极化 duōjíhuà 다극화
演进 yǎnjìn 발전하다, 진보하다
巴西 Bāxī 브라질
印度 Yìndù 인도
以A为代表 yǐ A wéi dàibiǎo A를 대표로 하다
崛起 juéqǐ 굴기, 부상
版图 bǎntú 판도, 형세
巨变 jùbiàn 큰 변화가 일어나다
朝着……方向 cháozhe……fāngxiàng ~방향을 향해
均衡 jūnhéng 균형
一枝独秀 yìzhī-dúxiù 홀로 뛰어나다
百花齐放 bǎihuā-qífàng 다양한 형식이 함께 발전하다
群芳争艳 qúnfāng zhēngyàn 여러 꽃[미녀]들이 아름다움을 겨루다
发展潜力 fāzhǎn qiánlì 발전 잠재력
分成 fēnchéng 나누다
梯队 tīduì 진영
由A组成 yóu A zǔchéng A로 구성되다
年平均 nián píngjūn 연평균
增长速度 zēngzhǎng sùdù 성장 속도, 성장률
远高于A yuǎngāoyú A A보다 훨씬 높다
除A外 chú A wài A를 제외하고
南非 Nánfēi 남아프리카
金砖国家 Jīnzhuān Guójiā 브릭스(BRICS) 국가
跻身……之列 jīshēn……zhīliè ~에 들어서다
越南 Yuènán 베트남
阿根廷 Āgēntíng 아르헨티나
展望五国 zhǎnwàng wǔ guó VISTA 5개국
巴基斯坦 Bājīsītǎn 파키스탄
埃及 Āijí 이집트
伊朗 Yīlǎng 이란
墨西哥 Mòxīgē 멕시코
孟加拉国 Mèngjiālāguó 방글라데시
尼日利亚 Nírìlìyà 나이지리아
新钻十一国 xīnzuān shíyī guó 넥스트-11
出色 chūsè 뛰어나다
紧随A之后 jǐnsuí A zhīhòu A 뒤를 바짝 쫓다
划分 huàfēn 나누다
兼具 jiānjù 겸비하다
重叠 chóngdié 중첩되다

与A形成鲜明对比 yǔ A xíngchéng xiānmíng duìbǐ A와 뚜렷한 대비를 이루다
支点 zhīdiǎn 지점, 거점
发展模式 fāzhǎn móshì 발전 모델
发言权扩大 fāyánquán kuòdà 발언권 확대
二战 Èrzhàn 2차 세계대전
结束 jiéshù 끝나다
周期 zhōuqī 주기
粗放式 cūfàngshì 조방형
照搬 zhàobān 답습하다
新自由主义 xīn zìyóu zhǔyì 신자유주의
探索 tànsuǒ 탐색하다, 찾다
取得成功 qǔdé chénggōng 성공하다
权力 quánlì 권력
重组 chóngzǔ 재편하다
置之度外 zhìzhī dùwài 도외시하다, 제외시키다
顺势而为 shùnshì ér wéi 추세 또는 흐름에 따르다
普遍 pǔbiàn 보편적인
知情权 zhīqíngquán 알 권리
话语权 huàyǔquán 발언권
制定权 zhìdìngquán 제정권
会晤 huìwù 회담
基础四国 jīchǔ sì guó BASIC 4개국

꼭 알아야 할 성어·단어

- **一枝独秀**：혼자서 잘 나가다 '선전하다'라는 의미로 번역할 수 있다.
- **群芳争艳**：여러 꽃들이 아름다움을 뽐내다 본문에서는 신흥시장 국가들이 자국의 매력을 뽐내는 것을 의미한다.
- **置之度外**：밖에 두다, 빼 버리다, 배제하다
- **顺势而为**：시대 추세에 맞춰 행동하다
- **知情权，话语权，制定权**：알 권리, 발언권, 제정권

1 国际力量对比朝着相对均衡化和多极化的方向演进。

'朝着……方向+동사' 구조로, '~방향으로 ~하다'의 뜻이다. '力量对比'는 '힘의 대비'라고 할 수 있는데, 굳이 '对比'를 해석하지 않아도 되겠다. '力量'은 '힘', 즉 '파워'라고도 할 수 있다.

↳ 글로벌 파워도 상대적으로 균형적이고 다극화되는 방향으로 발전하고 있다.

2 三个梯队的经济发展与复苏乏力、债务危机持续发酵的欧美形成鲜明对比，成为世界经济增长的重要支点。这些国家的崛起呈现出规模与质量同步提高、发展模式创新、发言权扩大等特点。

'与……形成鲜明对比'는 '~와 선명한 대비를 이루다'라는 표현으로 한중 번역을 할 때 매우 유용하게 써먹을 수 있는 표현이라 꼭 외워 두기 바란다. '成为'는 동사이며 주어는 '三个梯队的经济发展'이다. 동사 '呈现'이 받는 목적어는 무엇일까? 그렇다. 바로 '特点'이다. 중간에 아무리 수식이 길어도 결국 맨 뒤에 나오는 명사가 목적어인 것이다. '规模与质量同步提高'는 직역하면 '규모와 질의 동시 제고'인데 자연스럽지 못하다. 이런 문장은 최대한 자연스러운 한국어 표현으로 의역하는 것이 좋다. '양과 질의 동시 향상', '양적 질적 향상' 정도면 무난하겠다.

↳ 세 진영의 경제 발전은 경제 회복이 더디고 채무 위기가 계속 악화되고 있는 구미 국가들과 선명한 대비를 보이고 있고, (세 진영의 경제 발전은) 세계 경제성장을 이끄는 중요한 엔진이 되었다. 이들 국가의 부상은 양적인 면과 질적인 면이 동시에 성장하고, 발전 모델이 참신하며 발언권이 확대되고 있다는 특징이 있다.

3 从经济质量看，虽然多为粗放式发展，但增长质量明显提高。

'从……看'은 '~에서 봤을 때'란 의미이다. '多为'는 '대부분이 ~가 되다'라는 의미로 '为'가 동사라는 것을 주의하자. '粗放式发展'은 '계획적이지 못하고 주먹구구식의 발전'을 의미하는데 보통은 '조방식 발전'이라고 그대로 쓴다.

↳ 경제의 질적 측면을 보자면 비록 대부분이 조방형 발전 모델을 채택하고 있지만 질적인 면에서도 눈에 띄게 발전하였다.

4 这些国家中几乎没有一个国家照搬西方发展模式，有的国家反而是在追随美国新自由主义模式失败后，从自身国情出发探索出了新的发展道路并最终取得成功，从而促进了世界发展模式的多样化。

'照搬'은 '따라하다'라는 의미이다. '追随'는 '照搬'과 마찬가지로 '따라하다'라는 뜻이다. '从……出发'는 '~에서 출발하다'라는 뜻으로, 잘 쓰이는 표현이니 기억하자. '国情'은 '국정' 즉 '국가의 상황'이란 뜻인데, '世情', '党情', '行情' 등 비슷한 표현도 함께 기억해 두자.

↳ 이들 국가 중 서양식 발전 모델을 그대로 답습한 나라는 거의 없다. 어떤 국가들은 미국의 신자유주의 모델을 따라 하다 실패한 후 자국의 상황에 맞는 새로운 발전 모델을 찾아 성공하면서 세계 발전 모델의 다양화에 기여했다.

빨라지는 세계 다극화

21세기 들어 중국, 브라질, 인도 등으로 대표되는 개도국들이 대거 발전하면서 세계 경제의 판도가 크게 바뀌었고, 각 국가의 역량도 상대적으로 균형적이고 다극화되는 방향으로 발전하고 있다. 이머징마켓 국가들의 부상은 어느 한 나라가 혼자만 뛰어나서가 아니라 여러 나라들이 각자의 특색을 뽐내며 경쟁한 결과이다. 이들 국가의 성장 과정과 발전 잠재력 측면에서 봤을 때 개도국은 세 개의 진영으로 나눠 볼 수 있다.

첫 번째는 중국, 인도, 브라질, 러시아, 남아프리카로 구성된 '브릭스(BRICS)' 국가들이다. 10여 년 동안 브릭스 국가들의 연평균 경제성장률은 8%에 달했으며 이는 선진국들의 평균치인 2.6%보다 훨씬 빠른 속도이다. 남아프리카를 제외한 모든 브릭스 국가들은 이미 세계 10대 경제체 순위 안에 들어가 있다.

두 번째는 베트남, 인도네시아, 남아프리카, 터키, 아르헨티나로 구성된 '비스타(VISTA)' 5개국이다. 최근 몇 년간 이 5개국들의 경제성장률은 세계 경제성장률의 평균치를 훨씬 웃돌았다.

세 번째는 파키스탄, 이집트, 인도네시아, 이란, 한국, 필리핀, 멕시코, 방글라데시, 나이지리아, 터키, 베트남 11개 이머징마켓 국가로 구성된 '넥스트 일레븐(Next-11)' 국가들이다. 최근 들어 이 11개 국가들의 경제는 눈부신 발전을 이뤄 냈고 이들의 발전 잠재력은 '브릭스' 국가의 뒤를 바짝 쫓고 있다.

이 세 진영 중에서 남아프리카나 터키 등의 국가는 두 개 진영의 특징을 모두 가지고 있다. 세 진영의 경제 발전은 경제 회복이 더디고 채무 위기가 계속 악화되고 있는 구미 국가들과 뚜렷한 대비를 보이고 있으며 이들 국가는 세계 경제성장을 이끄는 중요한 엔진이 되었다. 이들 국가의 부상은 양적인 면과 질적인 면이 동시에 성장하고 발전 모델이 참신하며 발언권이 확대되고 있다는 특징이 있다.

첫째, 이들 국가들은 대부분 5년 이상 경제성장을 이뤄냈고, 2차 세계대전 이후 가장 강력한 경제성장 주기에 들어섰다. 경제의 양적 측면을 보자면 일찍이 2009년에 개도국의 경제 규모가 처음으로 선진국을 넘어서 세계 경제 규모의 52%를 차지하였고 현재는 이미 60%를 넘어섰다. 경제의 질적 측면을 보자면 비록 대부분이 조방형 발전 모델을 채택하고 있지만 질적인 면에서도 눈에 띄게 발전하였다.

둘째, 이들 국가 중 서양식 발전 모델을 그대로 답습한 나라는 거의 없다. 어떤 국가들은 미국의 신자유주의 모델을 따라 하다 실패한 후 자국의 상황에 맞는 새로운 발전 모델을 찾아 성공하면서 세계 발전 모델 다양화에 기여했다.

셋째, 국제 정치 권력의 분배와 질서 재편에서 더 이상 이머징마켓 국가들을 제외시킬 수 없게 되었다. 이들 국가들도 시대의 흐름에 발맞춰 국제적 규범에 대한 알 권리, 발언권, 제정권 강화와 협력 증진을 요구하고 있으며, 전반적인 혁신을 통해 자국의 이익을 실현시키려 하고 있다. 현재 이머징마켓 국가들은 이미 여러 가지 국제 협력 메커니즘을 형성하고 있다. 대표적인 예가 '브릭스' 국가 체제, 중국·러시아·인도 삼자 간 회의, '8+5'에서 5개국 회의 체제, 기후변화 협상에서 '베이직(BASIC)' 4개국 체제 등이다.

UNIT 30 经济全球化与世界两极化
经제 글로벌화와 세계 양극화

UNIT 31 中美新型大国关系利在世界
미중 신형대국관계는 세계를 이롭게 한다

UNIT 32 美加快推进亚太"再平衡"针对中国
미국, 아태 '리밸런스' 정책에 박차를 가해 중국 견제에 나서다

UNIT 33 警惕"棱镜门"推进核心技术国产化
핵심 기술의 국산화를 일깨워 준 프리즘 게이트

UNIT 34 "阿拉伯之春"带来了什么
'아랍의 봄'이 가져온 것은?

经济全球化与世界两极化

冷战后，在美国和西方国家的主导下，政治全球化打开了经济全球化这个魔盒，饥渴的资本纷纷从美国和西方涌向地球的另一半，仿佛发现了新大陆一样。因为那里市场巨大且廉价劳动力充足，与此相比，美国和西方因为发展，趋于饱和，投资回报空间越来越小。1在全球化时代，资本与技术对廉价劳动力的追逐，加速了全球资本从高工资发达国家向低工资发展中国家的转移和流动，由此改变了以往以国家为主体的全球产业分工和贸易模式。

经济全球化导致了全球经济结构的改变，全球经济结构的变化导致了经济两极化的产生，美国和西方国家依然是创新大国，但是它们逐渐走向纯粹消费型大国，只创造，不制造；只消费，不生产；只进口，不出口。与此相反，中国和新兴经济体国家在全球产业分工体系中逐步变为纯粹生产型国家，为美国和西方国家的消费打工，它们只生产，不消费；只出口，不进口。

由此导致国际贸易和全球经济发展失去平衡，导致美国和西方发达国家的衰退和中国以及新兴经济体国家的崛起。目前双方关系变化已经到了一个转折点，2美国和西方国家由于债务危机已经再无余力继续购买和进口中国和新兴经济体国家生产的商品，除非中国和其它国家继续借钱给美国和西方国家，与此同时，没有美国和西方国家的消费，中国和新兴经济体国家的制造和生产将陷入困境，出口拉动型经济增长模式将难以为继，由此全球化时代经济增长模式也继而陷入困境。

冷战时期政治和军事两极化的世界格局，可以说是一种零和博弈的关系，但是目前生产与消费两极化的世界格局，双方则是相互依赖的关系，那么如何摆脱这一增长极限和困境呢？对于美国和西方发达国家来说，他们将不得不节衣缩食，同时再造制造业，因为唯有制造业才能拉动就业，增加出口，换取外汇和积累财富，但是问题是劳动力工资成本和高福利政策妨碍了这一发展方向。

对于中国和新兴经济体国家来讲，面对全球消费萎缩，他们必须扩大内需来解决需求不足，但是问题是内需该如何扩大？增加工资以扩大消费毕竟有限，而通过借债消费模式以扩大内需，又将重蹈美国和西方国家的覆辙，最终陷入债务危机。所以，3无论是美国和西方国家，还是中国和新兴经济体国家目前他们都面临经济增长的极限和困境，何去何从以及如何转型？这无疑是他们面临的共同问题和考验。

주요 단어 및 구문

两极化 liǎngjíhuà 양극화
冷战 lěngzhàn 냉전
饥渴 jīkě 굶주리다, 목마르다
涌向 yǒngxiàng 모여들다, 몰려가다
仿佛 fǎngfú 마치 ~인 것 같다
发现新大陆 fāxiàn Xīn Dàlù 신대륙 발견
充足 chōngzú 충분하다
与此相比 yǔ cǐ xiāngbǐ 이에 비해
趋于 qūyú ~하는 경향이 있다
饱和 bǎohé 포화 상태에 이르다, 최고조에 달하다
回报 huíbào 수익, 보수
追逐 zhuīzhú 쫓다, 추구하다
转移 zhuǎnyí 전이, 이동
流动 liúdòng 옮겨다니다
由此 yóu cǐ 이에 따라
依然 yīrán 여전히
纯粹 chúncuì 순전히, 완전히, 전적으로
与此相反 yǔ cǐ xiāngfǎn 반면
打工 dǎgōng 일하다, 아르바이트하다
失去平衡 shīqù pínghéng 균형을 잃다, 불균형
转折点 zhuǎnzhédiǎn 전환점, 터닝포인트
除非 chúfēi 오직 ~해야 (비로소)
陷入困境 xiànrù kùnjìng 곤경에 빠지다
难以为继 nányǐ wéi jì 지속되기 어렵다
经济增长模式 jīngjì zēngzhǎng móshì 경제성장모델
零和博弈 línghé bóyì 제로섬 게임
相互依赖 xiānghù yīlài 상호 의존
极限 jíxiàn 극한, 한계점
对于A来说/讲 duìyú A láishuō/jiǎng A에 대해 말하자면
不得不 bùdébù 어쩔 수 없이
节衣缩食 jiéyī-suōshí 절약하다
换取 huànqǔ 교환하여 얻다, 대가를 치르고 얻다
外汇 wàihuì 외화, 외환
积累财富 jīlěi cáifù 부를 축적하다
妨碍 fáng'ài 저해하다
萎缩 wěisuō 위축
扩大内需 kuòdà nèixū 내수 확대
转型 zhuǎnxíng 전환하다
无疑 wúyí 틀림없이

꼭 알아야 할 성어·단어

- **魔盒**：마술 상자 '潘多拉盒子 판도라 상자'와 같은 의미이다.
- **与此相比/与此相反/与此同时**：이와 비교해서/이와 반대로/이와 동시에 한꺼번에 정리해 두자.
- **难以为继**：'为'는 '되다'라는 뜻의 동사로, '为继'는 '계속되다'라는 뜻이다. '难以 어렵다'와 합치면 '계속되기 어렵다'라는 의미이다.
- **零和博弈**：정치와 관련된 문장에 잘 나오는 단어이다. '零'은 제로(zero), '和'는 합(sum), '博弈'는 '힘겨루기'라는 뜻으로, 합치면 '제로섬 힘겨루기'이지만 의역하면 '제로섬 게임'이라고 할 수 있다. '零和游戏 제로섬 게임'도 꼭 외우자.

1 在全球化时代资本与技术对廉价劳动力的追逐，加速了全球资本从高工资发达国家向低工资发展中国家的转移和流动，由此改变了以往以国家为主体的全球产业分工和贸易模式。

주어부가 길어서 어렵게 느껴지는 문장이다. '了'가 붙은 '加速'가 본동사로, 그 앞부분이 전부 주어 부분에 속한다. 주어 부분을 해석해 보면 '글로벌 시대에 자본과 기술의 저가 노동력에 대한 추구는'이라고 할 수 있다. '加速了' 다음은 목적절인데 '从A向B转移和流动 (A에서 B로 전환 이동하다)'를 놓쳐서는 안 된다. '높은 임금의 선진국에서 저임금의 개발도상국으로 전환 이동하였다'라고 해석할 수 있겠다. '由此'는 '이로 말미암아'의 뜻이고, 역시 '了'가 붙은 '改变'이 동사이며 뒤는 목적절이다. 목적절에서는 '以……为主体'가 숨은 복병으로, '~를 주체로 하다'를 살려서 번역하는 것이 포인트이다.

▷ 글로벌 시대에 자본과 기술이 저렴한 노동력을 찾아 헤매면서 글로벌 자본이 고임금의 선진국에서 저임금의 개도국으로 빠르게 이동했다. 이로 인해 국가를 주체로 하던 이전의 글로벌 산업 분업 모델과 무역 모델이 변화되었다.

2 美国和西方国家/由于债务危机/已经再无余力继续购买和进口/中国和新兴经济体国家生产的商品，/除非/中国和其它国家/继续借钱给美国和西方国家，

위의 문장을 순서대로 차근차근 번역해 보자. 미국과 서방국가는[주어] 채무 위기 때문에[由于：~때문에]/이미 더 이상 구매하고 수입할 여력이 없다[동사]/중국과 신흥경제체들이 생산한 제품을[목적어]이다. 여기까지는 무난한데 '除非 ~하지 않는 한'을 잘 체크하자. '중국과 다른 국가들이 계속해서 미국과 서방국가에 돈을 빌려주지 않는 한'이라고 번역할 수 있겠다.

▷ 미국과 서방국가들은 채무 위기 때문에 더 이상 중국과 신흥경제체들이 생산하는 상품들을 계속해서 구매하거나 수입할 수 없게 되었다. 중국과 기타 국가들이 계속 미국과 서방국가들에게 돈을 빌려주지 않는다면 말이다.

3 无论是美国和西方国家，还是中国和新兴经济体国家目前他们都面临经济增长的极限和困境，何去何从以及如何转型？这无疑是他们面临的共同问题和考验。

'无论A，还是B都……'를 반드시 세트로 외워서 일단 '无论'이 나오면 나머지 단어들이 뒷부분의 어디에 숨어 있는지 찾아내야 한다. '何去'는 '어디로 가고', '何从'는 '어디에서 오고'라는 뜻이다. 참고로 '何种看法'는 '어떤 견해'라고 해석할 수 있다. '何'는 해석할 때 주의하자. 마지막으로 '无疑'는 '의심할 바 없이', 즉 '틀림없이'라는 뜻의 부사이고, 마지막 따페이 '面临……问题', '面临……考验'을 합쳐서 '面临的共同问题和考验'으로 표현한 것 역시 놓쳐서는 안 된다.

▷ 미국·서방국가든 중국·신흥경제체든 현재 모두 경제성장의 한계점과 어려움에 직면하고 있다. 그렇다면 어떻게 어디서부터 문제를 해결하고 어떻게 국면을 전환시켜야 할까? 이것은 그들 모두가 직면한 공통적인 문제이자 시련이다.

경제 글로벌화와 세계 양극화

냉전 이후, 미국과 서방국가들의 주도하에 정치 글로벌화는 경제 글로벌화라는 이 판도라의 상자를 열게 되었다. 굶주린 자본들이 마치 신대륙이라도 발견한 것처럼 잇따라 미국과 서방국가들에서 지구의 반대편으로 몰려들기 시작했다. 왜냐면 그곳에는 거대한 시장과 풍부한 저가 노동력이 있었던 반면 미국과 서방국가들은 이미 발전이 포화 상태에 이르러 투자 수익의 여지가 점점 줄어들고 있었기 때문이다. 글로벌 시대에 자본과 기술이 저렴한 노동력을 찾아 헤매면서 글로벌 자본이 고임금의 선진국에서 저임금의 개도국으로 빠르게 이동했다. 이로 인해 국가를 주체로 하던 이전의 글로벌 산업 분업 모델과 무역 모델이 변화하고 있다.

경제 글로벌화는 세계 경제의 구조 변화를 가져왔다. 그리고 세계 경제의 구조 변화는 경제 양극화 현상을 초래하였다. 미국과 서방국가들은 여전히 '혁신 강국'이지만 이들은 점차 순수한 소비형 대국으로 변화하고 있다. 즉 아이디어만 낼 뿐 제조하지 않고, 소비만 하고 생산은 하지 않으며, 수입만 하고 수출은 하지 않게 될 것이다. 이와 반대로 중국과 신흥경제체 국가들은 글로벌 산업 분업 시스템에서 점차 순수 생산형 국가로 변신했다. 이들은 미국과 서방국가들의 소비를 위해 일하며 소비와 수입은 하지 않고 생산과 수출만 한다.

이러한 추세 때문에 국제무역과 글로벌 경제 발전에 불균형이 초래되었으며 미국과 서방 선진국들은 쇠락하고 중국 및 신흥경제체 국가들은 발전하게 되었다. 현재 양자 간 관계 변화는 전환점에 서 있다. 미국과 서방국가들은 채무 위기 때문에 더 이상 중국과 신흥경제체들이 생산하는 상품들을 계속해서 구매하거나 수입할 수 없게 되었다. 중국과 기타 국가들이 계속 미국과 서방국가들에게 돈을 빌려주지 않는다면 말이다. 동시에 미국과 서방국가들이 소비하지 않는다면 중국과 신흥경제체들의 제조와 생산은 곤경에 빠지게 될 것이고 수출 주도형 경제성장모델은 지속되기 어려워질 것이다. 이에 따라 글로벌 시대의 경제성장모델도 어려움에 직면하게 될 것이다.

냉전 시기에 나타났던 정치적·군사적 양극화는 일종의 '제로섬 힘겨루기' 관계였다. 그러나 현재 나타나고 있는 생산과 소비 양극화는 상호 의존적 관계이다. 그렇다면 현재 성장이 한계에 달한 이 곤경에서 빠져나오려면 어떻게 해야 할까? 미국과 서방 선진국들은 앞으로 절약하는 생활을 해야 하며 동시에 제조업을 다시 일으켜야 한다. 왜냐하면 제조업만이 일자리를 만들고 수출을 늘릴 수 있으며 외화를 벌어들이고 부를 쌓을 수 있기 때문이다. 그러나 문제는 노동자들의 임금과 높은 수준의 복지 정책이 이러한 발전을 저해하고 있다는 것이다.

전 세계적으로 소비가 위축되면서 중국과 신흥경제체들은 내수 확대를 통해 수요 부족 문제를 해결해야 하는 상황이다. 그러나 문제는 어떻게 내수를 확대하느냐이다. 임금 상승으로 소비를 진작시키는 데에는 한계가 있다. 빚으로 소비를 늘려 내수를 확대하면 미국과 서방국가들의 전철을 밟게 되어 결국엔 채무 위기에 빠지게 될 것이다. 따라서 미국·서방국가든 중국·신흥경제체든 현재 모두 경제성장의 한계점과 어려움에 직면하고 있다. 그렇다면 어떻게 어디서부터 문제를 해결하고 어떻게 국면을 전환시켜야 할까? 이것은 그들 모두가 직면한 공통적인 문제이자 시련이다.

中美新型大国关系利在世界

🎧 Track 1-31

中国国家主席习近平应美国总统奥巴马邀请，将于本月对美国进行国事访问。随着访问日期临近，在中美两国媒体上，"中美新型大国关系"一词频频见诸报端。自2013年6月中美首脑在美国安纳伯格庄园会晤起，构建以"不冲突、不对抗，相互尊重，合作共赢"为内涵的中美新型大国关系，即已成为指导两国关系的重要指向，并为其他大国之间处理关系提供了范例。

尽管美国一些政客、媒体时有挟持中美关系的言行，但时势比人强，长期以来尤其近两年以来，中美两国在日趋广泛的领域开展合作并取得进展，并且这种趋势正在加强而非削弱。合作共赢顺应时代潮流，符合两国人民和世界各国人民的根本利益。构建中美新型大国关系，对中美两国，对世界至少有三重利好。

一，有利于中美两国民众。中美两国最广大人民的根本利益，是检验中美关系的首要标准。不管什么政党执政，首先要服务好本国民众福祉，而中美关系正常、稳定发展恰好能给两国人民带来切切实实的利益。中美建交以来的历史告诉世人，只有相互尊重核心利益和关切，中美关系才能得到稳定发展。在复杂多变的今天，更要坚定这一原则。

二，有利于世界。中美两国是世界大国，对世界和平与发展有着特殊的担当。中美关系超越双边，具有广泛而深远的世界意义。发展中美关系，心里不但要装着两国人民根本利益，还要装着国际社会的长远利益。因此，不冲突、不对抗是中美新型大国关系的重要内涵。

三，有利于未来。中国和美国是世界上仅有的两个超过10万亿美元年产出的最大发展中国家和最大发达国家，中美对世界秩序的未来走向起着举足轻重的作用。在全球气候变化谈判、可持续发展等关乎人类发展的重大问题上，中美合作空间巨大。世界热点问题的解决、国际秩序的未来，寄希望于中美合作。那些对中国动粗的言论，显然是对国际社会未来的不负责任。合作共赢，开创未来，才是中美新型大国关系的正确走向。

1 构建中美新型大国关系，是推动以合作共赢为核心的新型国际关系的重大示范，将引领21世纪国际政治不再重演20世纪的大国政治悲剧。如此说来，面对一些杂音，我们要保持战略定力，把握好中美新型大国关系的发展方向。**2** 那些试图挟持中美关系的言论，反而证明了中国对美国的重要性和中美关系的重要性。**3** 构建中美新型大国关系不是人为选择，而是时代发展的必然。

주요 단어 및 구문

新型大国关系 xīnxíng dàguó guānxì 신형대국관계
应A邀请 yìng A yāoqǐng A의 초청에 응하다
进行国事访问 jìnxíng guóshì fǎngwèn 국빈 방문하다
临近 línjìn 다가오다, 가까워지다
媒体 méitǐ 매체, 언론
频频 pínpín 빈번히, 자주
见诸报端 jiàn zhū bàoduān 신문에 실리다
首脑 shǒunǎo 지도자, 정상
美国安纳伯格庄园会晤
Měiguó ānnàbógé zhuāngyuán huìwù 미국 써니랜드 회담
构建 gòujiàn 구축하다, 만들다
内涵 nèihán 내포된 의미
指导 zhǐdǎo 이끌다, 지도하다
指向 zhǐxiàng 방향, 지향점
政客 zhèngkè 정치인
时有 shíyǒu 자주, 늘
挟持 xiéchí 협박하다
言行 yánxíng 언행
时势 shíshì 시대의 흐름, 추세
尤其 yóuqí 특히
取得进展 qǔdé jìnzhǎn 진전을 이뤄내다
削弱 xuēruò 약해지다, 약화되다
顺应 shùnyìng 순응하다, 적응하다
时代潮流 shídài cháoliú 시대적 조류
检验 jiǎnyàn 시험하다
政党 zhèngdǎng 정당
恰好 qiàhǎo 딱, 때마침
切切实实 qièqie shíshí 실질적이다
建交 jiànjiāo 수교하다
关切 guānqiè 배려하다, 많은 관심을 갖다
坚定 jiāndìng 결연하다, 확고부동하다
特殊 tèshū 특별하다, 특수하다
担当 dāndāng 책임, 책임지다
装 zhuāng 담다
长远利益 chángyuǎn lìyì 장기적 이익
产出 chǎnchū 생산량
起着举足轻重的作用
qǐzhe jǔzú-qīngzhòng de zuòyòng 중요한 역할을 하다
气候变化 qìhòu biànhuà 기후변화
谈判 tánpàn 협상

热点 rèdiǎn 이슈
寄希望于 jì xīwàngyú ~에 희망을 걸다
动粗 dòngcū 난폭한 짓을 하다 → 비난하다
不负责任 bú fùzérèn 무책임하다
开创 kāichuàng 시작하다, 열다
示范 shìfàn 모범(을 보이다)
重演 chóngyǎn 되풀이되다, 재현되다
悲剧 bēijù 비극
杂音 záyīn 잡음
定力 dìnglì 굳건한 의지 → 인내력
人为 rénwéi 인위적이다

- **三重利好** : '3중 호재'라는 뜻이다. 이때 '重'은 'chóng'으로 발음해야 한다는 것을 주의하자. '호재'를 뜻하는 '利好'의 반대 표현은 '利空 악재'이다.

- **应……邀请** : '~의 초대를 받아서'라는 뜻이다. 초대하는 사람은 '应'과 '邀请' 사이에 써 준다.
  - (예) **应**美国总统的**邀请** 미국 대통령의 초대를 받아

통번역 스킬 UP

1 构建中美新型大国关系，/是/推动/以合作共赢为核心的新型国际关系的重大示范，/将引领/21世纪国际政治/不再重演/20世纪的大国政治悲剧。

'是'가 본동사로 '是' 앞은 주어, 뒤는 목적어인 구조이다. 주어 부분에는 명사가 아닌 '동+목 구조(건설하다/미중 신형대국관계를)'의 구가 왔다. 목적어 부분 역시 '동+목 구조(추진하다/협력 원원을 핵심으로 하는 신형국제관계를/중요한 모범 사례)'의 구가 왔다. '将引领'의 주어는 앞 문장의 주어 '构建中美新型大国关系'로 반복되기 때문에 생략했다.

↳ 미중 신형대국관계 건설은 협력과 원원을 핵심으로 하는 신형 국제 관계의 중요한 모범 사례이다. 이는 21세기 국제정치가 다시는 20세기 대국 정치의 비극을 되풀이하지 않도록 이끄는 역할을 할 것이다.

2 那些试图挟持中美关系的言论，反而证明了中国对美国的重要性和中美关系的重要性。

우선 '那些……言论'을 찾아야 한다. '那些……言论' 사이에 '言论'을 수식하는 표현이 '동+목' 관계로 들어가 있는 구조이다. '反而'은 '오히려'의 뜻이다. 많은 학생들이 '반면에'라는 표현을 중작할 때 '反而' 또는 '反面'을 쓰는 경우가 많은데 중국어에서 '反而'은 '오히려'라는 뜻이고, '反面'은 '다른 일면'이라는 뜻으로 어감이 다름을 주의하자. 그리고 '了'가 붙은 '证明'이 본동사이고 뒤는 목적어 부분이다.

↳ 미중 관계를 이간질하려는 발언들은 오히려 중국이 미국과 양국 관계에 있어서 얼마나 중요한지를 반증해 준다. 미중 신형대국관계 건설은 인위적인 선택이 아니라 시대적 운명이다.

3 构建中美新型大国关系不是人为选择，而是时代发展的必然。

'不是A，而是B' 구문으로 'A가 아니라 B이다'의 뜻이다. '不是A，就是B'와 헷갈리는 친구들이 많은데 주의하자! '不是A，就是B'는 'A가 아니면 B이다'의 뜻으로 A, B 두 개 중 하나를 의미한다.
  - (예) 他**不是**睡觉，**就是**看电视。 그는 잠자거나 아니면 TV를 본다.

↳ 미중 신형대국관계 건설은 인위적인 선택이 아니라 시대 발전의 필연이다.

★ **对美国进行国事访问** : 보통은 '미국을 방문하다'라고 하려면 '访问美国'라고 하지만 한 국가의 원수가 다른 나라를 공식적으로 방문할 때는 '对……进行访问'이라고 표현해야 하는 것에 주의한다. 방문하는 나라 이름만 바꿔서 가운데 넣어 주면 된다. 방문의 종류에 따른 표현도 알아 두자. 최고 예우를 받는 국빈 방문은 '国事访问', 공식 방문은 '正式访问', 업무차 짧게 방문하는 것은 '工作访问'이라고 한다. 마지막으로 한 가지 더! '이 달에 4박 5일 일정으로 중국을 공식 방문할 것이다'는 어떻게 표현할까? '将于本月对中国进行为期5天的正式访问。'이라고 해야 한다. '4박 5일'을 '5天4夜'라고 생각했겠지만 역시 국가 원수의 방문이므로 격에 맞춰서 '为期5天'이라고 하는 것에 주의하자.

미중 신형대국관계는 세계를 이롭게 한다

중국 시진핑 국가주석이 미국 오바마 대통령의 초청을 받아 이달 미국 국빈 방문에 나선다. 시 주석의 미국 방문이 다가오면서 미중 양국 언론에서는 '미중 신형대국관계'라는 표현이 자주 등장하게 되었다. 2013년 6월 양국 정상이 미국 써니랜드에서 회담을 가졌을 때부터 '충돌하지 않고 대항하지 않으며, 상호 이익을 존중하고 협력 원원한다'라는 내용의 '신형대국관계'를 구축하는 것은 미중 양국 관계를 이끌어 나가는 중요한 지향점이 되었고 다른 대국들 간 관계 조정에도 좋은 선례가 되었다.

비록 미국의 일부 정치인과 언론에서는 수시로 미중 관계를 악화시키는 언행을 일삼아 왔다. 하지만 이러한 언행은 시대의 흐름을 얻을 수 없다. 최근 2년여 동안 중국과 미국은 점점 더 광범위한 영역에서 협력하며 많은 성과를 거두었다. 게다가 이러한 추세는 약화되기커녕 오히려 더욱 강해지고 있다. 협력하고 원원하는 것은 반드시 따라야 할 시대적 흐름이고 양국 국민들과 세계 각국 국민들의 기본적인 이익에도 부합한다. 미중 신형대국관계 구축은 미중 두 나라 뿐만 아니라 전 세계에 다음과 같은 세 가지 측면에서 긍정적인 역할을 할 것이다.

첫째, 미중 양국 국민에게 이롭다. 양국 국민들의 기본적인 이익이야 말로 미중 관계 평가에 있어서 가장 중요한 기준이다. 어느 정당이 집권하든 국민들의 복지를 가장 우선시해야 한다. 그리고 미중 관계가 정상적이고 안정적인 방향으로 발전해 나가는 것이야말로 양국 국민들에게 실질적인 이익을 안겨다 줄 수 있는 길이다. 미중 수교 이후 역사는 서로 핵심 이익을 존중하고 이해해 줘야 미중 관계가 안정적으로 발전해나갈 수 있음을 보여 주었다. 복잡다단한 오늘날 미중 양국은 이러한 원칙을 더욱 견지해 나가야 한다.

둘째, 전 세계에 이롭다. 중국과 미국은 글로벌 대국이므로 세계 평화와 발전에 특별한 책임이 있다. 미중 관계는 단순한 양자 간 관계를 뛰어넘어 세계적으로 광범위하고 중대한 의미가 있다. 미중 관계 발전은 양국 국민의 기본 이익뿐만 아니라 국제사회의 장기적 이익도 포함하고 있다. 따라서 충돌하지 않고 대항하지 않는 것이 미중 신형대국관계의 핵심이다.

셋째, 미래에 이롭다. 중국과 미국은 전 세계에서 연간 생산량이 유일하게 10조 달러를 넘는 최대 개도국과 최대 선진국이다. 따라서 중국과 미국은 향후 세계 질서의 방향을 결정하는 데 매우 중요한 역할을 한다. 세계 기후변화 협상과 지속 가능한 발전 등 인류의 발전과 관련된 중대한 문제에 있어서 미국과 중국이 협력할 수 있는 분야는 매우 많다. 글로벌 이슈의 해결과 국제 질서의 미래는 미국과 중국의 협력에 달려있다. 중국을 비난하는 발언들은 국제사회의 미래를 고려하지 않은 무책임한 행동이라고 할 수 있다. 협력하고 원원하며 미래로 나아가는 것이 바로 미중 신형대국관계의 올바른 방향이다.

미중 신형대국관계 건설은 협력과 원원을 핵심으로 하는 신형 국제 관계의 중요한 모범 사례이다. 이는 21세기 국제정치가 다시는 20세기 대국 정치의 비극을 되풀이하지 않도록 이끄는 역할을 할 것이다. 이런 의미에서 일부 잡음들에 대해 우리는 전략적 인내심을 가지고 미중 신형대국관계의 발전 방향을 잘 파악해 나가야 한다. 미중 관계를 이간질하려는 발언들은 오히려 중국이 미국과 양국 관계에 있어서 얼마나 중요한지를 반증해 준다. 미중 신형대국관계 건설은 인위적인 선택이 아니라 시대적 운명이다.

美加快推进亚太"再平衡"针对中国

Track 1-32

今年的报告说，美国着力推进亚太"再平衡"进行战略调整，**1**不仅给中国、也给周边国家以"剑指中国"、"围堵中国"的印象，致使中国周边地区安全环境日趋复杂，加剧了中美之间的战略互疑。中美之间因第三方因素而导致关系紧张的可能性增加，双方需要管控的不稳定因素增多。保持中美关系大局稳定面临新的不确定性因素。

报告表示，虽然美国战略重心逐步东移，使中美关系中出现许多变数，但两国走向全面对抗的可能性仍然不大。摆脱历史宿命，构建新型大国关系仍有可能。

首先，美国难以建立起国际遏华联盟。美国可能会在某些针对中国的具体议题上找到部分立场相同的国家，但是无法组建起全面遏华联盟。

其次，保持中美大局稳定是地区各国的共同利益。自美国"重返"亚洲后，中国、美国以及中国大部分邻国之间，**2**正在形成一种相互借助、相互牵制、力避局势失控的三角关系。

第三，**3**中国遏止危机和战争的战略能力日益提升，有助于防止中美两国关系脱离正常轨道。中国经济保持了多年的高速增长，不仅实现了综合国力提升，军队现代化建设也在按照自己的节奏稳步推进，维护和平、慑止战争的能力有质的提升，中国军队逐步成为维持地区稳定的重要力量。近年来，解放军在指挥控制、联合作战、近海防御、综合保障、战略威慑等方面都取得了较大进展。美国在实力下降、预算捉襟见肘的情况下，军队整体规模将会有所收缩。在这种情况下，避免与中国发生全面军事对抗，是美国对华战略中的一条日益清晰的红线。

第四，**4**历史上美国应对大国崛起的传统手段难以遏阻中国发展，构建成熟稳定的中美新型大国关系是历史的必然要求。面对选择和平发展的中国，美国难以承受战争代价，无力构建国际遏华联盟，更不可能将中国置于美国联盟体系之内加以"管控"。报告指出，在新的历史条件下，中美两国能否跳出霸权国与新兴大国必然发生冲突的历史怪圈，构建起稳定、有序、可控的新型博弈互动模式，实现新的战略稳定，是两国面临的紧迫课题。

주요 단어 및 구문

亚太再平衡战略 Yàtài zàipínghéng zhànlüè
아시아태평양 재균형 정책, 아태 리밸런스 정책

剑指 jiànzhǐ 겨누다, 견제하다

围堵 wéidǔ 둘러싸다, 봉쇄하다

印象 yìnxiàng 인상

致使 zhìshǐ 초래하다, 야기하다

因A而B yīn A ér B A 때문에 B하다

不确定性 bú quèdìngxìng 불확실성

变数 biànshù 변수

对抗 duìkàng 대립하다

宿命 sùmìng 숙명

构建……关系 gòujiàn……guānxì ~ 관계를 구축하다

联盟 liánméng 동맹, 연맹

组建 zǔjiàn 조직하다

重返亚洲 chóngfǎn Yàzhōu 아시아 회귀 정책(pivot to Asia)

借助 jièzhù 도움을 받다

牵制 qiānzhì 견제하다

力避 lìbì 애써 피하다

失控 shīkòng 통제력을 잃다, 제어하지 못하다

遏止 èzhǐ 힘껏 저지하다, 억제하다

提升 tíshēng 향상되다

脱离轨道 tuōlí guǐdào 궤도를 벗어나다

按照 ànzhào ~에 따라, ~에 의해

节奏 jiézòu 리듬

稳步 wěnbù 점진적으로, 안정되게

维护和平 wéihù hépíng 평화 수호

解放军 jiěfàngjūn 중국 인민 해방군

联合作战 liánhé zuòzhàn 연합 작전

防御 fángyù 방어하다

战略威慑 zhànlüè wēishè 전략적 억지

捉襟见肘 zhuōjīnjiànzhǒu 재정 곤란에 빠지다

整体 zhěngtǐ 전체, 전부

收缩 shōusuō 축소하다

对华战略 duìhuá zhànlüè 대중 전략

清晰 qīngxī 분명하다

红线 hóngxiàn 마지노선

应对 yìngduì 대응하다

遏阻 èzǔ 저지하다

承受……代价 chéngshòu……dàijià ~대가를 감당하다

无力 wúlì ~할 능력이 없다

置于 zhìyú ~에 놓다, 위치하다

跳出……怪圈 tiàochū……guàiquān
~ 악순환[수렁]에서 벗어나다

有序 yǒuxù 질서 정연하다

博弈 bóyì 게임, 경쟁, 힘겨루기

紧迫 jǐnpò 시급하다

课题 kètí 과제

꼭 알아야 할 성어·단어

- **遏华联盟** : 중국을 억제하기 위한 연맹
- **捉襟见肘** : 소매를 잡아당기니 팔꿈치가 보이다 경제적으로 상황이 어려울 때 쓰는 비유 표현이다.

꼭 알아야 할 따페이·구문

- **将A置于B之内** : A를 B 안에 두다 '之内' 대신 '之外'를 쓸 수 있다.
- **跳出……怪圈** : 굴레에서 벗어나다 '怪圈'은 '굴레' 대신 '올가미' 또는 '함정'이라고 할 수도 있다. 문장 안에서 다양한 의역이 가능하다.

1 不仅给中国、也给周边国家以"剑指中国"、"围堵中国"的印象，致使中国周边地区安全环境日趋复杂，加剧了中美之间的战略互疑。

'不仅A，也B'는 'A뿐만 아니라 B도'라는 뜻이다. '致使'는 '~를 초래하다', '~를 야기하다'라는 뜻이다. 따라서 '致使中国周边地区安全环境日趋复杂，加剧了中美之间的战略互疑。'를 순서대로 번역해 보면, '중국 주변 안보 환경으로 하여금 나날이 복잡해지도록 초래했다/이것이 악화시켰다(加剧了)/중미 간의 전략적 의심'이라고 할 수 있다.

↳ 중국뿐만 아니라 주변국에도 중국을 견제하고 중국을 고립시키려 한다는 인상을 주어 중국 주변 지역의 안보 환경이 나날이 복잡해지고 중미 두 나라 간의 전략적 의심이 더욱 깊어지게 했다.

2 正在形成一种相互借助、相互牵制、力避局势失控的三角关系。

'形成……三角关系 삼각관계를 형성하다'라는 기본 구조인데 중간에 삼각관계를 수식하는 표현이 길게 들어가 있다. '正在'는 '~하는 중이다'라는 뜻으로 현재 진행을 나타낸다.

↳ 현재 서로 도움을 주고, 서로 견제하고, 국면을 컨트롤할 수 없는 상황을 피하기 위한 삼각관계가 형성 중에 있다.

3 中国遏制危机和战争的战略能力日益提升，有助于防止中美两国关系脱离正常轨道。

문장들의 '동+목' 구조가 보이는가? '遏制+목적어', '防止+목적어'를 찾았다면 OK! '有助于'는 '~에 도움이 되다'라는 뜻의 서면어 동사로 매우 유용하게 활용된다는 것은 이제는 확실히 알리라 믿는다. '脱离正常轨道'는 '정상궤도를 벗어나다'라는 뜻이다.

↳ 리스크와 전쟁을 방지하는 중국의 전략적 역량이 나날이 강화되고 있어 미중 양국 관계가 정상궤도를 벗어나지 않는 데 도움이 되고 있다.

4 历史上美国应对大国崛起的传统手段难以遏组中国发展，构建成熟稳定的中美新型大国关系是历史的必然要求。

'应对'는 '대응하다'라는 뜻의 동사이며, '难以遏组'는 '억제하기 힘들다'라는 뜻이다. '构建……关系'까지가 주어 부분이고 '是'가 동사이다. '~한 관계 건설이 역사의 필연적 요구이다'라고 번역할 수 있어야 하겠다.

↳ 과거 미국이 대국의 굴기에 대응하던 전통적 수단으로는 중국의 발전을 저지할 수 없다. 성숙하고 안정적인 미중 신형대국관계를 구축하는 것은 필연적인 역사적 흐름이다.

미국, 아태 '리밸런스' 정책에 박차를 가해 중국 견제에 나서다

올해 한 보고서에서는 미국이 아태 지역 '재균형' 정책을 추진하며 전략 조정에 나선 것은 중국뿐만 아니라 다른 주변국에도 미국이 중국을 겨냥하거나 견제하는 듯한 인상을 심어 주었다고 지적했다. 이는 중국 주변 지역의 안보 형세를 더 복잡하게 만들었고, 미중 간의 불신과 의심도 가중시켰다. 제3자로 인해 미중 양국 관계가 악화될 가능성이 높아졌고 양국이 컨트롤해야 하는 불확실성 요인들도 증가하였다. 미중 양국은 안정적인 관계 유지를 위한 새로운 불확실성 요소에 직면하게 될 것이다.

보고서에 따르면 미국의 전략 중심이 점차 동쪽으로 이동하면서 비록 미중 관계의 변수가 많아졌지만 양국이 전면적으로 대립할 가능성은 적다고 한다. 미중 양국은 역사적 숙명에서 벗어나 신형대국관계를 구축할 수 있다.

첫째, 미국은 중국 견제를 위한 국제적 동맹을 결성하기 어렵다. 미국은 어쩌면 중국을 겨냥한 일부 구체적인 의제에서는 입장이 비슷한 동맹국을 찾을 수 있을 것이다. 하지만 전면적으로 중국을 견제하는 동맹은 결성할 수 없다.

둘째, 안정적인 미중 관계를 유지하는 것은 역내 각국의 공동 이익에 부합한다. 미국이 '아시아 회귀 정책'을 실시한 후 중국, 미국 그리고 중국의 대부분 이웃 국가들 간에는 서로 협력하고, 서로 견제하며, 통제불능의 국면을 피하기 위한 삼각관계가 형성되고 있다.

셋째, 리스크와 전쟁을 방지하는 중국의 전략적 역량이 나날이 강화되고 있어 미중 양국 관계가 정상궤도를 벗어나지 않는 데 도움이 되고 있다. 중국 경제는 수년간 고속 성장을 유지해 왔다. 중국의 종합 국력은 크게 강화되었고 군의 현대화도 자국의 상황에 맞게 안정적으로 추진되고 있다. 평화를 수호하고 전쟁을 억제하는 역량도 질적으로 향상되었다. 중국의 군 세력은 점차 지역 안정을 유지하는 중요 역량이 되고 있다. 최근 몇 년간 중국 군대는 지휘 통제, 연합작전, 근해 방어, 통합 지원, 전략적 억제 등의 측면에서 큰 발전을 거두었다. 반면 미국의 국력이 약해지고 예산이 빠듯한 상황에서 미군의 전체적 규모는 다소 축소될 것이다. 이러한 상황에서 미국의 대중 전략 중 전면적인 군사 충돌을 피한다는 이 마지노선은 점차 명확해지고 있다.

넷째, 과거 미국이 대국의 굴기에 대응하던 전통적 수단으로는 중국의 발전을 저지할 수 없다. 성숙하고 안정적인 미중 신형대국관계를 구축하는 것은 필연적인 역사적 흐름이다. 중국이 평화 발전의 길을 선택한 상황에서 미국은 전쟁의 대가를 감당할 수 없을 뿐더러, 국제적으로 '반중국' 동맹을 결성할 능력도 없다. 더욱이 미국은 미국이 주도하는 동맹 체제 속에서 중국을 통제할 수 없다. 보고서에 따르면 새로운 역사적 상황 속에서 미중 양국이 패권국과 신흥 강대국 사이에 필연적으로 충돌이 발생했던 역사의 수렁에서 벗어나 안정적이면서 질서 있고 통제 가능한 신형 경쟁 모델을 구축하여 새로운 전략적 안정을 실현하는 것은 양국 모두가 시급히 해결해야 할 과제이다.

警惕"棱镜门"推进核心技术国产化

近来,由美国前中央情报局雇员斯诺登揭露的"棱镜门"事件持续发酵,内幕惊人,影响巨大。"棱镜门"事件也迫使我们更加重视国家和军队的信息安全与网络空间安全。政府采购是通信、软件、网络等尖端高科技产品和服务进入政府机关、军队、重要企事业单位等国家核心领域的一个重要通道。可以推断,"棱镜门"事件将成为政府采购的一个标志性事件,促使我们进行更深刻的反思,政府采购应当怎样确保产品和服务高度安全保密,进而保障国家和军队的核心利益安全呢?

首先,要不断完善法规制度,修补政府采购在安全保密方面的漏洞,保障国家和军队核心利益安全。目前在法律层面,政府采购的安全保密问题尚属空白,有很多方面需要进一步完善,比如政府采购在维护国家核心利益方面的职能作用、怎样加强政府采购安全管理、如何在国家核心领域限制国外有风险的产品和服务等。

"棱镜门"事件让我们发现,随着信息技术的日益发展以及信息网络安全形势的日益严峻,通过法规和制度的形式对政府采购活动的安全保密性进行全面规范,这项工作已经显得迫在眉睫。应该成立由国家和军队相关部门组成的工作小组,加强法规调研,以法规制度的形式明确政府采购在信息安全、网络安全等方面的职能和作用,坚决杜绝不经安全和保密认证的产品、服务通过政府采购进入国家核心机构。尤其要对战时、紧急状态、非战争军事行动中,如何通过政府采购活动采购到绝对安全保密的产品和服务,确保网络和信息技术安全等进行严格的规范。

其次,要采取有效措施,积极发挥监督指导作用,防止不经安全和保密认证的产品、服务进入国家核心机构。

最后,要充分发挥政府采购的政策作用,积极扶持本国企业,❶从根本上提高国家和军队抵御网络、软件等高技术领域风险的实力。

❷解决问题时,既要治标,更要治本。"棱镜门"事件使我们深刻地感受到,在虚拟空间,❸要彻底摆脱受制于外国企业的现实,就必须鼓励国内网络、软件等尖端技术企业加强科技研发,不断提高自身的核心竞争能力,政府采购有责任也有义务多为本国企业和民族企业发展创造条件。要破除机关和企事业单位对国内产品的偏见,引导其多使用本国产品与服务,甚至可以硬性规定政府采购国产产品与服务应该达到的比重。反思"棱镜门"事件,我们逐步用自主可控的国产软硬件服务替代进口产品与服务,加快核心技术国产化进程,为机关和企事业单位提供安全保密的产品与服务,保障国家和军队的核心利益安全。

주요 단어 및 구문

棱镜门 léngjìngmén 프리즘 게이트
核心技术 héxīn jìshù 핵심 기술
国产化 guóchǎnhuà 국산화
美国中央情报局 Měiguó zhōngyāng qíngbàojú
미국 중앙정보국(CIA)
雇员 gùyuán 직원
斯诺登 Sīnuòdēng 스노우든 [인명]
揭露 jiēlù 폭로하다
持续 chíxù 지속적으로
内幕 nèimù 내막
惊人 jīngrén 사람을 놀라게 하다
迫使 pòshǐ ~하도록 하다
安全 ānquán 안전, 보안, 안보
政府采购 zhèngfǔ cǎigòu 정부조달
软件 ruǎnjiàn 소프트웨어
尖端高科技 jiānduān gāokējì 첨단 과학기술
机关 jīguān 기관
推断 tuīduàn 미루어 판단하다
标志性 biāozhìxìng 상징적인
促使 cùshǐ ~하도록 하다
深刻 shēnkè 심각하게
确保 quèbǎo 확보하다
保密 bǎomì 기밀 보안
完善 wánshàn 완비하다
法规 fǎguī 법규
修补漏洞 xiūbǔ lòudòng 결함을 막다
尚 shàng 아직
空白 kòngbái 공백
职能 zhínéng 직책과 기능
形势 xíngshì 정세, 형세
规范 guīfàn 규범화하다
迫在眉睫 pòzàiméijié 발등에 불이 떨어지다, 매우 긴박하다
成立 chénglì 성립하다
小组 xiǎozǔ 팀
调研 diàoyán 연구 조사하다
杜绝 dùjué 철저히 막다, 없애다, 근절하다
经 jīng 거치다
认证 rènzhèng 인증
严格 yángé 엄격하다
扶持 fúchí 지원하다

抵御 dǐyù 저항하다
虚拟空间 xūnǐ kōngjiān 사이버 공간
受制于 shòuzhìyú ~의 제한을 받다
研发 yánfā 연구 개발하다
责任 zérèn 책임
义务 yìwù 임무
创造条件 chuàngzào tiáojiàn 조건을 만들다
破除偏见 pòchú piānjiàn 편견을 해소하다
引导 yǐndǎo 유도하다
硬性 yìngxìng 엄격한
比重 bǐzhòng 비율, 비중
反思 fǎnsī 반성하다
自主 zìzhǔ 자체적으로
硬件 yìngjiàn 하드웨어
替代 tìdài 대체하다

꼭 알아야 할 성어·단어

- 棱镜门 : '棱镜'은 '프리즘'을 말한다. '门'은 원래 '문'이라는 뜻이지만 정치적 스캔들에 붙여 '게이트'라고 한다. 그 유명한 '워터게이트'는 중국어로 '水门'이라고 한다.
- 尚属空白 : 아직은 공백에 속한다 '属'는 '속하다'라는 뜻의 동사이다.
- 日益严峻 : 나날이 심각해지다

꼭 알아야 할 따페이·구문

- 修补……漏洞 : 구멍을 메꾸다, 결함을 보완하다 '修补' 대신 '堵塞'를 쓸 수도 있다.
- 显得迫在眉睫 : 대단히 시급해 보이다 '显得'는 '~처럼 보이다'라는 뜻이다.
- 破除……偏见 : 편견을 깨다

1 从根本上提高国家和军队抵御网络、软件等高技术领域风险的实力。

'提高'는 '实力'와 따페이를 이루고, '抵御'는 '风险'과 따페이를 이룬다. '提高……实力' 대신 '增强……能力'로 바꿔 쓸 수 있다.

↪ 근본적으로 국가와 군대에서 인터넷, 소프트웨어 등 하이테크놀로지 분야의 리스크를 막아 낼 실력을 끌어올려야 한다.

2 解决问题时，既要治标，更要治本。

'既要A，更要B' 구문이다. 'A해야 하고 더욱이 B해야 한다'라고 해석할 수 있다.

↪ 문제를 해결하려면 표면적인 것도 고쳐야 하지만 더 중요한 것은 근본을 고치는 것이다.

3 要彻底摆脱/受制于外国企业和外国势力的现实，/就必须鼓励/国内网络、软件等尖端技术企业/加强科技研发，/不断提高自身的核心竞争能力，/政府采购/有责任/也有义务/多为本国企业和民族企业发展/创造条件。

'摆脱'는 '现实'와 호응해서 '현 상태에서 벗어나다'라고 해석할 수 있는데 여기까지가 주어 부분이다. 문장을 차례대로 번역해 보면 '완전히 벗어나려면/외국 기업과 외국 세력에게 제약받는 현실에서/반드시 장려해야 한다. /국내 인터넷과 소프트웨어 등 첨단 과학기술 기업들이/과학기술 연구 개발을 강화하고/자신의 핵심 경쟁력을 끊임없이 제고하는 것을, /정부조달은/책임이 있고/의무도 있다. /많은 자국 기업과 민족 기업의 발전을 위해서/만들다/조건을 이다. 정리해 보면 다음과 같이 번역해 볼 수 있겠다.

↪ 외국 기업과 외국 세력에게 제약을 받는 현실에서 완전히 벗어나려면 국내 인터넷과 소프트웨어 등 첨단 과학기술 기업들이 과학기술 연구 개발을 강화하고 자신의 핵심 경쟁력을 끊임없이 제고하는 것을 장려해야 한다. 정부조달은 많은 자국 기업과 민족 기업의 발전을 위해 좋은 조건을 만들어 줄 책임이 있고 의무도 있다.

핵심 기술의 국산화를 일깨워 준 프리즘 게이트

최근 스노든 전 미국 중앙정보국 요원이 폭로한 프리즘 게이트가 점입가경에 이르고 있다. 사건의 내막은 많은 사람들을 놀라게 했고 큰 파장을 불러일으켰다. 프리즘 게이트를 계기로 우리는 국가와 군대의 정보 및 인터넷 안보의 중요성을 더욱 중시하게 되었다. 정부조달은 통신, 소프트웨어, 인터넷 등 첨단 과학기술 제품과 서비스를 정부 기관, 군대, 주요 기업체 등 국가의 핵심 영역에 배치하는 중요 경로이다. 이번 프리즘 게이트는 정부조달에 있어 상징적 사건이 될 것이며 정부조달 과정에서 어떻게 제품과 서비스의 기밀을 철저하게 유지하고 더 나아가 국가와 군대의 핵심 이익 및 안보를 보장할 수 있는지에 대해서 심도 있게 반성하는 계기가 되었다.

첫째, 지속적으로 관련 법규를 완비하여 기밀 보안 측면에서의 정부조달 결함을 막고 국가와 군대의 핵심 이익 및 안보를 보장해야 한다. 현재 법률 측면에서 정부조달의 기밀 보안 문제는 아직 거의 백지상태나 다름없다. 따라서 여러 방면에서 더욱 개선하고 완비해야 할 필요가 있다. 예를 들어 정부조달이 국가 핵심 이익을 보호하는 측면에서의 기능과 역할, 정부조달의 보안 관리 강화 방법, 국가 핵심 영역에서 위험한 해외 제품 및 서비스 사용 제한 방안 등을 더욱 개선해야 한다.

프리즘 게이트로 인해 우리는 정보 기술이 나날이 발전하고 정보 인터넷 안보 정세가 갈수록 심각해지는 상황에서 법규와 제도적 형식을 통해 정부조달 활동의 기밀 보안성을 전면적으로 규범화하는 작업이 이미 매우 시급하다는 것을 알게 되었다. 국가와 군대의 관련 부처들로 구성된 팀을 구성하여 법규 연구를 강화하고 법규와 제도라는 형식을 통해 정보 보안 및 인터넷 안보 등 측면에서 정부조달의 기능과 역할을 명확히 해야 한다. 그리고 보안 및 기밀 인증을 거치지 않은 제품과 서비스가 정부조달을 통해 국가 핵심 기구에 침투하지 못하도록 철저히 막아야 한다. 특히 전쟁 시, 긴급 상황 또는 비전시 상황에서의 군사작전 중 어떻게 하면 정부조달을 통해 보안성이 확실한 제품과 서비스를 들여올 수 있는지, 어떻게 인터넷과 정보 기술의 안전성을 확보할 수 있는지 등에 대해 엄격한 규범화 작업이 필요하다.

둘째, 효과적인 조치를 취하여 적극적으로 감독 및 지도 역할을 발휘해 보안 및 기밀 인증을 거치지 않은 제품과 서비스가 국가의 기구에 들어오는 것을 막아야 한다.

마지막으로 정부조달의 정책적 역할을 충분히 발휘하여 국내 기업을 적극적으로 지원하고, 정부와 군대가 인터넷이나 소프트웨어 등 첨단 기술 영역의 리스크를 막아내는 능력을 근본적으로 제고시켜야 한다.

문제를 해결할 때는 표면적인 것도 해결해야 하지만 근본적인 것부터 바로잡아야 한다. 프리즘 게이트는 우리에게 중요한 교훈을 남겼다. 즉 사이버 공간에서 외국 기업의 제약을 받는 현실을 완전히 벗어나려면 국내 인터넷과 소프트웨어 등 첨단 기술 기업들이 더욱 적극적으로 과학기술 연구 개발에 임하고 자신만의 핵심 경쟁력을 계속해서 강화할 수 있도록 장려해야 한다는 것이다. 정부조달은 자국의 기업과 민족 기업들이 성장하기 위한 환경을 조성해 줄 책임과 의무를 가지고 있다. 기관, 기업, 사업자들이 국내 제품에 대해 갖고 있는 편견을 없애고 이들이 국내 제품과 서비스를 많이 사용할 수 있도록 유도하며 더 나아가 정부가 국산 제품 및 서비스를 일정 비율까지 구매하도록 강제로 규정할 수도 있다. 이번 프리즘 게이트를 계기로 우리는 자체적으로 통제가 가능한 국산 소프트웨어·하드웨어로 수입 제품과 서비스를 대체하고 핵심 기술의 국산화에 박차를 가하여 기관과 기업, 사업자에게 보안성이 확실한 제품과 서비스를 제공해야 한다. 이로써 국가와 군대의 핵심 이익 및 안보를 철저히 지켜 나가야 하겠다.

"阿拉伯之春"带来了什么

Track 1-34

"阿拉伯之春"开始于2010年年底。波及了突尼斯、埃及、利比亚、也门、叙利亚等国,由于各国国情不同,风暴激烈程度也不一样,但"民主"和"发展经济"成为共同的主题。这些不同强度的运动表面上看是各国国内爆发的,但背后有西方大国,特别是有美国的影子。在政治运动中,西方大国叫喊得最响亮、最吸引人的声音无疑就是"民主"。

到如今,这场政治运动已经持续了两年多,埃及的"武力清场"和叙利亚的全面内战却以残酷的事实将运动的主题"西方式的民主"撕得粉碎。恐怕连美国也不得不承认,他们苦心经营的埃及这一"民主样板工程"如今只能以失败告终。事实上,❶这些国家不仅没有实现自身的目标,现在就连基本的政治稳定和社会安宁都难以保证,更谈不上经济的发展。

经历着"阿拉伯之春"的国家几乎都面临着同样的困境:推翻一个政权,却立刻又陷入另一个政权的暴力或无作为状态中。围绕着权力与利益的政治斗争,极大地影响着这些国家的经济建设,民众心中所向往的"民主"往往成为镜花水月。

从美埃关系发展的历史脉络和现状特点来看,这对双边关系的发展既因双方的政治、经济和安全需要长期具备重大战略意义,同时也面临着诸多不容忽视的历史与现实的深层次挑战。"支持埃及民主革命但绝不能破坏中东地区的稳定"仍然是美国制定对埃政策的重大前提。然而,这种错位观念已经对美埃关系造成了一系列负面影响:

第一,这种"中东稳定观"体现出长期以来美国对埃及国家"伊斯兰化"的恐惧。尽管奥巴马数次明确表示支持埃成功实现政治转型,但在随后的政治暴动中,美方却对埃及示威者表现出回避的态度。许多埃及民众认为:"我们正在努力建设一个新民主政府,而美国却在支持所谓的'有序的民主',这将会是中东地区最大的悲剧。"

第二,这种定位错误的"中东稳定观"让美国无法真正为埃民主转型提供切实有效的支援。2011年5月,❷奥巴马总统宣布将免除埃10亿美元欠债并提供贷款以降低失业率等。遗憾的是,这种援助并没有真正协助埃及消除社会不平等。

第三,这种"中东稳定观"让转型期埃及民众的反美主义情绪进一步高涨。❸由于维护美国利益才是其关注焦点所在,这使得美国在评价穆巴拉克专制独裁时保持了偏袒态度,从而让埃及各界质疑美国是否真正具备支持其民主政治转型的诚意。事实表明,虽然奥巴马政府在埃及政府面临的合法性危机和政治多元化缺失等方面表示了深切的关注,但仍将维护美国在该地区的安全利益置于更高的战略地位。

주요 단어 및 구문

阿拉伯之春 Ālābó zhī chūn 아랍의 봄
开始于 kāishǐyú ~에 시작되다
波及 bōjí 퍼지다, 확산되다
突尼斯 Tūnísī 튀니지
利比亚 Lìbǐyà 리비아
也门 Yěmén 예멘
风暴 fēngbào 대소동, 사태
激烈 jīliè 격렬하다
影子 yǐngzi 그림자
叫喊 jiàohǎn 부르짖다
响亮 xiǎngliàng 우렁차다
武力清场 wǔlì qīngchǎng 무력 투쟁
残酷 cánkù 잔혹하다, 참혹하다
撕 sī 찢다
粉碎 fěnsuì 산산조각나다
承认 chéngrèn 인정하다
苦心 kǔxīn 심혈을 기울여
样板 yàngbǎn 샘플
工程 gōngchéng 프로젝트
告终 gàozhōng 끝나다
社会安宁 shèhuì ānníng 사회의 안녕
保证 bǎozhèng 보장하다
谈不上 tán bú shàng 말할 것도 없다
困境 kùnjìng 곤경
推翻 tuīfān 전복시키다, 뒤집다
政权 zhèngquán 정권
暴力 bàolì 폭력
无作为状态 wúzuòwéi zhuàngtài 무정부 상태
围绕 wéirào ~를 둘러싸고
向往 xiàngwǎng 간절히 바라다, 동경하다
镜花水月 jìnghuā-shuǐyuè 허황된 일
脉络 màiluò 맥락
双边关系 shuāngbiān guānxì 양국 관계
支持 zhīchí 지지하다
破坏 pòhuài 해치다, 파괴하다
前提 qiántí 전제
错位 cuòwèi 어긋나다
伊斯兰 Yīsīlán 이슬람
恐惧 kǒngjù 두려움
尽管A，但B jǐnguǎn A, dàn B 비록 A하지만 B하다

数次 shùcì 여러 차례
暴动 bàodòng 폭동
示威者 shìwēizhě 시위자, 시위 세력
表现出……态度 biǎoxiànchū……tàidù ~한 태도를 보이다
定位 dìngwèi 위치를 정하다
错误 cuòwù 잘못되다
切实 qièshí 실질적이다
支援 zhīyuán 원조, 지원하다
免除 miǎnchú 면제하다
欠债 qiànzhài 부채
提供贷款 tígōng dàikuǎn 차관을 제공하다
降低 jiàngdī 낮추다
遗憾的是 yíhàn de shì 유감스러운 것은
协助 xiézhù 협조하다
反美主义情绪 fǎnměi zhǔyì qíngxù 반미 정서
高涨 gāozhǎng 고조되다
评价 píngjià 평가하다
穆巴拉克 Mùbālākè 무바라크 대통령
专制 zhuānzhì 전제정치
独裁 dúcái 독재
偏袒 piāntǎn 편향되다, 두둔하다, 편파적
质疑 zhìyí 의심하다
缺失 quēshī 부족
表示深切的关注 biǎoshì shēnqiè de guānzhù 깊은 관심을 표하다
地位 dìwèi 지위

꼭 알아야 할 성어·단어

- 撕得粉碎 : 조각나 버리다, 갈기갈기 찢어 버리다
- 以失败告终 : '以失败宣告结束'라는 뜻으로, '일이 실패로 끝나다'라는 의미이다.
- 镜花水月 : 직역하면 '거울 속의 꽃, 물 속의 달'로 '허황되다'라는 뜻이다.

꼭 알아야 할 따페이·구문

- 遗憾的是 : 유감스러운 것은 ~이다 '令人遗憾'은 문장의 맨 앞과 뒤에 모두 올 수 있다.
- 情绪……高涨 : 감정이 고조되다
- 将A置于B地位 : A를 B 위치에 두다 같은 의미를 가진 표현으로 '把A放在B之上'이 있다.

1 这些国家不仅没有实现自身的目标，现在就连基本的政治稳定和社会安宁都难以保证，更谈不上经济的发展。

'连A都B更C'는 'A조차도 B하고, 심지어 C하다'라는 뜻의 구문으로 점층적 구조이다.

↳ 이들 국가는 자신의 목표도 실현하지 못했을 뿐 아니라, 현재 기본적인 정치적 안정과 사회 안녕조차도 보장하기 어려워 경제 발전은 더더욱 이야기할 수 없다.

2 奥巴马总统宣布将免除埃10亿美元欠债并提供贷款以降低失业率等。

'免除……欠债'는 '부채를 면제하다'라는 뜻이다. '以'가 문장 중간에 쓰일 경우에는 다양한 뜻으로 해석될 수 있다. '以……为中心', '以……作为', '以……为' 등처럼 따페이로 쓰이는 경우가 많으므로 모두 외워야 한다. 또 '来'와 호응한 '以A……来B'는 'A함으로써 B하다'로 가장 많이 쓰이는 패턴이다. 위의 문장에서처럼 단독으로 '以'만 나왔을 경우는 '~하기 위해서'의 '为'의 뜻으로 쓰이기도 한다.

↳ 오바마 대통령은 이집트의 10억 달러 부채를 탕감하고 실업률 등을 낮출 수 있도록 차관을 제공할 것이라고 발표했다.

3 由于维护美国利益才是其关注焦点所在，这使得美国在评价穆巴拉克专制独裁时保持了偏袒态度，从而让埃及各界质疑美国是否真正具备支持其民主政治转型的诚意。

앞에 나온 '其'는 '미국'을, 뒤에 나온 '其'는 '이집트'를 받는 대명사이다. '保持……态度'는 '~태도를 유지하다'라는 뜻이다. '具备'의 목적어는 '诚意'로, '성의가 있다'라는 의미이다.

↳ 미국의 이익을 수호하는 것이 바로 미국이 가장 주목하는 바이기 때문에 미국은 무바라크 독재 정권을 평가할 때 편애하는 태도를 보였다. 그래서 이집트 각 계는 미국이 정말로 이집트의 민주정치 전환을 지지하는 성의가 있는가를 의심했다.

'아랍의 봄'이 가져온 것은?

아랍의 봄은 2010년 말에 시작되어 튀니지, 이집트, 리비아, 예멘, 시리아 등으로 퍼져나갔다. 각국의 상황이 달랐기 때문에 시위의 규모와 정도는 다르지만 모두 민주주의 및 경제 발전 실현을 목표로 하고 있다. 이처럼 나라마다 서로 다른 규모의 시위 운동은 표면적으로 보았을 때 각 국가 내부적으로 발생한 것 같지만 그 배후에는 서양 강대국, 특히 미국의 그림자가 드리워져 있다. 정치적 운동 중에서 서방 대국들이 가장 강력히 주장하고 또 가장 주목을 받는 목소리는 바로 '민주'이다.

현재까지 이 정치 운동은 이미 2년 넘도록 지속되고 있다. 이집트의 무력 투쟁과 시리아의 전면적 내전은 오히려 잔혹한 사건을 초래해 운동의 목적이었던 서방식 민주주의가 처참히 깨져 버렸다. 아마 미국도 자신들이 심혈을 기울였던 '이집트 민주화'가 오늘날 결국 실패로 끝났음을 인정할 수밖에 없을 것이다. 사실 이들 국가는 자신들의 목표를 실현하지도 못했을 뿐 아니라 지금은 기본적인 정치적 안정과 사회 안녕조차도 보장하기 힘든 처지이며 경제적 발전은 더욱 말할 것도 없다.

아랍의 봄을 겪고 있는 대부분의 국가들은 모두 같은 곤경에 처해 있다. 기존 정권을 전복시켰지만 곧바로 또 다른 정권의 폭력 혹은 무정부 상태에 빠졌다는 것이다. 권력과 이익을 둘러싼 정치 투쟁이 이들 국가의 경제에 심각한 타격을 주고 있어 국민들이 간절히 바라는 민주주의는 허황된 꿈이 돼 버렸다.

미국과 이집트 관계 발전의 역사적 맥락과 현재의 특징을 보자면 이 양국 관계의 발전은 두 나라의 정치, 경제 및 안보상의 필요 때문에 오랫동안 중대한 전략적 의의를 지녀왔고 동시에 간과할 수 없는 많은 역사적, 현실적 문제에도 직면하고 있다. '이집트의 민주 혁명을 지지하지만 중동 지역의 안정을 해쳐서는 절대 안 된다'는 것이 이집트 정책에 대한 미국의 중요한 전제조건이다. 그러나 이러한 잘못된 생각은 이미 미국과 이집트 관계에 부정적인 영향을 끼치고 있다.

첫째, 이 '중동안정론'은 오랫동안 미국이 이집트의 이슬람화를 우려했음을 잘 보여준다. 비록 오바마 대통령은 이집트가 정치 개혁에 성공하길 바란다고 여러 차례 표명했지만 이후 발생한 정치 폭동에서 미국은 이집트의 시위 세력을 외면하는 태도를 보였다. 이에 많은 이집트 국민들은 "우리는 지금 새로운 민주 정부 건설을 위해 노력하고 있는데 미국은 오히려 소위 '점진적 민주'를 지지한다"며 "이는 현재 중동 지역의 최대 비극"이라고 말했다.

둘째, 이 잘못된 '중동안정론'은 미국이 이집트의 민주혁명에 실질적인 도움을 주지 못하게 했다. 2011년 5월 오바마 대통령은 이집트의 10억 달러 채무를 탕감해 주고 또 차관을 통해 실업률 등을 낮추도록 지원하겠다고 발표했다. 그러나 안타까운 것은 이러한 원조가 이집트의 사회 불평등을 해소하는 데 도움이 되지 못했다는 것이다.

셋째, 이 '중동안정론'은 전환기에 있는 이집트 국민들의 반미 정서를 한층 더 고취시켰다. 미국의 관심은 자국의 이익 보호에 있기 때문에 미국은 무바라크 독재 정권을 평가할 때 편향적인 태도를 보여 왔다. 그 결과 이집트 각계에서는 미국이 진정으로 이집트의 민주정치 혁명을 지지하려는 의지가 있는가에 대해 의구심을 갖게 되었다. 비록 오바마 정부는 이집트 정부가 직면한 합법성 위기와 정치 다원화 부족 등의 문제에 대해 깊은 관심을 표했지만 여전히 중동 지역에서 미국의 안보 이익을 수호하는 것을 더욱 중요한 전략적 위치에 두고 있다.

UNIT 35	整形美容折射时代浮躁
	불안정한 시대의 반영 – '성형'
UNIT 36	为"尊严死"开一扇窗
	존엄사를 허용하라
UNIT 37	大学生为什么争当公务员
	대학생들이 공무원이 되려는 이유?
UNIT 38	反家暴，立法之外咋跟进
	가정폭력 방지를 위해 수반 되야 할 것은?
UNIT 39	世界在变"老"，各国谋应对
	늙어가는 세계, 대응에 나선 각국
UNIT 40	要成家，先"成人"
	결혼하려면 먼저 '어른'이 되라
UNIT 41	如何看待"状元"远离数理化
	수능 만점자들의 이공계 기피 현상, 어떻게 봐야 하나?
UNIT 42	找找你的就业"蓝海"
	자신만의 취업 '블루오션'을 찾아라
UNIT 43	韩国剩男剩女无房不结婚
	집이 없어 결혼하지 않는 한국의 노총각·노처녀
UNIT 44	韩国校园暴力呈网络化
	사이버화 되어가는 한국의 학교폭력
UNIT 45	VR将被AR取代?
	AR이 VR을 대체할까?
UNIT 46	谷歌创始人秘密打造飞行汽车
	구글 창업자, 비밀리에 '하늘을 나는 자동차'에 투자

整形美容折射时代浮躁

1 在现代社会，生活是一场紧张、疲惫又绚丽多彩的舞台剧，充满了不确定性。人们吃快餐，开快车，走快步，行色匆匆，争分夺秒谋项目，心急火燎拼业绩。生活节奏快了，活动半径也大了，但人与人之间的交往反而浅了。在有限的接触时间里，"脸"，这个第一印象，就显得更加重要。很多人认为，"脸"长得普通，平日里就会被忽视，找工作、谈恋爱就容易扎在人堆里被人忘记；"脸"长得好看，就能引起关注，也就增加了几分胜算。

"爱美之心，人皆有之"。通过整容可以立即获得的外在美，能满足人们对"美"的急切愿望，为走进人群加深交往带来自信，这无可厚非，也是事实。但如果一味强调"好看"，而忽视了人品、学识、实力等方面的积累，只有外在美，没有内在美，就可能适得其反。对全社会来说，一旦相貌成为评价一个人的主要标准，对美丽的欣赏就变成了对"脸蛋"的纵容。那么，我们据此创造的未来，很可能不那么"美丽"。

2 世界之所以多姿多彩，是因为所有的鸟儿都可以歌唱，所有的花儿都能够盛开。同样，生活之所以美好，也是因为所有人都可以展示自己与众不同的一面。每个人都有自己的优点和独到之处，如果因为大众的眼光而失去自我，变得千篇一律，就很容易重新陷入"平凡"。

美本无罪，但过分追求外表的美，折射出的一定是内心的空虚和时代的浮躁。每个人都应当冷静思考，什么才是真正的美？我们究竟需要什么样的美？若过分在意他人的评价，不去提高内在修养，这样的"整容"，不要也罢。整容毕竟是一种物理手术，人们向往美丽，就一定要昂首走进美容院、无所顾忌动刀子吗？当然不是。况且，3 任何手术都是有风险的，一旦手术失败，整容变毁容，想补救，也晚了。

实际上，在人与人的相逢、相识、相知中，第一印象固然重要，但起决定作用的还是一个人内在的魅力。如果只顾整形美容，不注重内在品质的提升，在恋爱和求职方面，很有可能都是"竹篮打水"。长相是爹妈给的，美丽就在你的基因里。你能做的，就是顺其自然、尽情绽放。4 职场立足，生活打拼，靠的还得是真本事，脚踏实地，展现真我。人生路漫漫，最后胜出的，将是那些修养良好、人品正直、才干出色和学识丰厚的人。

주요 단어 및 구문

整形 zhěngxíng 성형 = 整容
折射 zhéshè 반영하다
浮躁 fúzào 불안정하다, 조급하다
看脸时代 kànliǎn shídài 외모지상주의 시대
紧张 jǐnzhāng 긴장하다, 급박하다
疲惫 píbèi 몹시 피곤하다
绚丽多彩 xuànlì duōcǎi 화려하고 다채롭다
充满 chōngmǎn 가득 차다
行色匆匆 xíngsè cōngcōng 바빠보이다
争分夺秒 zhēngfēn duómiǎo 분초를 다투다
谋 móu 도모하다, 계획하다
心急火燎 xīnjí-huǒliáo 마음이 조급하다
拼 pīn 필사적으로 하다
业绩 yèjì 업적, 실적
生活节奏 shēnghuó jiézòu 생활 리듬
活动半径 huódòng bànjìng 활동 반경
交往 jiāowǎng 왕래(하다), 교류(하다)
浅 qiǎn 얕다
接触 jiēchù 접촉하다, 왕래하다
第一印象 dìyī yìnxiàng 첫인상
显得 xiǎnde ~처럼 보이다
忽视 hūshì 무시하다
找工作 zhǎo gōngzuò 일자리를 구하다, 취업
谈恋爱 tán liàn'ài 연애하다
扎在人堆里 zhā zài réndui li 사람들 틈 사이에서
增加胜算 zēngjiā shèngsuàn 경쟁력이 강화되다
爱美之心，人皆有之 ài měi zhī xīn, rén jiē yǒu zhī
누구나 예뻐보이고 싶은 마음이 있다
立即 lìjí 즉시
获得 huòdé 얻다
外在美 wàizàiměi 외면의 아름다움
满足 mǎnzú 만족시키다, 충족시키다
急切 jíqiè 절박한, 다급한
人群 rénqún 사람들 무리
自信 zìxìn 자신감
无可厚非 wúkě hòufēi 크게 비난할 바가 아니다
一味 yíwèi 오로지, 맹목적으로
人品 rénpǐn 인품
积累 jīlěi 쌓다, 누적
内在美 nèizàiměi 내면의 아름다움

适得其反 shìdé-qífǎn 역효과가 나다
相貌 xiàngmào 용모, 생김새
欣赏 xīnshǎng 감상하다
脸蛋 liǎndàn 얼굴
纵容 zòngróng 방임하다, 용인하다
多姿多彩 duō zī duō cǎi 다양하다
盛开 shèngkāi 만개하다
同样 tóngyàng 마찬가지로
展示 zhǎnshì 나타내다
与众不同 yǔ zhòng bùtóng 남다른, 남보다 뛰어난
优点 yōudiǎn 장점
独到之处 dúdào zhī chù 독특한 점
眼光 yǎnguāng 시선, 안목
千篇一律 qiānpiān-yílǜ 천편일률적이다
陷入 xiànrù ~에 빠지다
本无 běnwú 원래 ~가 없다[아니다]
外表 wàibiǎo 겉모습
空虚 kōngxū 공허하다
冷静思考 lěngjìng sīkǎo 냉정히 생각하다
在意 zàiyì 의식하다
修养 xiūyǎng 심신 수양하다
也罢 yěbà ~해도 그만이다
毕竟 bìjìng 결국
昂首 ángshǒu 머리를 들다
无所顾忌 wúsuǒgùjì 아무런 거리낌 없이
动刀子 dòng dāozi 수술하다
况且 kuàngqiě 게다가, 하물며
毁 huǐ 부수다, 망쳐버리다
补救 bǔjiù 보완하다, 만회하다
相逢 xiāngféng 만나다
固然 gùrán 물론 ~하지만
注重 zhùzhòng 중시하다
求职 qiúzhí 구직
竹篮打水 zhú lán dǎ shuǐ 밑 빠진 독에 물 붓기
基因 jīyīn 유전자
顺其自然 shùn qí zìrán 그대로 내버려 두다
本事 běnshì 능력, 재능
脚踏实地 jiǎotàshídì 성실하다
才干出色 cáigàn chūsè 재능이 뛰어나다
学识丰厚 xuéshí fēnghòu 학식이 풍부하다

- 外在美/内在美 : 외적 아름다움/내적 아름다움
- 适得其反 : (바라는 바와) 정반대로 되다, 역효과가 나다 '事与愿违'와 같은 뜻이다.
- 无所顾忌 : 아무런 거리낌 없이 마음대로 말하거나 행동하다 비슷한 표현인 '肆无忌惮', '毫不在乎'도 같이 외워 두자.

- 变得千篇一律 : 천편일률적으로 변하다

1. 在现代社会，生活是一场紧张、疲惫又绚丽多彩的舞台剧，充满了不确定性。人们吃快餐，开快车，走快步，行色匆匆，争分夺秒谋项目，心急火燎拼业绩。

   이 문장은 이제까지 다룬 딱딱한 서면어 문장과는 차이가 있다. 어휘도 다르고 설사 단어의 사전적 의미를 알았다 해도 문장 안에서 번역하려고 하면 여간 어색하지 않거나, 어울리지 않음을 발견했을 것이다. 이런 문장은 번역하는 사람이 최대한 상상력을 발휘해서 자연스럽게 의역해야 하기 때문에 난도가 높은 문장이라고 할 수 있다. 그런데 통번역 대학원 시험, 특히 이대 번역학과는 이런 유형들이 곧잘 출제되니 이런 종류의 문장들도 많이 연습해 두어야 한다.

   ↳ 현대사회에서 우리의 일상은 늘 긴장감 넘치고 피곤함에 절어있다. 또 화려하고 다채로운 연극처럼 불확실성으로 가득 차 있다. 사람들은 패스트푸드를 먹고, 서둘러 운전하고, 빨리 걷고, 분주히 다닌다. 또 분초를 다투어 일을 하고 빨리 성과를 내려고 마음은 언제나 조급하다.

2. 世界之所以多姿多彩，是因为所有的鸟儿都可以歌唱，所有的花儿都能够盛开。

   '之所以A, 是因为B' 구문으로 A 부분이 결과이고 원인을 나타내는 B가 뒤에 온다. '是因为'는 생략되기도 하고 변형된 형태로 쓰이기도 하니 특히 B 부분을 주의해서 보도록 하자.

   ↳ 세계가 다채로운 것은 모든 새가 노래할 수 있고 모든 꽃들이 만개할 수 있기 때문이다.

3. 任何手术都是有风险的，一旦手术失败，整容变毁容，想补救，也晚了。

   '毁容'은 '용모를 망치다' 정도로 직역해 볼 수 있는데 여기서는 '성형수술 후 잘못되어 나타나는 부작용'이라고 의역하면 되겠다.

   ↳ 모든 수술은 위험이 따르기 마련이다. 일단 수술이 잘못되면 부작용이 생겨서 재수술을 하려고 해도 이미 늦어 버린다.

4. 职场立足，生活打拼，靠的还得是真本事，脚踏实地，展现真我。人生路漫漫，最后胜出的，将是那些修养良好、人品正直、才干出色和学识丰厚的人。

   '职场立足'는 직역하면 '직장에 발을 세우다', 즉 '자리잡다'라는 뜻이고, '生活打拼'에서 '打拼'은 '拼命干 필사적으로 열심히 하다'라는 뜻이다. '真本事'는 '진짜 능력[실력]'으로 번역하고, '脚踏实地'는 '착실하게 일하다'라는 의미임을 기억하자.

   ↳ 직장에서 자리잡고 하루하루를 열심히 살아가는 데 있어서 의지할 것은 역시 실력과 성실함, 그리고 진정한 자기 모습을 보여 주는 것이다. 인생은 길다. 최후의 승리자는 교양있고 정직한 인품에 재능이 뛰어나고 학식이 풍부한 사람이 될 것이다.

불안정한 시대의 반영 – '성형'

현대사회에서 우리의 일상은 늘 긴장감 넘치고 피곤에 절어있다. 또 화려하고 다채로운 연극처럼 불확실성으로 가득 차 있다. 사람들은 패스트푸드를 먹고, 서둘러 운전하고, 빨리 걷고, 분주히 다닌다. 또 분초를 다투며 일을 하고 빨리 성과를 내려고 마음은 언제나 조급하다. 그런데 생활 리듬이 빨라지고 활동 반경은 넓어졌으나 사람 간의 교류는 오히려 줄었다. 그러다 보니 제한적인 교류 시간에 얼굴이라는 첫인상은 더욱 중요해졌다. 많은 사람들은 평범하게 생기면 일상생활에서 무시당할 수 있고 취직이나 연애에 있어서도 경쟁력이 없다고 생각한다. 반면에 얼굴이 예쁘고 잘생기면 사람들의 관심을 받게 되고 더 많은 점수를 얻어 유리하다고 생각한다.

"예쁘고 잘생겨지고 싶은 욕구는 누구나 다 가지고 있다." 성형을 하면 단시간에 외면의 아름다움을 가질 수 있고 이는 사람들의 아름다움에 대한 강렬한 욕구를 충족시켜 줄 수 있다. 또한 사람들과의 교류에 있어서도 자신감을 가져다 줄 수 있다. 이는 크게 비난받을 일이 아니며 사실이다. 그러나 오로지 아름다운 얼굴만을 강조하고 인품, 학식, 실력 등을 무시한다면, 즉 내면의 아름다움 없이 오로지 외면의 아름다움만 갖추고 있다면 오히려 역효과를 낼 것이다. 사회 전체 측면에서 보았을 때, 외모가 한 사람을 평가하는 주된 기준이 된다면 미에 대한 감상은 성형수술에 대한 방임으로 변질될 것이다. 그렇다면 이러한 기준이 만들어 낸 우리의 미래는 그다지 아름답지 않을 것이다.

세계가 다양한 이유는 모든 새들이 노래를 부를 수 있고, 모든 꽃들이 만개할 수 있기 때문이다. 마찬가지로 우리의 생활이 아름다운 것은 모든 사람들이 남들과 다른 자신만의 특징을 가지고 있기 때문이다. 개개인은 자신만의 장점과 특징을 가지고 있다. 만약 대중의 시선 때문에 자아를 잃게 되어 천편일률적으로 변한다면 우리 사회는 다시 '획일화'에 빠지게 될 것이다.

아름다움은 원래 죄가 아니다. 그러나 지나치게 외적인 아름다움을 추구하는 것은 심리적 공허함과 불안정한 시대를 반영한다. 개개인마다 모두 무엇이 진정한 아름다움인지, 우리에게 필요한 아름다움이란 무엇인지에 대해 냉철하게 고민해 볼 필요가 있다. 만약 과도하게 타인의 평가를 의식하여 내재적 수양을 하지 않는다면 이러한 성형은 안 하는 게 낫다. 성형은 결국 물리적인 수술이다. 사람들이 아름다워지기 위해 무조건 성형외과에 가서 망설임 없이 얼굴에 칼을 대야 하는가? 당연히 아니다. 게다가 모든 수술에는 리스크가 존재한다. 수술이 실패하게 되면 예뻐지고 싶어서 한 성형이 오히려 얼굴을 망치게 되고 되돌리고 싶어도 이미 너무 늦어버리게 된다.

사실 사람과 사람이 만나서 알아가게 될 때 첫인상이 물론 중요하긴 하지만 결정적인 역할을 하는 것은 개인의 내재적인 매력이다. 만약 성형만 하고 내면의 품격을 기르는 것을 소홀히 한다면 연애든 취직이든 '밑 빠진 독에 물 붓기'나 다름없게 된다. 얼굴은 부모님께서 주신 것이며 아름다움은 개개인의 유전자 안에 있다. 당신이 할 수 있는 것은 그 아름다움이 자연스럽게 흘러나와 최대한 발휘되게 하는 것이다. 직장에서 자리잡고 하루하루를 열심히 살아가는 데 있어서 의지할 것은 역시 실력과 성실함, 그리고 진정한 자기 모습을 보여주는 것이다. 인생은 길다. 최후의 승자는 교양있고 정직한 인품에 재능이 뛰어나고 학식이 풍부한 사람이 될 것이다.

为"尊严死"开一扇窗

无论名人、高官还是黎民百姓，只要罹患绝症，依靠现有的医疗技术都无法治愈。病人分外痛苦，家人无可奈何。而花费的医疗费，耗费的医疗资源以及陪护者的时间精力，更是难以计算。❶更何况，普通百姓一场病下来，就像"房倒屋塌"，家庭经济状况一落千丈。在不少农村地区，凡有难以治好又花钱太多的疾病，❷一些病人宁愿选择喝毒药、上吊自杀，也不愿拖累家人。他们认为："不治病一个人死，治病全家人死。"病治不好，白花钱财，白耗人力，到头来还是一场空。

在传统观念中，一提到"尊严死"，给人的感觉就是儿女不孝、亲友无情。其实，如果真心孝敬长辈，就应该在他们身体健康时，好好赡养，使其心情舒畅，颐养天年。不要等他们一病不起时，再拼命花钱治病。幸福是生活，而不是活着。在有限的生命里，体验该有的生活质量和幸福感才是最大的福分。

现代医学尚难治愈很多疾病，尤其是晚期癌症。很多患者身心饱受摧残，确实会有生不如死的感觉。在一些革命战争题材电影里，战士受重伤太痛苦时，往往要求"给我补一枪"。然而，在和平年代，这样的做法就等于故意杀人。从这种意义上讲，"尊严死"也需要与时俱进。❸如果绝症患者有主观意愿，且由权威法定医疗机构正式确认，就不妨尊重病人的自愿选择，让已无药可救的病人"有尊严地死去"，这是"死亡文明"的一个体现。

当然，一个国家推行"尊严死"是非同寻常的大事，必须通过立法确认。特别是界定病人的生命末期，需要有严格的医学标准。推行"尊严死"应尊重病人的意愿，不能强推，并在操作层面慎重执行。"尊严死"合法化需要广泛征求民意，取得社会共识。改变公众的传统观念也需要一个过程。医学的使命是救死扶伤，但这并不意味着医生能够救活所有人。我们应该通过医疗手段，减轻绝症病人的痛苦，甚至遵从痛苦不堪的绝症病人的意愿。

주요 단어 및 구문

尊严死 zūnyánsǐ 존엄사
高官 gāoguān 고위 관직자
黎民百姓 límín bǎixìng 일반 백성, 평민
罹患 líhuàn 병이 들다
绝症 juézhèng 불치병
治愈 zhìyù 치료하다, 완치하다
分外 fēnwài 아주 심하게, 유달리, 특별히
无可奈何 wúkěnàihé 어찌 할 도리가 없다
花费 huāfèi 쓰다, 들이다
医疗费 yīliáofèi 병원비
耗费 hàofèi 들이다, 소비하다
资源 zīyuán 자원
陪护 péihù (환자를) 보살펴 주다, 간병인
时间精力 shíjiān jīnglì 시간과 노력
难以计算 nányǐ jìsuàn 헤아릴 수 없이 많다
何况 hékuàng 게다가, 하물며
房倒屋塌 fángdǎowūtā 집이 무너지다
家庭经济状况 jiātíng jīngjì zhuàngkuàng 가정 형편
一落千丈 yíluò-qiānzhàng 급락하다
宁愿 nìngyuàn 차라리 ~할지언정
毒药 dúyào 독약
上吊自杀 shàngdiào zìshā 목매달아 자살하다
白 bái 헛되이
钱财 qiáncái 금전, 재물
到头来 dàotóulái 결국
传统观念 chuántǒng guānniàn 전통적인 관념
提到 tídào 언급하다
无情 wúqíng 무정하다, 냉정하다
孝敬 xiàojìng 효도하다
长辈 zhǎngbèi 웃어른, 연장자
赡养 shànyǎng 부양하다
心情舒畅 xīnqíng shūchàng 마음이 편하다
颐养天年 yíyǎng tiānnián 심신을 보양하여 천수를 누리다
一病不起 yí bìng bù qǐ 몸져눕다
拼命 pīnmìng 필사적으로 하다
体验 tǐyàn 체험(하다)
福分 fúfen 행운, 복
晚期癌症 wǎnqī áizhèng 말기 암
身心 shēnxīn 심신
饱受 bǎoshòu 실컷 당하다, 겪다

摧残 cuīcán 심한 손상을 주다, 학대하다
生不如死 shēng bùrú sǐ 사는 게 죽는 것보다 못하다
题材 tícái 소재, 주제
受重伤 shòu zhòngshāng 중상을 입다
做法 zuòfǎ 방법
等于 děngyú ~와 같다
故意 gùyì 고의로
与时俱进 yǔshí-jùjìn 시대에 맞춰 변화하다
权威 quánwēi 권위적인
机构 jīgòu 기구, 기관
确认 quèrèn 승인, 확인
不妨 bùfáng ~해도 무방하다, 괜찮다
自愿 zìyuàn 자원하다, 자발적인
无药可救 wú yào kě jiù 가망이 없는, 희망이 없는
非同寻常 fēitóng xúncháng 보통 일이 아니다, 각별하다
界定 jièdìng 한계나 범위를 정하다
强推 qiángtuī 강압적으로 추진하다
操作 cāozuò 진행하다, 다루다
慎重 shènzhòng 신중하다
执行 zhíxíng 집행하다
合法化 héfǎhuà 합법화
征求 zhēngqiú 구하다, 묻다
民意 mínyì 민심, 여론
取得共识 qǔdé gòngshí 합의를 이루다
改变 gǎibiàn 바꾸다
需要一个过程 xūyào yí ge guòchéng 어느 정도 시간이 필요하다
使命 shǐmìng 사명
救死扶伤 jiùsǐ-fúshāng 죽음에 처한 사람을 구조하고 부상자를 돌보다
这并不意味着 zhè bìng bú yìwèizhe ~를 의미하진 않는다
救活 jiùhuó 목숨을 구하다
减轻痛苦 jiǎnqīng tòngkǔ 고통을 덜어 주다
遵从 zūncóng 따르다, 복종하다
不堪 bùkān 감당할 수 없다, ~할 수 없다

꼭 알아야 할 성어·단어

- 陪护者 : 간병인
- 一落千丈 : 바닥으로 떨어지다
- 痛苦不堪 : 대단히 고통스러워하다 '不堪'은 결합하는 단어의 앞과 뒤에 모두 올 수 있는데 '痛苦不堪'처럼 뒤에 올 때는 정도가 심함을 나타낸다. '不堪'이 앞에 오는 경우는 '참을 수 없다' 또는 '차마 ~할 수 없다'라는 뜻으로, '不堪入目 차마 못 봐주겠다', '不堪设想 상상조차 할 수 없다' 등의 표현도 함께 알아 두자.

꼭 알아야 할 따페이·구문

- 到头来还是一场空 : 결국에는 아무것도 남지 않다, 빈털터리가 되다

1 更何况，普通百姓一场病下来，简直像"房倒屋塌"，家庭经济状况一落千丈。

'更何况'은 '하물며'의 뜻이다. '像'은 '마치 ~같다'라는 뜻으로 뒤에 一样'이 생략된 형태이다. '一落千丈'은 '바닥으로 떨어지다'라는 뜻인데 '가정경제가 바닥에 떨어진다'라고 하기보다 '가세가 기울다'라고 하는 것이 자연스럽겠다.

↳ 하물며 일반 서민들은 병에 걸렸다 하면 마치 집이 무너지는 것처럼 가세가 급격히 기운다.

2 一些病人宁愿选择喝毒药、上吊自杀，也不愿拖累家人。

'宁愿A，也不B (A할지언정 B하지 않는다)' 구문이다.

↳ 일부 환자들은 독약을 마시거나 목매달아 자살할지언정 가족들을 고생시키려 하지 않는다.

3 如果绝症患者有主观意愿，且由权威法定医疗机构正式确认，就不妨尊重病人的自愿选择，让已无药可救的病人"有尊严地死去"，这是"死亡文明"的一个体现。

'不妨'은 '~해도 무방하다'라는 의미이지만 한국어로 살리면 어색한 경우가 많아서 '~하도록 하다' 정도로 번역하면 좋겠다. 그리고 '无药可救'는 병을 치료할 약이 없다는 뜻으로, '치료 가망이 없다' 정도로 번역해 보자. '死亡文明'은 한국어로 살리기가 쉽지 않다. 보통 '文明'은 '문명적인', '에티켓', '의식 있는', '예절바른' 등 다양한 의미로 해석된다. '死亡文明'을 요즘 유행하는 '웰다잉(well-dying)'이라는 표현으로 번역해도 좋겠다. '体现'은 보통 '구현하다', '나타나다'의 의미이지만 여기서는 '死亡文明'과 결합해서 죽음을 대하는 성숙함의 '体现', 즉 '성숙한 태도'로 번역해 보자.

↳ 만약 불치병 환자들이 스스로 원하고 권위 있는 법정 의료 기관이 정식으로 인정하면 환자의 자발적 선택을 존중해서 더는 치료 가망이 없는 환자들이 존엄을 유지하면서 죽어갈 수 있도록 하는 것이 바로 죽음을 대하는 성숙한 태도라고 할 수 있다. [웰다잉을 실천하는 것이다.]

존엄사를 허용하라

　유명 인사든 고위 관직자든 평범한 국민이든 불치병에 걸리면 현재 의료 기술로는 고칠 수 없다. 환자가 너무 고통스러워해도 가족들은 어찌할 방도가 없다. 또한 환자의 치료에 들어간 병원비와 의료 자원 그리고 간병인의 시간과 노력은 헤아릴 수 없다. 게다가 평범한 가정에서 누가 병이라도 걸리면 말 그대로 집안이 거덜나고 풍비박산 난다. 많은 농촌 지역에서 막대한 치료비가 드는 난치병에 걸린 환자들이 가족에게 짐이 되기 싫어 차라리 독약을 먹거나 목매달아 자살하기도 한다. 그들은 "치료를 안 하면 한 명만 죽지만 치료를 하면 온 가족이 다 죽는다"고 말한다. 만약 치료에 실패하면 값비싼 병원비와 인력을 낭비하게 되고 결국 모든 것이 헛수고가 되고 만다.

　전통적인 관점에서 존엄사는 자녀들이 효도를 하지 않고 친구와 가족들이 매정하다는 인상을 준다. 사실 정말로 웃어른에게 효도하려면 건강할 때 잘 봉양하고 심신을 편하게 해 드려 천수를 누리게 해야지 병으로 몸져누운 뒤에 돈을 써서 치료해 드려서는 안 된다. 행복은 생활 속에 있는 것이지 겨우 목숨을 연명하는 데에 있지 않다. 유한한 삶 속에서 마땅히 누려야 할 인간다운 생활을 하고 행복함을 느낀다면 이것이야말로 최고의 행운이다.

　현대 의학이 치료할 수 없는 난치병은 많다. 특히 말기 암은 완치가 매우 어렵다. 많은 환자들의 심신은 극심한 고통에 시달려 사는 게 죽는 것보다 못하다는 심정이다. 혁명 전쟁을 주제로 한 영화들을 보면 병사들이 중상을 입어 너무 고통스러워할 때 흔히 "차라리 총으로 나를 쏴 줘."라는 부탁을 한다. 그러나 평화로운 시대에 이러한 방법은 고의적인 살인이나 마찬가지이다. 이러한 의의에서 보았을 때 존엄사도 시대에 맞게 변화해야 한다. 만약 불치병 환자가 희망하고 또한 권위적인 법정 의료 기관에서 공식적인 허가를 받았다면 환자의 자발적인 선택을 존중해도 무방하다. 그리고 이미 치료 가망이 없는 환자가 인간으로서 존엄을 유지하면서 죽을 수 있게 해 주는 것은 '웰다잉(well-dying)'을 실천한 것이기도 하다.

　물론 한 국가가 존엄사를 허용하는 것은 보통 일이 아니다. 반드시 입법 승인을 거쳐야 한다. 특히 환자의 '생명 말기' 기준을 정할 때 엄격한 의학적 기준이 필요하다. 그리고 존엄사를 진행할 때 반드시 환자의 의사를 존중해야 하며 이를 강요해선 안 된다. 존엄사 진행 과정에서도 매우 신중하게 집행해야 한다. 존엄사를 합법화하기 위해서는 국민들의 의견을 수렴하고 사회적 합의를 이뤄내야 한다. 국민들의 전통적인 관념을 바꾸려면 어느 정도의 시간이 필요하다. 의학의 사명은 목숨을 구하고 병을 고치는 것이다. 그러나 이것이 의사가 모든 사람을 다 구할 수 있다는 의미는 아니다. 우리는 의학적 수단을 통해 난치병 환자들의 고통을 덜어 주고 더 나아가 견딜 수 없는 고통에 시달리는 난치병 환자들의 의사를 존중해 줘야 한다.

大学生为什么争当公务员

"很多受教育程度良好的年轻人,都争当公务员,这是一种严重的浪费。"近日,诺贝尔经济学奖获得者埃德蒙·菲尔普斯如是说。从经济学的角度来看,做公务员只需萧规曹随、按部就班,似乎不需要那么多创新力,那些教育程度高、创新点子多的年轻人更应该搞研究、办公司,只有这样社会才更加富有活力,国家才有更大的希望。

对刚要走出校门的大学生而言,考公务员是一次公平的竞争,为什么不试一下呢?另一方面,与许多国家相比,中国的公务员需要付出更多努力和创造。当今中国所面临的变革任务繁巨,❶总体上是由政府推动的,它需要更多的公务员深入经济和社会的细微之处,发现问题、开动脑筋、想出办法。与那些成熟的发达国家相比,中国的公务员队伍更需要优秀的人才。

即便如此,公务员热还是有些过度,出现了千军万马过独木桥的现象,一个普通职位动辄吸引数以百计的硕博报考。对此我们应该有所反思。很多人认为,这与政府部门的"特权性收益"有关。这些年来,中国的市场经济在发展,政府部门支配的资源和财富也在增加。这个理由是部分成立的。不过,❷特权寻租向来为所有规章制度所不容,而且国家限制权力、打击腐败的力度会不断增强。因此,公务员更大的诱惑可能还在于"保底性福利"。

中国的年轻人并不缺乏冒险创业的动力,但当前贫富差距较大,社会保障薄弱,权利的充分实现面临不少困难。一旦跌入底层,要过上一种体面和尊严的生活,难度就会大大增加。一个大学生如果打拼失败,就很可能心理失衡,连与同学交往的勇气都会丧失,住房、医疗、教育等一系列问题也让人抬不起头来。如果考上公务员,这些基本问题尽管也需要操心,但解决起来较为容易。因为每个国家的公务员基本都是待遇稳定、旱涝保收,且在社会保障方面拥有得天独厚的优势。

从这个意义上来看,年轻大学生对公务员趋之若鹜,实际上是一种"恐慌性"的报考,折射出他们对公平竞争的怀疑、对社会保障的担忧以及对未来预期的不确定。因此,让公务员热回归正常,让更多年轻人到更广阔的人才市场上去追逐梦想,政府部门可以从两个方面着力:一是创造更加公平的就业创业条件,让体制内外享有平等参与、平等发展的权利;❸二是继续提高并调整社会保障的水平,逐步建立以权利公平、机会公平、规则公平为主要内容的社会保障体系。

주요 단어 및 구문

争当 zhēngdāng 앞다투어 ~가 되다
公务员 gōngwùyuán 공무원
年轻人 niánqīngrén 젊은이
严重 yánzhòng 심각하다
浪费 làngfèi 낭비
诺贝尔经济学奖获得者 Nuòbèi'ěr jīngjìxuéjiǎng huòdézhě
노벨 경제학상 수상자
从……的角度来看 cóng……de jiǎodù láikàn
~의 관점에서 보면
萧规曹随 xiāoguī-cáosuí 전에 쓰던 방식을 그대로 답습하다
按部就班 ànbù-jiùbān 순서대로 하나씩 진행하다
似乎 sìhū 마치 ~인것 같다
创新力 chuàngxīnlì 창의력
创新点子 chuàngxīn diǎnzi 참신한 아이디어
搞研究 gǎo yánjiū 연구하다
办公司 bàn gōngsī 회사를 설립하다
只有A才B zhǐyǒu A cái B A해야 B하다
对……而言 duì……éryán ~에 대해 말하자면
竞争 jìngzhēng 경쟁
付出努力 fùchū nǔlì 노력하다
面临 miànlín 직면하다
变革 biàngé 개혁, 변혁하다
繁巨 fánjù 막중하다, 복잡하다
总体上 zǒngtǐshàng 전체적으로
深入 shēnrù 깊이 들어가다
细微 xìwēi 세밀한, 미세한
开动脑筋 kāidòng nǎojīn 머리를 쓰다, 고민하다
队伍 duìwu 집단
优秀的人才 yōuxiù de réncái 우수한 인재
即便如此 jíbiàn rúcǐ 그럼에도 불구하고
千军万马过独木桥 qiānjūn-wànmǎ guò dúmùqiáo
낙타가 바늘 구멍을 통과하다
职位 zhíwèi 직위
动辄 dòngzhé 걸핏하면
数以百计 shù yǐ bǎi jì 수많은
硕博 shuòbó 석사, 박사
报考 bàokǎo 응시하다
对此 duìcǐ 이에 대해
部门 bùmén 부처, 부서
特权 tèquán 특권

收益 shōuyì 수익
与……有关 yǔ……yǒuguān ~와 관련있다
支配 zhīpèi 지배하다, 운용하다
财富 cáifù 재산
向来 xiànglái 줄곧
为……所不容 wéi……suǒ bùróng ~로 금지하다
规章制度 guīzhāng zhìdù 규정
打击腐败 dǎjī fǔbài 부패 척결
诱惑 yòuhuò 유혹하다
保底 bǎodǐ 최저 한계를 보장하다
缺乏 quēfá 부족하다
冒险 màoxiǎn 모험
动力 dònglì 동력, 에너지
贫富差距 pínfù chājù 빈부 격차
社会保障 shèhuì bǎozhàng 사회보장
薄弱 bóruò 취약하다
一旦 yídàn 일단
跌入 diērù ~에 빠지다, 떨어지다
体面 tǐmiàn 체면이 서다
连A都B lián A dōu B A조차 B하다
勇气 yǒngqì 용기
住房 zhùfáng 주택
考上 kǎoshàng (시험에) 합격하다
操心 cāoxīn 고민하다, 신경을 쓰다
较为 jiàowéi 비교적
待遇 dàiyù 대우
得天独厚 détiāndúhòu 우월한, 천혜의
趋之若鹜 qūzhī-ruòwù 우르르 몰려가다
恐慌 kǒnghuāng 당황하다, 공황
怀疑 huáiyí 의심하다
不确定 búquèdìng 불확실한
回归正常 huíguī zhèngcháng 정상화하다
追逐梦想 zhuīzhú mèngxiǎng 꿈을 좇다
享有权利 xiǎngyǒu quánlì 권리를 누리다
以A为B yǐ A wéi B A를 B로 하다

꼭 알아야 할 성어·단어

- **按部就班** : 순서대로 하나씩 진행하다 비슷한 단어로는 '循规蹈矩', '循序渐进'이 있다.
- **寻租** : 돈세탁, 횡령 생산을 통해서가 아니라 비경제적인 수단을 통해 더 많은 이익을 얻으려는 행위를 말한다.
- **打拼失败** : '打拼'은 '고군분투하다'라는 뜻인데 '失败'와 결합해서 '경쟁에서 패배하다'로 의역할 수 있다.
- **得天独厚** : 직역하면 '하늘에서 얻은 것이 혼자만 두텁다'인데, 의역하면 '남달리 좋은 환경에 처하다'라고 할 수 있다. 비슷한 표현으로는 '天时地利', '地利人和'가 있다.
- **趋之若鹜** : '趋'는 '쫓아가다'라는 뜻의 동사, '之'는 '그것'의 대명사이며, '若'는 '마치 ~처럼', '鹜'는 '집오리'라는 뜻이다. 종합해 보면 '마치 집오리들처럼 그것을 쫓아가다'라는 뜻이다.

꼭 알아야 할 따페이·구문

- **千军万马过独木桥** : 천군만마가 외나무다리를 건너다 경쟁이 매우 치열함을 뜻하는데 '낙타가 바늘구멍 들어가기'로 의역해도 좋겠다.

1 总体上/是/由政府/推动的，它/需要/更多的公务员/深入/经济和社会的细微之处，发现/问题、开动/脑筋、想出/办法。

'由'는 뒤에 나오는 동사의 주어, 즉 주체를 강조하는 용법으로 쓰였다. 중국어는 한국어와 어순이 달라서 '동사+목적어' 구조로 되어 있다. 평소 한국어를 보면서 동사와 목적어 관계를 재배치하는 연습을 하면 좋겠다.

↳ 전체적으로는 정부가 주도하여 개혁을 추진하지만 더 많은 공무원들이 경제와 사회의 미세한 곳까지 깊이 들어가 문제를 발견하고, 머리를 써서 방법을 생각해 낼 필요가 있다.

2 特权寻租向来为所有规章制度所不容，

'为……所……' 구문이다. '为'가 '所'와 호응해서 나올 경우에는 '被'와 뜻이 같다.

↳ 특권, 자금 횡령을 도모하는 것은 줄곧 모든 규정과 제도에 의해 용인되지 않았다.

3 二是继续提高并调整社会保障的水平，

'동사1+并+동사2+목적어' 구조로, '사회보장 수준(社会保障的水平)'이라는 목적어가 두 개의 동사(提高+并+调整)에 걸려있는 형태이다.

↳ 두 번째는 사회보장의 수준을 계속 제고시키고 조정해야 한다.

대학생들이 공무원이 되려는 이유?

최근 노벨 경제학상 수상자 에드먼드 펠프스는 "우수한 교육을 받은 많은 젊은이들이 너도나도 공무원이 되려고 경쟁하는 것은 심각한 낭비다"라고 지적했다. 경제학의 관점에서 보면 공무원은 그냥 이전의 업무 방식을 그대로 답습하고 순서대로 일을 처리하면 되기 때문에 그다지 창의력이 요구되는 것 같지 않다. 고등교육을 받고 아이디어가 넘쳐나는 젊은이들이 연구를 하고 회사를 창업해야 사회가 더욱 활력이 넘치고 국가는 더 큰 희망으로 충만해질 수 있다.

이제 막 대학문을 나설 대학생들에게 있어 공무원 시험은 공평한 경쟁이니 이를 마다할 이유는 없다. 또 한편으론 다른 국가들과 비교해 봤을 때 중국의 공무원들은 더 많은 노력과 혁신이 요구되기도 한다. 현재 중국이 직면하고 있는 개혁 임무는 매우 복잡하다. 전체적으로는 정부가 주도하여 개혁을 추진하지만 여기에는 더 많은 공무원들이 경제와 사회의 미시적인 부분에 투입되어 문제를 발견하고 고민하며 해결 방안을 마련해야 할 필요가 있다. 따라서 중국의 공무원들은 다른 선진국들보다 우수한 인재들이 훨씬 더 필요하다.

그럼에도 불구하고 공무원 열풍은 다소 도가 지나치다고 할 수 있다. 거의 낙타가 바늘 구멍을 통과하는 수준이다. 일반직인데도 수백 명의 석·박사가 몰리기 십상이다. 우리는 이런 상황에 대해 반성해 볼 필요가 있다. 많은 사람들은 공무원 열풍이 정부 부처의 특권과 관련 있다고 생각한다. 최근 몇 년 간 중국의 시장경제가 발전하면서 정부 부처가 운용하는 자원과 자금도 함께 늘어났기 때문에 이 이유도 어느 정도는 성립된다. 그러나 특권과 자금 횡령은 줄곧 규칙과 제도에 의해 금지되어 왔다. 게다가 국가가 권력을 제한하고 부패를 척결하기 위한 노력을 끊임없이 강화하고 있다. 따라서 공무원이라는 직업의 최대 매력은 안정된 복지가 아닐까 싶다.

중국의 젊은이들이 모험과 창업에 뛰어들 에너지가 부족한 것은 결코 아니다. 단지 현재 빈부 격차가 심각하고 사회보장 제도가 취약하며 자신의 권리를 충분히 누리기가 어려운 게 현실이다. 일단 사회의 하류층으로 전락하게 되면 최소한의 인간다운 삶을 사는 것도 너무 어려워진다. 만약 한 대학생이 경쟁에서 실패를 하게 된다면 분명 심리적으로 큰 타격을 입게 될 것이다. 학교 동기들과 만날 용기조차 없어지고, 주거·의료·교육 등 여러 문제들 때문에 고개를 들지 못할 정도가 된다. 그런데 만약 공무원 시험에 합격하면 이러한 기본적인 문제들에 대해 고민은 하겠지만 상대적으로 쉽게 해결할 수 있다. 왜냐하면 모든 국가의 공무원들은 기본적으로 안정적인 처우와 소득이 보장되기 때문이다. 또한 사회보장 측면에서도 훨씬 더 유리하다.

이러한 의미에서 보았을 때 젊은 대학생들이 공무원 시험에 몰리는 것은 사실 일종의 공황 심리에서 비롯되었다고 할 수 있다. 이러한 현상은 학생들의 공평한 경쟁에 대한 회의, 사회보장에 대한 우려, 그리고 미래에 대한 불확실성을 반영한다. 따라서 과도한 공무원 열풍을 정상화하려면 더 많은 젊은이들이 더 넓은 인재 시장에서 꿈을 좇을 수 있도록 해야 한다. 정부 부처는 두 가지 측면에서 힘써야 한다. 우선 더욱 공평한 취업·창업 조건을 마련해 주고 체제 안에서든 밖에서든 평등하게 참여하고 발전할 수 있는 권리를 누릴 수 있도록 해야 한다. 두 번째는 지속적으로 사회보장의 수준을 높이고 조정해야 한다. 공평한 권리·공평한 기회·공평한 규칙을 위주로 하는 사회보장 시스템을 점진적으로 구축해 나가야 한다.

反家暴，立法之外咋跟进

Track 1-38

家暴问题，除了聚焦女性，也不能忽视儿童。有个朋友为人很好，却常常打孩子。后来他写道，"每次大怒过后，父亲当年的影子总会在眼前闪过。**1**现在才知道，最可怕的不是小时候的那些皮肉之痛，而是那道阴影如此顽强持久的投射。"

对孩子"施暴"，没有哪个家长是"天生的"或"不得已的"。那种"不打不成器"的传统观念、成人权威的不容挑衅、社会高压下无法纾解的自我情绪，都是滋生儿童受暴的土壤。然而，许多人没能意识到，除了受到伤害后的惊恐眼神，孩子心中也留下了难以抹去的伤痕。

有心理阴影的成人和被家暴影响的儿童都需要心理疏导，否则容易走歪路。一方面，为人父母需接受必要的自我教育，经常反省可以减少暴力冲动；另一方面，事后的心理慰藉是必需的，不能伤害过子女后就不管不问。说到底，因"心病施暴"的问题要治，不能让童年停留在阴影之中。

家暴是一种恶习，但往往因其他恶习而起。我认识一个木匠老李，年轻时沾上赌博，辛苦挣的钱都败光了，争吵之后就打妻子。后来，老李戒了赌，在镇上开了店，日子慢慢好起来，再也没打过老婆。这样"因恶致暴"的事不在少数。

有家暴的地方，往往会有一个沾点恶习、心理扭曲、不负责任的人。比如，一方配偶不务正业、游手好闲，久而久之，恶习越来越多，**2**最后堕入"恶习致穷，因穷施暴，以暴为恶"的负面循环。**3**家暴之所以难以摆脱，是因为它往往与经济发展、文化教育、社会环境等纠缠在一起，变成一个多方位的社会问题。

向家暴说"不"，首先要向恶习说"不"。从这个意义上讲，反家暴入法是一个明确的社会信号，意义重大。当前，需要给实施家暴的人更多法律上的、舆论上的压力，尊重家人、爱护孩子，随着社会观念的进步，越来越多的家庭将杜绝"家暴"。

주요 단어 및 구문

家暴 jiābào 가정폭력
咋 ză 어째서, 어떻게, 왜 = 怎么
跟进 gēnjìn 따라가다
除了A，也B chúle A, yě B A이외에 B도
聚焦 jùjiāo 초점을 모으다, 집중하다
忽视 hūshì 소홀히 하다
为人 wéirén 사람 됨됨이
大怒 dànù 몹시 화나다
当年 dāngnián 그때
闪过 shǎnguò 나타나다, 스치다
可怕 kěpà 두렵다
皮肉 píròu 육체
阴影 yīnyǐng 그림자
顽强 wánqiáng 끈질기게, 완강하게
投射 tóushè 투사하다
施暴 shībào 폭력을 휘두르다
家长 jiāzhǎng 가장, 학부모
天生 tiānshēng 타고난, 태생적인
不得已 bùdéyǐ 어쩔 수 없이
成器 chéngqì 유용한 사람이 되다, 인재가 되다
不容 bùróng 용납할 수 없다
挑衅 tiǎoxìn 도발하다, 싸움을 걸다
纾解 shūjiě 해제하다 → 털어내다
情绪 qíngxù 감정, 정서
受暴 shòubào 폭력을 당하다
土壤 tǔrǎng 토양
意识 yìshí 의식하다
受到伤害 shòudào shānghài 피해를 입다
惊恐 jīngkǒng 놀라 두려워하다
眼神 yǎnshén 눈빛
伤痕 shānghén 상처, 상흔
疏导 shūdǎo 잘 통하게 하다, 잘 흐르게 하다
否则 fǒuzé 그렇지 않으면
走歪路 zǒu wāilù 잘못된 길을 가다
为人父母 wéirén fùmǔ 부모가 되다
反省 fǎnxǐng 반성하다
慰藉 wèijiè 위로하다
不管不问 bùguǎn búwèn 전혀 상관하지 않다
说到底 shuō dàodǐ 결론적으로 말하다
停留 tíngliú ~에 정체하다, 머물다

恶习 èxí 악습, 나쁜 습관
木匠 mùjiang 목공
沾上 zhānshàng (나쁜 일에) 물들다
辛苦 xīnkǔ 고생스럽다
挣钱 zhèngqián 돈을 벌다
败光 bàiguāng 탕진하다
争吵 zhēngchǎo 말다툼하다
戒赌 jièdǔ 도박을 끊다
镇 zhèn 진, 읍 [행정 구역]
开店 kāidiàn 가게를 열다
再也没 zài yě méi 다시는 ~하지 않다
老婆 lǎopo 아내
不在少数 búzài shǎoshù 적지 않다
扭曲 niǔqū 삐뚤어지다, 왜곡하다
配偶 pèi'ǒu 배우자
不务正业 búwùzhèngyè 비정규직에 종사하다
游手好闲 yóushǒu-hàoxián 빈둥거리며 게으름만 피우다
久而久之 jiǔ'érjiǔzhī 오랜 시일이 지나다
堕入 duòrù 떨어지다, 빠지다
循环 xúnhuán 순환
纠缠 jiūchán 뒤엉키다
多方位 duōfāngwèi 다방면으로
信号 xìnhào 신호
压力 yālì 압박, 스트레스
爱护 àihù 잘 보살피다

꼭 알아야 할 성어·단어

- 为人很好 : 사람이 매우 좋다
- 不打不成器 : 때려야 훌륭한 사람이 된다
- 因恶致暴 : 나쁜 습관이 폭력을 초래하다
- 不务正业 : 변변치 못한 직업
- 游手好闲 : 빈둥거리며 게으름만 피우다 그런 사람이란 의미로 '백수'의 뜻도 있다.

꼭 알아야 할 따페이·구문

- 留下了难以抹去的伤痕 : 지울 수 없는 상처를 남기다

1 现在才知道，最可怕的不是小时候的那些皮肉之痛，而是那道阴影如此顽强持久的投射。

'不是A，而是B (A가 아니라 B이다)' 구문이다. 지시사 '那' 다음에 나온 '道'는 '그림자'를 셀 때 사용하는 양사이다. 문장 맨 앞에 있는 '现在才知道 이제서야 알게 되다'는 뒤로 보내서 번역해도 괜찮다.

☞ 가장 무서운 것은 어린 시절 겪었던 육체적 고통이 아니라 그 어두운 그림자가 이렇게 끈질기게 따라다닌다는 것임을 이제서야 알게 되었다.

2 最后堕入"恶习致穷，因穷施暴，以暴为恶"的负面循环。

'最后'는 '마지막'이라는 뜻보다 여기서는 '결국'이라는 부사로 해석하면 좋겠다. '恶习致穷'은 '나쁜 습관이 가난을 초래하다(致)', '因穷施暴'은 '가난 때문에(因) 폭력을 가하다(施)', '以暴为恶'는 '폭력이 습관이 되다(为)'라는 뜻이다. '堕入……负面循环'에서 '负面循环'은 '부정적인 순환'이라고 하기보다는 '악순환'이라고 하는 것이 더 자연스럽겠다.

☞ 나쁜 습관으로 가난해지고 가난 때문에 폭력을 휘두르게 되며 폭력이 나쁜 습관이 되는 악순환에 빠진다.

3 家暴之所以难以摆脱，是因为它往往与经济发展、文化教育、社会环境等纠缠在一起，变成一个多方位的社会问题。

'之所以A, 是因为B' 구문이다. '与……纠缠在一起'는 '~와 뒤엉키다'라는 의미이다.

☞ 가정폭력에서 벗어나기 어려운 것은 바로 경제 발전, 문화 교육, 사회 환경 등의 요인과 뒤엉켜서 다양한 사회 문제로 변질되기 때문이다.

가정폭력 방지를 위해 수반 되야 할 것은?

　가정폭력 문제는 여성에 초점이 맞춰져 있지만 아동도 소홀히 할 순 없다. 한 지인은 사람 됨됨이는 좋은데 자주 아이를 때린다. 후에 그는 "매번 너무 화가 날 때마다 예전 아버지의 그림자가 늘 눈앞에 나타난다. 지금에서야 가장 무서운 것은 어릴 때 당했던 육체적 고통이 아니라 그때의 트라우마가 이렇게도 끈질기게 따라 다닌다는 것임을 알게 되었다."라고 밝혔다.

　아이들에게 폭력을 가하는 것은 어떤 가장도 '태생적'이라거나 '어쩔 수 없는' 게 아니다. '맞으며 자라야 올바른 사람이 된다'라는 전통적인 관념, 어른한테 대드는 것을 허용하지 않는 권위 의식, 스트레스가 만연한 사회에서 속마음을 제대로 표출해 낼 수 없는 현실은 모두 아동 학대를 야기하는 원인이다. 그러나 많은 사람들은 학대당한 후 두려움에 찬 아이들의 눈빛 말고도 아이의 마음 속에 지울 수 없는 상처가 남아있음을 알지 못한다.

　마음 속에 상처가 있는 어른과 가정폭력에 시달린 아이들은 모두 마음 속 응어리를 다 털어놓는 시간이 필요하다. 그렇지 않으면 잘못된 길을 가기 쉽다. 부모들은 자기 수양과 성찰을 통해 폭력 충동을 줄일 수 있다. 또한 폭력을 행사한 이후 심리적인 위로도 꼭 필요하다. 아이들을 때린 후 없었던 일처럼 해선 안 된다. 결국 마음의 병에서 비롯된 폭력 문제는 반드시 해결돼야 하며 아이들을 암흑 속에서 살게 해선 안 된다.

　가정폭력은 일종의 나쁜 습관이다. 그러나 가정폭력은 또 종종 다른 나쁜 습관에 의해 야기되곤 한다. 내가 아는 목수 이씨는 젊었을 때 도박에 빠져 고생해서 번 돈을 다 날려버렸고 말다툼을 벌이다 아내를 때렸다. 이후 이씨는 도박을 끊었고 마을에 가게를 열었다. 상황이 점차 좋아지자 그는 다시는 아내를 때리지 않게 되었다. 이처럼 나쁜 습관으로 인해 발생한 폭력 사건들이 적지 않다.

　가정폭력이 일어나는 곳에는 보통 나쁜 습관에 물들어 마음이 삐딱하고 책임감 없는 사람들이 있다. 예를 들어, 배우자 한 쪽이 딱히 하는 일 없이 빈둥거리면 시간이 지날수록 나쁜 습관이 점점 많아진다. 결국 '나쁜 습관 때문에 가난해지고, 가난 때문에 폭력을 휘두르며, 폭력이 나쁜 습관이 되어 버리는' 악순환에 빠지게 되는 것이다. 가정폭력에서 벗어나기가 쉽지 않은 이유는 이 문제가 흔히 경제 발전, 문화 교육, 사회 환경 등과 뒤엉켜 복잡한 사회 문제로 변질되기 때문이다.

　가정폭력을 반대하기 위해서는 먼저 나쁜 습관을 반대해야 한다. 이러한 의미에서 보았을 때 '반가정폭력법' 입법화는 분명한 사회적 신호이며 중요한 의미를 가진다. 현재 가정폭력을 휘두르는 자들에게 법률과 여론 측면에서 더욱 강력한 압박을 가해 가족을 존중하고 아이들을 소중히 보살필 수 있도록 해야 한다. 사회적 관념이 진보함에 따라 점점 더 많은 가정에서 가정폭력이 근절될 것이다.

世界在变"老"，各国谋应对

当今世界人口的增长与20年前有很大的不同，老年人口的增长将逐渐超过新生人口。2000年，60岁或60岁以上人口的数量已经超过5岁以下人口的数量，到2050年，全世界老年人口数量超过15岁以下的儿童数量。目前10～20岁人口已经为负增长，发达国家90岁人口增长率最高，发展中国家50～70岁人口增长率最高。

随着医疗健康条件的改善，人类的预期寿命不断提高。2010年～2015年，发达国家的人口平均预期寿命为78岁，发展中国家的平均预期寿命为68岁。到2045年～2050年，在发达国家，预计出生人口的平均预期寿命将达到83岁，在发展中国家，将达到74岁。随着人类寿命的逐渐延长，老年人口自身也在变"老"，即80岁以上人口所占比例逐渐增加。2050年全球人口将变得更"老"，这种老龄化进程将一直延续到本世纪末。

人口老龄化对社会和经济方面的影响是深远的，我们如何做出选择来应对挑战，尽可能地为越来越多的老年人口提供机会，**1**将决定我们能否从"长寿红利"中获益。2002年，第二次老龄问题世界大会在西班牙马德里召开，会议通过了《马德里老龄问题国际行动计划》，呼吁人们改变对老年人口的态度，**2**老年人不应被看作是社会的负担，而是社会发展过程中的积极参与者。他们的权利必须得到尊重，应把老龄化从社会经济的压力转变为可持续发展的动力。

生育水平低是人口老龄化的主要原因之一，因此很多国家制定了育儿津贴和带薪休假等家庭政策，向离职生育期间的女性提供一定的医疗、营养和薪资等补助，刺激女性的生育意愿。**3**加大在儿童教育、看护和医疗等方面的公共福利投入，缩短低龄儿童父母的工时，缓解家庭看护幼儿的压力，使父母双方兼顾工作和育儿的双重责任。这些措施也保证了女性职工重返劳动力市场，增加了年轻劳动力的市场参与率。

老年人的积极就业政策包括促进老年人就业、实行弹性工作时间和延长退休年龄等。促进老年人就业的基本理念就是只要老年人想工作且有能力工作，就允许老年人继续工作。许多国家通过法律手段反对就业市场中的年龄歧视来减少老年人的就业障碍。**4**保证应对人口老龄化措施得以实行的基础就是要有法律保障。许多国家建立了比较完善的保护老年人的法律体系，保证老年人口不受社会歧视，在就业、社会保障、医疗服务和社会排斥等方面，老年人口都有权利说出自己的意愿。

주요 단어 및 구문

与……不同 yǔ……bùtóng ~와 다르다
新生 xīnshēng 신생아, 갓 태어난
数量 shùliàng 수량
负增长 fùzēngzhǎng 마이너스 성장
改善 gǎishàn 개선
预期寿命 yùqī shòumìng 기대 수명
延长 yáncháng 연장하다
自身 zìshēn 스스로
所占比例 suǒ zhàn bǐlì 차지하는 비율
老龄化 lǎolínghuà 노령화
延续 yánxù 지속하다, 연장하다
深远 shēnyuǎn (영향이) 크고 깊다
做出选择 zuòchū xuǎnzé 선택하다
应对挑战 yìngduì tiǎozhàn 도전에 대응하다
尽可能 jǐnkěnéng 될 수 있는 한
从……中获益 cóng……zhōng huòyì ~에서 이득을 얻다
长寿 chángshòu 장수(하다)
红利 hónglì 보너스, 혜택
西班牙马德里 Xībānyá Mǎdélǐ 스페인 마드리드
召开 zhàokāi 개최하다
改变对……的态度 gǎibiàn duì……de tàidù
~에 대한 태도를 바꾸다
被看作 bèi kànzuò ~로 간주되다
负担 fùdān 부담, 짐
积极 jījí 적극적인, 긍정적인
得到尊重 dédào zūnzhòng 존중받다
从A转变为B cóng A zhuǎnbiànwéi B A에서 B로 바꾸다
生育水平 shēngyù shuǐpíng 출산률=생육률
制定政策 zhìdìng zhèngcè 정책을 제정하다
育儿津贴 yù'ér jīntiē 육아 보조금
带薪休假 dàixīn xiūjià 유급휴가
离职 lízhí 직장을 떠나다
薪资 xīnzī 임금
补助 bǔzhù 보조금
刺激 cìjī 독려하다, 복돋우다
加大 jiādà 확대하다
看护 kānhù 돌보다
公共福利 gōnggòng fúlì 공공복지
缩短 suōduǎn 단축하다
工时 gōngshí 업무 시간

缓解压力 huǎnjiě yālì 부담을 줄이다, 스트레스를 풀다
幼儿 yòu'ér 유아
兼顾工作和育儿 jiāngù gōngzuò hé yù'ér
일과 육아를 병행하다
重返 chóngfǎn 다시 돌아가다
包括 bāokuò 포함하다
实行 shíxíng 실행하다
弹性工作时间 tánxìng gōngzuò shíjiān 탄력 근무 시간제
延长退休年龄 yáncháng tuìxiū niánlíng
퇴직 연령을 연장하다
允许 yǔnxǔ 허락하다
歧视 qíshì 차별
障碍 zhàng'ài 장애
社会排斥 shèhuì páichì 사회적 따돌림

꼭 알아야 할 따페이·구문

- **与……不同** : ~와 다르게 '与……相比 ~와 비교해 봤을 때', '与……相同 ~와 마찬가지로'도 잘 쓰이는 구문이다. 주의할 것은 '与'와 '不同' 사이에 오는 표현이 간단할 수도 있지만 한 줄이 넘어가는 경우도 있어 '与……不同' 관계를 놓치기 쉬우므로 절대 주의하자!
- **把……转变为……** : ~를 ~로 바꾸다 서면어에서는 '把' 대신에 '将'을 쓴다.
- **只要……就……** : ~하기만 하면 ~하다 '只有A才B'와 의미는 비슷하나 뒤에 호응되는 단어가 '就'와 '才'로 다르다는 점은 꼭 외워 두자.

1 将决定我们能否从"长寿红利"中获益。

'从……中'은 가장 기본적이기도 하면서 정말 많이 쓰이는 구문이다. 긴 문장에서는 기본 관계만 파악할 줄 알아도 문장을 정확하게 번역하는 데 많은 도움이 된다. '中' 뒤에는 '可以看出', '可以预测', '获得利益', '得出结论' 등이 결합하여 관용적으로 잘 쓰인다. '长寿红利'에서 '红利'는 원래 '배당', '보너스'라는 뜻인데 여기서는 '장수 시대의 혜택'이라고 의역하자.

↳ 앞으로 우리가 장수 시대의 혜택을 누릴 수 있는지 여부를 결정하게 될 것이다.

2 老年人不应被看作是社会的负担，而是社会发展过程中的积极参与者。

'不应A，而是B'는 '不是A，而是B'를 응용한 것으로 보면 된다. '不是+应该'를 '不应'으로 살짝 모양만 바꾸었을 뿐이고, 'A해서는 안 되고 B해야 한다'라는 뜻이다. '被看作'는 '~로 여겨지다'라는 뜻이다.

↳ 노인들이 더 이상 사회의 짐이 아니라 사회 발전 과정의 적극적인 참여자로서 인식되어야 한다.

3 加大在儿童教育、看护和医疗等方面的公共福利投入，缩短低龄儿童父母的工时，以缓解家庭看护幼儿的压力，使父母双方兼顾工作和育儿的双重责任。

전형적인 중국어의 '동+목' 구조를 공부할 수 있는 문장이다. '加大……投入', '缩短……工时', '缓解……压力'처럼 '동+목'으로 이루어진 따페이를 많이 외워두면 문장을 쉽게 번역할 수 있다. '在……方面'은 '~방면에서'라는 뜻으로 '在'를 빼먹지 않도록 주의하자.

↳ 아이의 교육, 돌봄, 의료 등의 방면에서 공공복지 투자를 늘리고, 나이 어린 자녀를 둔 부모들의 업무 시간을 단축하여 가정에서 아이를 돌봐야 하는 부담을 덜어 주어 부모들이 일과 육아를 병행할 수 있도록 하였다.

4 保证/应对人口老龄化措施/得以实行的基础/就是/要有法律保障。

얼핏 보기에 복잡해 보이지만 분석해 보면 결국 '주어+是+목적어' 구조의 문장이다. 주어 부분에 동사가 여러 개 나와서 헷갈릴 수 있는데 일단 문장에 '是' 동사가 있으면 '是'가 전체 문장의 본동사이다. '是'를 중심으로 앞부분이 주어 부분이고 뒤는 목적어 부분이 된다. 맨 앞에 나온 '保证'은 주어 부분의 동사이며, '应对'는 '人口老龄化'와 '동+목' 관계로 '措施'를 수식하고 있다. '得以实行'은 '실행하다'의 서면어 표현이다.

↳ 인구노령화에 대응하는 조치가 실시할 수 있도록 해 주는 기초는 바로 법적 보장을 마련하는 것이다. [법률을 마련하는 것이다]

★ **为负增长 / 寿命为78岁** : 여기서 '为'는 동사이며 제2성으로 발음해야 한다. 동사일 때 의미는 '~가 되다', '~하다'이기 때문에 '为负增长'은 '마이너스 성장이 되다'의 의미이고, '寿命为78岁'는 '수명이 78세가 되다'로 번역할 수 있다. 숫자 앞에 쓰이는 중국어 동사는 '是'보다는 '为'나 '达(到)'가 훨씬 더 많이 쓰인다.

늙어가는 세계, 대응에 나선 각국

오늘날 전 세계 인구의 증가 추세는 20년 전과 완전 다르다. 노인 인구의 증가가 점차적으로 신생아 증가 속도를 넘어설 것이다. 2000년에는 60대 이상 인구가 이미 5세 이하 인구수를 초과하였고, 2050년에는 전 세계에서 노인 인구수가 15세 이하 아동 인구수를 넘을 것이다. 현재 10~20세에 속한 인구수는 이미 마이너스 성장을 기록하였고 선진국에서는 90세 인구의 성장률이 가장 높으며, 개도국에서는 50~70세 인구의 성장률이 가장 높다.

의학 및 신체 조건이 개선되면서 인간의 기대 수명이 끊임없이 연장되고 있다. 2010년~2015년에 선진국의 평균 기대 수명은 78세이고, 개도국의 평균 기대 수명은 68세이다. 2045년~2050년이 되면 선진국에서 태어난 신생아들의 평균 기대 수명은 83세, 개도국은 74세가 될 것으로 예측된다. 인간의 수명이 점점 길어지면서 노인들도 더 나이를 먹게 되었다. 즉 80세 이상의 인구가 전체에서 차지하는 비중이 점점 더 늘어나고 있는 것이다. 2050년 전 세계 인구의 노령화는 더 심각해질 것이고, 이러한 노령화 현상은 이번 세기 말까지 지속될 것이다.

인구 노령화가 사회와 경제에 끼치는 영향은 매우 심각하다. 우리가 어떠한 선택을 내려서 이 문제에 대응할 것인지, 그리고 어떻게 점점 더 늘어나는 노인 인구에게 최대한 기회를 제공해 줄 수 있을지가 앞으로 우리가 장수 시대의 혜택을 누릴 수 있는지 여부를 결정하게 될 것이다. 2002년에는 제2차 노령화 문제 세계 회의가 스페인 마드리드에서 열렸다. 회의에서는 '마드리드 노령화 문제 국제 행동 계획'을 통과시켰고, 사람들의 노인 인구에 대한 태도 변화를 촉구하였다. 그리고 노인들이 더 이상 사회의 짐이 아니라 사회 발전 과정의 적극적인 참여자로서 인식되어야 한다고 강조하였다. 또한 노인들의 권리는 반드시 존중받아야 하며, 노령화를 사회경제의 부담에서 지속 가능한 발전의 엔진으로 바꾸어야 한다고 주장하였다.

낮은 출산율은 인구 노령화의 주요 원인 중 하나이다. 따라서 많은 국가들이 육아 보조금과 유급휴가 등 가정 지원 정책을 제정하였다. 출산을 위해 휴직한 여성들에게 의료, 영양 및 급여 등 보조금을 제공해 여성들의 출산을 장려하였다. 또한 아동 교육, 돌봄 및 의료 방면에 공공복지 예산을 확충하고, 자녀의 나이가 어린 부모들의 업무 시간을 단축하여 가정의 육아 부담을 줄여 주고 남편과 아내가 함께 일과 육아를 병행할 수 있도록 하였다. 이러한 조치들은 여성 인력이 출산 후 노동시장으로 다시 복귀할 수 있도록 보장해 줘 젊은 노동력의 시장 참여율을 높였다.

노인을 위한 적극적인 취업 정책은 노인들의 취업 지원, 탄력적 근무제 및 퇴직 연령 연장 실시 등을 포함한다. 노인 취업 지원의 기본적인 이념은 노인들이 일할 의지와 능력이 있으면 계속 일할 수 있게 하는 것이다. 많은 국가가 법률적 수단을 통해 취업 시장의 나이 차별 현상에 반대하므로써 노인들의 취업 문턱을 낮추고 있다. 인구노령화 대응 조치가 실행될 수 있는 기반은 법적 보장에 있다. 많은 국가들이 어느 정도 완비된 노인 보호 법률 시스템을 구축하여 노인들이 사회의 차별을 받지 않고, 취업·사회 보장·의료 서비스·사회적 따돌림 등 문제에 대해 자신들의 목소리를 낼 수 있는 권리를 보장해 주고 있다.

要成家，先"成人"

近日，遇上个朋友，一看就有心事儿。一问才知，儿子跟刚认识两个月的女友闪婚，结果呢，没俩月又离了。俩人跟没事人似的，**1**把老人给折腾得够呛。

闪婚闪离在当今并不鲜见。**2**"叼着奶嘴儿"走进婚姻的年轻人也不少，遇到家务琐事就怵头，一旦发生矛盾就互不相让——心态上还是个孩子，婚姻之舟自然难敌风浪。

一位英国法学家说过一句话，"所有进步社会的运动，是一个从'身份到契约'的运动。"其实，中国在从传统社会向现代社会转变过程中，家庭也悄然面临着"从身份向契约"的转型。结婚不再履行"父母之命，媒妁之言"的伦理程序，而成为个人的选择与自由；传宗接代不再是家庭天然的伦理使命，而成为夫妻的偏好与权利。

然而，尽管家庭的伦理色彩逐渐淡化，但年轻人却不能因此丢弃家庭责任。"过得好就过，过得不好就离"是个人的自由，结婚不过是花9块钱领一张证书，但年轻人应该明白，任何一个选择的本身都意味着一种责任。**3**勇于承担家庭责任，是年轻人真正成熟的一种明证，也是一个人道德修养的地基。比如，**4**自己为人父母了，就会知养育之难，大概就不会把"啃老"当作理所应当的事儿，也不会在及时行乐中甘当"月光族"。

中国人讲究家国观念，欲治其国，必先治其家。事实上，一个人的责任、担当与情感，总是按照家庭伦理、由近及远扩散开来。很难想象，一个不疼爱自己孩子的人，会对这个社会产生认同感和归属感；很难相信，一个对自己家人缺少担当的人，会对这个国家产生责任感和使命感。只有首先爱家人和家庭，才能谈得上爱社会和国家。

其实，**5**无论在传统社会，还是现代社会，家庭都是社会的"基本细胞"，更是一个人安身立命的避风港湾。年轻人不能丢掉家庭责任，就像振翅高飞的苍鹰，无论飞得多高多远，都得回到那个温暖的巢穴。有人感叹，以前的爱情很纯粹，人们注重相濡以沫，不畏艰辛只为爱情；现在的感情太复杂，用家庭背景、工资收入、学历高低等外在因素，偷换了爱情的相互承诺，异化了家庭的脉脉温情，这或许就是家庭责任欠缺的重要原因。

什么是家？它是坦诚交出自我的地方，需要彼此呵护、全情付出。要成家，先要"成人"，成为一个懂得担当的成年人。

주요 단어 및 구문

遇上 yùshàng 만나다
一A就B yī A jiù B A하자 바로 B하다
心事 xīnshì 근심거리
闪婚 shǎnhūn 속성 결혼
俩人 liǎrén 두 사람
折腾 zhēteng 괴롭히다
够呛 gòuqiàng 죽겠다, 고되다
闪离 shǎnlí 속성 이혼
并不鲜见 bìng bù xiǎn jiàn 결코 드물지 않다
叼着 diāozhe 입에 물다
奶嘴儿 nǎizuǐr 젖꼭지
遇到 yùdào 만나다
家务 jiāwù 집안일
琐事 suǒshì 번거로운 일
怵头 chùtóu 주눅이 들다
发生矛盾 fāshēng máodùn 갈등이 생기다
相让 xiāngràng 양보하다
心态 xīntài 심리 상태
舟 zhōu 배
难敌风浪 nán dí fēnglàng 순탄치 못하다
身份 shēnfèn 신분
契约 qìyuē 계약
悄然 qiǎorán 은연중에
履行 lǚxíng 이행하다
媒妁 méishuò 중매쟁이
传宗接代 chuánzōng-jiēdài 대를 잇다
偏好 piānhào 기호
淡化 dànhuà 희미해지다, 약해지다
丢弃 diūqì 버리다, 포기하다
领 lǐng 수령하다
证书 zhèngshū 증명서
本身 běnshēn 그 자체, 본인
承担责任 chéngdān zérèn 책임을 지다
道德修养 dàodé xiūyǎng 도덕 수양
地基 dìjī 토대
啃老 kěnlǎo 부모의 등골을 빼먹다
理所应当 lǐ suǒ yīngdāng 당연하다
及时行乐 jíshí xínglè 현재를 즐기다, 카르페 디엠
甘当 gāndāng 기꺼이 ~하다
月光族 yuèguāngzú 월광족

讲究 jiǎngjiū 중시하다
欲 yù 하고자 하다
担当 dāndāng 책임, 역할
由近及远 yóu jìn jí yuǎn 가까운 곳에서 먼 곳까지 확장되다
扩散 kuòsàn 확산되다
疼爱 téng'ài 매우 사랑하다
认同感 rèntónggǎn 공감, 정체성
归属感 guīshǔgǎn 귀속감
缺少 quēshǎo 부족하다
谈得上 tán de shàng ~라고 말할 수 있다
细胞 xìbāo 세포
安身立命 ānshēn lìmìng 근심없이 몸을 의탁하며 살다
避风港湾 bìfēng gǎngwān 피난처
振翅高飞 zhèn chì gāo fēi 날개를 치며 높이 날다
苍鹰 cāngyīng 매
温暖 wēnnuǎn 따뜻하다
巢穴 cháoxué 둥지, 은신처
感叹 gǎntàn 감탄하다
纯粹 chúncuì 순수하다
相濡以沫 xiāngrú-yǐmò 곤경 속에서 서로 의지하고 도와주다
不畏 búwèi 두렵지 않다
艰辛 jiānxīn 고생(스럽다)
工资收入 gōngzī shōurù 월급
承诺 chéngnuò 서약, 약속
脉脉温情 mòmò wēnqíng 따뜻한 온정
或许 huòxǔ 아마
欠缺 qiànquē 결핍되다
坦诚 tǎnchéng 솔직하게
呵护 hēhù 보호하다, 애지중지하다
全情 quánqíng 모든 정
付出 fùchū 지불하다, 바치다
懂得 dǒngdé 알다, 이해하다

꼭 알아야 할 성어·단어

- **啃老** : 한국어로 '캥거루족' 또는 '니트족(尼特族)'으로 번역할 수 있는 신조어이다. 나이가 들어서도 부모에게 의지해 사는 자식들을 의미한다.
- **月光族** : 월급을 한 달도 안 되어 다 써 버리는 지출이 헤픈 사람들을 의미한다. 한국어로 매칭되는 명사가 없으므로 이럴 때는 '위에꽝주'라고 그대로 표현하고 의미를 설명해 주는 것이 좋다.

꼭 알아야 할 따페이·구문

- **一……就……/ 一……才……** : '一……就……'는 '~하자마자 ~하다'라는 뜻으로, '一看就有心事儿'는 '보자마자 걱정이 있다는 것을 알았다'라고 해석할 수 있다. '一……才……'는 '~하니 비로소 ~하다'의 의미로, '一问才知'는 '물어보고 나서 비로소 알게 되다'라는 뜻이다.

1 把老人给折腾得够呛。

'노인에게 엄청난 고통을 주다'라는 의미로 '마음고생을 많이 시켰다'라고 의역해 볼 수 있겠다. 어려운 표현이라 이런 문장들은 외워 두는 것이 좋다.

2 "叼着奶嘴儿"……,

큰따옴표(" ")가 있는 단어는 이중적 의미를 갖는다. 직역하면 '젖병을 문 채'로 해석되지만 비유적인 의미는 '아직 철들지 않았다'라는 뜻이다.

3 勇于承担家庭责任，是年轻人真正成熟的一种明证，也是一个人道德修养的地基。

'勇于……'는 '용감하게 ~하다'라는 뜻이다. '承担……责任 책임지다'는 대단히 중요한 따페이이므로 꼭 외워 두자. '对……负责'도 같은 의미의 따페이이다. '明证'은 '명백한 증거'의 의미이고 '地基'는 '기반', '바탕' 정도로 번역하면 좋겠다.

↪ 용감하게 가정을 책임지는 것은 젊은이가 정말 철이 들었다는 것을 보여 주는 증거이며 한 사람의 도덕적 수양의 토대이다.

4 自己为人父母了，就会知养育之难，大概就不会把"啃老"当作理所应当的事儿，也不会在及时行乐中甘当"月光族"。

'为人父母了'에서 '为'는 '되다'라는 뜻의 동사이므로 '为人父母'는 '부모가 되다'라는 뜻이다. 끝에 붙은 '了'는 이 문장에서는 완료의 의미가 아니라 변화의 용법이라는 것을 주의하자. '大概'는 원래 부사로 '대략'이라는 의미이지만 이 문장에서는 '적어도' 정도의 의미가 적절하겠다.

↪ 자신이 부모가 되어 봐야 아이를 키우는 게 얼마나 어려운지 알게 된다. 또한 자신이 부모가 되어 봐야 부모의 등골을 빼먹는 게 당연한 일이 아니라는 것을 알게 되고, 오늘만 살며 월급을 받는 족족 흥청망청 써 버리는 습관도 고치게 될 것이다.

5 无论在传统社会，还是现代社会，家庭都是社会的"基本细胞"，更是一个人安身立命的避风港湾。

'无论A，还是B，都……'는 'A이든 B든 막론하고 모두 ~하다'라는 뜻의 구문이다. "基本细胞"는 인용 부호가 있기 때문에 '기본 세포'라는 사전적 의미보다 비유하는 느낌을 찾아 의역하는 것이 좋다. "避风港湾"은 '피난처', '안전지대'의 뜻이다.

↪ 전통사회든 현대사회든 가정은 모두 사회의 기본 단위이자 더욱이 한 사람이 마음 편히 쉴 수 있는 피난처이다.

결혼하려면 먼저 '어른'이 되라

얼마 전 한 친구를 만났는데, 보아하니 무슨 걱정이 있는 것 같았다. 그래서 무슨 일이냐고 물어보자 아들이 사귄 지 두 달 밖에 안 된 여자친구와 바로 결혼식을 올렸는데 결국 두 달도 안 돼 이혼했다는 것이다. 두 사람은 아무 일도 없었던 것처럼 잘 지내는데 자기만 엄청 속을 썩였다고 한다.

요즘 들어 초고속 결혼과 초고속 이혼 현상을 어렵지 않게 볼 수 있다. 아직 철도 안 들었는데 결혼한 젊은이들도 적지 않다. 이들은 골치 아픈 집안일을 맞닥뜨리면 어찌할 바를 모르고, 갈등이 생기면 서로 양보하려 하지 않는다. 정신적으로는 아직 어린이이니 결혼 생활이 순탄할 리가 없다.

한 영국 법학자는 이런 말을 했다. "사회를 발전시키는 모든 운동은 신분에서 계약으로의 운동이다." 사실 중국이 전통사회에서 현대사회로 발전해 가는 과정에서 가정도 은연중에 신분에서 계약으로의 전환을 맞이했다. 결혼이 더는 '부모의 명령과 중매쟁이의 말'로 성사되는 윤리적 과정이 아니라 개인의 선택과 자유가 되었으며 대를 잇는 것이 이제는 가정의 선천적인 윤리적 사명이 아니라 부부의 기호와 권리가 되었다.

그러나 비록 가정의 윤리적 색채가 점점 옅어져도 젊은이들이 이것을 빌미로 가정에 대한 책임을 아예 저버려서는 안 된다. 물론 잘 지내면 같이 살고 잘 못 지내면 이혼하는 것은 개인의 자유이며, 결혼은 9위안이면 살 수 있는 종이 증서에 지나지 않는다. 그러나 젊은이들은 모든 선택에는 책임이 뒤따른다는 것을 명심해야 한다. 용감하게 가정을 책임지는 것은 젊은이가 정말 철이 들었다는 것을 보여 주는 증거이며 한 사람의 도덕적 수양의 토대이다. 예를 들어, 자신이 부모가 되어 봐야 아이를 키우는 게 얼마나 어려운지 알게 된다. 또한 자신이 부모가 되어 봐야 부모의 등골을 빼먹는 게 당연한 일이 아니라는 것을 알게 되고, 오늘만 살며 월급을 받는 족족 흥청망청 써 버리는 습관도 고치게 될 것이다.

중국인들은 가정과 국가를 매우 중시한다. 즉 나라를 잘 다스리고 싶다면 우선 반드시 집안을 잘 다스려야 한다고 생각한다. 사실 한 사람의 책임, 역할, 감정은 늘 가정 윤리에 근거하고 가까운 곳에서 먼 곳으로 퍼져나간다. 자기 자식을 사랑하지 않는 사람이 사회에 대해 공감과 귀속감을 느낄 리 만무하고 자기 가족에 대한 책임감이 부족한 사람이 국가에 대한 책임감과 사명감이 생길 리 없다. 우선 가족과 가정을 사랑해야 사회와 국가를 사랑한다고 할 수 있다.

사실 전통사회든 현대사회든 가정은 사회의 가장 기본적인 단위이자 한 사람이 편하게 의지할 수 있는 피난처이다. 젊은이들은 가정에 대한 책임을 저버려선 안 된다. 날갯짓 하며 높이 나는 매는 아무리 높고 멀리 날아도 결국에는 따뜻한 둥지로 돌아온다. 어떤 사람들은 예전의 사랑은 순수했고 사람들이 어려움 속에서도 서로 돕고 의지하며 고난도 두려워하지 않고 오로지 사랑만을 생각했는데 지금은 감정이 너무 복잡해졌다고 탄식한다. 집안 배경, 월급, 학력 등 외부적인 요인들이 사랑의 서약을 대신하고 가정의 따뜻함을 변질시켰다. 아마 이러한 것들이 가정에 대한 책임감을 약해지게 한 중요한 원인일 것이다.

가정이란 무엇인가? 가정은 솔직하게 자신을 드러내는 공간이며 서로가 지키고 애정을 쏟아야만 한다. 가정을 꾸리려면 우선 '어른'이 되어야 하며 특히 책임질 줄 아는 어른이 되어야 한다.

如何看待"状元"远离数理化

前不久到中国科技大学采访，考生志愿填报的取向引起了该校副校长陈初升的察觉。**1**中科大以"数理化"等理工科专业而著称，这位副校长坦言，与上世纪80年代全国顶尖生源扎堆中科大相比，生源质量的确不如从前。但陈初升对此似乎并没有过于忧虑。一方面，学校整体上录取的仍是全国最好的一批学生；另一方面，不少学生是奔着实现"科学家"的梦想而来，目标非常明确。

众所周知，探索科学，特别是基础性科学研究，属于较高层次的精神需求，在此个人兴趣尤为重要。在经济、管理等专业成为多数考生首选专业的背景下，仍有年轻人选择科学类专业作为自己四年乃至更长时间的目标，这样的年轻人无疑会在科学的道路上走得更高更远。高考"状元"扎堆于非科学类专业，可能是他们的热情并不在此，又可能是其他诉求暂时压过了兴趣。**2**总之，选择并非自主，勉强为之，并不利于挖掘年轻人的学习潜能。

与激情影响下的个人选择相比，依据社会需求做出的选择，虽亦难免盲目，总体上却是贴近现实的。从这个角度来看，考生们的取向，或许正是人们走向理性的一种表现。若学生们纷纷涌进缺乏社会需求支撑的专业，反而可能造成人才浪费。以生物生命科学类专业为例，早些年由于国内相关技术和产业链条尚不完善、就业岗位少，许多毕业生只好从事与所学专业无关的工作。

对科学类专业的理性选择，在某种程度上也体现了社会的进步。科学研究作为高智力活动，社会对从事该领域的人数要求是有限的。30多年前，"科学技术是第一生产力"的号召，点燃了一批青年学子的"科学兴国"热情。随着社会各项建设的推进，人们逐渐意识到，社会的进步除了科技力量，还需要其他行业的配合，需要健全制度保驾护航。经管、法律类的专业由"冷"转"热"、成为许多"状元"的首选，似乎不必大惊小怪。

주요 단어 및 구문

看待 kàndài 대하다
状元 zhuàngyuán 장원, (시험에서) 1등
数理化 shùlǐhuà 수학·물리학·화학
采访 cǎifǎng 인터뷰하다
考生 kǎoshēng 수험생
志愿 zhìyuàn 지원하다
填报 tiánbào 작성하여 보고하다
引起 yǐnqǐ 끌다
副校长 fùxiàozhǎng 부총장
察觉 chájué 느끼다
以A而著称 yǐ A ér zhùchēng A로 유명한
理工科 lǐgōngkē 이공 계열
专业 zhuānyè 전공
坦言 tǎnyán 솔직하게 말하다
顶尖 dǐngjiān 최고의
生源 shēngyuán 학생 자원, 인재풀
扎堆 zhāduī 한곳에 모이다
不如从前 bùrú cóngqián 예전만 못하다
录取 lùqǔ 합격시키다
奔着 bēnzhe 달리다
尤为 yóuwéi 특히
管理 guǎnlǐ 경영(학과)
首选 shǒuxuǎn 가장 먼저 선택하다
暂时 zànshí 잠시
压过 yāguò 압도하다
总之 zǒngzhī 총괄하면, 요컨대
自主 zìzhǔ 자발적인
勉强 miǎnqiǎng 강요하다, 마지못해, 억지로 ~하다
挖掘 wājué 발굴하다, 찾아내다
潜能 qiánnéng 잠재력
激情 jīqíng 격정
亦 yì 또한
难免 nánmiǎn 면하기 어렵다
贴近 tiējìn 가깝다
涌进 yǒngjìn (사람·사물이) 많이 밀려들다
支撑 zhīchēng 뒷받침
生物 shēngwù 바이오, 생물학
以A为例 yǐ A wéi lì A를 예로 들자면
产业链条 chǎnyè liàntiáo 산업 사슬
就业岗位 jiùyè gǎngwèi 일자리

从事 cóngshì 종사하다
与……无关 yǔ……wúguān ~와 무관한
在某种程度上 zài mǒuzhǒng chéngdù shàng 어느 정도
号召 hàozhào 호소(하다)
点燃 diǎnrán 불을 지피다, 점화하다
兴国 xīngguó 나라를 일으키다
配合 pèihé 보조를 맞추다, 조화를 이루다
健全 jiànquán 온전하다
保驾护航 bǎojià hùháng 보호하다, 뒷받침하다
由A转B yóu A zhuǎn B A에서 B로 바뀌다
大惊小怪 dàjīng-xiǎoguài 별것 아닌 일에 크게 놀라다

- 众所周知 : 모두 다 알다시피 서면어에 자주 등장하는 단어이다. 한중 번역을 할 때도 뜻에 크게 구애받지 않고 문장을 자연스럽게 연결해 주는 역할을 하니 활용해 보면 좋겠다.
- 保驾护航 : 장애를 제거하여 계속 발전할 수 있도록 보호하다[지켜주다]

꼭 알아야 할 따페이·구문

- 与……相比 : ~와 비교해 보면 중간에 수식이 아무리 길게 들어가도 이 구조는 꼭 잡아내야 한다.
- 虽亦难免盲目 : '虽'는 '虽然'의 뜻이고 '亦'는 '也'의 서면어 표현이다. '难免'은 '피하기 어렵다'라는 뜻으로, '비록 역시 맹목적이라는 것을 피하기는 어렵지만' 정도로 번역해 볼 수 있겠다.
- 不必大惊小怪 : 직역하면 '별로 이상하지 않은 일을 보고 크게 놀랄 필요가 없다'라고 할 수 있다. '딱히 놀랄 일도 아니다'라고 의역해 보자.

통번역 스킬 UP

1 中科大以"数理化"等理工科专业而著称,

'以……而著称'은 '~로 유명하다', '~로 이름나다'라는 뜻의 따페이이다.

↪ 중과대는 수리화학 등 이공계 전공으로 유명하다.

2 总之，选择并非自主，勉强为之，并不利于挖掘年轻人的学习潜能。

'总之'는 '종합해 보면', '并非'는 '결코 ~가 아니다'라는 뜻이다. 그리고 '勉强为之'에서 '勉强'은 '억지로'라는 뜻이며, '为'는 '하다'라는 뜻의 동사, '之'는 '그것'이라는 뜻의 대명사이다. 정리하면 '억지로 그것을 하다'라고 할 수 있겠다. '不利于……'는 '~하는 데 불리하다'라는 뜻이다. '挖掘……潜能' 역시 중요한 따페이이니 외워 둬야겠다.

↪ 종합해 보면, 자발적으로 선택하지 않고 억지로 그것을 하는 것은 젊은이들의 학습 잠재력을 일깨우는 데 불리하다.

★ 由"冷"转"热" : '由'는 '从'의 의미로 쓰였다. 서면어에서 '由'는 두 가지 용법이 있는데 주로 주체를 강조해 주는 용법으로 많이 쓰이며, 가끔 '从'의 뜻으로도 쓰인다. 그리고 '冷'과 '热'에 인용 부호(" ")를 찍었기 때문에 비유적 표현을 고민해야 한다. '차가운 것에서 뜨거운 것으로 변했다'라는 사전적 의미를 기본적으로 알고 그것이 비유하는 바가 무엇인지를 찾아보자. 경영, 법률 전공이 '비인기학과에서 인기학과로 바뀌었다'라고 문맥에 맞게 풀어 주면 좋겠다.

수능 만점자들의 이공계 기피 현상, 어떻게 봐야 하나?

얼마 전 기자는 중국 과학기술대학(중국 과기대)에서 인터뷰를 진행했다. 천추성 과기대 부총장은 수험생들의 입학 지원 성향을 관심 있게 지켜봤다. 중국 과기대는 수학, 물리, 화학 등 이공 계열 전공으로 유명하다. 부총장은 1980년대 전국 수재들이 중국 과기대로 몰려들었던 것과 비교해 보면 현재 학생들의 실력이 확실히 예전만 못하다고 솔직하게 토로했다. 그러나 천 부총장은 이를 그다지 심각하게 걱정하는 것처럼 보이진 않았다. 전반적으로 입학하는 학생들을 보면 여전히 전국에서 가장 우수한 학생들이며, 또한 많은 학생들이 과학자라는 꿈을 이루기 위해 지원했고 그 목표가 아주 분명하기 때문이다.

과학, 특히 기초과학을 연구하는 것은 고상한 정신적 갈망이며 여기서 개인의 흥미가 특히 중요하다는 것은 다들 아는 사실이다. 대다수 수험생들이 경제와 경영 같은 전공을 우선적으로 생각하는 현재 추세에서, 그래도 과학 분야의 전공을 4년, 심지어 더 오랜 시간 동안 목표로 선택한 학생들은 분명 더 장기간 과학 분야에 몸담게 될 것이다. 수능 만점자들이 과학 계열 이외 전공에 몰리는 것은 아마 그들이 과학에 대한 열정이 없어서거나 혹은 다른 요인이 일시적으로 흥미를 압도했기 때문일 것이다. 요컨대 자발적인 선택이 아니라 강압에 의해 하는 것은 학생의 학습 잠재력을 발굴하는 데 도움이 되지 않는다.

감정에 의해서 하는 개인적인 선택과 달리 사회적 수요에 따라 내리는 선택은 비록 맹목적이긴 하지만 전체적으로 보았을 때 현실에 더 부합한다고 할 수 있다. 이 관점에서 보자면, 수험생들의 이러한 추세는 사람들이 더욱 이성화되고 있음을 보여 준다고 할 수 있다. 반대로 만약 학생들이 너도나도 사회적 수요가 뒷받침되지 않는 전공에 몰린다면 오히려 인재 낭비를 초래할 수도 있다. 바이오 생명 과학 전공이 바로 좋은 예이다. 예전에는 국내에 관련 기술과 산업 사슬이 완비되지 않았고 일자리가 부족했기 때문에 많은 졸업생들이 전공과 관련 없는 일을 할 수 밖에 없었다.

이성적으로 판단한 뒤 과학 계열의 전공을 선택하는 것은 어느 정도 사회의 진보를 보여 준다고 할 수 있다. 과학 연구는 높은 지식 수준이 요구되는 활동이다. 그리고 우리 사회가 이러한 영역에 종사하는 전문가들을 무제한적으로 필요로 하진 않는다. 30여 년 전, '과학기술이 가장 중요한 생산력이다'라는 구호는 젊은 청년들의 '과학으로 나라를 일으키자'라는 열정에 불을 지폈다. 여러 가지 사회 건설이 추진되자 사람들은 점차 사회가 진보하려면 과학기술 이외에 다른 산업도 함께 발전할 필요가 있고 완비된 제도가 뒷받침돼야 한다는 것을 인식하게 되었다. 그러면서 찬밥 신세였던 경영·법률 전공이 인기를 얻게 되었고 많은 수능 만점자들이 가장 가고 싶어하는 학과가 되었다. 이러한 변화는 딱히 놀랄만한 일도 아니다.

找找你的就业"蓝海"

🎧 Track 1-42

世上本来是有路的，走的人多了，就没了路。何不跳出去，开辟一片蓝海？

与北京人艺的老演员们聊天时，他们总爱说这样一句话：没有小角色，只有小演员。再小的角色，只要演员用心演、肯揣摩、认识深，哪怕只有一两句台词、两三个动作，照样能抓住观众，成就自己。杀猪，在人们的惯常观念中，恐怕是个低端职业，算是职业中的"小角色"，可是，两位大学生"猪肉佬"却开辟出一番事业，又开连锁又办学，他们是怎么做到的呢？

职业是死的，人是活的。关键在人的想法、框架、视野。庄子讲过一个寓言，说宋国有个人，有一种"不龟手"之药。用了，寒冷天手不裂。他们家靠这个药，世代漂洗为生，日子过得艰难。有个商人听说了这件事，花百金把"不龟手"之药买了过来，用于冬季水战，提升了军队的战斗力，大败敌国，获得重赏。

同一个药方，在一般家庭手里艰难度日，在有眼光的人手里价值连城。没别的，他们重新发现了职业的价值；光发现还不行，重要的还是提升，**1**靠拼接能力和混搭思维，或给老酒换新瓶，或把新技术、新手段、现代管理和营销技术引进老行当，重新塑造了职业形貌，给自己带来了长足发展。

人不能限制已学专业和已有职业的发展空间。人是生产力中最活跃的因素，最有创造力。**2**大学区别于技校的地方，就在于它熏陶的是思维能力，授的是渔而不是鱼。学某个专业，实际上有深远益处的不是具体技术，而是深层思维。运用这个思维，去干行业外的事儿，没准儿更能激发突破、创出新路。

人得有走新路的勇气。一求职就奔着大公司、热行业，这些地方当然拥挤。为什么一定要直接奔着大蛋糕去呢？生地更易独活，奔着更易做出大蛋糕的地儿不好吗？比尔·盖茨、乔布斯，入行没冲热门去，结果创造热门，这才是王道啊。世上本来是有路的，走的人多了，就没了路。不妨开动脑筋，找找蓝海呢。

주요 단어 및 구문

蓝海 lánhǎi 블루오션
何不 hébù 어찌 ~하지 않느냐
跳出 tiàochū 벗어나다
开辟 kāipì 개척하다
演员 yǎnyuán 배우
角色 juésè 역할, 배역
用心 yòngxīn 열심히
揣摩 chuǎimó 꼼꼼히 연구하다, 탐구하다
哪怕 nǎpà 설령 ~라 해도
台词 táicí 대사
照样 zhàoyàng 그대로 하다, 여전히
抓住观众 zhuāzhù guānzhòng 관객을 사로잡다
杀猪 shāzhū 돼지 도축
惯常 guàncháng 습관적인, 일반적인
低端 dīduān 저급의
佬 lǎo 사내, 놈
一番 yìfān 한바탕, 한번
开连锁 kāi liánsuǒ 프랜차이즈를 열다
办学 bànxué 학교를 설립하다
框架 kuàngjià 프레임, 틀
视野 shìyě 안목, 시야
庄子 Zhuāngzǐ 장자
寓言 yùyán 우화
宋国 sòngguó 송나라
龟手 jūn shǒu 손이 트다
寒冷 hánlěng 춥다
裂 liè 갈라지다, 트다
世代 shìdài 대대손손
漂洗 piǎoxǐ 헹구다, 세탁
为生 wéishēng ~를 생업으로 삼다
用于 yòngyú ~에 쓰다
军队 jūnduì 군대
战斗力 zhàndòulì 전투력
大败 dàbài 참패하다, 참패시키다
获得重赏 huòdé zhòngshǎng 큰상을 받다
药方 yàofāng 약 (처방)
艰难度日 jiānnándùrì 힘들게 살아가다
有眼光 yǒu yǎnguāng 안목이 있다
价值连城 jiàzhí-liánchéng 물건이 매우 진귀하다, 값비싸다
光 guāng 단지 ~만 하다

拼接 pīnjiē 연결하다
混搭 hùndā 믹스매치하다
瓶 píng 병
营销 yíngxiāo 마케팅
行当 hángdang 업종, 직업
塑造 sùzào 만들다
形貌 xíngmào 모습
活跃 huóyuè 활력이 넘치다, 활발하다
创造力 chuàngzàolì 창의력
技校 jìxiào 기술학교, 전문대
熏陶 xūntáo 영향을 주다, 훈도하다
益处 yìchù 이점
没准儿 méizhǔnr ~할 수도 있다
拥挤 yōngjǐ 붐비다
生地 shēngdì 낯선 곳
比尔·盖茨 Bǐěr·gàicí 빌 게이츠
乔布斯 Qiáobùsī 스티브 잡스
冲 chōng 돌진하다
热门 rèmén 인기 업종[분야]

- 蓝海 : 블루오션 블루오션은 상대적으로 경쟁이 치열하지 않은 분야를 말한다. 반대로 경쟁이 매우 치열한 분야는 레드오션이라고 하며, '红海'라고 표현한다.
- 开连锁 : '开'는 '열다', '개업하다'라는 뜻이고, '连锁'는 '체인점'의 뜻인데 요즘은 '프렌차이즈'란 말로 많이 쓰인다.

- 人得有走新路的勇气 : 사람은 새로운 길을 가는 용기를 가져야 한다 여기서 '得'은 'děi'로 발음해야 하고, '~해야만 한다'라는 의미이다.

1 靠拼接能力和混搭思维,

'靠'는 '의지하다'라는 뜻이고 '拼接能力'는 '흩어진 것을 한데 합치는 능력', '混搭思维'는 '함께 섞어서 생각하는 능력'이라고 직역해 볼 수 있다. 요즘 유행하는 '통섭과 융합의 능력'이라는 말로 의역해 보면 어떨까?

↪ 융합과 통섭의 마인드로 옛 것을 새롭게 바꿀 수도 있고,

2 大学区别于技校的地方，就在于它熏陶的是思维能力，授的是渔而不是鱼。

'区别于'는 '~와 다른 부분', '차이점'이라는 뜻이고, '就在于'는 '~에 있다'라는 뜻으로 '대학교가 기술학교와 다른 부분은 ~에 있다'라고 번역할 수 있다. '它熏陶'에서 '它'는 대학교를 3인칭으로 받은 것이고, '熏陶'는 '훈도하다', '영향을 미치다'라는 뜻이다. 이 문장에서는 '가르치는 것은' 정도로 의역하면 좋겠다.

↪ 대학교와 기술학교의 차이점은 대학교에서 가르치는 것은 사고 능력이며, 물고기가 아닌 물고기를 잡는 방법을 가르쳐 준다는 것이다.

★ 一番事业 : '开辟出一番事业'에서 '事业'의 양사가 '番'이라는 것을 알 수 있어야 한다. 중국어의 모든 양사를 다 외울 수는 없지만 어디가 양사 자리인지 알면 거꾸로 각 명사의 양사를 찾아낼 수 있다. 양사가 오는 위치는 두 곳이다. 첫째, 숫자 다음에 온다. 예를 들면 '一本书', '一部手机', '三件衣服', '一起事件'처럼 숫자 다음에 오는 단어는 양사이다. 이때 '一起'는 '함께'라는 뜻의 부사가 아니라 숫자 '一' 다음에 '事件'의 양사로 '起'가 온 것임을 알아야 한다. 이걸 모르면 '一起事件'을 '함께 사건'이라고 이상하게 해석할 수 있다. 둘째, 지시사 다음에 온다. 지시사는 '这', '那', '哪' 등을 말하는데, 예를 들어 '这双鞋', '那个故事', '这位老师'처럼 지시사 바로 다음에 오는 단어 역시 양사라는 것을 기억해 두자.

자신만의 취업 '블루오션'을 찾아라

　세상에는 원래 길이 있었는데 그 길을 가는 사람들이 너무 많아 길이 없어졌다. 그렇다면 거기서 나와 다른 블루오션을 개척하는 것은 어떤가?
　베이징 인민 예술극장의 배우들과 이야기를 할 때면 그들은 이런 말을 즐겨 한다. "작은 배역은 없다. 다만 작은 배우만 있을 뿐이다." 배우가 최선을 다해 연기하고 꼼꼼히 연구하며 배역을 심도 있게 이해하면, 아무리 대사가 한 두 줄 뿐이고 동작이 몇 개 안 되는 작은 배역이라도 관객을 사로잡고 성취감을 얻을 수 있다는 말이다. 사람들의 일반적인 관념상 돼지 도축은 아마 3D 직업, 직업 중에서도 작은 배역에 속할 것이다. 그러나 도축업을 하는 대학생 두 명이 새로운 사업 영역을 개척하여 프랜차이즈도 열고 학교도 설립했다. 그들은 어떻게 이런 일을 해낸 걸까?
　직업은 죽은 것이고 사람은 살아있는 것이다. 관건은 사람의 생각, 틀, 안목이다. 장자는 다음과 같은 우화를 말한 적이 있다. 송나라의 어떤 사람은 손이 트지 않게 해 주는 약을 가지고 있었다. 이걸 바르면 추운 겨울에도 손이 트지 않았다. 그의 집안은 이 약에 의지해 대대손손 세탁을 생업으로 삼아왔으나 살기가 너무 힘들었다. 그런데 어떤 상인이 이 이야기를 듣고 거금을 들여 이 약을 구매했다. 그는 이 약을 겨울 수중전에 사용하였는데 군대의 전투력을 상승시켜 적을 물리치게 되었고 그 결과 후한 상을 받았다.
　같은 약이라도 일반 가정에서는 겨우 생계를 유지하는 수단에 불과하지만, 안목이 있는 사람 손에서는 귀중한 보물이 되었다. 즉 그들은 새로운 가치를 발견한 것이다. 발견만 하면 안 된다. 중요한 것은 발전이다. 융합과 통섭의 마인드로 옛 것을 새롭게 바꿀 수도 있고, 또는 새로운 기술·새로운 수단·현대적 경영과 마케팅 기술을 기존 사업에 접목시켜 직업 형태를 새롭게 바꾸어 발전의 기회를 얻을 수도 있다.
　사람은 이미 배운 전공과 가지고 있는 직업의 발전 공간에만 갇혀 있을 수 없다. 사람은 생산력 중에서 가장 활력이 넘치는 요소이며 가장 뛰어난 창의력을 가지고 있다. 대학교가 기술학교와 다른 점은 대학에서 가르치는 것은 사유 능력이라는 데 있다. 즉 물고기를 주는 게 아니라 물고기 잡는 법을 가르쳐 준다는 것이다. 어떤 전공을 배우는 것의 이점은 사실 구체적인 기술에 있는 게 아니라 심도 있는 사유 능력에 있다. 이러한 사유 능력을 이용하여 기존 업계와 다른 일을 한다면 틀림없이 돌파구를 발견하고 새로운 길을 개척할 수 있을 것이다.
　사람은 새로운 길을 갈 수 있는 용기가 있어야 한다. 일자리를 찾는다고 대기업과 인기 직업에만 뛰어들면 그곳은 분명 사람들이 너무 많을 것이다. 왜 꼭 이런 곳으로만 뛰어들어야 하는가? 사람들이 찾지 않는 분야에서 더 성공하기 쉽다. 성공하기 쉬운 분야로 뛰어드는 게 훨씬 더 좋지 않은가? 빌 게이츠, 스티브 잡스는 처음부터 인기 있는 분야로 진출하지 않았다. 그 결과 그들이 인기 분야를 만들어 냈고, 이것이 바로 성공한 사람들의 방식이다. 세상에는 원래 길이 있었는데 그 길을 가는 사람들이 너무 많아 길이 없어졌다. 그렇다면 머리를 써서 블루오션을 찾는 것도 괜찮지 않을까?

韩国剩男剩女无房不结婚

据报道,"男大当婚,女大当嫁",这句顺理成章的话实践起来似乎变得越来越难。在韩国,人们结婚的年龄越来越大,如今全国平均结婚年龄已突破30岁。**1**虽然时过境迁,结婚已不再是人生必经之路,不结婚过单身也是现代人自我意识的一种表现。但韩国人中大龄未婚者不全是独身主义,大部分人不愿结婚主要是因为房子。

这些年韩国有个新词:"房奴(House poor)",就是住房穷人的意思。年轻人当中房奴大有人在,虽然房子买到了,但生活水平却急剧下降,只有在所有方面勤俭节约才可还得起贷款。因为这样的现实,很多女性表示,**2**与其嫁个没有房子的男人,不如自己赚钱养活自己。

韩国租赁住房的方法之一是,只需给房东一大笔押金,无需交月租,这样年轻人就能攒下钱来。等租赁期满的时候,房东要把这部分押金全部返还给租房者。在这种情况下,押金金额虽远低于买房所需的钱,但也是个不小的数目,一般也得超过四五十万人民币。

如果没有父母的援助,只靠年轻人自己筹钱,工作很长时间之后才能买得起房。然而,并不是所有的父母都有能力帮助孩子买房,韩国家庭一般都有两三个孩子,**3**供孩子上大学就能让父母累弯了腰,给孩子准备婚房可谓难上加难。一些有经济能力的家长也表示,等孩子们都结完婚,他们的腰包也就完全空了。

按照韩国的结婚习俗,男方准备房子,女方准备嫁妆。一般情况下,嫁妆的规模由男方的家庭背景和社会地位而定。**4**前些年在韩国有这样一种说法,要是嫁给医生、法官或律师,就要准备汽车等上百万规模的嫁妆。**5**但随着住房价格不断上涨,男性认为只让男性准备住房显得很不公平,而女方则认为与其嫁个没有住房的男人不如不结婚。总之,若解决不了住房问题,解决韩国低生育问题也只能是纸上谈兵。

주요 단어 및 구문

剩男 shèngnán 노총각

婚龄 hūnlíng 혼인 연령

顺理成章 shùnlǐ-chéngzhāng
당연하다, 이치에 맞게 저절로 잘 풀리다

实践 shíjiàn 실천하다

突破 tūpò 돌파하다, 넘어서다

时过境迁 shíguò-jìngqiān 시간이 흐름에 따라 상황도 변하다

自我意识 zìwǒyìshí 자아의식, 자의식

独身主义 dúshēn zhǔyì 독신주의

新词 xīncí 신조어

房奴 fángnú 하우스 푸어

大有人在 dàyǒu-rénzài ~한 사람들이 부지기수이다

急剧 jíjù 급격하게

勤俭节约 qínjiǎn jiéyuē 근검절약하다

还得起 huán de qǐ 갚을 수 있다

贷款 dàikuǎn 대출

与其A不如B yǔqí A bùrú B A보다 B가 낫다

养活 yǎnghuo 먹여살리다

房东 fángdōng 집주인

一大笔 yídàbǐ 거액의

押金 yājīn 보증금

交月租 jiāo yuèzū 월세를 내다

攒钱 zǎnqián 돈을 벌다

期满 qīmǎn 기간이 만료되다

返还给 fǎnhuán gěi ~에게 돌려주다

金额 jīn'é 금액

筹钱 chóuqián 돈을 모으다

买得起 mǎideqǐ 살 수 있다(능력이 되다)

让父母累弯了腰 ràng fùmǔ lèiwān le yāo
부모 등골을 휘게 하다

婚房 hūnfáng 신혼집

可谓 kěwèi ~라고 할 수 있다

难上加难 nán shàng jiā nán 설상가상 = 雪上加霜

腰包 yāobāo (허리춤에 차는) 지갑

习俗 xísú 풍습

嫁妆 jiàzhuang 혼수

社会地位 shèhuì dìwèi 사회적 지위

纸上谈兵 zhǐshàngtánbīng 탁상공론

꼭 알아야 할 성어·단어

- **房奴** : 하우스 푸어 집 때문에 고통받는 사람들을 의미한다. '穷忙族'는 '워킹 푸어'라는 뜻으로 늘 바쁘게 일하지만 쪼들리는 직장인들을 의미한다.
- **纸上谈兵** : 탁상공론 비슷한 뜻으로 '坐而论道', '华而不实', '画饼充饥'가 있고 반대말로는 '埋头苦干', '脚踏实地'가 있다.

꼭 알아야 할 따페이·구문

- **男方准备房子，女方准备嫁妆** : 남자는 집을 장만하고 여자는 혼수를 준비한다 '嫁妆 혼수'와 비슷한 뜻의 '彩礼'도 있다.

1. 虽然时过境迁，结婚已不再是人生必经之路，不结婚过单身也是现代人自我意识的一种表现。但韩国人中大龄未婚者不全是独身主义，……

    이 문장은 '虽然……, 但是……' 구문인데 앞부분이 길고 또 중간에서 문장이 끊기기 때문에 뒤에 '但是'로 연결된다는 것을 놓치기 쉽다. 번역할 때는 굳이 원문처럼 똑같이 문장을 마칠 필요 없이 바로 연결해서 번역해도 된다.

    ↪ 비록 시간이 흐르면서 상황도 변해 결혼은 이미 더 이상 인생에서 반드시 거쳐야 할 일이 아니다. 결혼하지 않고 독신으로 사는 것도 현대인들의 자아의식의 표현이긴 하지만 한국인 중 나이가 찼는데도 미혼인 사람들이 전부 다 독신주의는 아니다.

2. 与其嫁个没有房子的男人，不如自己赚钱养活自己。

    먼저 '与其A, 不如B' 구문을 찾아야겠다. 항상 '不如' 다음에 오는 B가 더 낫다는 뜻임을 기억하자. 참고로 중국에서 유행했던 재미있는 표현도 같이 외워 두자. "与其坐在自行车上笑, 不如坐在宝马车里哭。(자전거 타고 웃기보다는 BMW타고 우는 게 낫다.)" 즉 '가난한 것보다 마음고생 해도 부자가 되고 싶다'는 의미로, 중국 여성들의 결혼관을 보여 주는 표현이다.

    ↪ 집 없는 남자한테 시집 가느니 혼자 돈 벌어서 사는 게 훨씬 낫다고 말한다.

3. 供孩子上大学就能让父母累弯了腰，

    여기서 '供'은 '뒷바라지'로 의역하면 자연스럽겠다. 그리고 중간에 '让'이 들어간 사역 문장이지만 '부모로 하여금 허리를 휘게 할 수 있다'라고 번역하기에는 어색하다. 사역문과 피동문은 번역할 때 자연스럽게 평서문으로 하는 것이 좋은 번역이다.

    ↪ 아이들을 대학에 보내려면 부모의 허리가 휠 정도이다.

4. 前些年在韩国有这样一种说法，要是嫁给医生、法官或律师，就要准备汽车等上百万规模的嫁妆。

    '前些年'은 보기에는 어렵지 않아 보이지만 막상 한국어로는 뭐라고 하면 좋을지 한참 고민하게 되는 표현이다. '얼마 전', '몇 년 전' 정도가 가장 무난한 번역이다. '上百万'은 어림수로 수백만 위안이지만 우리나라 실정에서는 수 억 원이 더 와 닿는다.

    ↪ 얼마 전 한국에서는 만약 의사나, 판사, 변호사에게 시집가려면 자동차 등 수 백 만 위안에 달하는 혼수를 장만해야 한다는 말이 유행한 적이 있다.

5. 但随着住房价格不断上涨，男性认为只让男性准备住房显得很不公平，而女方则认为与其嫁个没有住房的男人不如不结婚。

    '只让'은 '단지 ~에게만 ~하게 하다'로 번역할 수 있다. '与其A不如B (A하느니 B한다)' 구문을 확인하자.

    ↪ 주택 가격이 계속 상승함에 따라 남성들은 단지 남성에게만 집을 장만하라고 하는 것은 매우 불공평하다고 말한다. 그러나 그에 반해 여성은 집 없는 남자와 결혼하느니 차라리 결혼하지 않겠다고 한다.

집이 없어 결혼하지 않는 한국의 노총각·노처녀

보도에 따르면 '남자는 커서 장가를 가고, 여자는 커서 시집을 간다'라는 당연한 말이 점점 더 실천하기가 어려워지고 있다고 한다. 한국인의 혼인 시기가 점차 늦어지면서 현재 전국 평균 혼인 연령이 이미 30세를 넘어섰다. 물론 시간이 지나면서 사회도 변했다. 결혼은 이미 더 이상 인생에 있어서 반드시 넘어야 할 관문이 아니며, 결혼하지 않고 솔로로 사는 것은 현대인들에게 일종의 자아의식의 표현이다. 그러나 한국인 중 나이가 찼는데도 미혼인 사람들이 전부 다 독신주의는 아니다. 게다가 대부분의 사람들이 결혼을 하지 않는 주된 원인은 집 때문이다.

최근 들어 한국에서 '하우스 푸어(House poor)'라는 신조어가 생겼다. 이는 '집을 가진 가난한 자'라는 뜻이다. 한국의 젊은이 중 하우스 푸어인 사람이 많다. 집은 샀지만 생활 형편이 급격하게 나빠져 무엇이든 다 절약해야 대출을 갚을 수 있는 상황인 것이다. 현실이 이렇다 보니 많은 여성들이 집 없는 남자한테 시집 가느니 혼자 돈 벌어서 사는 게 훨씬 낫다고 말한다.

한국의 주택 임대 방식 중 하나인 전세는 거액의 보증금을 집 주인에게 주면 월세를 낼 필요가 없다. 이렇게 하면 젊은이들은 돈을 모을 수 있다. 임대 만기가 되면 집주인은 보증금 전액을 임대인에게 돌려줘야 한다. 이런 상황에서 전세 보증금은 비록 매매보다 훨씬 싸지만 이것 역시 적지 않은 돈이다. 보통 보증금은 40~50만 위안 이상 된다.

만약 부모의 도움 없이 혼자 돈을 모은다면 오랫동안 일을 해야 집을 살 수 있을 것이다. 그러나 모든 부모들이 자녀가 집을 살 때 도와줄 능력이 되는 건 아니다. 한국에는 한 가정에 보통 2~3명의 아이가 있는데 아이들을 대학에 보내려면 부모의 허리가 휠 정도이다. 거기다 신혼집 사는 것까지 도와주면 정말 '설상가상'이다. 어느 정도 능력이 있는 부모들도 아이들이 모두 결혼을 하면 지갑이 텅텅 비게 된다고 토로한다.

한국의 결혼 풍습에 따르면 남자는 집을 준비하고 여자가 혼수를 준비한다. 일반적으로 혼수 규모는 남자의 가정 형편과 사회적 지위에 따라 결정된다. 몇 년 전에는 이런 말도 있었다. 의사나 판사, 변호사한테 시집가려면 자동차를 포함해서 수 억 원의 혼수를 준비해야 한다는 것이다. 그러나 주택 가격이 계속 오르면서 남자들은 남자만 집을 준비하는 게 불공평하다고 생각하게 되었다. 그에 반해 여자들은 집 없는 남자한테 시집가느니 차라리 결혼하지 않겠다고 한다. 결국 집 문제가 해결되지 않으면 한국의 저출산 문제를 해결하는 것도 '탁상공론' 밖에 되지 않을 것이다.

韩国校园暴力呈网络化

1 在韩国，青少年因不堪校园暴力而选择自杀的情况频频出现。近年来，随着网络社交媒体的快速发展，这些暴力行为不仅存在于现实生活，甚至延伸至网络，由"线下"发展为"线上"，成为"看不见的暴力"。

韩国校园网络暴力最主要载体是一款叫做"Kakaotalk"的手机软件，这是韩国人最常用的实时聊天软件。**2** 一些学生会在班级的聊天群组中针对个别学生进行辱骂，如果此学生退群，其他人则会再次将其邀请至群组，并继续辱骂和欺凌。**3** 也有一些学生在申请加入班级群组时遭到拒绝，不得不承受被孤立的痛苦。传统的校园暴力一般以殴打、抢夺物品等形式进行。相比之下，校园网络暴力往往会对青少年造成更大的伤害，带来极大的心理创伤与负担。

据韩联社报道，韩国教育部25日提交的"校园暴力与措施现状"资料显示，2015年韩国共发生1462起校园网络暴力事件，是2012年的1.62倍。此外，据韩国《每日经济》报道，韩国有27.7%的青少年都曾遭受过校园网络暴力，**4** 学生们甚至将Kakaotalk聊天软件称作"Kakaotalk监狱"。

韩国专家分析称，**5** 校园网络暴力对学生造成的伤害远大于一般校园暴力。原因有如下三点：其一，网络暴力不受时间、地点制约，会对受害者造成持续性的伤害；其二，网络的自由性和匿名性让加害者能够隐蔽真实身份，从而肆无忌惮地伤害他人；其三，发生在网络上的校园暴力较为隐蔽，不容易被老师和家长发现。因此受害学生很难及时获得帮助。对此，专家和家长纷纷呼吁，为杜绝此类事件再次发生，学校应该限制学生使用手机，保护青少年身心健康；同时校方和警方应制定更有效的政策，防止悲剧重演。

주요 단어 및 구문

校园暴力 xiàoyuán bàolì 학교폭력
遭受 zāoshòu 당하다
频频 pínpín 빈번히, 자주
网络社交媒体 wǎngluò shèjiāo méitǐ SNS
不仅 bùjǐn ~할 뿐만 아니라
延伸 yánshēn 확장(하다)
线下 xiànxià 오프라인
线上 xiànshàng 온라인
看不见的 kànbújiàn de 보이지 않는
载体 zàitǐ 매개체, 운반체
手机软件 shǒujī ruǎnjiàn 휴대전화 앱
实时聊天 shíshí liáotiān 실시간 채팅
聊天群组 liáotiān qúnzǔ 단체 채팅방
辱骂 rǔmà 욕설을 퍼붓다
退群 tuìqún 단체 채팅방에서 나가다
邀请 yāoqǐng 초대하다
欺凌 qīlíng 괴롭히다
申请 shēnqǐng 신청하다, 부탁하다
遭到拒绝 zāodào jùjué 거절당하다
不得不 bùdébù 어쩔 수 없이
承受 chéngshòu 받아들이다, 감내하다
殴打 ōudǎ 구타하다
抢夺 qiǎngduó 갈취하다, 강탈하다
创伤 chuāngshāng 상처
韩联社 Hánliánshè 연합뉴스
提交 tíjiāo 제출하다
起 qǐ 건 [사건의 양사]
监狱 jiānyù 감옥
伤害 shānghài 피해
制约 zhìyuē 제약하다
匿名性 nìmíngxìng 익명성
隐蔽 yǐnbì 은폐하다, 숨기다
肆无忌惮 sìwú-jìdàn 제멋대로 굴고 거리낌이 없다
家长 jiāzhǎng 학부모
及时 jíshí 즉시, 곧바로
纷纷 fēnfēn 잇달아, 연달아
呼吁 hūyù 호소하다
杜绝 dùjué 근절하다
限制 xiànzhì 제한하다
悲剧 bēijù 비극

꼭 알아야 할 성어·단어

- **班级的聊天群组**：직역하면 '반급의 단체 대화방'이니 한국어로 '반톡방'이란 뜻이겠다.
- **悲剧重演**：비극이 재현되다 '重演'은 여기서 발음이 'chóng'이라는 것을 주의하자.

꼭 알아야 할 따페이·구문

- **由"线下"发展为"线上"**：오프라인에서 온라인으로 발전하다. '线下'는 직역하면 '선 아래'이니 '오프라인'이고, '线上'은 '선 위'에 있으니 '온라인'이라는 뜻이다. 여기서 '由'는 '从'의 의미로 쓰였다.

1 在韩国，青少年因不堪校园暴力而选择自杀的情况频频出现。

문장 안에서 '因A而B (A때문에 B하다)' 구조를 볼 줄 알아야 문장을 정확하게 번역할 수 있다. '不堪'은 단어 뒤에 놓이면 '심하다'라는 의미가 된다. 예를 들어 '疲惫不堪'은 '대단히 피곤하다'라는 뜻이다. 그런데 본문에서처럼 앞에 쓰이면 '견딜 수 없다'라는 의미로 뜻이 달라지니 유의해야 한다.

➥ 한국에서는 청소년들이 견딜 수 없는 학교폭력 때문에 자살을 선택하는 일이 자주 발생한다.

2 一些学生会在班级的聊天群组中针对个别学生进行辱骂，如果此学生退群，其他人则会再次将其邀请至群组，并继续辱骂和欺凌。

우선은 '针对……进行辱骂 ~를 겨냥해서 욕하다' 구조를 파악해야 한다. 그 다음 복잡한 문장이 '其他人则会再次将其邀请至群组'인데 여기서는 일단 '其他人则'에서 '则'가 앞 문장에서 얘기한 '일부 학생(一些学生)'과 뒷 문장의 '기타 학생(其他人)'을 대비하기 위해 뒷 문장의 주어 다음에 왔음을 알아야 한다. 그리고 '将其邀请至……'에서 '将'은 '把'의 용법이고, '其'는 앞에 나온 명사를 받는 대명사로, 여기서는 친구들에게 욕을 먹는 '个别学生'을 대명사로 받은 것이다.

➥ 일부 학생들은 반 친구들끼리 만든 카톡방에서 특정 학생에게 욕설을 하기도 한다. 만약 이 학생이 카톡방에서 나가면 다른 학생들은 다시 그 학생을 초대하여 계속 욕설을 퍼붓거나 괴롭힌다.

3 也有一些学生在申请加入班级群组时遭到拒绝，不得不承受被孤立的痛苦。

이 문장에서는 '거절당하다'라는 표현인 '遭到拒绝'라는 따페이를 외워 두자. 그리고 '承受被孤立的痛苦'를 직역하면 '고립당하는 고통을 겪어야 한다'라고 할 수 있겠지만 순발력 있게 '고립'을 '왕따'로 번역해 보면 어떨까? 문장이 훨씬 자연스러워진다. 거꾸로 한중 번역에서 '왕따'라는 표현을 할 때 '被孤立'라는 표현을 써 보는 것도 좋겠다.

➥ 또 어떤 학생들은 카톡방에 초대해 달라고 했으나 거절당하여 '왕따'로 고통받고 있다.

4 学生们甚至将Kakaotalk聊天软件称作"Kakaotalk监狱"。

'A를 B라 부른다'라는 의미의 '将A称作B' 구문이다. 여기서 '将'은 '把'의 용법으로 쓰이고 있다. 같은 표현으로 '称A为B'도 있다.

➥ 심지어 학생들은 카카오톡을 '카톡 감옥'으로 부른다고 보도했다.

5 校园网络暴力对学生造成的伤害远大于一般校园暴力。

'A가 B보다 훨씬 크다'는 비교문을 이용하지 않고 간단하게 'A大于B'로 표현할 수 있다. '大于' 앞에 붙은 '远'은 '멀다'라는 뜻의 형용사가 아니라 '훨씬'이라는 부사라는 것을 주의하자.

➥ 사이버 폭력을 당한 학생들의 피해가 일반 학교폭력보다 훨씬 심하다.

사이버화 되어가는 한국의 학교폭력

한국 청소년들이 학교폭력에 시달려 자살을 선택하는 사건이 빈번히 발생하고 있다. 최근 몇 년간 SNS가 빠르게 성장하면서 학교폭력은 현실 생활을 넘어서서 온라인으로 확장되어 '보이지 않는 폭력'이 되었다.

사이버 폭력이 가장 많이 발생하는 온라인 공간은 휴대전화 앱 '카카오톡'이다. 이 앱은 한국인들이 가장 많이 사용하는 실시간 채팅 앱이다. 일부 학생들은 반 친구들끼리 만든 카톡방에서 특정 학생에게 욕설을 하기도 한다. 만약 이 학생이 카톡방에서 나가면 다른 학생들은 다시 그 학생을 초대하여 계속 욕설을 퍼붓거나 괴롭힌다. 또 어떤 학생들은 카톡방에 초대해 달라고 했으나 거절당하여 '왕따'로 고통받고 있다. 대부분 구타나 갈취 등이 주를 이루었던 과거 학교폭력보다 오늘날의 사이버 폭력은 청소년들에게 더 큰 피해와 심리적 상처를 남길 수 있다.

연합뉴스는 교육부가 25일 발표한 '학교폭력 및 조치 현황'에 따르면 2015년 사이버 학교폭력은 1462건으로 2012년의 1.62배에 달한다고 보도했다. 또한 매일경제는 한국 청소년 중 27.7%가 사이버 폭력을 당해 본 적이 있으며 심지어 학생들은 카카오톡을 '카톡 감옥'으로 부른다고 보도했다.

전문가들은 사이버 폭력을 당한 학생들의 피해가 일반 학교폭력보다 훨씬 심하다며 그 원인으로 세 가지를 지적했다. 첫째, 사이버 폭력은 시공간의 제약이 없어 피해자들이 계속 폭력에 시달린다. 둘째, 자유롭고 익명성이 보장되는 인터넷 환경에서 가해자들은 자신의 원래 신분을 감출 수 있어 더욱 쉽고 거리낌없이 폭력을 가한다. 셋째, 사이버 공간에서 이루어지는 학교폭력은 폐쇄적이기 때문에 교사나 학부모에게 쉽게 발견되지 않는다. 이 때문에 피해 학생들은 바로 도움을 요청하기가 매우 어렵다. 이에 대해 전문가들과 학부모들은 사이버 폭력을 근절하기 위해 학교가 학생들의 휴대전화 사용을 규제하여 학생들의 심신 건강을 보호해야 한다고 호소했다. 또한 학교와 경찰이 더욱 실효성 있는 정책을 수립하여 사이버 폭력의 비극이 재현되지 않도록 막아야 한다고 강조했다.

VR将被AR取代?

　　时下,《精灵宝可梦GO》(原名PokemonGo)的火爆,让无数玩家和研发商都看到了增强现实(AR)的前景和钱景。❶虽然游戏的战斗和养成等模块还略显单薄,并没有还原宝可梦系列在掌机上的高度,但在捕捉精灵这一环节上与现实世界相结合,就让人立刻感受到置身于游戏世界的代入感。《精灵宝可梦GO》虽然只在App Store上开放了为数不多的几个国家和地区的下载,但仍旧阻挡不了广大玩家的热忱,纷纷翻墙注册国外账号想要体验一下。

　　那么,这一现象,是否意味着在未来的市场中AR将成为主流?在这之前,需要先来了解一下AR和VR的具体定义。增强现实,也就是AR,简单来说就是在实时影像上,通过计算机添加上虚拟信息的技术。AR的载体一般有智能手机,头戴类显示设备例如Google Glass等。以智能手机为例,AR技术先通过访问摄像头获得实体影像,再利用软件程序在屏幕上添加3D模型、文字信息等。❷而虚拟现实,即VR,则指在计算机虚拟的环境当中,利用头盔等外置设备使人沉浸。❸由于VR追求的是在一个纯粹虚拟的环境中体验,所以一般使用头盔替代显示器、电视等平面的显示设备。

　　两相对比,VR更像是穿越到了一个全新的世界当中,而AR则更类似科幻小说中"两个平衡世界的重叠"现象,让我们可以在现实生活中捕捉小精灵,或者对抗兽人,学习魔法等。

주요 단어 및 구문

- 精灵宝可梦 jīnglíng bǎokěmèng 포켓몬스터
- 火爆 huǒbào 인기 있다
- 增强现实 zēngqiáng xiànshí 증강현실
- 前景 qiánjǐng 전망
- 钱景 qiánjǐng 수익성
- 模块 mókuài 모듈(module)
- 单薄 dānbó 빈약하다
- 系列 xìliè 시리즈
- 捕捉 bǔzhuō 붙잡다
- 环节 huánjié 일환
- 置身于 zhìshēnyú ~에 두다
- 仍旧 réngjiù 여전히, 변함없이
- 阻挡 zǔdǎng 저지하다, 가로막다
- 热忱 rèchén 열정
- 纷纷 fēnfēn 잇달아, 연달아
- 翻墙 fānqiáng 벽을 넘다, IP 우회
- 注册 zhùcè 등록하다
- 意味着 yìwèizhe 의미하다
- 主流 zhǔliú 주류
- 添加 tiānjiā 보태다, 첨가하다
- 虚拟 xūnǐ 가상의
- 载体 zàitǐ 캐리어, 운반체
- 摄像头 shèxiàngtóu 카메라 렌즈
- 屏幕 píngmù 스크린, 액정
- 头盔 tóukuī 헬멧, 헤드셋
- 沉浸 chénjìn 심취되다, 빠져있다
- 纯粹 chúncuì 순수하다
- 类似 lèisì 유사하다
- 科幻 kēhuàn 공상 과학(SF)
- 重叠 chóngdié 중첩되다
- 兽人 shòurén 수인, 짐승의 의인화를 가리키는 말
- 魔法 mófǎ 마법

꼭 알아야 할 성어·단어

- **钱景** : '钱'과 '前景'의 결합으로, 직역하면 '돈의 전망'이라는 의미이다. '수익성'이라고 의역해 보자.
- **代入感** : '대입감', 즉 그 안에 들어간 듯한 느낌을 말하는 것인데, '몰입감' 정도로 번역하면 좋겠다.

꼭 알아야 할 따페이·구문

- **两个平衡世界的重叠** : '두 개의 평형 세계의 중첩'이라는 뜻이다. 현실 세계와 가상 세계 두 개가 중첩됐다는 의미로 이해하면 되겠다.

1 虽然游戏的战斗和养成等模块还略显单薄，并没有还原宝可梦系列在掌机上的高度，但在捕捉精灵这一环节上与现实世界相结合，就让人立刻感受到置身于游戏世界的代入感。

전체적인 구조로 봤을 때는 '虽然……, 但……'의 구문이다. '模块'가 '모듈'이라는 뜻의 전문용어라는 것은 외워 두자. '还原'은 '환원'이라는 뜻의 동사로 '还'를 부사로 보면 문장을 오역할 수 있으니 주의하자. '宝可梦系列'은 '포켓몬 시리즈'이고, '掌机'는 '손에 가지고 노는 게임기'로 이해하면 되겠다. '没有还原……在掌机上的高度'는 '게임기 수준까지 돌아갈 수 없다', 즉 '게임기 정도까지는 아니지만' 정도로 해석할 수 있겠다.
'与……相结合' 따페이 구조도 파악해야 한다. '感受到……代入感'은 '~몰입감을 느끼다'라는 뜻인데 중간에 '置身于游戏世界'가 들어간 구조이다. '게임 세계에 있는 듯한 몰입감을 느끼다'라는 뜻이다. 문장 구조가 복잡해 보인다고 포기하거나 대충 보지 말고 '동+목' 관계부터 찾은 뒤 수식 관계를 잡아낼 수 있으면 생각보다 쉽고 정확하게 문장을 이해할 수 있다.

↪ 대결이나 트레이닝 등의 게임 모듈은 다소 단순하고 게임기만큼 포켓몬 시리즈를 잘 구현해 내지는 못했지만 포켓몬을 잡는 것이 현실 세계와 결합되면서 유저들은 게임 세계에 들어와 있는 듯한 몰입감을 느낄 수 있다.

2 而虚拟现实，即VR，则指在计算机虚拟的环境当中，利用头盔等外置设备使人沉浸。

'而'은 순접과 역접 두 가지 기능이 있는데 이를 잘 파악할 수 있어야 한다. 이 문장에서는 '그러나'의 뜻으로, 역접 기능이다. '即'는 '즉'이라는 뜻이고, 뒷문장의 주어 뒤에 위치해서 '(그에) 반해'라는 의미로 쓰인다.

↪ 한편 가상현실, 즉 VR은 컴퓨터가 가상으로 만든 환경에서 헤드셋 등을 착용하여 사람들이 완전 몰입할 수 있게 한다.

3 由于VR追求的是在一个纯粹虚拟的环境中体验，所以一般使用头盔替代显示器、电视等平面的显示设备。

전체적인 구조는 '由于A, 所以B'의 구조이다. 'VR追求的是'는 'VR이 추구하는 바란'이라는 뜻이다. '使用头盔替代……的显示设备 헤드셋을 사용해서 ~디스플레이 장치를 대신한다'도 놓쳐서는 안 된다.

↪ VR은 완전한 가상 환경에서의 체험을 제공하기 위해서 모니터나 TV 등 평면 디스플레이 대신 주로 헤드셋을 사용한다.

AR이 VR을 대체할까?

　요즘 포켓몬 고의 인기로 많은 게임 유저들과 개발업체들이 증강현실의 발전 가능성과 수익성을 발견하게 되었다. 대결이나 트레이닝 등의 게임 모듈은 다소 단순하고 게임기만큼 포켓몬 시리즈를 잘 구현해 내지는 못했지만 포켓몬을 잡는 것이 현실 세계와 결합되면서 유저들은 게임 세계에 들어와 있는 듯한 몰입감을 느낄 수 있다. 포켓몬 고는 일부 국가와 지역의 앱 스토어에서만 다운이 가능하지만 게임 유저들의 열기를 막지는 못했다. 이들은 해외 계정으로 우회하여 가입해서라도 포켓몬 고 게임을 체험해 보고 싶어 한다.

　그렇다면 현재 이 현상들을 볼 때 향후 시장은 증강현실이 주도하게 될까? 그 전에 우선 증강현실과 가상현실의 구체적인 정의에 대해 한번 알아보자. 증강현실, 즉 AR은 쉽게 말해 실시간으로 찍은 영상 위에 컴퓨터가 가상 정보를 겹치게 하는 기술이다. AR은 보통 스마트폰이나 구글 글래스 같은 헤드셋 등의 설비에서 작동된다. 스마트폰을 예로 들어 보면 AR 기술은 이용자의 카메라를 작동시켜 현실 세계를 찍은 영상을 확보하고 앱을 통해 화면에 3D 모형이나 메시지 등을 겹치게 한다. 한편 가상현실, 즉 VR은 컴퓨터가 가상으로 만든 환경에서 헤드셋 등을 착용하여 사람들이 완전 몰입할 수 있게 한다. VR은 완전한 가상 환경에서의 체험을 제공하기 위해서 모니터나 TV 등 평면 디스플레이 대신 주로 헤드셋을 사용한다.

　VR과 AR의 차이를 정리해 보면 전자는 전혀 새로운 세계로 초월해 가는 듯한 느낌을 주고, 후자는 SF 소설에 나오는 '두 개의 평형 세계가 중첩되는' 현상과 유사하다. 따라서 증강현실 기술을 이용하여 우리는 현실 세계에서 포켓몬을 잡거나 반인반수와 대결을 하고 마법을 배울 수도 있다.

谷歌创始人秘密打造飞行汽车

🎧 Track 1-46

在过去数十年，一些特立独行的发明家一直致力于研发飞行汽车，但每次都以失败告终。不过随着材料质量不断得到改进，再加上自动导航系统和其他的技术进步，越来越多的人相信未来几年内我们就可以驾驶垂直起降的飞行汽车。目前全球有十多家公司正在开发飞行汽车原型，相信不久的将来有望面世。据外媒报道，谷歌联合创始人拉里·佩奇曾以个人名义对两家研发"飞行汽车"的创业公司进行了投资。**1** 这两家公司可谓人才济济，包括了来自美宇航局和波音公司的资深航空航天专家。

目前我们知道，Zee.Aero并不属于谷歌或谷歌母公司Alphabet，而是属于谷歌联合创始人拉里·佩奇。多位知情人士透露，自Zee.Aero在2010年成立以来，**2** 佩奇一直以个人名义资助这家公司，并且要求Zee.Aero不得对外披露与他的关系。Zee.Aero公司目前正在距山景城约70分钟车程的一个机场测试其"飞行汽车"的原型。佩奇已经在Zee.Aero这家公司身上投入了逾1亿美元。

对于佩奇而言，这个项目纯属个人行为。佩奇希望开发一种面向大众的"飞行汽车"。佩奇几年前在接受采访时承认，早该像他的实业家朋友那样冒更多的风险。目前，Zee.Aero和Kitty Hawk是两家独立运营的公司，而佩奇也故意给这两个团队划分了界限，以制造竞争，同时给Zee.Aero带来一些压力。有人透露Kitty Hawk正在开发一种类似于大型无人机的飞行器。Zee.Aero或Kitty Hawk开发的飞行汽车最终是否能飞上天空，现在谁都不敢打包票。**3** 飞行汽车项目还有许多技术问题亟待解决，还要跨越很多监管障碍，回答一系列紧迫的安全问题。

주요 단어 및 구문

创始人 chuàngshǐrén 창시자, 창립인
特立独行 tèlì-dúxíng 독자적인
致力于 zhìlìyú 애쓰다, 힘쓰다
以……告终 yǐ……gàozhōng ~로 끝을 맺다
改进 gǎijìn 개선하다
再加上 zàijiāshàng 게다가
导航系统 dǎoháng xìtǒng 항법 시스템, GPS
驾驶 jiàshǐ 운전하다
垂直 chuízhí 수직
原型 yuánxíng 원형
有望 yǒuwàng 가능성이 있다, 예상하다
面世 miànshì 세상에 선을 보이다, 세상에 나오다
拉里·佩奇 lālǐ·pèiqí 래리 페이지 [미국의 세르게이 브린과 함께 구글을 창립한 기업가]
可谓 kěwèi ~라고 할 만하다
人才济济 réncái jǐjǐ 인재가 넘치다
美宇航局 měi yǔhángjú 미 항공우주국(NASA)
波音公司 Bōyīn gōngsī 보잉사
资深 zīshēn 경력이 오랜, 베테랑의
航天 hángtiān 우주 비행의
属于 shǔyú ~에 속하다, ~의 소유이다
透露 tòulù 밝히다
资助 zīzhù (재물로) 돕다
披露 pīlù 드러내다
纯属 chúnshǔ 완전히 ~에 속하다
冒风险 mào fēngxiǎn 위험을 무릅쓰다
运营 yùnyíng 운영하다
划分 huàfēn 나누다
打包票 dǎbāopiào 보증하다
监管 jiānguǎn 감독하다
紧迫 jǐnpò 긴박하다

꼭 알아야 할 성어·단어

- **特立独行** : 직역하면 '독립적이고 혼자만의 행동' 정도이니 의역해서 '독자적인'이라고 하면 좋겠다.
- **打包票** : '打票'는 '표를 사다'라는 의미이고, '包票'는 '상품 보증서'라는 뜻이다. 문장에서는 '보증하다' 정도로 이해하면 되겠다.

꼭 알아야 할 따페이·구문

- **以失败告终** : 실패로 끝나다 서면어에서 잘 나오는 표현이니 꼭 외워 두자. '以失败告一段落'라는 다양한 응용 표현도 같이 정리해 두자.

---

1 这两家公司可谓人才济济，包括了来自美宇航局和波音公司的资深航空航天专家。

'这两家公司'에서 '家'는 회사를 셀 때 사용하는 양사로 '이 두 곳의 회사'로 번역한다. '可谓'는 '~라고 할 만하다'라는 뜻이고, '人才济济'는 '인재들로 넘쳐난다'라는 뜻이다. '美宇航局'는 '美国航空航天局'의 줄임말로, '미 항공우주국(NASA)'을 의미한다는 것도 알아 두자. '资深'은 '조예가 깊다'라는 뜻으로, '베테랑'으로 의역하면 좋겠다.

↳ 이 두 회사는 NASA와 보잉사 출신의 항공 분야 베테랑을 포함한 유능한 인재들로 넘쳐난다.

2 佩奇一直以个人名义资助这家公司，并且要求Zee.Aero不得对外披露与他的关系。

'以个人名义'에서 '以'는 '~로서'라는 뜻으로, '개인 명의로'라고 해석할 수 있겠다. '资助'는 '자금적으로 도움을 주다'라는 의미이고, '不得'는 '~해서는 안 된다'라는 금지의 뜻이다.

↳ 래리 페이지가 줄곧 개인 명의로 투자를 했으며 페이지는 회사 측에 그와의 관계에 대해 외부에 발설하지 말라는 요구를 했다고 한다.

3 飞行汽车项目还有许多技术问题亟待解决，还要跨越很多监管障碍，回答一系列紧迫的安全问题。

'亟待解决'는 '시급히 해결하다'라는 뜻으로 본문에서처럼 문장 마지막에 서술적 용법으로 쓰일 수도 있고 또는 '亟待解决的是……'처럼 문장 앞에 올 수도 있다. '跨越……障碍', '回答……问题'의 '동+목' 구조를 볼 줄 알아야겠다.

↳ 비행 자동차 프로젝트에는 해결이 시급한 기술 문제가 많고 관리 감독 측면의 여러 장애물도 극복해야 하며 시급한 안전 문제에 대해서도 해결 방안이 제시되어야 한다.

구글 창업자, 비밀리에 '하늘을 나는 자동차'에 투자

수십 년 전, 비행 자동차 연구에 몰두하던 발명가들이 있었다. 하지만 그들의 연구는 매번 실패로 돌아갔다. 그러나 소재의 품질이 계속 개선되고 GPS와 다른 기술들이 더욱 발달하면서 점점 더 많은 사람들이 몇 년 후면 수직으로 이착륙하는 비행 자동차를 타고 다닐 수 있을 것이라고 믿게 되었다. 현재 전 세계적으로 십여 개의 회사가 비행 자동차 모형을 연구 개발하고 있어 머지않은 미래에 출시될 것으로 예상된다. 외신 보도에 따르면 구글의 공동창업자인 래리 페이지가 비행 자동차를 개발하는 두 스타트업에 개인 명의로 투자했다고 한다. 이 두 회사는 NASA와 보잉사 출신의 항공 분야 베테랑을 포함한 유능한 인재들로 넘쳐난다.

현재 밝혀진 사실에 따르면 '지닷에어로(Zee.Aero)'는 구글이나 구글의 모회사인 알파벳이 아닌 구글 공동창업자인 래리 페이지에 속해 있다. 소식통에 따르면 지닷에어로는 2010년 설립된 후 래리 페이지가 줄곧 개인 명의로 투자를 했으며 페이지는 회사 측에 그와의 관계에 대해 외부에 발설하지 말라는 요구를 했다고 한다. 지닷에어로는 현재 마운틴뷰에서 차로 70분 떨어진 공항에서 비행 자동차 모형 테스트를 진행하고 있다. 페이지는 지닷에어로에 이미 1억 달러가 넘는 돈을 투자했다.

페이지에게 이 프로젝트는 순전히 개인적인 행위이다. 그는 대중적인 비행 자동차를 개발하려 한다. 몇 년 전 인터뷰에서 페이지는 그의 사업이 친구처럼 일찌감치 좀 더 큰 모험을 했어야 했다고 밝혔다. 현재 지닷에어로와 '키티 호크(Kitty Hawk)'는 독자적으로 운영하는 회사이며 페이지는 의도적으로 이 두 기업 간의 경계를 명확히 하고 있다. 이로써 경쟁을 붙이고 지닷에어로에 어느 정도 부담을 주기 위해서이다. 일부에서는 키티 호크가 대형 드론과 유사한 비행 자동차를 연구 개발하고 있다고 밝혔다. 지닷에어로이든 키티 호크든 이들이 만든 비행 자동차가 나중에 하늘을 날 수 있을지 아닐지는 현재 누구도 장담할 수 없다. 비행 자동차 프로젝트에는 해결이 시급한 기술 문제가 많고 관리 감독 측면의 여러 장애물도 극복해야 하며 시급한 안전 문제에 대해서도 해결 방안이 제시되어야 한다.

UNIT 47 "虫洞"假设的意义
웜홀 가설의 의미

UNIT 48 你好,"人造大脑"
안녕, 인공 두뇌

UNIT 49 别让孩子沉溺"指尖世界"
아이들을 '손끝 세계'에 빠지지 않게 하자

UNIT 50 无人驾驶汽车
무인 자동차

"虫洞"假设的意义

去年美国科幻电影《星际穿越》备受好评，让"时空旅行"和"虫洞"等一些看似遥不可及的科学术语，成了普通人津津乐道的热门话题。日前，意大利的里雅斯特国际高等研究院在《物理年鉴》上发表论文称，根据最新的理论和论据进行研究时可以假设，我们所处的银河系极有可能就是一个巨大的"虫洞"。

1 "虫洞"这一概念最早由奥地利物理学家路德维希·弗莱姆于1916年提出，并于上世纪30年代由爱因斯坦及纳森·罗森加以补充完善。一般情况下，2 人们口中的"虫洞"是"时空虫洞"的简称，它被认为是宇宙中可能存在的"捷径"，物体通过这条捷径可以在瞬间进行时空转移。但爱因斯坦本人并不认为"虫洞"是客观存在的，所以，"虫洞"在后来的几十年中，都被认为只是个"数学伎俩"。

"银河系虫洞说"源自在暗物质研究上取得的突破。3 暗物质是指不与电磁力产生作用、无法通过电磁波的观测进行研究的物质。与"虫洞"不同的是，科学家们已经通过引力效应证实了宇宙中有大量暗物质存在。的里雅斯特国际高等研究院研究小组在2010年绘制了一份非常详细的银河系暗物质分布图，将其与最新研究得出的宇宙大爆炸模型结合后，发现银河系中不仅具备存在"虫洞"的条件，甚至整个银河系都可能是个巨大的"虫洞"。

按照意大利天体物理学家保罗·萨鲁奇等人的理论来看，4 这样的假设确实有可能得到证实，而其更大的意义在于，它将促使科学家对暗物质研究进行重新思考：暗物质是否就是"另一个维度"的存在？或者，它本身就是一个星际交通的运输系统？

虽然"虫洞说"目前仍是一种假设，但科学的进步一直离不开大胆的假设。人们一度认为物质的最小组成单位是原子，后来又发现了中子和质子。同样，长久以来，人类也曾认为宇宙是由物质构成的，但暗物质的存在推翻了这一结论。科学假设的意义，就在于摆脱现有束缚，通过不断地自我否定和怀疑，推进人类对宇宙的了解和自身的进步。

주요 단어 및 구문

虫洞 chóngdòng 웜홀
假设 jiǎshè 가설
科幻电影 kēhuàn diànyǐng SF 영화
《星际穿越》 xīngjì chuānyuè 인터스텔라
备受好评 bèishòu hǎopíng 호평을 받다
遥不可及 yáo bùkě jí 요원하다, 아득하다
术语 shùyǔ 전문용어
津津乐道 jīnjīn lè dào 흥미진진하게 이야기하다
热门话题 rèmén huàtí 화제의 단어
论文 lùnwén 논문
根据 gēnjù ~에 따라
论据 lùnjù 논거
进行研究 jìnxíng yánjiū 연구하다
银河系 yínhéxì 은하계
极有可能 jí yǒu kěnéng 가능성이 매우 크다
奥地利 Àodìlì 오스트리아
提出 tíchū 제시하다
爱因斯坦 Àiyīnsītǎn 아인슈타인
简称 jiǎnchēng 줄임말, 약칭
捷径 jiéjìng 지름길
时空转移 shíkōng zhuǎnyí 시공간 이동
伎俩 jìliǎng 속임수, 계략
源自 yuánzì ~에서 기인하다
暗物质 ànwùzhì 암흑 물질
突破 tūpò 돌파하다, 극복하다 → 성과
电磁力 diàncílì 전자기력
电磁波 diàncíbō 전자파
观测 guāncè 관측하다
与A不同 yǔ A bùtóng A와 다르다
引力 yǐnlì 만유인력
效应 xiàoyìng 효과
证实 zhèngshí 증명하다
绘制 huìzhì 제작하다
详细 xiángxì 상세하다
分布图 fēnbùtú 분포도
宇宙大爆炸 yǔzhòu dàbàozhà 빅뱅
模型 móxíng 모형
具备……的条件 jùbèi……de tiáojiàn ~를 위한 조건을 갖추다
得到证实 dédào zhèngshí 입증되다

进行思考 jìnxíng sīkǎo 숙고하다
维度 wéidù 차원
星际 xīngjì 성간
离不开 líbukāi 매우 밀접한 관계가 있다
大胆 dàdǎn 대담하다
一度 yídù 한때
组成单位 zǔchéng dānwèi 구성단위
原子 yuánzǐ 원자
中子 zhōngzǐ 중성자
质子 zhìzǐ 양성자
由A构成 yóu A gòuchéng A로 구성되다
结论 jiélùn 결론
束缚 shùfù 속박

꼭 알아야 할 성어·단어

- 津津乐道的热门话题 : 흥미진진한 핫이슈 '热门话题'는 '뜨거운 화제'라고 해도 좋고 '핫이슈'라는 표현도 좋겠다.
- 暗物质/宇宙大爆炸 : 암흑 물질/빅뱅 우주 관련 전문용어들을 정리해 두자.

꼭 알아야 할 따페이·구문

- 与……不同的是 : ~과 다른 것은
- 推翻……结论 : 결론을 뒤집다
- 摆脱……束缚 : 속박에서 벗어나다

1 "虫洞"这一概念最早由奥地利物理学家路德维希·弗莱姆于1916年提出，并于上世纪30年代由爱因斯坦及纳森·罗森加以补充完善。

'最早由……'는 '최초로 누구에 의해서'란 뜻으로 여기서 '由'는 주어를 강조하는 용법이란 것을 기억하자. 시간사 앞에 온 개사 '于'가 이제 눈에 익으면 좋겠다. '上世纪30年代'는 '지난 세기 30년대'라고 하지 말고 '1930년대'라고 번역하는 것이 좋다. '爱因斯坦 아인슈타인' 같은 유명한 인물들의 중국어 이름은 외워 두면 좋다.

↳ 웜홀은 1916년 오스트리아 물리학자 루트비히 플람이 최초로 주장한 개념이고 1930년대 아인슈타인과 네이션 로젠이 관련 이론을 보완하였다.

2 人们口中的"虫洞"是"时空虫洞"的简称，它被认为是宇宙中可能存在的"捷径"，物体通过这条捷径可以在瞬间进行时空转移。

'简称'은 '줄임말', '약칭'이라는 뜻이며, '被认为'는 '~로 여겨지다'라는 뜻이다. '捷径'은 '첩경', '지름길'이라는 뜻이지만 인용 부호(" ")를 표시한 것으로 봐서 비유적으로 쓰이고 있다는 것을 알 수 있다. '这条捷径'에서 '条'는 길을 세는 양사라는 것을 알아야 한다. 시공간을 '이동하다'는 '进行+转移'의 서면어 표현을 사용하고 있다.

↳ 사람들이 말하는 웜홀은 시공 웜홀의 줄임말이다. 사람들은 웜홀이 우주에 존재할 수도 있는 '지름길'이며 물체가 이러한 지름길을 통해 순식간에 시공간을 이동할 수 있다고 생각한다.

3 暗物质是指不与电磁力产生作用、无法通过电磁波的观测进行研究的物质。

'A是指B'는 'A는 B를 가리킨다'라는 의미로 앞에 '所谓'와 결합해서 잘 쓰인다.

↳ 암흑 물질은 전자기력과 작용하지 않고 전자파 관측을 통해 연구할 수 없는 물질을 가리킨다.

4 这样的假设确实有可能得到证实，而其更大的意义在于，它将促使科学家对暗物质研究进行重新思考: 暗物质是否就是"另一个维度"的存在？或者，它本身就是一个星际交通的运输系统？

'得到证实'는 증명을 얻다, 즉 '증명되다'라는 뜻이다. '而'은 앞뒤 내용을 살펴서 순접이냐 역접이냐를 파악해야 하고, '对……进行……思考' 따페이를 파악해야 한다. 또 '冒号(:)' 다음에 나오는 표현은 부연 설명이라는 것도 체크하길 바란다.

↳ 이러한 가설은 증명이 가능하다. 그러나 이 가설의 더 중요한 의의는 과학자들이 암흑 물질 연구에 대해 다시 생각하게 되었다는 점이다. 즉 암흑 물질이 또 다른 차원에 있는 존재인가 아니면 그 자체가 행성 간 이동을 위한 운송 시스템인가 하는 문제에 대해서 말이다.

웜홀 가설의 의미

작년에 미국 SF영화 〈인터스텔라〉가 대박을 터뜨리며 '시공 여행', '웜홀' 등 요원해만 보이던 과학 전문 용어들이 일반인들도 흥미를 갖는 화제의 단어가 되었다. 얼마 전 이탈리아 트리에스테 국제고등연구원이 『물리학연보』에 한 논문을 발표했다. 최신 이론과 논거들을 근거로 연구를 진행한 결과 본 논문에서는 우리가 살고 있는 은하계가 거대한 웜홀이라는 가설을 제시했다.

웜홀은 1916년 오스트리아 물리학자 루트비히 플람이 최초로 주장한 개념이고 1930년대 아인슈타인과 네이선 로젠이 관련 이론을 보완하였다. 일반적으로 사람들이 말하는 웜홀은 시공 웜홀의 줄임말이다. 사람들은 웜홀이 우주에 존재할 수도 있는 '지름길'이며 물체가 이러한 지름길을 통해 순식간에 시공간을 이동할 수 있다고 생각한다. 그러나 아인슈타인은 웜홀이 객관적으로 존재한다고 보지 않았다. 따라서 이후 몇 십 년 동안 웜홀은 수학적 속임수일 뿐이라고 여겨져 왔다.

'은하계 웜홀설'은 암흑 물질을 연구하는 과정에서 얻은 성과이다. 암흑 물질은 전자기력과 작용하지 않고 전자파 관측으로 연구가 불가능한 물질을 말한다. 웜홀과 다른 점은 과학자들이 이미 중력을 통해 우주에 대량의 암흑 물질이 존재한다는 사실을 증명했다는 것이다. 트리에스테 국제고등연구원 프로젝트팀은 2010년에 은하계 암흑 물질에 대해 아주 상세한 분포도를 제작했다. 이 분포도와 최신 연구를 통해 알려진 빅뱅 모형을 결합한 결과 은하계에는 웜홀이 존재하기 위한 조건이 갖추어졌을 뿐만 아니라 심지어 전체 은하계가 모두 거대한 웜홀일 수 있다는 점을 발견했다.

이탈리아 천체 물리학자 파올로 살루치 등 학자들의 이론에 따르면 이러한 가설은 증명이 가능하다. 그러나 이 가설의 더 중요한 의의는 과학자들이 암흑 물질 연구에 대해 다시 생각하게 되었다는 점이다. 즉 암흑 물질이 또 다른 차원에 있는 존재인가 아니면 그 자체가 행성 간 이동을 위한 운송 시스템인가 하는 문제에 대해서 말이다.

비록 현재까지는 '웜홀설'이 여전히 가설일 뿐이지만 대담한 가설 없이는 과학의 진보도 없다. 사람들은 한때 물질의 가장 작은 구성단위가 원자라고 믿었는데 이후 중성자와 양성자를 발견하게 되었다. 마찬가지로 오랫동안 인류는 우주가 물질로 구성되어 있다고 믿어왔는데 암흑 물질의 존재는 이러한 결론을 뒤집어 놓았다. 과학적 가설의 의의는 우리를 현재의 속박에서 벗어나게 하는 데 있다. 끊임없는 자기 부정과 의심을 통해 인류는 우주에 대한 이해를 넓히고 더욱 진보할 수 있다.

你好，"人造大脑"

🎧 Track 1-48

很多人可能都期盼着有朝一日能拥有一个像美国电影《钢铁侠》里"贾维斯"一样的智能助手。如今，科学技术日新月异，人们在朝着实现这个愿景的路上又迈进了一步。瑞士研究人员日前研发出的"神经形态芯片"，可实时模拟人类大脑处理信息的过程，即实时处理输入的信息并做出判断。❶该研究成果有助于科学家研发出能与周围环境进行实时交互的认知系统，将极大地帮助理解人类大脑这种世界上最复杂的"计算机"。

要实现这一点，研究人员面临的主要挑战是如何构建人造神经元网络，并让其能够执行相关的任务和命令。❷为此，研究人员用由硅制成的人造神经元模拟人体神经元，而后依照已知的哺乳动物大脑中的神经结构，将硅神经元构建成网络。这些网络便构成了人造神经处理模块。该神经处理模块具有短时记忆以及决策分析机制，因此它能够实时执行复杂的感觉运动任务。

这项研究目前面临的最大难关是，"神经形态芯片"不能自主学习，只能按照相关的编程信息做出反应。但只要假以时日，待这项技术进一步完善后，将有望从实验室走入人们的现实生活中，从而允许机器人在复杂环境中、在不受人类远程遥控的情况下实现自动运行。

截至目前，科学家们已经研发出了一些可以对环境做出反应的智能系统，例如智能控制的百叶窗。这种百叶窗可以根据外界阳光的强弱自动开启或闭合。然而，"神经形态芯片"的出现又将会令相关研究在此基础上实现进一步突破。比如，❸科学家们可以通过技术手段，将"神经形态芯片"与传感神经形态元件(如视觉、听觉等传感神经形态元件)等结合在一起，制造出能同周围环境实时交互的复杂认知系统。有朝一日，"贾维斯"们或许真会"走出"漫画或电影，进入人们的生活中。

주요 단어 및 구문

人造 rénzào 인공, 인조의
大脑 dànǎo 대뇌
期盼 qīpàn 기대하다
有朝一日 yǒuzhāoyírì 언젠가는
《钢铁侠》 gāngtiěxiá 아이언맨
智能 zhìnéng 스마트
助手 zhùshǒu 비서
如今 rújīn 오늘날
科技 kējì 과학기술
日新月异 rìxīnyuèyì 나날이 새로워지다
朝着 cháozhe ~를 향해
愿景 yuànjǐng 희망, 바람
迈进一步 màijìn yíbù 한발 더 내딛다
瑞士 Ruìshì 스위스
神经 shénjīng 신경
芯片 xīnpiàn 칩
实时 shíshí 실시간으로
模拟 mónǐ 시뮬레이션하다, 모의실험하다
处理 chǔlǐ 처리하다
信息 xìnxī 정보
输入 shūrù 입력하다
做出判断 zuòchū pànduàn 판단을 내리다
成果 chéngguǒ 성과
周围环境 zhōuwéi huánjìng 주변 환경
认知 rènzhī 인지
计算机 jìsuànjī 컴퓨터
神经元 shénjīngyuán 뉴런
执行任务/命令 zhíxíng rènwù/mìnglìng 임무/명령을 수행하다
硅 guī 실리콘
依照 yīzhào ~에 따라
哺乳动物 bǔrǔ dòngwù 포유동물
网络 wǎngluò 인터넷, 네트워크
短时记忆 duǎnshí jìyì 단기 기억
决策 juécè 결정하다
难关 nánguān 난관, 난점
自主 zìzhǔ 스스로
编程 biānchéng 프로그래밍
做出反应 zuòchū fǎnyìng 반응하다
假以时日 jiǎyǐshírì 시간이 좀 더 흐르면

实验室 shíyànshì 실험실
远程 yuǎnchéng 원거리, 원격
遥控 yáokòng 원격 조정
截至A jiézhì A A까지
百叶窗 bǎiyèchuāng 블라인드
阳光 yángguāng 햇빛
开启 kāiqǐ 열다, 걷다
闭合 bìhé 닫다, 치다
传感 chuángǎn 센서
元件 yuánjiàn 부품
视觉 shìjué 시각
听觉 tīngjué 청각
漫画 mànhuà 만화

UNIT 48 과학

꼭 알아야 할 성어·단어

- **截至目前**: 지금까지 원래는 '截至目前为止'인데 '为止'가 생략되어 쓰였다.
- **有朝一日**: (미래에) 언젠가는

꼭 알아야 할 따페이·구문

- **做出……判断**: 판단하다 '做出'가 '判断', '选择', '决定', '回应', '努力' 등의 단어들과 결합해서 쓰이면 대단히 딱딱한 서면어 느낌을 준다.
- **执行……任务和命令**: 임무와 명령을 수행하다 '수행하다'를 중국어로 표현할 때 동사 '执行'을 사용한다는 것을 기억하자.

1 该研究成果有助于科学家研发出能与周围环境进行实时交互的认知系统，将极大地帮助理解人类大脑这种世界上最复杂的"计算机"。

'有助于'는 '~에 도움이 되다'라는 뜻으로 '帮助'와 같은 의미이다. '研发出'의 목적어를 찾은 것이 중요한데, 바로 '认知系统'이다. 중간에 있는 표현들은 모두 '认知系统'을 수식하는 부분이다. '交互'는 앞에 나오는 개사 '与'와 호응해서 '~와 상호 소통하는'이라는 뜻을 나타낸다. '计算机'는 '계산기' 또는 '컴퓨터'라는 뜻이지만 이 문장에서는 인간의 대뇌를 비유하고 있다.

↪ 이 연구 성과는 과학자들이 주변 환경과 실시간으로 상호작용할 수 있는 인지 시스템을 연구 개발하는 데 도움이 되었고 인간의 대뇌라는 세상에서 가장 복잡한 컴퓨터를 이해하는 데에도 큰 도움이 될 것이다.

2 为此，研究人员用由硅制成的人造神经元模拟人体神经元，而后依照已知的哺乳动物大脑中的神经结构，将硅神经元构建成网络。

'由'는 '硅 실리콘'이라는 주체를 강조하는 용법이다. '模拟'가 '模拟考试 모의고사'에서는 '모의'라는 뜻이지만 여기서는 '시뮬레이션하다'라는 뜻의 동사이다. '而后'는 '그런 다음'의 뜻이고, '将A构建成B (A를 B로 만들다)' 따페이를 놓쳐서는 안 되겠다. 차근차근 번역해 보고, 항상 '동+목' 구조에 유의하자.

↪ 이를 위해 연구자들은 실리콘으로 만든 인공 뉴런을 이용해 인체의 뉴런을 모방하였다. 그런 다음 이미 알려진 포유동물 대뇌의 신경 구조를 본 떠 실리콘으로 된 인공 뉴런들을 엮어 신경망을 만들었다.

3 科学家们可以通过技术手段，将"神经形态芯片"与传感神经形态元件(如视觉、听觉等传感神经形态元件)等结合在一起，制造出能同周围环境实时交互的复杂认知系统。

'将A与B结合在一起 (A를 B와 하나로 결합하다)' 구조를 파악했다면 아주 쉽게 해석이 가능한데 그렇지 못했다면 한참을 헤매게 되는 문장이다. '制造出……认知系统' 사이에도 약간 복잡한 문장이 들어가긴 했지만 이 따페이를 찾았다면 그래도 정확한 번역은 가능하다.

↪ 과학자들은 기술적 수단을 통해 신경 모양의 칩을 신경형태인 감각소자(예를 들어 시각, 청각 등의 감각소자)등과 결합하여 주변 환경과 실시간으로 상호작용하는 복잡한 인지 시스템을 만들어 낼 수 있다.

안녕, 인공 두뇌

많은 사람들은 언젠가 미국 영화 〈아이언맨〉의 '자비스' 같은 스마트 비서를 갖게 될 것이라 기대하고 있다. 오늘날 과학기술이 끊임없이 진보하면서 사람들은 이러한 꿈에 한 발짝 더 가까워지게 되었다. 얼마 전 스위스 연구진이 연구 개발한 신경 형태의 칩은 사람 대뇌의 정보처리 과정을 실시간으로 시뮬레이션할 수 있다. 즉 실시간으로 들어오는 정보를 처리하여 판단을 내릴 수 있는 것이다. 이 연구 성과는 과학자들이 주변 환경과 실시간으로 상호작용할 수 있는 인지 시스템을 연구 개발하는 데 도움이 되었고 인간의 대뇌라는 세상에서 가장 복잡한 컴퓨터를 이해하는 데에도 큰 도움이 될 것이다.

이를 실현하기 위해 연구자들이 해결해야 할 주요 문제는 어떻게 인공 신경망을 만들고 그것이 관련 임무나 명령을 수행할 수 있도록 하느냐이다. 이를 위해 연구자들은 실리콘으로 만든 인공 뉴런을 이용해 인체의 뉴런을 모방하였다. 그런 다음 이미 알려진 포유동물 대뇌의 신경 구조를 본떠 실리콘으로 된 인공 뉴런들을 엮어 신경망을 만들었다. 이 신경망은 인공 신경 처리 모듈을 구성하는데 이 신경 처리 모듈은 단기 기억과 결정 및 분석 메커니즘을 가지고 있어 실시간으로 복잡한 감각 운동 임무를 처리할 수 있다.

현재 이 연구의 최대 난점은 신경 형태인 칩의 자가 학습이 불가능하고 관련된 프로그래밍 정보에 따라서만 칩이 반응한다는 점이다. 그러나 나중에 이 기술이 더욱 발달하게 된다면 실험 단계를 넘어 사람들의 일상생활에 들어오게 될 것이고, 로봇은 복잡한 환경 속에서도 사람의 원격 조정 없이 자동으로 작동할 수 있게 될 것이다.

현재까지 과학자들은 이미 주변 환경에 반응할 수 있는 스마트 시스템을 개발하였다. 그 예가 바로 스마트 블라인드이다. 스마트 블라인드는 햇빛의 강약 정도에 따라 자동으로 블라인드를 열거나 닫을 수 있다. 그러나 신경 형태인 칩의 등장은 관련 연구가 이를 바탕으로 더욱 새로운 발전을 이루도록 할 것이다. 예를 들어, 과학자들은 기술적 수단을 통해 신경 형태의 칩을 신경 형태인 감각소자(예를 들어 시각, 청각 등의 감각소자)등과 결합시켜 주변 환경과 실시간으로 상호작용하는 복잡한 인지 시스템을 만들어 낼 수 있다. 언젠가 '자비스'들이 만화나 영화에서 뛰쳐나와 진짜 우리의 일상생활 속으로 들어올 지도 모른다.

别让孩子沉溺"指尖世界"

🎧 Track 1-49

近来，平板电脑和智能手机已成为很多城市家庭的日常消费品，甚至成为"潮爸潮妈"送给孩子的时尚礼物，认为这对孩子有益，会促进孩子的创造力。在生活中经常看到，**1** 父母塞给孩子一个智能手机或者平板电脑，以便把自己从育儿中解放出来。智能电子产品侵入家庭空间，学龄前儿童在数字化游戏中成长，这种现象值得警惕。

目前虽然有些家长对此已经有所警惕，普遍采用时间限制、陪同使用、实时监督等方式控制孩子的玩乐时间，但实际情况往往是家长自身都难以自觉遏制对智能手机的依赖。同一个屋檐下的家人，晚餐后各自刷微博、刷微信、玩游戏，家庭交流十分有限，已经是很多家庭习以为常但又十分荒诞的场景。**2** 孩子缠着家长讲故事或做游戏时，不少家长打发孩子去玩智能产品，"解放"自己免于被孩子捆绑。

卢梭曾经说过，家庭生活的乐趣是抵抗坏风气毒害的最好药方。现代社会中，很多家庭都在为培养儿童的"数字化技能"而营造良好环境，却忽略了盲目崇信技术带来的负面影响。在冰冷的数字化虚拟空间中，儿童体会不到人与人之间情感的温度，触摸不到健全的人格，更触摸不到自然中美丽的风景，就更谈不上滋养出美丽的心灵了。

父母应当担负起学龄前儿童社会化教育的重任，家长不只是建构一个形式的家，而是要培养一个充满互爱、责任、信任与尊重的家园，给孩子和家人带来心智的成长和悦乐的性情。如果家庭充满融洽、欢笑、逗趣、交流，则有助于培养儿童积极学习的态度。善于逗趣和言谈的孩子，个性开朗、热情，敢于说出自己的想法，比较自信。从家长讲述的故事中，孩子形成价值判断，儿时的故事是终生的营养。

3 技术的进步，有时像一间将人带入虚拟情境并使人乐在其中的玻璃房，看似透明，却让生活其中的人无处可逃。如何打破大众对时尚技术的迷恋，防止技术异化低龄化的蔓延，并引导都市家庭中的家长慎重地培养儿童的技术观念，使其得到真实的社会化教育，这是数字化时代需要不断追问和警示的问题。

주요 단어 및 구문

指尖世界 zhǐjiān shìjiè 손가락 세계 → 핸드폰
沉溺 chénnì 빠지다
指尖 zhǐjiān 손가락 끝
平板电脑 píngbǎn diànnǎo 태블릿 PC
日常消费品 rìcháng xiāofèipǐn 일상 용품
潮爸潮妈 cháo bà cháo mā 유행에 민감한 부모
时尚 shíshàng 유행
对A有益 duì A yǒuyì A에 유익하다
塞给 sāi gěi 쥐여 주다
解放 jiěfàng 벗어나다
侵入 qīnrù 침입하다, 스며들다
学龄前儿童 xuélíngqián értóng 미취학 아동
数字化 shùzìhuà 디지털
值得警惕 zhídé jǐngtì 경계해야 한다
陪同 péitóng 함께
玩乐 wánlè 놀다
实际情况 shíjì qíngkuàng 실제 상황
往往 wǎngwǎng 흔히
自觉 zìjué 스스로
遏制 èzhì 억제하다
屋檐 wūyán 지붕
晚餐 wǎncān 저녁
刷 shuā (SNS를) 하다
玩游戏 wán yóuxì 게임하다
有限 yǒuxiàn 제한적이다
荒诞 huāngdàn 황당하다, 터무니없다
场景 chǎngjǐng 장면
缠着 chánzhe 조르다
打发 dǎfa 보내다
免于 miǎnyú ~에서 벗어나다
捆绑 kǔnbǎng 줄로 묶다
卢梭 Lúsuō 루소
曾经 céngjīng 일찍이
乐趣 lèqù 즐거움
抵抗 dǐkàng 대항하다
坏风气 huài fēngqì 사회악, 나쁜 풍조
毒害 dúhài 폐해
培养 péiyǎng 배양하다
技能 jìnéng 능력
营造……环境 yíngzào……huánjìng 환경을 조성하다

忽略 hūlüè 소홀히 하다, 등한시하다
盲目崇信 mángmù chóngxìn 맹신하다
负面影响 fùmiàn yǐngxiǎng 부정적 영향
冰冷 bīnglěng 차가운
体会 tǐhuì 체득하다
触摸 chùmō 만지다
人格 réngé 인격
滋养 zīyǎng 길러내다
心灵 xīnlíng 마음
应当 yīngdāng 마땅히
担负重任 dānfù zhòngrèn 막중한 책임을 지다
建构 jiàngòu 만들다
家园 jiāyuán 가정
心智 xīnzhì 지혜
悦乐 yuèlè 밝다
性情 xìngqíng 성격
融洽 róngqià 화목하다, 사이가 좋다
欢笑 huānxiào 웃음
逗趣 dòuqù 유머
善于 shànyú ~를 잘하다
开朗 kāilǎng 밝다
热情 rèqíng 친절하다
敢于 gǎnyú 용감히 ~하다
讲述 jiǎngshù 이야기하다
价值判断 jiàzhí pànduàn 가치판단
终生 zhōngshēng 평생
营养 yíngyǎng 영양(분)
情境 qíngjìng 상황
乐在其中 lè zài qízhōng 즐기다
玻璃 bōli 유리
透明 tòumíng 투명하다
无处可逃 wú chù kě táo 도망칠 곳이 없다
打破 dǎpò 깨트리다
迷恋 míliàn ~에 빠지다
低龄化 dīlínghuà 저연령화
蔓延 mànyán 만연
引导 yǐndǎo 이끌다
追问 zhuīwèn 질문하다
警示 jǐngshì 경고하다

꼭 알아야 할 성어·단어

- **潮爸潮妈** : 유행에 민감한 부모
- **学龄前儿童** : 미취학 아동 '学龄儿童'은 '취학 아동'이겠다.
- **习以为常** : 습관이 생활화되다 비슷한 의미로 '习焉不察'도 있다.

꼭 알아야 할 따페이·구문

- **担负起……重任** : 막중한 책임을 지다 같은 의미의 성어인 '重任在肩'도 알아 두자.

---

1 父母塞给孩子一个智能手机或者平板电脑，<u>以便</u>把自己从育儿中解放出来。

'以便'은 '~하기 위해서'라는 뜻으로 항상 두 번째 문장의 맨 앞에 위치하지만 번역할 때는 앞으로 보내어 번역해도 좋다.

↳ 육아에서 해방되기 위해 부모들은 아이들에게 스마트폰이나 태블릿 PC를 쥐여 준다.

2 孩子缠着家长讲故事或做游戏时，不少家长打发孩子去玩智能产品，"解放"自己免于<u>被孩子捆绑</u>。

'缠着', '被孩子捆绑'과 같은 표현들은 직역하면 어색하다. 적당한 느낌의 한국어 표현으로 의역해 주면 좋고, 문장의 이해를 돕기 위해서라면 의미가 변하지 않는 조건에서 어순을 바꿔도 무방하다. 반복되는 표현은 적당히 생략하는 것이 좋다.

↳ 아이가 부모에게 이야기를 해달라거나 게임을 하자고 귀찮게 굴 때 많은 부모들은 아이들에게 시달리지 않기 위해 스마트 기기를 갖고 놀게 한다.

3 技术的进步，有时像一间将人带入虚拟情境并使人乐在其中的<u>玻璃房</u>，看似透明，却让生活其中的人无处可逃。

'像一间……玻璃房 마치 하나의 유리방과 같다'를 찾았다면 쉽게 해결할 수 있는 문장이다. '间'이 양사임을 알 수 있어야겠다. 주의할 것은 중국어 문장이 '逗号(,)'로 연결된 하나의 문장이지만 의미상 적당히 문장을 끊어 마침표를 찍어 주면 읽는 사람을 배려하는 번역이 될 수 있다. 애꿎은 접속사들만 잔뜩 열거해서 길고 어색한 하나의 문장으로 번역하지 않도록 한다.

↳ 기술의 진보는 때로는 마치 인간을 가상 세계로 인도해 그 안에서 즐거움을 느끼게 하는 유리방과 같다. 보기에는 투명해 보이지만 그 안에 사는 사람들은 그 곳에서 빠져나올 수 없다.

아이들을 '손끝 세계'에 빠지지 않게 하자

최근 들어 태블릿 PC와 스마트폰은 많은 도시 가정의 일상 용품이 되었고 심지어는 유행에 민감한 부모들이 아이들에게 주는 인기 선물이 되었다. 부모들은 이런 기기들이 아이에게 유익하고 창의력을 키워 줄 수 있다고 생각한다. 우리는 부모들이 육아에서 벗어나려고 스마트폰이나 태블릿 PC를 아이 손에 쥐여 주는 경우를 생활 속에서 쉽게 볼 수 있다. 스마트 기기들이 가정으로 들어오면서 미취학 아동들은 디지털 게임을 하면서 성장하게 되었는데, 우리는 이런 현상을 경계해야 한다.

비록 현재 일부 부모들은 이미 이러한 문제에 대해 경각심을 느끼고 사용 시간 제한하기, 부모와 함께 사용하기, 수시로 감독하기 등의 방식으로 아이의 오락 시간을 통제하고 있다. 그러나 실상은 부모들 스스로도 스마트폰에 대한 의존을 제대로 통제하지 못하는 지경이다. 한 지붕 아래 사는 가족들이 저녁을 먹고 나서 각자 웨이보, 웨이신을 하거나 게임을 하느라 거의 소통하지 않는 장면은 이는 이미 많은 가정에서 일상이 되어버렸지만 대단히 황당한 상황이 아닐 수 없다. 아이가 이야기를 해달라거나 게임을 하자고 조르면 많은 부모들은 아이에게 스마트 기기를 가지고 놀라고 함으로써 아이를 돌봐야 하는 귀찮음에서 벗어나려고 한다.

루소는 행복한 가정생활이 사회악을 물리칠 수 있는 최고의 약이라고 말했다. 현대사회에서 많은 가정들이 아이가 '디지털 능력'을 기를 수 있도록 좋은 환경을 만들어 주고 있지만, 기술에 대한 맹신이 가져올 부정적 요인에 대해서는 간과하고 있다. 차가운 디지털 가상 공간에서 아이들은 올바른 인격을 형성하기 어렵고, 사람 간의 온정 그리고 자연의 아름다운 풍경을 느끼지 못할 뿐더러 아름다운 마음을 찾지 못하는 것은 두말할 것도 없다.

부모는 미취학 아동의 사회화 교육에 대해 막중한 책임감을 가져야 한다. 학부모는 형식적인 가정을 형성하는 것뿐만 아니라 사랑, 책임, 신뢰, 존중이 충만한 가정을 꾸려서 아이들과 가족이 지혜롭게 성장하고 밝은 성격을 가질 수 있도록 해야 한다. 만약 가정에 화목, 웃음, 재미, 대화가 충만하다면 이는 아이의 적극적인 학습 태도를 기르는 데 도움이 된다. 유머러스하고 대화를 잘하는 아이는 성격이 밝고 다정하며 자신의 생각을 잘 표현하고 자신감이 있다. 부모가 해 준 이야기를 통해 아이들은 가치 판단의 기준을 형성하고, 어린 시절 이야기는 인생의 거름이 되기도 한다.

기술의 진보는 때때로 사람들을 가상 공간으로 이끌어 그 곳에 있고 싶게 만드는 유리방과도 같다. 보기에는 투명하지만 그 속에 사는 사람들은 거기서 도망쳐 나올 수 없다. 어떻게 하면 첨단 기술에 빠져있는 사람들을 일깨우고, 기술의 변질과 저연령화 현상을 방지할 수 있을까? 도시 가정의 학부모들이 신중하게 기술에 대한 아이들의 인식을 길러 주고, 아이들에게 진정한 사회화 교육을 할 수 있게 하는 것은 디지털 시대에 우리가 끊임없이 질문하고 또 경계해야 할 문제이다.

无人驾驶汽车

目前，世界上大多数知名汽车厂商都开展过无人驾驶汽车测试，并制订了中长期目标。2010年10月，谷歌公司首次承认，其研发的无人驾驶汽车已完成了22万千米的测试。2013年，美国内华达州、佛罗里达州等批准了谷歌无人驾驶汽车的公路行驶。此外，戴姆勒集团2013年版S级奔驰车已具备无人驾驶功能，包括在交通拥堵时根据交通状况自动加速、刹车或避让行人。

❶无人驾驶汽车需要具备智能感知和智能控制两套系统，目前相关技术均日臻成熟。智能感知通过摄像机、雷达和激光传感器来实现，可感知车外境况，从而控制汽车的行进；激光测距仪可精确测量前后方车距；全球定位系统可确定每辆汽车在地球上的位置和时间节点，其误差控制在10厘米以内；数字地图将海量实时数据转化为虚拟图景。

同传统驾驶相比，无人驾驶汽车有以下诸多优势：首先是安全，交通事故已成为人类第五大死亡原因，而无人驾驶汽车具备主动避开交通事故的能力，有潜力将交通事故降低为零；其次是节约资源，❷每个美国人每天要花1小时开车上下班，无人驾驶汽车不仅能提高人们的生活质量，而且将大大减少交通拥堵和寻找车位的时间，更环保节能。

业界指出，无人驾驶汽车普及的主要障碍不是成本问题，也不是技术问题，而是法律问题和民众心理：一旦发生交通事故，由谁来负责任？是汽车制造商还是无人驾驶系统供应商？还是负责交通维护的政府机构？另外，人们似乎还难以接受让汽车在车流中自由穿行的局面。不过，毕马威的报告认为，❸市场未来不仅将拥抱自动驾驶，而且它还将成为汽车产业新的增长龙头。预计，无人驾驶时代来得将比预想得更快。

주요 단어 및 구문

无人驾驶汽车 wúrén jiàshǐqìchē 무인 자동차
汽车厂商 qìchē chǎngshāng 자동차 제조업체
开展 kāizhǎn 시행하다
测试 cèshì 테스트
制订 zhìdìng 제정하다
中长期目标 zhōngchángqī mùbiāo 중장기 목표
谷歌 Gǔgē 구글
内华达州 Nèihuádá zhōu 네바다 주
佛罗里达州 Fóluólǐdá zhōu 플로리다 주
批准 pīzhǔn 허가하다
公路行驶 gōnglù xíngshǐ 도로 주행
戴姆勒 Dàimǔlè 다임러
集团 jítuán 그룹
奔驰 Bēnchí 벤츠
具备 jùbèi 탑재하다, 갖추고 있다
功能 gōngnéng 기능
拥堵 yōngdǔ 길이 막히다
加速 jiāsù 속도를 높이다, 엑셀을 밟다
刹车 shāchē 브레이크를 밟다
避开 bìkāi 피하다
行人 xíngrén 보행자
感知 gǎnzhī 센서, 감지하다
日臻成熟 rìzhēn chéngshú 나날이 발전하다
摄像机 shèxiàngjī 카메라
雷达 léidá 레이더
激光 jīguāng 레이저
传感器 chuángǎnqì 센서
测距仪 cèjùyí 거리측정기
精确 jīngquè 정확하다
测量 cèliáng 측정하다
车距 chējù 차간거리
全球定位系统 quánqiú dìngwèi xìtǒng GPS
确定 quèdìng 확인하다
辆 liàng 대, 량 [차량을 세는 양사]
时间节点 shíjiān jiédiǎn 시간 노드(node)
误差 wùchā 오차
厘米 límǐ 센티미터
海量 hǎiliàng 방대한
将A转化为B jiāng A zhuǎnhuàwéi B A를 B로 바꾸다
同A相比 tóng A xiāngbǐ A와 비교해

优势 yōushì 장점
节约资源 jiéyuē zīyuán 자원 절약
开车 kāichē 차를 몰다
提高生活质量 tígāo shēnghuó zhìliàng 삶의 질을 높이다
环保节能 huánbǎo jiénéng 환경보호 및 에너지 절약
障碍 zhàng'ài 장애물
由A来负责任 yóu A lái fùzérèn A가 책임지다
制造商 zhìzàoshāng 제조업체
供应商 gōngyìngshāng 공급업체
政府机构 zhèngfǔ jīgòu 정부 기관
接受 jiēshòu 받아들이다
穿行 chuānxíng 다니다
毕马威 bìmǎwēi 산동회계법인(KPMG)
拥抱 yōngbào 받아들이다, 포옹하다
比预想得更快 bǐ yùxiǎng de gèng kuài 예상보다 더 빨리

꼭 알아야 할 따페이·구문

- 开展……测试 : 테스트하다
- 具备……功能 : 기능을 가지고 있다
- 将A转化为B : A를 B로 전환하다 '将' 다음에 명사가 오면 '将'은 목적어를 앞으로 오게 하는 '把'와 같은 역할을 한다.
- 将A降低为零 : A를 제로(0)로 낮추다 여기에서도 '将'이 '把'의 용법으로 쓰였다. 단 '将' 뒤에 동사가 올 때는 미래시제 용법임을 기억하자.

1 无人驾驶汽车需要具备智能感知和智能控制两套系统，目前相关技术均日臻成熟。

'无人驾驶汽车'는 '무인 자동차' 또는 '자율주행 자동차'로 번역 가능하다. '어떤 능력이나 조건 따위를 갖추다'라는 표현은 동사 '具备'를 사용한다. '两套系统'에서 '套'는 '시스템'의 양사이다. 보통 숫자 다음에 오는 단어들이 양사임을 알아 두자. '均'은 '都'의 서면어 표현으로 '모두'라는 의미이다.

↳ 무인 자동차는 스마트 센서와 스마트 제어라는 두 가지 시스템을 반드시 갖춰야 하는데, 현재 관련 기술들은 모두 나날이 발전하고 있다.

2 每个美国人每天要花1小时开车上下班，无人驾驶汽车不仅能提高人们的生活质量，而且将大大减少交通拥堵和寻找车位的时间，更环保节能。

'不仅A而且B更C' 구문이다. 'A뿐만 아니라 B이고, 더욱이 C이다'라는 뜻이다. '环保节能'에서 '环保'는 '환경보호', '친환경'의 뜻이고 '节能'은 '에너지 절약'의 의미이다.

↳ 모든 미국인들은 매일 출퇴근할 때 한 시간씩 운전한다. 무인 자동차는 사람들의 생활의 질을 제고시켜 줄 뿐 아니라 교통 체증 해소와 차량 위치 파악에 걸리는 시간을 크게 줄여주어 더욱이 대단히 친환경적이고, 에너지도 절약할 수 있다.

3 市场未来不仅将拥抱自动驾驶，而且它还将成为汽车产业新的增长龙头。预计，无人驾驶时代来得将比预想得更快。

'拥抱'는 '포옹하다'라는 뜻이지만 직역하면 어색하니 '받아들이다'로 의역하면 좋겠다. 3인칭 대명사 '它'는 '그것'이라고 말하는 것보다 지칭하는 명사를 한 번 더 써 주는 것이 좋다. '预计'가 문장 맨 앞에 왔지만 한국어로 옮길 때는 마지막 서술어로 번역하면 훨씬 자연스럽다.

↳ 미래 시장은 무인 자동차를 받아들일 뿐 아니라 무인 자동차는 자동차 산업의 새로운 성장동력이 될 것이다. 무인 자동차 시대의 도래는 우리의 예상보다 훨씬 더 빨리 다가올 것으로 예상된다.

무인 자동차

현재 세계적으로 유명한 자동차 제조업체 대부분은 무인 자동차 테스트를 시행하며 중장기 목표를 설립하고 있다. 구글은 2010년 10월 처음으로 자사에서 개발한 무인 자동차가 22만km 주행 실험을 마쳤다고 밝혔다. 2013년 미국 네바다 주와 플로리다 주 등에서는 구글의 무인 자동차 도로 주행을 허가하였다. 이외에도 다임러 그룹은 2013년형 S급 벤츠에 자율 주행 기능을 탑재하였다. 이 기능은 차가 막힐 때 교통 상황에 따라 자동으로 엑셀이나 브레이크를 밟을 수 있고 또 보행자를 피해갈 수도 있게 해 준다.

무인 자동차는 스마트 센서와 스마트 제어라는 두 가지 시스템을 반드시 갖춰야 하는데, 현재 관련 기술들은 모두 나날이 발전하고 있다. 스마트 센서는 카메라, 레이더, 레이저 센서를 이용하여 외부 환경을 감지하고 차량 주행을 컨트롤한다. 레이저 거리측정기는 앞뒤 차량과의 거리를 정확하게 측정할 수 있다. GPS는 지구 상에 있는 모든 차량의 위치와 시간을 확인할 수 있으며 오차 거리는 10cm도 안 된다. 디지털 지도는 방대한 양의 실시간 데이터를 그래픽 지도로 바꿀 수 있다.

기존의 운전 방식과 달리 무인 자동차는 다음과 같은 많은 장점들이 있다. 첫 번째는 안전이다. 교통사고는 인간의 5대 사망 원인 중 하나인데, 무인 자동차는 자동으로 교통사고를 피해가는 기능이 있어 교통사고 발생률을 0%까지 낮출 수 있다. 두 번째는 자원 절약이다. 미국인들은 매일 출퇴근하는 데 차로 1시간이나 걸린다. 무인 자동차는 사람들의 삶의 질을 높일 수 있을 뿐만 아니라 교통 체증 해소와 차량 위치 파악에 걸리는 시간을 대폭 줄여 주며 친환경적이고 에너지도 절약할 수 있다.

업계에서는 무인 자동차 보급의 장애물은 비용이나 기술 문제가 아니라 법률 문제와 소비자들의 심리라고 지적한다. 교통사고가 발생하면 그 책임은 누가 져야 하는가? 자동차 제조업체인가 아니면 무인 자동차 시스템을 제공한 업체인가? 아니면 교통 관련 업무를 담당하는 정부 기구인가? 이외에도 대부분 사람들은 아직 자동차가 운전자 없이 도로에서 주행하는 것을 쉽게 받아들이지 못하고 있다. 그러나 KPMG의 보고서에서는 향후 시장은 자율 주행을 받아들일 것이며 나아가 자동차 산업의 새로운 성장동력이 될 것이라고 밝혔다. 앞으로의 무인 자동차 시대는 우리의 예상보다 훨씬 더 빨리 찾아올 것으로 예상된다.

UNIT 51 "隐身"不是梦
투명인간, 꿈이 아니다

UNIT 52 穿戴式智能设备是鸡肋吗?
웨어러블 스마트 기기는 계륵인가?

UNIT 53 数码痴呆症
디지털 치매

UNIT 54 APP时代：内容依然为王
앱 전성시대, 콘텐츠가 여전히 왕이다

UNIT 55 "杀手机器人"的伦理悖论
킬러 로봇의 윤리적 역설

"隐身"不是梦

🎧 Track 1-51

看过007系列电影的观众，一定还记得在《择日而亡》中，詹姆斯·邦德驾驶着一辆隐形汽车，在冰天雪地中与对手追逐的场面。邦德只需轻按键钮，汽车就能轻易"隐身"，影片中的隐形技术令人神往。

隐形技术的准确说法是低可探测技术，是指通过各种技术，如雷达隐形、红外隐形和可见光隐形等，来改变己方目标的可探测性信息特征，从而最大程度地降低被发现的概率。也就是说，隐形技术是传统伪装技术的一种应用和延伸，主要应用于军事领域，也是第二次世界大战之后重大的军事技术突破之一。

提到隐形技术，很多人会自然而然地想到隐形飞机。**1** 其实，隐形飞机并非真正意义上的视觉隐形，而是通过避开雷达等探测设备的电磁波等实现"相对隐形"。自20世纪50年代隐形技术问世以来，各国在隐形兵器的研发方面取得了长足进展：隐形飞机不断升级换代，隐形战舰相继问世。据澳大利亚媒体的报道，美国军方与澳大利亚科学家最近正在研究"曲光隐形"技术，以提高隐形技术的实用性，扩大其应用范围。

2 人眼之所以能够看到各种物体，主要是依赖光的反射原理。如果光线能"绕过"物体，那么该物体在视觉上就是"不存在的"，自然也就达到了"隐形"目的。澳大利亚科学家利用这一原理，通过模拟珍珠母(珍珠蚌)贝壳的表层结构来研究如何控制光线的传播方向，其理论基础是光线可以沿着物体被弯曲，从而达到隐形的效果。

澳大利亚迪肯大学副教授蒂芙尼·沃尔什参与了此项技术研发，她表示："通过对自然界的研究，现在我们可以通过非常精确的方法，将极其微小的纳米粒子进行三维立体排列；经过三维立体排列之后，这些纳米粒子可以很好地折射特定波长的光线，实现光线的重新组合。"

美国迈阿密大学相关研究人员透露，美国空军计划把"曲光隐形"技术用于飞机伪装。结合此前的"雷达波隐形"技术，或许在不久的将来，飞机有望实现在视觉观察和雷达探测下的双重隐形。除了应用在飞机上，美国军方还希望在未来的战场上，将"曲光隐形"技术有效应用于士兵装备，乃至坦克、军舰等大型作战设备。

除了军事方面的应用，这项新技术在日常生活中也将拥有较广的应用前景。例如，人们憧憬的"隐身衣"就可以成为现实。**3** 当然，"曲光隐形"技术的应用并不仅仅局限于常规意义上的"隐身"，在电子领域，曲光技术也可以发挥神奇的作用。例如，用光线替代传统的电线，其能耗远低于电互连，可大幅提高各种电器的节能效果。

주요 단어 및 구문

隐身 yǐnshēn 투명인간, 투명 기술
观众 guānzhòng 관객, 관중
詹姆斯·邦德 Zhānmǔsī·bāngdé 제임스 본드
隐形 yǐnxíng 투명한
冰天雪地 bīngtiān-xuědì 눈으로 뒤덮여 있다
对手 duìshǒu 라이벌, 상대
场面 chǎngmiàn 장면
按键钮 ànjiànniǔ 버튼을 누르다
轻易 qīngyì 쉽게
令人神往 lìng rén shénwǎng 사람의 눈길을 끌다
低可探测技术 dī kě tàncè jìshù 스텔스 기술
红外(光) hóngwài(guāng) 적외선
可见光 kějiànguāng 가시광선
己方 jǐfāng 아군
最大程度地 zuìdà chéngdù de 최대한
概率 gàilǜ 확률
也就是说 yě jiùshì shuō 즉, 다시 말해
伪装 wěizhuāng 위장
突破口 tūpòkǒu 돌파구
自然而然地 zìrán'érrán de 자연스럽게
避开 bìkāi 피하다
探测设备 tàncè shèbèi 탐측기
问世 wènshì 세상에 나오다, 등장하다
取得长足进展 qǔdé chángzú jìnzhǎn 장족의 발전을 이뤄내다
升级换代 shēngjí huàndài 상품을 업그레이드하다
战舰 zhànjiàn 전함
相继 xiāngjì 잇따라, 계속해서
实用性 shíyòngxìng 실용성
扩大范围 kuòdà fànwéi 범위를 넓히다
反射 fǎnshè 반사하다
绕过 ràoguò 돌아가다
达到……目的 dádào……mùdì ~목적을 달성하다
贝壳 bèiké 조개
表层 biǎocéng 표층
沿着 yánzhe (일정한 노선을) 따라서
弯曲 wānqū 구부리다, 휘다
精确 jīngquè 정밀하다
微小 wēixiǎo 미세한
纳米粒子 nàmǐ lìzǐ 나노입자

三维 sānwéi 3차원
排列 páiliè 배열하다
折射 zhéshè 굴절하다
波长 bōcháng 파장
光线 guāngxiàn 광선, 빛
组合 zǔhé 결합
迈阿密 Mài'āmì 마이애미
此前 cǐqián 이전의
在不久的将来 zài bùjiǔ de jiānglái 머지않은 미래에
装备 zhuāngbèi 장비
坦克 tǎnkè 탱크
军舰 jūnjiàn 군함
前景 qiánjǐng 전망
憧憬 chōngjǐng 동경하다
隐身衣 yǐnshēnyī 투명망토
常规 chángguī 일반적인, 통상적인
电线 diànxiàn 전선
能耗 nénghào 에너지 소모
大幅提高 dàfú tígāo 대폭으로 높이다
节能 jiénéng (에너지를) 절약하다

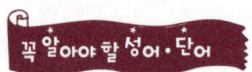

- **隐身** : 직역하면 '몸을 숨기다'가 되지만 본문에서는 '투명 기술'이라고 번역하면 무난하다. '隐形战斗机 스텔스 전투기'에서 응용해 '스텔스 기술'로 번역해 볼 수도 있겠다.
- **也就是说** : 다시 말해서 문장과 문장을 연결하면서 뒤 문장에서 부연 설명하는 구조이다. 비슷한 기능을 하는 단어로는 '换句话说'가 있다.
- **三维立体** : 3D 입체 '2D'는 '二维'로 표현하고 '평면'이라는 뜻이다.

1 其实，隐形飞机并非真正意义上的视觉隐形，而是通过避开雷达等探测设备的电磁波等实现"相对隐形"。

이 문장은 크게 보면 '不是A，而是B'를 응용한 '并非A，而是B (A가 아니라 B이다)' 구문이다. '真正意义上'은 '진정한 의미에서', '通过……实现+목적어'는 '~함으로써 ~를 실현하다'라는 뜻이다.

↪ 사실 스텔스 비행기는 진정한 의미에서의 시각적 투명 기술이 아니라 레이더 등 탐지 설비의 전자파를 피하는 상대적 투명 기술이다.

2 人眼之所以能够看到各种物体，主要是依赖光的反射原理。

'之所以A……，是因为B' 구문으로 '主要是' 다음에 '因为'가 생략된 형태이다. 'A를 한 것은[결과] B때문이다[원인]'라는 뜻으로 서면어에서 많이 쓰는 구문이다. 구어에서는 보통 '因为', '所以'를 많이 쓰지만 서면어에서는 원인과 결과를 도치시킨 '之所以……，是因为'를 활용해 보도록 하자.

↪ 사람의 눈이 각종 사물을 볼 수 있는 것은 빛의 반사 원리와 관련이 있다.

3 当然，"曲光隐形"技术的应用并不仅仅局限于常规意义上的"隐身"，在电子领域，曲光技术也可以发挥神奇的作用。

'并不仅仅'은 4글자가 한 단위로 '결코 ~하지 않다'라는 뜻이며, '局限于……'는 '~에 국한되다'라는 뜻의 동사이다. '发挥……作用'은 '~작용을 하다'라는 의미의 중요한 짝페이이다.

↪ 물론 '굴절 광선 스텔스 기술'의 응용은 일반적인 의미의 '투명'에 국한되지는 않을 것이다. 전자 영역에서는 이 기술이 매우 신기한 작용을 할 수도 있다.

투명인간, 꿈이 아니다

영화 007시리즈를 본 관객이라면 〈어나더데이〉에서 제임스 본드가 투명 자동차를 타고 설경에서 라이벌과 펼치는 추격신을 잊지 못할 것이다. 본드가 버튼을 누르자 자동차는 바로 투명 차가 되었고 영화에서 등장하는 투명 기술은 관객의 눈을 사로잡았다.

투명 기술의 정확한 명칭은 스텔스 기술로, 레이더 스텔스, 적외선 스텔스, 가시광선 스텔스 등 다양한 기술을 통해 아군 목표물의 인지 가능한 정보 특징을 바꾸어 발견될 가능성을 최소화하는 것을 가리킨다. 다시 말해 투명 기술은 전통적인 위장 기술의 응용이자 확장이다. 이는 주로 군사 영역에 쓰이며 2차 세계대전 이후 군사 기술 영역의 중대한 성과 중 하나가 되었다.

투명 기술하면 많은 사람들이 자연스레 스텔스기를 떠올린다. 그런데 사실 스텔스기는 진짜 '시각적으로' 투명해지는 것이 아니라 레이더 같은 탐지기의 전자파를 피해 '상대적으로' 투명해지는 것이다. 1950년대에 투명 기술이 등장한 이후 전 세계 각국은 스텔스 무기 연구 개발 영역에서 장족의 발전을 이뤄냈다. 스텔스기는 끊임없이 업그레이드 되었고 스텔스 전함도 잇따라 발명되었다. 호주의 언론 보도에 따르면 최근 미군과 호주 과학자들은 '굴절 광선 스텔스 기술'을 연구하고 있으며 이로써 투명 기술의 실용성을 높이고 응용 범위를 넓힐 수 있다고 한다.

사람의 눈이 각종 사물을 볼 수 있는 것은 빛의 반사 원리와 관련이 있다. 만약 빛이 사물들을 피해간다면 그 물체는 시각적으로 '존재하지 않게' 되며 자연스레 투명해지는 것이다. 호주 과학자들도 바로 이 원리를 이용하였는데 진주조개의 표면 구조를 모방하여 빛의 전파 방향을 조정하는 방법을 연구하였다. 이 이론의 기초는 빛이 물체에 따라 굴절될 수 있다는 원리이며 이로써 물체는 투명해질 수 있다.

티파니 월슨 호주 디킨 대학 부교수는 이번 기술의 연구 개발에 참여하였다. 그녀는 "자연에 대한 연구를 통해 우리는 현재 매우 정밀한 방법으로 미세한 나노입자를 3차원으로 배열할 수 있다"며 "3차원 배열 후 이러한 나노입자들은 특정 파장의 빛을 굴절시킬 수 있으며 이로써 빛의 재조합이 가능해진다"고 밝혔다.

미국 마이애미 대학의 한 연구원은 미국 공군이 '굴절 광선 스텔스 기술'을 비행기 위장에 이용할 계획이라고 밝혔다. 만약 종전의 '레이더 투명 기술'과 결합한다면 머지않아 비행기는 시각적 관찰에서 뿐만 아니라 레이더 탐지에서도 모두 투명해질 수 있을 것으로 기대된다. 미군은 비행기뿐만 아니라 향후 전쟁에서 '굴절 광선 스텔스 기술'을 군장비, 더 나아가 탱크와 군함 등 대규모 무기에도 활용할 계획이다.

군사적 측면에서의 응용 외에도 투명 기술은 일상생활에서 널리 사용될 것으로 보인다. 예를 들어 사람들이 꿈꾸는 투명망토도 현실이 될 수 있다. 물론 '굴절 광선 스텔스 기술'의 응용은 일반적인 의미에 있어서 '투명'에 국한되진 않을 것이다. 전자 영역에서는 이 기술이 매우 신기한 작용을 할 수도 있다. 예를 들어 빛으로 기존의 전선을 대체할 수 있는데 에너지 소모량이 전선 연결보다 훨씬 적다. 따라서 각종 전자 제품의 에너지를 매우 효과적으로 절약할 수 있다.

穿戴式智能设备是鸡肋吗?

新年伊始，穿戴式智能设备已从全球各大电子展上火到了实体零售店，经常出现在人们的身上，相关的一些概念股也越炒越高。笔者去年购买了一只记录运动和睡眠质量的智能腕带，最近发现"腕带好友目录"中的好友人数不断增加，大家可以通过腕带的记录共同分享自己的运动经验、饮食心得。不过，穿戴式智能设备要从小众走向大众，仍需时日。

首先，笔者个人认为目前的穿戴式智能设备还不够实用贴心。拿智能腕带来说，人体行为的识别还没达到十分准确的程度，躺着不动会被识别为睡眠状态，摇一摇手腕会被误认为正在行走。此外，腕带模式的调整和数据的传输都要通过手机APP来操作，并不是非常方便。刚开始会新鲜一阵子，久而久之，觉得功能有些"鸡肋"，智能腕带就被束之高阁了。也有一些智能手表和智能眼镜的用户表示，因受制于电池续航能力和屏幕尺寸等因素，这些穿戴智能产品的功能有限，还有人抱怨"用智能眼镜拍照，听起来很酷，但是太重，很不方便"。

从市场反应来看，❶一些穿戴式智能设备也遭遇了"概念火、市场热、出货少"的尴尬。某大牌智能手表被曝每天销量仅为几百只，仍未赢得主流市场青睐。价格高、功能有限，且返修率高等因素都阻碍了相关市场的进一步扩大。不可否认的是，把"科技穿戴在身上"的概念魅力十足，且已经成为企业进入未来移动互联网的必争之地。如何让这一场很大程度上由尝鲜者掀起的热潮，真正地火起来、持续地火下去?

笔者认为，首先外观上要求美观，与人的着装审美和谐一致。有消费者曾说，"戴着智能眼镜出现在公众场合让我觉得自己很傻"。❷智能穿戴设备不该显得太突兀另类，若一个智能腕带能像镯子一样漂亮，人们肯定更想穿戴这一设备。同时，技术提升仍是这类设备发展的关键。智能腕带对运动睡眠的检测能不能更精确?智能眼镜能不能在不妨碍驾驶视线的情况下进行导航?在对现有功能完善的基础上，更应发掘更多用户需求点。同时，在锤炼技术过程中，更应以用户体验为导向。❸比如借助语音技术进行人机交互，不需要依赖智能手机就能操控可穿戴智能设备，让使用变得更为便捷简单。总之，技术提升才能让此类设备更完美地融合到生活中。

주요 단어 및 구문

穿戴式智能设备 chuāndàishì zhìnéng shèbèi 웨어러블 스마트 기기
鸡肋 jīlèi 계륵
新年伊始 xīnnián yīshǐ 새해부터, 신년부터
电子展 diànzǐ zhǎn 전자기기 박람회
零售店 língshòudiàn 소매점, 판매점
概念股 gàiniàngǔ 테마주
炒 chǎo 투기하다, 볶다
购买 gòumǎi 구매하다
睡眠 shuìmián 수면
智能腕带 zhìnéng wàndài 스마트밴드
心得 xīndé 컨디션, 느낌, 소감
小众 xiǎozhòng 매니아, 소수
仍需时日 réng xū shírì 시간이 필요하다
贴心 tiēxīn 마음에 들다
拿……来说 ná……láishuō ~를 예로 들자면
识别 shíbié 식별하다
躺 tǎng 눕다
摇 yáo 흔들다
手腕 shǒuwàn 손목
误认(为) wùrèn(wéi) 착각하다
传输 chuánshū 전송, 보내다
操作 cāozuò 조작하다, 조종하다
新鲜 xīnxiān 신기하다, 신선하다
一阵子 yízhènzi 한동안
束之高阁 shùzhīgāogé 내버려 둔 채 사용하지 않다
智能手表 zhìnéng shǒubiǎo 스마트워치
智能眼镜 zhìnéng yǎnjìng 스마트글래스
用户 yònghù 사용자
电池 diànchí 배터리
续航能力 xùháng nénglì 수명, 용량
屏幕尺寸 píngmù chǐcun 디스플레이 크기
抱怨 bàoyuàn 불평하다
拍照 pāizhào 사진을 찍다
酷 kù 멋지다, 쿨하다
从……来看 cóng……lái kàn ~ 측면에서 보자면
遭遇 zāoyù 맞닥뜨리다
出货(量) chūhuò(liàng) 출하(량)
尴尬 gāngà 난처하다, 당혹스럽다
大牌 dàpái 유명 브랜드

销量 xiāoliàng 판매량
仅为 jǐnwéi 겨우 ~밖에 안 된다
赢得/受到……青睐 yíngdé/shòudào……qīnglài ~의 환영을 받다
返修率 fǎnxiūlǜ A/S율
扩大 kuòdà 확대
不可否认的是 bùkě fǒurèn de shì 부인할 수 없는 것은
魅力 mèilì 매력
必争之地 bì zhēng zhī dì 쌍방이 반드시 다투게 될 전략적 요충지
尝鲜者 chángxiānzhě 얼리어답터 = 早期采用者
掀起……热潮 xiānqǐ……rècháo ~붐을 일으키다
着装 zhuózhuāng 옷차림, 패션
和谐一致 héxié yízhì 잘 어울리다, 조화롭다
公众场合 gōngzhòng chǎnghé 공공장소
突兀 tūwù 유별나다
另类 lìnglèi 특이하다
镯子 zhuózǐ 팔찌
检测 jiǎncè 측정하다
妨碍 fáng'ài 방해하다
视线 shìxiàn 시선, 시야
进行导航 jìnxíng dǎoháng 길 안내를 하다
现有 xiànyǒu 기존의, 현재의
在……的基础上 zài……de jīchǔ shàng ~의 기초 위에서
发掘 fājué 발굴하다
锤炼 chuíliàn 단련하다, 갈고 닦다
导向 dǎoxiàng 이끌다
借助 jièzhù ~의 힘을 빌리다
操控 cāokòng 조작하다, 조종하다
融合 rónghé 결합하다

- **穿戴式智能设备**：웨어러블 스마트 기기 '可穿式智能设备'라고도 표현한다.
- **束之高阁**：'束'는 동사로 '묶다'의 뜻이고, '之'는 대명사 '그것', '高阁'는 '높은 누각'을 뜻한다. 직역하면 '묶어서 높은 곳에 두다'라는 뜻으로, '내버려 둔 채 사용하지 않는다'라는 뜻이다.
- **很酷**：멋지다 '酷'는 영어 'cool'을 음역한 것이다.

- **受制于……因素**：~요인의 제약을 받다
- **不可否认的是**：분명한 것은 문장 맨 앞에 쓰이며 뒤에 오는 문장을 강조하는 느낌을 준다. 비슷한 기능을 하는 표현으로는 '值得一提的是 강조하고 싶은 것은', '毋庸讳言 솔직히 말해서' 등이 있다.

---

1 一些穿戴式智能设备也遭遇了"概念火、市场热、出货少"的尴尬。

'遭遇……尴尬'는 '난처한 상황에 처하다'라는 뜻이다. 중간의 수식 부분이 아무리 길어도 양쪽 끝에 있는 이 따페이를 찾아낼 수 있는 실력을 길러야 한다.

↪ 일부 웨어러블 스마트 기기는 '혁신적인 개념으로 시장 반응은 뜨겁지만 출하량은 적은' 아이러니한 상황에 빠졌다.

2 智能穿戴设备不该显得太突兀另类，若一个智能腕带能像镯子一样漂亮，人们肯定更想穿戴这一设备。

'不该'는 '不应该'를 줄인 것으로 '~해서는 안 된다'라는 뜻이고, '突兀另类'는 '모양이 특이해 튀어 보이다'라는 뜻이다. 그리고 '像……一样漂亮'은 '마치 ~처럼 예쁘다'라는 뜻이다.

↪ 스마트 웨어러블 기기는 너무 튀어선 안 된다. 만약 스마트밴드가 팔찌처럼 예쁘다면 더 많은 사람들이 이를 착용하고 싶어할 것이다.

3 比如借助语音技术进行人机交互，不需要依赖智能手机就能操控可穿戴智能设备，让使用变得更为便捷简单。

'借助……进行……'은 '~를 빌려 ~하다'라는 뜻이다. '人机'는 '인간과 기계'를 합친 표현이고, '交互'는 '互相交流'의 줄임말로 이해하면 되겠다. '依赖'는 '의존하다'의 뜻이고 '变得……'는 '~게 변하다'라는 뜻이다.

↪ 예를 들어 음성 기술을 통해 사람과 기계가 서로 커뮤니케이션을 하고, 스마트폰 없이도 웨어러블 기기를 조작할 수 있게 하여 소비자들이 더욱 편리하게 사용할 수 있도록 해야 한다.

웨어러블 스마트 기기는 계륵인가?

　　웨어러블 스마트 기기의 인기는 새해 초부터 전 세계 여러 전자기기 박람회에서 판매점으로까지 확산되었다. 웨어러블 기기를 착용하고 있는 사람들이 자주 눈에 띄고 관련 테마주는 상승세를 보이고 있다. 필자는 작년에 운동량과 수면의 질을 기록하는 스마트밴드를 구매하였다. 최근 들어 '스마트밴드 친구 목록'에는 사람들이 계속 늘어나고 있으며, 스마트밴드의 기록을 통해 자신의 운동량, 식습관 및 컨디션을 친구들과 공유할 수 있다. 그러나 웨어러블 스마트 기기가 소수의 매니아층이 아닌 대다수 소비자들의 사랑을 받으려면 아직 시간이 필요하다.

　　우선 개인적으로 나는 현재의 웨어러블 기기는 아직 실용적이지 못하다고 생각한다. 예를 들어 스마트밴드는 아직 인체의 움직임을 정확히 식별해 내지 못한다. 누워서 움직이지 않으면 이를 수면 상태로 인식하기도 하고, 손목을 흔들면 이를 보행 상태로 착각한다. 이외에도 밴드 형식의 기기를 설정하거나 데이터를 전송할 때 모두 휴대전화 앱으로 조작해야 하니 그다지 편리하지 않다. 처음에는 꽤나 신기했지만 시간이 지날수록 기능들이 계륵처럼 느껴져 스마트밴드를 멀리하게 되었다. 또 일부 스마트워치와 스마트글래스 사용자들은 배터리 수명과 디스플레이 크기와 같은 요인들의 제약 때문에 웨어러블 스마트 기기의 기능은 한계가 있다고 토로했다. 뿐만 아니라 일부 사용자들은 "스마트글래스로 사진을 찍는다고 하면 멋져 보이긴 하지만 기기가 너무 무거워서 쓰고 다니기 불편하다"라고 지적했다.

　　시장 반응을 보면 일부 웨어러블 스마트 기기는 '혁신적인 컨셉으로 시장 반응은 뜨겁지만 출하량은 적은' 아이러니한 상황에 빠졌다. 한 유명 브랜드의 스마트워치는 하루 판매량이 몇 백 개에 불과하며 아직 주류 시장에서 인기를 끌지 못하고 있다. 비싼 가격, 제한적인 기능, 높은 A/S율 등의 요인들이 시장 확대를 저해하고 있다. 하지만 부인할 수 없는 것은 과학기술을 신체에 착용한다는 컨셉이 아주 매력적이라는 점과 웨어러블 시장이 향후 모바일 인터넷 분야에서 기업들이 치열한 경쟁을 펼칠 영역이라는 점이다. 그렇다면 어떻게 하면 얼리 어답터들이 일으킨 이 열풍을 확대시키고 또 그 인기를 지속적으로 유지할 수 있을까?

　　우선 나는 외관상 디자인이 뛰어나야 하고 사람들의 패션과 어울려야 한다고 생각한다. 한 소비자는 "스마트글래스를 끼고 공공장소에 갔을 때 내 자신이 너무 멍청해 보였어요."라고 말했다. 스마트 웨어러블 기기는 너무 튀어선 안 된다. 만약 스마트밴드가 팔찌처럼 예쁘다면 더 많은 사람들이 이를 착용하고 싶어할 것이다. 둘째, 기술적 업그레이드는 여전히 웨어러블 기기 발전의 관건이라 할 수 있다. 스마트밴드가 운동과 수면을 측정할 때 더 정확할 순 없을까? 스마트글래스가 운전자의 시야를 방해하지 않으면서 길 안내를 할 순 없을까? 기본적으로 기존의 기능을 완비하면서도 소비자들의 니즈를 더 잘 파악해야 한다. 셋째, 기술을 업그레이드 하는 과정은 소비자 체험을 위주로 진행되어야 한다. 예를 들어 음성 기술을 통해 사람과 기계가 서로 커뮤니케이션을 하고, 스마트폰 없이도 웨어러블 기기를 조작할 수 있게 하여 사용자들이 더욱 편리하게 사용할 수 있도록 해야 한다. 요컨대 기술이 업그레이드되어야 웨어러블 기기가 우리의 일상생활 속에 더욱 잘 스며들 수 있다.

数码痴呆症

智能手机成为人们娱乐、社交和获取资讯的主要途径，很多人机不离手，被称之为"低头族"。"低头族"过度使用数码产品会损害大脑将信息转为长期记忆的功能，患上"数码痴呆症"。❶所谓"数码痴呆症"，是指因使用智能手机而导致注意力、记忆力下降，出现类似于早期痴呆症的迹象，如常忘记一些电话号码、熟人亲友的名字等等。这个新名词最早于2004年出现在韩国，随后引起世界各地的关注。

数码产品的最大优点就是便捷，在任何一个地方都能依靠它找到需要的信息。并且，随着信息搜索比记忆占据更重要的位置，负责记忆的大脑区域就会变得越来越懒，过度依赖数码产品，记忆力得不到充分锻炼，就会处于懈怠状态，从而导致注意力和记忆力下降，出现丢三落四等情况。

"数码痴呆症"不同于老年痴呆症，且呈现低龄化特征。当下，患有记忆障碍的青少年明显增加，而且所受危害也远远超过成年人。数码产品在给我们带来便利的同时，也影响着我们的记忆能力，如今年轻人记忆力下降已经成为普遍现象。过度依赖科技产品给脑部仍处在发育阶段的青少年带来的影响最为严重，甚至导致青少年记不住自己的手机号。另有专家表示，10%~15%出现轻微认知障碍的人，都有可能发展成痴呆症。已公布的数据显示，在10~19岁青少年中，18.4%的人每天使用智能手机7小时以上，较去年上升了7个百分点。由此可见，青少年网瘾现状令人担忧。青少年时期是脑部发育重要阶段，若在这一时期过度使用科技产品，将阻碍脑部发育，得不偿失。

要想摆脱"数码痴呆症"，最重要的就是适当的休息，并养成锻炼记忆力的习惯。要把工作和生活严格区分开，工作之外尽量少用数码产品。年轻人应该学会享受人与人之间的交流，在休息和外出旅游时充分享受大自然的和谐，不要在哪儿都机不离手。重要的联系方式、人名以及与日常生活有关的内容尽可能努力去记，而且培养尽量手写、亲自计算等习惯。"数码产品"不是万能的，这句话一点儿也没错。❷尽管数码产品使我们的生活更便利，但若"消费"过度，就会使我们产生难以摆脱的依赖心理，进而让我们"变傻"。凡事都有个度，这个度需要我们自己去遵守。

주요 단어 및 구문

数码痴呆症 shùmǎ chīdāizhèng 디지털 치매
娱乐 yúlè 엔터테인먼트
社交 shèjiāo SNS
获取资讯 huòqǔ zīxùn 정보를 획득하다
途径 tújìng 경로, 수단
机不离手 jī bù lí shǒu 스마트폰을 손에서 놓지 않다
被称之为 bèi chēng zhī wéi ~라고 불리다
低头族 dītóuzú 수그리족
过度 guòdù 지나치게
数码 shùmǎ 디지털
损害 sǔnhài 손해를 입다
将A转为B jiāng A zhuǎnwéi B A를 B로 전환하다
患上 huànshàng (병에) 걸리다
类似于 lèisìyú ~와 비슷하다
早期痴呆症 zǎoqī chīdāizhèng 치매 초기
新名词 xīnmíngcí 신조어
于……年 yú……nián ~년에
随后 suíhòu 이어서, 이후
依靠 yīkào ~를 통해, 가지고
随着 suízhe ~함에 따라
信息搜索 xìnxī sōusuǒ 정보검색
占据 zhànjù 차지하다, 점유하다
负责 fùzé 담당하다
懒 lǎn 나태하다
锻炼 duànliàn 단련하다
处于……状态 chǔyú……zhuàngtài ~한 상황에 처하다
懈怠 xièdài 나태하다, 게으르다
丢三落四 diūsān-làsì 건망증, 이것저것 잊어버리다
不同于 bùtóngyú ~와 다르다
明显 míngxiǎn 명백하다
危害 wēihài 폐해, 손상
A远远超过B A yuǎnyuǎn chāoguò B A가 B를 훨씬 초과하다
普遍现象 pǔbiàn xiànxiàng 보편적인 현상
处在……阶段 chǔzài……jiēduàn ~단계에 있다
发育 fāyù 성장, 발육
轻微 qīngwēi 약간의
网瘾 wǎngyǐn 인터넷 중독
令人担忧 lìng rén dānyōu 걱정스럽다, 우려되다
得不偿失 débùchángshī 득보다 실이 더 크다

适当 shìdàng 적당한
养成/培养习惯 yǎngchéng/péiyǎng xíguàn 습관을 기르다
区分 qūfēn 구분하다
尽量 jǐnliàng 최대한, 마음껏
享受 xiǎngshòu 누리다
和谐 héxié 조화로운
联系 liánxì 연락
与A有关 yǔ A yǒuguān A와 관련된
手写 shǒuxiě 손으로 쓰다, 메모
万能 wànnéng 만능이다
一点儿也没错 yìdiǎnr yě méi cuò 틀린 게 하나도 없다
尽管A，但B jǐnguǎn A, dàn B 비록 A이지만 B
难以 nányǐ ~하기 어렵다
依赖心理 yīlài xīnlǐ 의존 심리
进而 jìn'ér 더 나아가
凡事 fánshì 모든 일, 만사
遵守 zūnshǒu 준수하다

꼭 알아야 할 성어·단어

- 低头族 : **수그리족** 고개를 숙인 채 스마트폰에만 열중하고 있는 사람들을 가리킨다. 비슷한 표현으로는 '拇指族 엄지족'도 있다.
- 得不偿失 : **잃는 것이 얻는 것보다 많다** 비슷한 의미의 '因小失大', '贪小失大'도 같이 외워 두자.
- 机不离手 : **기계를 손에서 놓지 않다** '핸드폰을 계속 가지고 다닌다'라는 의미이다.

1 所谓"数码痴呆症", 是指因使用智能手机而导致注意力、记忆力下降, 出现类似于早期痴呆症的迹象, 如常忘记一些电话号码、熟人亲友的名字等等。

'所谓A, 是指B'는 '소위 A라는 것은 B를 가리킨다'라는 의미로 어떤 새로운 개념을 소개할 때 이 따페이를 잘 활용한다. '因A而B'는 'A때문에 그래서 B하다'이고, '类似于……'는 '~와 유사하다'라는 뜻의 동사이다.

↪ 소위 디지털 치매란 스마트폰 사용으로 인해 나타나는 주의력 및 기억력 저하 등 치매 초기와 비슷한 증상을 의미한다. 전화번호나 지인, 친구의 이름을 자주 까먹는 등이 그 예이다.

2 尽管数码产品使我们的生活更便利, 但若"消费"过度, 就会使我们产生难以摆脱的依赖心理, 进而让我们"变傻"。

'尽管A, 但B'는 '비록 A하지만 B하다'라는 뜻의 구문이다. '消费过度 지나치게 소비한다'는 스마트폰을 지나치게 사용한다는 뜻이다. '产生……心理'는 '~심리가 생기다'라는 뜻의 따페이고, '难以摆脱'는 '벗어나기 어렵다', '进而'은 '더 나아가'라는 의미의 부사이다.

↪ 비록 디지털 기기는 우리의 생활을 더욱 편리하게 해 주었지만 이것들을 과도하게 사용한다면 우리는 쉽게 빠져 나오지 못하는 의존심리가 생기게 될 것이며 더 나아가 우리는 더욱 멍청해질 것이다.

★ 18.4% / 7个百分点 : 18.4%는 '百分之十八点四'로 읽어야 한다. 그리고 '7个百分点'은 7%가 아니라 '7% 포인트'로 읽어야 한다. 예를 들어 '12% 포인트'는 '12个百分点'으로 표현할 줄 알아야 하겠다. '%'와 '% 포인트'는 다른 개념이니 주의해야 한다.

디지털 치매

스마트폰은 오락, 사교 및 정보 획득의 주요 수단이 되었다. 많은 이들이 스마트폰을 손에서 놓지 못하고 있으며 '수그리족'이라 불리기도 한다. '수그리족'은 디지털 기기를 지나치게 사용하여 대뇌가 정보를 장기 기억으로 전환하는 기능에 손상을 입고 결국 디지털 치매에 걸리게 된다. 디지털 치매란 스마트폰 사용으로 인해 나타나는 주의력 및 기억력 저하 등 치매 초기와 비슷한 증상을 말한다. 전화번호나 지인, 친구의 이름을 자주 까먹는 것 등이 그 예이다. 디지털 치매라는 신조어는 2004년 한국에서 처음 등장했으며 이후 전 세계 각국의 관심을 불러일으켰다.

디지털 제품의 최대 장점은 편리함이다. 우리는 어디에서든 이 디지털 기기들을 이용해 필요한 정보를 찾을 수 있다. 또한 정보검색이 기억보다 더욱 중요해지면서 대뇌에서 기억을 담당하는 부분이 점점 더 게을러지게 되었다. 디지털 기기에 지나치게 의존해 우리의 기억력을 충분히 훈련하지 않는다면 두뇌는 나태한 상태에 빠지게 될 것이며 이는 집중력과 기억력의 감퇴를 초래해 건망증이 나타날 수 있다.

디지털 치매는 노인성 치매와 달리 젊은 세대에게 나타난다는 특징이 있다. 요즘 기억장애를 앓고 있는 청소년들이 눈에 띄게 증가하였고 그 폐해는 성인들보다 훨씬 심각하다. 디지털 기기는 우리에게 편리함을 가져다 주었지만 동시에 우리들의 기억력에 악영향을 끼치고 있으며 오늘날 젊은이들의 기억력 감퇴는 이미 보편적인 현상이 되었다. 전자기기에 지나치게 의존하는 현상은 대뇌가 아직 성장 단계에 있는 청소년에게 가장 심각한 영향을 끼치며 심지어 청소년들이 자신의 전화번호까지 잊어버리게 만든다. 한 전문가는 약간의 인지 장애를 가지고 있는 사람 중 10~15%는 치매로 발전될 수 있다고 밝혔다. 이미 발표된 자료에 따르면 10~19세의 청소년 중 18.4%는 매일 스마트폰을 7시간 이상 사용하며 이는 작년보다 7% 포인트 증가한 수치이다. 이는 청소년의 인터넷 중독 현상이 매우 심각한 수준임을 보여 준다. 청소년기는 대뇌가 성장하는 중요한 시기이고 만약 이때 과도하게 전자기기를 사용하게 되면 대뇌 성장이 저해를 받아 결국 득보다 실이 더 크게 된다.

디지털 치매에서 벗어나기 위해 가장 중요한 것은 적당한 휴식과 기억력 증진에 도움이 되는 습관을 기르는 것이다. 일과 일상생활을 엄격히 구분하고 업무 이외 시간에는 최대한 디지털 기기 사용을 줄여야 한다. 젊은이들은 사람과 사람 간의 교류를 즐길 줄 알아야 하며 휴식을 취하거나 여행을 갈 때 자연 풍경을 만끽해야 한다. 어딜가든 계속 손에 휴대전화를 들고 있어선 안 된다. 중요한 연락처, 이름 그리고 일상생활과 관련된 내용들은 최대한 기억을 하려고 해 보자. 또한 메모하고 스스로 계산하는 등의 습관을 길러 보자. '디지털 기기는 만능이 아니다'는 틀린 말이 아니다. 비록 디지털 기기는 우리의 생활을 더욱 편리하게 해 주었지만 이것들을 과도하게 사용한다면 벗어나기 힘든 의존 심리가 생길 것이며 더 나아가 우리는 더욱 멍청해질 것이다. 모든 일에는 정도가 있기 마련이다. 우리 스스로가 이 정도를 잘 지켜야 하겠다.

APP时代：内容依然为王

APP是英文Application Program的简称，意为应用程序。随着iPhone智能手机的流行、普及，APP改变了人们衣食住行的方方面面。❶苹果应用商店成立5年来，已推出近89万款APP，下载量也突破500亿次。然而，另外两组数据则让APP很尴尬。就在苹果应用商店成立5周年这一天，BBC的报道显示：德国一家服务调查公司称，苹果应用商店里有很多"僵尸"应用程序，超过2/3的应用程序几乎没有人下载安装；美国民调机构皮尤研究中心的报告也显示，约68%的智能手机用户每周使用5个以下应用程序，很多人购买应用只是一时"冲动"，常常是购买后很快就失去了兴趣。

那么，经久不衰、受客户欢迎的APP有哪些？相关调查显示，有些是社交应用工具，比如图片共享、微博、微信等；有些是生活服务类应用软件，比如地图导航、美食检索等。此外，还有电子书、音乐应用，比如歌曲销量超过百亿的苹果音乐应用、下载量过亿的苹果电子书应用等。❷不难发现，那些受欢迎的APP，大多都有过硬的内容。当然，这里的"内容"并不单是传统意义上的"白纸黑字"。在APP时代，其"内容"还包括音乐、视频、好的游戏设计，以及在社交媒体应用上与朋友们分享的信息、照片和可随时调用的资源库，等等。

一些社交媒体应用甚至提出"将广告变成内容"，他们认为相对于大篇幅的广告，用户更关心的可能是明星照片或者是来自朋友的一句问候——这就是"内容"的魅力。当然，也不乏反对意见：在信息泛滥的年代，优质内容的价值急剧降低，一些新闻客户端即使没有原创内容，也能轻松获得千万订阅——内容为王应改为渠道为王、服务为王，甚至只要把APP做到好看时髦就行。

虽然"公说公有理婆说婆有理"，❸但实践证明，越是信息过剩、同质化严重，优质独特的内容就越是稀缺。没有内容，再绚丽的平台设计、再体贴的服务体验也只能是昙花一现。要想延长APP的生命周期，最终还是要回归到内容本身。当然设计、分享、个性化会让内容更加闪闪发光。因此，如何让内容在APP平台上展现得更好，也是需要考虑的问题。不管怎么说，如果没有内容，新科技撑起的可能只会是好看不好用的花架子。

주요 단어 및 구문

内容 nèiróng 콘텐츠
依然 yīrán 여전히
应用程序 yìngyòng chéngxù 앱
普及 pǔjí 보급
衣食住行 yī-shí-zhù-xíng 의식주행
方方面面 fāngfāngmiànmiàn 각 방면
苹果应用商店 píngguǒ yìngyòng shāngdiàn 애플 앱스토어
推出 tuīchū 출시하다
下载量 xiàzǎi liàng 다운로드 횟수
尴尬 gāngà 곤란하다, 난감하다
僵尸 jiāngshī 좀비, 유령
下载安装 xiàzǎi ānzhuāng 다운로드하여 설치하다
民调 míndiào 여론조사
皮尤研究中心 píyóu yánjiū zhōngxīn 퓨 리서치 센터
冲动 chōngdòng 충동
失去兴趣 shīqù xìngqù 흥미를 잃다
经久不衰 jīngjiǔ bù shuāi 오랫동안 시들지 않다
调查显示 diàochá xiǎnshì 조사 결과에 따르면
软件 ruǎnjiàn 소프트웨어
地图导航 dìtú dǎoháng 네비게이션
美食检索 měishí jiǎnsuǒ 맛집 검색
电子书 diànzǐshū 전자책, e-Book
歌曲 gēqǔ 음원
销量 xiāoliàng 판매량
苹果音乐应用 píngguǒ yīnyuè yìngyòng 아이튠즈
过硬 guòyìng 훌륭하다, 탄탄하다
视频 shìpín 동영상
设计 shèjì 디자인
随时 suíshí 수시로
调用 diàoyòng 동원하여 사용하다
资源库 zīyuánkù 웹하드
提出 tíchū 제시하다
相对于 xiāngduìyú ~와 비교해서
篇幅 piānfú 폭, 지면
明星 míngxīng 스타
问候 wènhòu 안부를 묻다
不乏 bùfá 적지 않다, 매우 많다
泛滥 fànlàn 범람하다
优质 yōuzhì 양질의, 우수한
急剧 jíjù 급격하게

客户端 kèhùduān 클라이언트
即使A，也B jíshǐ A, yě B 설령 A라 하더라도 B하다
原创 yuánchuàng 처음으로 만들다
轻松 qīngsōng 수월하다, 가뿐하다
订阅 dìngyuè 구독하다
渠道 qúdào 루트, 경로
只要A就B zhǐyào A jiù B A하기만 하면 B하다
时髦 shímáo 유행이다, 최신식이다
公说公有理婆说婆有理 gōng shuō gōng yǒu lǐ pó shuō pó yǒu lǐ 시비를 가리기가 쉽지 않다
过剩 guòshèng 과잉되다
同质化 tóngzhìhuà 획일화
独特 dútè 독특한
稀缺 xīquē 희소하다, 결핍하다
绚丽 xuànlì 화려하고 아름답다
平台 píngtái 플랫폼
体贴 tǐtiē 자상하게 보살피다
昙花一现 tánhuā-yíxiàn 사람이나 사물이 덧없이 사라지다
延长 yáncháng 연장하다, 늘이다
生命周期 shēngmìng zhōuqī 수명, 라이프 사이클
回归 huíguī 돌아가다
个性化 gèxìnghuà 개인 맞춤형
闪闪发光 shǎnshǎn fāguāng 부각되다, 반짝반짝 빛나다
因此 yīncǐ 따라서
展现 zhǎnxiàn 나타나다
不管怎么说 bùguǎn zěnme shuō 어쨌든, 하여튼
撑起 chēngqǐ 떠받치다
花架子 huājiàzǐ 빛 좋은 개살구, 겉만 번지르르한 것

꼭 알아야 할 성어·단어

- "僵尸"应用程序 : "僵尸"는 원래 중국 귀신 '강시'인데 여기서는 귀신의 의미가 아니라 쓰지 않는 '좀비 앱'이란 뜻이다. '僵尸电脑 좀비 컴퓨터'도 잘 나오는 단어이다.

꼭 알아야 할 따페이·구문

- 将A变成B : A를 B로 바꾸다 여기서 '将'은 '把'의 용법으로 쓰였다.
- 公说公有理婆说婆有理 : 시아버지는 시아버지대로 일리가 있고, 시어머니는 시어머니대로 일리가 있다. 즉 저마다 모두 일리가 있다는 의미이다.

1 苹果应用商店成立5年来，已推出近89万款APP，下载量也突破500亿次。然而，另外两组数据则很让APP尴尬。

먼저 APP의 양사가 '款'이라는 것을 체크해 두자. 그리고 뒤에 나오는 '组' 역시 숫자 뒤에 왔기 때문에 양사라는 것은 이제 눈치챘을 줄 믿는다. 여기서는 '则'의 용법을 자세히 살펴 보자. 우선 '则'의 위치가 중요한데 '则'는 항상 뒤에 오는 문장의 주어 바로 뒤에 온다. 앞뒤 문장을 비교하는 느낌을 살리면 좋겠다. '则'가 나왔다고 해서 앞뒤 문장의 관계가 반드시 반대되는 것은 아니고 단순히 비교하는 느낌을 주는 경우도 많다는 것에 주의한다.

▷ 앱스토어가 만들어진 후 5년 동안 이미 89만 개의 앱이 출시되었고 다운로드 횟수도 500억 건을 돌파하였다. 하지만 그에 비해 두 개의 데이터는 APP의 난처한 상황을 나타냈다.

2 不难发现，那些受欢迎的APP，大多都有过硬的内容。当然，这里的"内容"并不单是传统意义上的"白纸黑字"。

'不难发现'은 '어렵지 않게 발견하다', '쉽게 알 수 있다'라는 뜻이다. '受……欢迎 ~에게 인기가 있다' 구문도 확인하자. 그리고 '过硬的内容'을 '지나치게 단단한 내용'이라고 번역하면 어색한 표현이 되므로 '탄탄한 콘텐츠'라고 자연스럽게 의역하면 좋겠다. '白纸黑字'는 '흰 건 종이요 검은 건 글씨다'라는 의미로 책에 나오는 이야기의 '내용'을 가리킨다.

▷ 여기서 볼 수 있듯이 인기가 있는 앱들은 대부분 탄탄한 콘텐츠를 가지고 있다. 물론 여기서 말하는 콘텐츠는 단순히 전통적인 의미에서의 '글의 내용'을 의미하는 것이 아니다.

3 但实践证明，越是信息过剩、同质化严重，优质独特的内容就越是稀缺。没有内容，再绚丽的平台设计、再体贴的服务体验也只能是昙花一现。

'实践'은 '실천하다'라는 뜻이지만 보통 서면어에서는 '현실' 또는 '실제'로 번역되는 경우가 많다. '越是A越是B'는 'A일수록 B하다'라는 뜻의 구문이다. 그리고 '平台设计'는 직역하면 '플랫폼 설계'이지만 '设计'는 '디자인'이라는 뜻으로도 번역된다. '昙花一现'은 '잠깐 피었다 금방 시든다'라는 뜻으로 비슷한 표현으로는 '好景不常'이 있다.

▷ 정보가 지나치게 많아지고 획일화될수록 우수하고 참신한 콘텐츠는 더욱 찾기가 어려워진다는 것은 이미 실제로 증명되었다. 콘텐츠가 없다면 플랫폼 디자인이 아무리 화려하고 서비스가 아무리 세심하다 해도 이는 일시적인 것에 불과하다.

앱 전성시대, 콘텐츠가 여전히 왕이다

앱은 영어 'application program'의 약칭으로 어플리케이션을 의미한다. 아이폰이 큰 인기를 끌고 또 보급되면서 앱은 우리 의식주의 여러 면을 바꿔 놓았다. 애플사의 앱스토어가 생긴지 5년 동안 89만 개의 앱이 출시되었고 다운로드 횟수도 500억 건을 돌파하였다. 그러나 또 다른 두 개의 데이터를 살펴보면 앱의 껄끄러운 현황을 알 수 있다. 애플 앱스토어 출시 5주년 당일 BBC에서는 다음과 같은 내용을 보도하였다. 독일의 한 서비스 조사 업체는 애플 앱스토어에 '좀비 앱'들이 넘쳐나며 2/3이상의 앱들은 다운로드 하는 사람이 거의 없다고 밝혔다. 또한 미국의 여론조사 기관인 퓨 리서치 센터가 발표한 보고서에서는 스마트폰 이용자의 약 68%는 매주 사용하는 앱의 수가 5개 이하이며, 많은 사람들이 앱을 충동구매한 것이고 보통 구매 후 바로 흥미를 잃어버린다고 지적했다.

그렇다면 오랫동안 꾸준히 이용자들의 사랑을 받아온 앱은 어떤 것이 있을까? 관련 조사 결과에 따르면 사진 공유 SNS, 웨이보, 웨이신 등과 같은 소셜 네트워크 앱, 네비게이션이나 맛집 검색과 같은 생활 서비스와 관련된 앱 등이 있었다. 이외에도 e-Book, 음악 앱이 있는데 그 예로 음원 판매량이 백억 건을 돌파한 아이튠즈와 다운로드 횟수가 일억 건을 넘는 아이북스 등이 있다. 여기서 볼 수 있듯이 인기 있는 앱들은 대부분 탄탄한 콘텐츠를 가지고 있다. 물론 여기서 말하는 콘텐츠는 단순히 전통적인 의미에서의 '글의 내용'을 의미하는 것이 아니다. 앱 전성 시대에 콘텐츠는 음악, 동영상, 재미있는 게임 디자인, SNS 앱에서 친구들끼리 공유하는 정보와 사진 그리고 수시로 활용할 수 있는 웹하드 등을 포함하고 있다.

일부 SNS 앱은 심지어 광고를 콘텐츠로 바꾸기도 한다. 이들은 대형 광고와 비교했을 때 사용자들이 더 관심 있어 하는 것은 연예인 사진이나 친구들이 보내온 안부라고 여긴다. 이것이 바로 콘텐츠의 매력이다. 물론 이에 반대하는 의견도 적지 않다. 정보 홍수의 시대에는 우수한 콘텐츠의 가치가 급격히 떨어진다는 것이다. 일부 뉴스 앱들은 자체적으로 콘텐츠를 제작하지 않으면서도 쉽게 수천 수만의 구독자들을 끌어 모을 수 있다. 이를 보면 '콘텐츠가 왕이다'라는 말도 '루트가 왕이다', '서비스가 왕이다'로 바뀌어야 한다. 그리고 심지어 앱을 유행에 따라 보기 좋게 꾸미기만 해도 성공할 수 있다.

비록 모든 주장에는 저마다 일리가 있다지만 정보가 지나치게 많아지고 획일화될수록 우수하고 참신한 콘텐츠는 더욱 찾기가 어려워진다는 사실은 이미 실제로 증명되었다. 콘텐츠가 없다면 플랫폼 디자인이 아무리 화려하고 서비스가 아무리 세심하다 해도 이는 일시적인 것에 불과하다. 앱의 수명을 늘리고 싶다면 결국엔 콘텐츠 자체로 돌아가야 한다. 물론 디자인, 공유 및 개인 맞춤형 같은 요소들은 콘텐츠를 더욱 부각시켜 줄 수 있다. 따라서 어떻게 콘텐츠를 앱이라는 플랫폼에서 더 잘 구현해 낼지는 고민해 봐야 할 문제이다. 어찌됐든 만약 콘텐츠가 없다면 겉보기에는 좋으나 쓸모가 없는 '빛 좋은 개살구'를 새로운 과학기술들이 지탱하는 것과 다름 없다.

"杀手机器人"的伦理悖论

Track 1-55

公众对"杀手机器人"并不陌生。好莱坞大片《终结者》系列中，人类研制的高级计算机控制系统——"天网"有了自己的意志，将人类视为仇敌，剥夺了数以亿计的生命。导演詹姆斯·卡梅隆在呈献给观众无比震撼的视听享受的同时，也将一个问题带给了荧屏之外的观众：人类是否将面临机器人带来的威胁？

尽管科幻小说、电影从未停止刻画对"杀手机器人"的焦虑和恐慌，但在现实世界中，相关机器人的研发与应用却在不断发展。据报道，**1** 美国陆军计划以数万机器人代替普通士兵服役，并计划在未来继续扩充。尽管目前应用于军事行动中的机器人依旧高度依赖人类的指令，主要从事侦察、爆破、后勤和安保等任务，**2** 距离自动化军事机器人尚远。但不难预见，一旦军事机器人突破了依赖人类的"奇点"，由此引发的问题将远远超过技术层面。

军事机器人的辩护者认为，机器人将代替人类成为战争负面因素的承受者。**3** 一方面，它们使士兵远离战场，从而避免人类的伤亡；另一方面，它们代替人类执行杀戮，善良的人们不会被迫去终结他人的生命。此外，军事机器人还将在打击恐怖主义、抗击自然灾害、开展人道主义救援等领域大显身手。"到那时，打开电视看看哪一方取得了战争的胜利，就像观看一场足球比赛一样轻松。"

当然，还有更"务实"的考虑。与人类士兵相比，机器人的成本更低，维护一台机器人的成本预计不到培养一名人类士兵成本的1/10。美军司令部曾表示："它们不会饥饿，不会恐惧，不会遗忘命令，不会在意身边的伙伴刚刚被射杀。它们当然会比人类表现得更好。"不过，现实往往会和理想的路径错位。**4** "杀手机器人"代替人类执行杀戮，决定死亡降临到谁的头上，势必产生难以回避的伦理困境。

一直以来，战争的残酷性都受到人类拒不伤害同类的自然本性的抑制。倘若参与战争的是机器人，情况就完全不同了。此外，人类的法律体系如何适用于人类以外的行为主体，这又将是人类社会面临的新挑战。

주요 단어 및 구문

杀手机器人 shāshǒu jīqìrén 킬러 로봇
伦理 lúnlǐ 윤리
悖论 bèilùn 패러독스, 역설
陌生 mòshēng 낯설다
好莱坞大片 Hǎoláiwū dàpiān 헐리우드 블록버스터
《终结者》 zhōngjiézhě 터미네이터
研制 yánzhì 연구 제작하다
把A视为B bǎ A shìwéi B A를 B라고 여기다
仇敌 chóudí 적
剥夺 bōduó 박탈하다
数以亿计 shù yǐ yì jì 수억 개에 달하는, 수 많은
导演 dǎoyǎn 감독
呈献 chéngxiàn 바치다
观众 guānzhòng 관객
无比 wúbǐ 비할 바가 없이 뛰어나다
震撼 zhènhàn 흥분시키다
视听享受 shìtīng xiǎngshòu 눈과 귀로 즐기다
荧屏 yíngpíng 스크린
科幻小说 kēhuàn xiǎoshuō SF 소설
从未 cóngwèi 지금껏 ~한 적이 없다
停止 tíngzhǐ 멈추다
刻画 kèhuà 묘사하다
焦虑 jiāolǜ 걱정, 우려
恐慌 kǒnghuāng 두려움
陆军 lùjūn 육군
代替 dàitì 대체하다
服役 fúyì 병역 복무하다
扩充 kuòchōng 확충하다
指令 zhǐlìng 명령, 지시
从事 cóngshì 종사하다
侦察 zhēnchá 정찰하다
爆破 bàopò 폭파하다
后勤 hòuqín 후방 근무, 병참 보급 업무
安保 ānbǎo 안보
预见 yùjiàn 예측하다
辩护者 biànhùzhě 찬성측, 옹호론자
承受 chéngshòu 받아들이다, 감내하다
伤亡 shāngwáng 부상과 사망
执行 zhíxíng 집행하다, 이행하다
杀戮 shālù 살육하다

善良 shànliáng 착한
被迫 bèipò 강요받다, 어쩔 수 없이 ~하다
打击 dǎjī 격퇴하다
恐怖主义 kǒngbù zhǔyì 테러리즘
抗击 kàngjī 저항하며 반격하다
自然灾害 zìrán zāihài 자연재해
人道主义 réndào zhǔyì 인도주의
开展救援 kāizhǎn jiùyuán 구조 활동을 하다
大显身手 dàxiǎn-shēnshǒu 큰 활약을 하다
取得胜利 qǔdé shènglì 승리하다
观看 guānkàn 보다, 관람하다
轻松 qīngsōng 가볍다, 부담이 없다
务实 wùshí 실무적인
成本 chéngběn 비용, 코스트
维护 wéihù 유지 보수하다, 보호하다
培养 péiyǎng 기르다, 배양하다
司令部 sīlìngbù 사령부
饥饿 jī'è 배고픔, 기아
恐惧 kǒngjù 두려워하다
遗忘 yíwàng 잊어버리다
不在意 búzàiyì 개의치 않다
身边 shēnbiān 주변의
伙伴 huǒbàn 동료, 파트너
射杀 shèshā 쏘아 죽이다
理想 lǐxiǎng 이상
错位 cuòwèi 어긋나다, 위치가 전도되다
降临 jiànglín 들이닥치다, 다가오다
势必 shìbì 반드시
难以回避 nányǐ huíbì 피할 수 없다
困境 kùnjìng 딜레마, 곤경
一直以来 yìzhí yǐlái 그동안, 줄곧
残酷性 cánkùxìng 잔혹함
受到抑制 shòudào yìzhì 제약을 받다
拒不 jùbù 결코 ~하지 않다
伤害 shānghài 손상시키다
本性 běnxìng 본성
倘若 tǎngruò 만약 ~한다면
适用于 shìyòngyú ~에 적용되다
面临挑战 miànlín tiǎozhàn 도전에 직면하다

꼭 알아야 할 성어·단어

- **天网** : '天'은 영어로 'sky', '网'은 'network'의 뜻으로, 결합하여 '스카이넷'의 뜻으로 쓰였다. 중국어에서 외래어를 표현할 때는 발음을 따서 표현하거나 뜻을 가져와서 표현하는 두 가지 경우가 있다. 발음 나는 소리와 비슷한 한자로 표현한 외래어는 읽어 보면 유추가 쉽다. 예를 들면 '马来西亚 말레이시아', '新加坡 싱가포르', '安徒生 안데르센' 등이 있다. 하지만 뜻을 가져와서 음역한 단어는 중국인들도 어려워한다. 예를 들어 '牛津大学'는 어떤 대학인지 바로 유추하기가 쉽지 않다. '牛'는 '소'를 뜻하는데 '소'는 영어로 '옥스(ox)', '津'는 '나루터(port)'를 뜻하므로 '牛津大学'는 영국의 '옥스포드 대학'을 중국식으로 표현한 것이다. '铁侠 아이언맨', '蜘蛛侠 스파이더맨' 등도 그 예이다.

- **数以亿计** : 직역하면 '억 개를 세다' 정도가 되겠지만 '매우 많다'라고 해석하면 된다. '数以万计', '数以百计' 모두 '매우 많다'라고 해석하면 되겠다.

- **大显身手** : 직역하면 '자신의 모습을 나타내다'라는 뜻으로, '실력을 크게 드러내다', '크게 활약하다'라고 의역하면 좋겠다. 비슷한 표현 '大展拳脚'도 기억해 두자.

꼭 알아야 할 따페이·구문

- **将人类视为仇敌** : 인간을 적으로 보다[여기다] '将A视为B (A를 B로 보다)'와 비슷한 표현인 '视A为B'도 잘 알아 두자.
- **面临……挑战** : 도전에 직면하다 출현 빈도가 높은 따페이이다. 꼭 외워 두자.

통번역 스킬 UP

1 美国陆军计划以数万机器人代替普通士兵服役，

'以A代替B+동사' 구문이다. 'A로 B를 대신해서 ~하다'의 의미로 번역한다.

↳ 미 육군은 수만 개에 달하는 로봇으로 일반 병사를 대체할 것이며

2 距离自动化军事机器人尚远。

'距离'는 명사로는 '거리'라는 뜻이지만 개사로도 잘 쓰인다. 이 문장에서는 '~까지'라는 개사로 쓰였다. 특정 시간까지의 거리를 '距离' 또는 '离'를 이용해 표현할 수 있다. 예를 들어 '2050년까지 겨우 5년 남았다'라는 문장은 '距离2050年仅剩5年的时间。'이라고 중작할 수 있다. 공간상의 거리를 표현할 때도 물론 사용할 수 있다.

↳ 아직 군사용 로봇의 자동화는 갈 길이 멀다.

3 一方面，它们使士兵远离战场，从而避免人类的伤亡；另一方面，它们代替人类执行杀戮，善良的人们不会被迫去终结他人的生命。

전체 문장은 '一方面A, 另一方面B (한편으로 A하고 또 한편으로는 B하다)' 구문임을 파악하자. '使A远离……'는 'A로 하여금 ~에서 멀어지게 하다'라는 뜻의 사역 문장이다. '代替'는 '~를 대신해서', '执行杀戮'은 '살육하다'라는 뜻이다. '终结……生命'은 '~의 목숨을 끝내다'로 '죽이다'라는 의미이다.

↳ 한편으로 로봇은 인간 병사들이 전쟁터에 나가지 않도록 할 것이고 이로써 인간은 죽음을 피할 수 있게 될 것이다. 또 한편으로는 로봇이 인간을 대신해서 살육을 하게 되면 선량한 인간들은 억지로 살인을 하지 않아도 된다.

4 "杀手机器人"代替人类执行杀戮，决定死亡降临到谁的头上，势必产生难以回避的伦理困境。

'死亡降临到谁的头上'를 직역하면 '사망이 누구의 머리 위에 내릴지'라고 할 수 있는데, '누구를 죽게 할 것인지' 정도로 의역할 수 있다. '产生……困境'은 '곤란을 만들다'라는 뜻이지만 '곤란한 지경에 빠지다'로 번역하는 것이 더 자연스럽다.

↳ 로봇이 인간을 대신해서 살육을 하고, 누구를 죽일 것인가를 결정하게 되면 반드시 피할 수 없는 윤리적 딜레마에 빠지게 될 것이다.

킬러 로봇의 윤리적 역설

　킬러 로봇은 우리에게 더 이상 낯선 개념이 아니다. 헐리우드 블록버스터 〈터미네이터〉 시리즈에서 인간이 만들어 낸 슈퍼 컴퓨터 컨트롤 시스템인 '스카이넷'은 자신의 의지를 가지고 있고 인류를 적으로 간주하여 수억 명의 목숨을 앗아갔다. 제임스 카메론 감독은 관객들의 눈과 귀를 만족시켜 줄 재미를 선사하는 동시에 관객들에게 다음과 같은 문제를 던져 주었다. "로봇이 인류를 위협하는 날이 오게 될까?"

　SF 소설이나 영화에서는 지속적으로 킬러 로봇에 대한 우려와 공포를 그려냈다. 그러나 현실 세계에서 로봇과 관련된 연구 개발과 응용은 오히려 끊임없이 발전해 왔다. 보도에 따르면 미 육군은 수만 개에 달하는 로봇으로 일반 병사를 대체할 것이며 향후 그 수를 지속적으로 확충해 나갈 계획이라고 한다. 현재 군사적 행위에 이용되는 로봇은 여전히 대부분 인간의 명령에 의존하고 있고 주로 정찰, 폭발, 후방 지원 및 안보 등의 임무를 수행하고 있어 아직 군사용 로봇의 자동화는 갈 길이 멀다. 하지만 군사용 로봇이 인간의 명령에 의존하는 한계를 넘어서게 된다면 이로 인해 발생할 문제점들이 기술적 측면에만 국한되지 않을 것이란 점은 매우 자명하다.

　군사용 로봇을 찬성하는 측에서는 로봇이 인류를 대신해 전쟁이 야기하는 고통을 감내해 줄 존재라고 주장한다. 로봇 덕분에 병사들은 전쟁터에 나가지 않아도 되며 이는 인간의 부상과 사망을 막을 수 있다. 또한 로봇이 인간을 대신해 살상 행위를 하면서 착한 사람들이 강제로 타인의 목숨을 빼앗도록 강요받지 않게 된다. 뿐만 아니라 군사용 로봇은 테러리즘을 격퇴하고 자연재해에 맞서며 인도주의적 구조 활동을 펼치는 등의 방면에서 큰 활약을 할 것이다. "그때가 되면 TV에서 마치 축구 경기를 시청하는 것처럼 가벼운 마음으로 누가 전쟁에서 이겼는지를 보게 될 것이다."

　물론 좀 더 현실적인 주장도 있다. 인간 병사와 비교해 봤을 때 로봇의 비용이 훨씬 더 적게 든다는 것이다. 로봇 한 대를 유지하고 보수하는 데 드는 비용은 인간 병사 한 명을 길러내는 데 드는 비용의 10분의 1도 되지 않을 것으로 보인다. 미군 사령부에서는 일찍이 "로봇들은 배고픔을 느끼지도, 두려움을 느끼지도 않으며 절대 명령을 잊는 법이 없다. 또한 바로 옆에서 동료가 죽어도 전혀 개의치 않는다."며 "로봇이 인간보다 임무를 더 잘 수행하는 것은 당연한 일이다."라고 밝혔다. 그러나 때때로 현실은 이상대로 되지 않는다. 킬러 로봇이 인간을 대신해 살상 행위를 하고 누굴 죽일지 결정하게 된다면 우리는 돌이킬 수 없는 윤리적 딜레마에 빠지게 될 것이다.

　그동안 전쟁의 잔혹함은 동족을 살해할 수 없다는 인간의 자연적인 본성의 제약을 받아 왔다. 만약 전쟁에 참여하는 것이 로봇이 된다면 상황은 완전 달라질 것이다. 뿐만 아니라 인류의 법적 체제가 인류 이외의 행위 주체에 어떻게 적용될지도 인류 사회가 직면하게 될 새로운 도전이 될 것이다.

UNIT 56 生物燃料
바이오 연료

UNIT 57 当终结化石能源成为约定
기정사실이 된 화석연료의 종말

UNIT 58 页岩繁荣面临资金瓶颈
셰일 산업, 자금에 발목 잡히다

UNIT 59 能源体制改革症结何在
에너지 시스템 개혁의 문제는?

生物燃料

🎧 Track 1-56

　　1 生物燃料是指通过生物资源生产的燃料乙醇、生物柴油和航空生物燃料，可以替代由石油制取的汽油和柴油，是可再生能源开发利用的重要方向。2 受世界石油资源、价格、环保和全球气候变化的影响，20世纪70年代以来，许多国家越来越重视生物燃料的发展，并在这一领域取得了显著的成效。中国的生物燃料发展也取得了很大的成绩，尤其在生产以粮食为原料的燃料乙醇方面，已初步形成规模。

　　美国科学家最新的研究成果显示，作为目前应用最广泛的两种生物燃料，3 生物柴油和乙醇燃料虽然比化石燃料更加优越，但不可能满足社会的能源需求。研究人员发现，即使美国种植的所有玉米和大豆都用于生产生物能源，也只能分别满足全社会汽油需求的12%和柴油需求的6%。而玉米和大豆首先要满足粮食、饲料和其他经济需求，不可能都用来生产生物燃料。生物燃料并非大有可为，原因在于它源于农业，而农业又是一个高度耗水的行业，每年农业消耗掉的水资源高达70%，而这一切都只是为了节省不可再生能源——石油或煤炭的使用，却没考虑到生物能源在生产过程与运输过程中消费掉的巨量水资源、电能、石油等，生物能源的开发与利用可以说是人类拆东墙补西墙的愚蠢行为。

　　报告指出，以大豆作原料的生物柴油，燃烧后排出的废气有点像炸薯条的味道。专家指出，即使粮食的价格回升，若美国为了遏制全球变暖而优先发展生物燃料，可能具有光明的前景，但事实上，生物燃料的生产过程远大于任何一种行业的成本，因为大面积种植同一种类的植物，会引发虫害，4 这又导致人类使用杀虫剂，杀虫剂进入水源，水源被污染，这就等于慢性自杀，只是为了能有便宜的汽油开车，这种舒适自由的现代生活不可能持续十年不变而不给人类生活带来巨变。

　　人们，更多地使用乙醇作汽油燃料。除了用作牲畜饲料和出口之外，如今生产生物燃料已成为玉米的第三大用途，5 正因如此，农业种植的多样性被标准化高产量所取代，这会直接导致物种失去多样性。乙醇生产行业去年用玉米为原料，总共生产了16亿加仑乙醇，生产规模还在扩大，这意味着水资源的消耗越来越大。

주요 단어 및 구문

生物燃料 shēngwù ránliào 바이오 연료
资源 zīyuán 자원
乙醇 yǐchún 에탄올
柴油 cháiyóu 디젤
制取 zhìqǔ 추출하다
汽油 qìyóu 휘발유
可再生能源 kězàishēng néngyuán 재생 가능 에너지
环保 huánbǎo 친환경
全球气候变化 quánqiú qìhòu biànhuà 기후변화
显著 xiǎnzhù 현저한, 뚜렷한
成效 chéngxiào 효과
成绩 chéngjì 성과
尤其 yóuqí 특히
粮食 liángshi 식량
原料 yuánliào 원료
规模 guīmó 규모
应用 yìngyòng 응용
化石燃料 huàshí ránliào 화석 연료
优越 yōuyuè 우수하다
满足需求 mǎnzú xūqiú 수요를 만족시키다
即使A也B jíshǐ A yě B 설사 A한다 하더라도 B하다
种植 zhòngzhí 심다
玉米 yùmǐ 옥수수
饲料 sìliào 사료
大有可为 dàyǒu-kěwéi 발전의 여지가 매우 많다
源于 yuányú ~에서 비롯되다, 기인하다
耗水 hàoshuǐ 물을 소비하다
消耗 xiāohào 소모하다, 소비하다
水资源 shuǐzīyuán 수자원
节省 jiéshěng 절약하다
煤炭 méitàn 석탄
电能 diànnéng 전기 에너지
拆东墙补西墙 chāi dōngqiáng bǔ xīqiáng
아랫돌 빼서 윗돌 괴기, 하석상대
愚蠢 yúchǔn 멍청하다
燃烧 ránshāo 연소하다
排出 páichū 배출하다
废气 fèiqì 가스, 연기
炸薯条 zháshǔtiáo 감자튀김
味道 wèidào 냄새, 맛

回升 huíshēng 다시 상승하다
遏制 èzhì 억제하다
全球变暖 quánqiú biànnuǎn 지구온난화
优先 yōuxiān 우선
光明 guāngmíng 밝게 빛나다
面积 miànjī 면적
植物 zhíwù 식물
虫害 chónghài 병충해
杀虫剂 shāchóngjì 살충제
慢性 mànxìng 만성의
开车 kāichē 운전하다
舒适 shūshì 편안하다
巨变 jùbiàn 큰 변화
牲畜 shēngchù 가축
用途 yòngtú 용도
正因如此 zhèng yīn rúcǐ 바로 이 때문에
产量 chǎnliàng 생산량
取代 qǔdài 대체하다
加仑 jiālún 갤런

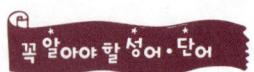

- **生物燃料** : 바이오 연료 식물, 미생물이나 음식쓰레기, 축산폐기물 등을 발효하거나 열분해해 만들어 낸 연료를 말한다. 콩, 옥수수나 사탕수수와 같은 식물로 석유를 대체할 에탄올(乙醇)을 생산한다.
- **大有可为** : 발전의 여지가 매우 크다
- **拆东墙补西墙** : 직역하면 '동쪽 벽을 뜯어다가 서쪽 벽을 메꾼다'로, '임시방편'이라고 의역해 볼 수 있겠다.

1 生物燃料是指通过生物资源生产的燃料乙醇、生物柴油和航空生物燃料,

'A是指B'는 'A는 B를 가리킨다'라는 의미로 관용적으로 '所谓'와 결합해서 '所谓A是指B (소위 A는 B를 가리킨다)'로 쓰인다. 이 문장에서는 '是指'의 목적어 세 개를 頓号(、)와 '和'로 열거하고 있다.

↳ 바이오 연료는 생물자원을 통해 생산하는 에탄올 연료, 바이오 디젤, 항공기용 바이오 연료를 가리킨다.

2 受世界石油资源、价格、环保和全球气候变化的影响,

'受……影响'의 따페이를 찾을 수 있어야 한다. 중간의 명사가 아무리 길어도 이 구조를 찾아낼 수 있어야 문장을 정확하게 번역할 수 있다. '受……影响'은 '受到……影响'과 같다.

↳ 세계 석유 자원, 가격, 환경보호, 기후변화의 영향을 받아

3 生物柴油和乙醇燃料虽然比化石燃料更加优越,但不可能满足社会的能源需求。

'虽然A,但B' 구문이다. 기본적인 구문부터 착실하게 분석할 수 있어야겠다. 그리고 그 안에 비교문이 포함되어 있다. '比A 更加B'는 'A보다 더욱 B하다'라는 뜻이다.

↳ 바이오 디젤과 에탄올 연료는 비록 화석연료보다 더 뛰어나지만 에너지에 대한 사회의 수요를 충족시킬 순 없다고 한다.

4 这又导致人类使用杀虫剂,杀虫剂进入水源,水源被污染,这就等于慢性自杀,

'导致'는 '초래하다'라는 뜻의 동사로 뒤에는 목적절이 왔다. '等于'는 '~와 마찬가지다', '~와 같다'라는 의미이다.

↳ 이는 또 인간이 살충제를 사용하게 하고, 살충제가 물에 들어가면 물은 오염된다. 이것은 서서히 자살하는 것과도 같은 것이다[이는 인간이 스스로 천천히 자기 숨통을 조이는 것이나 다름없다.]

5 正因如此,农业种植的多样性被标准化高产量所取代,这会直接导致物种失去多样性。

'正因如此 바로 이 때문에'는 외워 두면 매우 유용한 단어이다. 문장 사이에 넣으면 자연스럽게 앞뒤 문장을 연결해 주는 역할을 하고 매우 자연스러운 중국어 문장을 만들 수 있다. '被……所取代'는 '~에 의해 대체되다'라는 의미이다.

↳ 이 때문에 농작물의 다양성이 표준화되고 생산성이 높은 종으로 대체 되어 농작물의 다양성이 사라지게 될 것이다.

바이오 연료

바이오 연료는 생물자원을 통해 생산하는 에탄올 연료, 바이오 디젤, 항공기용 바이오 연료를 가리킨다. 이는 석유에서 추출해 낸 휘발유와 디젤을 대체할 수 있으며, 재생 가능한 에너지 개발과 이용의 중요한 방향이다. 세계 석유 자원, 가격, 환경보호, 기후변화의 영향을 받아 1970년대 이래로 많은 나라들이 점점 더 바이오 연료의 발전을 중시하였고 이 분야에서 눈에 띄는 성과도 얻었다. 중국의 바이오 연료 발전도 아주 큰 성과를 거두었는데, 특히 식량을 원료로 하는 에탄올 연료 생산은 이미 기본적으로 일정 규모를 형성하였다.

미국 과학자들이 발표한 최신 연구 결과에 의하면, 현재 가장 널리 이용되는 두 가지 바이오 연료인 바이오 디젤과 에탄올 연료는 비록 화석연료보다 더 뛰어나지만 에너지에 대한 사회의 수요를 충족시킬 순 없다고 한다. 연구원들은 설사 미국이 재배한 모든 옥수수와 대두를 전부 바이오 에너지를 생산하는 데 사용한다 하더라도 전 사회에서 필요로 하는 휘발유 수요의 12%, 디젤 수요의 6%만을 충족시킬 수 있다고 지적했다. 게다가 옥수수와 대두는 우선 식량, 사료 그리고 다른 경제적 수요를 먼저 충족시켜야 하며 전부 다 바이오 연료 생산에 쓰일 수는 없다. 사실 바이오 연료의 발전 가능성이 무궁무진한 건 아니다. 그 이유는 바이오 연료의 근원이 농업에 있는데 농업은 수자원 소모가 심한 산업이기 때문이다. 매년 농업 분야에서 소비하는 수자원은 무려 70%에 달한다. 사실 이 모든 게 석유나 석탄 등 비재생 에너지 사용을 줄이기 위함인데 우리는 바이오 에너지의 생산 및 운송 과정에서 소모되는 대량의 수자원, 전기, 석유 등은 고려하지 못했다. 따라서 바이오 에너지의 개발과 이용은 '아랫돌 빼서 윗돌 괴는' 식의 어리석은 행동이라 할 수 있다.

보고서에 따르면 대두를 원료로 하는 바이오 디젤은 연소 후 배출되는 가스에서 감자튀김 같은 냄새가 난다고 한다. 전문가들은 식량 가격이 다시 오른다 해도 만약 미국이 지구온난화를 억제하기 위해 우선적으로 바이오 연료 개발에 나선다면 발전 가능성이 높다고 밝혔다. 그러나 사실 바이오 연료의 생산 과정은 어떤 업종보다 훨씬 더 많은 비용이 든다. 왜냐하면 넓은 면적에 같은 종류의 농작물을 심으면 해충이 생길 수 있어서 사람들이 살충제를 쓰게 되고 살충제가 수자원에 유입되면 우리가 사용하는 수자원이 오염되기 때문이다. 이는 인간이 스스로 천천히 자기 숨통을 조이는 것이나 다름없다. 바이오 연료의 개발은 좀 더 값싼 휘발유로 차를 운전하려고 하는 것인데, 이러한 편안한 현대적 생활 방식은 10년 이상 지속될 수 없으며 우리 생활에 큰 변화를 가져다 주진 않을 것이다.

점점 더 많은 사람들이 에탄올을 연료로 사용하고 있다. 가축 사료로 사용되는 것과 수출을 제외하고 옥수수가 세 번째로 가장 많이 쓰이는 용도는 바이오 연료 생산이다. 이 때문에 농작물의 다양성이 표준화되고 생산성이 높은 종으로 대체 되어 농작물의 다양성이 사라질 것이다. 작년 에탄올 생산 업종에서는 옥수수를 원료로 하여 총 16억 갤런의 에탄올을 생산했다. 게다가 생산 규모는 지금도 확대되고 있는 중이다. 이는 또 수자원 소모가 점점 더 많아지고 있다는 것을 의미하기도 한다.

当终结化石能源成为约定

近期,七国集团领导人达成一项约定,至2100年在全球范围内终结化石燃料的使用。传统化石燃料的角色逐渐弱化,❶这意味着可再生能源等新能源将在现代经济生活中扮演日益重要的角色,化石燃料的最终退出,也意味着这将使全球气候变暖又放缓脚步。

自20世纪后期起,环境问题的日益严峻、化石燃料储量的不断减少已成为人们不得不关注的突出问题。很多国家基于可持续发展的理念和能源安全的考虑,把视线转向风电等可再生能源,其开发与利用逐渐受到世界各国的高度重视。截至今年初,全球有160多个国家制定了可再生能源发展的政策目标——2004年这一数字仅为48。有数据显示,在全球能源消费增速变缓的背景下,可再生能源仍呈现增长势头,2014年其发电量达到1829千兆瓦,同比增长8%,是2000年的两倍多,其中太阳能、风能发电增幅分别达到38.2%和10.2%。据国际能源署统计,如今可再生能源约占全球发电总量的22%,预计这一数字有望在2030年之前提高到33%。

❷不过,阳光、风力虽为"免费",但将其转化成电能却需要高昂的投入。成本问题一直是可再生能源快速发展的瓶颈之一。为了降低成本,目前全球每年对太阳能及风力发电等新能源产业的投入达数千亿美元,其中太阳能发电的成本近5年来下降了将近一半。但与化石燃料相比,新能源的成本依然偏高,导致其市场竞争力偏低。此外,太阳能和风能发电还存在分布不均衡、间歇性供应、易受天气影响以及电力储存等问题。

总体上看,可再生能源的发展仍处于起步阶段,在不具成本优势的前提下,其发展离不开政府的鼓励和扶持。目前,由于世界经济持续低迷,不少国家对可再生能源的支持力度有所下滑。去年,欧盟委员会宣布逐步取消对太阳能、风能、生物能等可再生能源产业的国家补贴。英国也在近日宣布,将从2016年4月起取消对新建陆上风力发电站的政府补贴。❸此外,一些国家针对光伏太阳能板等可再生能源发电设备征收高额关税,这在很大程度上阻碍了行业发展。与此相比,全球对化石燃料的补贴仍数倍于对可再生能源的补贴。虽然石油价格的"大跳水"令不少国家削减了化石燃料补贴,但这不足以撼动化石燃料的优势地位,也在一定程度上制约了可再生能源发展的脚步。

新能源要想彻底替代传统化石能源,的确需要一个漫长的过程。联合国气候变化大会将于今年底在巴黎召开。有分析认为,若各国能在减排问题上达成协议,❹这将对可再生能源的发展起到推动作用,新能源产业的投资规模也将进一步扩大。长远来看,告别化石能源并非绝无可能。

주요 단어 및 구문

化石能源 huàshí néngyuán 화석 에너지
约定 yuēdìng 약속하다
七国集团 qī guó jítuán G7
在全球范围内 zài quánqiú fànwéi nèi 전 세계적으로
燃料 ránliào 연료
角色 juésè 역할
弱化 ruòhuà 약화하다
可再生能源 kězàishēng néngyuán 재생 가능 에너지
新能源 xīnnéngyuán 신 에너지
退出 tuìchū 물러나다
全球气候变暖 quánqiú qìhòu biànnuǎn 지구온난화
脚步 jiǎobù 발걸음, 속도
储量 chǔliàng 저장량, 비축량
基于 jīyú ~때문에
把视线转向……上 bǎ shìxiàn zhuǎnxiàng……shàng 시선[관심]을 ~로 돌리다
风电 fēngdiàn 풍력발전
截至 jiézhì ~까지
增长势头 zēngzhǎng shìtóu 성장세
发电量 fādiànliàng 발전량
千兆瓦 qiānzhàowǎ 기가와트
同比 tóngbǐ 동기 대비
太阳能 tàiyángnéng 태양에너지
分别 fēnbié 각각
国际能源署 guójì néngyuánshǔ 국제에너지기구(IEA)
统计 tǒngjì 통계
占 zhàn 차지하다
免费 miǎnfèi 무료
转化 zhuǎnhuà 바꾸다
高昂 gāo'áng 비싸다
瓶颈 píngjǐng 병목, 장애물, 걸림돌
偏 piān ~한 편이다
不均衡 bùjūnhéng 불균형, 고르지 않다
间歇性 jiànxiēxìng 간헐적인
供应 gōngyìng 공급
易受 yìshòu ~받기 쉽다
储存 chǔcún 저장하다
处于起步阶段 chǔyú qǐbù jiēduàn 시작 단계에 있다
在……的前提下 zài……de qiántí xià ~라는 전제하에
扶持 fúchí 지원하다

低迷 dīmí 불황이다
取消 qǔxiāo 취소하다
新建 xīnjiàn 새로 건설하다, 신설
发电站 fādiànzhàn 발전소
光伏 guāngfú 태양광 발전(pv)
太阳能板 tàiyáng néngbǎn 태양광 패널
征收 zhēngshōu 징수하다
关税 guānshuì 관세
数倍于 shùbèiyú ~의 수 배나 된다
跳水 tiàoshuǐ 급락하다
削减 xuējiǎn 삭감하다, 줄이다
撼动 hàndòng 뒤흔들다
制约 zhìyuē 막다, 제약하다
脚步 jiǎobù 걸음
漫长 màncháng 길다
减排 jiǎnpái 온실가스 감축
达成协议 dáchéng xiéyì 합의를 이루다
长远来看 chángyuǎn láikàn 장기적으로 보았을 때
告别 gàobié 이별하다
并非 bìngfēi 결코 ~가 아니다
绝无可能 juéwú kěnéng 절대 불가능하다

꼭 알아야 할 성어·단어

- **七国集团**: 'G7 국가'의 중국어 표현이다. 원래는 서방 선진국 7개국의 모임이었으나 2008년 금융 위기 이후 개발도상국가들이 참여하는 G20 체재로 대체되었다. G20은 '二十国集团'이라고 표현한다.
- **瓶颈**: **병목** 좁은 병의 목 부분처럼 잘 통하지 않는 장애 요소나 장애물을 의미한다.
- **间歇性**: **간헐적이다** 지속적이지 못하고 이어졌다 끊어짐을 의미한다.

꼭 알아야 할 따페이·구문

- **把A转向B**: A를 B로 돌리다
- **并非绝无可能**: 결코 절대 불가능한 일이 아니다 '并非' 부정문과 '绝无可能'이 결합된 구조이다.

1 这意味着可再生能源等新能源将在现代经济生活中扮演日益重要的角色，化石燃料的最终退出，也意味着这将使全球气候变暖又放缓脚步。

'意味着' 동사가 두 번 온 구문으로, 문장 전체는 '~라는 의미이고 또 ~라는 의미이다'라고 번역할 수 있겠다. 그리고 중요한 따페이 '扮演……角色 ~역할을 하다' 역시 발견했으리라 믿는다. '这将使全球气候变暖有放缓脚步。'에서 '将'은 미래시제를 나타내고 '使'가 있으니 사역문이다. '지구온난화로 하여금 발걸음을 늦추게 할 것이다'라고 직역할 수 있다.

➥ 이는 재생 가능 에너지 등 신생에너지가 현대 경제 생활에서 날이 갈수록 더욱 중요한 역할을 하고 있음을 의미하고, 화석연료가 결국 퇴출된다는 것은 지구온난화의 속도가 둔화될 것이라는 의미이기도 하다.

2 不过，阳光、风力虽为"免费"，但将其转化成电能却需要高昂的投入。

'虽为A, 但B'는 '비록 A지만 그러나 B이다'라는 뜻이고, 여기서 '为'는 '是'의 뜻으로 쓰인 동사이다. '将其转化成'은 '将A转化成B (A를 B로 전환하다)' 구문으로, 여기서 대명사 '其'는 앞에 나온 명사 '태양광', '풍력'을 받았다.

➥ 그러나 태양광과 풍력은 비록 공짜지만 이것을 전기에너지로 바꾸는 데는 엄청난 비용이 든다.

3 此外，一些国家针对光伏太阳能板等可再生能源发电设备征收高额关税，这在很大程度上阻碍了行业发展。

'针对……征收关税' 구문을 외워 두자. '~에 대해 관세를 징수하다'라는 뜻이다.

➥ 이외에 일부 국가들은 태양광 패널 등 재생 가능 에너지 발전 설비에 대해 높은 관세를 매겨 관련 산업의 발전을 막고 있다.

4 这将对可再生能源的发展起到推动作用，

'对……起到……作用 ~하는 데 ~작용하다' 구문이다. 비슷한 의미의 따페이인 '对……发挥……作用'도 외워 두자. 문장 안에 숨어있는 따페이들을 찾아낼 수 있어야 한다.

➥ 이는 재생 가능 에너지의 발전에 촉진제 역할을 하게 될 것이고,

기정사실이 된 화석연료의 종말

최근 G7 국가의 정상들이 2100년까지 전 세계적으로 화석연료 사용을 종식시키겠다고 결의하였다. 기존 화석연료의 설 자리가 점차 좁아진다는 것은 재생 가능 에너지 등 신생에너지가 현대 경제 생활에서 나날이 더 중요한 역할을 하고 있음을 의미하고, 화석연료가 결국 퇴출된다는 것은 지구온난화의 속도가 둔화될 것이라는 의미이기도 하다.

20세기 말부터 나날이 심각해지는 환경문제와 계속해서 줄어드는 화석연료의 저장량은 인류가 걱정할 수밖에 없는 중요한 문제가 되었다. 많은 나라들이 지속 가능한 발전 이념과 에너지 안보를 고려하여 풍력발전 등과 같은 재생 가능 에너지로 눈을 돌리게 되었고 재생 에너지의 개발과 이용은 점점 더 많은 국가들의 관심을 받게 되었다. 올해 초까지 160여 개 국가가 재생 가능 에너지 발전에 대한 정책 목표를 수립하였다. 2004년에는 48개국 뿐이었다. 데이터에 따르면 전 세계 에너지 소비의 증가 속도가 둔화되고 있는 상황에서도 재생 가능 에너지는 여전히 성장세를 보이고 있다. 2014년 재생 가능 에너지의 발전량은 1829기가와트로 동기 대비 8% 증가하였으며 이는 2000년의 2배가 넘는 수치이다. 그중 태양에너지와 풍력발전의 증가 폭이 각각 38.2%와 10.2%였다. 국제에너지기구(IEA)의 통계에 따르면 현재 재생 가능 에너지가 전 세계 총 발전량에서 차지하는 비중은 22%이고 이 수치는 2030년이 되기 전 33%까지 상승할 것으로 예상된다.

그러나 태양광과 풍력은 비록 공짜지만 이것을 전기에너지로 바꾸는 데는 엄청난 비용이 든다. 비용 문제는 줄곧 재생 가능 에너지의 발전을 저해하는 장애물 중 하나였다. 비용 절감을 위해 현재 세계 여러 나라들은 매년 태양에너지와 풍력발전 등 신생에너지 산업에 수천억 달러를 쏟아붓고 있다. 그 중 태양에너지 발전의 비용은 최근 5년간 거의 절반 가량 줄어들었다. 그러나 화석연료와 비교했을 때, 신생에너지의 비용은 여전히 높은 편이라서 시장 경쟁력이 떨어진다. 이외에도 태양에너지와 풍력발전은 분포가 고르지 못하고 공급이 간헐적이며, 날씨의 영향을 많이 받고, 전력 비축 등의 문제가 존재한다.

전체적으로 보았을 때, 재생 가능 에너지 발전이 아직 시작 단계이고 비용 우위가 없다는 전제하에 재생 가능 에너지의 발전은 정부의 뒷받침과 지원이 반드시 수반되어야 한다. 현재 세계 경제가 지속적인 침체에 빠지면서 재생 에너지에 대한 각국의 지원이 다소 주춤하고 있다. 작년 EU위원회는 태양에너지, 풍력, 바이오 에너지 등 재생 가능 에너지 산업에 대한 국가 지원을 점차적으로 중단해 나가겠다고 발표하였다. 영국도 최근 2016년 4월부터 신설되는 육상 풍력 발전소에 대한 정부의 지원을 중단하겠다고 밝혔다. 이외에도 일부 국가들은 태양광 패널 등 재생 가능 에너지 발전 설비에 대해 높은 관세를 매겨 관련 산업의 발전을 막고 있다. 이와 대조적으로 화석연료에 대한 전 세계 각국의 보조금은 아직도 재생 가능 에너지에 대한 보조금보다 몇 배나 많다. 비록 석유 가격이 폭락하여 많은 국가들이 화석연료에 대한 보조금을 삭감하고 있지만 화석연료의 유리한 위치를 뒤흔들 정도는 아니다. 이것이 재생 가능 에너지의 발전을 어느 정도 막고 있다고 할 수 있다.

신생에너지가 기존의 화석 에너지를 완전히 대체하려면 확실히 엄청난 시간이 필요하다. 올해 말 유엔 기후변화회의가 파리에서 개최될 것이다. 분석가들은 만약 각국이 온실가스 감축 문제에 대해 합의할 수 있다면 이는 재생 가능 에너지의 발전에 촉진제 역할을 하게 될 것이고 신생에너지 산업의 투자 규모도 더욱 확대될 것이라고 말했다. 장기적으로 보았을 때 화석연료와의 이별이 절대 불가능한 것은 아니다.

页岩繁荣面临资金瓶颈

近期，国际原油价格开始反弹，现已升至今年以来的最高水平，每桶突破60美元。油价回升对页岩油气公司是一个利好，但业界却普遍看淡页岩油气的发展前景。究其原因，除了生产成本过高外，页岩公司的贷款可行性或消费者的支付能力存在不确定性，页岩繁荣缺乏资金支持。

由于开采页岩油气的前期成本投入很高，而美国实行的是典型市场经济体制，因此，页岩公司的运营需要以不断增加的贷款为基础。在油价高于100美元/桶时，❶页岩公司就已经出现成本大于收益的情况，如今油价在60美元/桶上下波动，这自然加大了页岩公司的资金压力。

如果页岩油气井能在持续高油价水平下长时间生产，自然不必担心页岩公司偿还债务及其利息的能力，然而高油价是不可持续的，在油价持续低位运行的条件下，不仅石油产量大幅减少，已开采的石油带来的收益也大幅缩水，自然会出现惜贷现象。❷即便油价反弹到100美元/桶以上，贷款方也会出于风险考虑，很难继续提供大量贷款。

由于评估在产石油项目的价值以过去较长一段时间的油价水平为基础，因此，低油价的影响反馈到贷款可行性上需要一定的周期。当前，大量小页岩公司破产或重组，已经让人意识到贷款的不易。从2015年下半年起，❸页岩公司的贷款可行性将出现大幅衰减，这会导致更多的页岩公司破产及拍卖资产，而愿意购买这些资产的买家很可能寥寥无几，这将给页岩公司带来巨大的资金问题。从资金层面来看，美国页岩油气的发展趋势并不乐观。

全球今后面临的问题不是石油短缺，而是廉价石油短缺。也就是说，这是油气公司高成本的投入和消费者期待的低油价之间的矛盾。一直以来，消费者对油价足够高的承受能力掩盖了这一矛盾，而工人工资水平和贷款额的大幅增加则是维持这一承受能力的前提。2000年以来，美国、欧洲、日本的工资上涨速度远不及石油开采成本的涨速。当部分国家工资水平还在保持上涨、全球贷款量增长速度够快时，消费者暂时能够接受较高的石油价格。但长期来看，工资和贷款量难以维持持续快速的增长，开采成本处于(或高于)100美元/桶的石油，对于消费者而言就变得难以负担。2014年中期贷款增速刚刚减缓(部分原因是美国退出量化宽松政策)，油价就开始下跌，这正是对此的印证。

❹如何弥合页岩公司高成本的投入和消费者期待的低油价这对矛盾是未来化石能源所面临的问题。如何做到让消费者承担得起、油气公司又能从开采各种石油(尤其是页岩油气)中盈利是个长期而艰巨的难题。

주요 단어 및 구문

页岩 yèyán 셰일
资金 zījīn 자금
原油价格 yuányóu jiàgé 원유 가격, 유가
反弹 fǎntán 반등하다
升至 shēngzhì ~까지 오르다
每桶 měitǒng 배럴당
页岩油气 yèyán yóuqì 셰일 오일·가스
利好 lìhǎo 호재, 희소식
业界 yèjiè 업계
看淡 kàndàn 좋게 보지 않다
究其原因 jiū qí yuányīn 그 원인을 살펴보면
贷款 dàikuǎn 대출
支付能力 zhīfù nénglì 지불 능력
不确定性 búquèdìngxìng 불확실성
缺乏 quēfá 부족하다
支持 zhīchí 지원, 뒷받침
开采 kāicǎi 채굴하다
典型 diǎnxíng 전형적이다
A大于B A dàyú B A가 B보다 크다
收益 shōuyì 수익
加大压力 jiādà yālì 부담을 가중시키다
油气井 yóuqìjǐng 석유 가스정
偿还 chánghuán 갚다, 상환하다
利息 lìxī 이자
低位运行 dīwèi yùnxíng 저가에서 움직이다
产量 chǎnliàng 생산량
缩水 suōshuǐ 줄어들다
惜贷 xīdài 대출해 주기를 꺼리는 현상
出于 chūyú ~에서 비롯되다
评估 pínggū 평가하다
反馈 fǎnkuì 피드백, 되돌아오다
周期 zhōuqī 주기
破产 pòchǎn 파산하다
重组 chóngzǔ 재편하다, 구조조정을 하다
不易 búyì 쉽지 않다
衰减 shuāijiǎn 떨어지다
拍卖 pāimài 경매하다
资产 zīchǎn 자산
寥寥无几 liáoliáo wújǐ 매우 적다
并不乐观 bìngbú lèguān 낙관적이지 않다

短缺 duǎnquē 부족하다
廉价 liánjià 저가, 염가
期待 qīdài 기대하다
矛盾 máodùn 모순, 갈등
承受 chéngshòu 감당하다
掩盖 yǎngài 덮어 가리다, 숨기다
工资 gōngzī 임금
贷款额 dàikuǎn'é 대출액
前提 qiántí 전제
不及 bùjí ~만 못하다
涨速 zhǎngsù 상승 속도
暂时 zànshí 잠시
长期来看 chángqī lái kàn 장기적으로 봤을 때
负担 fùdān 부담(하다)
减缓 jiǎnhuǎn 느려지다
退出量化宽松政策 tuìchū liànghuà kuānsōng zhèngcè 양적 완화 정책 종료, 출구정책
下跌 xiàdiē 떨어지다
印证 yìnzhèng 증명하다
弥合 míhé 메우다
承担得起 chéngdān de qǐ 감당할 수 있다
盈利 yínglì 이윤을 얻다
艰巨 jiānjù 어렵고 힘들다

꼭 알아야 할 성어·단어

- **利好**: 호재. 반대말인 '利空 악재'도 같이 외워 두자.
- **看淡**: 본문에서는 뒤에 '发展前景 발전 전망'과 결합해 '발전 전망을 좋지 않게 보다'로 의역해 보자.
- **惜贷现象**: '惜'는 '안타까워하다'라는 의미이지만 여기서는 '대출받기를 꺼리는 현상'이라고 하면 되겠다.
- **寥寥无几**: 매우 드물다

1 页岩公司就已经出现成本大于收益的情况, 如今油价在60美元桶上下波动,

'~한 상황이 나타나다'라는 뜻의 따페이 '出现……情况'을 확인하고, 유사한 표현인 '呈现……趋势'도 같이 외워 두자. '大于A'는 'A보다 크다'라는 뜻이다. '上下波动'은 '위아래로 요동치다'라는 의미로 한국어에서는 '上下' 보다는 '前后 전후'의 의미로 해석하는 것이 자연스럽다.

↪ 이미 셰일 회사들은 비용이 수익보다 높은 문제가 나타났었다. 현재 유가가 배럴당 60달러 전후로 요동치면서

2 即便油价反弹到100美元/桶以上, 贷款方也会出于风险考虑, 很难继续提供大量贷款。

'即便A, 也B'는 '설사 A라 할지라도 B하다'라는 의미의 구문으로 '也'는 가끔 생략하기도 한다. '出于……考虑' 따페이를 외워 두자. '~를 고려해서'라고 번역한다.

↪ 설령 유가가 다시 배럴당 100달러 이상으로 반등해도 대출해 주는 기관에서는 리스크를 고려하여 거액의 대출을 계속 제공해 주진 않을 것이다.

3 页岩公司的贷款可行性将出现大幅衰减, 这会导致更多的页岩公司破产及拍卖资产, 而愿意购买这些资产的买家很可能寥寥无几,

이 문장에서는 외워 두어야 할 단어들이 많다. '贷款可行性'은 '대출 가능성', '破产'은 '파산하다', '拍卖资产'은 '자산을 경매에 부치다'라는 뜻이다. '买家'는 원래 '바이어'란 뜻인데 여기서는 '구매자'라고 하면 무난하겠다.

↪ 셰일 회사들의 대출 가능성은 대폭 줄어들 것이고 이로 인해 더 많은 셰일 기업들이 파산하거나 자산을 경매에 부칠 것이다. 그러나 이러한 자산들을 사려는 구매자들은 거의 없을 것이다.

4 如何弥合页岩公司高成本的投入和消费者期待的低油价这对矛盾是未来化石能源所面临的问题。

얼핏 보면 복잡해 보이는 문장이지만 간단하게 뼈대만 분석해 보면 '如何弥合A和B这对矛盾是问题。'이다. 즉 '어떻게 A와 B라는 이 두 가지 모순을 메울 것이냐가 직면한 문제이다'라는 의미이다. 단지 A와 B 부분이 약간 복잡해서 어려워 보였던 것이다.

↪ 셰일 회사들이 들인 비싼 비용과 소비자들이 기대하는 저유가 간의 이 모순을 어떻게 잘 해결하느냐는 향후 화석 에너지가 직면하게 될 문제이다.

셰일 산업, 자금에 발목 잡히다

최근 국제 유가가 다시 반등하기 시작하면서 현재 올해 들어 최고치를 기록해 배럴당 60달러를 돌파했다. 유가 반등은 셰일 오일·가스 회사에 호재라 할 수 있다. 그러나 일반적으로 업계 내에서는 셰일 오일·가스의 전망을 그다지 좋게 보진 않는다. 그 이유로는 생산 비용이 지나치게 비싸다는 점 이외에도, 셰일 회사들의 대출 가능성이나 소비자들의 소비력이 모두 확실치 않아 셰일 산업의 발전에 필요한 자금 지원이 부족하기 때문이다.

셰일 오일·가스 채굴에는 초기 비용이 많이 들고 미국은 전형적인 시장 경제 체제 국가이기 때문에 셰일 회사들은 계속 대출을 받아 회사를 운영해야 한다. 유가가 배럴당 100달러 이상이었을 때도 이미 셰일 회사들은 비용이 수익보다 높은 문제가 나타났었다. 현재 유가가 배럴당 60달러 전후로 요동치면서 셰일 회사들의 자금 부담은 자연스레 더 심해졌다.

만약 셰일 오일과 가스의 유정이 고유가가 지속되는 상황에서 장기간 생산이 가능하다면 셰일 회사들은 채무와 이자 상환 능력을 걱정할 필요가 없을 것이다. 그러나 고유가가 언제까지나 지속될 수는 없다. 유가가 지속적으로 하락하는 상황에서는 석유 생산량이 대폭 줄어들 뿐만 아니라 이미 채굴한 석유로 얻을 수 있는 수익도 크게 줄어든다. 따라서 자연스레 대출 거부 현상이 나타나게 된다. 설령 유가가 다시 배럴당 100달러 이상으로 반등해도 대출해 주는 기관에서는 리스크를 고려하여 거액의 대출을 계속 제공해 주진 않을 것이다.

생산 중인 석유 프로젝트의 가치는 과거 비교적 장기간 유지되었던 유가를 기반으로 평가되기 때문에 저유가의 영향이 대출 가능성에 반영되려면 일정한 주기가 필요하다. 현재 많은 소규모 셰일 기업들이 파산하거나 구조조정에 들어갔고 이러한 사실은 사람들로 하여금 대출이 어려워졌다는 것을 느끼게 해 주었다. 2015년 하반기부터 셰일 회사들의 대출 가능성은 대폭 줄어들 것이고 이로 인해 더 많은 셰일 기업들이 파산하거나 자산을 경매에 부칠 것이다. 그러나 이러한 자산들을 사려는 구매자들은 거의 없을 것이다. 이것은 셰일 기업들에 막대한 자금 문제를 안겨다 줄 것이다. 자금 측면에서 보면 미국 셰일 오일·가스의 발전 전망은 그다지 낙관적이지 않다.

향후 전 세계가 직면할 문제는 석유 부족이 아니라 저가 석유의 부족이다. 다시 말해 이것은 오일·가스 회사들이 들인 비싼 비용과 소비자들이 기대하는 저유가 간에 발생하는 모순이다. 지금까지의 유가는 소비자들이 충분히 감당할 수 있었기 때문에 이러한 모순이 표면화되지 않았으며 노동자들의 임금 수준과 대출 금액의 대폭 증가가 이러한 감당 능력을 유지할 수 있도록 하는 전제조건이었다. 2000년 이후 미국, 유럽, 일본의 임금 상승 속도는 석유 채굴 비용의 상승 속도에 훨씬 못 미치게 되었다. 일부 국가들의 임금이 여전히 상승세를 유지하고 전 세계 대출 규모의 증가 속도가 빨라지자 소비자들은 일시적으로 비교적 높은 가격의 석유를 감당할 수 있게 되었다. 그러나 장기적으로 보았을 때 임금과 대출 규모의 빠른 상승과 확대는 지속되기 어렵다. 석유 채굴 비용이 배럴당 100달러일 때(혹은 그 이상일 때) 소비자들은 이를 감당하기 어려워진다. 2014년 중반 대출 증가 속도가 느려지기 시작하자(미국의 출구전략도 부분적인 원인이다) 유가도 하락하기 시작하였다는 사실이 이를 잘 증명해 준다.

셰일 회사들이 들인 비싼 비용과 소비자들이 기대하는 저유가 간의 모순을 어떻게 잘 해결하느냐는 향후 화석 에너지가 직면하게 될 문제이다. 어떻게 하면 소비자들도 감당할 수 있고 동시에 오일·가스 회사들도 각종 석유자원(특히 셰일 오일·가스) 채굴 과정에서 어떻게 하면 이익을 얻을 수 있도록 할 것인가 하는 것은 바로 장기적이고 또 대단히 어려운 문제일 것이다.

能源体制改革症结何在

习近平同志去年在中央财经会议上指出,推动能源体制革命,打通能源发展快车道。他强调,坚定不移推进改革,构建有效竞争的市场结构和体系,形成主要由市场决定能源价格的机制,转变政府对能源的监管方式,建立健全能源法治体系。这一重要讲话体现了对能源改革规律和能源发展大势的深刻认识和把握。我们应以之为基本遵循和工作指南,更加积极主动地推动能源体制改革。

30多年来,能源行业坚持市场导向,不断改革能源体制,解放和发展能源生产力。石油部、电力部、煤炭部先后改组为若干国有大公司,按市场经济规则运行;三大石油公司实行一体化,业务适度竞争;电力行业实行厂网分开,中央国有发电资本一分为五促进竞争,地方国有资本纷纷进入发电领域并占据半壁江山;中央煤炭企业基本下放地方,煤炭价格和产供销均由市场决定。各种资本在煤炭领域竞相发展;民营资本成为发展新能源的主力军,推动我国新能源产业异军突起。能源事业改革发展有力支撑了国民经济发展,显著改善了人民的生活质量。

我们应清醒地看到,我国能源体制还存在与生产力发展相互不适应的问题,主要表现在三个方面:一是价格形成机制不合理。煤炭和原油价格已经由市场形成,电力、天然气和成品油价格却仍由政府制定,价格不能很好地引导资源配置,调节供需、鼓励竞争、节能减排、提高能效的作用未能充分发挥。二是以行政审批制为特征的能源项目管理模式还没有从根本上得到改变。三是部分能源行业还存在严重垄断现象,社会资本难以进入,新能源和分布式能源发展受阻。当前,能源体制改革已进入深水区。若不解决这些问题,不打破这些桎梏,能源生产力就无法得到进一步解放和发展。

深化能源体制改革,需要在三个方面寻求突破:一是推进政府自身改革,处理好政府和市场的关系。政府应进一步取消和下放能源项目审批事项,集中精力做好发展战略、规划、政策、标准等的制定和实施,加强市场监管,加强能源普遍服务。能源企业投资项目,除了特别重大的项目以外,一律应由企业依法依规自主决策。二是推进国有大型能源企业改革。对电力、油气行业,实行以政企分开、特许经营、政府监管为核心内容的改革,细化区分竞争性环节和自然垄断环节,加强对自然垄断性业务的监管,放开竞争性业务。三是进一步增强社会资本的活力和创造力。逐步放开电力、石油、天然气领域竞争性环节的价格,由企业自主定价,政府定价范围主要限定在网络型自然垄断环节。

주요 단어 및 구문

体制 tǐzhì 체제
改革 gǎigé 개혁
症结 zhēngjié 문제점
财经 cáijīng 재정과 경제
打通 dǎtōng 트이게 하다, 연결하다
快车道 kuàichēdào 매우 빠르게 발전하는 상태
坚定不移 jiāndìng bù yí 조금도 흔들림이 없다
由 yóu ~이[가]
转变 zhuǎnbiàn 바꾸다
监管 jiānguǎn 관리 감독
法治 fǎzhì 법치
讲话 jiǎnghuà 연설
大势 dàshì 추세
遵循 zūnxún 따르다
指南 zhǐnán 지침
导向 dǎoxiàng 이끌다
解放 jiěfàng 자유롭게 하다, 해방하다
煤炭 méitàn 석탄
先后 xiānhòu 잇따라, 차례로
改组 gǎizǔ 재정비하다, 개편하다
国有 guóyǒu 국유, 국영
规则 guīzé 규칙
适度 shìdù 적당한
占据 zhànjù 차지하다
半壁江山 bànbì-jiāngshān 국토의 반
下放 xiàfàng 하부로 이양하다
产供销 chǎngōngxiāo 생산·공급·판매
均 jūn 모두
竞相 jìngxiāng 다투어 ~를 하다
民营资本 mínyíng zīběn 민간 자본
主力军 zhǔlìjūn 주역
异军突起 yìjūn-tūqǐ 새로운 세력이 갑자기 출현하다
支撑 zhīchēng 지지하다, 뒷받침하다
显著 xiǎnzhù 현저하다
生活质量 shēnghuó zhìliàng 삶의 질
清醒 qīngxǐng 또렷하다, 분명하다
不合理 bù hélǐ 불합리하다
天然气 tiānránqì 천연가스
成品油 chéngpǐnyóu 석유 완제품
资源配置 zīyuán pèizhì 자원 배분

调节供需 tiáojié gōngxū 공급과 수요 조절
鼓励 gǔlì 촉진시키다
节能减排 jiénéng jiǎnpái 에너지 절약 및 온실가스 감축
能效 néngxiào 에너지 효율
充分发挥 chōngfèn fāhuī 충분히 발휘하다
审批 shěnpī 심사하여 비준하다
从根本上 cóng gēnběn shàng 근본적으로
垄断 lǒngduàn 독점(하다)
分布 fēnbù 분포
受阻 shòuzǔ 저지당하다
打破 dǎpò 타파하다
桎梏 zhìgù 질곡, 제약
寻求 xúnqiú 찾다
项目 xiàngmù 프로젝트
集中精力 jízhōng jīnglì 집중하다
规划 guīhuà 기획하다, 계획
一律 yílǜ 일률적으로, 모두
依法依规 yīfǎ yī guī 법과 규칙에 따라
政企分开 zhèngqǐ fēnkāi 정경분리
特许经营 tèxǔ jīngyíng 특허 경영, 프랜차이즈 경영
细化 xìhuà 세분화하다
放开 fàngkāi (제한을) 풀다, 완화하다
自主 zìzhǔ 자주적으로
定价 dìngjià 가격을 정하다
范围 fànwéi 범위
限定 xiàndìng 제한하다, 국한시키다

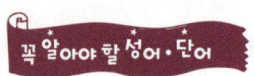

- **应以之为基本** : '应'은 '마땅히', '以A为基本'은 'A를 기본으로 하다'라는 뜻의 구문이고 A 자리에 대명사 '之'가 들어간 형태이다.
- **半壁江山** : '半壁江山'은 '절반의 국토'라는 뜻으로, '占据'와 함께 쓰여 '(전체 중에서) 절반을 차지하다'라는 의미이다.
- **垄断现象** : 독점 현상 '카르텔'은 '卡特尔'이다.

1 他强调，坚定不移推进改革，构建有效竞争的市场结构和体系，形成主要由市场决定能源价格的机制，转变政府对能源的监管方式，建立健全能源法治体系。

각 문장이 전형적인 '동사+목적어' 구문이라는 것을 알아야 한다. 각각 '推进+改革 개혁을 추진하다', '构建+结构和体系 구조와 시스템을 만들다', '形成+机制 메커니즘을 형성하다', '转变+方式 방식을 바꾸다', '建立+体系 시스템을 건립하다'이다. 중국어의 '동+목' 구조에 익숙해져야 독해 속도도 빨라지고 한중 번역을 할 때도 좀 더 자연스러운 중국어 문장을 만들 수 있다.

↳ 그는 흔들림 없이 개혁을 추진하고 효과적인 경쟁이 이뤄지는 시장구조와 시스템을 만들어야 하며, 시장이 에너지 가격을 결정하는 메커니즘을 형성하고 정부의 에너지 관리 감독 방식을 바꾸어 탄탄한 에너지 법치 시스템을 구축해야 한다고 강조했다.

2 煤炭价格和产供销均由市场决定。

이 문장은 'A和B均……' 형태로 'A와 B 모두 ~하다'라는 의미이다. '均'은 '都'의 서면어 표현이다. '由市场决定'에서 '由'는 주어인 '市场'을 강조하는 용법이다.

↳ 석탄 가격과 생산·공급·판매가 모두 시장에 의해 결정되었다. [시장에 의해 결정된다.]

3 二是以行政审批制为特征的能源项目管理模式还没有从根本上得到改变。

'以A为特征'은 'A를 특징으로 하다'라는 뜻의 구문이다. '从根本上'은 '근본적으로'라는 뜻이며 '得到改变'은 '변화하다', 즉 '得到'와 '改变'이 결합한 서면어 표현이다.

↳ 두 번째는 행정 심사 제도를 특징으로 하는 에너지 프로젝트 관리 방식은 아직 근본적으로 변하지 못하고 있다.

4 若不解决这些问题，不打破这些桎梏，能源生产力就无法得到进一步解放和发展。

문장 전체는 '만약(若) A하지 못하고 B하지 못하면 C는 ~할 수 없다'라는 의미이다. '得到……解放和发展'은 '해방과 발전을 얻다'라는 뜻의 서면어적 표현이다. 생산력이 '해방된다'라는 표현은 어색하니 '진보' 정도로 의역해 보면 좋겠다.

↳ 만약 이러한 문제와 제약에서 벗어나지 못한다면 에너지 생산력은 발전과 진보를 이룰 수 없다.

에너지 시스템 개혁의 문제는?

　작년 중앙 재경 회의에서 시진핑 주석은 에너지 체제의 개혁을 추진하여 에너지 발전이 속도를 낼 수 있도록 해야 한다고 말했다. 시 주석은 개혁을 계속 추진하고 효과적인 경쟁이 이뤄지는 시장구조와 시스템을 구축하여 시장이 에너지 가격을 결정하는 메커니즘을 만들어야 하며, 정부의 에너지 관리 감독 방식을 바꾸어 탄탄한 에너지 법치 시스템을 구축해야 한다고 강조했다. 시 주석의 이 연설은 에너지 개혁의 규율과 에너지 발전 추세에 대한 정확한 인식과 이해를 잘 보여 준다. 우리는 이를 기본 토대와 업무 지침으로 삼아 더욱 적극적이고 자발적으로 에너지 시스템 개혁에 나서야 한다.

　30여 년간 에너지 산업은 줄곧 시장이 선도해 왔고 지속적인 에너지 시스템 개혁으로 에너지 생산력의 발전을 이뤄냈다. 석유부, 전력부, 석탄부가 잇따라 대규모 국유 기업으로 바뀌었고 시장경제 규칙에 따라 운영되었다. 우선 3대 석유 기업을 통합하여 적절한 경쟁 환경을 조성했고 전력 업종은 공장과 네트워크를 분리하고 중앙 국유 발전(发电) 자본을 다섯 개로 나누어 경쟁을 촉진시켰다. 지방 국유 자본도 잇따라 발전(发电) 영역에 진출하면서 전체의 반을 차지하게 되었다. 중앙 석탄 기업은 대부분 지방으로 이양되었고 석탄 가격과 생산·공급·판매가 모두 시장에 의해 결정되었다. 그리고 각종 자본들이 석탄 영역에서 서로 경쟁하며 발전해 나갔다. 한편, 민간 자본은 신생에너지 발전의 주역이 되어 중국의 신생에너지 산업의 비약적인 발전을 이끌어냈다. 에너지 사업의 개혁 발전은 국민 경제의 발전을 뒷받침해 주었으며 국민들의 생활수준을 크게 향상시켰다.

　그러나 우리는 중국의 에너지 체제에는 생산력 발전과 맞지 않는 문제가 존재한다는 것을 분명히 알아야 한다. 그 문제는 주로 다음과 같은 세 가지 측면에서 나타난다. 첫 번째는 가격 형성의 메커니즘이 비합리적이라는 것이다. 석탄과 원유의 가격은 이미 시장에 의해 결정되는데 전기, 천연가스와 석유 완제품 가격은 여전히 정부가 결정한다. 그리고 아직 가격이 자원 배치와 수요 공급 조절, 경쟁 촉진, 에너지 절약과 온실가스 감축, 에너지 효율성 제고의 역할을 충분히 발휘하지 못하고 있다. 두 번째는 행정 심사 제도를 특징으로 하는 에너지 프로젝트 관리 방식에서 아직 근본적인 개혁이 이뤄지지 못하고 있다. 세 번째는 일부 에너지 업종에 심각한 독점 현상이 존재한다는 것이다. 이로 인해 사회자본의 진입이 어려우며 신생에너지와 분포식 에너지의 발전이 제한받고 있다. 현재 에너지 시스템 개혁은 이미 본격적인 단계로 진입하였다. 만약 이러한 문제와 제약에서 벗어나지 못한다면 에너지 생산력은 발전과 진보를 이룰 수 없다.

　에너지 체제 개혁을 심화하려면 반드시 다음 세 가지 측면에서 돌파구를 찾아야 한다. 첫 번째, 정부 자체의 개혁을 단행하여 정부와 시장의 관계를 잘 조율해야 한다. 정부는 에너지 프로젝트와 관련된 심사를 중단하거나 권한을 지방으로 이양해야 한다. 그리고 발전 전략, 계획, 정책, 기준 등을 제정하고 시행하는 데 집중해야 한다. 뿐만 아니라 시장에 대한 관리 감독과 에너지 산업의 전반적인 서비스를 강화해야 한다. 에너지 기업들의 투자 항목은 특별히 중대한 프로젝트 외에는 전부 기업이 법률과 규칙에 따라 자발적으로 결정해야 한다. 두 번째, 국영 에너지 대기업 개혁을 추진해야 한다. 전력, 오일·가스 산업에 대해 정경분리, 특허 경영, 정부의 관리 감독을 핵심으로 하는 개혁을 시행해야 한다. 그리고 경쟁 단계와 자연 독점 단계를 세밀하게 구분하고 자연 독점적 업무에 대한 관리 감독을 강화하며 경쟁적 업무를 늘려나가야 한다. 세 번째, 사회자본의 역동성과 창조력을 더욱 증진시켜야 한다. 전력, 석유, 천연가스 영역에서 경쟁적 단계에서의 가격을 낮추고 기업이 자체적으로 가격을 결정하게 해야 하며, 정부가 가격을 결정하는 범위는 네트워크 형태의 자연 독점 단계에만 국한시켜야 한다.

UNIT 60 寒冬也与变暖有关
엄동설한도 지구온난화와 관계 있다

UNIT 61 大气中CO_2浓度突破400ppm的启示
대기 중 CO_2 농도 400ppm 돌파의 의의는?

UNIT 62 电子垃圾堪为"矿山"
전자 쓰레기는 광산이다

UNIT 63 谁来拯救"地球之肺"
누가 지구의 허파를 구할 것인가?

UNIT 64 垃圾分类为何形同虚设
분리수거는 왜 효과를 거두지 못할까?

UNIT 65 温暖与蓝天并非两难
난방과 파란 하늘은 양립할 수 없다

寒冬也与变暖有关

去年年末以来，北半球经历了严冬的考验：多国最低气温不断刷新纪录，因严寒而死亡的人数也不断攀升。严寒的天气，进一步让人们对"全球变暖"的说法产生质疑。然而从理论上讲，全球变暖并不意味着气温总是偏高。实际上，全球变暖是指全球年平均气温总体呈增高趋势，1这并不意味着今年比去年高、去年比前年高，仍存在一定的波动。而且，全球变暖不是指所有的地方都同步变暖，有的地方有可能会变冷。

虽然近几年全球变暖的速度似乎有所减缓，但从世界气象组织公布的监测结果来看，全球气候变暖的趋势未曾改变。不久前，世界气象组织在多哈召开联合国气候变化大会前发布报告称，2012年前10个月的数据显示，当年的温度仍在高温年份之列的可能性很大，在1850年有气温记录以来的相同时间段内名列第九。

全球变暖的一个重要特征是气候偏离其平均态越来越远，气候的波动越来越大。在全球变暖的背景下，高温、低温、暴雪、干旱、强降水等极端事件出现的频率不断增加。极端天气增多的主要原因有二：一是全球变暖后水循环的强度增加，二是大气持水能力增加，导致地表气温增加，蒸发蒸腾量加大，水循环强度也随之增强。当温度每升高1℃，大气含水量可提高约7%。

从去年年末持续至今的严寒天气，主要由两大因素造成：一是受全球气候变暖的影响，自20世纪90年代后期以来，北极海冰融化加剧。去年9月，北极海冰面积下降到1979年有卫星观测记录以来的最低水平。2秋季北极海冰面积减小，有利于冬季极地冷气团中心向南偏移，南下冷空气活动频繁，很容易导致欧亚地区及我国冬季出现低温严寒；二是大气环流出现明显调整。以我国为例，去年12月以来强大的乌拉尔山阻塞高压的形成，有利于极寒冷空气大规模持续南下，影响我国大部地区，造成我国气温偏低。

研究表明，在全球变暖的背景下，未来3~5年北极海冰范围依然维持偏小状态，东亚冷冬及冬季极端天气仍会继续频繁出现。除了做好御寒外，我们更要提高低碳、环保、建设生态文明的意识，从点滴小事做起，保护环境，稳定气候；3与此同时，还要增强气象灾害风险意识，掌握防范措施，做到有备无患。

주요 단어 및 구문

与A有关 yǔ A yǒuguān A와 관련 있다
北半球 běibànqiú 북반구
严冬 yándōng 엄동설한, 몹시 추운 겨울
刷新纪录 shuā xīnjìlù 신기록을 갱신하다
严寒 yánhán 혹한
攀升 pānshēng 끊임없이 오르다
全球变暖 quánqiú biànnuǎn 지구온난화
产生质疑 chǎnshēng zhìyí 의구심이 생기다
理论 lǐlùn 이론
气温 qìwēn 기온
偏 piān 기울다
年平均 nián píngjūn 연평균
波动 bōdòng 오르락내리락하다, 변동
同步 tóngbù 함께, 동시에
似乎 sìhū 마치
减缓 jiǎnhuǎn 둔화되다
世界气象组织 shìjiè qìxiàng zǔzhī 세계기상기구(WMO)
监测 jiāncè 관측하다
未曾 wèicéng ~한 적이 없다
多哈 Duōhā 도하
召开 zhàokāi 개최하다, 열다
列 liè 부류, 열
名列 míngliè 이름이 ~에 오르다
偏离 piānlí 벗어나다
干旱 gānhàn 가뭄
强降水 qiángjiàngshuǐ 폭우
频率 pínlǜ 빈도수
极端天气 jíduān tiānqì 이상기후
循环 xúnhuán 순환
持水能力 chí shuǐ nénglì 수분 함유량 = 含水量
地表 dìbiǎo 지표면
蒸发 zhēngfā 증발하다
蒸腾 zhēngténg 김이 오르다
随之 suízhī 이에 따라
北极 běijí 북극
海冰 hǎibīng 빙하
融化 rónghuà 녹다
面积 miànjī 면적
卫星 wèixīng 위성
观测 guāncè 관측하다

极地 jídì 극지방
冷气团 lěngqìtuán 한랭기단
偏移 piānyí 한쪽으로 이동하다
南下 nánxià 남하하다
环流 huánliú 환류
乌拉尔山 Wūlā'ěr shān 우랄산(맥)
阻塞 zǔsè 막다
高压 gāoyā 고기압
御寒 yùhán 추위를 막다, 방한
低碳 dītàn 저탄소
点滴 diǎndī 아주 사소한 것
气象灾害 qìxiàng zāihài 기상재해
掌握 zhǎngwò 숙달하다, 파악하다
防范 fángfàn 방비하다
有备无患 yǒubèiwúhuàn 유비무환

- **刷新纪录** : 신기록을 세우다 '역사상 최고 기록을 세우다', '역사상 최저 기록을 세우다'는 각각 '创历史新高', '创历史新低'이다. 함께 알아 두자. 또 비슷한 표현으로 '突破……记录'도 자주 나오는 표현이니 꼭 외워 두자.
- **极端天气** : 글자 그대로의 의미는 '극단 날씨'이지만 '이상기후'라고 번역한다.
- **有备无患** : 유비무환

- **经历……考验** : 시련을 겪다
- **对……产生质疑** : ~에 대해 의심이 생겨나다

---

1 这并不意味着今年比去年高、去年比前年高，仍存在一定的波动。而且，全球变暖不是指所有的地方都同步变暖，有的地方有可能会变冷。

'存在……波动'은 '~파동이 존재한다'라는 뜻이다. '同步'는 '동시에'라는 뜻으로, 참고로 '동시통역'은 '同步传译'라고 한다. '变冷'은 한국어로는 '추워졌다'라는 뜻인데, 이렇게 '변화'를 나타내는 뉘앙스에 중국어로 '变'이 들어간다는 것에 주의하자. 예를 들어 '살쪘다'는 '变胖', '좋아졌다'는 '变好'라고 한다.

⇨ 이러한 사실은 올해 기온이 작년보다 높고, 작년 기온이 재작년보다 높다는 것을 의미하진 않으며 어느 정도 오르락내리락할 수 있다. 게다가 지구온난화라고 해서 모든 지역이 동시에 따뜻해지는 것도 아니다. 어떤 지역은 오히려 추워질 수도 있다.

2 秋季北极海冰面积减小，有利于冬季极地冷气团中心向南偏移，南下冷空气活动频繁，很容易导致欧亚地区及我国冬季出现低温严寒；

'有利于……'는 '~하는 데 유리하다'라는 뜻이고, '向南偏移'은 '남쪽으로 약간 이동하다'라는 뜻이다.

⇨ 가을에 북극해 빙하 면적이 감소하면 겨울철 극지방에 위치한 한랭전선의 중심이 남쪽으로 이동하는 데 유리하고 남하한 찬 공기의 활동이 활발해지면서 유라시아 지역과 중국 지역에 겨울철 저기온 및 혹한 현상이 자주 발생하게 된다.

3 与此同时，还要增强气象灾害风险意识，掌握防范措施，做到有备无患。

'增强……意识'는 '의식을 강화하다', '掌握……措施'는 '조치를 파악하다'라는 뜻이다. '做到'는 뒤에 오는 '有备无患'과 함께 '유비무환하다'라고 해석하면 된다. 모두 '동+목' 구조이다.

⇨ 이와 동시에 기상재해에 대한 위기 의식도 강화하고 예방 조치를 잘 알아 두어 '유비무환'할 수 있도록 해야 한다.

엄동설한도 지구온난화와 관계 있다

작년 연말부터 북반구는 엄동설한에 시달렸다. 많은 나라에서 최저기온 신기록 행진이 계속되었고, 추위로 목숨을 잃은 사망자 수도 계속 증가하였다. 이처럼 추운 날씨는 사람들이 지구온난화에 대해 의구심을 품게 만들었다. 그러나 이론적으로 보자면 지구온난화가 늘 기온이 높은 것을 의미하진 않는다. 사실 지구온난화는 지구의 연평균 기온이 전반적으로 높아지는 추세를 말하는 것이기는 하지만 그렇다고 올해 기온이 작년보다 높고, 작년 기온이 재작년보다 높아지는 것을 의미하진 않으며, 어느정도 오르락내리락할 수 있다. 또한 지구온난화라고 해서 모든 지역이 동시에 따뜻해지는 것도 아니다. 어떤 지역은 오히려 추워질 수도 있다.

비록 최근 몇 년 동안 지구온난화의 속도가 마치 둔화된 것처럼 보이지만 세계기상기구(WMO)에서 발표한 관측 결과에 따르면 지구온난화 추세에는 변화가 없다. 얼마 전, 도하에서 열린 유엔 기후변화회의 전날, 세계기상기구가 발표한 보고서에 따르면 2012년 1월~10월까지 데이터를 분석해 보았을 때 그 해가 기온이 높은 한 해에 속할 가능성이 매우 크며 1850년 기온 관측 기록을 시작한 이래 같은 기간 동안 기온이 아홉 번째로 높은 것으로 나타났다.

지구온난화의 중요한 특징은 기후가 평년과 점점 더 달라지고 변동이 더 심해진다는 것이다. 지구온난화가 발생하면서 고기온, 저기온, 폭설, 가뭄, 폭우 등의 이상기후 현상의 발생 빈도가 계속 증가하였다. 이상기후 현상이 증가하는 주요 원인에는 두 가지가 있다. 첫 번째는 지구온난화 발생 이후 수증기 순환이 더욱 활발해졌기 때문이다. 두 번째는 대기 중 수분 함유량이 많아져 지표면 기온이 상승하게 되었고, 수분 증발량이 많아져 수증기 순환이 더 활발해졌기 때문이다. 기온이 섭씨 1도씩 상승할 때마다 대기 중 수분 함유량은 약 7%씩 늘어난다.

작년 연말부터 지금까지 계속되는 추운 날씨는 주로 두 가지 요인 때문이다. 첫 번째는 지구온난화의 영향으로 1990년대 말부터 북극 빙하가 심각할 정도로 녹아내렸기 때문이다. 작년 9월, 북극의 빙하 면적이 1979년 위성 관측 이래 최저 수준으로 감소하였다. 가을에 북극해 빙하 면적이 감소하면 겨울철 극지방에 위치한 한랭전선의 중심이 남쪽으로 이동하는 데 유리하고 남하한 찬 공기의 활동이 활발해지면서 유라시아 지역과 중국 지역에 겨울철 저기온 및 혹한 현상이 자주 발생하게 된다. 두 번째는 대기 순환에 변화가 나타났기 때문이다. 중국을 예로 들어 보면 작년 12월 이후 거대한 우랄 산맥이 고기압의 형성을 막으면서 찬 공기가 대규모로 남쪽으로 이동하게 되었고 이는 중국 대부분 지역에 영향을 미쳐 기온을 떨어뜨렸다.

연구에 따르면 지구온난화로 인해 향후 3~5년간 북극해 빙하 범위가 계속 줄어든 상태를 유지할 것이며, 동아시아의 혹한 현상과 겨울철 이상기후 현상이 계속해서 빈번하게 발생할 것이다. 방한도 잘 해야 하지만 우리는 저탄소, 친환경, 생태 문명 건설에 대한 의식을 강화하는 것이 더욱 필요하다. 작은 일에서부터 시작하여 환경을 보호하고 기후 안정화를 실현해야 한다. 이와 동시에 기상재해에 대한 위기 의식도 강화하고 예방 조치를 잘 알아두어 '유비무환'할 수 있도록 해야 한다.

大气中CO₂浓度突破400ppm的启示

位于美国夏威夷的莫纳罗亚观象台对大气中二氧化碳(CO_2)浓度的观测显示,二氧化碳浓度的时均值在过去几个月内已多次突破400ppm(百万分之400)。这意味着在人类历史上二氧化碳浓度首次突破上述数值,在工业革命前的人类历史上,地球大气里的二氧化碳浓度从未超过300ppm,上一次超过400ppm的时间至少在300万年以前。

针对大气中二氧化碳的浓度逼近或超过400ppm这一现象,人们议论纷纷。一些学者认为,400ppm是一个令人畏惧的"标志性关口",突破这一关口会引起人类更大的担忧,甚至认为400ppm是标志气候灾难的"临界点",给人类亮起了红灯;另一些科研人员认为,尽管大气中二氧化碳浓度超过400ppm并不是标志气候灾难的临界点,但这是地球变暖过程中"一个具有非常重要象征意义的事件",❶证明人们虽在控制温室气体的排放方面做出了努力,但却没有什么成效。

那么,400ppm是不是大气中二氧化碳浓度变化的"临界点"?大气中二氧化碳的浓度逼近或超过400ppm是否应被视为一个"事件"的发生?

大气中二氧化碳浓度突破400ppm再一次给人类敲响了警钟,它提醒我们:人类在减少向大气中排放温室气体方面应当更有所作为。大气中二氧化碳浓度的持续增加会导致温室效应的增强,最终会使气候变暖,影响人类的生存环境和社会、生产活动。有研究结果显示,按照目前的碳排放趋势,到2080年半数以上的普通植物和三分之一的动物的生存空间将减少一半。大气中二氧化碳浓度的增加会加速全球气候变暖的进程,❷还会使暴风雨、干旱、洪水和虫灾等其他气候变暖的表现形式更为突出。世界各国都有责任和义务减少二氧化碳的排放,在"共同但有区别的责任"原则下,❸各国要科学调整经济社会发展规划、积极进行产业结构调整,共同应对气候变化,共同推进绿色、低碳发展,最大限度地减少温室气体的排放,减缓气候变暖现象。

주요 단어 및 구문

大气 dàqì 대기
浓度 nóngdù 농도
启示 qǐshì 시사점
夏威夷 Xiàwēiyí 하와이
观象台 guānxiàngtái 관측소
二氧化碳 èryǎnghuàtàn 이산화탄소
观测 guāncè 관측(하다)
均值 jūnzhí 평균치
数值 shùzhí 수치
工业革命 gōngyè gémìng 산업혁명
从未 cóngwèi 한번도 ~한 적이 없다
超过 chāoguò 초과하다
逼近 bījìn 육박하다
议论纷纷 yìlùn fēnfēn 의론이 분분하다
畏惧 wèijù 두려워하다
标志 biāozhì 상징하다
关口 guānkǒu 기준, 관문
气候灾难 qìhòu zāinàn 기후 재난
临界点 línjièdiǎn 임계점
亮起红灯 liàngqǐ hóngdēng 빨간불이 켜지다
温室气体 wēnshì qìtǐ 온실가스
排放 páifàng 배출하다
做出努力 zuòchū nǔlì 노력하다
成效 chéngxiào 효과
敲响警钟 qiāoxiǎng jǐngzhōng 경종을 울리다
提醒 tíxǐng 일깨우다
有所作为 yǒu suǒ zuòwéi 적극적으로 하다
温室效应 wēnshì xiàoyìng 온실효과
趋势 qūshì 추세
进程 jìnchéng 과정, 프로세스
暴风雨 bàofēngyǔ 폭풍우
干旱 gānhàn 가뭄
洪水 hóngshuǐ 홍수
虫灾 chóngzāi 병충해
突出 tūchū 두드러지다
区别 qūbié 구별하다
结构调整 jiégòu tiáozhěng 구조조정
低碳 dītàn 저탄소

- **议论纷纷** : 의견이 분분하다 앞에 개사 '对'가 오는 경우가 많다. 비슷한 표현인 '众说纷纭'도 외워 두자.
- **令人畏惧** : 직역하면 '사람으로 하여금 겁나게 하다'로, '두려운 것은', '겁나는 것은'이라고 의역한다.

- **给……亮起红灯** : ~에 빨간불이 켜지다 '경고하다'라는 뜻으로 쓰인다. 반대말은 '开绿灯'이다.
- **给……敲响警钟** : ~에 경종을 울리다 자주 활용되는 표현이니 꼭 외워 두자.

1 证明人们虽在控制温室气体的排放方面做出了努力，但却没有什么成效。

'在……方面'은 '~방면에서', '做出……努力'는 '노력하다'라는 뜻의 따페이이다.

↪ (이는) 인류가 온실가스 배출을 통제하기 위해 노력했지만 아무런 효과를 얻지 못하고 있다는 것을 증명한다.

2 还会使暴风雨、干旱、洪水和虫灾等其他气候变暖的表现形式更为突出。

'使……形式'까지 연결되는 문장이다. '更为突出'는 '더욱 두드러지다'라는 뜻의 서술어이다.

↪ 태풍, 가뭄, 홍수, 병충해 등 지구온난화의 또 다른 문제점들을 더욱 두드러지게 할 것이다.

3 各国要科学调整经济社会发展规划、积极进行产业结构调整，共同应对气候变化，共同推进绿色、低碳发展，最大限度地减少温室气体的排放，减缓气候变暖现象。

'科学调整'에서 '科学'는 명사가 아니라 '과학적인'이라는 뜻의 부사로 쓰였다. '调整+목적어', '进行+목적어', '应对+목적어', '推进+목적어1, 목적어2', '减少+목적어', '减缓+목적어' 구조이다. 한 문장이지만 정보가 많아서 번역할 땐 적당히 2~3개 문장으로 끊어서 번역하는 것이 좋다.

↪ 각국은 경제 사회 발전 계획을 과학적으로 조정하고 산업 구조조정을 적극 추진해야 하며, 함께 협력하여 기후변화에 대응해야 한다. 또한 친환경·저탄소 발전을 추진하고 온실가스의 배출을 최소화하여 지구온난화의 속도를 늦춰야 한다.

★ "**共同但有区别的责任**"原则 : '공동의 그러나 차별화된 책임 원칙'이란 뜻으로, 지구 환경보호에 개도국을 포함한 모든 국가들의 참여를 촉구하되 그 책임에 있어서는 역사적 오염의 기여도, 환경보호 능력의 차이, 개도국의 경제 개발 필요성 등을 고려하여 국가간의 차별성을 인정한다는 원칙이다.

대기 중 CO_2 농도 400ppm 돌파의 의의는?

미국 하와이에 있는 마우나로아 관측소가 대기 중 이산화탄소(CO_2) 농도에 대한 관측 자료를 발표했다. 자료에 따르면 지난 몇 개월 동안 CO_2 농도의 시간당 평균치가 이미 여러 차례 400ppm을 넘어섰다고 한다. 인류 역사상 CO_2 농도가 400ppm을 넘은 것은 이번이 처음이다. 산업혁명 전까지 인류 역사상 대기 중 이산화탄소 농도는 300ppm을 넘은 적이 없었으며, 이전에 400ppm을 넘긴 것은 최소 300만년 전의 일이다.

대기 중 이산화탄소 농도가 400ppm에 육박하거나 심지어 초과한 것에 대해 사람들의 의견이 분분하다. 일부 학자들은 400ppm은 우리 인류가 두려움을 느끼는 '상징적 기준'이고 이 기준을 넘으면 우리에게 더 큰 우려가 생길 수 있다고 말한다. 일부 학자들은 심지어 400ppm이 기후 재난을 의미하는 '임계점'으로 인류 생존에 빨간불이 켜졌다고 경고하기도 한다. 또 다른 과학 연구자들은 비록 대기 중 이산화탄소 농도가 400ppm을 넘었다 할지라도 기후 재난의 임계점은 아니라고 지적한다. 그러나 이는 지구온난화 과정에서 '매우 중요한 상징적 의미를 지닌 사건'으로 인류가 온실가스 배출을 통제하기 위해 노력했지만 아무런 효과를 얻지 못하고 있음을 보여 주고 있다.

그렇다면 400ppm은 정말 대기 중 CO_2 농도의 '임계점'인 것일까? 대기 중 CO_2 농도가 이 수치에 근접하거나 혹은 초과했을 때 이를 '사건'이라고 해야 할까?

대기 중 CO_2 농도가 400ppm을 넘어섰다는 것은 인류에게 다시 한 번 경종을 울리는 것이라 볼 수 있다. 이 수치는 인류가 대기 중 온실가스 배출을 줄이는 데 있어서 더욱 최선을 다해야 한다는 것을 우리에게 일깨워 준다. 대기 중 이산화탄소 농도가 계속 증가하면 온실효과가 더욱 심각해질 수 있고 결국 지구 기온이 올라가 인류의 생활환경, 사회, 생산 활동에 영향을 줄 수 있다. 현재의 이산화탄소 배출 추세가 지속된다면 2080년까지 일반 식물의 반 이상과 동물 1/3의 터전이 반으로 줄어들 것이라는 연구 결과가 있다. 대기 중 CO_2 농도의 증가는 지구온난화의 진행을 가속화할 것이며 태풍, 가뭄, 홍수, 병충해 등 지구온난화의 또 다른 문제점들을 더욱 두드러지게 할 것이다. 전 세계 각국은 CO_2 감축의 책임과 의무를 가지고 있다. '공동의 그러나 차별화된 책임'이라는 원칙에 따라 각국은 경제 사회 발전 계획을 합리적으로 조정하고 산업 구조조정에 적극 임해야 하며, 함께 협력하여 기후변화에 대응해야 한다. 또한 친환경·저탄소 발전을 추진하고 온실가스의 배출을 최소화하여 지구온난화의 속도를 늦춰야 한다.

电子垃圾堪为"矿山"

🎧 Track 1-62

　　随着电子科技的飞速发展，电子产品的应用更为普及：电视，户均恐怕不止一台；手机，人均可能不止一部。这些电子产品在丰富、方便人们生活的同时，也制造了大量电子垃圾。根据联合国环境规划署估算，全球每年产生约5000万吨的电子垃圾，仅有10%左右被回收处理。

　　电子垃圾的成分极为复杂，具有资源性和环境污染性双重属性。一方面，它含有50%以上的金属，20%以上的塑料及其他有价组分，可以变废为宝。以手机为例，资料显示，**1** 从每吨旧手机中可提取约250克黄金，而每吨金矿石通常也只能提炼出5克黄金。此外，手机发光二极管中使用的镓、电池中的锂、液晶屏使用的铟等，都是极其重要的稀有元素。另一方面，这些电子产品中同时含有重金属铅、汞、镉及持久性有机污染物，若处置不当，不仅会造成巨大的资源浪费，其所生成的新高风险污染物将会破坏环境，影响健康。

　　如今，发达国家对电子电器产品实行生产者责任延伸制度，**2** 要求生产者不仅要对生产过程中产生的污染负责，还要承担产品废弃后处置的责任。欧盟对电子垃圾的处理要求大而全，包括十类电器电子设备，几乎涵盖所有电子产品；美国除政府机构提供的回收渠道外，还有不少生产厂商和零售商制定了自己的回收措施，**3** 如苹果公司鼓励消费者将所有电池和iPod送到遍布美国的几百家门店进行回收，若购买新的iPod，可用旧产品抵价10%等。

　　尽管回收处理的工艺和技术正在不断完善，但资源回收效率不高仍是全球普遍面临的问题。以手机为例，目前全球每年废弃的手机约为4亿部，中国占1/4，而回收率不到1%，再利用率更低。**4** 鉴于此，一些发达国家在回收利用之余，把大量电子垃圾出口到发展中国家，以此作为解决电子垃圾的办法之一，使发展中国家出现了更大的环境难题。

주요 단어 및 구문

电子垃圾 diànzǐ lājī 전자 쓰레기
堪为 kānwéi ~라고 볼 수 있다
矿山 kuàngshān 광산
飞速 fēisù 빠른 속도로
普及 pǔjí 보급하다
户均 hùjūn 가구 평균, 가구당
恐怕 kǒngpà 아마 ~일 것이다
丰富 fēngfù 풍부하다
根据 gēnjù ~에 따르면
署 shǔ 부처, ~부
估算 gūsuàn 계산, 추산
吨 dūn 톤
回收处理 huíshōu chǔlǐ 회수 처리
极为复杂 jíwéi fùzá 매우 복잡하다
具有 jùyǒu 가지고 있다
环境污染 huánjìng wūrǎn 환경오염
双重属性 shuāngchóng shǔxìng 이중 속성
含有 hányǒu 가지고 있다, 포함하다
金属 jīnshǔ 금속
塑料 sùliào 플라스틱
有价 yǒujià 유용한
组分 zǔfèn 성분
变废为宝 biàn fèi wéi bǎo 쓰레기를 보물로 만들다
提取 tíqǔ 채취하다
克 kè 그램(g)
金矿石 jīnkuàngshí 금광석
提炼 tíliàn 추출하다
发光二极管 fāguāng èrjíguǎn 발광다이오드(LED)
电池 diànchí 배터리
液晶屏 yèjīngpíng 액정 화면
镓 jiā 갈륨
锂 lǐ 리튬
铟 yīn 인듐
稀有元素 xīyǒu yuánsù 희귀 원소
重金属 zhòngjīnshǔ 중금속
铅 qiān 납
汞 gǒng 수은
镉 gé 카드뮴
有机 yǒujī 유기물의, 유기체의
处置不当 chǔzhì búdàng 제대로 처리하지 못하다

高风险 gāofēngxiǎn 고위험성
破坏 pòhuài 파괴하다
负责 fùzé 책임지다 = 承担
废弃 fèiqì 버리다
大而全 dà ér quán 방대하고 철저한
涵盖 hángài 포함하다
厂商 chǎngshāng 공장
零售商 língshòushāng 소매상
遍布 biànbù 분포하다
门店 méndiàn 상점
购买 gòumǎi 구매하다
抵价 dǐjià 가격 할인
工艺 gōngyì 공정
效率 xiàolǜ 효율
鉴于此 jiànyú cǐ 이를 감안하면
之余 zhī yú ~하고 난 나머지

꼭 알아야 할 성어·단어

- **户均**: 가구당 참고로 '人均'은 '1인당'이고, '年均'은 '연평균'의 뜻이다.
- **双重属性**: '이중 속성', 즉 '두 가지 성격'이란 뜻이다.
- **变废为宝**: '变A为B'는 'A가 B로 변하다'라는 뜻으로, '쓰레기가 보물로 변하다'라는 뜻이다.

1 从每吨旧手机中可提取约250克黄金，

'从……中'은 '~에서'의 뜻이다. '可提取'에서 '可'는 '可以'의 뜻이며, '提取'는 '뽑아내다'라는 뜻이다. '克'는 '그램(g)'을 의미한다. '밀리그램(mg)'은 '毫克'이다.

▷ 중고 휴대전화 1톤당 무려 250g의 황금을 추출할 수 있는데

2 要求生产者不仅要对生产过程中产生的污染负责，还要承担产品废弃后处置的责任。

일단 큰 구조는 '不仅A, 还B' 구문으로 'A뿐 아니라 B이다'라는 뜻의 문장이다. 앞 문장의 '对……负责'와 뒷 문장의 '承担……责任'은 둘 다 '~에 대해 책임지다'라는 의미의 따페이이다.

▷ 생산자가 생산하는 과정에서 발생한 오염 물질에 대해 책임을 질 뿐만 아니라 제품 폐기 이후의 처리 단계에 있어서도 책임지도록 하고 있다.

3 如苹果公司鼓励消费者将所有电池和iPod送到遍布美国的几百家门店进行回收，若购买新的iPod，可用旧产品抵价10%等。

'如'는 '예를 들면'이라는 뜻이다. '将A送到门店'이라는 따페이를 찾을 수 있어야 하는데, 여기서 '将'은 '把'의 용법이고, '门店'은 '점포' 또는 의역해서 '대리점'이라고 번역해 볼 수도 있겠다. '可用A抵价B'는 'A를 이용해서 B만큼 할인받다'라는 의미이다.

▷ 예를 들면 애플은 소비자들이 모든 배터리와 iPod을 미국 전역에 분포한 수백 개의 점포로 가져오도록 하여 이를 회수하고, 새로운 iPod을 살 때 예전 제품을 가져오면 10%를 할인해 준다.

4 鉴于此，一些发达国家在回收利用之余，把大量电子垃圾出口到发展中国家，以此作为解决电子垃圾的办法之一，使发展中国家出现了更大的环境难题。

'鉴于此'는 '이를 감안해서'라는 뜻으로, 보통 앞에 '有'를 붙여 '有鉴于此'로 쓴다. '在……之余'는 '~하고 난 나머지'의 뜻이고, '把A出口到B'는 'A를 B에 수출하다'라는 뜻이다. '以此作为'는 '이것으로 ~를 삼다'라는 의미이다.

▷ 이를 감안할 때, 일부 선진국들이 회수하여 재활용하고 남은 대량의 전자 쓰레기를 개도국에 수출하여 이를 전자 쓰레기 해결 방식으로 삼는 것은 개도국에 더욱 심각한 환경문제를 초래했다.

전자 쓰레기는 광산이다

전자 과학 기술이 빠르게 발전하면서 전자 제품의 사용은 점점 더 보편화되었다. TV는 가구당 평균 1대 이상, 휴대전화도 1인당 1대 이상이다. 이러한 전자 제품들은 우리의 생활을 풍부하고 편리하게 해 주는 동시에 대량의 전자 쓰레기를 만들어냈다. 유엔환경계획(UNEP)의 조사에 따르면 전 세계적으로 매년 발생하는 전자 쓰레기가 약 5000만 톤에 이르는데 회수 처리율은 겨우 10% 정도밖에 안 된다고 한다.

전자 쓰레기의 구성 성분은 매우 복잡하다. 전자 쓰레기는 이중적인 속성을 가지고 있는데, 자원으로 쓰일 수 있는 '자원성'과 환경오염을 유발할 수 있는 '환경오염성'이다. 전자 쓰레기는 50% 이상의 금속과 20% 이상의 플라스틱 및 기타 유용한 성분으로 구성되어 있다. 따라서 전자 쓰레기는 폐기물에서 보물로 바뀔 수도 있는 것이다. 휴대전화를 예로 들어 보면 중고 휴대전화 1톤당 무려 250g의 황금을 채취할 수 있는데 금광석 1톤에서는 황금을 5g 정도밖에 추출하지 못한다. 이외에도 휴대전화 LED에 사용되는 갈륨, 배터리에 있는 리튬, 액정 화면에 있는 인디움 등은 모두 매우 귀중한 희귀 원소들이다. 그러나 이러한 전자 제품에는 납, 수은, 카드뮴과 같은 중금속이나 지속성이 강한 유기 오염 물질도 포함되어 있다. 만약 이것들을 제대로 처리하지 않는다면 심각한 자원 낭비를 초래할 뿐만 아니라 이로 인해 발생하는 새로운 고위험성 오염 물질이 환경을 파괴하고 건강에 심각한 영향을 끼칠 것이다.

현재 선진국에서는 전자 전기 제품에 대해 생산자 책임 재활용 제도를 시행하고 있다. 즉 생산자가 생산하는 과정에서 발생한 오염 물질에 대해 책임을 질 뿐만 아니라 제품 폐기 이후의 처리 단계에 있어서도 책임지도록 하고 있는 것이다. EU는 전자 쓰레기 처리와 관련해 매우 방대하고 철저한 리스트를 작성했다. 여기에는 전기 전자 설비 10여 종류를 포함해서 거의 모든 종류의 전자 제품이 포함되어 있다. 미국은 정부 기구에서 제공하는 회수 경로 이외에도 많은 생산 공장과 판매점들도 자체적인 회수 방식을 가지고 있다. 예를 들어, 애플은 소비자들이 모든 배터리와 iPod을 미국 전역에 분포한 수백 개의 대리점으로 가져오도록 하여 이를 회수하고, 새로운 iPod을 살 때 예전 제품을 가져오면 10%를 할인해 주고 있다.

비록 회수 처리 공정과 기술이 끊임없이 개선되고 있지만 자원 회수 효율이 낮은 것은 여전히 세계 각국이 보편적으로 직면하고 있는 문제이다. 휴대전화를 예로 들어 보면 현재 전 세계적으로 매년 버려지는 휴대전화는 약 4억 대에 이르고 중국이 그중 1/4을 차지하고 있다. 그런데 회수율은 1%도 안 된다. 재활용률은 그보다 훨씬 낮다. 이를 감안했을 때, 일부 선진국들이 회수하여 재활용하고 남은 대량의 전자 쓰레기를 개도국에 수출하여 전자 쓰레기를 해결하는 방식은 개도국의 심각한 환경문제를 초래했다.

谁来拯救"地球之肺"

"地球之肺"——亚马孙雨林即将面临一场大规模的石油开采。7年前，厄瓜多尔国家石油公司在靠近秘鲁边界的亚苏尼国家公园发现了储量将近10亿桶的新油田，这相当于厄全国储量的1/5，价值至少在70~100亿美元之间。然而，这个聚宝盆的所在地属于敏感区域，恰好邻近世界上生物多样性最丰富的地区之一。环境学家们担心，大规模开采将使这座神奇的自然宝库遭遇灭顶之灾。

为了保护这一地区，**1** 厄政府于2010年同联合国签署了一项约36亿美元的经济援助协议。采用信托管理基金的模式，由一些发达国家向厄瓜多尔提供经济援助，厄政府则将承诺不开采该地区的石油，并将这一款项用于保护当地生态环境，投资教育和医疗。协议还规定，若厄政府违反协议开采该地区石油，必须连本带息向提供资金的国家进行赔偿。

厄瓜多尔的现象并非个例，当前整个亚马孙热带雨林状况并不乐观。近年来，无节制砍伐、农业开发、矿产和石油开采、水坝建设、非法侵占土地等一系列活动进一步加剧，雨林地区遭受前所未有的破坏。**2** 专家分析认为，厄境内大规模的石油开采将对世界范围内的雨林保护产生"毁灭性打击"。为此，一位阿根廷绿色和平组织森林行动协调员呼吁，尽快达成一个全球性的协议，以保护全球森林。

3 是要环保，还是要经济发展？这是一个两难选择。世界银行的统计显示，眼下厄瓜多尔的贫困人口占30%左右。**4** 石油是该国重要的财政来源，是政府实施脱贫计划的经济支柱。厄能源部门大约1/3的收入和60%的出口依赖石油，而原油大部分又产于亚马孙盆地。如何建立一个完善的国际机制保护"地球之肺"？发达国家应当怎样切实地承担起责任？如何在促进经济发展的同时最大限度地降低对环境的破坏？这些问题值得深思，更需要实践。**5** 保护人类生态环境不能仅依靠一个国家或地区，而应由全世界共同承担责任。

주요 단어 및 구문

拯救 zhěngjiù 구하다
肺 fèi 허파, 폐
亚马孙雨林 Yàmǎsūn yǔlín 아마존 우림
即将 jíjiāng 곧 ~하려 하다
石油开采 shíyóu kāicǎi 석유 채굴
厄瓜多尔 Èguāduō'ěr 에콰도르
秘鲁 Bìlǔ 페루
储量 chǔliàng 매장량
桶 tǒng 배럴
油田 yóutián 유전
相当于 xiāngdāngyú ~와 같다
聚宝盆 jùbǎopén 화수분, 자원의 보고
所在地 suǒzàidì 소재지
敏感 mǐngǎn 민감하다
恰好 qiàhǎo 마침, 하필이면
邻近 línjìn 가까이 있다, 이웃하다
生物多样性 shēngwù duōyàngxìng 생물 다양성
丰富 fēngfù 풍부하다
神奇 shénqí 신기하다
宝库 bǎokù 보고
遭遇 zāoyù 당하다, 맞닥뜨리다
灭顶之灾 mièdǐngzhīzāi 치명적인 재앙
签署 qiānshǔ 체결하다
协议 xiéyì 협의
采用 cǎiyòng 채택하다
信托 xìntuō 신탁, 위탁하다
款项 kuǎnxiàng 비용, 조항
违反 wéifǎn 어기다
连本带息 lián běn dài xī 원금에 이자를 합치다
赔偿 péicháng 배상하다
并非个例 bìngfēi gèlì 특수 케이스가 아니다
热带雨林 rèdài yǔlín 열대우림
无节制 wú jiézhì 무절제한, 무분별한
砍伐 kǎnfá 벌목
矿产 kuàngchǎn 광산
水坝 shuǐbà 댐, 둑
侵占 qīnzhàn 점령하다
遭受 zāoshòu 당하다
前所未有 qiánsuǒwèiyǒu 전례 없는
破坏 pòhuài 파괴하다

毁灭 huǐmiè 파괴하다
打击 dǎjī 타격, 충격
绿色和平组织 lǜsè hépíng zǔzhī 그린피스 [핵무기 반대와 환경보호를 목표로 결성된 국제 환경보호 단체]
森林 sēnlín 삼림, 숲
尽快 jìnkuài 최대한 빨리
两难 liǎngnán 이럴 수도 저럴 수도 없다
来源 láiyuán 원천
脱贫 tuōpín 빈곤 퇴치
支柱 zhīzhù 기둥, 버팀목
盆地 péndì 분지
承担责任 chéngdān zérèn 책임을 지다
最大限度地 zuì dà xiàndù de 최대한
深思 shēnsī 깊이 고민하다
实践 shíjiàn 실천하다

꼭 알아야 할 성어·단어

- **聚宝盆** : 화수분. 재물이 자꾸 생겨서 아무리 써도 줄지 않음을 의미한다.
- **灭顶之灾** : 직역하면 '멸망의 화를 입다'라는 뜻으로 '치명적인 재앙'을 뜻한다.

꼭 알아야 할 따페이·구문

- **向……进行赔偿** : ~에게 배상하다 서면어 표현이다.
- **在……同时** : ~하는 동시에
- **对……破坏** : ~에 대한 파괴

통번역 스킬 UP

1 厄政府于2010年同联合国签署了一项约36亿美元的经济援助协议。

'同……签署……协议'는 '~와 ~협의를 체결하다'라는 뜻의 매우 중요한 따페이이므로 꼭 외워 두자.

↳ 2010년 에콰도르 정부는 유엔과 약 36억 달러에 달하는 경제 원조 협의를 체결했다.

2 专家分析认为，厄境内大规模的石油开采将对世界范围内的雨林保护产生"毁灭性打击"。

'对……产生……打击'는 '~에 타격을 입히다'라는 뜻의 따페이로, '对……造成……打击'라고 할 수도 있다.

↳ 전문가들은 에콰도르 국내의 대규모 석유 채굴이 전 세계적인 열대우림 보호에 '치명적인 타격'을 입힐 것이라고 지적했다.

3 是要环保，还是要经济发展?

'是A, 还是B'는 'A인가 아니면 B인가?'란 뜻의 의문문으로 문장 맨 앞에 왔어도 구조를 볼 줄 알아야 한다. '是A, 还是B'는 보통 뒤에 나오는 단어들을 통일시키는 경향이 있다. 여기서는 A, B 자리에 공통적으로 '要'를 써 주고 있다.

↳ 환경을 보호해야 할까 아니면 경제를 발전시켜야 할까?

4 石油是该国重要的财政来源，是政府实施脱贫计划的经济支柱。

'石油是A, 是B' 구조로 앞뒤 문장의 주어가 '石油'라서 뒷 문장에서는 주어를 생략했다. '财政来源'은 '재정 수입원' 정도로 번역해 볼 수 있겠다. '脱贫计划'은 '빈곤 퇴치 계획[프로젝트]'라는 뜻인데 '계획을 실시하다'라는 표현을 할 때는 동사 '实施'를 쓴다는 것도 같이 외워 두자.

↳ 석유는 에콰도르의 중요한 재정적 원천이며 정부가 빈곤 퇴치 계획을 시행하는 데 있어서 필요한 경제적 버팀목이다.

5 保护人类生态环境不能仅依靠一个国家或地区，而应由全世界共同承担责任。

'不能A, 而应B'는 'A해서는 안 되고 마땅히 B해야 한다'라는 뜻이다.

↳ 인류 생태계를 보호하는 것은 한 국가나 지역에만 의존해선 안 되고 전 세계가 함께 책임을 져야 한다.

누가 지구의 허파를 구할 것인가?

'지구의 허파'라 불리는 아마존 열대우림에서 대규모 석유 채굴 사업이 곧 시작될 예정이다. 7년 전 에콰도르 국영 석유 회사가 페루 국경 근처의 야수니 국립공원에서 석유 매장량이 10억 배럴에 달하는 새로운 유전을 발견하였다. 이는 에콰도르 전국 매장량의 1/5에 해당하며 그 가치는 최소 70억에서 100억 달러 정도 될 것이다. 그런데 이 자원의 보고는 매우 민감한 지역에 위치해 있다. 하필이면 전 세계에서 생물 다양성이 가장 풍부한 지역 중 하나인 곳과 근접해 있기 때문이다. 환경학자들은 대규모 채굴이 이 신비한 자연의 보고에 엄청난 재앙을 가져올 것이라는 우려를 표했다.

이 지역을 보호하기 위해 2010년 에콰도르 정부는 유엔과 약 36억 달러에 달하는 경제 원조 협의를 체결했다. 신탁기금 관리 방식으로 일부 선진국들이 에콰도르에게 경제적 원조를 해 주면 에콰도르 정부는 이 지역의 석유를 채굴하지 않겠다고 약속한 것이다. 그리고 이 지원금은 해당 지역의 생태계 보존과 교육 및 의료 분야 투자에 쓰일 것이다. 협의에서는 만약 에콰도르 정부가 협의 내용을 어기고 이 지역의 석유를 개발한다면 자금을 지원해 준 국가에 원금과 이자를 배상해 줘야 한다고 명시하였다.

이러한 현상은 에콰도르만의 문제가 아니다. 오늘날 아마존 열대우림의 전반적인 상황이 좋지 않다. 최근 몇 년간 무분별한 벌목, 농업 개발, 광산 및 석유 채굴, 댐 건설, 불법 토지 점령 등 현상들이 더욱 심해졌고, 이로 인해 아마존 열대우림 지역이 사상 최악의 수준으로 파괴되었다. 어떤 전문가들은 에콰도르 국내의 대규모 석유 채굴은 전 세계적인 열대우림 보호에 '치명적인 타격'을 입힐 것이라고 지적했다. 이를 위해 아르헨티나 그린피스의 한 삼림 관계자는 최대한 빠른 시일 내에 전 세계적인 합의를 도출해 지구의 삼림을 보호해야 한다고 호소했다.

환경을 보호해야 할까 아니면 경제를 발전시켜야 할까? 이는 선택하기 어려운 딜레마이다. 세계은행의 통계에 따르면 현재 에콰도르의 빈곤 인구는 30% 정도에 이른다고 한다. 석유는 에콰도르의 중요한 재정적 원천이며 정부가 빈곤 퇴치 계획을 시행하는 데 있어 필요한 경제적 버팀목이다. 에콰도르 에너지 부처 수입의 1/3과 수출의 60%는 석유에서 나온다. 그리고 원유의 대부분은 아마존 분지에서 생산된다. 어떻게 하면 체계적인 국제적 메커니즘을 구축하여 지구의 허파를 보호할 수 있을까? 선진국들은 어떤 책임을 져야 할까? 경제 발전을 이루는 동시에 환경 파괴를 최소화할 수 있는 방법은 무엇일까? 이러한 문제들에 대해 우리는 충분히 고민해 봐야 하며 실천과 행동도 필요하다. 인류 생태계를 보호하는 것은 한 국가나 지역에만 의존해선 안 된다. 전 세계가 반드시 함께 책임을 져야 한다.

垃圾分类为何形同虚设

🎧 Track 1-64

　　垃圾可以说是放错位置的资源，若不能得到有效回收，这些放错位置的资源就会对环境产生持续的伤害。垃圾减量化、资源化是解决这一问题的必由之路，而垃圾分类则是这条路径上不可或缺的第一环。

　　其实，多年来对公众的环境教育已经有了初步成果，北京不少小区都换上了专门的分类垃圾桶，竖起了指导分类的指示牌。但是，将认识转化为行动，还有相当的距离，不少小区分类垃圾桶里的垃圾根本就没有被分类。最重要的原因，恐怕还是缺乏推力。

　　从小范围试点到大规模推广，垃圾分类已有10多年的历史，但不可否认的是，❶由于缺乏激励约束机制，很多人依然嫌麻烦，认为"垃圾围城，是政府要解决的事，与我何干"；一些人起初还认真分类，但看到垃圾桶里仍然是混合垃圾，也就逐渐失去了动力。❷有地方也曾试图出台激励或处罚措施，但往往是一征求意见，反对声就四起，最终只好不了了之。

　　垃圾分类执行不力也许原因不一，但折射出的却是社会责任感的缺失。垃圾管理与处理是一项公共事务，关乎公众的环境安全，说它是个重大社会问题都不为过。❸既然不能单纯依靠公众的自发养成来实现垃圾分类，就应当拿出行之有效的激励约束手段，为垃圾分类提供推力。比如，一些小区将混扔垃圾的住户记录在册，如果"屡教不改"，物业费就会水涨船高。而且，经济手段上的约束对居民垃圾分类形成了直接的推力。❹政府部门不妨多借鉴一些成功的实践，以制度形式加以推广。

　　当然，出点子容易执行难，对公民环境行为的激励和约束都需重细节，重操作性。在这一方面，已有不少成熟的国际经验可循。德国就推行带条码的标准垃圾袋，形成了垃圾可追溯制度，一旦发现谁家垃圾没有分类，直接就拿回去要求重新分拣。

주요 단어 및 구문

垃圾分类 lājī fēnlèi 분리수거
形同虚设 xíng tóng xūshè 유명무실하다
放错位置 fàngcuò wèizhì 잘못 두다
资源 zīyuán 자원
有效 yǒuxiào 효과적인
回收 huíshōu 회수하다
伤害 shānghài 피해, 손상
必由之路 bìyóuzhīlù 반드시 가야 할 길
不可或缺 bùkě-huòquē 없어서는 안 되는
其实 qíshí 사실
公众 gōngzhòng 국민
初步 chūbù 초보적인
专门 zhuānmén 전문적으로, 특별히
分类垃圾桶 fēnlèi lājītǒng 분리수거함
竖起 shùqǐ 세우다
指示牌 zhǐshìpái 안내판
将A转化为B jiāng A zhuǎnhuàwéi B A를 B로 바꾸다
恐怕 kǒngpà 아마 ~일 것이다
推力 tuīlì 추진력
范围 fànwéi 범위
试点 shìdiǎn 시범 지구
推广 tuīguǎng 널리 확대하다
激励 jīlì 포상, 복돋워 주다
约束 yuēshù 규제하다
嫌 xián 싫어하다
麻烦 máfan 귀찮다
围城 wéichéng 도시를 포위하다, 골칫거리
混合 hùnhé 섞여 있다
出台 chūtái 정식으로 공포하다
处罚 chǔfá 처벌하다
征求意见 zhēngqiú yìjiàn 의견을 수렴하다
四起 sìqǐ 도처에서 나타나다
不了了之 bùliǎo-liǎozhī 중간에서 흐지부지 그만두다
不力 búlì 효과를 얻지 못하다
责任感 zérèngǎn 책임감
缺失 quēshī 부족하다
都不为过 dōu bù wéi guò ~라 해도 과언이 아니다
既然 jìrán ~한 바에야
单纯 dānchún 단순히, 오로지
自发 zìfā 자발적으로

养成 yǎngchéng 습관이 되다
拿出 náchū 꺼내다
行之有效 xíng zhī yǒuxiào 실행하여 효과가 있다
住户 zhùhù 주민
记录在册 jìlù zàicè 명부에 기록되어 있다
屡教不改 lǚjiào-bùgǎi 몇 번 주의를 줘도 고치지 않다
物业费 wùyèfèi 관리비
水涨船高 shuǐzhǎng-chuángāo 물이 불어나면 배도 위로 올라간다
借鉴 jièjiàn 참고하다, 본보기로 삼다
出点子 chū diǎnzi 아이디어를 내다
细节 xìjié 세세한 부분, 세부 사항
操作 cāozuò 운영하다
有……可循 yǒu……kěxún 따라할 만한 ~가 있다
条码 tiáomǎ 바코드
垃圾袋 lājīdài 쓰레기 봉투
追溯 zhuīsù 추적하다
分拣 fēnjiǎn 구별하여 고르다

- 不可或缺 : 없어서는 안 될, 아주 중요하다
- 水涨船高 : 물이 불어나면 배도 위로 올라간다 주위 환경의 변화에 따라 그 주변 상황도 변한다는 뜻이다.

- 将A转化为B : A를 B로 전환하다

1 由于缺乏激励约束机制，很多人依然嫌麻烦，认为"垃圾围城，是政府要解决的事，与我何干"；

'由于'는 '~때문에'라는 뜻으로 항상 문장 맨 앞에 온다. '嫌麻烦'은 '귀찮아하다'라는 뜻이고, '与我何干'은 '나와 무슨 상관인가?'라는 의미이다.

↳ 포상이나 규제 체제가 부족해 많은 사람들이 여전히 분리수거를 귀찮아하고 쓰레기가 산처럼 쌓여도 이건 정부가 해결해야 할 문제이지 나와는 상관없어'라고 생각한다.

2 有地方也曾试图出台激励或处罚措施。

'曾试图出台激励或处罚措施'는 여러 동사들이 한꺼번에 나와서 헷갈리기 쉽다. '曾'은 '이전에'라는 뜻의 부사이고, '试图'는 '시도하다'라는 뜻의 동사이다. '出台'는 '措施'와 따페이를 이루는데 '~조치를 내놓다'라는 뜻이다. '激励或处罚'는 '장려 혹은 처벌'이라는 뜻인데 여기서는 '포상과 벌금'이라고 의역하면 좋겠다.

↳ 어떤 지역에서는 포상 및 벌금 조치를 마련하려고 시도해 봤지만

3 既然不能单纯依靠公众的自发养成来实现垃圾分类，就应当拿出行之有效的激励约束手段，为垃圾分类提供推力。

'既然'은 '~한 마당에', '기왕 ~한 이상'이라는 뜻이다. '拿出……手段'은 '~수단을 내놓다, 실시하다'라는 의미의 따페이이고, '为……提供推力'는 '~하도록 힘을 제공하다'라는 뜻이다.

↳ 국민들의 자발적인 참여와 습관만으로 분리수거가 잘 되지 않는다면 효과적인 포상과 규제 수단을 통해 분리수거가 잘 이루어질 수 있게 해야 한다.

4 政府部门不妨多借鉴一些成功的实践，以制度形式加以推广。

'不妨'은 '~해도 무방하다', '~해도 좋다'라는 의미이다. '借鉴……实践'은 '~경험을 거울삼다'라는 뜻으로, 원래 '实践'은 '실천'의 뜻이지만 여기서는 '경험', '사례'로 의역해야 한다. '以……加以推广'은 '~로써 보급시키다'라는 뜻으로 '加以+동사' 형식은 서면에서 잘 나오는 표현이니 기억해 두자.

↳ 정부 부처는 성공한 사례들을 참고하여 관련 제도를 마련해서 잘 보급해 나가야 한다.

분리수거는 왜 효과를 거두지 못할까?

쓰레기는 잘못된 곳에 놓여진 자원이라고 할 수 있다. 만약 제대로 회수되지 않는다면 이 엉뚱한 곳에 놓인 자원들은 환경에 지속적인 피해를 입힐 수 있다. 이러한 문제를 해결하기 위해 쓰레기 양을 줄이고 이를 자원으로 재활용하는 것이 필수이다. 그리고 이 과정에서 분리수거는 없어서는 안 될 첫 단계라고 할 수 있다.

사실 몇 년간 국민들에 대한 환경 교육은 어느 정도 기본적인 성과를 거두었다. 베이징시의 많은 지역에 전용 분리수거함이 배치되었고 분리수거를 설명하는 안내판도 설치되었다. 그러나 생각이 행동으로 바뀌기까지는 아직 갈 길이 멀다. 많은 지역의 분리수거함에는 쓰레기가 제대로 분리되지 않고 있다. 이러한 문제가 발생하는 가장 중요한 원인은 아마도 추진력이 부족하기 때문일 것이다.

소규모 시범 지역에서 대규모로 확대되기까지 쓰레기 분리수거가 실시된 지 이미 10여 년이 넘었다. 그러나 부인할 수 없는 것은 포상이나 규제 체제가 완비되지 않아 많은 사람들이 여전히 분리수거를 귀찮아하고 '쓰레기가 산처럼 쌓여도 이건 정부가 해결해야 할 문제이지 나와는 상관없어'라고 생각한다는 것이다. 어떤 이들은 처음에는 열심히 분리수거를 하다가 분리수거함에 쓰레기들이 여전히 섞여 있는 것을 보고 점점 의지가 사라지기도 한다. 어떤 지역에서는 포상 및 벌금 조치를 마련하려고 시도해 봤지만 의견을 수렴하는 과정에서 반대하는 목소리가 너무 많아 결국 흐지부지되었다.

쓰레기 분리수거가 잘 안 되는 이유는 여러 가지가 있겠지만 이러한 문제는 사회에 대한 책임감 부족을 반영한다. 쓰레기 관리와 처리는 공공사무이다. 이는 국민들의 환경 안전과 관련되어 있고 매우 중요한 사회 문제라고 해도 과언이 아니다. 국민들의 자발적인 참여와 습관만으로 분리수거가 잘 되지 않는다면 효과적인 포상과 규제 수단을 통해 분리수거가 잘 이루어질 수 있게 해야 한다. 예를 들어, 일부 지역에서는 분리수거를 하지 않고 쓰레기를 섞어 버리는 주민을 기록하고 몇 번 주의를 줘도 고치지 않으면 관리비를 더 받는다. 게다가 경제적 규제는 주민들이 분리수거에 참여하는 직접적인 계기가 되었다. 정부 부처는 성공한 사례들을 참고하여 관련 제도를 정립하고 이를 보급해야 한다.

물론 아이디어를 내는 것은 쉽지만 실천에 옮기기는 어렵다. 시민들의 환경 보호 활동에 대한 포상과 규제는 디테일한 부분과 실천 가능성을 모두 중요시해야 한다. 이와 관련해 참고할 만한 국가들이 많이 있다. 독일은 바코드가 찍혀 있는 표준형 쓰레기 봉투를 도입하여 쓰레기 추적 제도를 시행하고 있다. 어떤 집에서 분리수거가 되지 않은 쓰레기를 버린 것이 적발되면 곧바로 돌려보내 다시 분리수거를 하도록 하고 있다.

温暖与蓝天并非两难

近日,东北、华北地区严重雾霾天气持续,据悉,主要原因是这些地区开始燃煤供暖。若真是这样,在更大的范围内推广煤改气、煤改电等绿色供暖,将是不二之选。

我国北方城市近年来掀起了燃煤锅炉的"气化"浪潮,这可以说是利国利民的好举措。但一些供暖企业本没有多少利润,煤改气的成本却很高,容易出现亏损。在这种情况下,若政府的补贴不足或到位不及时,**1**一些供暖企业就很难彻底改造相关设备,私留燃煤锅炉,一有机会就烧起煤炭。地方政府也有难言之隐,总是对供暖企业的违法排污行为不管不问。

环保是硬杠杠,任何时候任何理由的超标排放都是法理不容的。怎样才能更加有效地推进绿色供暖防控雾霾?首先,在供暖之前就应严明法制,督促那些不能达标排放的企业,要么加紧整改,要么依法关停。**2**让所有的企业在供暖之前都有时间准备,而不是供暖之后发现空气污染了才查企业责任,人为造成"要温暖还是要呼吸"的两难境地。

其次,鉴于目前的供暖具有浓重的公益性质,政府要提前介入企业所遇到的难题,并主动为企业提供相关服务。比如,**3**对于坚持进行设备改造、合规排放的供暖企业,政府要通过税费优惠、经费补贴等大力支持,避免这些企业仓促上阵,"携污供暖"。

当然,这些都是"各扫门前雪"的工作,北方供暖季防治雾霾,还需全国一盘棋。笔者认为,曾一度让人欣喜的"APEC蓝",证明了京津冀三方"责任共担、信息共享、协商统筹、联防联控"的机制行之有效。毕竟,空气是流动的,要是周边地区都雾霾笼罩,无论京津冀把自己的一亩三分地收拾得何等干净,一股"霾风"袭来,也只能前功尽弃。因此,京津冀联防联治的协作区域不妨更大些,将东北等供暖污染严重的地区纳入其中,逐步形成绿色供暖的区域合作新机制。唯有如此,大家才能共享温暖的冬日和蓝天。

주요 단어 및 구문

温暖 wēnnuǎn 따뜻하다
雾霾 wùmái 스모그
据悉 jùxī 아는 바에 의하면 ~라고 한다
燃煤 ránméi 석탄
供暖 gōngnuǎn 난방
不二之选 bú èr zhī xuǎn 유일한 선택
掀起……浪潮 xiānqǐ……làngcháo ~열풍이 불다
锅炉 guōlú 보일러
举措 jǔcuò 조치
利润 lìrùn 이윤
亏损 kuīsǔn 적자
到位 dàowèi 딱 들어맞다
不及 bùjí 못 미치다
改造 gǎizào 개조하다
设备 shèbèi 설비, 시설
烧 shāo 연소하다
煤炭 méitàn 석탄
难言之隐 nányánzhīyǐn 말 못할 사정
违法 wéifǎ 법을 어기다
排污 páiwū 오물을 배출하다
不管不问 bùguǎn búwèn 신경 쓰지 않다
硬杠杠 yìnggànggàng 위반할 수 없는 규정이나 기준
超标 chāobiāo 기준을 초과하다
排放 páifàng 배출하다
法理不容 fǎlǐ bùróng 법과 이치가 용납하지 않다
防控 fángkòng 방지하다
严明 yánmíng 엄격하고 공정하다
督促 dūcù 독촉하다
达标 dábiāo 기준에 부합하다
加紧 jiājǐn 다그치다
整改 zhěnggǎi 정리 개혁하다
依法 yīfǎ 법에 따라
关停 guāntíng 폐쇄하다
人为 rénwéi 인위적으로
呼吸 hūxī 호흡하다
境地 jìngdì 지경
鉴于 jiànyú ~을 감안하면
浓重 nóngzhòng 짙다 강하다
公益性 gōngyìxìng 공익성
介入 jièrù 개입하다

遇到 yùdào 맞닥뜨리다
合规 héguī 규칙에 부합하다
税费 shuìfèi 세금과 비용
优惠 yōuhuì 혜택
经费 jīngfèi 경비
补贴 bǔtiē 보조금, 지원
仓促上阵 cāngcù shàngzhèn 급하게 진입하다
各扫门前雪 gè sǎo ménqián xuě 자기 집 앞 눈은 자기가 치우기
防治 fángzhì 예방 퇴치하다
欣喜 xīnxǐ 기쁘다
APEC蓝 APEC lán APEC 블루
京津冀 jīngjīnjì 베이징, 텐진, 허베이
协商 xiéshāng 협상하다
统筹 tǒngchóu 전면적으로 계획을 세우다
笼罩 lǒngzhào 뒤덮다
收拾 shōushi 정리하다, 수습하다
何等 héděng 얼마나
干净 gānjìng 깨끗하다
股 gǔ 줄기 [맛·기체·냄새 등을 세는 양사]
袭来 xílái 덮쳐 오다
前功尽弃 qiángōng-jìnqì 공든 탑이 무너지다
纳入 nàrù 포함시키다
唯有如此 wéiyǒu rúcǐ 이렇게 해야만
共享 gòngxiǎng 함께 누리다

꼭 알아야 할 성어·단어

- **雾霾天气** : 스모그 날씨 요즘은 '미세먼지가 뿌옇게 낀 날'을 말한다. 동사 '遭遇'와 따페이를 이룬다.
- **硬杠杠** : '절대적 기준' 정도로 의역하면 좋겠다. 단어 중에 '硬'이 들어간 표현은 '절대적인'이라고 번역하면 무난하다.
- **APEC蓝** : APEC 블루 중국 정부가 자동차 운행과 공장 가동 등을 통제하여 중국에서 APEC 정상회담이 개최되는 동안 파란 하늘을 볼 수 있게 했다 하여 'APEC 블루'라고 부른다.

꼭 알아야 할 따페이·구문

- **掀起……浪潮** : ~붐이 일다 '浪潮' 대신 '热潮'를 쓰기도 한다.
- **要么A要么B** : A 또는 B
- **唯有A才B** : A해야만이 B하다 '只有A才B'와 같은 의미이다.

1 一些供暖企业就很难彻底改造相关设备，私留燃煤锅炉，一有机会就烧起煤炭。

'私留'는 '사사로이 또는 몰래 남겨두다'라는 뜻이고, '一A就B'는 'A하자마자 B하다'라는 의미이다.

↪ 일부 난방 기업들이 관련 설비 개조를 제대로 하기 어려워 몰래 석탄 보일러를 남겨 두었다가 기회가 있으면 석탄을 땐다.

2 让所有的企业在供暖之前都有时间准备，而不是供暖之后发现空气污染了才查企业责任，人为造成"要温暖还是要呼吸"的两难境地。

'才'는 '~하고 나서', '人为'는 '인위적으로'라는 뜻이다. '造成……两难境地'에서 '两难境地'는 이러지도 저러지도 못하는 '딜레마'라는 의미이다.

↪ 모든 기업들이 난방 공급 전에 충분한 시간적 여유를 가지고 준비할 수 있도록 해야 한다. 난방 공급 후 대기오염이 발견되고 나서야 기업의 책임을 추궁해서는 안되며 인위적으로 '난방이냐 호흡이냐'라는 딜레마를 만들어서는 안 된다.

3 对于坚持进行设备改造、合规排放的供暖企业，政府要通过税费优惠、经费补贴等大力支持，避免这些企业仓促上阵，"携污供暖"。

'对于……供暖企业'는 '~한 난방 기업에 대해서'라는 뜻의 부사구로, 이 문장의 진짜 주어는 뒤에 나오는 '政府'이다. '仓促上阵'은 '서둘러 전쟁터에 나가다'라는 뜻으로, 기업이니 '서둘러 경영이나 사업에 나서다'로 의역하면 좋겠다.

↪ 지속적으로 설비 개조를 하고 합법적으로 오염물질을 배출하는 난방 기업에 대해서 정부는 세수 혜택이나 경비 보조 등을 통해 적극적으로 지원해 줘야 한다. 이를 통해 이러한 기업들이 급하게 난방 사업에 뛰어들었다가 오염물질을 배출하는 기업이 되는 것을 피해야 한다.

난방과 파란 하늘은 양립할 수 없다

　최근 동북·화북 지역에 심각한 스모그 현상이 지속되었다. 이러한 스모그 현상의 주된 원인은 이들 지역이 석탄으로 난방을 시작했기 때문이라고 한다. 만약 정말 그렇다면 좀 더 많은 지역에 석탄을 가스나 전기로 교체하는 친환경 난방을 보급하는 것은 선택의 여지가 없을 것이다.

　중국 북방 도시에서는 최근 몇 년간 석탄 보일러를 가스로 바꾸는 열풍이 불었다. 이것은 국가와 국민에게 모두 이로운 선택이라고 할 수 있다. 그런데 일부 난방 기업들은 원래부터 이윤을 크게 내지 못하는 데다 또 석탄을 가스로 바꾸는 비용이 비싸다 보니 적자를 보기 쉬웠다. 이런 상황에서 정부 보조금이 부족하거나 제때 보조금을 받지 못한 일부 난방 기업들이 설비 개조를 제대로 하기가 어려워졌다. 따라서 석탄 보일러를 몰래 남겨 두었다가 기회가 될 때마다 석탄을 때는 일이 발생했다. 지방정부도 말하기 어려운 고민이 있다 보니 난방 기업의 오염배출 같은 불법 행위에 대해 제대로 단속하지 못하고 있는 것이다.

　환경보호는 반드시 지켜야 할 사항이다. 언제 어떤 이유에서라도 기준을 초과하여 오염물질을 배출하는 것은 법적으로 용납할 수 없다. 어떻게 하면 더 효율적으로 친환경 난방을 해서 스모그 문제를 해결할 수 있을까? 우선, 난방 공급을 하기 전에 엄격하고 공정한 법률 체제를 갖춰 기준치를 초과하여 오염물질을 배출하는 기업들을 좀 더 철저하게 단속하거나 법에 따라 이들에게 영업 정지 처벌을 내려야 한다. 그리고 모든 기업들이 난방 공급 전에 충분한 시간적 여유를 가지고 준비할 수 있도록 해야 한다. 난방 공급 후 대기가 오염되고 나서야 기업의 책임을 추궁해서는 안 되며 인위적으로 '난방이냐 호흡이냐'라는 딜레마를 만들어서는 안 된다.

　둘째, 오늘날 난방 사업이 공익적 성격이 짙다는 점을 고려하여 정부는 기업들이 직면한 문제들에 대해 사전에 개입하고 기업들을 위해 자발적으로 관련 서비스를 제공해야 한다. 예를 들어, 지속적으로 설비를 개조하고 합법적으로 오염물질을 배출하는 난방 기업에 정부는 세수 혜택이나 경비 보조 등을 통해 적극적으로 지원해 줘야 한다. 이를 통해 이러한 기업들이 급하게 난방 사업에 뛰어들었다가 오염물질을 배출하는 기업이 되는 것을 막아야 한다.

　물론 이러한 것들은 모두 각자가 알아서 해야 할 일이지만 난방이 필요한 겨울철에 북방 지역 스모그 문제를 해결하려면 전국적인 도움이 필요하다. 필자는 얼마 전 많은 사람들을 기분 좋게 했던 'APEC 블루'가 베이징, 톈진, 허베이 지역에서 실시했던 '함께 책임지고 정보를 공유하며, 협의를 통해 계획을 세우고 함께 예방한다'는 시스템이 매우 효과적이라는 걸 증명했다고 생각한다. 어쨌든 공기는 흐르는 것이다. 주변 지역이 스모그로 뒤덮여 있다면 베이징, 톈진, 허베이 지역이 아무리 자기 지역을 깨끗이 청소했다 해도 일단 스모그가 유입되면 그간의 노력이 전부 물거품이 되어버린다. 따라서 베이징, 톈진, 허베이의 스모그 예방 협력 지역을 좀 더 확대해도 좋을 것이다. 동북 지역 등 난방으로 인해 오염이 심각한 지역을 포함시켜 점차적으로 새로운 친환경 난방 협력 지역간 메커니즘을 형성해 나가야 한다. 이렇게 해야만 모두가 따뜻한 겨울과 깨끗한 하늘을 함께 즐길 수 있을 것이다.

- 共绘世界经济增长新蓝图
    ——在第九届夏季达沃斯论坛上的特别致辞
    세계 경제 성장의 새로운 청사진을 함께 그려 나가자
    -제9회 하계 다보스 포럼 특별 연설

- 谋共同永续发展 做合作共赢伙伴
    ——在联合国发展峰会上的讲话
    영원한 공동발전과 협력 윈윈의 파트너십을 도모하자
    -유엔 개발정상회의 연설

- 在白宫南草坪欢迎仪式上的致辞
    백악관 남쪽 잔디 광장 환영식에서의 연설

共绘世界经济增长新蓝图
——在第九届夏季达沃斯论坛上的特别致辞
李克强
(2015年9月10日)

尊敬的施瓦布主席先生,
尊敬的各国元首和政府首脑,
尊敬的各位贵宾,
女士们,先生们:

很高兴和大家在金秋九月相聚于美丽的大连。我代表中国政府,对夏季达沃斯论坛在大连召开表示热烈祝贺,对各位远道而来的嘉宾表示热烈欢迎,向媒体界的朋友们表示诚挚谢意。

我们说中国经济未来向好、更好,并不是盲目乐观,而是有基础、有条件、有动力的。

对中国来说,结构性改革是要激发全体人民的无穷创造力。去年,我在夏季达沃斯论坛上提出,要推动大众创业、万众创新,这是结构性改革和结构调整的重要内容。我们持续推进简政放权、放管结合、优化服务等改革,减免小微企业税费,建立创投引导基金,推动"互联网+"行动,实施"中国制造2025"等。这一系列重大措施,极大调动了广大人民群众的创业创新热情,这个热潮正在中国大地蓬勃兴起。参与创业创新的,不仅有大学生、农民工、留学归国人员,也有很多科研人员和企业的技术、管理骨干,可以说草根与精英并肩。大众创业、万众创新即"双创"的平台是多样的,不仅有小微企业,❶很多大企业也纷纷加入创业创新行列,引入众创、众包、众扶、众筹等平台,触发了生产方式、管理方式的变革,企业内部员工线上创意有回报、线下岗位有工资,外部创客既参与创新又分享成果,还孵化了一大批小微企业。很多科研机构依托互联网开展协同研发,大大提高了科技创新效率。

"双创"是推动发展的强大动力。人的创造力是发展的最大本钱,中国有9亿多劳动力,每年有700多万高校毕业生,越来越多的人投身到创业创新之中,催生了新供给、释放了新需求,成为稳增长的重要力量。

"双创"是扩大就业的有力支撑。经济增速放缓而就业不减反增，主要是因为新的市场主体快速增长，通过简政放权等改革，每天有1万多家新企业注册成立，这持续了一年半以上，创造了大量就业机会，现在这一势头未减。

　　"双创"是发展分享经济的重要推手。目前全球分享经济呈快速发展态势，是拉动经济增长的新路子，创业创新通过分享、协作方式来搞，门槛更低、成本更小、速度更快，这有利于拓展我国分享经济的新领域，让更多的人参与进来。

　　"双创"是促进社会公正的有效途径。无论什么人，只要有意愿、有能力，都可以靠创业自立、凭创新出彩，都有平等的发展机会和社会上升通道，更好体现尊严和价值。推动大众创业、万众创新，需要全面、可及性强的公共产品、公共服务供给。在这方面，也要靠结构性改革。政府不唱"独角戏"，鼓励社会资本、外商投资一起干。我们通过推广政府购买社会服务、政府与私营资本合作、特许经营等市场化办法，鼓励和引导民间投资参与公共产品、公共服务领域的建设和运营管理，同时放宽外商投资市场准入，形成多元供给新模式。今后，我们将继续推进这方面改革，使创业创新过程更顺畅、经济发展之路更平稳、人民生活水平更提高。

　　女士们，先生们！
　　我们生活在同一个世界，发展于全球化时代，你中有我、我中有你，大家都在同一条船上。面对促进全球经济复苏的共同任务，国际社会应当同舟共济，加强协调，携手推进结构性改革，协力推动完善自由、开放、非歧视的多边贸易体制。中国将坚持走和平发展道路，坚持互利共赢的开放战略，**2** 与各国一道共同推动包容平衡的增长、绿色可持续的发展，打造利益共同体和发展共同体，共创人类美好新未来！

　　预祝本届年会圆满成功。谢谢大家！

주요 단어 및 구문

共绘 gònghuì 함께 그리다
蓝图 lántú 청사진
届 jiè 차 [회의, 정권 등을 세는 양사]
夏季达沃斯论坛 xiàjì dáwòsī lùntán 하계 다보스 포럼
致辞 zhìcí 연설
主席 zhǔxí 의장
元首 yuánshǒu 원수
首脑 shǒunǎo 지도자
贵宾 guìbīn 귀빈
女士们，先生们 nǔshìmen, xiānshēngmen 신사 숙녀 여러분
金秋 jīnqiū 가을
相聚 xiāngjù 모이다
召开 zhàokāi 열다, 개최하다
热烈 rèliè 열렬히
祝贺 zhùhè 축하하다
远道而来 yuǎndào ér lái 멀리서 오다
嘉宾 jiābīn 귀빈
媒体界 méitǐjiè 언론계
诚挚谢意 chéngzhì xièyì 진심 어린 감사
乐观 lèguān 낙관하다
无穷 wúqióng 무궁무진한
创造力 chuàngzàolì 창의력
提出 tíchū 제시하다
大众创业、万众创新 dàzhòng chuàngyè, wànzhòng chuàngxīn 대중의 창업, 만인의 혁신
结构调整 jiégòu tiáozhěng 구조조정
推进 tuījìn 추진하다
简政放权 jiǎnzhèng-fàngquán 행정 간소화와 권력 하부 이양
放管结合 fàng guǎn jiéhé 규제 완화와 관리 감독의 결합
优化 yōuhuà 최적화하다
减免税费 jiǎnmiǎn shuìfèi 세금 감면
小微企业 xiǎowēi qǐyè 소기업, 스타트업 기업
创投 chuàngtóu 창업 투자
基金 jījīn 펀드
互联网+ hùliánwǎng 인터넷+
实施 shíshī 실시하다
中国制造2025 Zhōngguó zhìzào èr líng èr wǔ 중국제조 2025
调动 diàodòng 불러일으키다
热潮 rècháo 열기
蓬勃兴起 péngbó xīngqǐ 활발하게 일어나다
农民工 nóngmíngōng 농민공
归国 guīguó 귀국하다
骨干 gǔgàn 핵심 인물
草根 cǎogēn 서민

精英 jīngyīng 엘리트
并肩 bìngjiān 어깨를 나란히 하다
平台 píngtái 플랫폼
行列 hángliè 대열
众包 zhòngbāo 크라우드 소싱
众筹 zhòngchóu 크라우드 펀딩
触发 chùfā 촉진하다
变革 biàngé 변화, 개혁
线上 xiànshàng 온라인
回报 huíbào 보너스, 보답
线下 xiànxià 오프라인
岗位 gǎngwèi 직장
工资 gōngzī 임금
创客 chuàngkè 창업자
孵化 fūhuà 인큐베이팅
一大批 yídàpī 대량의
依托 yītuō 의지하다
开展 kāizhǎn 펼치다
协同 xiétóng 협력하다
提高效率 tígāo xiàolǜ 효율을 높이다
本钱 běnqián 밑천
高校 gāoxiào 대학교
投身到 tóushēndào ～에 뛰어들다
催生 cuīshēng 촉진하다
供给 gōngjǐ 공급
释放 shìfàng 창출하다, 방출하다
需求 xūqiú 수요
稳增长 wěnzēngzhǎng 안정적인 성장
经济增速放缓 jīngjì zēngsù fànghuǎn 경제성장 속도가 둔화하다
不减反增 bù jiǎn fǎn zēng 줄지 않고 오히려 증가하다
市场主体 shìchǎng zhǔtǐ 시장 주체
注册 zhùcè 등록하다
势头 shìtóu 추세
推手 tuīshǒu 촉매제
分享经济 fēnxiǎng jīngjì 공유경제
拉动 lādòng 이끌다
门槛 ménkǎn 진입 장벽
拓展 tuòzhǎn 확장하다
途径 tújìng 경로
凭 píng ～를 가지고, 의지하여
出彩 chūcǎi 성공하다, 일을 훌륭히 해내다
上升 shàngshēng (신분) 상승
尊严 zūnyán 존엄
公共产品 gōnggòng chǎnpǐn 공공재
独角戏 dújiǎoxì 원맨쇼

꼭 알아야 할 성어·단어

- **简政放权** : 간정방권(행정 간소화 및 권력 이양) 중앙의 권한을 하부 기관이나 민간에 이양한다는 뜻이다.
- **放管结合** : '放'은 '규제 완화'를 의미하고 '管'은 '관리감독'을 의미하는데, 이 두 가지를 결합한다는 뜻이다.
- **小微企业** : 샤오웨이 기업, 소기업, 스타트업 기업 '스타트업 기업'은 '初创企业'라고도 많이 표현한다.
- **不减反增** : 줄지 않고 오히려 늘다 비슷한 표현으로 '有增无减'이나 '居高不下'도 잘 나오니 외워 두자.
- **你中有我、我中有你** : '너 안에 나있고 내 안에 너 있다', 즉 '긴밀한 관계'라고 해석하면 좋겠다.

꼭 알아야 할 따페이·구문

- **对……表示热烈祝贺** : ~를 진심으로 축하하다
  - 예) 对夏季达沃斯论坛在大连召开表示热烈祝贺。 하계 다보스 포럼이 다롄에서 개최된 것을 진심으로 축하합니다.
- **对……表示热烈欢迎** : ~를 열렬히 환영하다
  - 예) 对各位远道而来的嘉宾表示热烈欢迎。 멀리서 와 주신 여러 귀빈 여러분을 열렬히 환영하는 바입니다.
- **向……表示诚挚谢意** : ~에게 진심 어린 감사를 표하다
  - 예) 向媒体界的朋友们表示诚挚谢意。 언론계 종사하시는 여러분들께 깊은 감사의 말씀 드립니다.
- **预祝……圆满成功** : ~의 성공적인 개최를 축원하다 연설문 마지막에 빠지지 않고 나오는 표현이다.
  - 예) 预祝本届年会圆满成功。 이번 연례회의의 성공적인 개최를 축원합니다.

위의 네 가지 표현은 어느 연설문에서나 거의 빠지지 않고 나오는 따페이 4종 세트이다. 전부 외워 두자!

1. 很多大企业也纷纷 加入 创业创新 行列，引入众创、众包、众扶、众筹等平台，

   '加入……行列'는 '~대열에 들어가다'라는 뜻이다. '众包'는 '크라우드 소싱', '众筹'는 '크라우드 펀딩'의 뜻이지만 문장의 표현을 통일하기 위해 풀어서 번역해주는 것도 괜찮다.

   ↳ 많은 대기업들도 줄줄이 창업과 혁신에 참여해서 함께 창업하고, 함께 소싱하고, 함께 지원하고, 함께 자금을 펀딩하는 등의 플랫폼을 도입하고,

2. 与 各国 一道 共同推动包容平衡的增长、绿色可持续的发展， 打造 利益共同体和发展 共同 体，共创人类美好新未来!

   '与……一道'에서 '一道'는 하나의 길이 아니라 '跟……一起'의 서면어 표현이다. '打造……共同体'는 '~공동체를 만들다'라는 뜻이고, '共创'은 '함께 만들어가다'라는 뜻의 동사다.

   ↳ 각 국과 함께 포용적이고 균형적인 성장과 지속 가능한 녹색발전을 공동으로 추진하고, 이익 공동체를 만들고 발전시켜 인류의 아름답고 새로운 미래를 함께 만들어 갑시다!

세계 경제 성장의 새로운 청사진을 함께 그려 나가자

제9회 하계 다보스 포럼 특별 연설
리커창
(2015년 9월 10일)

존경하는 슈왑 회장님, 존경하는 각국 지도자 여러분, 존경하는 귀빈 여러분, 신사 숙녀 여러분

풍성한 수확의 계절 9월에 여러분과 함께 아름다운 다렌에 모이게 된 것을 매우 기쁘게 생각합니다. 저는 중국 정부를 대표하여 이번 하계 다보스 포럼이 다렌에서 개최된 것을 축하 드리고 또 멀리서 와 주신 귀빈 여러분들께 뜨거운 환영의 인사를 드리는 바입니다. 또한 언론 기자 여러분들께도 진심 어린 감사의 말씀을 드립니다.

중국 경제가 앞으로 더욱 좋아지고 발전할 것이라고 말하는 것은 결코 맹목적인 낙관이 아니라 그럴만한 충분한 기초, 조건, 동력을 갖추었기 때문입니다.

중국에게 구조적 개혁이란 전 국민이 무한한 창의력을 발휘할 수 있도록 하는 것을 말합니다. 작년 하계 다보스 포럼에서 저는 '대중창업, 만중창신(대중의 창업, 만인의 혁신)'을 주창했습니다. 이는 구조적 개혁과 구조조정의 핵심 내용입니다. 중국은 행정 간소화와 권력 이양, 규제 완화와 관리 감독의 결합, 서비스 최적화 등 개혁을 지속적으로 추진해 왔고, 스타트업 기업들의 세금 감면, 창업펀드 조성, '인터넷 플러스'액션 플랜 추진, '중국 제조2025'등도 시행하고 있습니다. 이러한 중대한 정책들은 수많은 국민들의 창업 열정을 불러일으켰고 이 붐이 현재 중국 대륙에서 크게 일어나고 있습니다. 대학생, 농민공(농촌 출신의 도시 노동자), 해외에서 유학하고 귀국한 인재들뿐만 아니라 많은 과학 연구원들, 기업의 기술 및 경영 임원들도 창업에 뛰어들고 있습니다. 따라서 일반 서민들과 사회 엘리트들이 나란히 경쟁하고 있다고 할 수 있습니다. '대중창업, 만중창신(대중의 창업, 만인의 혁신)'이라는 창업의 플랫폼은 다양합니다. 스타트업 기업뿐만 아니라 많은 대기업들도 계속 창업과 혁신의 대열에 동참하여 함께 창업하고, 함께 소싱하고, 함께 지원하고, 함께 자금을 조달하는 등 다양한 플랫폼을 도입하여 생산방식 및 경영방식의 혁신을 촉진하였습니다. 또한 기업 내부적으로 직원이 온라인에서 아이디어를 내면 그만큼 보상을 받고, 또 이들은 오프라인 직장에서도 임금을 받고 있습니다. 외부적으로는 많은 창업가들이 혁신에 뛰어들어 성과를 나누고 또 수많은 스타트업 기업들을 탄생시켰습니다. 많은 과학 연구 기관들이 인터넷을 통해 공동 연구개발을 추진하여 과학 기술 혁신의 효율을 크게 향상시켰습니다.

'대중창업, 만중창신(대중의 창업, 만인의 혁신)'은 중국 발전의 강력한 엔진입니다. 발전의 최대 밑천은 바로 사람들의 창의력입니다. 중국은 9억 명이 넘는 노동력을 보유하고 있고 매년 700여 만 명이 대학을 졸업하고 있습니다. 점점 더 많은 사람들이 창업에 뛰어들면서 새로운 공급과 수요를 창출하여 안정적인 경제 성장의 주역이 되고 있습니다.

'대중창업, 만중창신(대중의 창업, 만인의 혁신)'은 일자리 창출의 든든한 버팀목입니다. 경제 성장 속도는 둔화되었지만 일자리가 오히려 증가한 것은 시장의 새로운 주체들이 빠르게 성장했기 때문입니다. 행정 간소화와 권력 이양 등 개혁을 통해 하루에 새로 등록하는 기업만 1만 여 개에 달합니다. 이러한 추세는 일년 반 이상 지속되었으며 대량의 일자리를 만들어냈고 그 열기는 지금까지도 계속되고 있습니다.

'대중창업, 만중창신(대중의 창업, 만인의 혁신)'은 공유 경제 발전의 중요한 촉매제입니다. 현재 전 세계적으로 공유 경제가 빠른 속도로 발전하고 있으며 이는 경제 성장을 이끄는 새로운 방식입니다. 공유와 협력을 통한 창업과 혁신은 진입 장벽이 낮아졌으며 비용은 줄어들었고 속도는 더욱 빨라졌습니다. 이는 중국 공유 경제의 새로운 분야를 개척하여 더 많은 사람들이 참여할 수 있게 되었습니다.

'대중창업, 만중창신(대중의 창업, 만인의 혁신)'은 사회 공정성 실현을 위한 효과적인 방법입니다. 누구나 의지와 능력만 있다면 창업을 통해 자립할 수 있고 혁신을 통해 성공할 수 있습니다. 누구나 평등한 발전 기회와 사회적 신분상승의 기회를 가질 수 있으며 누구나 자신의 존엄과 가치를 실현할 수 있습니다. 대중들의 창업 붐을 일으키기 위해서는 전면적이고 즉각적인 공공재 및 공공 서비스의 공급이 필요합니다. 이를 위해서는 구조개혁이 필요합니다. 정부만 고군분투하는 것이 아니라 사회 자본과 해외 투자가 함께 참여하도록 장려해야 합니다. 정부의 사회 서비스 구매, 정부와 민간 자본 간 협력, 특허 경영 등 시장화 방안을 보급함으로써 민간 기업들이 공공재 및 공공 서비스 영역의 구축과 경영에 투자하고 참여할 수 있도록 격려하고 유도해야 합니다. 이와 동시에 외국인 투자자들의 시장 진입 장벽을 낮춰 다원화된 새 공급 모델을 형성해야 합니다. 앞으로 우리는 이러한 개혁들을 계속 추진하여 창업과 혁신 과정을 더욱 순조롭게 하고, 경제 발전의 길을 더욱 평탄하게 할 것이며 국민들의 생활수준을 더욱 향상시킬 것입니다.

신사 숙녀 여러분! 우리는 하나의 세계에 살고 있고 글로벌 시대에서 함께 성장하고 있습니다. 각 국이 모두 밀접한 상호 관계를 맺고 있으며 모두가 한 배에 타고 있습니다. 글로벌 경제 회복이라는 공통된 임무를 짊어진 국제사회는 마땅히 함께 이 난관을 극복하고 협력을 강화해야 합니다. 함께 구조개혁을 추진하고, 자유롭고 개방적이며 차별 없는 다자간 무역 체제를 완비하기 위해 힘을 합쳐야 합니다. 중국은 앞으로도 계속 평화 발전의 길을 갈 것이며 서로 원원하는 개방 전략을 견지해나갈 것입니다. 그리고 세계 각국과 함께 포용적이고 균형적인 성장, 지속 가능한 친환경 발전을 추진하고 이익 공동체와 발전 공동체를 구축하여 인류의 아름다운 미래를 함께 만들어 나갈 것입니다.

이번 대회의 성공적인 개최를 축원합니다. 감사합니다!

谋共同永续发展 做合作共赢伙伴

——在联合国发展峰会上的讲话
中华人民共和国主席 习近平
(2015年9月26日)

主席先生，各位同事：

很高兴出席今天的峰会。在联合国成立70周年之际，各国领导人齐聚纽约，共商发展大计，具有重要意义。

对各国人民而言，发展寄托着生存和希望，象征着尊严和权利。正是带着这个愿望，15年前，我们制定了千年发展目标，希望帮助亿万人民过上更好生活。

回首过去，我们经历了全球经济持续增长，也承受了国际金融危机严重冲击。我们见证了发展中国家的崛起，也面对着南北发展失衡的现实。**1** 我们既为11亿人民脱贫而深受鼓舞，也为8亿多人仍在挨饿而深为担忧。

环顾世界，和平与发展仍然是当今时代两大主题。要解决好各种全球性挑战，包括最近发生在欧洲的难民危机，根本出路在于谋求和平、实现发展。面对重重挑战和道道难关，我们必须攥紧发展这把钥匙。唯有发展，才能消除冲突的根源。唯有发展，才能保障人民的基本权利。唯有发展，才能满足人民对美好生活的热切向往。

主席先生、各位同事！

本次峰会通过的2015年后发展议程，为全球发展描绘了新愿景，为国际发展合作提供了新机遇。我们应该以此为新起点，共同走出一条公平、开放、全面、创新的发展之路，努力实现各国共同发展。

——我们要争取公平的发展，让发展机会更加均等。各国都应成为全球发展的参与者、贡献者、受益者。不能一个国家发展、其他国家不发展，一部分国家发展、另一部分国家不发展。各国能力和水平有差异，在同一目标下，应该承担共同但有区别的责任。要完善全球经济治理，提高发展中国家代表性和发言权，给予各国平等参与规则制定的权利。

——我们要坚持开放的发展，让发展成果惠及各方。**2** 在经济全球化时代，各国要打开大门搞建设，促进生产要素在全球范围更加自由便捷地流动。各国要共同维护多边贸易体制，构建开放型经济，实现共商、共建、共享。要尊重彼此的发展选择，相互借鉴发展经验,让不同发展道路交汇在成功的彼岸,让发展成果为各国人民共享。

——我们要追求全面的发展,让发展基础更加坚实。发展的最终目的是为了人民。在消除贫困、保障民生的同时,要维护社会公平正义,保证人人享有发展机遇、享有发展成果。要努力实现经济、社会、环境协调发展,实现人与社会、人与自然和谐相处。

——我们要促进创新的发展,让发展潜力充分释放。创新带来生机,创新产生动力。发展中的问题只有通过发展才能解决。各国要以改革创新激发发展潜力、增强增长动力,培育新的核心竞争力。

主席先生、各位同事!

面向未来,中国将继续秉持义利相兼、以义为先的原则,**3**同各国一道为实现2015年后发展议程作出努力。为此,我宣布:

——中国将设立"南南合作援助基金",首期提供20亿美元,支持发展中国家落实2015年后发展议程。

——中国将继续增加对最不发达国家投资,力争2030年达到120亿美元。

——中国将设立国际发展知识中心,同各国一道研究和交流适合各自国情的发展理论和发展实践。

——中国倡议探讨构建全球能源互联网,推动以清洁和绿色方式满足全球电力需求。

中国也愿意同有关各方一道,继续推进"一带一路"建设,推动亚洲基础设施投资银行和金砖国家新开发银行早日投入运营、发挥作用,为发展中国家经济增长和民生改善贡献力量。

主席先生、各位同事!

4中国郑重承诺,以落实2015年后发展议程为己任,团结协作,推动全球发展事业不断向前!

谢谢大家。

주요 단어 및 구문

- 谋 móu 도모하다
- 永续 yǒngxù 영원한
- 合作共赢 hézuò gòngyíng 협력 원윈
- 伙伴 huǒbàn 파트너
- 联合国发展峰会 Liánhéguó fāzhǎn fēnghuì 유엔 개발 정상회의
- 出席 chūxí 참석하다
- 成立 chénglì 창립
- 周年 zhōunián 주년
- 领导人 lǐngdǎorén 지도자
- 齐聚 qíjù 한 곳에 모이다
- 共商 gòngshāng 함께 협상하다
- 寄托 jìtuō 의탁하다
- 制定 zhìdìng 제정하다
- 千年发展目标 qiānnián fāzhǎn mùbiāo 밀레니엄 개발 목표(MDGs)
- 回首过去 huíshǒu guòqù (과거를) 뒤돌아보니
- 承受 chéngshòu 겪다, 감당하다
- 国际金融危机 guójì jīnróng wēijī 글로벌 금융 위기
- 冲击 chōngjī 충격
- 见证 jiànzhèng 눈으로 직접 보아 증명할 수 있다
- 崛起 juéqǐ 굴기, 부상
- 脱贫 tuōpín 빈곤에서 벗어나다
- 鼓舞 gǔwǔ 고무되다
- 挨饿 ái'è 기아, 굶주리다
- 环顾 huángù 둘러보다
- 难民 nànmín 난민
- 出路 chūlù 출로, 해결방안
- 谋求 móuqiú 모색하다
- 重重 chóngchóng 여러 가지
- 难关 nánguān 난관
- 攥紧 zuànjǐn 꼭 쥐다
- 钥匙 yàoshi 열쇠
- 唯有 wéiyǒu 오직
- 消除 xiāochú 없애다
- 根源 gēnyuán 근본 원인
- 热切 rèqiè 간절하다
- 通过 tōngguò 통과시키다
- 后 hòu 포스트, ~한 후
- 议程 yìchéng 아젠다, 의정, 안건
- 描绘 miáohuì 그리다
- 愿景 yuànyǐng 바람, 꿈
- 机遇 jīyù 기회
- 起点 qǐdiǎn 기점
- 争取 zhēngqǔ 쟁취하다
- 均等 jūnděng 균등하다
- 贡献 gòngxiàn 공헌하다
- 受益者 shòuyìzhě 수혜자
- 差异 chāyì 차이
- 承担责任 chéngdānzérèn 책임지다
- 区别 qūbié 구별, 차별
- 治理 zhìlǐ 거버넌스
- 发言权 fāyánquán 발언권
- 给予 jǐyǔ 주다
- 惠及 huìjí 혜택이 ~에 미치다
- 搞 gǎo 하다
- 流动 liúdòng 이동하다
- 借鉴 jièjiàn 본보기, 거울로 삼다
- 经验 jīngyàn 경험, 노하우
- 交汇 jiāohuì 합류하다, 공존하다
- 彼岸 bǐ'àn 피안
- 坚实 jiānshí 튼튼하다
- 消除贫困 xiāochú pínkùn 빈곤 퇴치
- 保障民生 bǎozhàng mínshēng 민생 보장
- 和谐 héxié 조화롭다
- 相处 xiāngchǔ 공존하다
- 培育 péiyù 키우다, 배양하다
- 秉持 bǐngchí 유지하다
- 以A为先 yǐ A wéi xiān A를 우선시하다
- 作出努力 zuòchū nǔlì 노력하다
- 设立 shèlì 설립하다
- 落实 luòshí 이행하다
- 最不发达国家 zuì bù fādá guójiā 최빈국
- 实践 shíjiàn 실천하다
- 倡议 chàngyì 제창하다
- 探讨 tàntǎo 조사 연구하다
- 能源 néngyuán 에너지
- 清洁 qīngjié 청정
- 一带一路 yí dài yí lù 일대일로
- 金砖国家新开发银行 jīnzhuān guójiā xīnkāifā yínháng 브릭스 국가 신 개발은행
- 郑重 zhèngzhòng 정중히
- 己任 jǐrèn 자기의 임무, 소임

꼭 알아야 할 성어·단어

- **回首过去** : 과거를 돌이켜 보면
- **环顾世界** : 세계를 돌아보다
- **消除贫困** : 빈곤을 없애다, 빈곤 퇴치
- **保障民生** : 민생을 보장하다
- **和谐相处** : 조화롭게 서로 공존하다

꼭 알아야 할 따페이·구문

- **唯有A才B** : A해야만 B하다 '只有A才B'와 같은 뜻의 구문인데, '只有' 대신 '唯有'를 쓴 것이다.
- **描绘……愿景** : '描绘'는 '그리다'라는 뜻이고, '愿景'은 '비전', 혹은 '蓝图 청사진'의 의미로 해석하면 좋겠다.

1 我们既为11亿人民脱贫而深受鼓舞，也为8亿多人仍在挨饿而深为担忧。

'既A也B' 구문으로 'A이기도 하고 B이기도 하다'라는 뜻이다. '为A而B'는 'A때문에 그래서 B하다'라고 번역한다.

↪ 우리는 11억 국민이 빈곤에서 벗어난 것 (때문)에 크게 고무되었고 또 8억여 명의 사람들이 여전히 굶주림에 시달리고 있다는 사실 (때문)에 심히 우려스럽다.

2 在经济全球化时代，各国要打开大门搞建设，促进生产要素在全球范围更加自由便捷地流动。各国要共同维护多边贸易体制，构建开放型经济，实现共商、共建、共享。

'全球化'는 '글로벌화'를 말한다. '打开大门'은 '문을 열다'라는 뜻이지만 정말로 문을 여는 것이 아니라 '개방적 태도'를 의미하고, '搞建设'는 '건설사업을 한다'라고 하기 보다는 앞뒤 내용상 '경제건설'이라고 해야 자연스럽다. '多边贸易体制 다자간 무역체제'라는 것은 여러 나라들이 함께 참여하는 무역체제를 의미한다.

↪ 글로벌 경제 시대에 각 국은 개방적인 태도로 경제 건설을 추진하고 생산 요소가 전 세계적으로 더욱 더 자유롭고 편리하게 이동하도록 촉진해야 한다. 각 국은 다자간 무역체제를 함께 수호하고 개방형 경제를 건설해야 하며 함께 논의하고, 함께 건설하여 함께 누릴 수 있도록 해야 한다.

3 同各国一道为实现2015年后发展议程作出努力。

'为……作出努力'는 '~하기 위해 노력하다'라는 의미의 따페이이다. '后'가 앞에 오면 '포스트'로 해석한다. 예를 들어 '后冷战时期'는 '포스트 냉전시대'이다.

⇒ 각 국은 2015년 포스트 발전 아젠다 실현을 위해 함께 노력해야 한다.

4 中国郑重承诺，以落实2015年后发展议程为己任，团结协作，推动全球发展事业不断向前!

'郑重承诺'는 '엄숙히 맹세하다[약속하다]'라는 뜻이다. '以……为己任'에서 '己任'은 '自己的任务'의 줄임말로 '~를 자신의 임무로 삼다'라는 뜻이다.

↪ 중국은 2015포스트 발전 아젠다 실시를 중국의 사명으로 삼아 단결 협력하여 글로벌 발전 사업들이 계속해서 진행될 수 있도록 노력할 것을 약속 드립니다.

영원한 공동발전과 협력 윈윈의 파트너십을 도모하자

유엔 개발 정상회의 연설
시진핑 중국 국가주석
(2015년 9월 26일)

존경하는 의장님, 귀빈 여러분. 오늘 정상회의에 참석하게 된 것을 매우 기쁘게 생각합니다. 유엔 창립 70주년을 맞아 각국의 지도자들이 뉴욕에 모여 발전의 대계를 함께 논의하는 것은 매우 중요한 의미를 가지고 있습니다.

각국 국민들에게 발전은 생존과 희망이 걸린 문제이며, 존엄과 권리를 상징합니다. 바로 이 희망을 가지고 15년 전 우리는 밀레니엄개발목표(MDGs)를 수립하여 많은 사람들이 더 나은 삶을 살도록 돕고자 했습니다.

과거를 돌이켜 보면 우리는 글로벌 경제의 지속적인 성장 과정도 거쳤지만 글로벌 금융 위기의 심각한 충격을 받기도 했습니다. 우리는 개발도상국가의 비약적인 발전을 목격했지만 선진국과 개발도상국 간의 발전 불균형 문제에도 직면하고 있습니다. 우리들은 11억 명의 인구가 빈곤에서 벗어난 것에 대해 진심으로 기뻐하면서도 8억 명이 넘는 빈곤 인구들이 여전히 기아에 시달리고 있다는 것에 대해 심히 우려하고 있습니다.

전 세계를 둘러보면 평화와 발전은 여전히 이 시대의 중요한 두 가지 주제입니다. 최근 발생한 유럽의 난민사태 등을 포함한 여러 가지 글로벌 문제들을 근본적으로 해결하려면 평화를 도모하고 발전을 이뤄내야 합니다. 여러 가지 도전과 난관들에 직면하고 있는 우리는 반드시 발전이라는 이 열쇠를 꼭 쥐어야 합니다. 발전만이 갈등의 근원을 뿌리뽑을 수 있고, 발전만이 국민들의 기본 권리를 보장해줄 수 있으며, 발전만이 국민들의 더 나은 삶에 대한 열망을 충족시켜 줄 수 있습니다.

존경하는 의장님, 귀빈 여러분! 이번 정상 회의에서 통과한 포스트 2015개발목표는 전 세계 발전을 위한 새로운 비전을 제시하였고 국제 발전 협력에 새로운 기회를 가져다 주었습니다. 우리들은 이를 새로운 기점으로 삼아 공평하고 개방적이며 전면적이고 혁신적인 발전의 길을 함께 걸어나가야 합니다. 그리고 각국의 공동 발전을 위해 노력해야 합니다.

우리는 공평한 발전을 실현하고 발전 기회가 좀더 균등하게 돌아가도록 해야 합니다. 각국은 모두 글로벌 발전의 참여자이자 공헌자 그리고 수혜자가 되야 합니다. 어느 한 나라만 발전하고 다른 나라들은 발전하지 못해서는 안됩니다. 또한 일부 국가들만 발전하고 나머지 국가들은 발전하지 못해서는 안됩니다. 각국은 능력과 수준은 모두 차이가 있습니다. 그러므로 각국은 동일한 목표 하에 '공동의 그러나 차별적인'책임을 져야 합니다. 글로벌 경제 거버넌스를 개선하고 개도국들의 대표성과 발언권을 강화해야 하며 각국이 평등하게 규칙 제정에 참여할 수 있는 권리를 부여해야 합니다.

우리들은 개방적인 발전을 견지하여 발전의 성과가 모두에게 돌아갈 수 있게 해야 합니다. 글로벌 경제 시대에 각국은 개방적인 자세로 경제 건설을 추진하여 생산 요소들이 전 세계적으로 더욱 자유롭고 빠르게 이동할 수 있도록 해야 합니다. 각국은 다자간 무역 체제를 함께 수호하고 개방형 경제를 구축하여 함께 협상하고 함께 건설하며 함께 혜택을 나눌 수 있도록 해야 합니다. 각국은 각자가 선택한 발전의 길을 존중하고 발전 노하우를 서로 거울 삼아 서로 다른 발전의 길이 성공에 이를 수 있게 해야 하며 세계 각국의 국민들이 발전의 성과를 함께 나눌 수 있도록 해야 합니다.

우리는 전면적인 발전을 추구하고 발전의 토대를 더욱 탄탄히 다져야 합니다. 발전의 최종 목표는 국민들을 위함입니다. 빈곤퇴치와 민생보장을 실현하는 동시에 사회의 공평과 정의를 수호하고 국민 모두가 발전 기회와 발전의 성과를 누릴 수 있도록 해야 합니다. 경제·사회·환경의 조화로운 발전, 사람과 사회 그리고 사람과 자연의 조화로운 공존을 이루기 위해 노력해야 합니다.

우리는 혁신적인 발전을 촉진하여 발전 잠재력이 충분히 발휘될 수 있도록 해야 합니다. 혁신은 생기를 가져다 주고 동력을 만들어 냅니다. 발전 중에 발생하는 문제는 발전을 통해서만 해결될 수 있습니다. 각국은 개혁과 혁신으로 발전 잠재력을 이끌어내고 성장 동력을 강화하여 새로운 핵심 경쟁력을 키워나가야 합니다.

존경하는 의장님 그리고 귀빈 여러분! 다가올 미래에 중국은 정의와 이익 실현, 특히 정의를 더욱 우선시하는 원칙을 계속 준수해나갈 것입니다. 또한 각국과 함께 포스트 2015개발목표를 실현하기 위해 노력할 것입니다. 이를 위해 저는 다음과 같이 약속합니다.

- 중국은 '개발도상국 간 협력지원기금'을 설립하고 초기 지원금 20억 달러를 제공하여 개도국이 포스트 2015개발 목표를 이행할 수 있도록 지원할 것입니다.

- 중국은 최빈국에 대한 투자를 계속 늘려나갈 것이며 2030년까지 지원 규모를 120억 달러까지 확대할 것입니다.

- 중국은 '국제발전지식센터'를 설립하여 각국과 함께 각국의 상황에 맞는 발전 이론과 실천 방안들을 연구하고 교류해나갈 것입니다.

- 중국은 글로벌 에너지 네트워크 구축을 건의하며 친환경적인 방법을 통해 전 세계의 전력 수요를 충족시킬 것입니다.

중국은 관련 국가들과 함께 '일대일로'건설을 계속 추진해나갈 것입니다. 또한 아시아 인프라 투자 은행과 브릭스 국가 신 개발은행이 빠른 시일 내에 운용되도록 하여 제 역할을 발휘하도록 할 것이고, 이로써 개발도상국들의 경제 발전과 민생 개선에 큰 공헌을 하도록 할 것입니다.

존경하는 의장님, 그리고 귀빈 여러분! 중국은 2015포스트 발전 아젠다 실시를 중국의 사명으로 삼고 단결 협력하여 글로벌 발전 사업들이 계속해서 진행될 수 있도록 노력할 것을 약속 드립니다. 감사합니다.

在白宫南草坪欢迎仪式上的致辞

中华人民共和国主席 习近平
(2015年9月25日)

尊敬的奥巴马总统和夫人，女士们，先生们，朋友们：

在这金秋的美好时节，我和我的夫人怀着愉快的心情来到美丽的华盛顿。首先，我要感谢奥巴马总统对我的盛情邀请和热情接待。❶在这里，我向美国人民转达13亿多中国人民的诚挚问候和良好祝愿！

中国和美国都是伟大的国家，中国人民和美国人民都是伟大的人民。36年前中美建立外交关系以来，两国关系始终乘风破浪、砥砺前行，取得了历史性进展。

2013年夏天，我同奥巴马总统在安纳伯格庄园共同作出构建中美新型大国关系的战略抉择。两年多来，中美各领域交流合作取得重要进展，受到两国人民和世界人民欢迎。

中美两国携手合作，可以产生一加一大于二的力量。新形势下发展中美关系，应该随时而动、顺势而为。我这次访问美国，是为和平而来，为合作而来，❷我们愿同美方一道努力，推动中美关系得到更大发展，更多更好造福两国人民和世界人民。

——我们要坚持构建新型大国关系正确方向，使和平、尊重、合作始终成为中美关系的主旋律，确保两国关系沿着健康稳定的轨道不断向前发展。

——我们要坚持增进战略互信，加深相互了解，尊重彼此利益和关切，以宽广的胸怀对待差异和分歧，坚定两国人民友好合作的信心。

——我们要坚持互利共赢的合作理念，创新合作模式，拓宽合作领域，以实际行动和合作成果，给两国人民和世界人民带来更多福祉。

——我们要坚持增进人民友谊，大力推进两国民间交往，鼓励两国社会各界相向而行，不断夯实中美关系的社会基础。

——我们要坚持促进世界和平与发展，加强在重大国际和地区问题上的协调，合力应对全球性挑战，同各国人民一道，建设更加美好的世界。

30年前，我第一次访问美国，住在艾奥瓦州马斯卡廷市的美国老百姓家中。他们是那么热情、真诚、友好。我们亲切交流，临别时紧紧拥抱，这一幕幕情景至今令我难以忘怀。3年前，我再次回到马斯卡廷市，同老朋友重逢。他们对我说，友谊是一件大事。从这些老朋友身上，从很多美国朋友身上，我真切感受到了中美两国人民心灵相通的真挚感情，这让我对中美关系的未来抱有充分的信心。

女士们、先生们、朋友们！

事在人为。中美关系正站在21世纪一个新的历史起点上。合作共赢是中美关系发展的唯一正确选择。让我们坚定信念、携手合作，共同谱写中美关系发展新篇章！

주요 단어 및 구문

白宫 Bái Gōng 백악관
草坪 cǎopíng 잔디밭
欢迎仪式 huānyíng yíshì 환영식
华盛顿 Huáshèngdùn 워싱턴
怀着 huáizhe (마음에) 품다, 가지다
愉快 yúkuài 즐거운
盛情 shèngqíng 극진하게
邀请 yāoqǐng 초청하다
热情接待 rèqíng jiēdài 열렬히 환영하다[대접하다]
转达 zhuǎndá 전달하다
诚挚 chéngzhì 진심 어린
问候 wènhòu 안부, 인사
祝愿 zhùyuàn 축원
伟大 wěidà 위대한
建立外交关系 jiànlì wàijiāo guānxì 수교하다(= 建交)
始终 shǐzhōng 줄곧
乘风破浪 chéngfēngpòlàng
위험을 무릅쓰고 용감하게 나아가다
安纳伯格庄园 ānnàbógé zhuāngyuán 써니랜드
作出抉择 zuòchū juézé 선택을 내리다
构建中美新型大国关系
gòujiàn zhōngměi xīnxíng dàguó guānxì 중미 신형대국관계 구축
携手 xiéshǒu 협력하다
顺势而为 shùnshì ér wéi 추세의 변화에 따르다
访问 fǎngwèn 방문하다
造福 zàofú 행복하게 하다
主旋律 zhǔxuánlǜ 기조, 핵심
沿着 yánzhe (일정한 노선을) 따라서
轨道 guǐdào 궤도
增进互信 zēngjìn hùxìn 상호 신뢰 증진
加深 jiāshēn 심화하다
关切 guānqiè 관심사
宽广 kuānguǎng 넓은
胸怀 xiōnghuái 마음, 아량
对待 duìdài 대응하다
分歧 fēnqí 이견
坚定 jiāndìng 확고히 하다
拓宽 tuòkuān 확장하다
福祉 fúzhǐ 복지
友谊 yǒuyì 우정
民间交往 mínjiān jiāowǎng 민간 교류
相向而行 xiāngxiàng ér xíng
서로 바라보면서 함께 나아가다
夯实 hāngshí 기초를 단단히 다지다
一道 yídào 함께
艾奥瓦州 Àiàowǎ zhōu 아이오와 주

热情 rèqíng 다정하다
真诚 zhēnchéng 진실되다
临别 línbié 이별을 앞두다
紧紧拥抱 jǐnjǐn yōngbào 꼭 껴안다
一幕幕情景 yí mù mù qíngjǐng 한장면 한장면
难以忘怀 nányǐ wànghuái 잊을 수 없다
重逢 chóngféng 다시 만나다
心灵 xīnlíng 마음
真挚 zhēnzhì 마음에서 우러나는
抱有信心 bàoyǒu xìnxīn 자신감을 가지다
事在人为 shìzàirénwéi 모든 일은 사람 하기에 달렸다
谱写 pǔxiě 쓰다, 새로운 장을 열다
篇章 piānzhāng 장

꼭 알아야 할 성어・단어

- **盛情邀请**：융숭한 초대
- **乘风破浪**：위험을 무릅쓰고 용감하게 나아가다.
- **砥砺前行**：시련과 어려움을 이겨내고 나아가다
- **随时而动、顺势而为**：시대에 따라, 추세에 따라 행동하다.
- **真挚感情**：진실한 감정

꼭 알아야 할 따페이・구문

- **夯实……基础**：기초를 다지다
- **谱写……新篇章**：새로운 장을 열다 비슷하게 쓸 수 있는 표현으로 '开启……新时代'이 있다.

1 在这里，我向美国人民转达13亿多中国人民的诚挚问候和良好祝愿！

'在这里'는 '借此机会 이 기회를 빌려서'라고도 할 수 있다. '向……转达……问候'는 '~에게 안부를 전하다'라는 뜻이다. '良好祝愿'은 '양호한 축원'이라고 직역하면 매우 어색하다. 자연스러운 번역을 위해 생략하는 것도 좋겠다.

↪ 이 자리를 빌려 13억 중국 국민들을 대표하여 미국 국민 여러분들께 심심한 감사의 말씀을 드립니다.

2 我们愿同美方一道努力，推动中美关系得到更大发展，更多更好造福两国人民和世界人民。

'得到……发展'은 '발전하다'는 서면어 따페이다. '造福'는 직역하면 '복을 만들다'라는 뜻이지만 '혜택을 얻게 하다', '이롭게 하다'로 의역하면 좋겠다.

↪ 중국은 미국과 함께 노력하여 중미 관계를 더욱 발전 시키고 이로써 양국 국민들과 전 세계인들이 더 많은 혜택을 얻을 수 있도록 힘쓸 것입니다.

3 我们要坚持增进战略互信，加深相互了解，尊重彼此利益和关切，以宽广的胸怀对待差异和分歧，坚定两国人民友好合作的信心。

'增进……互信', '加深……了解'는 출현 빈도가 높은 따페이이다. 꼭 외워 두자. '以……对待'는 '~로써 대응하다라'는 의미이고 '坚定……信心'은 '믿음을 탄탄히 하다'라는 의미의 따페이이다.

↪ 우리는 전략적 상호 신뢰와 상호 이해를 증진시켜 나갈 것입니다. 서로의 이익과 관심사를 존중하고 넓은 마음으로 차이와 갈등을 극복해 나갈 것입니다. 그리고 양국 국민들의 우호적이고 협력적인 신뢰 관계를 유지해나갈 것입니다.

백악관 남쪽 잔디 광장 환영식에서의 연설

시진핑 중국 국가주석
(2015년 9월 25일)

존경하는 오바마 대통령님 그리고 미쉘 여사님, 신사 숙녀 여러분! 황금빛으로 물든 아름다운 가을날 저와 아내가 아름다운 워싱턴을 방문하게 된 것을 매우 기쁘게 생각합니다. 우선 저를 초청해주시고 따뜻하게 맞아 주신 오바마 대통령께 진심으로 감사 드립니다. 이 자리를 빌려 13억 중국 국민들을 대표하여 미국 국민 여러분들께 심심한 감사의 말씀을 드립니다.

중국과 미국은 모두 위대한 나라입니다. 중국과 미국의 국민들은 모두 위대한 국민들입니다. 36년 전 미중 수교 이후 양국 관계는 줄곧 풍파와 시련을 겪어오면서도 함께 극복하고 전진하여 역사적인 성과를 이뤄냈습니다.

2013년 여름 저는 오바마 대통령과 써니랜드에서 함께 미중 신형대국관계 구축이라는 전략적 선택을 하였습니다. 그 후 2년여 동안 미중 양국은 여러 영역의 교류와 협력에서 중요한 성과를 거뒀고 그 결과 양국 국민들과 전 세계 국민들의 환영을 받았습니다.

중국과 미국이 함께 협력하면 시너지 효과를 낼 수 있습니다. 새로운 국제 정세 하에서 미중 관계를 발전시키려면 시대의 변화와 추세에 따라 움직여야 합니다. 제가 이번에 미국을 방문한 것은 평화와 협력을 위해서 입니다. 중국은 미국과 함께 노력하여 미중 관계를 더욱 발전시키고 이로써 양국 국민과 전 세계 국민들이 더 많은 혜택을 얻을 수 있도록 힘쓸 것입니다.

- 우리는 신형대국관계 건설이라는 정확한 방향을 견지할 것입니다. 평화·존중·협력을 미중 관계의 핵심으로 삼아 양국 관계가 계속해서 건강하고 안정적인 방향으로 발전해나가도록 할 것입니다.

- 우리는 전략적 상호 신뢰와 상호 이해를 증진시켜 나갈 것입니다. 서로의 이익과 관심사를 존중하고 넓은 마음으로 차이와 갈등을 극복해 나갈 것입니다. 그리고 양국 국민들의 우호적이고 협력적인 신뢰 관계를 유지해나갈 것입니다.

- 우리는 상호 원원의 협력 이념을 견지할 것이며 협력 모델을 개혁하고 협력 영역을 더욱 확장해나갈 것입니다. 이로써 실질적인 행동과 협력의 성과로 양국 국민들과 전 세계 국민들에게 더 많은 복지와 혜택을 가져다 줄 것입니다.

- 우리는 국민들 간의 우정을 증진시켜 나갈 것입니다. 양국 국민들의 교류를 적극 활성화하고 양국의 사회 각 분야가 함께 앞으로 나아가도록 하며 지속적으로 미중 관계의 사회적 기초를 탄탄히 다질 것입니다.

- 우리는 세계의 평화와 발전을 위해 노력할 것입니다. 중요한 국제 이슈와 지역 문제에 있어서 협력을 강화하고 전 세계가 직면한 도전에 함께 맞설 것입니다. 각국의 국민들과 함께 더 나은 세계를 만들기 위해 노력할 것입니다.

30년 전 제가 처음 미국을 방문했을 때 저는 아이오와 주 머스커틴 시에 있는 한 평범한 가정집에서 지냈습니다. 그 가족분들은 매우 정이 많고 진실했으며 다정했습니다. 당시 저는 그 분들과 친구처럼 친하게 지냈으며 헤어질 때에는 서로를 꼭 껴안았습니다. 그 때의 모든 순간들은 아직까지도 생생하게 제 머릿속에 남아있습니다. 3년 전, 저는 다시 머스커틴 시를 방문해 그 분들을 만났습니다. 가족 분들은 저에게 우정이란 정말 소중한 것이라고 말했습니다. 저는 이 오랜 친구와 그리고 많은 미국 국민들을 보면서 미중 양국 국민들의 마음이 서로 통하는 진심을 느낄 수 있었습니다. 그리하여 저는 미중 관계의 미래에 대해 믿음을 갖게 되었습니다.

신사 숙녀 여러분! 무릇 모든 일은 사람 하기에 달렸다고 합니다. 현재 미중 관계는 21세기의 새로운 역사적 기점에 서 있습니다. 협력과 윈윈은 미중 관계 발전의 유일하고도 올바른 선택입니다. 양국이 신념을 확고히 하고 서로 협력하여 미중 관계 발전의 새로운 역사를 함께 써나갑시다!

메모

다락원 홈페이지에서 무료로
MP3 파일 다운로드 및 실시간 재생

중국어 통번역 대학원 입시마스터 (중한편)

지은이 이선아
펴낸이 정규도
펴낸곳 (주)다락원

초판 1쇄 발행 2016년 12월 22일
초판 7쇄 발행 2025년 2월 26일

기획·편집 김혜민, 이상윤
디자인 조화연, 임미영
녹음 曹红梅, 朴龙君, 이영아

다락원 경기도 파주시 문발로 211
전화 (02)736-2031(내선 250~252/내선 430~431)
팩스 (02)732-2037
출판등록 1977년 9월 16일 제406-2008-000007호

Copyright ⓒ 2016, 이선아

저자 및 출판사의 허락 없이 이 책의 일부 또는 전부를 무단 복제·전재·발췌할 수 없습니다. 구입 후 철회는 회사 내규에 부합하는 경우에 가능하므로 구입처에 문의하시기 바랍니다. 분실·파손 등에 따른 소비자 피해에 대해서는 공정거래위원회에서 고시한 소비자 분쟁 해결 기준에 따라 보상 가능합니다. 잘못된 책은 바꿔 드립니다.

ISBN 978-89-277-2196-3 18720

www.darakwon.co.kr
다락원 홈페이지를 방문하시면 상세한 출판 정보와 함께 동영상 강좌, MP3 자료 등 다양한 어학 정보를 얻으실 수 있습니다.

중국어 통번역 대학원 입시 마스터 중한편

 중한편
- 반드시 알아야 할 각 분야 핵심 이슈를 엄선한 수준 높은 중국어 문장
- 중국어 문장을 눈으로만 보지 말고 직독직해에 활용해 보자!

 한중편
- 수준에 맞춰 차근차근 한중 번역의 감을 잡을 수 있도록 구성
- 면접에 도움이 될 수 있는 유용한 팁을 알차게 활용해 보자!

 어휘 노트
언제 어디서든 간편하게 학습할 수 있도록
중한편과 한중편의 모든 단어 수록

 MP3 음원
한·중 전문 성우가 참여한
MP3 음원으로 실전 대비 훈련

정가 28,000원
(중한편·한중편·어휘 노트·MP3 음원 포함)

다락원 홈페이지에서 무료로
MP3 파일 다운로드 및 실시간 재생

중국어
통번역 대학원
입시 마스터

이선아 저

한중편

다락원

중국어 통번역 대학원 입시 마스터

한중편

 이선아

現 강남 YBM 고급중국어 대표 강사

한국외국어대학교 중국어과 졸업
한국외국어대학교 통번역 대학원 한중과 졸업

前 서울외국어대학원대학교 통번역 대학원 교수
前 KBS 국제방송국 라디오 작가
前 서울공자아카데미 대표 강사
　　각종 국제회의 순차통역, 동시통역 진행

『총리의 5일』, 『인생』, 『화신 황제의 남자』 등 다수 작품 번역

중국어
통번역 대학원
입시마스터

한중편

다락원

저자의 말

직업이 통번역 대학원 입시 강사이다 보니 항상 합격률을 생각하지 않을 수 없다. '내년은 올해보다 더 좋은 결과를 얻자'라는 생각으로 정신없이 달려왔는데 어느새 '전국 최고 합격률, 최다 합격생 제조기'라는 수식어까지 붙게 되었다. 올해도 역시 한국외대 통번역 대학원 입시에서 최다 합격생(정원 20명 중 9명)을 배출하면서 2016년을 행복하게 마무리 하고 있다. 거기다 오랜 기간 야심차게 준비한 『중국어 통번역 대학원 입시 마스터』까지 출간하게 되어 그 행복이 배가 되었다.

많은 학생들이 통대 공부를 어떻게 하면 좋을지 그 기준을 잘 모르겠다는 말을 많이 한다. 그래서 학생들의 통대 번역 학습에 길잡이가 되어 줄 수 있는 책을 만들어야겠다는 마음을 항상 품어왔고, 이를 충실하게 담은 것이 바로 『중국어 통번역 대학원 입시 마스터』이다.

『중국어 통번역 대학원 입시 마스터』는 '중한편'과 '한중편'으로 나눠져 있다. 우선 '중한편'에서는 학생들이 반드시 알아야 할 각 분야의 중요한 이슈들을 엄선해 수준 높은 중국어 문장을 담았다. '한중편'에서는 수준별 학습이 가능하도록 난이도 상, 중, 하로 나누어 자세한 설명을 곁들인 다양한 표현을 실었고, 실전 대비가 가능한 예문을 통해 스스로 번역 연습을 해 볼 수 있도록 구성했다. 부록에는 통대를 준비하면서 참고하면 좋을 요약과 에세이의 모범 사례까지 실어 자신의 실력을 체크해 볼 수 있다. 특히 한국외대 통번역 대학원을 준비하는 학생들에게 많은 도움이 될 것이라 생각된다. 여기에 별책 부록으로 간편하게 들고 다니며 필수 어휘를 학습할 수 있도록 책에 나온 중한, 한중 단어를 모두 실은 어휘 노트까지 준비했다. 『중국어 통번역 대학원 입시 마스터』는 이제까지 나의 모든 노하우를 쏟아 부은 통대 입시 분야의 최고의 교재라고 감히 자부한다.

누구나 인생에서 중요한 전환점은 있기 마련이다. 내게 그 전환점은 2016년이 아닌가 싶다. 그동안 계획했던 다양한 콘텐츠들을 하나씩 구현하고 있고, 새로운 오프라인 강의와 온라인 강의도 준비하고 있다. 육체적으로는 너무 힘들었지만 그래도 이렇게 좋은 결과물을 만들 수 있었던 것은 끝까지 나를 믿어 주고 1년을 함께 해 준 우리 학생들이 있었기에 가능했다. 그래서 앞으로 내가 할 일은 통번역사에 도전하는 모든 학생들이 꿈을 이룰 수 있도록 최선을 다해 도와주는 것이라고 생각한다. 이 책이 학생들의 통번역 입시에 있어서 큰 전환점이 되어 줄 수 있으리라 기대한다. 모든 학생들의 합격을 바라는 마음이 이 책에 담겨있고, 오늘도 여전히 새로운 학습법과 커리큘럼을 고민하고 있다. 아무쪼록 이 교재가 중국어 통번역사를 꿈꾸는 많은 사람들에게 큰 도움이 되기를 바란다.

마지막으로 이 교재가 출판되기까지 많은 분이 애써 주셨지만 그중에서도 특히 한중 번역에 큰 도움을 준 까오잔 선생님, 1년 동안 공부한 학습 노하우를 아낌없이 나누어 준 우리 학생들, 사랑하는 가족에게 감사의 말을 전한다.

이선아

합격자 생생 후기

저는 사실 통번역 대학원 공부를 시작하기 전에는 AIIB가 무엇인지, FRB가 무엇인지 하나도 모르는 학생이었습니다. 그래서 처음 학원을 다닐 때는 셰일오일, 뉴노멀 이런 단어들로 채워진 글들을 보며 많이 위축되기도 했습니다. '이런 걸 내가 할 수 있을까?'라는 생각을 매일매일 했죠. 하지만 신문은 물론이고 이선아 선생님께서 주신 자료를 매일 꾸준히 읽으면서 배경지식이 하루가 다르게 늘어가는 걸 느꼈습니다. 선생님께서 워낙 방대한 양의 다양한 자료들을 주셔서 저는 따로 많은 자료를 찾아 볼 필요가 없었습니다. 『중국어 통번역 대학원 입시 마스터』는 평소에 학생들에게 시험 전날까지 하나라도 더 많이 알려 주려고 애쓰셨던 선생님의 애정이 그대로 담긴 책 같습니다. 이 책을 통해 선생님의 학습 노하우를 팍팍 전수받으셨으면 합니다.

-정유진 (2017년 한국외국어대학교 통번역 대학원 합격생)-

지난 입시 준비 기간은 이선아 선생님의 어록들을 하나하나 몸소 느끼고 증명하는 시간이었습니다. 선생님 수업 시간에 친구들과 함께 나누고 고민했던 모든 단어와 표현들은 피가 되고 살이 되었습니다. 선생님의 가르침 아래 서로의 부족한 부분을 채워나가며 함께 노력했기에 저희 모두가 함께 성장할 수 있었습니다. 『중국어 통번역 대학원 입시 마스터』는 이선아 선생님의 모든 노하우가 담겨 있는 책입니다. 저는 이 책을 통해 더 많은 분들이 저희가 수업시간에 익혔던 스킬과 노하우를 습득하실 수 있으리라 믿습니다. 그리고 한 가지 팁을 더 드리자면 시역, 요약, 에세이 등 모든 통대 입시 공부에 있어서 스터디 파트너 간 협력은 그 무엇보다 중요한 부분입니다. 세상에 완벽한 통번역은 있을 수 없지만 나와 여러 파트너의 머리를 함께 맞대면 조금 더 완벽함에 가까워질 수 있습니다. 혼자만의 공부도 물론 중요하지만 통대를 준비하는 분이라면 꼭 이 점을 명심하시길 바랍니다.

-사공관숙 (2017년 한국외국어대학교 통번역 대학원 합격생)-

이선아 선생님께서 항상 수업 시간에 강조하셨던 말씀이 있습니다. 그것은 바로 간결하고 쉬운 문장이지만 논리성을 포인트로 잡아 읽기 편한 문장을 쓰라는 것입니다. 한중 요약에 어려움을 느끼던 저에게 그 말씀은 큰 도움이 되었습니다. 아마 책을 살펴보면 끊임없이 선생님께서 이 부분을 강조하고 있다는 것을 알 수 있을 것입니다. 그리고 에세이는 통번역 대학원 입시를 본격적으로 준비할 때부터 제 자신의 가장 큰 장점이라고 판단한 부분입니다. 그중에서 한국어 에세이는 자신의 모국어를 바탕으로 쓰는 부분에서는 우월함을 드러내야 한다는 선생님의 말씀에 충실해 논리를 명확하게 하고 표현은 화려하게 썼습니다. 특히 성어와 속담을 적절하게 사용하는 데 가장 큰 포인트를 두었습니다. 반면 중국어 에세이는 죽었다 깨어나도 중국인처럼 쓸 수는 없기 때문에 쉽고 간결하되 논리에 강점을 두고 썼습니다. 통대 준비에 방향을 잡지 못하던 분들이 있다면 이 책이 큰 도움이 될 것이라고 생각합니다. 통대 입시에 길잡이를 찾고 싶으신 분들에게 이 책을 적극 추천합니다.

-심효정 (2017년 한국외국어대학교 통번역 대학원 합격생)-

차례

저자의 말 ... 2
차례 ... 4
이 책의 활용 ... 7
한중 번역 공부하는 법 ... 9

난이도 下

UNIT 01 취업률을 높여야 경제가 산다 ... 14
只有提高就业率才能提振经济

UNIT 02 21세기 신성장동력 – 공유 경제 ... 18
二十一世纪新增长动力——共享经济

UNIT 03 에너지 절약을 위한 인류의 노력 ... 22
人类为节能所做的努力

UNIT 04 한국의 외자유치, 무엇이 문제인가? ... 26
韩国的"招商引资"问题何在？

UNIT 05 성 소수자를 바라보는 우리의 시선 ... 30
对待跨性别者的态度

UNIT 06 디지털 치매 ... 34
数码痴呆症

UNIT 07 이직에 대한 사회 인식의 변화 ... 38
对跳槽的态度今非昔比

UNIT 08 시작된 '제조업 회귀', 우리는 준비되어 있는가? ... 42
美国的"制造业回岸"，韩国是否已做好准备？

UNIT 09 기후변화, 어떻게 대처할 것인가? ... 46
如何应对气候变化？

UNIT 10 최고의 발명품, 최악의 발명품 ... 50
最伟大的发明，最糟糕的发明

UNIT 11 한국의 교육이 직면한 현실 ... 54
韩国教育的现状

UNIT 12 시진핑이 구상하는 아시아 질서 ... 58
习近平的亚洲新秩序

UNIT 13 서비스 산업 발전의 그늘 – 감정노동자 ... 62
服务业发展的阴影——情绪劳动者

UNIT 14 인구절벽 – 출산율을 높여라! ... 66
人口悬崖——提高生育率！

UNIT 15 불황일수록 불티나는 명품 ... 70
经济越萧条，奢侈品越热销

UNIT 16 스마트폰의 진실 ... 74
智能手机的真面目

UNIT 17	한국 어린이의 행복지수	78
	韩国儿童的幸福指数	
UNIT 18	여성이 미래를 결정한다	82
	女性决定未来	
UNIT 19	불안한 세계, 탈출구는 어디?	86
	动荡不安的世界，出路何在？	
UNIT 20	난민문제, 바라만 보고 있을 것인가?	90
	不该对难民问题坐视不管	

난이도 中

UNIT 21	디지털화되는 지식	96
	知识的数字化	
UNIT 22	보이지 않는 킬러 – 환경호르몬	100
	隐形杀手——环境激素	
UNIT 23	행복의 기준	104
	幸福的标准	
UNIT 24	IT와 실버산업이 만나면?	108
	信息技术与银发产业的结合	
UNIT 25	죽음도 선택하는 현대인	112
	现代人的死亡方式——安乐死	
UNIT 26	에너지 산업의 패러다임, 변화는 시작되었다	116
	能源产业的格局正在发生变化	
UNIT 27	스마트폰, 의학 발전에 날개를 달다	120
	智能手机为医学发展"添翼"	
UNIT 28	한국 부동산의 복병 – 하우스 푸어	124
	韩国楼市的极大隐患——房奴	
UNIT 29	3D 프린터가 선사하는 미래사회	128
	3D打印技术如何影响未来？	
UNIT 30	분노의 질주	132
	"愤怒"的驾驶	
UNIT 31	우울증, 이렇게 하면 치료할 수 있다	136
	抑郁症治疗法	
UNIT 32	노인 빈곤문제, 이제 정부가 나서야 한다	140
	缓解老年贫困，需政府出力	
UNIT 33	다문화 자녀를 21세기 인재로 육성하라	144
	应把多元文化家庭的子女培养成二十一世纪人才	
UNIT 34	보편화되는 '스마트 의료'	148
	"智能医疗"的普及	
UNIT 35	알파고와 노동시장의 함수관계	152
	"阿尔法围棋"和就业市场的相关关系	

UNIT 36	블랙 컨슈머 恶意消费者	156
UNIT 37	경영의 패러다임 변화가 필요하다 经营模式的变革迫在眉睫	160
UNIT 38	죽어가는 지구를 살리자 拯救奄奄一息的地球	164

난이도 上

UNIT 39	애플의 성공 비결 분석 浅析苹果的成功秘诀	170
UNIT 40	미세먼지와의 전쟁은 시작됐다 人类与颗粒物的战争已经打响	172
UNIT 41	100세 시대의 교육을 논하다 论百岁时代的教育	174
UNIT 42	'피싱', '파밍', '스미싱' – 어떻게 다른가? 网络钓鱼、网址嫁接、短信钓鱼——三者的区别	176
UNIT 43	금연을 결심한 당신에게 献给想戒烟的您	178
UNIT 44	최고의 사회안전망 最可靠的社会安全网	180
UNIT 45	'코리아 블랙프라이데이'가 성공하려면? 如何让"韩国版黑色星期五"取得成功	182
UNIT 46	'한국의 취업전선' – 보이지 않는 총성 韩国的就业市场——"听不见的枪声"	184
UNIT 47	문화강국 文化兴国	186
UNIT 48	한국인의 삶의 질 韩国人的生活质量	188
UNIT 49	반퇴시대 – 당신은 준비되어 있는가? "退而不休"的时代——你做好准备了吗?	190
UNIT 50	지진, 이제 남의 이야기가 아니다 韩国不再是地震安全地带	192
UNIT 51	아동학대범을 사회에서 추방하자 让"虐童犯"无立足之地	194
UNIT 52	무한 경쟁 시대에서 살아남으려면 "无限竞争时代"的生存之道	196
UNIT 53	흡연율을 낮추기 위한 획기적인 방법 如何有效降低吸烟率?	198

부록

- 요약 시험과 에세이 시험의 모범 사례   200

이 책의 구성과 활용

📘 한중편

한중편은 한중 번역의 스킬을 정리한 책으로, 난이도 上, 中, 下로 나눠져 있다. 난이도 下는 주어진 모든 문장을 자세한 설명과 함께 연습하며, 난이도 中은 핵심 문장을 자세하게 짚어 본 후, 다른 표현으로 응용해 보는 연습을 한다. 난이도 上에서는 한중 문장을 바로 대조해 보면서 실력을 업그레이드 할 수 있다. 난이도 上, 中, 下는 다시 각각 기본과 심화로 나뉜다. 설명의 정도나 응용 문제의 수 등에서 차이가 있긴 하나, 큰 수준의 차이는 없으니 흥미있는 주제부터 접근해 봐도 좋다.

난이도 上, 中, 下의 각 UNIT은 아래와 같이 구성되어 있다.

- 주제와 관련된 한국어 원문을 확인할 수 있다. 새로 나온 단어와 구문을 원문의 하단에서 바로 참고할 수 있도록 했다.

- 설명을 보기에 앞서 스스로 통번역 연습을 해 볼 수 있는 공간을 두었다. 형식은 정해져 있지 않다. 자유롭게 번역해 보자.

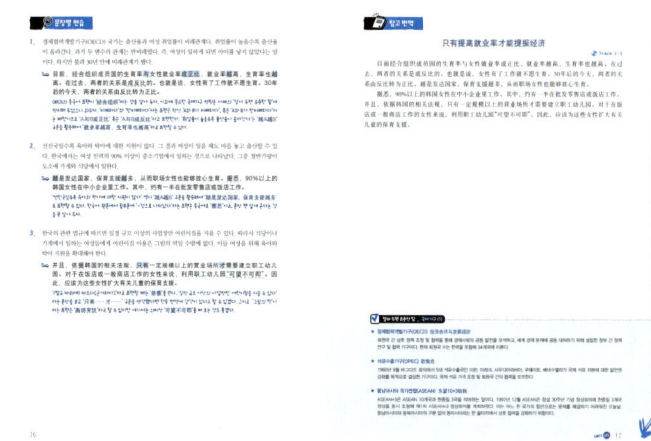

- 한국어 원문을 문장별로 자세한 설명과 함께 중국어로 확인해 볼 수 있고, 각 문장별로 짚어 본 중국어 문장을 하나의 완성된 글로 확인한다. 제목을 포함한 번역문은 자연스러운 표현을 위해 어느 정도 의역이 되었음을 참고하기 바란다. 이를 바탕으로 자신만의 방법으로 문장을 만드는 연습을 해 보자.

- 통대 면접 시험에 도움이 되는 유용한 팁을 주제별로 분류하여 정리했다.

 난이도 中

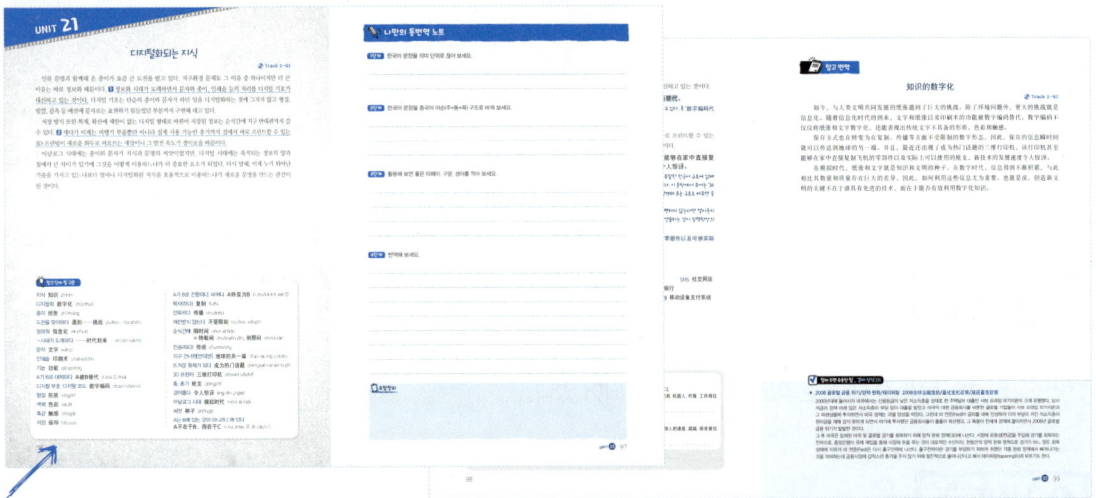

- 난이도 中 역시 해당하는 주제의 한국어 원문을 새 단어를 참고하여 스스로 통번역 해 볼 수 있도록 했다.
- 핵심 문장에 관한 자세한 설명을 확인한 후, 주어진 힌트를 참고하여 문장을 스스로 만들어 본다. 난이도 下와 마찬가지로 면접에 대비할 수 있는 알아두면 유용한 팁을 주제별로 제시하고 있다.

❸ 난이도 上

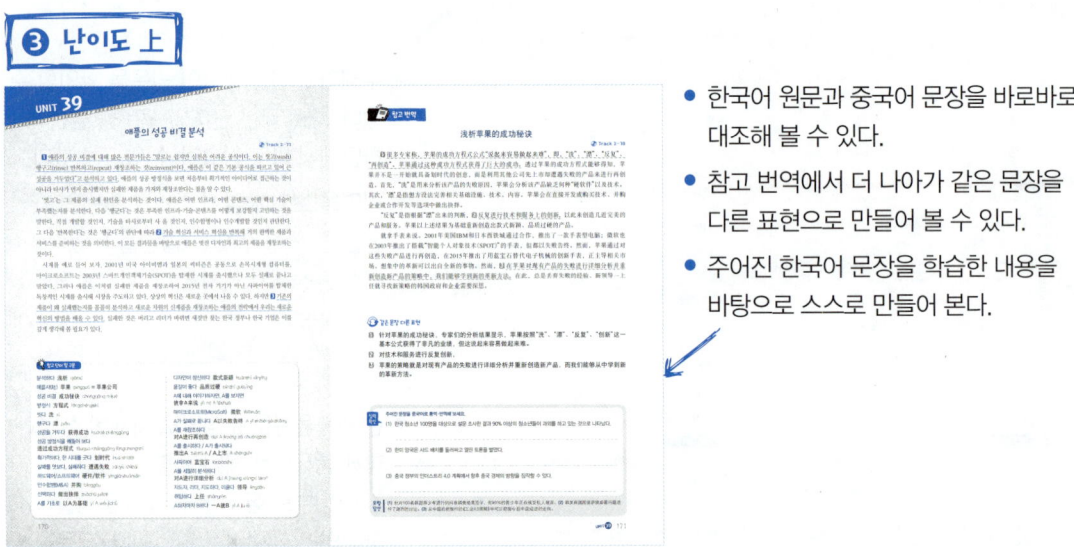

- 한국어 원문과 중국어 문장을 바로바로 대조해 볼 수 있다.
- 참고 번역에서 더 나아가 같은 문장을 다른 표현으로 만들어 볼 수 있다.
- 주어진 한국어 문장을 학습한 내용을 바탕으로 스스로 만들어 본다.

MP3 음원

- 한중편에서는 한국어 원문과 중국어 원문을 모두 담았다. 음원을 활용해 효과적으로 실전에 대비해 보자.
- 해당 부분에 MP3 트랙 번호가 기재되어 있다.
  (중한편 음원 : Track 1-1~Track 1-68, 한중편 음원 : Track 2-1~Track 2-106)
- MP3 음원은 다락원 홈페이지(www.darakwon.co.kr)에서 다운로드 받을 수 있으며, 스마트폰으로 QR코드를 스캔하면 MP3 다운로드 및 실시간 재생 가능한 페이지로 바로 연결된다.

한중 번역 공부하는 법

통대 준비를 일찍 시작하거나 중국에서 오래 살다 온 친구들의 경우 중한 통번역은 금방 적응해서 잘 따라온다. 하지만 한중 번역을 잘하려면 시간이 많이 걸리고 개인차가 심하다. 그래서 한중 번역을 잘하려면 어떻게 해야 하는지 문의하는 학생들이 많다. 한중 번역 실력이 늘지 않아 고민하고 있는 학생들에게 도움이 될 수 있도록 오랜 기간 강의 노하우를 공개하고자 하니 참고하길 바란다.

한중 번역을 할 때는 반드시 다음의 순서를 기억해서 번역해 보도록 하자.

> **1** 한국어 문장을 의미단위로 짧게 나누기
> **2** 어순배치 다시 하기 (주+동+목)
> **3** 한국어 표현 가감(加減)하기
> **4** 중국어 문장에서 잘 쓰이는 따페이와 표현 활용하기
> **5** 중국어적 특징들을 이해하기

위의 5가지 순서를 기억해서 번역을 하면 생각보다 쉽게 한중 번역을 할 수 있다. 대부분의 학생들이 '한중 번역' 하면 한국어 표현을 그대로 중국어로 옮기는 것만 생각하다 보니 어순이 틀리면서 비문이 생긴다. 또 한국어 뜻을 그대로 살리려고 하다 보면 어색한 표현의 중국어 작문이 된다.

일단 번역을 하려면 위에서 이야기한 5가지 단계를 거쳐야 중국어 표현을 자연스럽게 살릴 수 있고, 또 그렇게 하다 보면 한중 번역이 생각보다 쉽게 해결 된다.

예를 들어 보자.

> 중국을 국빈 방문 중인 오바마 대통령이 27일 시진핑 국가주석과 정상회담을 끝내고 이어진 환영 만찬에서 훌륭한 대접을 받았다.

순서대로 번역해 보자.

1 의미 단위로 짧게 끊기

예시 문장은 한 문장이지만, 네 개의 문장으로 나누어 볼 수 있다.
① 중국을 국빈 방문 중이다.
② 오바마 대통령이 27일 시진핑 국가주석과 정상회담을 가졌다.
③ 이어진 환영 만찬에 (참석했다.)
④ 훌륭한 대접을 받았다.

2 어순배치 다시 하기 (주+동+목)

① 중국을 국빈 방문 중이다
　→ 오바마 대통령이 / 국빈 방문 중이다 / 중국을
② 오바마 대통령이 27일 시진핑 국가주석과 정상회담을 가졌다.
　→ (오바마 대통령이) / 27일 시진핑 국가주석과 / 가졌다 / 정상회담을

③ 이어진 환영 만찬에 (참석했다.)
  → 참석했다 / 환영 만찬에
④ 훌륭한 대접을 받았다.
  → 받았다 / 훌륭한 대접을

3 한국어 표현 가감(加減)하기

① 오바마 대통령이 / 국빈 방문 중이다 / 중국을
  본문에서는 '방문 중인 오바마 대통령'이라고 수식하고 있지만 중국어로 번역할 때는 주어를 맨 앞에 두는 것이 좋다.

② 27일 시진핑 국가주석과 / 가졌다 / 정상회담을
  본문에서는 '정상회담을 끝내다'라고 했지만 의미상 먼저 회담을 개최한 뒤 회담을 마치고 나서 만찬에 참석했다고 하는 것이 의미를 이해하는 데 더 좋다. 그래서 본문에는 없지만 '회담을 가지다'라는 표현을 첨가했다.

③ 참석했다 / 환영 만찬에
  본문에서는 '참석했다'라는 표현이 없지만 의미를 이해하는 데 도움이 되므로 참석했다는 표현을 첨가해서 문장을 만들어 준다.

4 중국어 문장에서 잘 쓰이는 따페이와 표현 활용하기

① 오바마 대통령이 / 국빈 방문 중이다 / 중국을
  국가 원수의 공식 방문일 때는 간단하게 '访问中国'라고 하지 않고 '对……进行访问'이라는 표현을 쓴다. 거기다가 국빈 방문이라면 '对……进行国事访问'이라는 중국어 따페이를 쓰는 것이 훨씬 더 격식 있는 서면어 표현이다.

② 27일 시진핑 국가주석과 / 가졌다 / 정상회담을
  '정상회담을 가지다'라고 했을 때 동사를 뭐라고 해야 할지 모른다고 한중사전을 찾아봐서는 안 된다. 십중팔구 어색한 단어를 찾을 것이다. 한중사전보다는 '与……举行首脑会谈'이라는 표현을 외워서 활용할 수 있어야 한다. 그러려면 중국어 문장을 많이 독해해야 한다.

③ 훌륭한 대접을 받았다.
  '훌륭한 대접'에서 많이 고민했을 것이다. 그렇다고 바로 한중사전을 펼친다면 어색한 표현을 찾기 쉽다. 역시 '收到盛情款待'라는 중국어 표현을 외워서 활용하는 것이 훨씬 자연스러운 번역문이 된다.

5 중국어적 특징들을 이해하기

한국어는 '오바마 대통령'이라고 이름 뒤에 직함을 붙이지만 중국어에서는 직함을 앞에 쓰고 뒤에 이름을 붙이는 것이 특징이다. 그래서 중국어로는 '美国总统奥巴马'라고 번역해야 한다. 마찬가지로 '시진핑 국가주석' 역시 직함 먼저 써서 '中国国家主席习近平'이라고 번역해야 한다. 그렇다고 매번 다 이렇게 표현하라는 것은 아니고 문장에서 처음 나왔을 때는 공식적으로 '직함+이름'을 써 주고 그 뒤에 나오는 표현들은 '奥巴马总统', '习主席' 등 편하게 호칭해도 된다.

<번역해 보기>

중국을 국빈 방문 중인 오바마 대통령이 27일 시진핑 국가주석과 정상회담을 끝내고 이어진 환영 만찬에서 훌륭한 대접을 받았다.

⇒美国总统奥巴马正在对中国进行国事访问，27日与中国国家主席习近平举行首脑会谈，会谈结束以后，奥巴马总统出席了欢迎晚宴，并受到了盛情款待。

한국어를 그대로 옮기지 않고 한국어를 충분히 이해한 후에 의미상 짧게 끊어 준다. 그리고 표현을 적당히 가감한 뒤 중국어 어순으로 바꿔 준다. 이때 최대한 자연스러운 중국어 따페이와 표현들을 활용해서 번역해 본다. 한중 번역은 오직 하나의 모범답안이 존재하는 것이 아니다. 한 문장을 놓고 여러 개의 번역 문장이 가능하다. 그러니 다른 사람들의 번역문을 외우려 하지 말고 내가 알고 있는 어법지식과 어휘들을 활용해서 꾸준히 연습하는 것이 한중 번역 실력을 늘리는 지름길이다.

난이도 下

기본

UNIT 01 취업률을 높여야 경제가 산다
只有提高就业率才能提振经济

UNIT 02 21세기 신성장동력 – 공유 경제
二十一世纪新增长动力——共享经济

UNIT 03 에너지 절약을 위한 인류의 노력
人类为节能所做的努力

UNIT 04 한국의 외자유치, 무엇이 문제인가?
韩国的"招商引资"问题何在?

UNIT 05 성 소수자를 바라보는 우리의 시선
对待跨性别者的态度

UNIT 06 디지털 치매
数码痴呆症

UNIT 07 이직에 대한 사회 인식의 변화
对跳槽的态度今非昔比

UNIT 08 시작된 '제조업 회귀', 우리는 준비되어 있는가?
美国的"制造业回岸",韩国是否已做好准备?

UNIT 09 기후변화, 어떻게 대처할 것인가?
如何应对气候变化?

UNIT 10 최고의 발명품, 최악의 발명품
最伟大的发明,最糟糕的发明

● 주어진 모든 문장을 자세한 설명과 함께 연습해 보는 단계

심화

UNIT 11 한국의 교육이 직면한 현실
韩国教育的现状

UNIT 12 시진핑이 구상하는 아시아 질서
习近平的亚洲新秩序

UNIT 13 서비스 산업 발전의 그늘 – 감정노동자
服务业发展的阴影——情绪劳动者

UNIT 14 인구절벽 – 출산율을 높여라!
人口悬崖——提高生育率!

UNIT 15 불황일수록 불티나는 명품
经济越萧条，奢侈品越热销

UNIT 16 스마트폰의 진실
智能手机的真面目

UNIT 17 한국 어린이의 행복지수
韩国儿童的幸福指数

UNIT 18 여성이 미래를 결정한다
女性决定未来

UNIT 19 불안한 세계, 탈출구는 어디?
动荡不安的世界，出路何在?

UNIT 20 난민문제, 바라만 보고 있을 것인가?
不该对难民问题坐视不管

UNIT 01

취업률을 높여야 경제가 산다

Track 2-1

경제협력개발기구(OECD) 국가는 출산율과 여성 취업률이 비례관계다. 취업률이 높을수록 출산율이 올라간다. 과거 두 변수의 관계는 반비례였다. 즉, 여성이 일하게 되면 아이를 낳지 않았다는 말이다. 하지만 불과 30년 만에 비례관계가 됐다. 선진국일수록 육아와 탁아에 대한 지원이 많다. 그 결과 여성이 일을 해도 마음 놓고 출산할 수 있다.

한국에서는 여성 인력의 90% 이상이 중소기업에서 일하는 것으로 나타났다. 그중 절반가량이 도소매 가게와 식당에서 일한다. 한국의 관련 법규에 따르면 일정 규모 이상의 사업장만 어린이집을 지을 수 있다. 따라서 식당이나 가게에서 일하는 여성들에게 어린이집 이용은 그림의 떡일 수밖에 없다. 이들 여성을 위해 육아와 탁아 지원을 확대해야 한다.

참고 단어 및 구문

한국어	중국어	병음
A해야만 B한다	只有A才B	zhǐyǒu A cái B
취업률	就业率	jiùyèlǜ
경제를 살리다	提振经济	tízhèn jīngjì
경제협력개발기구(OECD)	经合组织	jīnghé zǔzhī
출산율	生育率	shēngyùlǜ
비례하다	成正比	chéng zhèngbǐ
반비례하다	成反比	chéng fǎnbǐ
선진국	发达国家	fādá guójiā
탁아	保育	bǎoyù
지원	支援	zhīyuán
직장 여성	职场女性	zhíchǎng nǚxìng
중소기업	中小企业	zhōngxiǎo qǐyè
도소매	批发零售店	pīfā língshòudiàn
식당	饭店	fàndiàn
~에 따르면	依据	yījù
관련 법규	相关法规	xiāngguān fǎguī
규모	规模	guīmó
사업장	营业场所	yíngyè chǎngsuǒ
어린이집	幼儿园	yòu'éryuán
그림의 떡	可望不可即	kě wàng bù kě jí
확대하다	扩大	kuòdà

나만의 통번역 노트

1단계 한국어 문장을 의미 단위로 끊어 보세요.

2단계 한국어 문장을 중국어 어순(주+동+목) 구조로 바꿔 보세요.

3단계 활용해 보면 좋은 따페이, 구문, 성어를 적어 보세요.

4단계 번역해 보세요.

요점정리

문장별 연습

1. 경제협력개발기구(OECD) 국가는 출산율과 여성 취업률이 비례관계다. 취업률이 높을수록 출산율이 올라간다. 과거 두 변수의 관계는 반비례였다. 즉, 여성이 일하게 되면 아이를 낳지 않았다는 말이다. 하지만 불과 30년 만에 비례관계가 됐다.

↪ 目前，经合组织成员国的生育率与女性就业率成正比，就业率越高，生育率也越高。在过去，两者的关系是成反比的。也就是说，女性有了工作就不愿生育。30年后的今天，两者的关系由反比转为正比。

> OECD의 중국어 표현이 '经合组织'라는 것을 알아 두자. 이외에 중요한 국제기구 명칭은 아래의 '알아 두면 유용한 팁'에 정리해 두었으니 외우자. '비례하다'와 '반비례하다'라는 표현은 항상 'A와 B가 비례하다', 혹은 'A와 B가 반비례하다'라는 패턴이므로 'A与B成正比' 혹은 'A与B成反比'라고 표현한다. '취업률이 높을수록 출산율이 올라간다'는 '越A越B' 구문을 활용해서 '就业率越高，生育率也越高'라고 표현할 수 있다.

2. 선진국일수록 육아와 탁아에 대한 지원이 많다. 그 결과 여성이 일을 해도 마음 놓고 출산할 수 있다. 한국에서는 여성 인력의 90% 이상이 중소기업에서 일하는 것으로 나타났다. 그중 절반가량이 도소매 가게와 식당에서 일한다.

↪ 越是发达国家，保育支援越多，从而职场女性也能够放心生育。据悉，90%以上的韩国女性在中小企业里工作。其中，约有一半在批发零售店或饭店工作。

> '선진국일수록 육아와 탁아에 대한 지원이 많다' 역시 '越A越B' 구문을 활용해서 '越是发达国家，保育支援越多'로 표현할 수 있다. 한국어 원문에서 끝부분에 '~것으로 나타났다'라는 표현은 중국어로 '据悉'이고, 문장 맨 앞에 온다는 것을 꼭 알아 두자.

3. 한국의 관련 법규에 따르면 일정 규모 이상의 사업장만 어린이집을 지을 수 있다. 따라서 식당이나 가게에서 일하는 여성들에게 어린이집 이용은 그림의 떡일 수밖에 없다. 이들 여성을 위해 육아와 탁아 지원을 확대해야 한다.

↪ 并且，依据韩国的相关法规，只有一定规模以上的营业场所才需要建立职工幼儿园。对于在饭店或一般商店工作的女性来说，利用职工幼儿园"可望不可即"。因此，应该为这些女性扩大有关儿童的保育支援。

> '(법규 따위에) 따르다[근거하다]'라고 표현할 때는 '依据'를 쓴다. '일정 규모 이상의 사업장만 어린이집을 지을 수 있다'라는 문장을 보고 '只有……才……' 구문을 생각했다면 한중 번역에 감각이 있다고 할 수 있겠다. 그리고 '그림의 떡'이라는 표현은 '画饼充饥'라고 할 수 있지만 여기서는 의미상 '可望不可即'를 써 보는 것도 좋겠다.

只有提高就业率才能提振经济

Track 2-2

　　目前经合组织成员国的生育率与女性就业率成正比，就业率越高，生育率也越高。在过去，两者的关系是成反比的。也就是说，女性有了工作就不愿生育。30年后的今天，两者的关系由反比转为正比。越是发达国家，保育支援越多，从而职场女性也能够放心生育。

　　据悉，90%以上的韩国女性在中小企业里工作。其中，约有一半在批发零售店或饭店工作。并且，依据韩国的相关法规，只有一定规模以上的营业场所才需要建立职工幼儿园。对于在饭店或一般商店工作的女性来说，利用职工幼儿园"可望不可即"。因此，应该为这些女性扩大有关儿童的保育支援。

 알아 두면 유용한 팁 _ 국제기구 (1)

★ **경제협력개발기구(OECD)** 经济合作与发展组织
회원국 간 상호 정책 조정 및 협력을 통해 경제사회의 공동 발전을 모색하고, 세계 경제 문제에 공동 대처하기 위해 설립한 정부 간 정책 연구 및 협력 기구이다. 현재 회원국 수는 한국을 포함해 34개국에 이른다.

★ **석유수출기구(OPEC)** 欧佩克
1960년 9월 바그다드 회의에서 5대 석유수출국인 이란, 이라크, 사우디아라비아, 쿠웨이트, 베네수엘라가 국제 석유 자본에 대한 발언권 강화를 목적으로 결성한 기구이다. 국제 석유 가격 조정 및 회원국 간의 협력을 도모한다.

★ **동남아시아 국가연합(ASEAN)** 东盟10+3机制
ASEAN+3은 ASEAN 10개국과 한중일 3국을 의미하는 말이다. 1997년 12월 ASEAN은 창설 30주년 기념 정상회의에 한중일 3개국 정상을 동시 초청해 제1차 ASEAN+3 정상회의를 개최하였다. 이는 어느 한 국가의 힘만으로는 문제를 해결하기 어려워진 오늘날, 동남아시아와 동북아시아의 구분 없이 동아시아라는 한 울타리에서 상호 협력을 강화하기 위함이다.

UNIT 02

21세기 신성장동력 – 공유 경제

Track 2-3

　공유 경제가 차세대 성장 산업으로 주목받고 있다. 공유 경제는 기존 자원의 효율적 재활용이라는 측면에서 지속 가능한 성장을 위한 산업이며, 대규모 투자 없이 즉각적으로 활성화가 가능하다는 점에서 정부나 지방자치단체들에 최적의 가치를 제공할 수 있다.

　실질적으로 숙박 공유의 경우 개인의 소득 창출 효과도 있지만 지역 경제에 미치는 효과가 탁월한 것으로 나타나고 있다. 주요 관광지에만 집중됐던 관광객이 더 넓게 분포되면서 지역별 소비가 늘어나는 효과가 있다. 또한 호텔에 비해 저렴한 가격으로 방을 빌리기 때문에 방문객의 체류 기간도 더 늘어난다고 하니 일석삼조라 할 수 있다. 이러한 공유의 문화는 새로운 현상이 아니다. 예전부터 우리 사회에 늘 존재해 왔던 문화다.

참고 단어 및 구문

신성장동력 新增长动力 xīn zēngzhǎng dònglì
공유 경제 共享经济 gòngxiǎng jīngjì
각광받다, 주목받다 备受关注 bèishòu guānzhù
효과적으로 이용하다 有效利用 yǒuxiào lìyòng
지속 가능한 발전을 실현하다
实现可持续发展 shíxiàn kěchíxù fāzhǎn
시장을 활성화하다 激活市场 jīhuó shìchǎng
소득을 늘리다 增加收入 zēngjiā shōurù
A에 이익을 가져오다 给A带来利益 gěi A dàilái lìyì
A에 집중되다 集中于A jízhōngyú A

분산하다 分散 fēnsàn
호텔 酒店 jiǔdiàn
~와 비교하다 与……相比 yǔ……xiāngbǐ
임대하다 租房 zūfáng
체류 기간을 연장하다 延长滞留时间
yáncháng zhìliú shíjiān
~라 할만하다 可谓 kěwèi
일석삼조 一石三鸟 yīshí-sānniǎo
A가 아니라 B이다 不是A，而是B búshì A, érshì B
줄곧, 내내 一直 yìzhí

나만의 통번역 노트

1단계 한국어 문장을 의미 단위로 끊어 보세요.

2단계 한국어 문장을 중국어 어순(주+동+목) 구조로 바꿔 보세요.

3단계 활용해 보면 좋은 따페이, 구문, 성어를 적어 보세요.

4단계 번역해 보세요.

요점정리

문장별 연습

1. 공유 경제가 차세대 성장 산업으로 주목받고 있다. 공유 경제는 기존 자원의 효율적 재활용이라는 측면에서 지속 가능한 성장을 위한 산업이며, 대규모 투자 없이 즉각적으로 활성화가 가능하다는 점에서 정부나 지방자치단체들에 최적의 가치를 제공할 수 있다.

   ↳ 作为新一代增长产业，"共享经济"备受关注。从有效利用现有资源这一方面来看，"共享经济"属于能够实现可持续发展的产业，从无需大规模投资即可激活相关市场这一方面来看，"共享经济"能够给政府和地方政府提供最大价值。

   > '차세대 성장 산업으로서'라는 표현은 '作为'를 쓰고 뒤에 '공유 경제(共享经济)'를 주어로 쓴다. 물론 응용해서 주어를 앞으로 뺀 문장을 만들 수도 있다. '从……来看'은 '~입장에서 봤을 때'란 뜻이다. '지속 가능한 성장을 위한 산업이다'를 중국어로 번역할 때 동사는 '是'보다 '属于'가 더 적절하다. '지속 가능한 성장'의 중국어 표현인 '可持续发展'은 꼭 외워 두자.

2. 실질적으로 숙박 공유의 경우 개인의 소득 창출 효과도 있지만 지역 경제에 미치는 효과가 탁월한 것으로 나타나고 있다. 주요 관광지에만 집중됐던 관광객이 더 넓게 분포되면서 지역별 소비가 늘어나는 효과가 있다.

   ↳ 实际上，"住房共享"不仅能够增加个人收入，还能够给地区经济带来显著利益。随着曾集中于主要旅游地的游客们被分散到更多的地区，各地区的消费也随之增加。

   > '给……带来……利益'는 유용한 따페이이므로 외워 두고 자주 활용해 보도록 하자. 유사한 표현으로 '给……带来……好处', '对……产生……积极影响' 등이 있다.

3. 또한 호텔에 비해 저렴한 가격으로 방을 빌리기 때문에 방문객의 체류 기간도 더 늘어난다고 하니 일석삼조라 할 수 있다. 이러한 공유의 문화는 새로운 현상이 아니다. 예전부터 우리 사회에 늘 존재해 왔던 문화다.

   ↳ 此外，与酒店相比，游客可以用更低的价格租房，从而能够延长滞留时间，可谓"一石三鸟"。这种"共享"文化并不是新的现象，而是韩国社会一直都存在的文化。

   > 이 문장은 '此外，游客可以用低于酒店价格的费用来租房，滞留时间也会随之延长，……。'이라고 바꿔 볼 수 있다. '~라고 할 수 있겠다'는 중국어로 '可谓'를 쓰면 좋고 '일석삼조'는 '一举三得' 또는 '一箭三雕'라고 할 수 있다.

二十一世纪新增长动力——共享经济

Track 2-4

　　"共享经济"作为新一代增长产业，备受关注。从有效利用现有资源这一方面来看，"共享经济"属于能够实现可持续发展的产业，从无需大规模投资即可激活相关市场这一方面来看，"共享经济"能够给政府和地方政府提供最大价值。

　　实际上，"住房共享"不仅能够增加个人收入，还能够给地区经济带来显著利益。随着曾集中于主要旅游地的游客们被分散到更多的地区，各地区的消费也随之增加。此外，与酒店相比，游客可以用更低的价格租房，从而能够延长滞留时间，可谓"一石三鸟"。这种"共享"文化并不是新的现象，而是韩国社会一直都存在的文化。

 알아 두면 유용한 팁 _ 국제기구 (2)

★ **국제원자력기구(IAEA) 国际原子能机构**
　　원자력의 평화적 이용과 경제성·안전성 제고를 위한 국제적 협력을 목적으로 하는 국제기구이다. 원자력 기술에 관련된 정보교환이나 지원 외에도 1970년에 발효된 NPT(핵확산금지조약)에 의거해 핵무기 비보유국이 핵연료를 군사적으로 악용하지 않도록 핵물질 관리실태를 점검하고 현지에서 직접 사찰할 수 있는 권리를 지닌다.

★ **세계무역기구(WTO) 世界贸易组织**
　　무역자유화를 통해 전 세계 경제 발전을 목적으로 하는 국제기구로, 본부는 스위스 제네바에 위치하고 있다. 1995년 1월 1일 정식으로 출범했다. GATT(관세 및 무역에 관한 일반협정) 체제를 대신하여 국제무역질서를 바로 세우고 우루과이라운드(UR) 협정의 이행을 감시하는 것이 주요 역할이지만, GATT에는 포함되지 않던 세계무역분쟁 조정, 관세인하 요구, 반덤핑 규제 등의 권한과 구속력을 행사하고 있다.

★ **아시아태평양경제협력기구(APEC) 亚太经济合作组织**
　　아시아-태평양 연안 국가들의 지역경제공동체로, 아태 지역 각국의 원활한 정책과 협의를 그 목적으로 한다. 토론 형식으로 협의가 진행되고 의사 결정은 컨센서스 방식에 따른다. 또 비구속적 이행이 원칙으로, 회원국의 자발적 참여와 이행을 중시한다. 사무국은 싱가포르에 위치하며 매년 각기 다른 회원국에서 정상회의가 개최된다.

UNIT 03

에너지 절약을 위한 인류의 노력

Track 2-5

최근에 세계 최초로 에너지 제로 건물이 탄생했다. 1972년에 세워진 건물이 지속 가능한 건물로 재탄생해 건설회사 DPR의 새 본부가 되었다. 원래 상가였던 이 건물은 외부 기온이 37℃ 이상일 때도 건물의 내부는 상대적으로 시원한 26℃를 유지한다.

이 건물의 에너지 소비는 실시간으로 모니터링된다. 환기와 온도 유지를 돕기 위해 자동으로 닫히는 87개의 유리창이 제어 시스템을 통해 관리되며, 지역 기후와 건물의 위치 때문에 빗물을 받아 활용해 건물을 시원하게 만드는 것이 가능하다. 이 건물의 설계 팀장은 "우리는 40년 된 건물을 가지고 완전히 새로운 에너지 제로 건물을 만들었다. 이 프로젝트는 사막 환경에서 지속 가능한 건물을 지을 수 있음을 증명한다"고 말했다.

참고 단어 및 구문

에너지 절약 节能 jiénéng
~를 위해 노력하다 为……做出努力 wèi……zuòchū nǔlì
채 [건물을 세는 양사] 座 zuò
에너지 제로 零能耗 líng nénghào
건축물 建筑 jiànzhù
탄생하다 诞生 dànshēng
개조되다 被改造为 bèi gǎizàowéi
상가 건물 商厦 shāngshà
유지하다 维持 wéichí
시원하다 凉爽 liángshuǎng
소모하다 消耗 xiāohào
실시간 모니터링하다 实时监控 shíshí jiānkòng
통풍 通风 tōngfēng

실내 온도 室内温度 shìnèi wēndù
감시 및 통제 시스템 监控系统 jiānkòng xìtǒng
짝 [문, 창문 등을 세는 양사] 扇 shàn
유리창 玻璃窗 bōlíchuāng
빗물 雨水 yǔshuǐ
온도를 낮추다 降温 jiàngwēn
책임자, 담당자 负责人 fùzérén
수명 寿命 shòumìng
오래된, 낡은 旧 jiù
프로젝트 项目 xiàngmù
증명하다 证明 zhèngmíng
사막 沙漠 shāmò

나만의 통번역 노트

1단계 한국어 문장을 의미 단위로 끊어 보세요.

2단계 한국어 문장을 중국어 어순(주+동+목) 구조로 바꿔 보세요.

3단계 활용해 보면 좋은 따페이, 구문, 성어를 적어 보세요.

4단계 번역해 보세요.

📓 **요점정리**

📝 문장별 연습

1. 최근에 세계 최초로 에너지 제로 건물이 탄생했다. 1972년에 세워진 건물이 지속 가능한 건물로 재탄생해 건설회사 DPR의 새 본부가 되었다.

> 最近，世界首座零能耗建筑诞生。1972年建成的这一建筑被改造为可持续建筑，目前是建筑公司DPR的新办公楼。
>
> '재탄생하다'라는 표현을 두고 고민 많이 했을 것이다. 만약 '再诞生'이라고 했다면 너무 직역한 표현이다. 사람이 아니라 건물이므로 '改造'라고 하면 좋겠고, 사람에 의해 재탄생 되었으니 피동문을 쓰자.

2. 원래 상가였던 이 건물은 외부 기온이 37℃ 이상일 때도 건물의 내부는 상대적으로 시원한 26℃를 유지한다.

> 这一建筑曾是一座商厦，外部温度超过37度时，内部也维持在相对凉爽的26度。
>
> '원래'라는 표현은 부사 '原来'를 사용할 수도 있지만 '曾'을 써서 그 의미를 살릴 수 있다. '유지하다'는 '维持'이고 목적어 '26度'가 뒤에 온다.

3. 이 건물의 에너지 소비는 실시간으로 모니터링된다. 환기와 온도 유지를 돕기 위해 자동으로 닫히는 87개의 유리창이 제어 시스템을 통해 관리되며, 지역 기후와 건물의 위치 때문에 빗물을 받아 활용해 건물을 시원하게 만드는 것이 가능하다.

> 该建筑所消耗的能源被实时监控。为了通风并维持室内温度，监控系统管理着能够自动开关的87扇玻璃窗。由于当地气候以及该建筑的位置，可以利用雨水给建筑降温。
>
> '제어 시스템'을 주어로 잡고 '관리'를 동사로 잡아 '주+동+목+ 구조인 '监控系统管理着……'라고 하면 문장 만들기가 훨씬 수월하다. 앞으로 한중 번역을 할 때는 한국어 문장에 너무 집착하지 말고 어떻게 하면 좀 더 자연스러운 중국어 표현을 만들 수 있을 것인가를 고민하길 바란다. 어순을 바꾸어도 좋고, 품사를 바꾸어도 좋고, 없는 표현을 넣어서 문장을 만들어도 좋다. 혹은 한국어에 있는 표현을 번역문에서는 생략하는 것도 가능하니 이 점을 염두에 두고 많이 연습해 보자.

4. 이 건물의 설계 팀장은 "우리는 40년 된 건물을 가지고 완전히 새로운 에너지 제로 건물을 만들었다. 이 프로젝트는 사막 환경에서 지속 가능한 건물을 지을 수 있음을 증명한다"고 말했다.

> 该建筑的设计部负责人称："我们可以把已有40年寿命的旧建筑改造为新的零能耗建筑，该项目证明了我们在沙漠里也能够建造可持续建筑。"
>
> '把A改造为B'를 활용하면 간단하게 해결되는 문장이다. '언제쯤이면 이런 따페이가 바로 떠오를 수 있을까?'라는 생각이 들 수도 있다. 너무 실망하지 말고 지금부터 차근차근 따페이들을 많이 외우면 여러분도 반드시 실력자가 될 수 있다.

人类为节能所做的努力

Track 2-6

　　最近，世界首座零能耗建筑诞生。1972年建成的这一建筑被改造为可持续建筑，目前是建筑公司DPR的新办公楼。这一建筑曾是一座商厦，外部温度超过37度时，内部也维持在相对凉爽的26度。

　　该建筑所消耗的能源被实时监控。为了通风并维持室内温度，监控系统管理着能够自动开关的87扇玻璃窗。由于当地气候以及该建筑的位置，可以利用雨水给建筑降温。该建筑的设计部负责人称：“我们可以把已有40年寿命的旧建筑改造为新的零能耗建筑，该项目证明了我们在沙漠里也能够建造可持续建筑。”

 알아 두면 유용한 팁 _ 국제기구 (3)

★ **유엔 안전보장이사회 联合国安理会**
국제 평화와 안전 유지에 1차적 책임을 지는 국제연합(UN)의 주요기관이다. 5개의 상임이사국(미국, 영국, 프랑스, 러시아, 중국)과 10개의 비상임이사국으로 구성된다. 흔히 줄여서 '안보리'라고 부른다. 안보리는 국제 평화를 위협하는 분쟁을 조정하거나 해결방안을 권고할 수 있으며, 강제적이고 적극적인 개입을 할 수 있는 권리를 지니고 있다.

★ **아시아인프라투자은행(AIIB) 亚洲基础设施投资银行**
미국과 일본이 주도하는 세계은행과 아시아개발은행(ADB) 등에 대항하기 위해 중국 주도로 설립된 은행이다. 2013년 10월 시진핑 중국 국가주석이 아시아를 순방하던 중 공식 제안하였고, 이후 한국 및 유럽과 동남아 각국이 참여하여 2016년 1월 16일 공식 출범하였다. 미국과 일본은 이에 참여하지 않는다. 중국의 일대일로(一带一路) 구상을 실현하는 수단 중 하나이며 이를 통해 중국뿐만 아니라 한국 역시 큰 경제적 이익을 얻을 수 있을 것으로 예상되고 있다. 본부는 중국 베이징에 위치하고 있다.

★ **아시아개발은행(ADB) 亚洲开发银行**
아시아 태평양 지역의 경제성장 및 경제협력 촉진과 역내 개발도상국가들의 경제개발 지원을 위해 1966년 8월 설립된 은행이다. 한국과 일본, 필리핀 등 31개국이 참여하고 있고 사실상 일본이 주도하고 있다. 아시아개발은행의 주요 목적은 아시아 지역 내의 개발 및 투자를 촉진하고 지역개발을 위한 정책과 계획을 조정하며, 기술을 원조·제공하고 국제기구와 협력하는 것이다.

★ **유엔 교육과학 문화기구(UNESCO) 联合国教科文组织**
교육, 과학, 문화의 보급 및 교류를 통한 국가 간 협력 증진을 목적으로 설립된 국제연합 전문기구이다. 주요 활동으로는 문맹퇴치, 초등 의무교육의 보급, 각 분야 문제에 관한 연구 및 분석, 개발도상국의 통신·정보 시설 지원, 언론인 육성 지원, 세계문화유산 지정 및 보존 지원, 세계 각국의 독자성 있는 전통문화 보존 지원 등이 있다.

UNIT 04

한국의 외자유치, 무엇이 문제인가?

Track 2-7

싱가포르는 이미 1961년 경제개발청(EDB)을 설립해 외국인 투자 인허가와 원스톱 서비스를 일사불란하게 제공하고 있다. 반면 한국의 투자 매력은 개선될 기미가 보이지 않는다. 수도권 규제 등의 과도한 기업 규제는 여전하고 노사관계도 나아지지 않는 데다 행정 지원 시스템까지 미흡한데 누가 한국에 투자한다고 나서겠는가.

특히 중앙정부와 지자체가 외국인 투자 관련 인허가권을 각각 가지다 보니 서로 손발이 맞지 않기 일쑤다. 정부부처 간 이해관계 조율도 제대로 되지 않는 경우가 비일비재하다. 사정이 이렇다 보니 무산된 외국인 투자 유치가 셀 수 없을 만큼 많다. 이런 상황이 지속되는 한 외국인 투자 유치는커녕 국내 투자수요마저 해외로 빠져나갈 것이다.

참고 단어 및 구문

한국어	중국어	병음
외부에서 투자를 유치하다	招商引资	zhāoshāng yǐnzī
문제가 어디에 있나	问题何在	wèntí hézài
싱가포르	新加坡	Xīnjiāpō
A에게 서비스를 제공하다 为A提供服务		wèi A tígōng fúwù
원스톱 서비스	一条龙服务	yìtiáolóng fúwù
질서 정연하다	井然有序	jǐngrán yǒuxù
반면	与此相比	yǔ cǐ xiāngbǐ
환경	环境	huánjìng
조짐, 기미, 흔적	迹象	jìxiàng
수도권	首都圈	shǒudūquān
A와 관계가 있다	与A有关	yǔ A yǒuguān
규제	规制	guīzhì
여전히 ~하다	依然	yīrán
노사관계	劳资关系	láozī guānxì
아직 ~하지 않다	尚未	shàngwèi
개선되다	得到改善	dédào gǎishàn
지원(하다)	扶持	fúchí
바라다, 희망하다	愿	yuàn
중앙정부	中央政府	zhōngyāng zhèngfǔ
지자체, 지방 정부	地方政府	dìfāng zhèngfǔ
심사권[비준권]을 지니다	具备审批权	jùbèi shěnpīquán
의견이 불일치하다	意见不一致	yìjiàn bùyízhì
이해관계	利害关系	lìhài guānxì
조정하다, 중재하다	调解	tiáojiě
물거품이 되다	化为泡影	huà wéi pàoyǐng
외국인 투자	外商投资	wàishāng tóuzī
이런 식으로 나간다면	长此以往	chángcǐ-yǐwǎng
외자를 유치하다	吸引外资	xīyǐn wàizī
A는 커녕 B조차 ~하다 别说A, 连B也		biéshuō A, lián B yě
수요	需求	xūqiú
끊임없이	不断	búduàn
외부로 유출되다	外流	wàiliú

나만의 통번역 노트

1단계 한국어 문장을 의미 단위로 끊어 보세요.

2단계 한국어 문장을 중국어 어순(주+동+목) 구조로 바꿔 보세요.

3단계 활용해 보면 좋은 따페이, 구문, 성어를 적어 보세요.

4단계 번역해 보세요.

요점정리

문장별 연습

1. 싱가포르는 이미 1961년 경제개발청(EDB)을 설립해 외국인 투자 인허가와 원스톱 서비스를 일사 불란하게 제공하고 있다.

↳ 新加坡早在1961年就设立了经济开发厅，为外商投资提供审批服务和"一条龙"服务，确保各项工作井然有序。

'~를 제공하다'라는 동사가 나오면 반사적으로 '为……提供+목적어' 따페이를 활용해야겠다고 생각하자. '원스톱 서비스'라는 단어를 몰라도 그 의미를 살릴 수 있는 표현이라면 인용 부호(" ")를 사용해서 표현하면 된다. '一条龙服务' 이외에도 '一站式服务'라든지 '一揽子服务'도 활용해 볼 수 있다.

2. 반면 한국의 투자 매력은 개선될 기미가 보이지 않는다. 수도권 규제 등의 과도한 기업 규제는 여전 하고 노사관계도 나아지지 않는 데다 행정 지원 시스템까지 미흡한데 누가 한국에 투자한다고 나서 겠는가.

↳ 与此相比，韩国的投资环境没有任何改善的迹象。与首都圈有关的规制等对企业的过度限制依然存在，劳资关系尚未得到改善，行政扶持体系尚不完善，谁愿来韩投资？

'반면'이라는 한국어 표현이 나오면 많은 학생들이 '反面'이라고 하기 쉬운데, 중국어와 한국어의 의미가 다른 표현들이 있다는 것을 주의하자. 예를 들면 한국어로 '소 잃고 외양간 고치다'라는 표현은 '어떤 일이 벌어지고 난 뒤에 뒷북치다'라는 의미이지만, 중국어로 '亡羊补牢'는 '소 잃고 외양간을 고쳐도 늦지 않다'라는 뜻으로 그 의미하는 바가 다르다. '反面'도 마찬가지다. 한국어로 '반면', '반면에'는 중국어로 '与此相比'가 가장 적당한 표현이다. 마지막으로 '기업 규제'란 표현은 '企业的限制'라고 번역하기 쉽다. '기업에 대한 규제'란 의미이므로 반드시 '对'를 넣어서 '对企业的限制'라고 해야 함을 기억하자.

3. 특히 중앙정부와 지자체가 외국인 투자 관련 인허가권을 각각 가지다 보니 서로 손발이 맞지 않기 일쑤다. 정부부처 간 이해관계 조율도 제대로 되지 않는 경우가 비일비재하다.

↳ 尤其是，中央政府和地方政府均具备与外国人投资有关的审批权，经常出现意见不一致的情况。政府部门之间的利害关系未能得到调解的情况也很多。

'특히'라고 하면 상당수 학생들이 '特别'라고 번역한다. 하지만 '特别'는 '특별하다'라는 뜻의 서술어이다. 예를 들면 '그 사람은 특별해'는 '他很特别'라고 표현한다. 부사 '특히'는 중국어로 '尤其'가 자연스럽다. 그리고 '모두'라고 하면 '都'를 쓴다고 배웠다. 물론 맞다! 하지만 서면어에서는 '都' 대신 '均'을 쓴다는 것을 알아 두자. '서로 손발이 맞지 않기 일쑤다'라는 문장을 번역할 때 정말로 '손과 발'이라는 단어를 넣어서 만드는 것은 초급자다. 이 문장이 의미하는 바는 '의견이 맞지 않는다'이기 때문에 '意见不一致'를 쓰는 것이 훨씬 좋은 표현이고, '互不配合', '不合拍'란 표현도 써 볼 수 있다.

4. 사정이 이렇다 보니 무산된 외국인 투자 유치가 셀 수 없을 만큼 많다. 이런 상황이 지속되는 한 외 국인 투자 유치는커녕 국내 투자수요마저 해외로 빠져나갈 것이다.

↳ 在这种情况下，"化为泡影"的外商投资事例不胜枚举。长此以往，别说吸引外资，就连国内投资需求也将不断外流。

'사정이 이렇다 보니'는 중국어로 '在这种情况下'라고 공식처럼 외워 두면 편하다. 또 '셀 수 없을 만큼 많다'라는 뜻의 성어는 '不胜枚举' 말고도 '数不胜数'도 있으니 같이 외워 두자. '~하기는커녕 ~하다'는 관용적으로 '别说A，连B也'를 쓰면 의미를 잘 살릴 수 있다.

 참고 번역

韩国的"招商引资"问题何在?

　　新加坡早在1961年就设立了经济开发厅,为外商投资提供审批服务和"一条龙"服务,确保各项工作井然有序。与此相比,韩国的投资环境没有任何改善的迹象。与首都圈有关的规制等对企业的过度限制依然存在,劳资关系尚未得到改善,行政扶持体系尚不完善,谁愿来韩投资?

　　尤其是,中央政府和地方政府均具备与外国人投资有关的审批权,经常出现意见不一致的情况。政府部门之间的利害关系未能得到调解的情况也很多。在这种情况下,"化为泡影"的外商投资事例不胜枚举。长此以往,别说吸引外资,就连国内投资需求也将不断外流。

알아 두면 유용한 팁 _ 정치 공통 (1)

★ **신형대국관계 新型大国关系**
상호 존중과 협력을 바탕으로 하는 파트너 관계로, 기존 강대국과 새로운 강대국 사이의 상호 충돌을 해결하는 새로운 방식이다. 2012년 5월 3일, 베이징에서 열렸던 '미중전략경제대화' 기간에 제시되었다. 현재 중국이 내걸고 있는 외교 슬로건으로, 중국 측에서는 이를 이루기 위해 미중 양측간의 부단한 노력이 필요하다고 주장하고 있다.

★ **소프트 파워 软实力**
하버드 대학의 조지프 나이 교수가 처음으로 주장한 것으로, 군사력이 아닌 교육, 예술, 학문과 같은 문화가 행사하는 영향력을 뜻하는데, 21C는 소프트 파워가 주도하는 시대가 될 것이라고 전망된다.

★ **하드 파워 硬实力**
소프트 파워와 반대되는 개념으로, 군사력, 경제력 따위를 행사하여 상대방의 행동을 바꾸거나 저지할 수 있는 힘을 말한다.

★ **스마트 파워 巧实力**
버락 오바마 미국 행정부가 내세운 외교 기조이다. 하드 파워와 소프트 파워를 적절하게 조화시킨 외교 전략을 말한다.

★ **공공외교 公共外交**
소프트 파워(软实力) 개념에서 나온 외교 전략이다. 다양한 소프트 파워 기제를 활용하여 외국 대중들에게 직접 다가가 긍정적인 이미지를 만드는 것으로 정부 간에만 진행되던 전통적 외교와 대비된다.

UNIT 05

성 소수자를 바라보는 우리의 시선

🎧 Track 2-9

　한국에서 트랜스젠더로 살아남으려면 하리수처럼 보통 여자보다 더 여자답고 아름다워야 한다. 저렇게 예쁘니까 당연히 성전환을 해야 한다고 인정하는 것이다. 그러나 못생긴 트랜스젠더에 대해 우리 사회는 냉혹하기만 하다. 게다가 직업을 구하기 힘든 것은 보통 문제가 아니다. 경제적 어려움에 시달릴 때 성 소수자의 삶을 다루겠다는 케이블 TV의 출연 요청은 뿌리치기 힘들 것이다.

　사회에서 완전히 밀려난 성 소수자, 에이즈 감염인, 장애인 등의 삶이 이들에게는 좋은 먹잇감이다. 허울은 소수자의 인권을 생각하는 드라마를 만들겠다는 것이지만 이들이 정작 관심을 갖는 것은 언제 첫 남자를 만났는지, 언제 배신을 당했는지, 그러면서 어떻게 타락했는지에 대한 내용뿐이다.

💡 참고 단어 및 구문

대하다, 대처하다 对待 duìdài
성 소수자 跨性别者 kuà xìngbiézhě
트랜스젠더 变性人 biànxìngrén
~의 신분으로 以……身份 yǐ……shēnfen
살아남다 生存下去 shēngcún xiàqù
여성스럽다 有女人味儿 yǒu nǚrén wèir
출중하다 出众 chūzhòng
성전환 수술을 하다 做变性手术 zuò biànxìng shǒushù
못생기다 长相难看 zhǎngxiàng nánkàn
A의 입장에서 말하자면 对于A来说 duìyú A láishuō
잔혹하다, 잔인하다, 냉혹하다 残酷 cánkù
요청을 거절하다 拒绝邀请 jùjué yāoqǐng
방송국 电视台 diànshìtái

대중매체 媒体 méitǐ
사회에서 소외되다 在社会上被边缘化 zài shèhuì shang bèi biānyuánhuà
에이즈(AIDS) 艾滋病 àizībìng
장애인 残疾人 cánjírén
(방송이나 예술의) 소재 素材 sùcái
표면적으로 보면 从表面上来看 cóng biǎomiàn shang láikàn
인권 人权 rénquán
드라마를 제작하다 制作电视剧 zhìzuò diànshìjù
첫사랑 初恋 chūliàn
배신당하다 遭遇背叛 zāoyù bèipàn
타락하다 堕落 duòluò

나만의 통번역 노트

1단계 한국어 문장을 의미 단위로 끊어 보세요.

2단계 한국어 문장을 중국어 어순(주+동+목) 구조로 바꿔 보세요.

3단계 활용해 보면 좋은 따페이, 구문, 성어를 적어 보세요.

4단계 번역해 보세요.

요점정리

문장별 연습

1. 한국에서 트랜스젠더로 살아남으려면 하리수처럼 보통 여자보다 더 여자답고 아름다워야 한다.

↪ 在韩国，若想以变性人的身份生存下去，就需要像河莉秀那样比普通女性更有女人味儿、更出众。

'트랜스젠더로 살아남으려면'을 번역할 때 많은 학생들이 아마 '作为'를 떠올렸다가 문장 수습이 안 돼서 당황했을 것이다. 여기서는 '以……身份'을 써야 한다. '作为'를 쓰면 주어가 뒤 문장에 와야 한다. 예를 들면 '경제대국으로서 중국은 마땅히 ~해야 한다'를 중국어로 하면 '作为经济大国，中国应该……'인데, 주어인 '중국'이 뒤에 이어지고 있음을 볼 수 있다. 하지만 '트랜스젠더로 살아남으려면'은 뒤에 주어가 아닌 동사 '生存下去'가 오기 때문에 '以……身份'을 쓰는 것이 맞다.

2. 저렇게 예쁘니까 당연히 성전환을 해야 한다고 인정하는 것이다. 그러나 못생긴 트랜스젠더에 대해 우리 사회는 냉혹하기만 하다.

↪ 因为人们认为像她那么漂亮的人做变性手术是可以理解的。然而，对于长相难看的变性人来说，韩国社会很残酷。

'못생긴 트랜스젠더에 대해'처럼 '~에 대해', '~입장에서 보자면'을 번역할 때는 '对(于)……来说'를 쓴다는 것을 외워두고 비슷한 표현인 '就……而言'도 같이 정리해 두자.

3. 게다가 직업을 구하기 힘든 것은 보통 문제가 아니다. 경제적 어려움에 시달릴 때 성 소수자의 삶을 다루겠다는 케이블 TV의 출연 요청은 뿌리치기 힘들 것이다.

↪ 对于他们来说，就业非常难，在经济困难的时候，很难拒绝记录性少数者生活的电视台的邀请。

첫 문장에서 주어가 생략되어 있는 원문을 그대로 중국어로 번역하면 표현이 이상해진다. 이럴 때는 생략된 주어를 찾아 넣어 주는 센스도 필요하다. '对于他们来说'를 넣으면 중국어로 매우 자연스럽게 이어진다.

4. 사회에서 완전히 밀려난 성 소수자, 에이즈 감염인, 장애인 등의 삶이 이들에게는 좋은 먹잇감이다.

↪ 对于媒体来说，在社会上被彻底边缘化的变性人、艾滋病感染者、残疾人等的生活都是很好的素材。

'밀려난', '소외되다'라는 표현을 중국어로 '被边缘化'라고 한다. 외워 두자. '먹잇감'이라는 표현도 고민했겠지만 역시 문맥에 맞게 '소재' 정도로 번역하는 것이 훨씬 자연스러운 중국어 표현이 된다.

5. 허울은 소수자의 인권을 생각하는 드라마를 만들겠다는 것이지만 이들이 정작 관심을 갖는 것은 언제 첫 남자를 만났는지, 언제 배신을 당했는지, 그러면서 어떻게 타락했는지에 대한 내용뿐이다.

↪ 从表面上来看，他们为少数者的人权制作电视剧，但实际上，他们真正关注的是受访者的初恋、什么时候遭遇背叛以及如何堕落。

'허울'이라는 표현은 결국 '겉으로는'이라는 의미이다. 그러므로 '从表面上来看' 정도로 번역하면 좋겠다. '허울'이라는 단어는 잘 몰라도 '从表面上来看'은 익숙한 표현이다. 이렇듯 한국어 표현이나 단어에 집착하지 말고 쉬운 중국어 표현을 고민해 보도록!

对待跨性别者的态度

Track 2-10

在韩国，若想以变性人的身份生存下去，就需要像河莉秀那样比普通女性更有女人味儿、更出众。因为人们认为像她那么漂亮的人做变性手术是可以理解的。然而，对于长相难看的变性人来说，韩国社会很残酷。对于他们来说，就业非常难，在经济困难的时候，很难拒绝记录性少数者生活的电视台的邀请。

对于媒体来说，在社会上被彻底边缘化的变性人、艾滋病感染者、残疾人等的生活都是很好的素材。从表面上来看，他们为少数者的人权制作电视剧，但实际上，他们真正关注的是受访者的初恋、什么时候遭遇背叛以及如何堕落。

 알아 두면 유용한 팁 _ 정치·공통 (2)

★ 포퓰리즘 民粹主义
정책의 현실성이나 가치판단 등 본래의 목적을 외면하고 대중들의 인기에만 영합하여 목적을 달성하려는 정치 행태를 말한다. 정치가들이 선거 기간에 정권 획득을 위해 유권자들에게 비합리적이거나 비현실적인 정책을 남발하는 것을 가리키며, 대표적인 사례로는 그리스의 과도한 복지, 아르헨티나의 페론 정권 등을 꼽을 수 있다.

★ 단극화/양극화/다극화 单极化/两极化/多极化
국제 관계에서 하나의 강국이 패권을 잡고 있는 것을 단극화, 두 강국이 패권을 쥐고 있는 것을 양극화라고 한다. 냉전체제가 유지되고 있던 시대의 세계는 소련과 미국 두 강대국으로 이루어진 양극화 체제로 흘러가고 있었다. 그러나 냉전체제가 붕괴되고 세계는 중국, 일본 등 여러 국가들이 목소리를 내기 시작하며 다극화 현상이 나타나게 되었다.

★ 보아오 포럼 博鳌亚洲论坛
매년 4월 중국 하이난다오(海南岛) 충하이(琼海) 보아오(博鳌)에서 개최되는 비정부·비영리 지역경제 포럼을 말한다. 아시아 국가 간의 협력과 교류를 통한 경제발전이 그 목적이며, 아시아판 다보스 포럼이라고도 불린다. 아시아 각국의 사회 발전, 인적자본, 사회기반시설, 거시경제의 견고성 등 각 분야를 점수화해 경쟁력 순위를 발표하기도 한다.

★ 치앙마이 이니셔티브 清迈倡议
2000년 5월 태국 치앙마이에서 개최된 동남아시아 국가연합(ASEAN)과 한중일 재무장관 회의에서 역내 외환위기 발생을 방지하기 위하여 체결한 통화교환협정을 말한다. 동남아시아 각국 중앙은행 간에 통화 스와프가 원활히 이루어지도록 네트워크를 구축하자는 것이 주 내용이다. 2000년 협정 체결 당시 ASEAN 5개국과 한중일 3국이 780억 달러 규모의 상호지원을 합의하였고 이후 나머지 ASEAN 회원국들도 참여하여 공동기금이 1,200억 달러까지 확대되었다.

UNIT 06

디지털 치매

🎧 Track 2-11

　스마트폰의 급격한 보급은 통신사의 보조금 전쟁이나 잦은 새 제품 출시에서 원인을 찾아야겠지만, 한국인 특유의 '빨리빨리' 문화와 스마트폰의 궁합이 잘 맞았기 때문으로 보인다. 하지만 빠른 속도, 다양한 콘텐츠 뒤에는 심각한 그늘이 있다. 통신비는 그렇다고 쳐도, '스마트폰 폐인'이란 얘기가 나올 정도로 심각한 모바일 중독 현상은 우려한 수준을 뛰어넘고 있다.

　무엇보다 청소년들의 스마트폰 중독은 심각하다. 청소년들의 스마트폰 중독 폐해는 여러 가지가 있지만 가장 심각한 것은 제대로 된 인간관계를 맺을 수 없다는 점이다. 스마트폰 게임이나 채팅에 빠지면 올바른 인간관계 형성이나 지적 성장에 문제가 생긴다. 스마트폰이 없으면 안절부절 못하고 화를 내는 금단증세를 보이고 만성피로감을 호소하거나, 기억력과 집중력이 떨어지는 '디지털 치매' 증상도 나타난다.

💡 참고 단어 및 구문

한국어	중국어	병음
디지털 치매	数码痴呆症	shùmǎ chīdāizhèng
스마트폰	智能手机	zhìnéng shǒujī
보급	普及	pǔjí
통신사	通讯商	tōngxùnshāng
보조금	补贴	bǔtiē
출시하다	问世	wènshì
궁합이 잘 맞다, 부합하다	符合	fúhé
빨리빨리 문화	快节奏文化	kuài jiézòu wénhuà
빠른 속도	超快的速度	chāokuài de sùdù
콘텐츠	内容	nèiróng
걱정거리	隐患	yǐnhuàn
그렇다 치다	先不说	xiān bùshuō
통신비	话费	huàfèi
중독되다	成瘾	chéngyǐn
폐인	废人	fèirén
인간관계를 맺다	形成人际关系	xíngchéng rénjì guānxi
빠지다	沉迷于	chénmíyú
스마트폰 게임	手游	shǒuyóu
채팅	网聊	wǎngliáo
지적 성장	智力发育	zhìlì fāyù
안절부절하다	坐立不安	zuòlì bù'ān
공연히 화내다	无端发火	wúduān fāhuǒ
금단증세	戒断症状	jièduàn zhèngzhuàng
만성피로	慢性疲劳	mànxìng píláo
기억력	记忆力	jìyìlì
집중력	集中力	jízhōnglì

나만의 통번역 노트

1단계 한국어 문장을 의미 단위로 끊어 보세요.

2단계 한국어 문장을 중국어 어순(주+동+목) 구조로 바꿔 보세요.

3단계 활용해 보면 좋은 따페이, 구문, 성어를 적어 보세요.

4단계 번역해 보세요.

요점정리

문장별 연습

1. 스마트폰의 급격한 보급은 통신사의 보조금 전쟁이나 잦은 새 제품 출시에서 원인을 찾아야겠지만, 한국인 특유의 '빨리빨리' 문화와 스마트폰의 궁합이 잘 맞았기 때문으로 보인다. 하지만 빠른 속도, 다양한 콘텐츠 뒤에는 심각한 그늘이 있다.

    ↪ 智能手机的快速普及虽然与通讯商的补贴竞争和新商品频繁问世有关，但还有一个原因就是，智能手机恰恰符合韩国特有的"快节奏"文化。但是，超快的速度和丰富内容的背后存在严重的"隐患"。

    '빨리빨리' 문화는 '快快文化'도 괜찮고, '快节奏文化'라고도 할 수 있겠다. 그리고 '심각한 그늘이 있다'라고 해서 그림자 '影子'를 떠올렸다면 좀 더 공부해야겠다. 아마 한중 번역의 감을 잡은 분들은 다른 표현을 고민했을 것이다. '存在严重的隐患' 정도를 생각해 냈다면 훌륭하다.

2. 통신비는 그렇다고 쳐도, '스마트폰 폐인'이란 얘기가 나올 정도로 심각한 모바일 중독 현상은 우려한 수준을 뛰어넘고 있다.

    ↪ 先不说话费，移动设备成瘾现象十分严重，其程度远远超出我们的想象，甚至出现"智能手机废人"一词。

    '통신비는 그렇다고 쳐도'는 꽤 까다로운 표현이다. 이런 표현은 그냥 외워 두는 것이 좋겠다. '先不说话费' 또는 '先撇开话费不说'라고 표현해 볼 수 있다. 그리고 '폐인'이라고 해서 '废人'으로 번역하면 적절하지 못하다. 이때는 의역해서 '成瘾现象 (중독현상)'으로 표현하는 것이 더 자연스럽다.

3. 무엇보다 청소년들의 스마트폰 중독은 심각하다. 청소년들의 스마트폰 중독 폐해는 여러 가지가 있지만 가장 심각한 것은 제대로 된 인간관계를 맺을 수 없다는 점이다. 스마트폰 게임이나 채팅에 빠지면 올바른 인간관계 형성이나 지적 성장에 문제가 생긴다.

    ↪ 青少年的智能手机成瘾现象非常严重，而这种现象会引发各种问题，其中最为严重的就是无法形成正常的人际关系。若沉迷于手游或网聊，在人际关系的形成以及智力发育方面就会出现问题。

    '~에 빠지면 올바른 인간관계 형성이나 지적 성장에 문제가 생긴다'라는 문장은 위에 나온 예문처럼 번역할 수도 있겠지만, '影响'을 동사로 해서 '동+목' 구조로 표현해 볼 수도 있겠다. 즉 '就会影响人际关系的正常形成以及智力'라고 표현할 수도 있다.

4. 스마트폰이 없으면 안절부절 못하고 화를 내는 금단증세를 보이고 만성피로감을 호소하거나, 기억력과 집중력이 떨어지는 '디지털 치매' 증상도 나타난다.

    ↪ 若没有智能手机，就会出现坐立不安、无端发火等戒断反应，还会产生慢性疲劳，或出现记忆力、集中力下降等"数码痴呆"症状。

    '안절부절하다'라는 뜻의 '坐立不安'과 '아무 이유없이 버럭 화를 내다'라는 의미의 '无端发火'는 외워 두자. '금단증세'는 '戒断反应' 또는 '戒断症状'이라고 할 수 있고, '기억력과 집중력이 떨어지다'는 '出现记忆力、集中力下降'이라고 번역한다.

数码痴呆症

Track 2-12

　　智能手机的快速普及虽然与通讯商的补贴竞争和新商品频繁问世有关，但还有一个原因就是，智能手机恰恰符合韩国特有的"快节奏"文化。但是，超快的速度和丰富内容的背后存在严重的"隐患"。先不说话费，移动设备成瘾现象十分严重，其程度远远超出我们的想象，甚至出现"智能手机废人"一词。

　　青少年的智能手机成瘾现象非常严重，而这种现象会引发各种问题，其中最为严重的就是无法形成正常的人际关系。若沉迷于手游或网聊，在人际关系的形成以及智力发育方面就会出现问题。若没有智能手机，就会出现坐立不安、无端发火等戒断反应[症状]，还会产生慢性疲劳，或出现记忆力、集中力下降等"数码痴呆"症状。

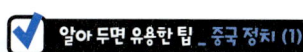

알아 두면 유용한 팁 _ 중국 정치 (1)

★ **양회 两会**
중국의 최고 권력기관인 전국인민대표대회와 국정 자문회의인 전국인민정치협상회의를 통칭하는 말이다. 중국 공산당 주도로 1년에 한 번 열리고 있으며(3월), 여기에서 한 해 중국 정부의 경제·정치 운영방침이 정해진다.

★ **4풍 四风**
중국 반부패 정책의 키워드 중 하나로, 형식주의(形式主义), 관료주의(官僚主义), 향락주의(享乐主义), 사치풍조(奢靡之风) 타파를 의미하며 공산당원들이 마땅히 멀리하고 척결해야 할 대상을 가리킨다.

★ **4개 전면 四个全面**
시진핑 체제의 핵심 사상이론이자 중국이 나아갈 방향을 제시한 지침 사상이다. 그 구체적인 내용은 다음과 같다. 우선 전면적으로 소강사회를 건설하고(全面建成小康社会), 전면적으로 심화 개혁을 실시하며(全面深化改革), 전면적으로 의법치국을 실현하고(全面依法治国), 마지막으로는 전면적으로 당의 기율을 강화(全面从严治党)하겠다는 사상 체계이다.

★ **3개 대표 사상 三个代表思想**
장쩌민(江泽民) 전 국가주석이 제시한 개념으로, 그 주요 내용은 '중국 공산당이 선진 생산력, 선진 문화 발전 그리고 수많은 인민의 근본적인 이익을 대표해야 한다. (中国共产党要始终代表中国先进生产力的发展要求，中国共产党要始终代表中国先进文化的前进方向，中国共产党要始终代表中国最广大人民的根本利益)'이다.

★ **삼엄삼실 三严三实**
시진핑 국가주석이 2014년 3월 전국인민대표대회(전인대) 전체회의에서 수신, 권한 사용, 자기 단속에서 엄격[삼엄]하고, 일을 도모하고 창업하고 행동하는 데 진실[삼실]할 것을 주문하면서 내놓은 주장이다. 严以修身、严以用权、严以律己，谋事要实、创业要实、做人要实)

UNIT 06

UNIT 07

이직에 대한 사회 인식의 변화

Track 2-13

　직장인들은 일터를 자주 바꾸는 사람을 그다지 나쁘게 보지 않는 것으로 나타났다. 한 연구원은 '잡홉핑(Job-Hopping)족이 늘고 있다'란 보고서에서 "커리어 개발을 목적으로 계획적인 이직을 하는 '잡홉핑족'에 대한 인식이 과거보다 긍정적으로 변했다"라고 밝혔다. 잡홉핑족은 통상 2~3년 단위로 직장을 자주 옮기는 사람을 뜻한다. 이직 동기를 보면 급여 상승이나 경력 고급화 등이 많다.

　지난 2월 18일~3월 20일 우리나라 직장인 205명을 대상으로 온라인 설문 조사를 진행한 결과, '우리 회사에도 잡홉핑족이 존재한다'는 답이 48%로 절반에 가까웠다. 특히 61%는 '과거보다 잡홉핑을 하는 직장인이 증가하고 있다'고 답했다. 그러나 이들에 대한 평가는 예상과 달리 매우 관대했다.

참고 단어 및 구문

한국어	중국어	병음
이직하다, 잡홉핑(Jop-Hopping)	跳槽	tiàocáo
변화가 매우 크다	今非昔比	jīn fēi xī bǐ
아는 바에 의하면 ~라고 한다	据悉	jùxī
샐러리맨	上班族	shàngbānzú
싫어하다	讨厌	tǎoyàn
직장을 바꾸다, 이직하다	换工作	huàn gōngzuò
잡홉핑족	跳槽族	tiàocáozú
보고서, 보고하다	报告	bàogào
자기개발	自我开发	zìwǒ kāifā
A를 목적으로	以A为目的	yǐ A wéi mùdì
계획적인	计划性	jìhuàxìng
A에 대해 긍정적인 태도를 취하다	对A持肯定态度	duì A chí kěndìng tàidù
A란 ~이다, A는 ~를 지칭한다	A是指……	A shìzhǐ……
매 ~마다	每隔	měigé
이직(하다)	离职	lízhí
얻다, 획득하다	获得	huòdé
임금, 봉급	工资	gōngzī
직위	职位	zhíwèi
A를 대상으로 조사하다	以A为对象进行调查	yǐ A wèi duìxiàng jìnxíng diàochá
온라인	在线	zàixiàn
설문 조사	问卷调查	wènjuàn diàochá
취재에 응한 사람, 응답자	受访者	shòufǎngzhě
~대오에 합류하다[끼어들다]	加入……队伍	jiārù……duìwu
뜻밖이다	出乎意料	chūhū yìliào
~인 것처럼 보이다	显得	xiǎnde
관용적이다, 관대하다	宽容	kuānróng

나만의 통번역 노트

1단계 한국어 문장을 의미 단위로 끊어 보세요.

2단계 한국어 문장을 중국어 어순(주+동+목) 구조로 바꿔 보세요.

3단계 활용해 보면 좋은 따페이, 구문, 성어를 적어 보세요.

4단계 번역해 보세요.

요점정리

문장별 연습

1. 직장인들은 일터를 자주 바꾸는 사람을 그다지 나쁘게 보지 않는 것으로 나타났다.

   ↳ 据悉，上班族并不讨厌经常换工作的人。

   > 한국어 문장에서 서술어가 '~로 나타났다', '~라고 한다', '~라고 전해진다' 등의 표현으로 끝나는 것을 자주 볼 수 있다. 이는 글쓴이 자신의 생각이 아니라 제3자를 통해 획득한 정보라는 의미이다. 이런 표현을 중국어로 옮길 때는 동사를 변화시키지 않고 '据消息', '据调查', '据统计' 등을 사용해 표현할 수 있다. 그중에서 가장 유용한 표현은 '据悉'이다. 이 표현들은 꼭 외워 두기 바란다. 항상 문장 맨 앞에 온다는 것도 주의하자.

2. 한 연구원은 '잡홉핑(Job-Hopping)족이 늘고 있다'란 보고서에서 "커리어 개발을 목적으로 계획적인 이직을 하는 '잡홉핑족'에 대한 인식이 과거보다 긍정적으로 변했다"라고 밝혔다.

   ↳ 有一位研究人员在《跳槽族正在增加》的报告中指出，与过去相比，人们对以自我开发为目的进行计划性跳槽的"跳槽族"持肯定态度。

   > 이 문장을 보면 한중 번역을 할 때 한국어 어순을 반드시 지키지 않아도 된다는 것을 알 수 있다. 원문에서 '과거보다'는 서술어 앞에 위치해 있지만 중국어로 번역하면서 문장 앞으로 가져올 수 있다. 또 어떤 문장은 의역할 때 앞 문장과 뒤 문장을 통째로 바꿔서 번역하기도 한다. 그러므로 한국어 원문에 집착하기 보다는 어떻게 번역하면 좀 더 자연스러운 중국어 표현을 만들 수 있을까 고민해야 한다. '~에 대한 인식이 긍정적이다'라는 표현을 중국어로 옮길 때 외워 두면 좋은 따페이는 '对……持……肯定态度'이고 반대 표현은 '对……持……消极态度'이다.

3. 잡홉핑족은 통상 2~3년 단위로 직장을 자주 옮기는 사람을 뜻한다. 이직 동기를 보면 급여 상승이나 경력 고급화 등이 많다.

   ↳ 跳槽族是指每隔2~3年就会换一次工作的人，离职原因多为可获得更多的工资或更好的职位。

   > 한국어로 'A란 B를 뜻한다[의미한다]'라는 표현을 중국어로 옮길 때 '是指'를 쓰고 관용적으로 앞에 '所谓'를 붙여서 '所谓A是指B'라고 한다는 것을 알아 두자. 또 한국어로 '~만에'라는 표현은 '时隔'이다. 예를 들어 '1년 만에 드디어 이루다'를 중국어로 표현하면 '时隔1年终于实现'이다. 위의 문장에서 '每隔'는 이를 약간 응용한 표현이다.

4. 지난 2월 18일~3월 20일 우리나라 직장인 205명을 대상으로 온라인 설문 조사를 진행한 결과, '우리 회사에도 잡홉핑족이 존재한다'는 답이 48%로 절반에 가까웠다.

   ↳ 2月18日~3月20日，以205名韩国上班族为对象进行的在线问卷调查显示，认为自己公司也存在跳槽族的受访者为48%，将近一半。

   > '~를 대상으로 ~조사를 하다'는 중국어로 '以……为对象进行……调查'이다. 꼭 외워 두자! 앞으로 이런 패턴의 문장을 번역할 때는 이 표현을 응용해 보도록 하고 아예 통째로 외워 두도록 하자. '48%이다'라는 표현은 '是48%'가 아니라 '为48%'이다.

5. 특히 61%는 '과거보다 잡홉핑을 하는 직장인이 증가하고 있다'고 답했다. 그러나 이들에 대한 평가는 예상과 달리 매우 관대했다.

   ↳ 有61%的受访者称，与过去相比加入跳槽队伍的上班族越来越多。不过，出乎意料的是人们对跳槽族的态度显得较为宽容。

   > '잡홉핑을 하는 직장인이 증가하고 있다'라는 표현을 '加入……队伍' 따페이를 활용해서 '加入跳槽队伍 (이직 대열에 합류하다)'라고 표현해 봤다. 이 표현 이외에도 '成为跳槽族的上班族 (이직하는 직장인)'이라고도 표현할 수 있고, 조금만 고민해 본다면 비슷한 의미의 다양한 표현들을 얼마든지 만들어 볼 수 있다.

对跳槽的态度今非昔比

据悉，上班族并不讨厌经常换工作的人。有一位研究人员在《跳槽族正在增加》的报告中指出，与过去相比，人们对以自我开发为目的进行计划性跳槽的"跳槽族"持肯定态度。跳槽族是指每隔2~3年就会换一次工作的人，离职原因多为可获得更多的工资或更好的职位。

2月18日~3月20日，以205名韩国上班族为对象进行的在线问卷调查显示，认为自己公司也存在跳槽族的受访者为48%，将近一半。有61%的受访者称，与过去相比加入跳槽队伍的上班族越来越多。不过，出乎意料的是人们对跳槽族的态度显得较为宽容。

★ **두 개의 백 년 两个一百年**
18대 당대회에서 결의된 국가 및 당의 발전 목표. 공산당 창당 100주년이 되는 2021년까지 전면적 소강사회를 만들고, 신중국 건국 100주년이 되는 2049년까지 부강하고 민주적이며, 문명적이고 조화로운 사회주의 현대 국가를 이루자는 목표이다. 중국은 두 개의 백 년 계획을 세우고 위대한 중화민족의 부흥을 꿈꾸는 '차이나 드림(中国梦)' 실현을 목표로 하고 있다.

★ **간정방권(행정 간소화 및 권력 이양) 简政放权**
중앙의 권한을 하부 기관이나 민간에 이양한다는 뜻이다. 이는 곧 정부의 인·허가 권한을 최소화하고 직무 내 권한 범위를 명시하는 시스템을 마련하는 것을 뜻한다. 이는 큰 권한을 가지고 뇌물을 받아야만 인·허가를 내주던 중국 중앙 관료들의 권한 축소를 통해 기업 및 경제의 발전을 꾀하고 시진핑 주석의 반부패 드라이브를 실현하는 데에 큰 역할을 할 것으로 평가되고 있다.

★ **일국양제 一国两制**
한 국가에 자본주의와 사회주의, 두 제도가 공존한다는 뜻으로 중국이 홍콩과 대만에 대해 경제적 독립성을 인정해 주는 제도이다. 이는 선전(深圳) 등의 경제특구를 지정하고 1997년 7월 홍콩이 중국에 반환되었을 때부터 본격적으로 실시되었다. 이를 통해 홍콩은 중국에 반환된 이후에도 자본주의 경제체제를 유지하고 있다.

★ **도광양회 韬光养晦**
국제적으로 영향력을 행사할 수 있는 국력이 생기기 전까지 몸을 낮추는 전략을 취하는 1980년대 중국의 외교정책이다. 이후 후진타오 시기에 화평굴기(和平崛起), 유소작위(有所作为), 부국강병(富国强兵)으로 대표되는 새로운 외교 노선으로 대체되었다.

UNIT 08

시작된 '제조업 회귀', 우리는 준비되어 있는가?

Track 2-15

  미국은 어떻게 제조업 살리기에 성공할 수 있었을까. 미국도 한때는 대다수 기업이 싼 임금을 찾아 남미나 동남아로 생산 라인을 이전하면서 '제조업 공동화'가 심각했다. 그렇지만 글로벌 금융 위기 이후 경제성장 동력으로서 제조업의 역할이 부각되기 시작했다. 이에 오바마 정부는 인공지능, 로봇 등 첨단산업에 투자하는 한편 본토로 생산 라인을 되가져오는 리쇼어링(reshoring) 기업에 세금을 감면해 주는 등 제조업 부활에 시동을 걸었다.

  제조업은 기술 발전을 바탕으로 여타 산업의 경쟁력까지 높여 주는 역할을 한다. 또한 양질의 일자리를 창출하는 기반이 되기도 한다. 무엇보다 수출 주도형 산업구조를 지닌 우리나라의 경우 수출 증가의 원동력이 되는 제조업에 우리 경제의 미래가 있다고 해도 과언이 아니다. 미국의 사례에서 볼 수 있듯이 제조업 경쟁력 살리기에 정부와 민간이 힘을 합친다면 창조경제 완성이라는 목표도 가까운 미래에 실현될 것으로 보인다. 사실 우리는 이미 열쇠를 쥐고 있다. 그 열쇠로 창조경제라는 상자를 열 것인지 말 것인지는 앞으로 우리의 몫이다.

참고 단어 및 구문

한국어	중국어	병음
제조업	制造业	zhìzàoyè
리쇼어링	回岸	huí'àn
준비하다	做好准备	zuòhǎo zhǔnbèi
구제하다	挽救	wǎnjiù
제조업 공동화	制造业空洞化	zhìzàoyè kōngdònghuà
염가의, 값싼	廉价	liánjià
노동력	劳动力	láodònglì
생산 라인	生产线	shēngchǎnxiàn
이전하다	转移到	zhuǎnyídào
글로벌 금융 위기	全球金融危机	quánqiú jīnróng wēijī
~로서	作为	zuòwéi
경제성장 동력	经济增长动力	jīngjì zēngzhǎng dònglì
역할을 맡다	扮演角色	bànyǎn juésè
정책을 취하다	采取政策	cǎiqǔ zhèngcè
부활, 회복	复苏	fùsū
인공지능	人工智能	réngōng zhìnéng
로봇	机器人	jīqìrén
첨단산업	尖端技术	jiānduān jìshù
세수 혜택	税收优惠	shuìshōu yōuhuì
양질의	优质	yōuzhì
일자리 창출	创造工作岗位	chuàngzào gōngzuò gǎngwèi
기반	基石	jīshí
수출 주도형	出口主导型	chūkǒu zhǔdǎoxíng
과언이 아니다	不夸张	bù kuāzhāng
힘을 합치다	齐心协力	qíxīn xiélì
창조경제	创造经济	chuàngzào jīngjì
열쇠를 쥐다 钥匙掌握在……中		yàoshi zhǎngwò zài……zhōng
~에 달려있다	取决于	qǔjuéyú

나만의 통번역 노트

1단계 한국어 문장을 의미 단위로 끊어 보세요.

2단계 한국어 문장을 중국어 어순(주+동+목) 구조로 바꿔 보세요.

3단계 활용해 보면 좋은 따페이, 구문, 성어를 적어 보세요.

4단계 번역해 보세요.

 요점정리

문장별 연습

1. 미국은 어떻게 제조업 살리기에 성공할 수 있었을까. 미국도 한때는 대다수 기업이 싼 임금을 찾아 남미나 동남아로 생산 라인을 이전하면서 '제조업 공동화'가 심각했다. 그렇지만 글로벌 금융 위기 이후 경제성장 동력으로서 제조업의 역할이 부각되기 시작했다.

   ↪ 美国是如何成功挽救制造业的？美国也曾出现过严重的"制造业空洞化"现象，因为当时许多企业为寻找廉价劳动力把生产线转移到南美或东南亚地区。然而，全球金融危机过后，制造业作为经济增长动力，其所扮演的角色重新受到人们的关注。

   > '~로 생산 라인을 이전하다'는 '把生产线转移到……'를 외워 두면 간단하게 해결된다. '부각되기 시작하다'는 '부각되다'라는 단어를 고민하면 어렵고, 그 의미를 고민해야 한다. 이 문장에서는 제조업의 역할이 다시 주목받게 되었다는 의미이기 때문에 '受到人们的关注'라고 표현하면 간단히 해결된다.

2. 이에 오바마 정부는 인공지능, 로봇 등 첨단산업에 투자하는 한편 본토로 생산 라인을 되가져오는 리쇼어링(reshoring) 기업에 세금을 감면해 주는 등 제조업 부활에 시동을 걸었다.

   ↪ 对此，奥巴马政府开始采取与制造业复苏有关的一系列政策。例如：对人工智能、机器人等尖端技术进行投资，同时向那些把生产线转移到国内的"回岸"企业提供税收优惠等。

   > 이 문장은 어순대로 순차적으로 번역하면 '리쇼어링 기업'을 수식하는 표현이 길어서 문장이 복잡해질 수 있다. 먼저 어순 배치를 고민해 보자. 그리고 '부활에 시동을 걸었다' 역시 화려한 미사여구에 현혹되지 말고 그 기본적인 의미를 고민해야 한다. 결국 기본 의미는 '제조업 회복을 위해 다양한 정책을 취했다'이다. '采取与制造业复苏有关的一系列政策'라고 하면 되겠다.

3. 제조업은 기술 발전을 바탕으로 여타 산업의 경쟁력까지 높여 주는 역할을 한다. 또한 양질의 일자리를 창출하는 기반이 되기도 한다. 무엇보다 수출 주도형 산업구조를 지닌 우리나라의 경우 수출 증가의 원동력이 되는 제조업에 우리 경제의 미래가 있다고 해도 과언이 아니다.

   ↪ 制造业扮演着以技术发展为基础提升其他产业竞争力的角色，同时也是创造优质工作岗位的基石。更重要的是，在具备出口主导型产业结构的韩国，制造业作为出口增加的原动力，关系到韩国经济的未来，这种说法一点也不夸张。

   > '~역할을 하다'라는 뜻의 따페이 '扮演……角色'를 써 보면 되겠다. '创造……工作岗位 (일자리를 창출하다)'는 출현 빈도가 높은 따페이이므로 외워 두자. 한중 번역을 잘하기 위해서는 중국어 따페이를 많이 외우는 것이 관건이다. 또 '과언이 아니다'는 '这种说法一点也不夸张' 정도면 무난하겠다.

4. 미국의 사례에서 볼 수 있듯이 제조업 경쟁력 살리기에 정부와 민간이 힘을 합친다면 창조경제 완성이라는 목표도 가까운 미래에 실현될 것으로 보인다. 사실 우리는 이미 열쇠를 쥐고 있다. 그 열쇠로 창조경제라는 상자를 열 것인지 말 것인지는 앞으로 우리의 몫이다.

   ↪ 从美国的事例中可以得知，若政府和国民齐心协力共同提升制造业的竞争力，很快就会实现"创造经济"。其实，钥匙已经掌握在我们手中。是否用这把钥匙打开"创造经济"这一箱子，取决于我们自己。

   > '힘을 합치다'라는 뜻의 사자성어 '齐心协力'를 외워 두자. 활용 빈도가 높다. '우리는 이미 열쇠를 쥐고 있다'는 '钥匙已经掌握在我们手中'이라고 하면 된다. 이런 멋진 표현은 무조건 외워 둬야 한다. 그리고 '우리의 몫이다'는 '우리에게 달려있다'라는 뜻이니 동사 '取决于'를 써 보면 좋겠다.

美国的"制造业回岸",韩国是否已做好准备?

美国是如何成功挽救制造业的?美国也曾出现过严重的"制造业空洞化"现象,因为当时许多企业为寻找廉价劳动力把生产线转移到南美或东南亚地区。然而,全球金融危机过后,制造业作为经济增长动力,其所扮演的角色重新受到人们的关注。对此,奥巴马政府开始采取与制造业复苏有关的一系列政策。例如:对人工智能、机器人等尖端技术进行投资,同时向那些把生产线转移到国内的"回岸"企业提供税收优惠等。

制造业扮演着以技术发展为基础提升其他产业竞争力的角色,同时也是创造优质工作岗位的基石。更重要的是,在具备出口主导型产业结构的韩国,制造业作为出口增加的原动力,关系到韩国经济的未来,这种说法一点也不夸张。从美国的事例中可以得知,若政府和国民齐心协力共同提升制造业的竞争力,很快就会实现"创造经济"。其实,钥匙已经掌握在我们手中。是否用这把钥匙打开"创造经济"这一箱子,取决于我们自己。

★ **뉴노멀 新常态**
지금까지 고도의 성장을 이뤄 온 중국 경제가 안정 성장 시대, 즉 새로운 상태를 맞이하고 있다는 뜻의 중국식 표현이다. 중고속 성장, 구조 변화, 성장동력 전환, 불확실성 증대 등이 뉴노멀의 대표적인 특징으로 뽑힌다.

★ **일대일로 一带一路**
시진핑 중국 국가주석이 2013년 9~10월 중앙아시아 및 동남아시아 순방에서 제시한 전략이다. 서쪽으로 중앙아시아, 유럽을 잇는 육상 실크로드와 남쪽으로 동남아시아와 유럽, 아프리카를 연결하는 해상 실크로드를 일컫는다. 일대일로가 구축되면 중국을 중심으로 60여 개국을 포함한 거대 경제권이 구성되어 각국이 큰 경제적 이익을 누릴 수 있을 것으로 예측된다. 또 안정적인 자원 공급이나 설비의 과잉 생산 해소 그리고 지역 균형 발전 등 중국의 경제성장에도 큰 도움이 될 것으로 예상된다. 중국은 이를 실현하기 위해 AIIB를 통해 일대일로 실현에 박차를 가하고 있다.

UNIT 09

기후변화, 어떻게 대처할 것인가?

🎧 Track 2-17

　인류가 방출하는 온실가스의 총량은 매년 495억 톤에 이른다. 자연은 매년 그 절반 정도를 흡수하지만, 흡수 능력이 계속 감소하고 있어서 대기 중 온실가스양은 지속적으로 늘고 있다. 우리는 자연의 흡수 용량을 초과한 약 250억 톤의 온실가스를 감축해야 한다. 2100년까지 지구 온도 상승을 2℃ 이내로 제한하기 위해서는 2020년까지 매년 약 440억 톤을 감축해야 한다.

　유엔환경계획(UNEP)의 〈녹색경제보고서〉에 따르면, 1조 3,000억 달러에 이르는 세계총생산의 2%만 저탄소 및 에너지 효율 증대 관련 10가지 주요 분야에 투자해도 효율적인 저탄소 녹색 경제를 이룩하는 데 큰 도움이 된다고 한다. 자연재해로 인한 연간 경제적 손실은 40년 전 5,257억 달러에 비해 거의 3배나 높아진 1조 5,800억 달러로 집계된다. 대규모 보험회사들은 기후변화로 인한 경제적 손실이 10년 이내에 연간 3,000억 달러에 달할 것으로 예측하고 있다.

참고 단어 및 구문

한국어	중국어	병음
대응하다	应对	yìngduì
기후변화	气候变化	qìhòu biànhuà
온실가스를 배출하다	排放温室气体	páifàng wēnshì qìtǐ
흡수하다	吸收	xīshōu
능력이 약해지다	能力减弱	nénglì jiǎnruò
계속하다, 지속하다	持续	chíxù
~까지	截止	jiézhǐ
지구 온도	地球温度	dìqiú wēndù
상승치	上升值	shàngshēngzhí
섭씨(℃)	摄氏度	shèshìdù
A를 ~이내로 통제하다	将A控制在……以内	jiāng A kòngzhì zài……yǐnèi
유엔환경계획(UNEP)	联合国环境规划署	Liánhéguó huánjìng guīhuàshǔ
금액	金额	jīn'é
에너지 효율을 높이다	提高能源效率	tígāo néngyuán xiàolǜ
영역, 분야	领域	lǐngyù
A를 ~에 투자하다	将A投资在……上	jiāng A tóuzī zài……shàng
도움이 되다	有助于	yǒuzhùyú
저탄소	低碳	dītàn
친환경[녹색] 경제	绿色经济	lǜsè jīngjì
자연재해	自然灾害	zìrán zāihài
경제적 손실을 발생시키다	造成经济损失	zàochéng jīngjì sǔnshī
보험회사	保险公司	bǎoxiǎn gōngsī
도달하다, 이르다	达到	dádào

나만의 통번역 노트

1단계 한국어 문장을 의미 단위로 끊어 보세요.

2단계 한국어 문장을 중국어 어순(주+동+목) 구조로 바꿔 보세요.

3단계 활용해 보면 좋은 따페이, 구문, 성어를 적어 보세요.

4단계 번역해 보세요.

요점정리

문장별 연습

1. 인류가 방출하는 온실가스의 총량은 매년 495억 톤에 이른다.

↪ 人类每年排放的温室气体为495亿吨。

중국어에서 숫자 앞에는 동사 '是'보다 '为'를 많이 쓰고, '达'를 쓰기도 한다.

2. 자연은 매년 그 절반 정도를 흡수하지만, 흡수 능력이 계속 감소하고 있어서 대기 중 온실가스양은 지속적으로 늘고 있다. 우리는 자연의 흡수 용량을 초과한 약 250억 톤의 온실가스를 감축해야 한다.

↪ 虽然大自然每年都能够吸收一半左右，但大自然的吸收能力持续减弱，空气中的温室气体持续增加，我们应该减少大自然无法吸收的约250亿吨温室气体。

한국어 원문에 '비록 ~하지만'의 표현이 직접적으로 없더라도 논리 구조상 '虽然……, 但……'을 이용할 수 있어야 하겠다. '능력이 감소한다'라는 표현에서는 '减少'를 쓰기보다는 '减弱'을 쓰는 것이 더 자연스럽다. '减少'는 주로 양이 줄어들 때 사용한다.

3. 2100년까지 지구 온도 상승을 2℃ 이내로 제한하기 위해서는 2020년까지 매년 약 440억 톤을 감축해야 한다.

↪ 截止2100年，为了将地球温度的上升值控制在2摄氏度以内，在2020年之前，每年需要减少约440亿吨温室气体。

'2100년까지'는 '到2100年'이라고 할 수 있지만 서면어에서는 '截止'를 많이 쓴다는 것을 알아 두자. '~ 이내로 제한하다'는 '把……控制在……' 따페어를 외워 두면 좋겠고, 서면어에서는 '把'를 대신해서 '将'을 잘 쓴다는 것도 알아 두자.

4. 유엔환경계획(UNEP)의 〈녹색경제보고서〉에 따르면, 1조 3,000억 달러에 이르는 세계총생산의 2%만 저탄소 및 에너지 효율 증대 관련 10가지 주요 분야에 투자해도 효율적인 저탄소 녹색 경제를 이룩하는 데 큰 도움이 된다고 한다.

↪ 联合国环境规划署发布的《绿色经济报告》显示，世界总产值的2%为1.3万亿美元，若将这些金额投资在有关低碳及提高能源效率的10个主要领域上，就有助于实现有效的低碳绿色经济。

우리나라의 화폐 단위 '조'는 중국어로 '兆'가 아니라 '万亿'를 쓴다는 것에 유의하자. 그리고 '1조 3,000억 달러에 이르는 세계총생산의 2%'라는 표현을 '世界总产值的2%，为1.3万亿美元'이라고 나누어 표현하는 패턴은 외워 두도록 하자(물론 다른 표현들도 가능하다.) 유용한 따페어를 하나 더 알려주자면 바로 '把……投资在……'인데 '~를 ~에 투자하다'라는 의미로, 이 문장에서도 '把'를 대신해서 '将'을 쓸 수 있다.

5. 자연재해로 인한 연간 경제적 손실은 40년 전 5,257억 달러에 비해 거의 3배나 높아진 1조 5,800억 달러로 집계된다. 대규모 보험회사들은 기후변화로 인한 경제적 손실이 10년 이내에 연간 3,000억 달러에 달할 것으로 예측하고 있다.

↪ 统计显示，40年前自然灾害造成的全年经济损失为5257亿美元，目前这一损失增加了约3倍，为1.58万亿美元。多数保险公司预计在未来10年内因气候变化而造成的经济损失全年将达到3000亿美元。

이 문장은 한국어만 보면 비문을 써야 할 것 같지만 비문은 평서문보다 복잡하므로 비문을 만들기 쉽다. 그럴 때는 원문에 구애받지 말고 여러 개의 평서문으로 만들어 나눠서 번역하는 것도 방법이다.

如何应对气候变化？

Track 2-18

人类每年排放的温室气体为495亿吨。虽然大自然每年都能够吸收一半左右，但大自然的吸收能力持续减弱，空气中的温室气体持续增加，我们应该减少大自然无法吸收的约250亿吨温室气体。截止2100年，为了将地球温度的上升值控制在2摄氏度以内，在2020年之前，每年需要减少约440亿吨温室气体。

联合国环境规划署发布的《绿色经济报告》显示，世界总产值的2%为1.3万亿美元，若将这些金额投资在有关低碳及提高能源效率的10个主要领域上，就有助于实现有效的低碳绿色经济。统计显示，40年前自然灾害造成的全年经济损失为5257亿美元，目前这一损失增加了约3倍，为1.58万亿美元。多数保险公司预计在未来10年内因气候变化而造成的经济损失全年将达到3000亿美元。

 알아 두면 유용한 팁 _ 한국 정치 (1)

★ **한반도 신뢰 프로세스 朝鲜半岛信任进程**
박근혜 정부의 대북정책 중 하나이다. 튼튼한 안보를 기초로 남북 간의 신뢰를 형성해 남북 관계를 발전시키고 한반도에 평화를 정착시키며, 나아가 통일의 기반을 구축하려는 정책이다. 구체적으로는 북한의 도발에 강력히 대응하고, 국제적 기준과 모든 합의를 준수하는 관행을 만들어 지속 가능한 평화를 구축하자는 것이 그 요지이다.

★ **동북아 평화협력구상 东北亚和平合作构想**
대화와 협력을 통해 동북아 국가 간 신뢰를 쌓고 협력의 범위를 넓혀가자는 동북아 다자간 대화 프로세스를 말한다. '아시아 패러독스'로 대변되는 동북아 지역의 갈등 구조를 극복하고 다자협력의 질서를 만들어 가기 위한 구상이다.

★ **경중안미 经中安美**
미국과 중국이 강대국으로 부상하는 G2 시대에 나온 한국의 외교 노선 중 하나이다. 수출과 수입은 중국 측에 크게 의지하고 있기에 경제 부분에서는 중국을 우선시하고, 북한이라는 커다란 안보 위험 요소 탓에 전통적으로 미국의 군사력에 크게 의지하고 있어 군사 안보 부분에서는 미국을 우선시해야 한다는 주장이다.

UNIT 10

최고의 발명품, 최악의 발명품

Track 2-19

　인류 최고의 발명품은 무엇일까? 영국의 과학 잡지 포커스는 1997년에 독자들을 대상으로 인류 최고의 발명품 100가지를 설문 조사했다. 그 결과 놀랍게도 영국인들은 화장실을 첫 번째로 꼽았다. 생활 방식에 혁명을 가져왔기 때문이라는 이유에서다. 두 번째로 유용한 발명품으로는 컴퓨터, 세 번째는 불이 선정됐다고 한다.

　그렇다면 인류 최악의 발명품은 무엇일까? 2007년 영국 BBC가 조사한 바에 따르면, 인류 역사상 최악의 발명품은 무기(weapons)로 선정되었다. 휴대전화, 핵전력 등은 그 뒤를 이었다. 인류 최고와 최악의 발명품은 시대를 떠나 모두 한 가지로 귀속된다. 대부분의 발명품이 화학물질로 만들어진 화학제품이라는 것이다.

　즉 화학제품은 인류를 풍요롭고 지속 가능하게 만드는 최고의 발명품이라 해도 과언이 아니다. 그러나 화학물질로 만든 제품은 인류 최고의 발명품이면서 또 최악의 발명품이 될 수 있는 이중성을 갖고 있다. 그 이중성이 때로는 돌이킬 수 없는 재난을 만들어 내기도 한다.

참고 단어 및 구문

한국어	중국어	병음
위대하다	伟大	wěidà
나쁘다, 엉망이다	糟糕	zāogāo
발명, 발명하다	发明	fāmíng
과학 잡지	科学杂志	kēxué zázhì
A에 관해 설문 조사하다	针对A进行问卷调查	zhēnduì A jìnxíng wènjuàn diàochá
뜻밖에도, 의외로	竟是	jìngshì
화장실	卫生间	wèishēngjiān
혁신을 가져오다	带来变革	dàilái biàngé
컴퓨터	计算机	jìsuànjī
이어서	接下来	jiēxiàlái
조사 결과에 따르면	调查结果显示	diàochá jiéguǒ xiǎnshì
무기	武器	wǔqì
A가 B로 뽑히다	A被选为B	A bèi xuǎnwéi B
순서대로, 차례로	依次	yīcì
원자력 발전소	核电站	hédiànzhàn
B로 귀속되다	归属为B	guīshǔwéi B
다시 말해	也就是说	yě jiùshì shuō
A로 만들어지다	由A制成	yóu A zhìchéng
화학제품	化学制品	huàxué zhìpǐn
즉	即	jí
풍요롭다, 풍족하다	富饶	fùráo
조금도 과장되지 않다, 과언이 아니다	一点儿也不夸张	yìdiǎnr yě bù kuāzhāng
이중성	两面性	liǎngmiànxìng
돌이킬 수 없는	无法挽回	wúfǎ wǎnhuí

나만의 통번역 노트

1단계 한국어 문장을 의미 단위로 끊어 보세요.

2단계 한국어 문장을 중국어 어순(주+동+목) 구조로 바꿔 보세요.

3단계 활용해 보면 좋은 따페이, 구문, 성어를 적어 보세요.

4단계 번역해 보세요.

요점정리

문장별 연습

1. 인류 최고의 발명품은 무엇일까? 영국의 과학 잡지 포커스는 1997년에 독자들을 대상으로 인류 최고의 발명품 100가지를 설문 조사했다.

   ↳ 人类最伟大的发明是什么？英国科学杂志《聚焦(FOCUS)》1997年面向读者进行了针对人类100个最伟大发明的问卷调查。

   기본 따페이지 '以……为对象进行……调查 (~를 대상으로 조사하다)'를 응용한 표현으로 만들어 본 문장이다. '面向……进行针对……的调查'도 같이 외워서 다양하게 활용해 보도록 하자.

2. 그 결과 놀랍게도 영국인들은 화장실을 첫 번째로 꼽았다. 생활 방식에 혁명을 가져왔기 때문이라는 이유에서다. 두 번째로 유용한 발명품으로는 컴퓨터, 세 번째는 불이 선정됐다고 한다.

   ↳ 结果显示，在英国读者心目中，最伟大的发明竟是卫生间，因为其带来了生活方式上的变革，其次是计算机，接下来是火。

   번역을 하다 보면 한국어로는 한 문장이지만 중국어로는 짧게 여러 개의 문장으로 나눠서 번역하는 것이 쉬운 경우가 많다. 하지만 반대로 한국어 문장은 여러 문장이지만 중국어로 번역할 때 의미상 하나의 문장으로 연결해서 번역하는 경우도 가능하다.

3. 그렇다면 인류 최악의 발명품은 무엇일까? 2007년 영국 BBC가 조사한 바에 따르면, 인류 역사상 최악의 발명품은 무기(weapons)로 선정되었다. 휴대전화, 핵전력 등은 그 뒤를 이었다.

   ↳ 那么，人类最糟糕的发明是什么？2007年英国BBC的调查结果显示，武器被选为人类历史上最糟糕的发明，依次为手机、核电站等。

   '최악의 발명품은 무기(weapons)로 선정되었다'라는 표현은 무기 입장에서는 피동으로 번역해 주어야 한다. '~ 등이 그 뒤를 이었다'는 '继……之后'를 응용해 볼 수도 있지만 그럴 경우 문장을 다시 분석해야 하기 때문에 간단하게 '依次为……'를 써 보자. 쉽고 명쾌한 번역이 좋은 번역이다.

4. 인류 최고와 최악의 발명품은 시대를 떠나 모두 한 가지로 귀속된다. 대부분의 발명품이 화학물질로 만들어진 화학제품이라는 것이다.

   ↳ 人类最伟大和最糟糕的发明均可归属为一类，且与时代无关。也就是说，大多数发明都是由化学物质制成的化学制品。

   '也就是说'는 한국어 원문에 딱히 없는 표현이지만 번역할 때 문장과 문장 사이에 넣으면 자연스럽게 연결되는 느낌을 줄 수 있으니 참고하면 좋겠다. '由化学物质制成的'에서 '由'는 동사 '制成'의 주어가 '化学物质'임을 강조해 주는 용법으로 사용됐다.

5. 그러나 화학물질로 만든 제품은 인류 최고의 발명품이면서 또 최악의 발명품이 될 수 있는 이중성을 갖고 있다. 그 이중성이 때로는 돌이킬 수 없는 재난을 만들어 내기도 한다.

   ↳ 然而，由化学物质制成的产品具有两面性，既是人类最伟大的发明，也是最糟糕的发明，它的这种两面性有时会引发无法挽回的灾难。

   '既是A，也是B'를 사용해 자연스러운 중국어 문장을 만들었다. '이중성'이라는 표현은 '两面性'이나 '双重属性'을 쓰면 좋겠다.

最伟大的发明，最糟糕的发明

人类最伟大的发明是什么？英国科学杂志《聚焦(FOCUS)》1997年面向读者进行了针对人类100个最伟大发明的问卷调查。结果显示，在英国读者心目中，最伟大的发明竟是卫生间，因为其带来了生活方式上的变革，其次是计算机，接下来是火。

那么，人类最糟糕的发明是什么？2007年英国BBC的调查结果显示，武器被选为人类历史上最糟糕的发明，依次为手机、核电站等。人类最伟大和最糟糕的发明均可归属为一类，且与时代无关。也就是说，大多数发明都是由化学物质制成的化学制品。

即，化学制品是让人类的生活变得更加富饶和可持续的最伟大的发明，这种说法一点儿也不夸张。然而，由化学物质制成的产品具有两面性，既是人类最伟大的发明，也是最糟糕的发明，它的这种两面性有时会引发无法挽回的灾难。

★ 6자회담 六方会谈
한반도 핵 당사국인 한국과 북한, 주변 강대국인 미국, 일본, 중국, 러시아 등 6개국이 참여하는 다자회담으로, 북한 핵 문제 해결과 한반도 비핵화 실현이 그 목적이다. 현재까지 총 6차례 진행되었으나 6차 6자회담에서 결의된 10.3 합의 이후, 북한의 재차 이어진 핵 도발로 인해 난항을 겪고 있다.

★ 한반도 비핵화 선언 朝鲜半岛无核化宣言
1991년 12월 31일, 남한과 북한이 한반도 비핵화 문제를 타결, 채택한 〈한반도 비핵화에 관한 공동선언〉을 말한다. 핵무기의 시험·생산·접수·보유·저장·대비·사용 금지, 핵에너지의 평화적 이용, 핵 재처리 및 농축 시설 보유 금지 등 6개 항으로 구성되어 있다.

★ 사드(THAAD) 萨德
고고도 미사일 방어체계로, 미국의 미사일 방어체계 중 하나이다. 이는 중·단거리 탄도미사일로부터 군 병력과 장비, 인구 밀집 지역, 핵심 시설 등을 방어하는 데 사용된다. 최근 한반도에 설치하는 것과 관련해 찬반 여론이 들끓기도 했다.

★ 미사일 방어시스템(MD) 反导系统
미국의 미사일 방어 시스템으로, 2001년 5월 1일 조지 W. 부시 행정부 때 추진되었다. 자국 땅에 적국의 미사일이 도달하기 전에 요격미사일을 발사해 이를 파괴한다는 구상으로, 러시아와 중국의 대륙 간 탄도미사일(ICBM) 외에 불량국가(미사일 발사, 테러 등과 연관돼 미국에 위협이 되는 국가를 통칭)의 중·단거리 탄도미사일 방어를 포함한 것이다. 미국을 비롯한 중국, 영국, 러시아, 프랑스, 이스라엘, 인도 등이 이를 갖춘 것으로 알려졌다.

UNIT 11

한국의 교육이 직면한 현실

Track 2-21

지난 2012년 정부가 추진한 스마트 교육 실시 및 확산 정책에 따라 전국 초·중·고교의 정보화 수준은 매년 높아지고 있다. 각 지자체들은 전국 500여 곳의 교실에 전자칠판과 디지털 교과서, 태블릿 PC, 스마트폰 등을 이용한 스마트 교실을 구축해 운영하고 있다.

이 같은 스마트 교육은 쌍방향 소통을 가능케 해 학생들의 창의력을 높이고, 수업의 참여도 및 집중력을 높여준다는 장점이 강조되면서 점차 확산되는 추세다. 하지만 이로 인한 부작용에 대한 우려도 커지고 있다. 스마트 기기를 활용한 교육이 지나치게 강조되다 보니 학생들의 건강 문제는 물론 인지적 부작용까지 발생하고 있다는 것이다.

한국정보화진흥원이 발표한 '인터넷 중독 실태조사'에 따르면, 지난해 청소년의 스마트폰 중독위험군 비율은 10% 가까이 늘어난 25.5%에 달했다. 또 초등학생들이 스마트 기기에서 발생한 전자파에 장시간 노출될 경우 주의력결핍장애(ADHD)에 걸릴 확률이 4.34배나 증가한다는 연구결과도 나왔다.

참고 단어 및 구문

- 현실, 현황　现状　xiànzhuàng
- 정책을 추진하다　推进政策　tuījìn zhèngcè
- 스마트 교육　智能教育　zhìnéng jiàoyù
- 보급되다, 보편화시키다　普及　pǔjí
- 해마다 상승하다　逐年上升　zhúnián shàngshēng
- 설치하다　安装　ānzhuāng
- 전자칠판　电子黑板　diànzǐ hēibǎn
- 디지털 교과서　数码教材　shùmǎ jiàocái
- 태블릿 PC　平板电脑　píngbǎn diànnǎo
- 스마트폰　智能手机　zhìnéng shǒujī
- 커뮤니케이션[소통]을 실현하다　实现……沟通　shíxiàn……gōutōng
- 높이다　提高　tígāo
- 창의력　创意力　chuàngyìlì
- 수업 참여도　课堂参与度　kètáng cānyùdù
- 집중력　注意力　zhùyìlì

- 장점　优点　yōudiǎn
- 점차적으로　逐渐　zhújiàn
- 걱정(하다)　担忧　dānyōu
- 부정적인 영향을[효과를] 일으키다　引发负面影响　yǐnfā fùmiàn yǐngxiǎng
- 지나치게 A하다, 과도하게 A하다　过于A　guòyú A
- 인지　认知　rènzhī
- A에게 부정적인 영향을[효과를] 가져오다　给A带来负面影响　gěi A dàilái fùmiàn yǐngxiǎng
- 인터넷 중독　网络上瘾　wǎngluò shàngyǐn
- 위험군　危险人群　wēixiǎn rénqún
- 노출하다　暴露　bàolù
- 전자파, 방사선　辐射　fúshè
- 주의력결핍장애(ADHD)　多动症　duōdòngzhèng
- 확률　概率　gàilù

나만의 통번역 노트

1단계 한국어 문장을 의미 단위로 끊어 보세요.

2단계 한국어 문장을 중국어 어순(주+동+목) 구조로 바꿔 보세요.

3단계 활용해 보면 좋은 따페이, 구문, 성어를 적어 보세요.

4단계 번역해 보세요.

요점정리

문장별 연습

1. 각 지자체들은 전국 500여 곳의 교실에 전자칠판과 디지털 교과서, 태블릿 PC, 스마트폰 등을 이용한 스마트 교실을 구축해 운영하고 있다.

   ↳ 各地方政府在全国500多个教室里安装了电子黑板，并还利用数码教材、平板电脑以及智能手机进行开始智能教育。

   이 문장은 어순을 바꿔서 '各地方政府把全国500多个教室改为智能教室，在教学时利用电子黑板、数码教材、平板电脑以及智能手机.'라고 번역해 볼 수도 있다. '구축하다'가 어렵게 느껴질 수 있다. 이럴 땐 의미는 비슷하지만 좀 더 쉬운 표현으로 바꿔 버리자. 스마트 교실을 구축하면 스마트 교육을 할 수 있게 되는 것이니, '스마트 교육을 하다'로 살짝 바꿔 보자. 번역은 글자를 옮기는 작업이 아니라 의미를 전달하는 것이다.

2. 하지만 이로 인한 부작용에 대한 우려도 커지고 있다.

   ↳ 越来越多的人开始担忧由此引发的负面影响。

   '우려도 커지고 있다'라고 하면 '令人担忧的是……'를 우선 떠올릴 것이다. 하지만 이 문장에서는 적절하지 않다. 오히려 살짝 응용해서 '주+동+목' 구조로 만들면 좋다. 원문에는 주어가 없지만 중국어로 번역할 때는 숨어있는 주어나 목적어를 찾아넣어 주거나 또는 의미가 달라지지 않는 범위에서 만들어 주면 좋다.

3. 스마트 기기를 활용한 교육이 지나치게 강조되다 보니 학생들의 건강 문제는 물론 인지적 부작용까지 발생하고 있다는 것이다.

   ↳ 过于强调利用智能设备的教育正给学生的健康及认知带来负面影响。

   '给……带来负面影响' 단페로 가볍게 해결되는 문장이지만 단페를 모른다면 한참 고민하게 만드는 문장이다. 반대 표현인 '给……带来积极影响'도 외워 두자.

4. 한국정보화진흥원이 발표한 '인터넷 중독 실태조사'에 따르면, 지난해 청소년의 스마트폰 중독위험군 비율은 10% 가까이 늘어난 25.5%에 달했다.

   ↳ 韩国信息化振兴院发布的"网络上瘾实况调查"显示，去年青少年智能手机上瘾危险人群增加了接近10%，达到25.5%。

   '10% 가까이 늘어난 25.5%에 달했다'라는 한국어 문장을 중국어로 '增加了接近10%，达到25.5%。'라고 표현할 수 있다는 것을 주의 깊게 봐 두자. 10%는 '늘어난 양'이므로 '增加到'가 아닌 '增加了'라고 했고, '25.5%'에 달했다'는 '~까지 이르렀다'라는 뜻이므로 '达'에 '到'를 붙였다.

5. 초등학생들이 스마트 기기에서 발생한 전자파에 장시간 노출될 경우 주의력결핍장애(ADHD)에 걸릴 확률이 4.34배나 증가한다는 연구결과도 나왔다.

   ↳ 有研究结果显示，若小学生长时间暴露在智能设备的辐射中，患上多动症的概率将增加4.34倍。

   이 문장에서 서술어는 문장 맨 뒤에 나와 있는 '연구결과도 나왔다'로 중국어로 번역할 때는 이 표현을 '有研究结果显示'라고 해서 문장 맨 앞에 쓴다. 이렇듯 한국어에서는 서술어로 맨 뒤에 쓰이지만 중국어로 번역할 때는 맨 앞에 오는 고정 표현들이 있다. 다시 한 번 정리해 보면 '~로 조사됐다(据调查)' '~데이터가 나왔다(据有关数据显示)', '보도되었다(据报道)', '~라고 한다(据悉)' 등은 문장 맨 앞에 위치한다는 것을 꼭 기억하자. '4.34배나 증가한다'에서 '4.34배'는 증가량을 의미하므로 '增加到4.34倍'가 아니라 '增加4.34倍'라고 해야 한다.

韩国教育的现状

根据2012年韩国政府推进的"智能教育实施及普及"政策，全国中小学的信息化水平逐年上升。各地方政府在全国500多个教室里安装了电子黑板，并还利用数码教材、平板电脑以及智能手机进行智能教育。

这种智能教育能够实现双方向的沟通，有助于提高学生的创意力、课堂参与度以及注意力，随着这些优点被强调，智能教育逐渐得到普及。然而，越来越多的人开始担忧由此引发的负面影响。过于强调利用智能设备的教育正给学生的健康及认知带来负面影响。

韩国信息化振兴院发布的"网络上瘾实况调查"显示，去年青少年智能手机上瘾危险人群增加了接近10%，达到25.5%。并且，有研究结果显示，若小学生长时间暴露在智能设备的辐射中，患上多动症的概率将增加4.34倍。

 알아 두면 유용한 팁 _ 미국 정치 (1)

★ **아시아 재균형 정책/아시아 회귀 정책 亚太再平衡政策/重返亚洲政策**
국력이 나날이 팽창하는 중국에 대항하기 위해 미국이 추진하는 정책이다. 크게 군사적 측면에서는 동맹국·파트너국과의 안보 협력 확대, 외교적 측면에서는 다자주의 외교를 통한 개입 확대, 경제적 측면에서는 대(對) 아시아 수출 및 경제 관계 확대로 나뉘어진다. 재균형 정책은 영어로 리밸런스 정책이다.

★ **프리즘 게이트 棱镜门**
'프리즘'은 미국 국가안보국(NSA)의 정보수집 프로그램이다. 프리즘 게이트는 NSA 요원인 에드워드 스노든이 미 정부가 개인의 사생활을 침해하고 온라인에서의 자유를 파괴하고 있다며 미 정부의 이러한 행위를 폭로한 사건이다. 이로써 소설 '1984년'에 등장하는 사회적 정보 감시 및 독점체제인 '빅 브라더'가 현실로 나타나는 게 아니냐는 우려를 불러일으켰다.

★ **이메일 게이트 电邮门**
미국 민주당 유력 대선주자였던 힐러리 클린턴 전 국무장관이 개인 이메일 계정으로 공무를 수행해 논란을 불러일으킨 사건을 말한다. 파문 이후 힐러리 클린턴은 공무 수행에 별 문제가 없다고 발언했으나 이후 지지율 하락을 의식해 공식적으로 사과의 뜻을 밝혔다.

UNIT 12

시진핑이 구상하는 아시아 질서

🌐 Track 2-23

　시진핑은 현재의 아시아에 걸맞은 안보 질서로 세 가지 안전을 주장하고 있다. 첫째는 종합 안전이다. 과거 전통적인 안보관은 군사 안전에만 초점을 맞췄다. 그러나 이제는 환경 안전, 사회 안전 등 비전통적인 다양한 분야에서의 안전을 종합적으로 고려해야 한다는 주장이다. 둘째는 협력 안전이다. 내가 흥하면 남은 망하는 제로섬(zero-sum)적인 계산에서 벗어나 서로 도와야 한다고 말한다. 셋째는 공동 안전이다. 역내 모든 국가의 안보가 똑같이 다 중요하다는 인식 아래 편을 가르는 냉전적 사고에서 탈피해야 한다고 강조한다.

　시진핑의 주장을 가만히 보면 그 타깃이 미국이라는 느낌을 지울 수 없다. 동맹을 중심으로 군사력에 치중하는 미국의 안보관에 도전하는 성격이 강하다. 피아(彼我)를 구분하고 물리력 행사를 만능으로 여기는 냉전 시대의 미국식 안보관으로는 정치와 경제는 물론 역사와 문화 등 온갖 요인이 얽히고설킨 아시아의 안보 문제를 풀 수 없다는 논리이다. 아시아가 맞닥뜨리고 있는 다양한 안전 문제를 아시아 국가끼리 힘을 모아 대응하고 아시아의 공동선(共同善)을 추구하자는 게 중국이 제시하는 아시아의 새로운 안보 질서다.

💡 참고 단어 및 구문

한국어	중국어	병음
시진핑 [중국 국가주석]	习近平	Xí Jìnpíng
아시아	亚洲	Yàzhōu
신질서	新秩序	xīnzhìxù
걸맞다	符合	fúhé
안보	安全	ānquán
전통적인	传统	chuántǒng
군사	军事	jūnshì
종합적으로 고려하다	综合考虑	zōnghé kǎolǜ
벗어나다	摆脱	bǎituō
내가 흥하면 남은 망하다	我兴你亡	wǒ xīng nǐ wáng
제로섬 게임	零和博弈	línghé bóyì
역내	区域内	qūyù nèi
편을 가르다	拉帮结派	lābāng jiépài
냉전적 사고	冷战思维	lěngzhàn sīwéi
세심히 관찰하다	仔细观察	zǐxì guānchá
겨냥하다, 타깃	针对	zhēnduì
동맹	同盟	tóngméng
얽히고설키다	错综复杂	cuòzōng fùzá
적과 나를 구분하다	区分敌我	qūfēn díwǒ
~로 여기다	把……视为	bǎ……shìwéi
만능열쇠	万能钥匙	wànnéng yàoshi
냉전 시대	冷战时期	lěngzhàn shíqī
협력하다	齐心协力	qíxīn-xiélì
직면하다	面临	miànlín
모색하다, 강구하다	谋求	móuqiú
공동선	共同善	gòngtóngshàn

나만의 통번역 노트

1단계 한국어 문장을 의미 단위로 끊어 보세요.

2단계 한국어 문장을 중국어 어순(주+동+목) 구조로 바꿔 보세요.

3단계 활용해 보면 좋은 따페이, 구문, 성어를 적어 보세요.

4단계 번역해 보세요.

📖 요점정리

문장별 연습

1. 시진핑은 현재의 아시아에 걸맞은 안보 질서로 세 가지 안전을 주장하고 있다. 첫째는 종합 안전이다. 과거 전통적인 안보관은 군사 안전에만 초점을 맞췄다. 그러나 이제는 환경 안전, 사회 안전 등 비전통적인 다양한 분야에서의 안전을 종합적으로 고려해야 한다는 주장이다.

   ↳ 中国国家主席习近平提出了符合当今亚洲安全秩序的三个安全。第一，综合安全。传统的安全观重视军事安全，而如今应综合考虑环境安全、社会安全等非传统、各领域的安全。

   '군사안전에만 초점을 맞췄다'라는 표현은 '把重点放在……'를 활용해 보거나 '以军事安全为主'라고 할 수도 있고, 간단하게 '重视'를 사용하여 '동+목' 구조로 표현할 수도 있다.

2. 둘째는 협력 안전이다. 내가 흥하면 남은 망하는 제로섬(zero-sum)적인 계산에서 벗어나 서로 도와야 한다고 말한다. 셋째는 공동 안전이다. 역내 모든 국가의 안보가 똑같이 다 중요하다는 인식 아래 편을 가르는 냉전적 사고에서 탈피해야 한다고 강조한다.

   ↳ 第二，合作安全。也就是说，应摆脱"我兴你亡"的零和博弈，互相帮助。第三，共同安全。习主席强调区域内所有国家的安全同等重要，要摆脱"拉帮结派式"的冷战思维。

   '제로섬'은 출현 빈도가 높은 단어이다. 중국어로 '제로섬 게임'을 '零和博弈' 또는 '零和游戏'라고 한다는 것을 외워두자. 그리고 '편을 가르는 냉전적 사고에서 탈피해야 한다'라는 문장은 일단 '摆脱……的冷战思维'라는 '동사+목적어' 구조를 먼저 잡은 다음에 '편을 가르다'라는 표현을 고민해야 한다. '편을 가르다'는 '拉帮结派'라는 사자성어를 쓰면 적당하겠다.

3. 시진핑의 주장을 가만히 보면 그 타깃이 미국이라는 느낌을 지울 수 없다. 동맹을 중심으로 군사력에 치중하는 미국의 안보관에 도전하는 성격이 강하다. 피아(彼我)를 구분하고 물리력 행사를 만능으로 여기는 냉전 시대의 미국식 안보관으로는 정치와 경제는 물론 역사와 문화 등 온갖 요인이 얽히고설킨 아시아의 안보 문제를 풀 수 없다는 논리이다.

   ↳ 仔细观察习主席的主张就能发现其针对的是美国，似乎在挑战以同盟为主、重视军事力量的美国安全观。也就是说，亚洲安全问题错综复杂涉及政治、经济、历史、文化等方面，因此区分敌我、把武力视为万能钥匙的冷战时期的美国安全观无法解决这些问题。

   '~라는 느낌을 지울 수 없다', '온갖 요인이 얽히고설킨'이라는 표현은 문장을 까다롭게 보이게 할 뿐 실제로는 중요한 의미를 갖는 문장 성분은 아니다. 이럴 땐 적당히 빼고 번역하는 것이 더 자연스러울 수도 있고 간단하게 표현하고 넘어가는 것이 중국어로는 더 좋은 문장이 될 수 있다. 하지만 굳이 표현하겠다면 '~라는 느낌을 지울 수 없다'는 '似乎'를 사용하고, '얽히고설킨'은 간단하게 '复杂的……'라고 해 볼 수 있겠다.

4. 아시아가 맞닥뜨리고 있는 다양한 안전 문제를 아시아 국가끼리 힘을 모아 대응하고 아시아의 공동선(共同善)을 추구하자는 게 중국이 제시하는 아시아의 새로운 안보 질서다.

   ↳ 亚洲各国应齐心协力共同应对正面临的各类安全问题，谋求"共同善"。这就是中国提出的亚洲新安全秩序。

   '아시아가 맞닥뜨리고 있는 다양한 안전 문제를 아시아 국가끼리 힘을 모아 대응하고 아시아의 공동선(共同善)을 추구하자'는 물론 어순대로 표현할 수도 있지만 어순을 바꿔서 표현하면 좀 더 서면어의 느낌을 살릴 수 있다. 즉 '亚洲各国应齐心协力，谋求"共同善"，以此来解决正面临的各类安全问题。'라고 만들어 볼 수 있다. 어떤 식으로 표현하든 의미만 변하지 않는다면 ok!

习近平的亚洲新秩序

中国国家主席习近平提出了符合当今亚洲安全秩序的三个安全。第一，综合安全。传统的安全观重视军事安全，而如今应综合考虑环境安全、社会安全等非传统、各领域的安全。第二，合作安全。也就是说，应摆脱"我兴你亡"的零和博弈，互相帮助。第三，共同安全。习主席强调区域内所有国家的安全同等重要，要摆脱"拉帮结派式"的冷战思维。

仔细观察习主席的主张就能发现其针对的是美国，似乎在挑战以同盟为主、重视军事力量的美国安全观。也就是说，亚洲安全问题错综复杂，涉及政治、经济、历史、文化等方面，因此区分敌我、把武力视为万能钥匙的冷战时期的美国安全观无法解决这些问题。亚洲各国应齐心协力共同应对正面临的各类安全问题，谋求"共同善"。这就是中国提出的亚洲新安全秩序。

알아 두면 유용한 팁 _ 미국 정치 (2)

★ **위키리크스 维基解密**
정부, 기업, 단체 등의 불법 행위 및 비윤리적 행위를 알리는 목적으로 2006년 12월 아이슬란드의 수도 레이캬비크에서 설립된 고발 전문 웹사이트를 말한다. 영국 극우파 당원 명부, 스위스 은행 관련 문건, 미국 이라크 기밀 문건 등을 공개해 세계에 큰 충격을 주었다.

★ **셧다운 关门**
'일시 업무 정지'라는 뜻으로, 예산이 배정되지 않아 미국 연방정부 기관이 일시 폐쇄되는 상태를 말한다. 미국 연방정부의 핵심 서비스를 제외한 모든 공공 프로그램을 중단시키기 때문에 미국 경제에 큰 타격을 입힌다.

★ **재정절벽 财政悬崖**
정부의 재정지출이 대폭 감소하고 세금이 인상되면서 경기가 절벽에서 떨어지듯 급강하하는 현상을 말한다. 재정절벽 문제에 직면한 대표적인 나라는 미국으로 2012년 미국의 벤 버냉키 당시 미 연준(Fed) 의장이 2013년에 닥칠 경제적 충격을 경고하는 의미로 이 용어를 사용하면서 널리 확산됐다. 2000년부터 지속되던 감세조치와 재정지출로 인해 정부의 부채가 증가하여 재정건전성이 악화되자 미국은 세제 감면을 종료하고 정부 지출을 줄였다. 이로 인해 재정절벽 문제가 이슈로 등장하였다.

UNIT 13

서비스 산업 발전의 그늘 – 감정노동자

🎧 Track 2-25

　기업은 고객에게 표출하는 감정적 서비스의 양과 질이 '매출'과 밀접한 연관성을 갖고 있다는 것을 잘 알고 있다. 이런 이유로 일부 기업은 고객에게 눈 맞춤은 물론이고, 경우에 따라서는 무릎을 꿇고 서비스를 제공하게 한다. 그 순간 고객과 서비스 노동자는 동등한 인간일 수 없다. 감정노동자 중 심리 상담이나 정신과 방문이 필요한 정도의 우울증에 시달리는 사람의 비율은 26.6%로 일반 시민의 비율인 14.3%에 비해 거의 2배나 높을 정도로 심각한 상황이다.

　문제를 해결하려면 어떻게 해야 할까? 첫째, 서비스 산업을 건강하게 성장시키려면 무엇보다 정부가 사회 구성원 모두에게 감정노동의 문제점을 알려야 할 것이다. 또한 정부는 개별 기업에 감정노동 가이드라인과 함께 실효적인 제도적 해결 방안을 제시해야 한다.

　둘째, 사회적 인식의 변화가 필요하다. 인간의 감정을 상품화해서는 안 되며, 고객들도 서비스 노동자의 감정을 고려하고 존중하는 자세와 마음을 가져야 한다. 기업에 서비스 불만 사항만을 지적할 것이 아니라, 감정노동자들에게 충분한 휴식과 휴게 공간을 제공하도록 요구해야 한다. 감정노동 문제는 우리 사회 구성원들이 함께 노력해야 할 과제이다.

참고 단어 및 구문

그늘 阴影 yīnyǐng
감정노동자 情绪劳动者 qíngxù láodòngzhě
잘 알다 深知 shēnzhī
A에게 서비스를 제공하다
给A提供……服务 gěi A tígōng……fúwù
고객 顾客 gùkè
판매량 销量 xiāoliàng
요구하다 要求 yāoqiú
두 눈으로 지켜보다 双目直视 shuāngmù zhíshì
서비스 노동자, 종업원 服务人员 fúwù rényuán
심리 상담을 받다 进行心理咨询 jìnxíng xīnlǐ zīxún
정신과에서 진료받다
到精神科就诊 dào jīngshénkē jiùzhěn
우울증 환자 抑郁症患者 yìyùzhèng huànzhě

두 배로 늘다, 배가하다 翻一番 fān yì fān
상황이 심각하다[열악하다] 情况严重 qíngkuàng yánzhòng
A에게 가이드라인[행동 지침]을 제공하다
向A提供行动指南 xiàng A tígōng xíngdòng zhǐnán
~방안[방법]을 제시하다 提出……方案 tíchū……fāng'àn
효과적인 行之有效 xíng zhī yǒuxiào
사회 인식 社会观念 shèhuì guānniàn
고려하다 考虑 kǎolǜ
감정을 존중하다 尊重感情 zūnzhòng gǎnqíng
불만을 제기하다 提出不满 tíchū bùmǎn
충족하다 充足 chōngzú
휴식 시간 休息时间 xiūxi shíjiān
과제 课题 kètí

나만의 통번역 노트

1단계 한국어 문장을 의미 단위로 끊어 보세요.

2단계 한국어 문장을 중국어 어순(주+동+목) 구조로 바꿔 보세요.

3단계 활용해 보면 좋은 따페이, 구문, 성어를 적어 보세요.

4단계 번역해 보세요.

요점정리

문장별 연습

1. 기업은 고객에게 표출하는 감정적 서비스의 양과 질이 '매출'과 밀접한 연관성을 갖고 있다는 것을 잘 알고 있다.

   ↪ 企业深知公司给顾客提供的情绪服务的"量"和"质"与销量有密切关系。

   'A与B有密切关系' 따페이를 활용해서 문장을 번역할 수 있다.

2. 감정노동자 중 심리 상담이나 정신과 방문이 필요한 정도의 우울증에 시달리는 사람의 비율은 26.6%로 일반 시민의 비율인 14.3%에 비해 거의 2배나 높을 정도로 심각한 상황이다.

   ↪ 在情绪劳动者中，需要进行心理咨询或到精神科就诊的抑郁症患者比例达到26.6%，与普通民众的14.3%相比，几乎翻了一番，情况十分严重。

   '2배'라는 표현은 '翻一番'이라고 하고, '翻两番'은 '4배', '翻三番'은 '8배'를 뜻한다. 2배와 4배의 중국어 표현은 꼭 외워 두자. 이 문장은 최대한 문장을 쪼개서 단문+단문 형태로 번역했다.

3. 또한 정부는 개별 기업에 감정노동 가이드라인과 함께 실효적인 제도적 해결 방안을 제시해야 한다.

   ↪ 此外，政府应向各企业提供与情绪劳动有关的行动指南，同时也应该在制度上提出行之有效的解决方案。

   '실효적인 제도적 해결 방안을 제시하다'를 '在制度上提出行之有效的解决方案'이라고 했다. 주의깊게 봐 두자.

4. 둘째, 사회적 인식의 변화가 필요하다. 인간의 감정을 상품화해서는 안 되며, 고객들도 서비스 노동자의 감정을 고려하고 존중하는 자세와 마음을 가져야 한다.

   ↪ 其次，需要改变社会观念。我们不能把人类的情绪视为一种商品，顾客也应该考虑到情绪劳动者的感情，并尊重他们的感情。

   '상품화하다'는 '把A视为B'로 쓸 수 있다. '把자문'의 부정문은 '把' 앞에 부정사가 온다는 것을 유의하자. 뒤 문장은 최대한 '동+목' 구조로 번역해 보자.

5. 기업에 서비스 불만 사항만을 지적할 것이 아니라, 감정노동자들에게 충분한 휴식과 휴게 공간을 제공하도록 요구해야 한다. 감정노동 문제는 우리 사회 구성원들이 함께 노력해야 할 과제이다.

   ↪ 不应该仅向企业提出服务方面的不满，应该要求企业为情绪劳动者提供充足的休息时间和空间。情绪劳动问题是需要所有社会成员共同努力，一起解决的课题。

   '지적하다'라고 하면 많은 학생들이 '指出'를 생각하는데 여기서는 '不满'이라는 목적어와 호응되는 '提出'를 써서 '提出服务方面的不满'이라고 하는 것이 자연스럽다. 뒤 문장에서는 누가 누구에게 요구하는 것인지를 정확하게 파악하는 것이 중요하다.

服务业发展的阴影——情绪劳动者

　　企业深知公司给顾客提供的情绪服务的"量"和"质"与销量有密切关系。因此，部分企业不仅要求员工双目直视顾客，有时还要求员工跪着服务。此时，顾客和服务人员不再平等。在情绪劳动者中，需要进行心理咨询或到精神科就诊的抑郁症患者比例达到26.6%，与普通民众的14.3%相比，几乎翻了一番，情况十分严重。

　　该怎么解决这些问题？首先，为了服务业的健康发展，政府应该告诉所有社会成员情绪劳动所存在的各种问题。此外，政府应向各企业提供与情绪劳动有关的行动指南，同时也应该在制度上提出行之有效的解决方案。

　　其次，需要改变社会观念。我们不能把人类的情绪视为一种商品，顾客也应该考虑到情绪劳动者的感情，并尊重他们的感情。不应该仅向企业提出服务方面的不满，应该要求企业为情绪劳动者提供充足的休息时间和空间。情绪劳动问题是需要所有社会成员共同努力，一起解决的课题。

★ **집단 자위권 集体自卫权**
　　동맹국 등 타국에 대한 공격을 자국에 대한 공격으로 간주, 반격할 수 있는 권리를 말한다. 원래 일본은 2차 세계대전 패전국으로서 군사력을 행사할 수 있는 권리가 주어지지 않았으나, 최근 이러한 집단 자위권 해제라는 명목으로 국민들의 반대에도 불구하고 '신(新)안보법 개정'을 강행해 군사력을 행사하려는 야심을 드러내고 있다.

★ **평화헌법 和平宪法**
　　평화헌법이란 2차 세계대전에서 패한 일본이 1946년 11월에 공포한 헌법 9조의 별칭으로, 승전국인 미국의 주도로 만들어진 것이다. 이 헌법은 전범국인 일본의 무력 사용과 전쟁 및 전투력 보유를 금지하고 있다. 그러나 일본은 평화헌법을 개정하여 자위대를 군대로 격상시키고 집단적 자위권을 확충하려는 등, 이러한 족쇄를 벗어 던지려는 의도를 보여왔다. 이른바 전쟁을 할 수 없는 전범국 딱지를 떼 버리고, 타국과 언제든지 전쟁을 벌일 수 있는 '보통 국가'로의 회귀를 꿈꾸는 것이다. 이러한 일본의 행동에 한국, 중국과 같은 이웃 국가들은 격렬한 반발을 하고 있고, 일본 국민들 역시 반대하며 평화헌법 의도가 변질되는 데 우려를 표하고 있다. 실제로 아베 정권이 안보법 개정 강행 돌파를 시도하던 날, 일본 국회 의사당 앞에서 많은 일본 국민들이 모여 반대 시위를 했으나 결국 아베 정권은 이를 밀어붙이고야 말았다.

★ **정치 우경화 政治右倾化**
　　사회적 기류가 보수적으로 변화하는 현상을 말한다. 오늘날 일본에서 이러한 우경화 현상이 대두되고 있는데 과거에 저지른 침략의 역사를 부정하거나 정당화하는 경향이 강화되는 특징을 보인다. 2012년 12월, 총선에서 극우 정당의 인기가 높아지면서 일본 우익 세력의 대표라 할 수 있는 자민당(自民党)이 중도 정당인 민주당으로부터 다시 정권을 탈환하였다. 또 2012년 12월 26일 자민당의 아베 신조(安倍晋三) 내각이 출범하면서 일본의 우경화 추세는 나날이 심해지고 있다. 일본의 우경화 흐름을 부채질하는 일본의 우익 세력들은 과거 침략 역사를 전면적으로 부인하고 미화하여 한국이나 중국 등 주변국들로부터 비난을 받고 있다.

UNIT 14

인구절벽 – 출산율을 높여라!

요즘 젊은 부부가 아이 낳는 데 드는 비용이 1000만 원을 넘는 경우가 많다고 한다. 출산 전 초음파 등 검사 비용만 150만 원쯤 들고 분만비 100만~200만 원, 산후조리원 비용 250만~350만 원, 유모차·배냇저고리 등 출산용품 구입비 200만 원을 합치면 700만~900만 원이 된다.

여기에 분유·기저귀 같은 필수 소모품까지 더하면 출산 전후로 800만~1000만 원이 필요하다는 계산이다. 게다가 괜찮다 싶은 유모차나 아기 침대는 100만~150만 원을 하는 경우가 흔하다. 한국의 도시 맞벌이 가구의 월평균 소득이 401만 원이다. 아기 하나 낳는 데만 두 달 반의 소득을 꼬박 바쳐야 하는 형편이라면 겁이 나서라도 아이 낳기를 기피하게 된다.

출산율 높이기에 성공한 프랑스에선 아이가 태어나면 855유로(약 125만 원)의 장려금을 지급하고, 임신 4개월부터는 산모 약값이 전액 무료이며 초음파 검진비도 많아야 30%만 내면 된다. 산후엔 조산(助産) 전문가(사쥐팜, sage-femme)가 다섯 번 집을 방문해 아기와 산모를 돌봐주고, 아기는 집 근처 보건소에서 1주일에 한 번씩 무료 검진을 받을 수 있다.

참고 단어 및 구문

- 인구절벽 人口悬崖 rénkǒu xuányá
- 출산율을 올리다 提高生育率 tígāo shēngyùlǜ
- 출산 비용 生育费用 shēngyù fèiyòng
- (B형) 초음파 B超 B chāo
- 검사 비용 检查费用 jiǎnchá fèiyòng
- 분만 分娩 fēnmiǎn
- 산후조리 产后护理 chǎnhòu hùlǐ
- 유모차 婴儿车 yīng'ér chē
- 배냇저고리, 영아복 婴儿装 yīng'ér zhuāng
- 출산용품, 유아용품 婴儿用品 yīng'ér yòngpǐn
- 분유 奶粉 nǎifěn
- 기저귀 尿不湿 niàobùshī
- 유아용 침대 婴儿床 yīng'ér chuáng
- 맞벌이 双职工 shuāngzhígōng
- 월평균 수입 月均收入 yuèjūn shōurù
- 지출하다 花费 huāfèi
- 장려금을 받다 获得……奖励 huòdé……jiǎnglì
- 유로화 欧元 ōuyuán
- 임신(하다) 怀孕 huáiyùn
- 임신부 孕妇 yùnfù
- ~비용을 부담하다 承担……费用 chéngdān……fèiyòng
- 초음파 검사 超声波检查 chāoshēngbō jiǎnchá
- 조산 전문가 助产专家 zhùchǎn zhuānjiā
- (집으로) 방문하다 上门 shàngmén
- 돌보다 照顾 zhàogù
- 보건소 保健所 bǎojiànsuǒ
- 무료 검사를 받다 接受免费检查 jiēshòu miǎnfèi jiǎnchá

나만의 통번역 노트

1단계 한국어 문장을 의미 단위로 끊어 보세요.

2단계 한국어 문장을 중국어 어순(주+동+목) 구조로 바꿔 보세요.

3단계 활용해 보면 좋은 따페이, 구문, 성어를 적어 보세요.

4단계 번역해 보세요.

📋 **요점정리**

문장별 연습

1. 요즘 젊은 부부가 아이 낳는 데 드는 비용이 1000만 원을 넘는 경우가 많다고 한다.

   ↳ 据悉，近来年轻夫妇的生育费用超过1000万韩元。

   '~라고 한다'라는 서술어 표현을 중국어로 번역할 때는 '据悉'임을 다시 한 번 기억하자! 위치는? 맨 앞!! 그렇다. 배운 것은 반드시 써 먹어야 한다.

2. 출산 전 초음파 등 검사 비용만 150만 원쯤 들고 분만비 100만~200만 원, 산후조리원 비용 250만~350만 원, 유모차·배냇저고리 등 출산용품 구입비 200만 원을 합치면 700만~900만 원이 된다.

   ↳ B超等产前检查费用就要150万韩元左右，再加上分娩费用100万至200万韩元、产后护理费用250万至350万韩元、婴儿车及婴儿装等婴儿用品购买费用200万韩元，一共为700万至900万韩元。

   '산후조리원 비용'에서 '산후조리원' 때문에 순간 얼음이 되었다면 아직 초보 수준이다. 이럴 땐 '산후조리'의 의미만 살려서 번역해도 무방하니 단어를 모른다고 겁먹지 말자. 그래도 꼭 알고 싶어하는 분들에게 팁을 준다면 '月子中心'을 활용해 보면 좋겠다.

3. 한국의 도시 맞벌이 가구의 월평균 소득이 401만 원이다. 아기 하나 낳는 데만 두 달 반의 소득을 꼬박 바쳐야 하는 형편이라면 겁이 나서라도 아이 낳기를 기피하게 된다.

   ↳ 韩国城市双职工家庭的月均收入为401万韩元。若生一个孩子就要花费家庭两个半月的收入，很多人就不敢要孩子。

   '두 달 반의 소득을 꼬박 바쳐야 하는 형편'은 쉽지 않은 표현이다. 그럴 땐 의미만 살리는 단순한 표현을 고민해야 한다. '꼬박 바치다'라는 표현은 어렵지만 동사 '花费'는 쉽게 떠올릴 수 있는 단어이다.

4. 출산율 높이기에 성공한 프랑스에선 아이가 태어나면 855유로(약 125만 원)의 장려금을 지급하고, 임신 4개월부터는 산모 약값이 전액 무료이며 초음파 검진비도 많아야 30%만 내면 된다.

   ↳ 在成功提高生育率的法国，孩子出生时就能获得855欧元的奖励，怀孕4个月后的孕妇药费全免，并且，最多只需承担30%的超声波检查费用。

   '장려금을 지급한다'는 그대로 '发放奖励'라고 할 수도 있지만 출산 가정 입장에서는 '获得奖励'라고 해야 맞기 때문에 먼저 주어를 무엇으로 잡을 것인지 결정하고 거기에 맞게 동사를 써야 하겠다. '전액 무료'는 '全部免费'를 줄여서 '全免'이라고 할 수 있다.

5. 산후엔 조산(助産) 전문가(사쥐팜, sage-femme)가 다섯 번 집을 방문해 아기와 산모를 돌봐주고, 아기는 집 근처 보건소에서 1주일에 한 번씩 무료 검진을 받을 수 있다.

   ↳ 产后将有助产专家(sage-femme)上门5次，照顾孩子和产妇，婴儿还可以在家附近的保健所每周接受一次免费检查。

   '5번 집을 방문한다'고 해서 '5次上门'이 아니다. 중국어 어순은 '동사+수량사', 즉 '上门5次'라는 것을 알아 두자. 마찬가지로 '1주일에 한 번씩 무료 검진을 받는다'도 중국어로는 '每周接受一次免费检查'라고 한다. 어순을 꼭 기억하자. 물론 어떻게 분석해서 표현하느냐에 따라 달라질 수 있지만 어쨌든 기본 문형은 알아 두어야 한다.

人口悬崖——提高生育率!

据悉,近来年轻夫妇的生育费用超过1000万韩元。B超等产前检查费用就要150万韩元左右,再加上分娩费用100万至200万韩元、产后护理费用250万至350万韩元、婴儿车及婴儿装等婴儿用品购买费用200万韩元,一共为700万至900万韩元。如果再加上奶粉、尿不湿等日常消耗品的费用,产前产后所需的费用高达800万至1000万韩元。一个不错的婴儿车和婴儿床通常也要100万到150万韩元。韩国城市双职工家庭的月均收入为401万韩元。若生一个孩子就要花费家庭两个半月的收入,很多人就不敢要孩子。

在成功提高生育率的法国,孩子出生时就能获得855欧元的奖励,怀孕4个月后的孕妇药费全免,并且,最多只需承担30%的超声波检查费用。产后将有助产专家(sage-femme)上门5次,照顾孩子和产妇,婴儿还可以在家附近的保健所每周接受一次免费检查。

★ 야스쿠니 신사 靖国神社
2차 세계대전 당시 전사한 이들을 신격화해 제사를 지내는 곳으로 A급 전범 14명의 위패가 합사되어 있다. 일본 우익 세력의 정신적 상징으로 여겨진다. 그렇기에 이 곳을 참배한다는 것은 곧 2차 세계 대전 당시의 일본 제국을 찬양하고 미화한다는 것으로 직결될 수 있다. 고이즈미 전 총리 등 일본 정치인들이 이 곳을 공식 참배하여 주변국의 빈축을 사고 있다.

★ 무라야마 담화 村山谈话
1995년 무라야마 도미이치(村山富市) 총리가 일본의 전후 50주년인 종전기념일에 발표했던 담화로, 무라야마 총리는 이 담화에서 식민지 지배와 침략으로 아시아 이웃 국가들에게 끼친 피해에 대해 사과하고 반성하며, 역사를 받아들인다는 뜻을 밝혔다.

★ 고노 담화 河野谈话
1993년 8월 고노 요헤이(河野洋平) 당시 관방장관이 일본군위안부에 대한 일본군과 군의 강제성을 인정한 담화를 말한다. 고노 장관은 이 담화에서 위안부 사건을 인정했을 뿐만 아니라 위안부들에게 사죄의 뜻을 밝히기도 했다.

UNIT 15

불황일수록 불티나는 명품

대부분의 사람들이 경기가 불황이라고 말하고 있다. 그런데 불황에도 불구하고 비싼 제품은 더 불티나게 팔린다고 한다. 2013년 세계 명품 시장 연구 보고서와 월스트리트 저널에 따르면 전 세계 명품 시장 규모는 우리나라 돈으로 약 313조 원에 달했다. 그중 한국에서 판매된 명품 판매액은 12조 원이었다고 한다. 이제 우리나라는 세계 명품 판매국 10위의 자리에 등극했다. 그렇다면 경기불황에도 불구하고 이렇게 비싼 명품이 잘 팔리는 이유는 무엇일까?

먼저, 대다수의 사람들이 가지고 있는 허영에 찬 소비심리를 지적할 수 있다. 즉 남의 눈을 지나치게 의식해 남들에게 뒤쳐지지 말아야 한다는 부담감과 경쟁심이 명품 소비를 부추긴다는 것이다. 명품 구매자들은 명품이 특별히 질이 엄청나게 뛰어나서 구입하는 게 아니다. 그들은 브랜드 가치를 구입하는 것이다. 물건은 가격이 비쌀수록 사람들의 허영심을 자극한다. 장사꾼들은 이러한 심리를 이용해 일부러 가격을 높게 책정하기도 한다. 또 다른 이유로는 자기만족감과 과시욕을 느끼기 위해서라고 한다. 명품과 자신을 동일화해 명품이 곧 자신의 이미지라고 생각하기 때문에 무리를 해서라도 명품을 구입한다는 것이다. 즉 명품을 구매하면서 자신이 상류층에 속한다는 환상을 느끼게 되는 것이다.

참고 단어 및 구문

한국어	중국어	병음
경기불황	经济萧条	jīngjì xiāotiáo
명품	奢侈品	shēchǐpǐn
A할수록 B하다	越A越B	yuè A yuè B
불경기	不景气	bùjǐngqì
비싼 제품	高价商品	gāojià shāngpǐn
불티나게 팔리다	卖得更火	mài de gèng huǒ
월스트리트 저널	《华尔街日报》	Huá'ěrjiē rìbào
명품 시장	奢侈品市场	shēchǐpǐn shìchǎng
판매액	销售额	xiāoshòu'é
(순위를) 차지하다	排在	páizài
잘 팔리다	畅销	chàngxiāo
허영	虚荣	xūróng
소비심리	消费心理	xiāofèi xīnlǐ
의식하다	在意	zàiyì
뒤쳐지다	落后于	luòhòuyú
부담감	包袱	bāofu
경쟁심	竞争心理	jìngzhēng xīnlǐ
부추기다	助长	zhùzhǎng
브랜드 가치	品牌价值	pǐnpái jiàzhí
자극하다	刺激	cìjī
자기만족	自我满足	zìwǒ mǎnzú
과시하다	炫耀	xuànyào
A와 B를 동등하게 보다	A和B划等号	A hé B huà děnghào
이미지	形象	xíngxiàng
상류사회, 상류층	上流社会	shàngliú shèhuì
환상	幻觉	huànjué

나만의 통번역 노트

1단계 한국어 문장을 의미 단위로 끊어 보세요.

2단계 한국어 문장을 중국어 어순(주+동+목) 구조로 바꿔 보세요.

3단계 활용해 보면 좋은 따페이, 구문, 성어를 적어 보세요.

4단계 번역해 보세요.

요점정리

문장별 연습

1. 대부분의 사람들이 경기가 불황이라고 말하고 있다. 그런데 불황에도 불구하고 비싼 제품은 더 불티나게 팔린다고 한다. 2013년 세계 명품 시장 연구 보고서와 월스트리트 저널에 따르면 전 세계 명품 시장 규모는 우리나라 돈으로 약 313조 원에 달했다. 그중 한국에서 판매된 명품 판매액은 12조 원이었다고 한다. 이제 우리나라는 세계 명품 판매국 10위의 자리에 등극했다. 그렇다면 경기불황에도 불구하고 이렇게 비싼 명품이 잘 팔리는 이유는 무엇일까?

    很多人说，现在的经济不景气。但在经济不景气的情况下，高价商品卖得更火。《2013年世界奢侈品市场研究报告》和《华尔街日报》的报道显示，世界奢侈品市场规模约达313万亿韩元。其中，韩国的奢侈品销售额达到12万亿韩元。在世界奢侈品销售国中，韩国排在第十位。那么，在经济萧条的情况下，为什么奢侈品仍然畅销？

    '~에 등극했다'라는 말에 당황하면 안 된다. 결국은 '10위를 차지했다'라는 표현이기 때문에 중국어로 '排在第十位' 또는 '占据第十位'를 쓰면 된다. 한국어의 화려한 미사여구에 겁먹지 말고 기본적인 뜻에 충실해서 중국어로 번역하자. '명품이 잘 팔리는 이유는 무엇일까?'는 여러 가지 표현이 가능하겠다. '为什么奢侈品仍然畅销[卖得很火]?' 또는 좀 더 서면어에 어울리는 표현으로 '奢侈品畅销的原因是什么?'라고 해도 좋다.

2. 먼저, 대다수의 사람들이 가지고 있는 허영에 찬 소비심리를 지적할 수 있다. 즉 남의 눈을 지나치게 의식해 남들에게 뒤쳐지지 말아야 한다는 부담감과 경쟁심이 명품 소비를 부추긴다는 것이다.

    首先，这是因为多数人都有一种虚荣的消费心理。即，过于在意别人的视线、不能落后于他人的这种心理包袱和竞争心理助长奢侈品消费。

    '~심리를 지적할 수 있다'라고 해서 '지적하다'라는 뜻의 동사 '指出'를 써서는 안 된다. 여기서는 '~와 관계가 있다'라는 의미이기 때문에 '与……有关'을 쓰거나, '~심리가 있다'는 '동+목' 구조인 '有……心理'를 써 볼 수 있겠다. '경쟁심'이라는 의미는 중국어로 '竞争心理', '好胜心', '攀比心' 등으로 다양하게 표현할 수 있으니 참고 바란다.

3. 명품 구매자들은 명품이 특별히 질이 엄청나게 뛰어나서 구입하는 게 아니다. 그들은 브랜드 가치를 구입하는 것이다. 물건은 가격이 비쌀수록 사람들의 허영심을 자극한다. 장사꾼들은 이러한 심리를 이용해 일부러 가격을 높게 책정하기도 한다.

    人们购买奢侈品不是因为其质量好，而是看重其品牌价值。价格越高越能刺激消费者的虚荣心，商家利用这种心理故意把价格定得很高。

    '명품 구매자들은 명품이 특별히 질이 엄청 뛰어나서 구입하는 게 아니다'는 '不是A，而是B' 구문을 이용해서 위의 예문처럼 번역할 수도 있고, 더 간단하게는 '不在于质量，而在于品牌价值'라고도 할 수 있다. '가격을 높게 책정하기도 한다'는 그대로 '把价格定得很高'라고 표현할 수도 있지만 '采取……策略' 따페이를 응용해서 '采取高价策略'라고 할 수도 있다.

4. 또 다른 이유로는 자기만족감과 과시욕을 느끼기 위해서라고 한다. 명품과 자신을 동일화해 명품이 곧 자신의 이미지라고 생각하기 때문에 무리를 해서라도 명품을 구입한다는 것이다. 즉 명품을 구매하면서 자신이 상류층에 속한다는 환상을 느끼게 되는 것이다.

    其次，为了自我满足和炫耀。有些人把奢侈品和自己划等号，认为奢侈品代表自己的形象，所以，即便买不起也要买。因为买奢侈品会让人产生进入上流社会的幻觉。

    '무리를 해서라도 명품을 구입한다'라는 표현이 좀 까다롭다. 중국어로 '即便A也B' 구문을 이용해서 표현할 수도 있고, '硬着头皮'라는 단어를 활용해 볼 수 있겠다. 즉 '即便买不起也要买' 또는 '所以硬着头皮购买奢侈品'으로 표현하면 좋겠다.

经济越萧条，奢侈品越热销

Track 2-30

很多人说，现在的经济不景气。但在经济不景气的情况下，高价商品卖得更火。《2013年世界奢侈品市场研究报告》和《华尔街日报》的报道显示，世界奢侈品市场规模约达313万亿韩元。其中，韩国的奢侈品销售额达到12万亿韩元。在世界奢侈品销售国中，韩国排在第十位。那么，在经济萧条的情况下，为什么奢侈品仍然畅销？

首先，这是因为多数人都有一种虚荣的消费心理。即，过于在意别人的视线、不能落后于他人的这种心理包袱和竞争心理助长奢侈品消费。人们购买奢侈品不是因为其质量好，而是看重其品牌价值。价格越高越能刺激消费者的虚荣心，商家利用这种心理故意把价格定得很高。其次，为了自我满足和炫耀。有些人把奢侈品和自己划等号，认为奢侈品代表自己的形象，所以，即便买不起也要买。因为买奢侈品会让人产生进入上流社会的幻觉。

★ 베블런 효과　凡勃伦效应
가격이 오르는데도 일부 계층의 과시욕으로 인해 수요가 줄지 않고 오히려 늘어나는 현상을 뜻한다. 실제로 다이아몬드, 고급 자동차, 명품 의류 등은 가격이 비쌀수록 더 잘 팔리고, 가격이 내려가면 누구든지 구입할 수 있다는 이유로 잘 팔리지 않는 경향이 있다.

★ 마셜플랜　马歇尔计划
제2차 세계대전 후 황폐화된 유럽을 살리기 위해 조지 마셜 당시 미 국무장관이 실시한 경제원조 계획이다. 마셜플랜은 대외적으로 2차 대전으로 잿더미가 된 유럽 경제를 재건하고 서방 선진국의 경제성장을 촉진하는 것이 목적이다. 또한 미국은 민주주의 국가들이 살아남을 수 있는 환경을 조성해 공산주의 확산을 억제하려는 의도도 있었다. 마셜플랜의 실시로 유럽 경제는 산업이 회복되고 재정이 안정되었으며, 미국은 영향력을 확대할 수 있게 되었다.

★ 보이지 않는 손　看不见的手
경제학자 애덤 스미스가 처음 제시한 개념으로, 자본주의 사회의 시장에서 결정되는 가격은 외부의 간섭 없이도 수요와 공급을 조절하는 기능을 가진다는 것이다. 애덤 스미스는 효율적인 자원 배분을 촉진하는 가격의 자동조절 기능을 '보이지 않는 손(invisible hands)'이라고 설명했다. 이 주장은 자유주의 경제의 사상적 기초가 되었다.

★ 오퍼레이션 트위스트　扭曲操作
중앙은행이 장기 채권을 사들이는 동시에 단기 채권을 파는 식으로 시중금리를 조절하는 방식이다. 장기, 단기 채권에 엇갈리게 대응하는 모습이 1960년 당시 유행한 트위스트와 닮았다고 해서 이 명칭이 붙었다.

UNIT 16

스마트폰의 진실

이 땅에 들어온 지 몇 년도 되지 않은 스마트폰이 생각지도 못한 방향으로 우리 삶에 영향을 주고 있다. 서울시가 추진하는 지하철 요금 인상에도 스마트폰이 역할을 하고 있다. 스마트폰을 보느라 고개를 푹 숙이고 있는 지하철 안 풍경 때문이다. 고개를 들어야 지하철 벽면에 붙은 광고를 볼 텐데, 승객들의 시선이 스마트폰에서 떠나지 않으니 객차 안 광고 매출이 급감했다. 스마트폰이 지하철 수입 감소에 일조했고, 요금 인상이 추진되고 있는 셈이다.

스마트폰은 기자들의 취재 방식도 바꿔 놨다. 과거엔 신문기자들이 스포트라이트를 받는 취재원 주변에서 고개를 숙인 채 취재원의 말을 수첩에 옮기느라 바빴다. 취재 현장에서 중요한 무기는 수첩과 볼펜이었다. 그래서 기자들은 가방에서 가장 손이 빨리 가는 곳이나 바지 뒷주머니 같은 곳에 항상 취재 수첩을 꽂아 뒀다. 수첩과 볼펜이 없으면 마음이 조마조마했다. 하지만 요즘은 취재원에게 스마트폰을 들이대 녹음하는 방식이 대세다. 기자들은 이제 뒷주머니에 수첩이 없어도 불안하지 않다. 그 대신 스마트폰 배터리가 떨어질까 노심초사하게 되었다.

참고 단어 및 구문

한국어	중국어	병음
진면목	真面目	zhēnmiànmù
생각지 못한	意想不到	yìxiǎng búdào
영향을 주다	带来……影响	dàilái……yǐngxiǎng
추진하다	推出	tuīchū
지하철 요금	地铁票价	dìtiě piàojià
인상하다	上调	shàngtiáo
작용하다	起到……作用	qǐdào……zuòyòng
풍경, 뷰(view)	风景线	fēngjǐngxiàn
고개를 들다	抬头	táitóu
광고	广告	guǎnggào
승객	乘客	chéngkè
시선	视线	shìxiàn
객차	车厢	chēxiāng
광고 매출	广告收入	guǎnggào shōurù
급감하다	剧减	jùjiǎn
취재 방식	采访方式	cǎifǎng fāngshì
스포트라이트	聚光灯	jùguāngdēng
취재원	受访者	shòufǎngzhě
무기	武器	wǔqì
수첩	记事本	jìshìběn
볼펜	圆珠笔	yuánzhūbǐ
바지	裤子	kùzi
뒷주머니	后兜	hòudōu
조마조마하다	感到不安	gǎndào bù'ān
녹음하다	录音	lùyīn
대세	新潮流	xīncháoliú

나만의 통번역 노트

1단계 한국어 문장을 의미 단위로 끊어 보세요.

2단계 한국어 문장을 중국어 어순(주+동+목) 구조로 바꿔 보세요.

3단계 활용해 보면 좋은 따페이, 구문, 성어를 적어 보세요.

4단계 번역해 보세요.

요점정리

문장별 연습

1. 이 땅에 들어온 지 몇 년도 되지 않은 스마트폰이 생각지도 못한 방향으로 우리 삶에 영향을 주고 있다. 서울시가 추진하는 지하철 요금 인상에도 스마트폰이 역할을 하고 있다. 스마트폰을 보느라 고개를 푹 숙이고 있는 지하철 안 풍경 때문이다.

   ↪ 智能手机问世没几年就给我们的生活带来意想不到的影响。在首尔市推出的地铁票价上调方案中，智能手机也起到了一定的作用。因为，低头看智能手机已经成了地铁里的一道风景线。

   설마 '이 땅에 들어오다'라는 표현을 직역해서 '进入该国土'라고 하지는 않았는지? 이럴 땐 '问世', '上市' 등을 써 보면 좋겠다. '역할을 하다'라는 표현은 '起到……作用'을 사용하거나 혹은 사자성어를 응용해서 '功不可没 (큰 공을 세우다)'라고도 할 수 있겠다. '스마트폰을 보느라 고개를 푹 숙이고 있다'라는 표현은 '低头看智能手机' 또는 그런 사람들을 의미하는 '低头族'라고 표현해 볼 수 있다.

2. 고개를 들어야 지하철 벽면에 붙은 광고를 볼 텐데, 승객들의 시선이 스마트폰에서 떠나지 않으니 객차 안 광고 매출이 급감했다. 스마트폰이 지하철 수입 감소에 일조했고, 요금 인상이 추진되고 있는 셈이다.

   ↪ 只有抬起头才能看到贴在地铁里的广告，但乘客的视线始终离不开智能手机，地铁车厢内的广告收入剧减。也就是说，智能手机导致地铁收益下降，最终促使票价上涨。

   '수입 감소에 일조하다'라고 하면 처음에는 막연하게 느껴질 수 있다. 하지만 쉬운 뜻으로 어떻게 표현할까를 한 번 더 고민해보면 '수입 감소를 초래하다'라는 의미이니 '导致'를 사용하면 되겠다. 어려운 한국어 표현에 절대로 겁먹지 말길 바란다.

3. 스마트폰은 기자들의 취재 방식도 바꿔 놨다. 과거엔 신문기자들이 스포트라이트를 받는 취재원 주변에서 고개를 숙인 채 취재원의 말을 수첩에 옮기느라 바빴다. 취재 현장에서 중요한 무기는 수첩과 볼펜이었다. 그래서 기자들은 가방에서 가장 손이 빨리 가는 곳이나 바지 뒷주머니 같은 곳에 항상 취재 수첩을 꽂아 뒀다. 수첩과 볼펜이 없으면 마음이 조마조마했다. 하지만 요즘은 취재원에게 스마트폰을 들이대 녹음하는 방식이 대세다. 기자들은 이제 뒷주머니에 수첩이 없어도 불안하지 않다. 그 대신 스마트폰 배터리가 떨어질까 노심초사하게 되었다.

   ↪ 智能手机也改变了记者们的采访方式。过去，在聚光灯下的受访者周围，记者们低着头，忙着把受访者的话记录下来。在采访现场，最重要的武器就是记事本和圆珠笔。因此，记者们经常把记事本放在包里最容易抓到的地方或裤子后兜里。若没有记事本或圆珠笔，心里就会感到不安。但如今，用智能手机录音的方式成为一种新潮流，即便裤兜里没有记事本，记者们也不会感到不安，但会担心智能手机没电。

   '스포트라이트를 받다'는 중국어로 '在聚光灯下的……'라고 표현해 볼 수 있고, 살짝 표현을 바꿔서 '备受关注的……'라고도 할 수 있다. '취재원의 말을 수첩에 옮기느라 바빴다'라는 표현은 '忙着把……记录下来' 또는 '忙着写在手册上'이라고도 할 수 있으니 다양한 표현으로 번역해 보기 바란다.

智能手机的真面目

智能手机问世没几年就给我们的生活带来意想不到的影响。在首尔市推出的地铁票价上调方案中，智能手机也起到了一定的作用。因为，低头看智能手机已经成了地铁里的一道风景线。只有抬起头才能看到贴在地铁里的广告，但乘客的视线始终离不开智能手机，地铁车厢内的广告收入剧减。也就是说，智能手机导致地铁收益下降，最终促使票价上涨。

智能手机也改变了记者们的采访方式。过去，在聚光灯下的受访者周围，记者们低着头，忙着把受访者的话记录下来。在采访现场，最重要的武器就是记事本和圆珠笔。因此，记者们经常把记事本放在包里最容易抓到的地方或裤子后兜里。若没有记事本或圆珠笔，心里就会感到不安。但如今，用智能手机录音的方式成为一种新潮流，即便裤兜里没有记事本，记者们也不会感到不安，但会担心智能手机没电。

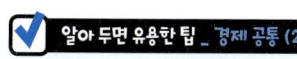_ 경제 공통 (2)

★ **베어 마켓/불 마켓** 熊市/牛市
주식에서 쓰이는 용어이다. 주가가 하락하는 하락장을 곰이 싸울 때 위에서 아래로 내려 찍는 자세를 취한다는 데 빗대어 베어 마켓(bear market)이라 부른다. 이에 반해 황소는 싸울 때 뿔을 위로 치받는다 하여 상승장을 불 마켓(bull market)이라고 부른다.

★ **대종상품** 大宗商品
원유, 농산품, 석탄, 철강 등 대량으로 유통되며 주로 공업 및 농업의 원자재로 쓰이는 상품을 말한다. 일반적으로 가격 변동이 심하고 공급과 수요량이 크다는 특징이 있다.

★ **글로벌 거버넌스** 全球治理
빈곤, 핵확산, 환경 문제 등 세계적인 규모의 문제들을 개별 국가가 충분히 대응하지 않거나 못할 때, 국제사회가 나서 그 해결 활동을 전개한다는 개념이다. 냉전 종결 후 세계화의 진전 등으로 기존의 국가 중심적 관계가 국제 중심적 관계로 변화하며 나타난 새로운 국제질서 개념이다. 이는 곧 국가뿐만 아니라 개인, 국제단체, 국제기구 등의 조직도 적극적으로 글로벌 문제 해결에 나선다는 것을 의미한다.

★ **스필오버 효과** 溢出效应, 外溢效应
물이 넘쳐 주변의 메마른 논에까지 혜택이 전해지듯이, 특정 지역에 나타나는 현상이 흘러 넘쳐 다른 지역에까지 퍼지거나 영향을 미치는 것을 말한다. 경제학에서는 어떤 요소의 생산 활동이 다른 요소의 생산성을 증가시켜 경제 전체의 생산성을 올리는 현상을 일컫는다.

UNIT 17

한국 어린이의 행복지수

🌐 Track 2-33

경제협력개발기구(OECD) 회원국 가운데 한국 어린이들의 행복지수가 꼴찌인 것으로 나타났다. 어린이·청소년 5명 중 1명은 자살 충동을 느낀 적이 있고, 그중에서 3번 이상 자살 충동을 경험한 경우도 전체의 5%에 달하는 것으로 조사됐다.

우리나라 어린이들이 자기 자신이 행복하지 않다고 느끼는 이유는 존재감의 결여 때문이다. 존재감이 없는 것은 무한 경쟁의 교육 구조와 공부에 대한 압박, 가정 공동체 내에서의 상실감 등에서 기인한다. 즉, 어린이들이 숨 막히는 경쟁 구도 속에 치여 살면서 존재감을 잃어버린 탓이다.

이 같은 문제점을 개선하기 위해서는 어린이들이 스스로 행복하다고 느낄 수 있는 가정과 학교, 사회를 만들어야 한다. 한 보고서에 따르면 어린이들이 행복해지기 위해 필요한 것 가운데 가장 중요하게 여기는 것은 '화목한 가족'이라고 한다. 결국 어린이들의 삶의 만족도에 있어서 학교 성적이나 집안의 경제 수준보다는 부모와의 관계가 더 중요하다는 사실이 조사 결과에서도 명확하게 드러났다. 이제 가정 공동체의 부모와 학교 공동체의 교사가 어린이를 대하는 태도부터 바꿔야 한다. 어린이는 어른의 소유물이 아니라 인격을 지닌 고귀한 존재로 자리 잡아야 한다.

참고 단어 및 구문

한국어	中文	拼音
아동	儿童	értóng
행복지수	幸福指数	xìngfú zhǐshù
꼴찌	倒数第一	dàoshǔ dìyī
자살	自杀	zìshā
충동	冲动	chōngdòng
존재감	存在感	cúnzàigǎn
결여	缺失	quēshī
무한 경쟁	无限竞争	wúxiàn jìngzhēng
교육 구조	教育结构	jiàoyù jiégòu
공부 압박	学习压力	xuéxí yālì
가정 공동체	家庭共同体	jiātíng gòngtóngtǐ
상실감	失落感	shīluògǎn
질식하다, 숨 막히다	令人窒息	lìng rén zhìxī
경쟁 구도	竞争格局	jìngzhēng géjú
화목한 가족	和睦的家庭	hémù de jiātíng
삶의 만족도	生活满意度	shēnghuó mǎnyìdù
학업 성적	学习成绩	xuéxí chéngjì
태도를 바꾸다	改变态度	gǎibiàn tàidù
소유물	所属物	suǒshǔwù
인격	人格	réngé
고귀한 존재	宝贵存在	bǎoguì cúnzài

나만의 통번역 노트

1단계 한국어 문장을 의미 단위로 끊어 보세요.

2단계 한국어 문장을 중국어 어순(주+동+목) 구조로 바꿔 보세요.

3단계 활용해 보면 좋은 따페이, 구문, 성어를 적어 보세요.

4단계 번역해 보세요.

요점정리

문장별 연습

1. 경제협력개발기구(OECD) 회원국 가운데 한국 어린이들의 행복지수가 꼴찌인 것으로 나타났다. 어린이·청소년 5명 중 1명은 자살 충동을 느낀 적이 있고, 그중에서 3번 이상 자살 충동을 경험한 경우도 전체의 5%에 달하는 것으로 조사됐다.

   ↪ 据悉，韩国的儿童幸福指数在经合组织成员国中倒数第一。有调查显示，在5名儿童、青少年中，有1人曾有过自杀冲动。其中，有3次以上自杀冲动的人占整体的5%。

   '꼴찌'를 나타내는 다양한 표현을 기억해 두자. '倒数第一', '排名最后'도 있고, '바닥을 받쳐 주다'라는 뜻의 '垫底'도 있다. 첫 문장은 주어를 '한국 어린이(韩国的儿童)'로 할 수도 있지만 'OECD 회원국'을 먼저 써서 '据悉，在经合组织成员国中，韩国的儿童幸福指数为倒数第一。'라고 표현해도 된다. 그리고 '5명 중 1명'이란 표현도 다양하게 할 수 있다. 예를 들어 '儿童青少年5人中1人', '在5名儿童青少年中1名' 또는 '每5名青少年中就有1人' 등이 모두 가능하다.

2. 우리나라 어린이들이 자기 자신이 행복하지 않다고 느끼는 이유는 존재감의 결여 때문이다. 존재감이 없는 것은 무한 경쟁의 교육 구조와 공부에 대한 압박, 가정 공동체 내에서의 상실감 등에서 기인한다. 즉, 어린이들이 숨 막히는 경쟁 구도 속에 치여 살면서 존재감을 잃어버린 탓이다.

   ↪ 韩国儿童觉得自己不幸福的原因是存在感的缺失。缺乏存在感的原因就是无限竞争的教育结构、学习压力以及在家庭共同体中的失落感等。儿童在令人窒息的竞争格局中生活，从而失去了存在感。

   '존재감의 결여 때문이다'는 중국어로 '原因是存在感的缺失'도 괜찮고, '缺乏存在感'도 같은 의미이다. 그리고 '가정 공동체 내에서의 상실감'은 '在家庭共同体中的失落感'으로 표현해 볼 수 있겠다. '숨 막히다'라는 표현은 '令人窒息' 또는 '让人喘不过气'도 활용해서 써 보자.

3. 이 같은 문제점을 개선하기 위해서는 어린이들이 스스로 행복하다고 느낄 수 있는 가정과 학교, 사회를 만들어야 한다. 한 보고서에 따르면 어린이들이 스스로 행복해지기 위해 필요한 것 가운데 가장 중요하게 여기는 것은 '화목한 가족'이라고 한다. 결국 어린이들의 삶의 만족도에 있어서 학교 성적이나 집안의 경제 수준보다는 부모와의 관계가 더 중요하다는 사실이 조사 결과에서도 명확하게 드러났다. 이제 가정 공동체의 부모와 학교 공동체의 교사가 어린이를 대하는 태도부터 바꿔야 한다. 어린이는 어른의 소유물이 아니라 인격을 지닌 고귀한 존재로 자리 잡아야 한다.

   ↪ 为了解决这些问题，需要构建能够让儿童自己感到幸福的家庭、学校以及社会。一项报告显示，孩子们认为在幸福方面最重要的就是"和睦的家庭"。还有调查结果显示，在儿童生活满意度方面，比起学习成绩或家庭条件，与父母之间的关系更重要。从现在起，家庭共同体中的父母和学校共同体中的教师应该改变对待儿童的态度。儿童不是大人的所属物，而是具备人格的宝贵存在。

   '~한 사회를 만들어야 한다'라는 표현은 '构建……社会' 또는 '营造……社会' 따페이를 쓸 수 있다. '어린이가 어른의 소유물이 아니라 ~로 자리 잡아야 한다'에서 '자리 잡다'라는 표현은 굳이 번역할 필요 없다. 간단하고 쉽게 '어린이를 대하는 태도를 바꿔야 한다. 소유물이 아닌 귀중한 존재이다'라고 번역해도 의미는 100% 전달될 수 있다. 즉 '儿童不是大人的所属物，而是具备人格的宝贵存在。'라고 표현해도 원문의 의미를 전달할 수 있으니 굳이 '자리 잡다'라는 표현 때문에 고민하지 말자.

韩国儿童的幸福指数

据悉，韩国的儿童幸福指数在经合组织成员国中倒数第一。有调查显示，在5名儿童、青少年中，有1人曾有过自杀冲动。其中，有3次以上自杀冲动的人占整体的5%。

韩国儿童觉得自己不幸福的原因是存在感的缺失。缺乏存在感的原因就是无限竞争的教育结构、学习压力以及在家庭共同体中的失落感等。儿童在令人窒息的竞争格局中生活，从而失去了存在感。

为了解决这些问题，需要构建能够让儿童自己感到幸福的家庭、学校以及社会。一项报告显示，孩子们认为在幸福方面最重要的就是"和睦的家庭"。还有调查结果显示，在儿童生活满意度方面，比起学习成绩或家庭条件，与父母之间的关系更重要。从现在起，家庭共同体中的父母和学校共同体中的教师应该改变对待儿童的态度。儿童不是大人的所属物，而是具备人格的宝贵存在。

 알아 두면 유용한 팁 _ 경제 공통 (3)

★ 디커플링 脱钩
커플링(coupling, 동조화)의 반대 개념으로, 보통 한 나라의 경제는 주변국이나 세계경제의 흐름과 비슷하게 흘러가는데, 디커플링(decoupling, 탈동조화)은 이런 움직임과 달리 독자적으로 움직이는 현상을 말한다. 최근 통화정책 정상화에 나선 미국과 달리 유럽이나 중국, 일본은 확장적 통화정책을 고수하고 있다. 이처럼 각국의 경제정책이 따로 움직이는 현상을 디커플링으로 해석할 수 있다.

★ 고정환율제/변동환율제 固定汇率制度/浮动汇率制度
각 국가는 자유롭게 고정환율제와 변동환율제를 자국의 환율 제도로 선택할 수 있다. 고정환율제는 중앙은행이 환율을 일정한 수준에서 고정하고 이를 유지하기 위해서 외환시장에 개입하는 것을 말하며 변동환율제는 자국의 통화가치가 외환시장에 따라 변화하는 체계를 말한다. 현재 대다수의 주요국은 변동환율제를 실시하고 있는데 변동환율제하에서는 환율이 시장 원칙에 따라 움직이기 때문에 그 변동을 통해 국제수지의 자율적인 회복을 기대할 수 있다.

★ 지급준비율 存款准备金率
시중은행이 고객의 예금 인출 요구에 대응하기 위해 고객으로부터 받아들인 예금 중 중앙은행에 의무적으로 예치해야 하는 비율을 말한다. 중앙은행은 지급준비율을 올리거나 내리는 방법으로 경기를 조절한다. 예를 들어 중앙은행이 지급준비율을 내리면 은행이 의무적으로 보유하고 있어야 하는 돈이 줄어들기 때문에 시중에 통화량이 증가하고 경기가 살아나게 된다.

★ 레버리지/디레버리지 杠杆化/去杠杆华
레버리지는 보유한 자산을 상회하는 부채를 끌어들여 이를 지렛대로 삼아 투자수익률을 높이는 것을 말한다. 이러한 방식은 경기가 호황일 때는 수익률이 높지만 불경기에는 위험성이 크기 때문에 부채를 줄이는 디레버리지가 진행된다.

UNIT 18

여성이 미래를 결정한다

Track 2-35

지난해 기준 한국 여성의 고용률은 54.9%로 경제협력개발기구(OECD) 주요 국가 평균(58.0%)에 미치지 못한다. 그동안 여성의 위상이 전반적으로 높아지기는 했지만 아직 여성의 경제활동에 대한 제도적 지원이 충분하지 않아 우리 사회에서 여성 인력은 사실상 사장되고 있다. 가장 큰 문제는 여성의 경력단절 현상이 심각하다는 점이다. 육아와 가사가 전적으로 여성의 몫으로 치부되는 이상 이 문제는 해결되지 않을 것이다.

정부는 고령화·저성장·저출산 등 우리 사회가 안고 있는 다양한 문제 해결의 중심에 여성 인력 개발과 활용이 있다는 점을 인식하고, 여성이 마음 놓고 육아와 경제활동을 병행할 수 있는 종합 대책을 마련해야 한다. 여초 사회는 동시에 노인 빈곤 문제도 더욱 키울 것이다. 여초 현상은 갈수록 심각해지고 있으며 이는 여성 독거노인 양산으로 이어질 것이 분명하다. 따라서 노인 빈곤 대책도 서둘러야 한다.

참고 단어 및 구문

한국어	중국어
결정하다	决定 juédìng
고용률	雇佣率 gùyōnglǜ
경제협력개발기구(OECD)	经合组织 jīnghé zǔzhī = 经济合作与发展组织
지위가 상승하다	地位提升 dìwèi tíshēng
결핍되다, 결여되다, 부족하다	缺乏 quēfá
A에 대한 지원	对A的扶持 duì A de fúchí
경력단절	履历断层 lǚlì duàncéng
양육	育儿 yù'ér
살림하다, 집안을 돌보다	持家 chíjiā
A를 B에게 넘기다	把A交给B bǎ A jiāogěi B
해결되다	得到解决 dédào jiějué
고령화	老龄化 lǎolínghuà
저성장	低增长 dīzēngzhǎng
저출산	低生育 dīshēngyù
문제에 직면하다	面临问题 miànlín wèntí
중요한 영향을 미치다	举足轻重 jǔzú-qīngzhòng
~역할을 하다	起到……作用 qǐdào……zuòyòng
A와 B를 동시에 하다[아울러 고려하다]	兼顾A和B jiāngù A hé B
종합적인 대책을 마련하다	制定综合对策 zhìdìng zōnghé duìcè
독거노인	独居老人 dújū lǎorén
급히 필요로 하다	急需 jíxū

나만의 통번역 노트

1단계 한국어 문장을 의미 단위로 끊어 보세요.

2단계 한국어 문장을 중국어 어순(주+동+목) 구조로 바꿔 보세요.

3단계 활용해 보면 좋은 따페이, 구문, 성어를 적어 보세요.

4단계 번역해 보세요.

요점정리

UNIT 18

문장별 연습

1. 지난해 기준 한국 여성의 고용률은 54.9%로 경제협력개발기구(OECD) 주요 국가 평균(58.0%)에 미치지 못한다.

    ↪ 去年，韩国女性的雇佣率为54.9%，<u>未能达到</u>经合组织主要成员国的<u>平均水平</u>。

    > '평균에 미치지 못하다'는 '未能达到……平均水平'으로 표현할 수 있다. '수준'이란 말이 원문에는 없지만 중국어에서는 일반적으로 '达到……水平'이 세트로 다니기 때문에 번역할 때 뒤에 '水平'을 넣어 주면 자연스러운 중국어 표현이 된다.

2. 그동안 여성의 위상이 전반적으로 높아지기는 했지만 아직 여성의 경제활동에 대한 제도적 지원이 충분하지 않아 우리 사회에서 여성 인력은 사실상 사장되고 있다.

    ↪ <u>虽然</u>一直以来女性的整体地位有所提升，<u>但</u>仍缺乏对女性经济活动的扶持制度，韩国社会的女性人力资源<u>没有被充分利用</u>。

    > 이 문장을 보고 '虽然……, 但是……' 구조를 생각해 냈다면 한중 번역에 감각이 있다고 할 수 있겠다. 또 한국어 원문에서 '여성 인력이 사장되고 있다'라고 해서 글자 그대로 '被死葬'이라는 표현을 쓰면 안 된다. 정말로 죽었다는 의미가 아니라 여성 인력이 충분히 활용되지 못하고 있다는 의미이기 때문에 '没有被充分利用'이라고 하는 것이 더 자연스럽다.

3. 가장 큰 문제는 여성의 경력단절 현상이 심각하다는 점이다. 육아와 가사가 전적으로 여성의 몫으로 치부되는 이상 이 문제는 해결되지 않을 것이다.

    ↪ 最大的问题是女性的"<u>履历断层</u>"现象较为严重。在把育儿和持家的重担全交给女性的情况下，这些问题难以<u>得到解决</u>。

    > 첫 번째 문장은 '最大的问题是女性的职场空窗期较长.'이라고도 할 수 있는데 이처럼 '경력단절'을 '직장 공백기'라고 바꿔서 표현해도 무방하다. 또 두 번째 문장은 '若认为育儿和持家都应该由女性承担的意识得不到改善.'이라고도 표현해 볼 수 있겠다. '개선되다', '해결되다'의 서면어 표현은 '得到+改善[解决]'임을 알아 두자.

4. 정부는 고령화·저성장·저출산 등 우리 사회가 안고 있는 다양한 문제 해결의 중심에 여성 인력 개발과 활용이 있다는 점을 인식하고, 여성이 마음 놓고 육아와 경제활동을 병행할 수 있는 종합 대책을 마련해야 한다.

    ↪ 政府应意识到在解决老龄化、低增长、低生育等韩国社会正面临的各种问题时，女性人力资源的开发和利用将<u>起到</u>举足轻重的<u>作用</u>，应制定能够让女性兼顾工作和育儿的综合对策。

    > '起到……作用 (중요한 작용을 하다)'은 정말 유용한 표현이니 꼭 외워 두자.

    > **다르게 표현** 政府应意识到通过女性人力资源的开发和利用能够有效解决老龄化、低增长、低生育等韩国社会正面临的各种问题，应制定能够让女性兼顾工作和育儿的综合对策。

5. 여초 사회는 동시에 노인 빈곤 문제도 더욱 키울 것이다. 여초 현상은 갈수록 심각해지고 있으며 이는 여성 독거노인 양산으로 이어질 것이 분명하다. 따라서 노인 빈곤 대책도 서둘러야 한다.

    ↪ 此外，"女超"社会将加重老年人贫困问题，日益严重的"女超"现象肯定会产生更多的女性"独居老人"。因此，<u>急需制定</u>解决老年人贫困问题的方案。

    > '서둘러야 한다'라는 표현을 서술어로 '急需制定'이라고 하고 뒤에 목적어를 오게 할 수도 있다. 또는 '서둘러야 한다'라는 표현을 '시급하다'로 살짝 바꿔서 '制定老年人贫困问题的解决方案迫在眉睫.'라고 표현해도 의미상 틀리지 않으며 오히려 자연스러운 중국어 문장을 만들 수 있다.

女性决定未来

Track 2-36

　　去年，韩国女性的雇佣率为54.9%，未能达到经合组织主要成员国的平均水平。虽然一直以来女性的整体地位有所提升，但仍缺乏对女性经济活动的扶持制度，韩国社会的女性人力资源没有被充分利用。最大的问题是女性的"履历断层"现象较为严重。在把育儿和持家的重担全交给女性的情况下，这些问题难以得到解决。

　　政府应意识到在解决老龄化、低增长、低生育等韩国社会正面临的各种问题时，女性人力资源的开发和利用将起到举足轻重的作用，应制定能够让女性兼顾工作和育儿的综合对策。此外，"女超"社会将加重老年人贫困问题，日益严重的"女超"现象肯定会产生更多的女性"独居老人"。因此，急需制定解决老年人贫困问题的方案。

★ **위안화 국제화 人民币国际化**
중국 정부가 추진하고 있는 정책으로, 위안화를 국제시장에서 자유 태환이 가능한 화폐로 만드는 것이다. 다시 말해, 위안화를 달러화, 파운드화, 유로화, 엔화처럼 국제통화시장에서 자유롭게 통용되어 어디에서나 거래할 수 있는 통화로 만드는 것이다. 중국은 위안화 국제화의 일환으로 위안화를 IMF의 SDR(特別提款权: 특별인출권) 통화바스켓에 포함시켜 기축통화로 승격시켰으며 세계 주요 도시에 위안화 역외 금융 센터를 건립해 위안화 거래를 촉진하고 있다.

★ **SDR 통화바스켓 SDR 货币篮子**
국제통화제도에 있어서 기준환율을 산정할 때, 적정한 가중치에 의해 선정되는 구성통화의 꾸러미를 말한다. 2015년 말 중국의 위안화가 IMF의 SDR에 편입되면서 달러화, 유로화, 엔화, 파운드화와 함께 기축통화의 위상을 갖추게 되었다.

★ **중국판 블랙프라이데이/광군제 双十一/光棍节**
중국에서 11월 11일을 가리키는 말로 '11'이 두 개 겹쳐진다고 하여 붙여진 이름이다. 중국에서 11월 11일은 광군제(光棍节)라는 '솔로들의 날'이자 중국판 블랙프라이데이로 불리는 연중 최대 쇼핑이벤트가 있는 날이다. 2015년 11월 11일에 알리바바가 하루 만에 16조 2천억 원이라는 매출 신기록을 세웠고 이후 엄청난 성장세를 보이고 있다.

★ **후강통 沪港通**
후강통은 상하이를 뜻하는 '후(沪)'와 홍콩을 뜻하는 '강(港)'을 서로 '통(通)'하게 한다는 것으로, 상하이 증시와 홍콩 증시의 상장 주식 간 직접매매를 허용하는 제도이다. 2014년 11월 후강통이 시행되면서 해외 개인 투자자도 중국 본토 주식을 자유롭게 사고팔 수 있게 되었다.

UNIT 19

불안한 세계, 탈출구는 어디?

Track 2-37

지난 20년 동안 세계의 갈등은 감소했고 대화가 늘고 있으며, 내부 갈등이 국제 중재에 의해 해결되는 사례도 늘고 있다. 세계의 대부분은 평화롭게 살고 있지만, 세계 인구의 절반은 여전히 불평등, 물 부족, 에너지 문제, 낡은 사회구조, 불충분한 사법제도와 자원 가격 상승 등으로 인한 사회 불안정 및 폭력에 노출되어 있다.

인구가 증가하고 경제 규모가 커짐에 따라 천연자원의 유출이 증가하고 사회적 긴장이 고조되며, 소수민족과의 오래된 종교 갈등, 시민 폭동, 원주민 시위, 테러 및 범죄의 복잡한 상호작용이 증가할 것으로 예상된다. 이를 막기 위해서는 상당한 기술적·사회적 변화가 필요하다. 국가 불안의 근본 원인을 해결하고, 개인뿐만 아니라 국가주권을 보호하기 위한 안보전략이 세워져야 한다. 군사력 강화는 인류에 도움이 되지 않는 비효율적인 분야에 과잉투자하는 꼴이 될 수 있다. 수많은 희생자를 낼 수 있는 전쟁을 미연에 방지하기 위해 무인항공기의 사용을 제한하는 등의 대책 마련이 시급하다.

참고 단어 및 구문

한국어	중국어	병음
불안하다	动荡不安	dòngdàng bù'ān
출구	出路	chūlù
분쟁	纠纷	jiūfēn
중재하다	仲裁	zhòngcái
(~에) 처하다, 놓이다	处于	chǔyú
여전히	仍然	réngrán
물 부족	水资源匮乏	shuǐzīyuán kuìfá
사법제도	司法制度	sīfǎ zhìdù
가격 상승	价格上涨	jiàgé shàngzhǎng
폭력	暴力	bàolì
~에 살고 있다	生活在……中	shēnghuó zài……zhōng
사회 분위기	社会氛围	shèhuì fēnwéi
소수민족	少数民族	shǎoshù mínzú
오래되다	由来已久	yóuláiyǐjiǔ
종교 분쟁	宗教纷争	zōngjiào fēnzhēng
시민 폭동	民众暴动	mínzhòng bàodòng
원주민	原住民	yuánzhùmín
시위(하다)	示威	shìwēi
테러	恐怖事件	kǒngbù shìjiàn
범죄	犯罪	fànzuì
방지하다	防止	fángzhǐ
빠지다	陷入	xiànrù
제거하다	根除	gēnchú
전략을 취하다	采取……战略	cǎiqǔ……zhànlüè
군사력을 증강시키다[강화하다] 增强军事力量		zēngqiáng jūnshì lìliàng
이롭지 않다	不利于	búlìyú
전혀 효율성이 없다	毫无效率	háowú xiàolǜ
생명을 빼앗다	夺走生命	duózǒu shēngmìng
제한하다	限制	xiànzhì
드론, 무인기	无人机	wúrénjī
조치를 취하다	制定措施	zhìdìng cuòshī
급선무	当务之急	dāngwùzhījí

나만의 통번역 노트

1단계 한국어 문장을 의미 단위로 끊어 보세요.

2단계 한국어 문장을 중국어 어순(주+동+목) 구조로 바꿔 보세요.

3단계 활용해 보면 좋은 따페이, 구문, 성어를 적어 보세요.

4단계 번역해 보세요.

📑 요점정리

문장별 연습

1. 지난 20년 동안 세계의 갈등은 감소했고 대화가 늘고 있으며, 내부 갈등이 국제 중재에 의해 해결되는 사례도 늘고 있다.

    ↪ 20年来，世界纠纷正在减少，对话在增加，通过国际仲裁解决纷争的事例也在增加。

    '正在减少', '在增加', '也在增加'처럼 '在'를 넣어서 전체적으로 문장에 통일감을 주었다.

2. 세계 인구의 절반은 여전히 불평등, 물 부족, 에너지 문제, 낡은 사회구조, 불충분한 사법제도와 자원 가격 상승 등으로 인한 사회 불안정 및 폭력에 노출되어 있다.

    ↪ 但全世界的半数人口仍然生活在因不平等、水资源匮乏、能源问题、旧的社会结构、不够完善的司法制度以及资源价格上涨等问题而引发的社会不安以及暴力中。

    이 문장은 아래처럼 표현해 볼 수도 있겠다.

    〔다르게 표현〕 但全世界的半数人口仍处于社会不安及暴力中，其原因是不平等、水资源匮乏、能源问题、旧的社会结构、不够完善的司法制度以及资源价格上涨等问题。

    중간에 길게 수식 표현을 늘어놓지 않고 '其原因是……'를 사용해 수식하는 표현을 문장 뒤로 보내서 설명해 주는 패턴은 자주 볼 수 있는 중국어의 특징이다.

3. 이를 막기 위해서는 상당한 기술적·사회적 변화가 필요하다. 국가 불안의 근본 원인을 해결하고, 개인뿐만 아니라 국가주권을 보호하기 위한 안보전략이 세워져야 한다.

    ↪ 为了防止这些纠纷，需要在技术和社会方面进行革新，应该根除导致国家陷入不稳定的原因，为保护个人和国家主权采取相应的安全战略。

    한국어 문장을 분석하면서 제일 첫 번째로 신경 쓸 부분은 가능하다면 '동+목' 관계로 만들어 주는 것이다. 이 문장도 '根除+原因'이라는 '동+목' 구조만 잡았다면 쉽게 번역할 수 있다.

4. 군사력 강화는 인류에 도움이 되지 않는 비효율적인 분야에 과잉투자하는 꼴이 될 수 있다.

    ↪ 增强军事力量意味着在不利于人类发展的领域进行毫无效率的过度投资。

    '~꼴이 될 수 있다'는 글자 그대로 번역하는 것이 아니라 비슷한 의미의 쉬운 표현을 고민해야 한다. '~인 셈이다'를 떠올려 보고, 여기에서 더 쉬운 표현을 찾으면 '~라는 의미이다'라고 해도 그 뜻이 통하므로 '意味着'라고 번역하면 무난하겠다.

5. 수많은 희생자를 낼 수 있는 전쟁을 미연에 방지하기 위해 무인항공기의 사용을 제한하는 등의 대책 마련이 시급하다.

    ↪ 战争会夺走很多人的生命，因此，制定限制无人机的使用等预防战争的措施是当务之急。

    한국어 어순대로 번역하면 중국어로 만들기가 쉽지 않은 문장이다. 우선 한국어 문장의 의미를 정확하게 파악해서 어순을 바꿔 보면 의외로 쉽게 풀릴 수 있다. '전쟁이 많은 희생자를 낼 수 있기 때문에 예방 조치가 시급하다'로 뼈대를 잡고, '드론 사용을 제한하는 등'을 예방 조치의 수식 표현으로 앞에 둔다.

动荡不安的世界，出路何在?

Track 2-38

　　20年来，世界纠纷正在减少，对话在增加，通过国际仲裁解决纷争的事例也在增加。虽然世界各地大部分都处于和平时期，但全世界的半数人口仍然生活在因不平等、水资源匮乏、能源问题、旧的社会结构、不够完善的司法制度以及资源价格上涨等问题而引发的社会不安以及暴力中。

　　随着人口的增加以及经济规模的扩大，越来越多的自然资源外流，社会氛围更加紧张，与少数民族由来已久的宗教纷争、民众暴动、原住民示威、恐怖事件以及犯罪所引发的复杂的相互作用将增加。为了防止这些纠纷，需要在技术和社会方面进行革新，应该根除导致国家陷入不稳定的原因，为保护个人和国家主权采取相应的安全战略。增强军事力量意味着在不利于人类发展的领域进行毫无效率的过度投资。战争会夺走很多人的生命，因此，制定限制无人机的使用等预防战争的措施是当务之急。

알아 두면 유용한 팁 _ 유럽 경제

★ **그렉시트 希腊退欧**
그렉시트(Grexit)는 그리스(Greece)와 탈퇴(Exit)의 합성어로, 그리스의 유로존(유로화 사용 19개국) 탈퇴를 의미한다. 채권단은 그리스 재정 위기를 해결하기 위해 구제금융을 제공하는 조건으로 긴축정책을 요구했는데, 긴축에 반대하는 치프라스 정권이 총선에서 승리하면서 그리스의 유로존 탈퇴설이 커지게 됐다. 그리스의 유로존 탈퇴는 다른 유로존 회원국들의 동반 탈퇴를 불러일으킬 수 있고, 이는 결과적으로 유로존 전체의 붕괴를 초래할 수 있어서 쉽지 않은 문제로 여겨졌다.

★ **브렉시트 英国退欧**
영국(Britain)과 탈퇴(Exit)의 합성어로 영국의 유럽연합(EU) 탈퇴를 뜻하는 말이다. 그리스의 유로존 탈퇴를 일컫는 그렉시트(Grexit)에서 따온 말이다. 2016년 6월 23일(현지시각) 진행된 브렉시트 찬반 국민투표에서 투표에 참여한 영국 국민 3355만 명의 51.9%인 1742만 명이 브렉시트 찬성에 표를 던지면서 영국의 EU 탈퇴가 결정됐다. 영국의 EU 탈퇴는 영국이 1973년 EU의 전신인 유럽경제공동체(EEC)에 가입한 지 43년 만이다.

UNIT 20

난민문제, 바라만 보고 있을 것인가?

🌐 Track 2-39

　현재 세계적으로 난민의 수는 6,000만 명가량 된다. 난민은 다양한 이유로 발생한다. 정치적 박해와 종교가 전통적으로 가장 대표적인 이유였지만, 최근에는 기후변화로 인한 경제 난민과 내전으로 인한 전쟁 난민이 큰 규모로 늘어나고 있다.

　선진국들이 난민의 증가로 어려움을 겪으면서도 여전히 난민 수용을 위해 노력하는 이유는 무엇일까? 이들은 정치적, 종교적 난민을 수용하는 것이 인권 문제라고 보는 시각을 가지고 있다. 또 한편으로 이 나라들은 난민이 뛰어난 인적자원이 될 수 있다는 점을 잘 알고 있다.

　우리나라에도 난민이 늘고 있다. 최근에는 난민 신청자도 취업을 할 수 있도록 하고 그들을 위한 생계 보호 방안을 만드는 등 우리나라의 난민 정책이 진일보하고 있다. 하지만 국제적으로 보면 난민 인정률이 매우 낮은 편이고 무엇보다 난민 문제에 대한 국민적인 공감대를 확보하지 못하고 있다. 우리가 난민 문제를 좀 더 전향적으로 바라볼 필요가 있다고 생각한다.

💡 참고 단어 및 구문

난민문제	难民问题 nànmín wèntí	A를 B로 여기다[간주하다]	把A视为B bǎ A shìwéi B
앉아서 보고만 있다	坐视不管 zuòshì bùguǎn	우수하다	优秀 yōuxiù
매우 다양하다	多种多样 duōzhǒng duōyàng	인적자원	人力资源 rénlì zīyuán
전형, 대표, 전형적인	典型 diǎnxíng	~제도를 만들다	制定……制度 zhìdìng……zhìdù
정치적 박해	政治迫害 zhèngzhì pòhài	신청자	申请者 shēnqǐngzhě
종교 요인	宗教因素 zōngjiào yīnsù	A에게 ~기회를 주다	
기후변화	气候变化 qìhòu biànhuà		给A提供……机会 gěi A tígōng……jīhuì
A로 인해 B하다	因A而B yīn A ér B	보장하다	保障 bǎozhàng
내전	内战 nèizhàn	A의 각도에서 보면	从A角度来看 cóng A jiǎodù láikàn
나날이 증가하다	与日俱增 yǔrì-jùzēng	매우 적다	偏少 piānshǎo
곤경에 빠지다	陷入困境 xiànrù kùnjìng	공감대를 형성하다	形成共识 xíngchéng gòngshí
난민을 받아들이다	接纳难民 jiēnà nànmín	~문제를 대하다	对待……问题 duìdài……wèntí

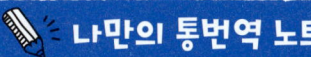 **나만의 통번역 노트**

1단계 한국어 문장을 의미 단위로 끊어 보세요.

2단계 한국어 문장을 중국어 어순(주+동+목) 구조로 바꿔 보세요.

3단계 활용해 보면 좋은 따페이, 구문, 성어를 적어 보세요.

4단계 번역해 보세요.

📋 **요점정리**

 문장별 연습

1. 정치적 박해와 종교가 전통적으로 가장 대표적인 이유였지만, 최근에는 기후변화로 인한 경제 난민과 내전으로 인한 전쟁 난민이 큰 규모로 늘어나고 있다.

    ↳ 过去，最典型的就是政治迫害和宗教因素。但最近，因气候变化而产生的经济难民和因内战而产生的战争难民与日俱增。

    두 번째 문장은 다양한 표현으로 번역해 볼 수 있다.

    다르게 표현1
    但最近，因气候变化和内战而产生的经济难民和战争难民大幅增加。
    但最近，因气候变化而产生了经济难民，因内战也产生了战争难民，其规模越来越大。

2. 이들은 정치적, 종교적 난민을 수용하는 것이 인권 문제라고 보는 시각을 가지고 있다. 또 한편으로 이 나라들은 난민이 뛰어난 인적자원이 될 수 있다는 점을 잘 알고 있다.

    ↳ 因为这些国家把接纳政治和宗教难民视为一种人权问题。此外，这些国家明白难民很有可能成为优秀的人力资源。

    'A를 B로 여기다'라는 의미의 '把A视为B' 따페이를 활용하면 간단히 해결되는 문장이다.

3. 최근에는 난민 신청자도 취업을 할 수 있도록 하고 그들을 위한 생계 보호 방안을 만드는 등 우리나라의 난민 정책이 진일보하고 있다.

    ↳ 最近，韩国也在制定给难民申请者提供就业机会、保障其基本生活的相关制度。由此可见，韩国的难民制度有所进步。

    먼저, 한국어 의미를 파악하면서 의미 단위로 짧게 끊어 보자.
    '최근에는 / 난민 신청자도 취업을 할 수 있도록 하고 / 그들을 위한 생계 보호 방안을 만드는 등 / 우리나라의 난민 정책이 진일보하고 있다.' 이렇게 한 문장을 네 개로 나눠 볼 수 있겠다. 다음으로 각각의 문장들에서 '주+동+목'을 찾아보자. 주어는 무엇일까? '한국' 또는 '한국 정부'도 괜찮겠다. 그리고 목적어를 '난민 정책'으로 한다면 동사는 '제정하다'로 하면 된다. '주+동+목'의 뼈대를 잡았으면 기타 수식 성분들은 중국어 따페이를 이용해서 표현해 보도록 하자. 최근에는(最近) / 난민 신청자도 취업을 할 수 있도록 하고 (韩国[주어]正在制定[본동사]给难民申请者提供[동사]就业机会[목적어]) / 그들을 위한 생계 보호 방안을 만드는 등(保障[동사]其基本生活[목적어]的相关制度[본동사목적어]). / 우리나라의 난민 정책이 진일보하고 있다(韩国的难民制度有所进步.) 그리고 마지막 문장 앞에 '由此可见' 같은 표현을 써주면 자연스럽게 앞뒤 문장을 연결해 줄 수 있다.

4. 하지만 국제적으로 보면 난민 인정률이 매우 낮은 편이고 무엇보다 난민 문제에 대한 국민적인 공감대를 확보하지 못하고 있다.

    ↳ 然而，从国际角度来看，韩国接纳的难民人数偏少，而且在韩国社会仍没有就难民问题形成共识。

    '공감대를 확보하지 못하다'라는 표현도 까다로워 보이지만 이럴 때는 의미는 비슷하지만 표현만 살짝 달리해서 '주목 받지 못하다(尚未受到国民的关注)'라고 번역해도 되고, '就……形成共识'라는 따페이를 활용해도 된다.

5. 우리가 난민 문제를 좀 더 전향적으로 바라볼 필요가 있다고 생각한다.

    ↳ 韩国有必要积极对待难民问题。

    '전향적으로 바라보다'는 대단히 추상적인 의미라서 막상 번역하려면 모호하다. 이런 추상적인 단어는 그대로 직역할 것이 아니라 비슷한 의미의 다른 표현으로 바꿔 주면 된다. '난민 문제를 좀 더 적극적으로 대응해야 한다'라고 하면 무난하겠다.

不该对难民问题坐视不管

目前，全世界难民人数约为6000万名，难民的形成原因是多种多样的。过去，最典型的就是政治迫害和宗教因素。但最近，因气候变化而产生的经济难民和因内战而产生的战争难民与日俱增。

难民的增加使发达国家陷入了困境，那为何发达国家还在接纳难民？因为这些国家把接纳政治和宗教难民视为一种人权问题。此外，这些国家明白难民很有可能成为优秀的人力资源。

来韩的难民人数也在增加。最近，韩国也在制定给难民申请者提供就业机会、保障其基本生活的相关制度。由此可见，韩国的难民制度有所进步。然而，从国际角度来看，韩国接纳的难民人数偏少，而且在韩国社会仍没有就难民问题形成共识。韩国有必要积极对待难民问题。

 알아 두면 유용한 팁 _ 일본 경제

★ 아베노믹스 安倍经济学

한국의 '초이노믹스', 중국의 '리커노믹스'처럼 일본 수상인 아베 신조가 추진하는 경제정책을 일컫는 말이다. 장기적인 디플레이션과 엔고로 힘들었던 '잃어버린 20년'에서 탈출하기 위해서 아베 수상은 집권 후 대담한 금융정책을 통한 양적 완화, 정부의 재정지출 확대, 공격적인 성장 전략 추진이라는 세 가지 목표를 내걸고 경기 부양에 나섰다. 이 세 가지 목표를 '세 개의 화살(三支箭)'이라고 부른다.

★ 우머노믹스 女性经济学

우먼(Woman)'과 '이코노믹스(Economics)'의 합성어로 여성이 경제를 주도해 나가는 경제 현상을 말한다. 사회에 참여하는 여성 수가 늘어남에 따라 이들의 소득수준이 높아지고 여성 대상의 상품이나 서비스 시장이 확대되는 것을 뜻하는 용어다. 얼마 전 아베 신조 일본 수상도 우머노믹스를 강조하며 여성의 경제 참여율을 높이겠다고 밝혔다.

★ 혼밥족 独食族

불편한 관계에서 벗어나 혼자만의 여유를 즐기고 싶어하는 솔로들이 증가하면서 혼자 밥을 먹는 사람들을 가리켜 '혼밥족'이라고 부른다. 혼밥족이 늘어나면서 편의점 도시락이 다양화·고급화 되고 혼밥족을 겨냥한 1인 라면집, 고깃집이 늘고 있다.

난이도 中

기본

UNIT 21 디지털화되는 지식
知识的数字化

UNIT 22 보이지 않는 킬러 – 환경호르몬
隐形杀手——环境激素

UNIT 23 행복의 기준
幸福的标准

UNIT 24 IT와 실버산업이 만나면?
信息技术与银发产业的结合

UNIT 25 죽음도 선택하는 현대인
现代人的死亡方式——安乐死

UNIT 26 에너지 산업의 패러다임, 변화는 시작되었다
能源产业的格局正在发生变化

UNIT 27 스마트폰, 의학 발전에 날개를 달다
智能手机为医学发展"添翼"

UNIT 28 한국 부동산의 복병 – 하우스 푸어
韩国楼市的极大隐患——房奴

UNIT 29 3D 프린터가 선사하는 미래사회
3D打印技术如何影响未来？

UNIT 30 분노의 질주
"愤怒"的驾驶

UNIT 31 우울증, 이렇게 하면 치료할 수 있다!
抑郁症治疗法

UNIT 32 노인 빈곤문제, 이제 정부가 나서야 한다
缓解老年贫困，需政府出力

● 핵심 문장을 자세하게 짚어보고, 다른 표현으로 응용해 보는 단계

심화

UNIT 33 다문화 자녀를 21세기 인재로 육성하라
应把多元文化家庭的子女培养成二十一世纪人才

UNIT 34 보편화되는 '스마트 의료'
"智能医疗"的普及

UNIT 35 알파고와 노동시장의 함수관계
"阿尔法围棋"和就业市场的相关关系

UNIT 36 블랙 컨슈머
恶意消费者

UNIT 37 경영의 패러다임 변화가 필요하다
经营模式的变革迫在眉睫

UNIT 38 죽어가는 지구를 살리자
拯救奄奄一息的地球

UNIT 21

디지털화되는 지식

🎧 Track 2-41

인류 문명과 함께해 온 종이가 요즘 큰 도전을 받고 있다. 지구환경 문제도 그 이유 중 하나이지만 더 큰 이유는 바로 정보화 때문이다. **1** 정보화 시대가 도래하면서 문자와 종이, 인쇄술 등의 자리를 디지털 기호가 대신하고 있는 것이다. 디지털 기호는 단순히 종이와 문자가 하던 일을 디지털화하는 것에 그치지 않고 형질, 빛깔, 감촉 등 예전에 문자로는 표현하기 힘들었던 부분까지 구현해 내고 있다.

저장 방식 또한 복제, 확산에 제한이 없는 디지털 형태로 바뀌어 저장된 정보는 순식간에 지구 반대편까지 갈 수 있다. **2** 게다가 이제는 비행기 부품뿐만 아니라 실제 사용 가능한 총기까지 집에서 바로 프린트할 수 있는 3D 프린팅이 새로운 화두로 떠오르는 세상이니 그 발전 속도가 경이로울 따름이다.

아날로그 시대에는 종이와 문자가 지식과 문명의 씨앗이었지만, 디지털 시대에는 축적되는 정보의 양과 질에서 큰 차이가 있기에 그것을 어떻게 이용하느냐가 더 중요한 요소가 되었다. 다시 말해, 이제 누가 뛰어난 기술을 가지고 있느냐보다 얼마나 디지털화된 지식을 효율적으로 이용하느냐가 새로운 문명을 만드는 관건이 된 것이다.

💡 참고 단어 및 구문

한국어	중국어	병음
지식	知识	zhīshi
디지털화	数字化	shùzìhuà
종이	纸张	zhǐzhāng
도전을 맞이하다	遇到……挑战	yùdào……tiǎozhàn
정보화	信息化	xìnxīhuà
~시대가 도래하다	……时代到来	……shídài dàolái
문자	文字	wénzì
인쇄술	印刷术	yìnshuāshù
기능	功能	gōngnéng
A가 B로 대체되다	A被B替代	A bèi B tìdài
디지털 부호, 디지털 코드	数字编码	shùzì biānmǎ
형질	形质	xíngzhì
색채	色彩	sècǎi
촉감	触感	chùgǎn
저장	保存	bǎocún
A가 B로 전향하다, 바뀌다	A转变为B	A zhuǎnbiàn wéi B
복사(하다)	复制	fùzhì
전파하다	传播	chuánbō
제한받지 않는다	不受限制	búshòu xiànzhì
순식간에	瞬时间	shùn shíjiān
	=转眼间	zhuǎnyǎn jiān
	刹那间	chànà jiān
전송(하다)	传送	chuánsòng
지구 건너편[반대편]	地球的另一端	dìqiú de lìng yìduān
뜨거운 화제가 되다	成为热门话题	chéngwéi rèmén huàtí
3D 프린터	三维打印机	sānwéi dǎyìnjī
총, 총기	枪支	qiāngzhī
경이롭다	令人惊讶	lìng rén jīngyà
아날로그 시대	模拟时代	mónǐ shídài
씨앗	种子	zhǒngzi
A는 B에 있는 것이 아니라 C에 있다	A不在于B，而在于C	A bú zàiyú B, ér zàiyú C

나만의 통번역 노트

1단계 한국어 문장을 의미 단위로 끊어 보세요.

2단계 한국어 문장을 중국어 어순(주+동+목) 구조로 바꿔 보세요.

3단계 활용해 보면 좋은 따페이, 구문, 성어를 적어 보세요.

4단계 번역해 보세요.

📋 요점정리

핵심 문장 연습

1 정보화 시대가 도래하면서 문자와 종이, 인쇄술 등의 자리를 디지털 기호가 대신하고 있는 것이다.

↪ 随着信息化时代的到来，文字和纸张以及印刷术的功能被数字编码替代。

'대신하다'는 '被……替代'로 표현해 볼 수 있지만 동사 '代替'를 써서 'A代替B'로도 표현할 수 있다. 즉 '数字编码代替文字和纸张以及印刷术。'라고 할 수 있겠다.

2 게다가 이제는 비행기 부품뿐만 아니라 실제 사용 가능한 총기까지 집에서 바로 프린트할 수 있는 3D 프린팅이 새로운 화두로 떠오르는 세상이니 그 발전 속도가 경이로울 따름이다.

↪ 并且，最近还出现了成为热门话题的三维打印机，该打印机甚至能够在家中直接复制飞机的零部件以及实际上可以使用的枪支，新技术的发展速度令人惊讶。

문장을 번역할 때 제일 먼저 '주어+동사+목적어'를 찾아 놓으면 생각보다 번역이 쉽게 풀린다. 복잡한 한국어 구조에 얽매여 문장을 그대로 번역하려 애쓰지 말고, 문장을 잘 분석해서 핵심 성분들을 찾아낼 줄 알아야겠다. 이 문장에서 주어는 '3D 프린팅 기술'이다. 앞 문장은 3D 프린팅 기술을 묘사하는 수식 부분인데 이 부분을 주어 다음에서 설명해 주는 구조로 바꾸면 중국어로 문장을 만드는 것도 쉬워지고 훨씬 자연스러운 중국어 표현이 된다.

또 어순을 바꾸어 표현해도 의미는 변하지 않지만 변화를 줄 수 있어 좋다. 한중 번역은 의미만 변하지 않는다면 얼마든지 다양한 형태로 번역 가능하니 자신이 알고 있는 어법, 어휘, 성어 지식들을 총동원하여 꾸준히 연습하는 것이 실력향상의 지름길이라는 것을 알아 두자.

<다르게 표현> 这一打印技术的发展速度令人惊讶，甚至能够在家中直接复制飞机零部件以及可供实际使用的枪支。

▶ 최신 IT 용어들을 정리해 두자.

검색엔진 搜索引擎	방화벽 防火墙	블루투스 蓝牙	서버 服务器	SNS 社交网站
신상털기 人肉搜索	악성코드 恶意代码	와이파이 无线网络	인터넷뱅킹 网上银行	
좀비 PC 僵尸电脑	키보드워리어 键盘战士	팟캐스트 播客	모바일 결제 시스템 移动设备支付系统	

주어진 문장을 힌트를 참고하여 중국어로 통역·번역해 보세요.

(1) 전문가들이 예측하기를 미래사회에서는 로봇이 인간들의 일자리를 대신할 것이라고 한다.
　　　　　　　　　　　　　　　　　　　　　힌트: 预测, 机器人, 代替, 工作岗位

(2) 샤오미는 스마트폰 영역에서 놀라운 속도로 성장하여 1위인 삼성을 추월하였다.
　　　　　　　　　　　　　　　　힌트: 小米, 智能手机, 以, 惊人的速度, 超越, 排在首位

모범답안
(1) 专家预测，在未来社会机器人将会代替人类的工作岗位。
(2) 小米在智能手机领域以惊人的速度发展，已超越了排在首位的三星公司。

知识的数字化

Track 2-42

　　如今，与人类文明共同发展的纸张遇到了巨大的挑战。除了环境问题外，更大的挑战就是信息化。随着信息化时代的到来，文字和纸张以及印刷术的功能被数字编码替代。数字编码不仅仅将纸张和文字数字化，还能表现出传统文字不具备的形质、色彩和触感。

　　保存方式也在转变为在复制、传播等方面不受限制的数字形态，因此，保存的信息瞬时间就可以传送到地球的另一端。并且，最近还出现了成为热门话题的三维打印机，该打印机甚至能够在家中直接复制飞机的零部件以及实际上可以使用的枪支，新技术的发展速度令人惊讶。

　　在模拟时代，纸张和文字就是知识和文明的种子。在数字时代，信息得到不断积累，与此相比其数量和质量存在巨大的差异，因此，如何利用这些信息尤为重要。也就是说，创造新文明的关键不在于谁具有先进的技术，而在于能否有效利用数字化知识。

★ **2008 글로벌 금융 위기/양적 완화/테이퍼링 2008全球金融危机/量化宽松政策/渐退量宽政策**

　　2000년대에 들어서자 미국에서는 신용등급이 낮은 저소득층을 상대로 한 주택담보 대출인 서브 프라임 모기지론이 크게 유행했다. 당시 저금리 정책 아래 많은 저소득층이 부담 없이 대출을 받았고 미국의 대형 금융회사를 비롯한 글로벌 기업들이 서브 프라임 모기지론과 그 파생상품에 투자하면서 미국 경제는 과열 양상을 띠었다. 그런데 미 연준(Fed)이 금리를 대폭 인상하자 이자 부담이 커진 저소득층이 원리금을 제때 갚지 못하게 되면서 여기에 투자했던 금융회사들이 줄줄이 파산했고, 그 폭풍이 전세계 경제에 몰아치면서 2008년 글로벌 금융 위기가 발발한 것이다.

　　그 후 미국은 침체된 미국 및 글로벌 경기를 회복하기 위해 양적 완화 정책(QE)에 나선다. 시장에 유동성[현금]을 주입해 경기를 회복하는 전략으로, 중앙은행이 국채 매입을 통해 시장에 돈을 푸는 것이 대표적인 수단이다. 한동안의 양적 완화 정책으로 경기가 어느 정도 회복 상태에 이르자 미 연준(Fed)은 다시 출구전략에 나선다. 출구전략이란 경기를 부양하기 위하여 취했던 각종 완화 정책에서 빠져나가는 것을 의미하는데 금융시장에 갑작스런 충격을 주지 않기 위해 점진적으로 줄여나간다고 해서 테이퍼링(tapering)이라 부르기도 한다.

UNIT 22

보이지 않는 킬러 – 환경호르몬

🌐 Track 2-43

1 산업의 발달은 물질적 풍요와 편리함을 가져왔지만 다른 한편으로는 환경오염을 발생시켜 인간과 동물의 생체 기능을 위협하기도 한다. 그중에서도 환경호르몬은 대표적인 폐해 중 하나다. 환경호르몬은 농약이나 살충제, 수은 등 중금속, 플라스틱, 강력 세척제 등에서 나오는 여성호르몬과 유사한 물질로 동물과 인체 내에 쌓여 진짜 호르몬과 유사한 작용을 한다. 즉 가짜 호르몬이 진짜 행세를 하면서 체내의 세포 물질과 결합해 비정상적인 생리작용을 하며 갖가지 부작용을 가져오는 것이다.

환경호르몬이 인간에게도 치명적인 결과를 낳는다는 연구 결과가 발표되면서 환경호르몬은 공포의 대상이 되었다. **2** 인체의 면역력 저하, 정자 수 감소, 기형아 출산, 불임, 발암, 발육 장애 등 생식 계통뿐만 아니라 면역계와 신경계 이상의 원인이라는 것이다. 더 큰 문제는 아주 소량의 환경호르몬이라도 그 영향력이 매우 크고 장기간 지속된다는 점이다. 예를 들어 **3** 엄마가 섭취한 환경호르몬은 태아에게도 영향을 끼치며 아이가 성장해도 없어지지 않는다고 한다. 이처럼 환경호르몬은 쉽게 분해되지 않으며, 인체 및 생물체 내에 축적되기 때문에 더 큰 불안감을 유발한다.

참고 단어 및 구문

한국어	중국어	병음
보이지 않는 킬러	隐形杀手	yǐnxíng shāshǒu
환경호르몬	环境激素/环境荷尔蒙	huánjìng jīsù/huánjìng hé'ěrméng
한편으로는 A하고, 다른 한편으로는 B하다	一方面A, 另一方面B	yìfāngmiàn A, lìng yìfāngmiàn B
(물질적) 풍요	富饶	fùráo
환경오염	环境污染	huánjìng wūrǎn
전형적인 예	典型的例子	diǎnxíng de lìzi
농약	农药	nóngyào
살충제	杀虫剂	shāchóngjì
수은	水银	shuǐyín
플라스틱	塑料	sùliào
세척제	洗涤剂	xǐdíjì
유사하다, 비슷하다	类似	lèisì
여성호르몬	雌性激素	cíxìng jīsù
모방하다	模拟	mónǐ
가짜, 거짓의	伪	wěi
사칭하다, ~인 체하다	冒充	màochōng
A와 결합하다	与A结合	yú A jiéhé
체내 세포	体内细胞	tǐnèi xìbāo
부작용을 일으키다	引发副作用	yǐnfā fùzuòyòng
A에게 치명적인 결과를 초래하다	对A造成致命后果[影响]	duì A zàochéng zhìmìng hòuguǒ[yǐngxiǎng]
공포스럽다, 불안하다	令人恐惧[不安]	lìng rén kǒngjù[bù'ān]
A일 뿐만 아니라 또 B하다	不仅A, 还B	bùjǐn A, hái B
영향(을 끼치다)	影响	yǐngxiǎng
생식/면역/신경 계통	生殖/免疫/神经系统	shēngzhí/miǎnyì/shénjīng xìtǒng
기형아	畸形儿	jīxíng'ér
불임	不孕不育 = 不孕症	bú yùn bú yù = búyùnzhèng
암을 유발하다	致癌	zhì'ái
발육 장애	发育障碍	fāyù zhàng'ài
태아	胎儿	tāi'ér
(아이가) 자라다	长大	zhǎngdà
사라지다, 소실되다	消失	xiāoshī

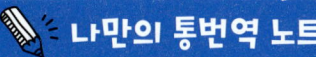

나만의 통번역 노트

1단계 한국어 문장을 의미 단위로 끊어 보세요.

2단계 한국어 문장을 중국어 어순(주+동+목) 구조로 바꿔 보세요.

3단계 활용해 보면 좋은 따페이, 구문, 성어를 적어 보세요.

4단계 번역해 보세요.

📋 **요점정리**

핵심 문장 연습

1 산업의 발달은 물질적 풍요와 편리함을 가져왔지만 다른 한편으로는 환경오염을 발생시켜 인간과 동물의 생체 기능을 위협하기도 한다.

↪ 工业的发达一方面给人类带来物质上的富饶和便利，另一方面却引发了环境污染，威胁着人类和动物的身体功能。

중국어에서는 '산업'을 '产业'보다는 '工业'라고 표현하는 경향이 있다. 그래서 '산업혁명'도 '工业革命'이라고 한다. '威胁 (위협하다)'는 동사로도 쓸 수 있고, '对……构成威胁'처럼 짝패이를 만들어 쓰기도 한다. 또 위의 예문에서는 '一方面A, 另一方面B' 구조를 활용했지만 아래와 같이 번역할 수도 있다.

다르게 표현! 工业的发达在给人类带来物质上的富饶和便利的同时，也引发了环境污染，威胁着人类和动物的身体功能。

2 인체의 면역력 저하, 정자 수 감소, 기형아 출산, 불임, 발암, 발육 장애 등 생식 계통뿐만 아니라 면역계와 신경계 이상의 원인이라는 것이다.

↪ 因为，环境激素不仅影响生殖系统，还影响免疫系统和神经系统。如：免疫力下降、精子数减少、畸形儿的出生、不孕不育、致癌、发育障碍等。

중국어는 한국어와 달리 중요한 포인트는 문장 맨 앞에서 직접적으로 이야기하는 경향이 있다. 이 문장도 '면역력 저하', '정자 수 감소' 등의 어떤 증상들보다는 환경호르몬이 생식 계통, 면역계, 신경계에 영향을 미친다는 것이 중요한 포인트이기 때문에 문장 앞으로 보내서 먼저 이야기하고, 수반되는 증상은 뒤에서 열거해서 표현하는 것이 좀 더 자연스러운 중국어 표현이다. 다음과 같이 응용해 볼 수도 있겠다.

다르게 표현! 因为，环境激素会使生殖系统、免疫系统和神经系统出现异常，导致免疫力下降、精子数减少、畸形儿的出生、不孕不育、癌症的发生以及发育障碍等。

3 엄마가 섭취한 환경호르몬은 태아에게도 영향을 끼치며 아이가 성장해도 없어지지 않는다고 한다.

↪ 孕妇摄取的环境激素会对胎儿造成影响，即使孩子长大成人，这种影响也不会消失。

'아이가 성장해도 없어지지 않는다'라는 표현은 '即使……也'를 활용하는 것이 포인트이다.

 주어진 문장을 힌트를 참고하여 중국어로 통역·번역해 보세요.

(1) 비만은 고혈압, 당뇨병 등의 신체적 질병을 유발할 뿐만 아니라 우울증 등 심리적 질병도 초래한다.

힌트: 肥胖, 不仅……还……, 高血压, 糖尿病, 身体疾病, 忧郁症, 精神疾病

(2) 그녀는 애써 미소지으려고 노력했지만 떨어지는 눈물은 어찌할 수 없었다.

힌트: 即使……, 也……, 勉强, 无法控制, 夺眶而出

모범답안
(1) 肥胖不仅会导致高血压、糖尿病等身体疾病，还会造成忧郁症等精神疾病。
(2) 她即使勉强坚持微笑，也无法控制夺眶而出的眼泪。

隐形杀手——环境激素

工业的发达一方面给人类带来物质上的富饶和便利,另一方面却引发了环境污染,威胁着人类和动物的身体功能,环境激素就是典型的例子。环境激素源于农药、杀虫剂、水银等重金属以及塑料、高效洗涤剂,是一种类似雌性激素的物质,这些物质累积在动物和人类体内能够模拟体内的天然激素。即,"伪激素"冒充天然激素与体内细胞结合,使生理功能出现异常,从而引发各种副作用。

随着环境激素对人类也会造成致命后果的研究结果被公开,环境激素成为令人恐惧的对象。因为,环境激素不仅影响生殖系统,还影响免疫系统和神经系统。如:免疫力下降、精子数减少、畸形儿的出生、不孕不育、致癌、发育障碍等。更为严重的是,即使是少量环境激素,其所产生的影响也是持久的。例如,孕妇摄取的环境激素会对胎儿造成影响,即使孩子长大成人,这种影响也不会消失。由此可见,环境激素不易分解,并长期积累在人体和生物体内,更加令人不安。

 알아 두면 유용한 팁 _ 경제 상식 (2)

★ 셰일 혁명과 국제 유가

2015년 한 해 동안 국제 유가는 날개 없는 추락을 거듭했다. 일반적으로 시장 원리에 따라 수요가 감소하고 공급이 증가하면 국제 유가는 하락한다. 그런데 2015년 저유가 국면은 글로벌 경기침체로 인한 원유 수요의 감소보다 원유 공급량 증가가 큰 작용을 했다. 원유의 공급량이 증가한 원인은 미국과 OPEC 산유국 사이의 치킨게임에서 찾을 수 있다. 미국은 유가가 100달러 이상으로 고공 행진하자 셰일석유(가스) 생산으로 OPEC이 주도하는 세계 에너지 질서에 도전장을 내밀었다. 그렇다면 셰일석유란 무엇일까? 셰일석유는 셰일이라는 암석층에 묻혀있는 석유이다. 전 세계 인구가 향후 60년은 충분히 사용할 수 있는 양이 매장되어 있어 대체에너지로 떠오르고 있다. 그러나 과거에는 기술이 부족하여 셰일석유를 채굴하지 못했는데 미국이 기술 개발에 성공하면서 세계 최대 셰일석유 생산국이 되었다. 미국이 셰일 생산에 적극적으로 나서면서 국제 원유 공급량 증가하고 유가는 하락하기 시작했다. 원래 OPEC은 유가가 지나치게 하락하면 원유 생산량을 줄여 유가를 정상화했다. 그러나 이번 저유가 사태에 대해서는 손해를 감수하면서까지 원유 생산량 유지를 감행하고 있다. 그 뒤에는 미국의 셰일에 대항하겠다는 의도가 숨어있다. 셰일석유는 유전 개발 단계에서 비용이 많이 들기 때문에 유가가 일정 수준 이하로 떨어지면 적자가 발생해 생산을 중단할 수밖에 없다. 미국에 시장 점유율을 뺏길 것을 걱정한 OPEC이 이 점을 노리고 가격 하향을 통해 미국 셰일 업체들을 도산시키려는 계획을 세운 것이다. 미국과 OPEC이 가격 전쟁을 벌이는 가운데 이란이 경제제재 해제로 석유 수출에 가세하면서 공급과잉 국면은 쉽사리 전환되지 않을 전망이다. 가파른 유가 하락은 세계경제에도 어두운 그림자를 드리웠다. 베네수엘라, 러시아 등 산유국들은 유가 하락으로 재정 위기에 직면하게 되었고 산유국의 위기는 비산유국으로 전염될 조짐을 보이고 있다.

UNIT 23

행복의 기준

🎧 Track 2-45

　지난해 직장인을 대상으로 한 설문 조사 결과 한국의 중산층 기준은 '부채 없는 아파트 30평 이상 소유, 월급여 450만 원 이상, 2000cc급 중형차 소유, 예금 잔액 1억 원 이상, 해외여행 1년에 한 차례 이상 다니기'였다.

　프랑스의 중산층 기준은 '하나 정도의 외국어를 할 수 있다, 직접 즐기는 스포츠가 있다, 다룰 줄 아는 악기가 있다, 남들과 다른 맛을 내는 요리를 만들 수 있다, 공분(公憤)에 의연히 참여한다, 약자를 도우며 꾸준히 봉사 활동을 한다'이다. **1** 영국과 미국도 중산층의 기준을 소득보다 정신적 측면에 비중을 둔 데 비해 한국은 소유를 기준으로 중산층을 본 점이 다르다.

　행복을 소유의 개념으로 바라보는 사람들은 자신을 남들과 끊임없이 비교한다. **2** 하지만 진정한 행복은 타인과 자신을 비교하지 않고 자신을 가로막는 마음의 빗장을 풀 때 얻을 수 있다. 경쟁 구도에서 벗어나 세상을 느리게 사는 법과도 일맥상통한다. **3** "남과 비교하지 않기, 나만의 색깔을 갖고 살아가기, 원함(want)과 필요(need)를 구분해 내 능력에 비해 과분한 것 줄이기, 좋은 것을 이웃과 나누기, 아주 작은 일에도 감사하기…."

참고 단어 및 구문

한국어	중국어	병음
행복(하다)	幸福	xìngfú
기준	标准	biāozhǔn
중산층	中产阶层	zhōngchǎn jiēcéng
아래와 같다	如下	rúxià
대출(하다)	贷款	dàikuǎn
평 [면적을 세는 단위]	坪	píng
아파트	公寓	gōngyù
자동차 배기량(CC)	排量	páiliàng
중형차	中型车	zhōngxíngchē
저금(하다), 예금(하다)	存款	cúnkuǎn
적어도, 최소한	至少	zhìshǎo
과목, 기술 등을 세는 양사	门	mén
악기를 연주하다	演奏乐器	yǎnzòu yuèqì
요리를 세는 양사	道	dào
가장 자신 있는 요리	拿手菜	náshǒu cài
약자를 돕다	帮助弱者	bāngzhù ruòzhě
자원 봉사하다	参加志愿活动	cānjiā zhìyuàn huódòng
중심을 ~에 두다	把重心放在……方面	bǎ zhòngxīn fàngzài……fāngmiàn
정신, 의식	精神	jīngshén
소유권	所有权	suǒyǒuquán
A를 기준으로 판단하다	以A为标准来判断	yǐ A wéi biāozhǔn lái pànduàn
선명한 대비를 이루다	形成鲜明对比	xíngchéng xiānmíng duìbǐ
A를 B로 간주하다	把A视为B	bǎ A shìwéi B
타인과 비교하다	与他人进行比较	yǔ tārén jìnxíng bǐjiào
A해야만 비로소 B할 수 있다	只有A才能B	zhǐyǒu A cáinéng B
방해하다	阻碍	zǔ'ài
A와 동등하다, A와 같다	等同于A	děngtóngyú A
A에서 벗어나다, 빠져나오다	从A中摆脱出来	cóng A zhōng bǎituō chūlái
발걸음을[속도를] 늦추다	放慢……步伐	fàngmàn……bùfá
구분하다	区分	qūfēn
추구하다	追求	zhuīqiú
~의 범위를 넘어서다	超出……范围	chāochū……fànwéi
이웃	邻居	línjū
감사함, 감사하다	感恩	gǎn'ēn

나만의 통번역 노트

1단계 한국어 문장을 의미 단위로 끊어 보세요.

2단계 한국어 문장을 중국어 어순(주+동+목) 구조로 바꿔 보세요.

3단계 활용해 보면 좋은 따페이, 구문, 성어를 적어 보세요.

4단계 번역해 보세요.

요점정리

핵심 문장 연습

1 영국과 미국도 중산층의 기준을 소득보다 정신적 측면에 비중을 둔 데 비해 한국은 소유를 기준으로 중산층을 본 점이 다르다.

↳ 英国和美国也都把中产阶层标准的重心放在精神方面，而非收入，韩国则以"所有权"为标准来判断中产阶层，形成了鲜明对比。

'~점이 다르다'라는 표현은 '形成鲜明对比'라고 할 수도 있고, 좀 더 응용하여 문장 중간에 '与此相反'을 써서 연결해 줄 수도 있다.

[다르게 표현!] 英国和美国把中产阶层标准的重心放在精神方面，而非收入，与此相反，韩国则以"所有权"为标准来判断中产阶层。

2 하지만 진정한 행복은 타인과 자신을 비교하지 않고 자신을 가로막는 마음의 빗장을 풀 때 얻을 수 있다.

↳ 然而，只有在不与他人进行比较，消除阻碍个人发展的心理障碍后，才能获得真正的幸福。

이 문장을 읽고 '只有A，才能B'의 구문을 생각해냈다면 당신은 중급 이상의 실력자! 그런데 아마 '빗장을 풀다'라는 표현에서 '빗장이 뭐지?'라는 생각이 들며 덜컥했을 것이다. 하지만 이럴 때 당황하지 않고 바로 어떻게 쉬운 표현으로 바꿀 수 있을지를 고민해 보자. 초보자들은 한중사전에서 열심히 '빗장'이라는 단어를 찾아 쓰겠지만 그 단어가 주는 느낌은 중국어로 옮겼을 때 어색할 확률이 높다. 중국어로 번역할 때는 한국어를 그대로 직역하지 않아도 된다는 것을 꼭 기억하자!

[다르게 표현!] 但真正的幸福在不与他人进行比较，消除阻碍个人发展的心理障碍之后才能获得。

3 "남과 비교하지 않기, 나만의 색깔을 갖고 살아가기, 원함(want)과 필요(need)를 구분해 내 능력에 비해 과분한 것 줄이기, 좋은 것을 이웃과 나누기, 아주 작은 일에도 감사하기…."

↳ "不与他人进行比较；把握好只属于自己的色彩；区分'想要'和'需要'，不要过多的追求超出自身能力范围的事物；与邻居分享美好的事物；即使是很小的事情，也要懂得感恩……"

여기서 '；(分号)'의 용법은 문장의 열거이다. 단어를 열거할 때는 '、(顿号)'를 쓴다는 것을 기억하자. '：(冒号)'는 앞 문장의 단어나 내용을 부연설명할 때 사용하고 '——(破折号)'는 화제의 전환이나 부연설명을 나타낸다.

 실력 확인

주어진 문장을 힌트를 참고하여 중국어로 통역·번역해 보세요.

(1) 미세먼지의 영향으로 베이징의 하늘과 제주도의 하늘은 너무나도 큰 차이가 난다.

힌트: 雾霾天气, 受……影响, 天空, 济州道, 和A形成鲜明对比

(2) 세월호 침몰 사건에 관한 방송을 보고 나서 그는 무거운 돌에 눌린 듯 가슴이 답답해졌다.

힌트: 收看, 世越号, 电视报道, 像, 压上一块大石

모범답안
(1) 受雾霾天气影响，北京的天空和济州道的天空形成了鲜明对比。
(2) 收看了有关世越号的电视报道后，他心头就像压上了一块大石。

幸福的标准

　　去年，以上班族为对象的问卷调查显示，韩国中产阶层的标准如下：在没有贷款的情况下，拥有超过30坪的公寓；月收入超过450万韩元；拥有2.0排量的中型车；有超过1亿韩元的存款；每年至少去海外旅游一次。

　　法国中产阶层的标准则如下：会一门外语；有自己喜欢的运动；有会演奏的乐器；有一道拿手菜；会打抱不平；经常帮助弱者，并坚持参加志愿者活动。英国和美国也都把中产阶层标准的重心放在精神方面，而非收入，韩国则以"所有权"为标准来判断中产阶层，形成了鲜明对比。

　　把"所有权"视为幸福的人会不断地与他人进行比较。然而，只有在不与他人进行比较，消除阻碍个人发展的心理障碍后，才能获得真正的幸福。这等同于从竞争中摆脱出来，放慢生活的步伐。也就是说，"不与他人进行比较；把握好只属于自己的色彩；区分'想要'和'需要'，不要过多的追求超出自身能力范围的事物；与邻居分享美好的事物；即使是很小的事情，也要懂得感恩……"

★ 증강현실(AR) 增强现实
사용자가 눈으로 보는 현실 세계에 3차원의 가상 물체를 겹쳐 보여 주어 현실 세계에 대한 이해를 높여 주는 기술이다. 스포츠 중계 시 등장하는 선수가 소속된 국가의 국기를 보여 주거나 디스플레이를 통해 사용자가 보는 실제 환경에 문자를 겹쳐 보여 주는 것이 대표적인 예이다. 2016년 하반기에 출시된 포켓몬 고 게임도 증강현실을 이용한 게임이다. 가상현실(虛擬現實) VR과 헷갈리지 않도록 잘 구별해 두자.

★ 디지털 치매 数码痴呆症
휴대전화, 컴퓨터 등 디지털 기기에 과도하게 의존한 나머지 기억력이나 계산 능력이 크게 떨어진 상태를 말한다. 디지털 기기 없이는 주변인의 전화번호를 기억하지 못하거나 가사 자막 없이는 부를 수 있는 노래가 없는 등 여러 가지 현상이 있다.

★ 수그리족 低头族
휴대전화를 이용해 문자를 주고받거나 콘텐츠를 접하느라 몸을 수그리고 액정 화면에 집중하는 사람 또는 그런 무리를 지칭한다. 엄지족(拇指族)이라고 불리기도 한다.

UNIT 24

IT와 실버산업이 만나면?

Track 2-47

'독거노인'과 '노후난민' 등 관계의 단절로 인한 소외를 해결하기 위해 일본에서는 정보 기술(IT)을 활용한 사회안전망 구축을 추진하고 있다. 다른 대책과 달리 모바일과 빅데이터(Big Data) 기술을 실질적으로 도입했으며 매우 구체적이다.

일본의 한 회사가 노인들에게 무료 또는 월 900엔의 저렴한 비용으로 아이패드를 대여하는 사업을 시작한 것이다. **❶ 일본 노인 약 600만 명에게 소통과 건강을 위한 다양한 앱을 탑재한 소위 '고령자용 모바일 디바이스'를 보급하는 것이 그 핵심이다. ❷ 이 디바이스는 IBM과 개발한 약 챙겨먹는 앱, 운동 관리 앱, 가족이나 보호자와 영상통화를 할 수 있는 앱 등 노인들이 실생활에서 요긴하게 사용할 수 있는 프로그램들을 포함하고 있다.**

이는 IT 강국인 한국도 실행하기 쉬운 대책이다. 이미 원격진료에 대한 시범 사업이 진행 중이고 일본 회사 못지않은 연결망도 있다. 전국에 약 4000개의 우체국과 1만5,000명의 집배원이라는 탄탄한 사회적 네트워크를 이미 가지고 있기 때문이다. **❸ 시작이 반이라고 했다. 노약자가 많은 구 단위의 시범 사업을 시작으로 단계적인 접근을 해야 한다.** 일본의 대책을 주목하면서 우리 실정에 맞는 IT 활용 대책을 고민해 볼 때이다.

참고 단어 및 구문

IT 기술 **信息技术** xìnxī jìshù
실버산업 **银发产业** yínfà chǎnyè
독거노인 **独居老人** dújū lǎorén
관계 단절 **关系的断裂** guānxì de duànliè
사회안전망을 구축하다
构建社会安全网 gòujiàn shèhuì ānquánwǎng
A와 다르다 **不同于A** bùtóngyú A
~기술을 도입하다 **引进……技术** yǐnjìn……jìshù
모바일 기술 **移动技术** yídòng jìshù
빅데이터 기술 **大数据技术** dàshùjù jìshù
~형식으로, ~형태로 **以……形式** yǐ……xíngshì
A에게 B를 빌려주다 **向A出租B** xiàng A chūzū B
태블릿 PC **平板电脑** píngbǎn diànnǎo
A에 목적이 있다, A에 그 취지가 있다 **旨在A** zhǐzài A
어플리케이션을 탑재하다 **搭载应用** dāzài yìngyòng
커뮤니케이션 **沟通** gōutōng

모바일 기기 **移动设备** yídòng shèbèi
약을 복용하다 **服药** fúyào
어플리케이션 **应用程序** yìngyòng chéngxù = **应用**
A와 영상통화를 하다
与A进行视频通话 yǔ A jìnxíng shìpín tōnghuà
A가 B에 관련되어 있다 **A关系到B** A guānxìdào B
A에게 있어서, A의 입장에서 보면
对于A来说 duìyú A láishuō
조치를 시행하다[실시하다] **落实措施** luòshí cuòshī
원격진료, 텔레메디신(Telemedicine)
远程诊疗 yuǎnchéng zhěnliáo
A 못지않다 **不亚于A** búyàyú A
A를 시범 지역으로 하다
把A作为试点 bǎ A zuòwéi shìdiǎn
A를 본받다 **借鉴A** jièjiàn A
대책을 강구하다 **探索对策** tànsuǒ duìcè
~의 현황에 부합하다 **符合……现状** fúhé……xiànzhuàng

나만의 통번역 노트

1단계 한국어 문장을 의미 단위로 끊어 보세요.

2단계 한국어 문장을 중국어 어순(주+동+목) 구조로 바꿔 보세요.

3단계 활용해 보면 좋은 따페이, 구문, 성어를 적어 보세요.

4단계 번역해 보세요.

요점정리

핵심 문장 연습

1 일본 노인 약 600만 명에게 소통과 건강을 위한 다양한 앱을 탑재한 소위 '고령자용 모바일 디바이스'를 보급하는 것이 그 핵심이다.

↳ 旨在向约600万名日本老年人普及搭载与沟通和健康有关的各种应用的"老年人转用移动设备"。

'핵심이다'라는 표현은 '核心'이라는 명사를 쓰지 않고 비슷한 의미의 동사 '旨在 (~를 하기 위함이다)'를 활용하면 문장을 훨씬 쉽게 처리할 수 있다. 또는 '고령자용 모바일 디바이스'를 보급했다는 것이 중요한 포인트이기 때문에 이를 문장 앞으로 보내고 앞 부분의 수식을 뒤로 보내서 번역해 봐도 좋겠다.

> *다르게 표현!* 旨在向约600万名日本老年人普及"老年人转用移动设备"，这一设备载有与沟通和健康有关的各种应用。

2 이 디바이스는 IBM과 개발한 약 챙겨 먹는 앱, 운동 관리 앱, 가족이나 보호자와 영상통화를 할 수 있는 앱 등 노인들이 실생활에서 요긴하게 사용할 수 있는 프로그램들을 포함하고 있다.

↳ 其中，包括与IBM共同开发的服药应用、运动管理应用、可以与家人和监护人进行视频通话的应用等，这些应用直接关系到老年人的日常生活。

이 문장 역시 한국어 어순대로 번역하느냐, 포인트를 앞에다 놓고 나머지는 뒤에서 처리하는 형식으로 번역할 것이냐를 고민해 볼 수 있는 문장이다. 중요한 건 최대한 쉽게, 그러면서도 최대한 자연스러운 중국어 문장으로 만들어야 한다는 것이다.

> *다르게 표현!* 其中，包括直接关系到老年人日常生活的各种应用。例如，与IBM共同开发的服药应用、运动管理应用、可以与家人和保护者进行视频通话的应用等。

3 시작이 반이라고 했다. 노약자가 많은 구 단위의 시범 사업을 시작으로 단계적인 접근을 해야 한다.

↳ "千里之行，始于足下。"我们需要把老弱者较多的区域作为试点，阶段性地落实相关对策。

'시작이 반이라고 했다'는 문장을 원문대로 '开始是一半。'이라고 해야 하냐는 질문을 받은 적이 있다. 초보자들은 최대한 원문을 벗어나려 하지 않는 경향이 있다. 하지만 번역과 직역은 다르다는 것을 확실히 이해한다면 이때는 '千里之行，始于足下。'로 번역해 볼 수 있어야겠다. 직역은 글자 그대로를 옮기는 것이고 번역은 번역문을 읽는 사람들이 가장 잘 이해하는 표현으로 바꾸는 것임을 기억하자.

 실력 확인

주어진 문장을 힌트를 참고하여 중국어로 통역·번역해 보세요.

(1) 프리즘 게이트 사건은 인터넷 안보 분야에서 미국 정부의 적반하장인 모습을 여실히 보여 주었다.

　　　　　　　　　　　　　　　　　　　힌트: 棱镜门事件, 因特网安全, 领域, 贼喊捉贼

_____

(2) 이 단체는 세계 평화를 수호하고 빈민국가 국민의 기본권을 보장하기 위한 취지에서 설립되었다.

　　　　　　　　　　힌트: 组织, 创立初衷, 守护, 世界和平, 保证, 贫困国家, 基本权利

_____

모범 답안
(1) 棱镜门事件暴露出在因特网安全领域上美国政府贼喊捉贼的一面。
(2) 该组织的创立初衷在于守护世界和平，并保证贫困国家公民的基本权利。

信息技术与银发产业的结合

为解决"独居老人"和"晚年(老后)难民"等因关系的断裂而出现的孤独问题,日本正在利用信息技术,构建社会安全网。这不同于其他对策,其特点就是在现实中引进移动技术和大数据技术,且非常具体。

日本一家公司以免费的形式或每月900日元的超低价格向老年人出租平板电脑,旨在向约600万名日本老年人普及搭载与沟通和健康有关的各种应用的"老年人转用移动设备"。其中,包括与IBM共同开发的服药应用、运动管理应用、可以与家人和监护人进行视频通话的应用等,这些应用直接关系到老年人的日常生活。

对于IT强国韩国来说,这些措施落实起来并不难。在韩国,与远程诊疗有关的示范项目正在运行中,且韩国具备不亚于日本公司的"连接网"。韩国共有约4000所邮局和15000名邮递员,这就是韩国所具备的牢固的社会网。"千里之行,始于足下。"我们需要把老弱者较多的区域作为试点,阶段性地落实相关对策。眼下,我们应该借鉴日本的事例,探索符合韩国现状的信息技术使用对策。

알아 두면 유용한 팁 _ 과학 (2)

★ 인터넷+ 互联网+
모바일과 클라우드 컴퓨팅, 빅데이터, 사물 인터넷을 제조업과 융합해 전자상거래와 인터넷 금융 등을 발전시킨다는 중국 경제의 새로운 테마이자 목표이다. 2015년 7월, 중국 국무원은 '인터넷 플러스 적극 추진에 관한 행동 지도 의견'을 발표해 향후 3년~10년간 인터넷 플러스 발전 목표를 제시했다. 인터넷 플러스 전략의 11개 중점 분야로는 창업 혁신, 제조, 농업, 에너지, 금융, 민생, 물류, 전자 상거래, 교통, 생태 환경, 인공지능 등이 있다.

★ 스마트 그리드 智能电网
지능형 전력망을 뜻하는 차세대 에너지 기술을 말한다. 기존 전력망에 IT를 접목해 전력 공급자와 소비자가 실시간으로 전기 사용 관련 정보를 교환함으로써 에너지 사용 효율을 최적화하는 기술이다. 소비자는 전력의 수요·공급 상황에 따라 변동하는 가격 등의 관련 정보를 파악하고 실시간으로 가장 저렴한 에너지원을 선택할 수 있게 된다. 스마트 그리드가 보편화되면 태양광, 풍력 등 신재생에너지를 안정적으로 이용할 수 있게 되어 주목받고 있다.

★ 블랙홀/화이트홀/웜홀 黑洞/白洞/虫洞
블랙홀은 별의 일생에서 마지막에 해당하는 천체로, 질량이 매우 크지만 부피가 작아 밀도는 거의 무한대에 가깝다. 강력한 중력으로 모든 것을 흡수하는 구멍인 블랙홀이 존재한다면 블랙홀이 빨아들인 모든 것을 방출하는 구멍이 있어야 하지 않겠냐는 논의에서 탄생한 이론상의 존재가 화이트홀이다. 블랙홀의 흡입구와 화이트홀의 방출구가 있는 세계는 전혀 다른 세계이며, 이 세계를 연결하는 통로가 웜홀이다.

UNIT 25

죽음도 선택하는 현대인

🌐 Track 2-49

　죽음을 선택할 수 있을까. 어떤 이들은 간혹 극단적인 선택을 하곤 한다. **❶ <u>또 나라나 타인을 위해 자기 목숨을 초개처럼 버리기도 한다.</u>** 그러나 자살이나 의로운 죽음을 빼면 대부분의 죽음은 선택한 것이 아니다. 본인의 의지와 무관하게 다가온 것이다.

　그런데 평범한 사람들 사이에서도 죽음을 선택하는 경우가 생기고 있다. 바로 안락사다. 75세의 한 영국 여성은 지난달 남편과 함께 스위스의 한 병원을 찾아갔다. 이곳에서 남편이 지켜보는 가운데 병원 측의 도움을 받아 생을 마감했다. **❷ <u>스위스에서는 합법적으로 안락사를 허용하고 있다.</u>**

　그녀는 죽기 전 어느 신문과의 인터뷰에서 이렇게 말했다. "평생 노인들을 돌보면서 '나는 늙지 않겠다'고 생각해 왔다. 늙는다는 것은 암울하고 슬프고 끔찍하다." 그녀는 호스피스 병동의 전문 간호사였다. 그녀는 그동안 죽음을 맞이하는 노인들을 보면서 이 같은 말년을 계획했다고 한다.

　❸ <u>안락사와 존엄사는 자주 혼용된다.</u> 그러나 의학적 관점에서 봤을 때 이 둘은 완전히 다른 개념이다. 존엄사는 **❹ <u>최선의 치료를 다했음에도</u>** 죽음이 임박했을 때 의학적으로 무의미한 연명 치료를 중단함으로써 죽음을 맞이하게 하는 것이다. 즉 연명 치료의 중단이다. 안락사는 소극적 안락사와 적극적 안락사로 나뉜다. 살아날 가망이 없는 환자를 치료하지 않아 죽게 하는 것이 소극적 안락사다. 적극적 안락사는 약물을 투여해 고의로 죽게 하는 것으로 영국 여성이 선택한 죽음이다. 인간은 이제 삶과 죽음마저도 지배하려 한다. 존엄한 죽음이란 뭘까. 그녀가 선택한 세상과의 작별 방식이 존엄한 죽음을 생각해 보게 한다.

💡 참고 단어 및 구문

사망하다　死亡　sǐwáng

안락사　安乐死　ānlèsǐ

선택하다　选择　xuǎnzé

A를 위해 자신을 희생하다
为A牺牲自己　wèi A xīshēng zìjǐ

자신의 생명을 초개처럼 여기다
视自己的生命为草芥　shì zìjǐ de shēngmìng wéi cǎojiè

스위스　瑞士　Ruìshì

A의 동행하에, A와 함께
在A的陪同下　zài A de péitóng xià

안락사를 허용하다　允许安乐死　yǔnxǔ ānlèsǐ

세상을 떠나다　离开人世　líkāi rénshì

~인터뷰하다　接受……采访　jiēshòu……cǎifǎng

절망과 고통을 느끼다　感到绝望和痛苦　gǎndào juéwàng hé tòngkǔ

호스피스　临终护理　línzhōng hùlǐ

간호사　护士　hùshi

존엄사　尊严死　zūnyánsǐ

혼용하다　混用　hùnyòng

완전히 다르다, 딴판이다　完全不同　wánquán bùtóng

죽음에 직면하다, 죽음이 임박하다
面临死亡　miànlín sǐwáng

아무런 의미도 없다　毫无意义　háowú yìyì

연명 치료를 중단하다
中断延命治疗　zhōngduàn yánmìng zhìliáo

A는 B와 C로 나뉘어진다　A分为B和C　A fēnwéi B hé C

생환[회복] 가능성이 있다
有生还可能性　yǒu shēnghuán kěnéngxìng

지배하다, 통제하다　支配　zhīpèi

A를 심사숙고하게 만들다
让A陷入深思　ràng A xiànrù shēnsī

나만의 통번역 노트

1단계 한국어 문장을 의미 단위로 끊어 보세요.

2단계 한국어 문장을 중국어 어순(주+동+목) 구조로 바꿔 보세요.

3단계 활용해 보면 좋은 따페이, 구문, 성어를 적어 보세요.

4단계 번역해 보세요.

요점정리

핵심 문장 연습

1 또 나라나 타인을 위해 자기 목숨을 초개처럼 버리기도 한다.

↳ 也有的人会为国家和他人牺牲自己。

원문에서 주어가 없다고 그대로 주어 없이 번역하기 보다는 문장의 의미를 분석하여 숨어있는 주어나 목적어를 찾아서 넣어 주면 문장 전달이 훨씬 잘 된다. '초개처럼 버리기도 한다'의 주어는 무엇인가? 앞 문장에 나오는 '어떤 이들'이다. 따라서 한국어 문장에는 없지만 한 번 더 '也有的人'을 주어로 써 주면 좋다. '초개'라는 단어를 몰라도 당황하지 말고 쉽게 문장의 의미만 살리는 방법을 고민해야겠다.

[다르게 표현] 有的人为了国家和他人而视自己的生命为草芥。

2 스위스에서는 합법적으로 안락사를 허용하고 있다.

↳ 瑞士是一个允许安乐死的国家。

강조 구문으로 응용해 볼 수도 있다.

[다르게 표현] 在瑞士，安乐死是合法的。

3 안락사와 존엄사는 자주 혼용된다.

↳ 安乐死和尊严死经常被混用。

'被混用'을 '混为一谈' 또는 '视为同一个概念'으로 응용해서 표현해 볼 수 있다. 이외에도 얼마든지 다른 표현이 가능하니 자신만의 좋은 표현을 고민해 보자.

[다르게 표현] 人们经常把安乐死和尊严死混为一谈。

4 최선의 치료를 다했음에도

↳ 虽然做出了最大的努力,

'做出了最大的努力'를 사자성어 '竭尽全力 (모든 힘을 다 기울이다)'로 간단하게 바꿔 쓸 수 있다.

[다르게 표현] 竭尽全力地对患者进行了医治,

 실력 확인 주어진 문장을 힌트를 참고하여 중국어로 통역·번역해 보세요.

(1) 도서관에서 조용히 하는 것은 누구나 지켜야 할 기본 규칙이다.

힌트: 保持, 肃静, 遵守, 规定

(2) 많은 선조들의 희생으로 우리는 일본 식민 통치에서 벗어날 수 있었다.

힌트: 先烈, 牺牲, 摆脱, 殖民统治

모범답안
(1) 在图书馆里要保持肃静是人人都应遵守的规定。
(2) 众多先烈的牺牲让我们得以摆脱日本的殖民统治。

现代人的死亡方式——安乐死

人类能够选择死亡吗?有的人会做出极端选择,也有的人会为国家和他人牺牲自己。然而,除了自杀和为正义而牺牲的情况外,多数死亡并不是人为选择的,且与人的主观意识无关。

然而,最近也出现了普通人选择死亡的情况,那就是安乐死。上个月,英国一名女性和丈夫一起去了瑞士的一家医院。在那里,这名女性在丈夫的陪同下,通过院方的帮助,结束了自己的生命。瑞士是一个允许安乐死的国家。

她在离开人世之前,接受某报社的采访时称:"照顾了一辈子的老人,这让我有了'不能变老'的想法,变老让我感到绝望和痛苦,是一件非常可怕的事情。"这名女性是一名从事临终护理工作的护士,她在工作的时候见到了无数的临终老人,这让她有了这种晚年计划。

安乐死和尊严死经常被混用。但从医学角度来看,两者的概念完全不同。尊严死是指,虽然做出了最大的努力,但仍面临死亡的时候,就中断在医学上毫无意义的延命治疗,让患者离开人世。即,中断延命治疗。安乐死又分为消极的安乐死和积极的安乐死。消极的安乐死是指,对没有生还可能性的患者不进行任何治疗,让患者自然死亡。积极的安乐死是指,用药物人为地结束患者的生命,也就是这名英国女性所选择的死亡方式。人类正试图支配生死。什么才是"有尊严地死去"?这名英国女性所选择的死亡方式让我们陷入深思。

★ 빅데이터 大数据
디지털 환경에서 생성되는 초 대용량 데이터 또는 이를 효과적으로 처리하고 분석하여 경제적으로 필요한 가치를 추출할 수 있도록 디자인된 기술을 말하기도 한다. 과거에도 대용량 데이터를 분석하는 슈퍼컴퓨팅 기술이 존재했지만 처리 비용이 비싸 일반적으로 사용되지 않았다. 그러나 최근 기술의 발달로 빅테이터 기술이 보편화되면서 스포츠 빅데이터, 소비 패턴 분석 빅데이터, 범죄 예측 빅데이터 등 다양한 방면에서 활용되고 있다.

★ 유비쿼터스 泛在网
유비쿼터스는 '언제 어디에나 존재한다'라는 뜻의 라틴어로, 사용자가 컴퓨터나 네트워크를 의식하지 않고 장소에 상관없이 자유롭게 네트워크에 접속할 수 있는 환경을 말한다. 단독으로 쓰이지는 않고 유비쿼터스 통신, 유비쿼터스 네트워크 등과 같은 형태로 쓰인다.

★ 그래핀 石黑稀
연필심에 사용되는 흑연을 원료로 하는 소재로, 현존하는 소재 중 기능이 가장 뛰어나 꿈의 소재로 불린다. 투명성, 열전도성, 강도, 신축성이 모두 뛰어나 초고속 반도체, 휘는 디스플레이, 고효율 태양전지 등 다양한 분야에서 활용되며 차세대 신소재로 각광받고 있다.

UNIT 26

에너지 산업의 패러다임, 변화는 시작되었다

Track 2-51

　화석연료 고갈 문제와 지구온난화의 주범으로 지목되는 온실가스를 규제하는 정책에 대응하기 위해 신재생에너지 비중을 높이는 것은 우리의 중요 과제 중 하나이다. **1** 그러나 원자력 발전에서 신재생에너지로의 전환은 국민 생활의 안정과 국가 산업 경쟁력 보호 측면에서도 냉정한 접근이 필요하다. **2** 그런 점에서 최근 진행 중인 독일의 탈(脫)원전, 신재생에너지 확대 정책은 시사하는 바가 크다. 독일은 2020년까지 17기의 원전을 모두 폐기하고 신재생에너지의 발전 비중을 40%로 늘리려고 한다. 그런데 독일 산업계에서는 벌써부터 원전 폐기 정책이 전력 수입 증가와 전기 요금 상승을 불러일으켜 산업 경쟁력을 약화시킬 것이라고 우려하고 있다. 전기 요금에 신재생에너지 인프라 구축 비용이 포함돼야 하기 때문이다. 거액의 원전 폐기 비용과 6000만 톤 이상의 이산화탄소 배출량 증가도 부담이다. **3** 혹자는 독일이 친환경 에너지 정책을 추진하는 동시에 원자력과 화력발전을 운영하는 주변 국가들로부터 전력을 수입하는 자국 이기주의를 비판하기도 한다.

　에너지 공급은 생존과 직결되는 문제이며 신중한 접근이 필요하다. 물론 과학이 발전하면서 보다 공급이 안정적이며 효율적인 신재생에너지가 등장할 때가 올 것이다. 그러나 독일의 예에서 볼 수 있듯이 에너지 문제는 국민 부담을 최소화해야 하고 그 부담에 대해 합의해야 한다.

참고 단어 및 구문

한국어	중국어	병음
패러다임	格局	géjú
화석연료	化石燃料	huàshí ránliào
고갈(되다)	枯竭	kūjié
지구온난화	全球变暖	quánqiú biànnuǎn
원흉	罪魁祸首	zuìkuí huòshǒu
온실가스	温室气体	wēnshì qìtǐ
신재생에너지	新可再生能源	xīn kězàishēng néngyuán
매우 중요하다	重中之重	zhòng zhōng zhī zhòng
원자력 에너지	核能	héneng
국가 산업 경쟁력	国家产业竞争力	guójiā chǎnyè jìngzhēnglì
독일	德国	Déguó
정책을 추진하다	推行政策	tuīxíng zhèngcè
깨달음을 주다, 시사점을 주다	留下启示	liúxià qǐshì
부피가 크거나 고정된 물체를 세는 양사	座	zuò
원자력 발전소를 철거하다	拆除核电站	chāichú hédiànzhàn
전기요금	电价	diànjià
톤(t)	吨	dūn
이산화탄소 배출량	二氧化碳排放量	èryǎnghuàtàn páifàngliàng
청정에너지	清洁能源	qīngjié néngyuán
화력발전	火力发电	huǒlì fādiàn
이기적이다	自私	zìsī
에너지 공급	能源供给	néngyuán gōngjǐ
~문제를 신중하게 대응하다[다루다]	谨慎对待……问题	jǐnshèn duìdài……wèntí
A에서 알 수 있다	从A中可以得知	cóng A zhōng kěyǐ dézhī
A를 최소화하다	把A降到最低	bǎ A jiàngdì zuìdī

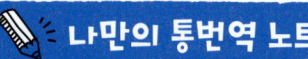# 나만의 통번역 노트

1단계 한국어 문장을 의미 단위로 끊어 보세요.

2단계 한국어 문장을 중국어 어순(주+동+목) 구조로 바꿔 보세요.

3단계 활용해 보면 좋은 따페이, 구문, 성어를 적어 보세요.

4단계 번역해 보세요.

📖 요점정리

 문장 연습

1. 그러나 원자력 발전에서 신재생에너지로의 전환은 국민 생활의 안정과 국가 산업 경쟁력 보호 측면에서도 냉정한 접근이 필요하다.

   ↪ 然而，在核能到新能源和可再生能源的转换方面，需要从国民生活的稳定和国家产业竞争力的保护方面进行冷静地判断。

   어순대로 번역해 볼 수도 있지만, 문장의 '주+동+목' 관계를 분석한 후 어순을 재배치하여 번역해 볼 수도 있겠다.

   然而，我们需要从国民生活的稳定和国家产业竞争力的保护方面来冷静地判断从核能到新能源和可再生能源的转换。

2. 그런 점에서 최근 진행 중인 독일의 탈(脫)원전, 신재생에너지 확대 정책은 시사하는 바가 크다. 독일은 2020년까지 17기의 원전을 모두 폐기하고 신재생에너지의 발전 비중을 40%로 늘리려고 한다.

   ↪ 在此，德国正在推行的"全面退出核电、扩大新能源和可再生能源"政策给我们留下了很大的启示。德国计划到2020年，拆除现有的17座核电站，把新能源和可再生能源的发电比重提升至40%。

   '탈원전'이란 표현은 직역해서 '去核电', '去核'라고 해도 되지만 풀어서 설명해도 된다. 이외에 '逆全球化 (탈세계화)', '去杠杆 (디레버리지)', '后冷战 (포스트냉전)' 같은 명사들도 출현 빈도가 높으니 꼭 외워 두기 바란다. '给……留下(很大的)启示 (시사하는 바가 크다)'도 잘 나오는 표현이니 꼭 외워 두자.

3. 혹자는 독일이 친환경 에너지 정책을 추진하는 동시에 원자력과 화력발전을 운영하는 주변 국가들로부터 전력을 수입하는 자국 이기주의를 비판하기도 한다.

   ↪ 有人批评称，德国在推行清洁能源政策的同时，又从实施核电和火力发电的周边国家进口电力，这种做法非常自私。

   주어의 위치는 자유로울 수 있다는 것을 예시 문장과 응용 문장을 비교하면서 살펴보자. 그리고 서술어를 동사로 써서 뒤에 목적어를 오게 할 수도 있지만 따페이를 활용해 표현할 수도 있다.

   德国在推行清洁能源政策的同时，又从实施核电和火力发电的周边国家进口电力，有人对德国的这种独善其身的态度进行谴责。

 주어진 문장을 힌트를 참고하여 중국어로 통역·번역해 보세요.

(1) 세계 공장에서 세계 시장으로 경제구조를 전환하고 있는 중국 정부 입장에서 7% 경제성장은 결코 나쁜 성적이 아니다.

   힌트: 从A转变为B, 世界工厂, 经济增长率, 对……来说, 不错, 成绩

(2) 미국은 러시아가 북극해에서 군사훈련을 진행하는 것에 대해 강하게 비난했다.

   힌트: 俄罗斯, 北冰洋, 实施军演, 强烈, 指责

모범답안
(1) 中国正在从世界工厂转变为世界市场，在这一过程中7%的经济增长率对中国政府来说是一个不错的成绩。
(2) 美国对俄罗斯在北冰洋实施的军演进行了强烈的指责。

能源产业的格局正在发生变化

为应对化石燃料的枯竭以及对全球变暖的罪魁祸首——温室气体的限制，提高新可再生能源(新能源和可再生能源)的比重是重中之重(当务之急)。然而，在核能到新能源和可再生能源的转换方面，需要从国民生活的稳定和国家产业竞争力的保护方面进行冷静地判断。在此，德国正在推行的"全面退出核电、扩大新能源和可再生能源"政策给我们留下了很大的启示。德国计划到2020年，拆除现有的17座核电站，把新能源和可再生能源的发电比重提升至40%。然而，德国工业界已经开始担心"全面退出核电"政策会导致电力进口的增加以及电价的上涨，最终导致产业竞争力下降。因为，电价里会包括构建新能源和可再生能源基础设施的费用，且拆除核电站所需要的巨额费用以及超过6000万吨的二氧化碳排放量的增加也是一大负担。有人批评称，德国在推行清洁能源政策的同时，又从实施核电和火力发电的周边国家进口电力，这种做法非常自私。

能源供给直接关系到人类的生存，需要谨慎对待这方面的问题。当然，随着科学的发展，也会出现在供给方面更加稳定、有效的新能源和可再生能源。然而，从德国的事例中可以得知在能源问题上也有一个前提，那就是把国民的负担降到最低，并形成社会共识。

알아 두면 유용한 팁 _ 과학 (4)

★ **핀테크 互联网金融 = 金融科技**
금융을 뜻하는 파이낸스(finance)와 기술을 뜻하는 테크놀로지(technology)의 합성어로 금융과 IT를 결합한 산업을 가리킨다. 은행에서 행해지던 업무를 전자금융 서비스로 대체하는 것으로 온라인 결제, 개인자산관리, 크라우드 펀딩 등이 대표적인 핀테크이다. 핀테크의 등장으로 전통적인 금융 산업 패러다임에 변화의 바람이 불고 있다.

★ **클라우드 컴퓨팅 云计算**
구름(cloud)과 같이 무형의 형태로 존재하는 하드웨어·소프트웨어 등의 컴퓨팅 자원을 자신이 필요한 만큼 빌려 쓰고 이에 대한 사용 요금을 지급하는 방식의 컴퓨팅 서비스이다. 이용자의 모든 정보를 인터넷 상의 서버에 저장하고, 이 정보를 각종 IT 기기를 통하여 언제 어디서든 이용할 수 있다. 이를 통하면 필요한 프로그램을 직접 구입할 필요가 없으며 큰 저장장치가 없어도 되기 때문에 새로운 IT 통합관리모델로 주목받고 있다.

★ **키보드 워리어 键盘战士**
컴퓨터 자판을 두드리며 미확인 루머나 특정인의 사생활 등을 인터넷에 무차별 유포하는 네티즌을 지칭한다. 막상 실제생활에서는 전혀 힘을 쓰지 못하는 소심한 성격을 가졌으나, 인터넷상에서 악성 댓글을 달며 다른 사람이 올린 글에 대하여 비방하거나 험담을 하는 등의 행동으로 만족감을 얻고 힘을 과시하기 때문에 '인터넷 싸움꾼'이라는 명칭이 붙었다.

UNIT 27

스마트폰, 의학 발전에 날개를 달다

🎧 Track 2-53

❶ 휴대전화와 정보 기능이 합쳐진 하이브리드 장치인 스마트폰의 등장은 혁명이라 불릴 만큼 정보 생태계에 큰 변화를 가져왔다. 특히 한국은 1인당 데이터 사용률이 세계 최고 수준으로 정보 파급력이 월등하다. 스마트폰 시대의 도래로 의료 환경에도 큰 변화가 예상된다. 최근 미국의 통계에 의하면 대부분의 스마트폰 사용자가 건강 또는 피트니스 관련 앱(App)을 하나 이상 가지고 있는 것으로 집계됐다.

우선 스마트폰을 통해 더 쉽게 의학 정보에 접근할 수 있게 되어 **❷** 의료 민주화 시대가 가까워졌다. 이제 사람들은 몸에 이상이 생기면 바로 병원을 찾지 않는다. 각종 포털 사이트에서 증상을 검색하고, 사이트에서 제공하는 질문 서비스를 통해 의사에게 문의할 수도 있다. 또한 진료 후에는 동일한 질병이 있는 환자와 커뮤니티를 형성해 정보를 공유한다. 개인 의료 정보의 활용도도 높아진다. 개인의 의료 정보를 스마트폰을 통해 수집·관리하며 의사와 공유할 수 있게 돼 직접 병원에 가지 않아도 관리를 받을 수 있다. 또 타 병원과의 의학 정보 활용에 있어서 유연성이 증대될 수 있다. 특히 정보의 누락이나 오류를 더 쉽게 방지할 수 있고 의료 정보의 주체자인 환자의 권리도 강화될 것이다.

또한, 스마트폰은 실질적인 의료 기기로 사용될 수도 있다. 예를 들어 당뇨병 환자는 앱을 통해 주기적으로 당을 측정하고, 고혈압 환자는 혈압을 측정할 수 있다. **❸** 만성 질환은 적극적인 추적 관찰이 중요하다. 그렇기에 스마트폰의 접근성과 직관성은 환자의 자가 관리에 탁월한 도움을 줄 수 있다.

💡 참고 단어 및 구문

한국어	중국어	병음
날개를 달다	添翼	tiānyì
A와 B를 하나로 모으다	集A和B为一体	jí A hé B wéi yìtǐ
정보생태계	信息生态	xìnxī shēngtài
~라고 말할 수 있다, ~라고 할 만하다	可谓	kěwèi
1인당	人均	rénjūn
데이터 사용률	流量使用率	liúliàng shǐyònglǜ
A에게 변화를 가져오다	给A带来变化	gěi A dàilái biànhuà
앱[어플리케이션]을 다운로드하다	下载应用	xiàzài yìngyòng
정보를 접하다	接触信息	jiēchù xìnxī
즉시	立马	lìmǎ
인터넷 포털 사이트	门户网站	ménhù wǎngzhàn
정보를 검색하다	搜索信息	sōusuǒ xìnxī
A에게 문의하다, 상담하다	向A进行咨询	xiàng A jìnxíng zīxún
A와 교류하다	与A进行交流	yǔ A jìnxíng jiāoliú
정보를 공유하다	共享信息	gòngxiǎng xìnxī
정보를 수집하다	收集信息	shōují xìnxī
치료받다	接受治疗	jiēshòu zhìliáo
유연성	灵活性	línghuóxìng
~하기 쉽다	易于	yìyú
의료 기기	医疗仪器	yīliáo yíqì
당뇨병	糖尿病	tángniàobìng
고혈압	高血压	gāoxuèyā
만성 질병	慢性疾病	mànxìng jíbìng
추적 관찰	跟踪观察	gēnzōng guānchá
자가관리	自我管理	zìwǒ guǎnlǐ

나만의 통번역 노트

1단계 한국어 문장을 의미 단위로 끊어 보세요.

2단계 한국어 문장을 중국어 어순(주+동+목) 구조로 바꿔 보세요.

3단계 활용해 보면 좋은 따페이, 구문, 성어를 적어 보세요.

4단계 번역해 보세요.

📖 요점정리

핵심 문장 연습

1 휴대전화와 정보 기능이 합쳐진 하이브리드 장치인 스마트폰의 등장은 혁명이라 불릴 만큼 정보 생태계에 큰 변화를 가져왔다.

↳ 随着集手机功能和信息功能为一体的智能手机的出现，信息生态发生了巨大的变化，可谓是一场革命的到来。

> 주어가 없을 때는 문장을 분석해서 숨어있는 주어나 목적어를 찾아 주면 좋다고 앞서 설명한 적이 있다. 하지만 반대로 한국어 문장에는 있지만 중국어로 옮길 때 굳이 옮기지 않고 생략해도 되는 표현도 있다. 대부분은 형용사나 부사 같은 수식 표현들이 주로 생략된다. 위의 번역 문장을 보고 '하이브리드라는 표현은 어디에 있지?'라고 생각했을 것이다. '하이브리드'는 '두 가지 기능이 합쳐졌다'라는 의미이며 중국어로 '集……为一体'를 이용해서 이미 표현했기 때문에 이럴 때는 명사 표현을 반복하지 않고 빼 버리는 것이 좋다.

> **다르게 표현!** 智能手机是同时具备手机功能和信息功能的高端设备，它的出现使信息生态发生了巨大的变化，可谓是一场革命的到来。

2 의료 민주화 시대가 가까워졌다.

↳ 使我们进一步走近医疗民主化时代。

> 한국어 문장만 봐서는 사역문으로 번역해야 한다고 생각하기 쉽지 않다. 하지만 생각보다 많은 평서문 문장들이 중국어의 사역문으로 번역될 수 있다. 그러므로 사역문은 조금 더 관심 있게 살펴보고 이 문장이 한국어로 번역될 때 어떤 느낌의 평서문으로 번역될 수 있는지를 고민해 보기 바란다.

> **다르게 표현!** 拉近我们与医疗民主化时代的距离。

3 만성 질환은 적극적인 추적 관찰이 중요하다. 그렇기에 스마트폰의 접근성과 직관성은 환자의 자가 관리에 탁월한 도움을 줄 수 있다.

↳ 慢性疾病需要积极有效的跟踪观察，而智能手机具有易接触性和直观性，因此能够有效帮助这类患者进行自我管理。

> 위의 문장에서 '직관성'처럼 중국어로 옮길 때 딱 맞아 떨어지는 표현이 있는 경우도 있지만 '접근성'처럼 일대일로 매치되는 표현이 없는 경우도 허다하다. 이럴 때는 본래의 의미에 최대한 충실한 표현을 창작해 내야 한다.

 실력 확인 주어진 문장을 힌트를 참고하여 중국어로 통역·번역해 보세요.

(1) 미국의 셰일 오일 개발이 전 세계 에너지 판도에 엄청난 변화를 초래하였다.
　　　　　　　　　　　　　　　　힌트: 页岩油, 开发, 导致, 能源格局, 翻天覆地

(2) 통역사가 갖추어야 할 기본적인 조건들로는 언어 능력과 다양한 방면의 박식함, 그리고 서비스 정신이 있다.
　　　　　　　　　　　　　　힌트: 翻译家, 具备, 素质, 语言能力, 丰富, 知识, 服务精神

모범 답안
(1) 美国的页岩油开发导致世界能源格局发生翻天覆地的变化。
(2) 成为翻译家需要具备以下几个素质：语言能力、丰富的知识以及服务精神。

智能手机为医学发展"添翼"

Track 2-54

随着集手机功能和信息功能为一体的智能手机的出现，信息生态发生了巨大的变化，可谓是一场革命的到来。尤其是，韩国人均流量使用率为世界之首，信息影响力很大。据预测，智能手机的出现将给医疗环境带来巨大变化。美国近期的统计显示，大多数智能手机用户至少会在手机上下载一个与健康有关的应用。

首先，通过智能手机人们能够更加便利地接触医学信息，使我们进一步走近医疗民主化时代。现在，人们在身体出现不适时，不会立马去医院，而是在各大门户网站上搜索相关信息，通过网站所提供的问答服务，向医生进行咨询。此外，确诊后，还可以与患有相同疾病的患者进行交流，共享相关信息。并且，个人医疗信息的利用度也将得到提升，通过智能手机收集并管理个人医疗信息，医生可随时看到相关信息，患者不用直接去医院也能够接受治疗。同时，还可以提高与其它医院在医学信息采用方面的灵活性。尤其是，易于防止信息的缺失或出现错误，提高医疗信息当事人——患者的权利。

此外，智能手机可被用作现实中的医疗仪器。例如：糖尿病患者可以通过应用定期检测糖度；高血压患者可以利用智能手机检测血压。慢性疾病需要积极有效的跟踪观察，而智能手机具有易接触性和直观性，因此能够有效帮助这类患者进行自我管理。

알아 두면 유용한 팁 _ 과학 (5)

★ **인공지능 人工智能**

컴퓨터가 다양한 데이터를 인식해 사람의 두뇌처럼 스스로 판단하고 예측하는 능력을 말한다. 인공지능의 궁극적인 목표는 사람처럼 생각하고 행동할 수 있는 기계를 개발하는 데 있다. 영화에서만 보았던 인공지능은 현재 스스로 간단한 기사를 작성하거나 자폐아의 학습을 돕는 수준까지 발전해 다양한 방면에서 현실화되고 있다. 슈퍼컴퓨터의 딥러닝(深度学习) 기능으로 인간의 능력을 뛰어넘는 인공지능 탄생이 머지않아 보인다.

★ **사물 인터넷 物联网**

인터넷을 기반으로 생활 속 모든 사물을 연결하여 사람과 사물, 사물과 사물 간의 정보를 공유하는 기술 및 서비스를 말한다. 외출해서도 스마트폰을 이용해 집안의 전기, 보일러 등을 조절할 수 있는 스마트 홈 서비스 등이 대표적인 예로, 이미 일상에서 활용되고 있다. 영어의 머리글자를 따서 '아이오티(Iot)'라 약칭하기도 한다.

★ **O2O 线上到线下**

'Online to Offline'의 약어로, 이용자가 스마트폰 등을 통해 온라인으로 상품이나 서비스를 주문하면 오프라인으로 이를 제공하는 서비스를 말한다. IT 기술의 발달을 기반으로 성장한 O2O서비스는 다양한 분야에서 활용되고 있다. 미국의 '우버(Uber)'는 운송 업계의 대표적인 O2O서비스로, 스마트폰 어플을 이용해 차량 예약부터 결제까지 가능하다. 우리나라에서도 '요기요', '배달의 민족' 등의 배달 어플에서부터 숙박을 예약하거나 배송을 요청하는 등의 다양한 서비스가 등장하고 있다.

UNIT 28

한국 부동산의 복병 - 하우스 푸어

Track 2-55

❶하우스 푸어(House Poor)란 집이 있어도 빈곤하게 사는 사람을 일컫는 말이다. 이들은 주택 가격이 오를 때 저금리를 바탕으로 무리하게 대출을 받아 집을 마련했지만 금리 인상과 주택 가격 하락으로 큰 손해를 보고 있는 사람들로, 겉보기엔 중산층이지만 원리금 상환 부담 때문에 경제적으로 어려운 상황에 놓여있다. ❷하우스 푸어라는 말은 직장이 있지만 벌이가 신통치 않아 아무리 일을 해도 빈곤을 벗어날 수 없는 워킹 푸어(Working Poor: 근로 빈곤층)라는 단어에서 유래됐다.

하우스 푸어는 아파트 값이 오른 뒤 되팔아 얻을 수 있는 시세 차익을 노리고 자기자본 없이 많은 대출을 받아 아파트 등을 매입한 경우에 발생한다. ❸최근 하우스 푸어가 양산된 것은 부동산 상승기에 시세 차익을 얻은 사람들을 통해 '부동산 투자는 안전하고 집값은 절대 떨어지지 않는다'는 믿음이 확산되었기 때문이다. 결국 부동산 자산 비중이 전체 자산의 약 75%(미국37%, 일본40%)에 이를 정도로 많은 사람들이 부동산에 투자했다.

부동산 시장이 호황일 때는 아파트 매입 후 매매가격을 높여 되파는 것이 가능했지만 2008년 미국발 금융 위기 이후 부동산 가격이 하락하면서 상황이 바뀌기 시작했다. 분양가보다 낮은 가격으로 내놓아도 팔리지 않아 어쩔 수 없이 매월 막대한 이자 비용을 감수하고 있는 것이다. 설상가상으로 대출금의 거치 기간이 지나 이자와 원금을 함께 상환해야 한다면 금융 부담은 3~4배로 늘어난다. 하우스 푸어가 최근 사회적인 이슈가 되고 있는 것은 가계 대출 부실화에 따른 국가 경제 타격 때문이다. ❹즉 하우스 푸어가 양산되면 금융회사 대출 부실화, 소비 위축 등 경제 전반에 악영향을 끼치게 된다.

참고 단어 및 구문

부동산 시장 楼市 lóushì	시세 차익을 얻다 获得差价 huòdé chājià
걱정거리 隐患 yǐnhuàn	A가 B에 만연하다 A蔓延在B A mànyán zài B
하우스 푸어 房奴 fángnú	시장 경기가 좋다 市场景气 shìchǎng jǐngqì
주택 가격이 상승하다 房价上涨 fángjià shàngzhǎng	금융 위기가 발발하다 金融危机爆发 jīnróng wēijī bàofā
저금리 低息 dīxī	역전(되다) 逆转 nìzhuǎn
대출신청 申请贷款 shēnqǐng dàikuǎn	분양 가격 楼盘市价 lóupán shìjià
주택 가격이 하락하다 房价下跌 fángjià xiàdiē	거액(의) 巨额 jù'é
경제적 손실을 입다 遭受经济损失 zāoshòu jīngjì sǔnshī	상환기간 还贷期限 huándài qīxiàn
중산층에 속하다 属于中产阶层 shǔyú zhōngchǎn jiēcéng	원금 本金 běnjīn
대출금을 상환하다[갚다] 还贷 huándài = 偿还贷款	이슈가 되다, 초점이 맞춰지다 成为焦点 chéngwéi jiāodiǎn
A에서 비롯되다, A에 근원하다 源于A yuányú A	충격을 받다 遭到冲击 zāodào chōngjī
워킹 푸어 穷忙族 qióngmángzú	소비가 위축되다 消费萎缩 xiāofèi wěisuō
임금, 급료 薪水 xīnshuǐ	A에 부정적인 영향을 미치다 给A带来负面影响 gěi A dàilái fùmiàn yǐngxiǎng
분주히 뛰어다니다, 분주하다 奔波 bēnbō	
빈곤을 벗어날 수 없다 无法脱贫 wúfǎ tuōpín	

나만의 통번역 노트

1단계 한국어 문장을 의미 단위로 끊어 보세요.

2단계 한국어 문장을 중국어 어순(주+동+목) 구조로 바꿔 보세요.

3단계 활용해 보면 좋은 따페이, 구문, 성어를 적어 보세요.

4단계 번역해 보세요.

요점정리

핵심 문장 연습

1 하우스 푸어(House Poor)란 집이 있어도 빈곤하게 사는 사람을 일컫는 말이다.

↪ "房奴"是指虽然有房但生活贫困的人。

위의 문장과 비슷하게 번역을 했다면 아주 훌륭하다. 조금만 더 내공이 쌓이면 아래 응용 문장처럼 번역해 볼 수도 있겠다.

다르게 표현한 房奴是指"有房没钱"的人。

2 하우스 푸어라는 말은 직장이 있지만 벌이가 신통치 않아 아무리 일을 해도 빈곤을 벗어날 수 없는 워킹 푸어(Working Poor: 근로 빈곤층)라는 단어에서 유래됐다.

↪ "房奴"一词源于"穷忙族","穷忙族"是指虽然有工作,但薪水不多,整日奔波也无法脱贫的人。

'워킹 푸어'를 수식하는 표현이 너무 길다. 이럴 땐 어순대로 번역하기 보다는 '하우스 푸어는 워킹 푸어에서 유래됐다'를 먼저 앞에서 번역하고 하우스 푸어에 대한 수식을 뒤에서 설명식으로 풀어서 번역하는 것이 좋다.

3 최근 하우스 푸어가 양산된 것은 부동산 상승기에 시세 차익을 얻은 사람들을 통해 '부동산 투자는 안전하고 집값은 절대 떨어지지 않는다'는 믿음이 확산되었기 때문이다.

↪ 最近,出现大量"房奴"的原因是有些人在房价上涨时,通过差价获利,这使其他人坚信"房地产投资最安全,房价绝对不会下跌",这种想法蔓延在整个韩国社会。

'시세 차익을 얻다'라는 표현은 '获得差价' 또는 '差价获利'라고 쓸 수 있다. 사람들이 믿는다고 했지만 사역 문장으로 만들어서 '사람들을 믿게 만들었다'로 번역하면 자연스러운 중국어 표현이 된다.

4 즉 하우스 푸어가 양산되면 금융회사 대출 부실화, 소비 위축 등 경제 전반에 악영향을 끼치게 된다.

↪ 也就是说,大量的房奴导致金融公司出现不良贷款现象、消费萎缩等,给整个经济带来负面影响。

한국어로 '즉'이라는 표현은 중국어로 '即', '也就是说', '换句话说' 등의 다양한 표현을 이용해 써 볼 수 있고 간단하게 '冒号(:)'를 써서 표현할 수도 있다. '양산되다'라는 표현에 가슴 철렁하지 말고 쉬운 표현을 고민해 보자. '양산되다'는 '많이 생기다'라는 의미이므로 '많은 하우스 푸어'라고 간단하게 표현해 봐도 된다. '악영향을 끼치다'는 '导致'를 쓸 수도 있지만 앞에서 배운 '带来负面影响' 등을 활용해 볼 수 있겠다.

주어진 문장을 힌트를 참고하여 중국어로 통역·번역해 보세요.

(1) 소위 수저 계급론이란 부모의 소득 수준으로 자녀들의 지위가 결정되는 것을 의미한다.

힌트: 所谓A是指B, 汤匙阶级论, 决定, 社会地位

(2) 미 연준이 3월에 금리 동결을 발표하면서 신흥국 경제에 긍정적인 영향을 미쳤다.

힌트: 美联储, 暂不加息, 给……带来影响, 新兴经济体, 积极

모범답안
(1) 所谓的"汤匙阶级论"就是指父母的收入水平决定子女的社会地位。
(2) 今年3月美联储公布暂不加息,这给新兴经济体的经济带来了积极影响。

韩国楼市的极大隐患——房奴

"房奴"是指虽然有房但生活贫困的人。这些人在房价上涨的时候,以低息申请过多的贷款购买了房子,但利息上涨以及房价下跌,使他们遭受巨大的经济损失。从表面上来看,他们属于中产阶层,但还贷压力让他们陷入经济困境。"房奴"一词源于"穷忙族","穷忙族"是指虽然有工作,但薪水不多,整日奔波也无法脱贫的人。

出现"房奴"的主要原因是人们想在房价上涨时倒卖房子从中获得差价,于是,在没有资金的情况下,申请过多的贷款购房。最近,出现大量"房奴"的原因是有些人在房价上涨时,通过差价获利,这使其他人坚信"房地产投资最安全,房价绝对不会下跌",这种想法蔓延在整个韩国社会。越来越多的人投资房地产,最终导致房地产在韩国家庭资产中的占比达到75%(美国37%,日本40%)。

房地产市场景气时,购房后可以高价卖出。但2008年美国金融危机爆发后,房价开始下跌,情况发生逆转,即使以低于楼盘市价的价格出售也卖不出去,只好承受每月巨额利息。雪上加霜的是若过了还贷期限,还需要一同偿还利息和本金,这样的话金融负担将增加3~4倍。"房奴"正成为近期的社会焦点,这是因为家庭的不良贷款使国家经济遭到巨大冲击。也就是说,大量的房奴导致金融公司出现不良贷款现象、消费萎缩等,给整个经济带来负面影响。

★ **딩크족 丁克族**
정상적인 부부 생활을 영위하면서도 의도적으로 자녀를 두지 않는 맞벌이 부부를 일컫는 말이다. 'Double Income, No Kids'의 약칭으로, 자녀를 양육하기 힘들거나 부부만의 생활을 즐기고 싶다는 이유 등으로 딩크족이 되기를 선택하는 사람들이 늘고 있다.

★ **니트족 尼特族**
일하지 않고 일할 의지도 없는 청년 무직자를 뜻하는 말이다. 'Not in Education, Employment or Training'의 앞글자를 딴 데서 비롯되었다. 니트족은 소비 능력이 부족하기에 잠재성장력 및 국내총생산을 감소시켜 경제에 악영향을 가져온다.

★ **캥거루족 啃老族**
학교를 졸업하고 자립할 나이가 되었는데도 취직을 하지 않고 부모에게 경제적으로 의존하는 젊은이들을 일컫는 말이다. 이는 어쩔 수 없이 부모에게 의존하는 경우가 아니라, 취업을 할 수 있음에도 불구하고 적극적으로 일자리를 찾지 않고 부모에게 빌붙어 사는 경우를 가리킨다.

UNIT 29

3D 프린터가 선사하는 미래사회

Track 2-57

　지금까지 인간은 다양한 것을 3D 프린터로 만들어 왔다. 제트기 엔진 부품은 물론 순수 예술품인 조각들도 프린트하고 있다. 하지만 음식은 기능성만 있다기보다 맛보고 즐기는 것이라는 생각이 있기에 프린터로 찍어낸다는 상상을 하긴 힘들었다. 그러나 만약 세계 인구가 정점에 도달하면, 즉 100억 명 혹은 그 이상 늘어난다면 **❶ 인류에게 음식은 더 이상 맛보고 즐기는 것이 아닌, 단지 생존을 위해 칼로리를 제공하는 수단이 될 것이다.**

　현재 음식 3D 프린터는 일반인의 식량보다 기능성 식품 측면에서 개발되고 있다. 미 항공우주국이 장기간의 우주여행 중 음식을 프린트해서 우주인들에게 제공하기 위해 연구를 시작했다. 미 항공우주국의 장거리 우주여행 계획에는 여러 명의 우주 비행사가 최장 10년 이상을 여행해야 하는 경우도 있다고 한다. 따라서 **❷ 미 항공우주국이 개발하는 음식은 모든 탄수화물, 단백질 등의 영양소를 가루로 만드는 것이다.** 음식에서 습기를 제거하면 30년 가까이 보관할 수 있다고 한다.

　한편 관계자는 3D 프린터의 가장 큰 장점 중 하나는 개인에게 맞춤 영양을 제공하는 기능이라고 밝혔다. **❸ 3D 프린트에 개인의 병력 등 다양한 데이터를 입력하면 그 사람에게 맞는 칼로리와 영양 밸런스를 맞춘 음식을 공급하는 기능까지 갖추게 되는 것이다.** 이렇게 개발된 음식 3D 프린터는 단지 우주인에게뿐만 아니라, 고령 사회에도 꼭 필요한 상품이 될 것이다.

참고 단어 및 구문

3D 프린터　三维打印机　sānwéi dǎyìnjī
지금까지　迄今为止　qìjīnwéizhǐ
제트기　喷气式飞机　pēnqìshì fēijī
엔진　发动机　fādòngjī = 引擎
부품　零部件　língbùjiàn
공예품　工艺品　gōngyìpǐn
조소하다, 조각　雕塑　diāosù
한계점[임계점]에 다다르다　达到临界点　dádào línjièdiǎn
열량을[칼로리를] 얻다　获取热量　huòqǔ rèliàng
연구개발(R&D)　研发　yánfā = 研究开发
식량　粮食　liángshi
미 항공우주국(NASA)　美国国家航空航天局
　Měiguó guójiā hángkōng hángtiānjú
우주 비행사　宇航员　yǔhángyuán

우주여행　太空航行　tàikōng hángxíng
　= 星际旅行　xīngjì lǚxíng
분말 형태　粉末状　fěnmòzhuàng
A와 B로 만들어지다[이루어지다]
　由A和B制成　yóu A hé B zhìchéng
탄수화물　碳水化合物　tànshuǐhuàhéwù
단백질　蛋白质　dànbáizhì
영양 성분　营养成分　yíngyǎng chéngfèn
(바람에) 말리다　风干　fēnggān
정보를 입력하다　输入信息　shūrù xìnxī
병력　病历　bìnglì
맞춤식　量身定做　liángshēn dìngzuò
필수품　必需品　bìxūpǐn

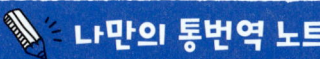
나만의 통번역 노트

1단계 한국어 문장을 의미 단위로 끊어 보세요.

2단계 한국어 문장을 중국어 어순(주+동+목) 구조로 바꿔 보세요.

3단계 활용해 보면 좋은 따페이, 구문, 성어를 적어 보세요.

4단계 번역해 보세요.

📋 요점정리

UNIT 29

핵심 문장 연습

1 인류에게 음식은 더 이상 맛보고 즐기는 것이 아닌, 단지 생존을 위해 칼로리를 제공하는 수단이 될 것이다.

↳ 食物不再是供人类品尝和享用的对象，而将成为人类为了生存获取热量的一种手段。

'不再是'는 '더 이상 ~가 아니다'라는 뜻이다. '供'이 들어가는 관용표현도 외워 두자. 예를 들면 '供学费'는 '학비를 대다', '供食用'은 '식용으로 쓰이다', '供电量'은 '전력공급량'이라는 뜻이다. 비슷한 표현도 어순을 변화시켜서 번역하면 훨씬 자연스러운 중국어 표현이 되는 경우가 많다.

다르게 표현: 食物将成为人类为了生存获取热量的一种手段，而不再是供人类品尝和享用的对象。

2 미 항공우주국이 개발하는 음식은 모든 탄수화물, 단백질 등의 영양소를 가루로 만드는 것이다.

↳ 他们研发的食物均为粉末状，这些都是由碳水化合物、蛋白质等营养成分制成的。

서면어 문장에서 흔히 볼 수 있는 단어들을 체크해 보자. '都(모두) → 均', '把(~를) → 将', '跟(~와) → 与', '对(~에 대해서) → 就', '就(곧) → 便'은 모두 외워 두자. 피가 되고 살이 된다. 그리고 다양한 응용 가능한 문장들을 고민해 보자.

다르게 표현: 他们研发的均为由碳水化合物、蛋白质等营养成分制成的粉末状食物。

3 3D 프린터에 개인의 병력 등 다양한 데이터를 입력하면 그 사람에게 맞는 칼로리와 영양 밸런스를 맞춘 음식을 공급하는 기능까지 갖추게 되는 것이다.

↳ 在三维打印机中输入个人的病历等各类信息，就能够为每个人"量身定做"热量合适、营养均衡的食物。

'3D'는 '三维'로 '입체'의 뜻이고 '2D'는 '二维'로 '평면'의 뜻이란 것도 알아 두자. '~을 공급하다', '~을 제공하다'란 표현이 나오면 기계적으로 '为……提供+목적어' 따페이를 떠올리자. 정말 유용한 표현이다. 그런데 여기에 '기능까지 갖추게 되는 것이다'라는 표현까지 넣으면 문장 구조가 너무 복잡해질 수 있다. 이럴 땐 앞서 말했듯이 한국어 문장에는 있지만 중국어로 옮길 때는 살짝 빼 버리는 것도 깔끔한 문장을 만드는 데 도움이 된다. 단 아무거나 다 빼서는 안 되고 문장의 핵심 성분을 제외한 형용사나 부사와 같은 수식 부분들을 적당히 생략하면 쉽게 번역할 수 있다.

 주어진 문장을 힌트를 참고하여 중국어로 통역·번역해 보세요.

(1) 모바일 기기에 이어 가상현실(VR)이 과학기술 분야의 새로운 성장동력으로 떠오르고 있다.
　　　　　　　　　　　　　　　　힌트: 移动设备, 虚拟现实, 科技领域, 增长动力

_____

(2) 미국은 대선을 앞두고 각 후보 간의 열띤 비방전이 난무해 유권자들의 눈살을 찌푸리게 했다.
　　　　　　　　　　　힌트: 大选在即, 候选人, 诋毁诽谤, 愈演愈烈, 选民, 皱起眉头

_____

모범답안
(1) 在科技领域，虚拟现实(VR)技术正成为继移动设备之后的新增长动力。
(2) 美国大选在即，候选人之间的相互诋毁诽谤的现象愈演愈烈，这让许多选民皱起了眉头。

3D打印技术如何影响未来?

迄今为止,人类用三维打印机打印出各种各样的物品。例如:喷气式飞机发动机的零部件、被视为纯手工艺品的雕塑等。但因为很多人认为食物并不是用来简单充饥的,而是用来品尝和享受的,所以很难想象用打印机打印食物。然而,若世界人口达到临界点,也就是说若世界人口达到或超过100亿名,食物不再是供人类品尝和享用的对象,而将成为人类为了生存获取热量的一种手段。

目前,三维食物打印机的研发方向集中于功能性食品,而不是大众食用的粮食。美国国家航空航天局为了让宇航员在长时间的太空航行中能够打印食物,已开始相关研究。在美国国家航空航天局的长途星际旅行计划中,也有几名宇航员航行时间超过10年的情况。因此,他们研发的食物均为粉末状,这些都是由碳水化合物、蛋白质等营养成分制成的,被风干的食物能够保存30年左右。

此外,相关人士称,三维打印机的最大优点是可以根据个人的身体需求提供营养。在三维打印机中输入个人的病历等各类信息,就能够为每个人"量身定做"热量合适、营养均衡的食物。这种三维打印机不仅供宇航员使用,也将成为老龄化社会的必需品。

알아 두면 유용한 팁 _ 사회 공통 (2)

★ **지니계수 基尼系数**
빈부 격차와 계층간 소득분배의 불평등 정도를 나타내는 수치로, 일반적으로 소득이 어느 정도 균등하게 분배되어 있는가를 평가하는 데 사용된다. 지니계수는 0과 1사이의 값을 가지는데, 0에 가까울수록 소득분배가 균등하다는 뜻이며 지니계수가 높을수록 불평등이 심한 것이다. 일반적으로 지니계수가 0.4를 넘으면 소득분배가 상당히 불평등한 것으로 여겨진다.

★ **잊혀질 권리 被遗忘权**
인터넷에서 생성되고 저장, 유통되는 개인의 사진이나 정보에 대해 유통기한을 정하거나 이를 삭제, 수정 혹은 영구적으로 파기하도록 요청할 수 있는 권리를 말하는데 종종 표현의 자유와 충돌하기도 한다. 한국에서는 아직 정식 입법되지 않았다.

★ **감정노동자 情绪劳动者**
서비스의 질을 위해 스스로가 느끼는 감정과 무관하게, 혹은 이를 드러내지 않는 노동 형태를 말한다. 은행원, 전화 상담가 등의 업무가 이에 해당된다. 고객으로부터 부당하거나 비합리적인 처사를 받아도 스스로를 방어할 수 없는 탓에 많은 감정노동자들이 정신적인 고통을 겪고 있다. 최근 감정노동자 10명 중 3명이 우울증을 앓는다는 충격적인 통계가 발표되면서 한국 사회의 이슈가 되었다.

UNIT 30

분노의 질주

🎧 Track 2-59

소설 '햄릿'은 영국의 극작가 셰익스피어의 4대 비극 중 하나로, 아버지를 살해하고 자신의 어머니와 결혼한 숙부에게 복수해야 했던 왕자 햄릿의 내면적 고뇌와 격정적 행동을 그리고 있다. 햄릿은 천신만고 끝에 복수에 성공하지만 자신도 죽고, 어머니까지 독을 마시고 그 뒤를 따르고 만다. 그야말로 비극적인 결말이다. 한국 고전 소설 '장화홍련전'도 이와 마찬가지로 망령이 나타나서 억울함을 호소하며 원수를 갚아 달라고 요구하는 구조이다. 계모의 구박과 학대를 견디다 못해 연못에 투신자살한 두 자매의 혼령이 고을 사또를 찾아가 하소연하면서 원한을 풀게 된다는 내용으로 다분히 권선징악적이다.

❶ 이처럼 동서고금을 막론하고 '복수'는 수많은 문학작품과 예술 행위의 주제와 소재로 다양하게 활용되면서 대중의 공감을 불러일으켰다. 복수의 정념과 명분이 실제 역사의 흐름을 바꿔놓은 경우도 많았다. 오늘날 TV 드라마에 단골로 등장하는 복수극 또한 복수에 대한 현대인들의 관심과 희열을 드러내고 있다. 미국의 한 심리학자는 '복수의 심리학'이라는 저서에서 ❷ 복수와 용서는 인류의 진화 과정에서 적응력과 생명력을 유지하며 협력하는 공동체를 만들기 위해 자연스레 형성된 인간의 본성이라고 했다.

하지만 그 선택의 결과는 또 다른 비극과 불편한 평화라는 상반된 가치를 초래하곤 했다. 오늘날, 한국 사회는 '보복 운전'이라는 도로 위의 복수혈전으로 몸살을 앓고 있다. 사소한 운전 부주의와 차선 시비가 생명을 앗아가는 난폭한 보복 운전으로 번지기 일쑤이다. 보복이냐 양보냐, ❸ 그 순간적인 선택의 결과는 지옥과 천당만큼이나 큰 차이가 나기 마련이다. 내 인생과 이웃의 삶을 모조리 걸 만큼 보복 운전이 가치 있고 명분 있는 복수극일까?

참고 단어 및 구문

분노하다 愤怒 fènnù	권선징악 惩恶劝善 chéng'è-yángshàn
햄릿 哈姆雷特 Hāmǔléitè	복수하다 复仇 fùchóu
셰익스피어 莎士比亚 Shāshìbǐyà	공감을 얻다 获得共鸣 huòdé gòngmíng
A를 B에 빼앗기다 A被B抢走 A bèi B qiǎngzǒu	역사를 바꾸다 改变历史 gǎibiàn lìshǐ
A에게 복수하다 向A报仇 xiàng A bàochóu	단골손님, 단골 소재 常客 chángkè
죽다 身亡 shēnwáng	희열을 느끼다 感受到喜悦 gǎnshòudào xǐyuè
장화홍련전 蔷花红莲传 qiánghuāhóngliánchuán	너그러이 용서하다 宽恕 kuānshù
(죄상을) 규탄하다, 성토하다, 고발하다 控诉 kòngsù	공동체를 만들다 营造共同体 yíngzào gòngtóngtǐ
계모, 의붓어머니 继母 jìmǔ	서로 협력하다 相互合作 xiānghù hézuò
학대(하다) 虐待 nüèdài	A로 몸살을 앓고 있다 饱受A之苦 bǎoshòu A zhī kǔ
물에 빠지다 溺水 nìshuǐ	보복 운전 报复性驾驶 bàofùxìng jiàshǐ
억울함을 호소하다 诉冤 sùyuān	마치 ~와 같다 犹如 yóurú
원한을 풀다 化解冤仇 huàjiě yuānchóu	

나만의 통번역 노트

1단계 한국어 문장을 의미 단위로 끊어 보세요.

2단계 한국어 문장을 중국어 어순(주+동+목) 구조로 바꿔 보세요.

3단계 활용해 보면 좋은 따페이, 구문, 성어를 적어 보세요.

4단계 번역해 보세요.

📖 요점정리

핵심 문장 연습

1 이처럼 동서고금을 막론하고 '복수'는 수많은 문학 작품과 예술 행위의 주제와 소재로 다양하게 활용되면서 대중의 공감을 불러일으켰다.

↪ 古今中外，"复仇"作为诸多文学作品和艺术行为的主题或素材被广泛使用，以此获得大众的共鸣。

> 한 문장이지만 의미상 2~3개 문장으로 나눠서 번역하면 문장 만들기도 쉽고 의미 전달도 좀 더 섬세하게 할 수 있다. 번역할 땐 가능한 최대한 문장을 끊어 보는 연습을 하자. 의미상 문장을 나눠 보면 '동서고금을 막론한다 / ~로 다양하게 활용되었다 / ~의 공감을 불러일으켰다' 이렇게 3개의 문장으로 나눠 볼 수 있겠다. 먼저 '동서고금을 막론한다'는 간단하게 '古今中外'로 표현해서 부사구로 처리하고, '소재로 활용되었다'는 의미를 살리기 위해 '作为+素材被广泛使用'이라고 표현해 볼 수 있다. '공감을 일으켰다'는 '获得共鸣'이라고 하면 좋겠다. 마지막으로 문장 앞에 '以此 (이로써)'를 써 주면 앞뒤 문장이 연결되는 느낌을 줄 수 있다.

2 복수와 용서는 인류의 진화 과정에서 적응력과 생명력을 유지하며 협력하는 공동체를 만들기 위해 자연스레 형성된 인간의 본성이라고 했다.

↪ 复仇和宽恕是人类的本性，这是人类在进化过程中为了维持适应力和生命力，并营造相互合作的共同体而自然形成的。

> 여러 번 강조했듯이 핵심을 앞에 쓰는 연습을 하면 좋겠고, 응용 문장도 같이 참고하면서 다양한 중국어 표현 방법을 연습해 보기 바란다.

 复仇和宽恕是人类在进化过程中为了维持适应力和生命力，并营造相互合作的共同体而自然形成的人类的本性。

3 그 순간적인 선택의 결과는 지옥과 천당만큼이나 큰 차이가 나기 마련이다.

↪ 瞬间的抉择所引发的后果犹如地狱和天堂。

> '犹如地狱和天堂'이라는 표현은 간단하게 '天壤之别'라는 사자성어로 옮겨 볼 수 있겠다. 비슷한 의미의 사자성어인 '千差万别', '截然不同', '大相径庭' 등을 함께 외워 두면 문장을 다양하게 표현할 수 있다.

 瞬间的抉择所引发的后果可谓天壤之别。

 주어진 문장을 힌트를 참고하여 중국어로 통역·번역해 보세요.

(1) 한국 정부는 환자들의 존엄을 보장하고 의료 현장의 혼란을 방지하기 위해 서둘러 특별법을 마련해야 한다.
　　　　　　　　　　　　　　　힌트: 保障, 尊严, 防止, 医疗现场, 混乱局面, 尽早, 制定, 特别法

(2) 정부는 중국 기업들의 추격을 받고 있는 한국 기업들을 위해 불필요한 규제를 과감하게 풀어야 한다.
　　　　　　　　　　　　　　　힌트: 在……情况下, 紧追不舍, 废除, 规制

모범 답안
(1) 为了保障患者的尊严以及防止医疗现场发生混乱局面，韩国政府应当尽早制定特别法。
(2) 在中国企业紧追不舍的情况下，韩国政府应为韩国企业废除不必要的规制。

"愤怒"的驾驶

《哈姆雷特》是英国作家莎士比亚笔下的四大悲剧之一。主人公哈姆雷特王子因父亲被叔父杀害，母亲也被叔父抢走，一心想向叔父报仇，这部小说描写了哈姆雷特王子内心的烦恼和感性冲动。虽然哈姆雷特历经千辛万苦终于报了仇，但也弄丢了自己的性命，其母亲也因喝下毒药而身亡，可谓是悲惨的结局。韩国古典小说《蔷花红莲传》也记载了因亡灵的控诉而开始报仇的情节。小说的主要内容是两姐妹因承受不了继母的虐待而跳入池塘，溺水身亡，两人的亡灵到知府大人那里诉冤，最终化解了冤仇，正可谓惩恶扬善。

古今中外，"复仇"作为诸多文学作品和艺术行为的主题或素材被广泛使用，以此获得大众的共鸣。复仇之心及其名义也曾多次改变过历史。如今，"复仇剧"成为电视剧中的"常客"，这反映出现代人对复仇的关注以及从中感受到的喜悦。美国某心理学家在其著作《复仇的心理学》中指出，复仇和宽恕是人类的本性，这是人类在进化过程中为了维持适应力和生命力，并营造相互合作的共同体而自然形成的。

然而，选择复仇还是宽恕，其结果会带来另一场悲剧或和平。如今，韩国社会饱受"报复性驾驶"之苦，驾驶过程中的一时疏忽或车道纠纷往往会演变为疯狂的"报复性驾驶"。是报复？还是让步？瞬间的抉择所引发的后果犹如地狱和天堂。"报复性驾驶"很有可能夺走自己和他人的生命，这样做值吗？

★ 아동학대 虐待儿童
우리 사회에서는 아동에게 상처를 입히는 신체적·정신적 학대, 근친상간, 추행 등 여러 형태의 아동학대가 끊임없이 발생해 왔다. 그러나 '사랑의 매'라는 이름 아래 사회 전체가 학대에 관용적인 태도를 보여 왔으며 아동학대를 개별 가정의 사적인 영역으로 여겼다. 하지만 최근 들어 아동학대 문제가 사회적 이슈로 등장하기 시작했다. 특히 인천 어린이집 폭행 사건이 큰 논란을 일으킨 후 어린이집 CCTV 설치를 의무화하는 등 점차 제도적 장치가 마련되고 있다.

★ 외상 후 스트레스 장애 创伤后应激障碍
외상 후 스트레스 장애란, 죽음이나 신체적 손상을 초래하는 전쟁, 재앙, 사고, 폭력 등의 충격적인 사건을 경험한 후, 그 사건이 끝난 이후에도 공포감과 불안 증상이 지속적으로 나타나는 것을 말한다.

★ 호스피스 临终关怀
임종을 앞둔 환자와 그의 가족이 남은 시간 동안 평안한 임종을 준비할 수 있도록 치료와 간호 서비스를 제공하는 것을 말한다. 호스피스는 고령화 사회의 진전에 따라서 앞으로 본격적으로 전개될 것으로 예상된다. 현재 한국의 호스피스 시설은 필요 병상의 30% 정도에 지나지 않아 인구 대비 호스피스 설치율이 영국이나 싱가포르의 15~31%에 불과하다.

UNIT 31

우울증, 이렇게 하면 치료할 수 있다

Track 2-61

정도의 차이는 있을 수 있지만 사람은 누구나 살면서 우울함을 겪는다. 그런데 그 우울한 상황들을 자세히 들여다 보면 몇 가지 특징들을 발견할 수 있다. 그중 하나는 우울한 느낌을 최초로 유발시키고 그 느낌이 사라지지 않도록 지속시키는 에너지는 바로 '스스로의 반복적인 생각'이라는 것이다. 다시 말해, ❶ 우리가 어떤 생각을 하느냐에 따라 우리의 느낌이나 감정이 좌지우지되는 것이다. ❷ 긍정적인 생각을 하면 긍정적인 느낌이 생각과 함께 일어났고, 마찬가지로 부정적인 생각을 하면 부정적인 느낌이 생각을 따라 같이 일어났다.

생각이란, 몸의 안팎에서 일어나는 상황에 대해 내 마음이 만들어 내는 일종의 견해이다. 사람은 하루에만 무려 약 20000번의 생각을 떠올린다고 하는데, 그 내용을 보면 주로 과거의 기억에 의지해서 비슷한 생각들이 습관적으로 일어난다. 그런데 문제는 우리가 그 생각들을 대부분 알아채지 못하고 그 생각에 완전히 빠져버려 생각이 이끄는 대로 마음도 끌려다닌다는 사실이다.

생각의 속성을 알게 됐다면 앞으로 이렇게 해 보자. 첫째, 우울한 생각이 떠오르면 그저 잠시 일어난 생각일 뿐 내 인생 전체가 그런 것이 아니라는 점을 상기하자. 둘째, 다른 사람들이 나에 대해 하는 말들 때문에 우울해진다면 한 가지만 기억하자. 그 사람이 나에 대해 이야기하는 것처럼 보이지만, 자세히 보면 나를 빗대어 스스로의 이야기를 하고 있다는 사실을 말이다. ❸ 그 사람이 무슨 말을 하든, 그 사람의 심리 상태를 드러내는 말일 뿐이다. 그런 말에 내가 굳이 상처 받을 이유가 없다고 여기고 마음에 담지 말자. 마지막으로, 아무리 좋은 상황에 있어도 생각을 한번 잘못하면 우울할 수도 있고, 반대로 상황이 좀 어려워도 생각을 한번 돌리면 바로 지금 현재에 감사함을 느낄 수 있다. ❹ 상황이 아무리 좋아도 자기 생각 속에 빠져 주인이 되지 못하면 곧 다시 우울함에 끌려다닐 수밖에 없다는 사실을 기억하자.

참고 단어 및 구문

우울증 抑郁症 yìyùzhèng
우울한 기분 忧郁情绪 yōuyù qíngxù
우울함을 불러일으키다 引发抑郁 yǐnfā yìyù
감정 情绪 qíngxù
긍정적/낙관적 积极 jījí / 乐观 lèguān
부정적/비관적 消极 xiāojí / 悲观 bēiguān
아는 바에 의하면 ~라고 한다 据悉 jùxī = 听说
A에 의존하다, A에 달려있다 依赖于A yīlàiyú A
기억 记忆 jìyì
A에게 끌려가다 被A牵着走 bèi A qiānzhe zǒu
A를 명심하다, A를 꼭 기억하다 切记A qièjì A

~을 기억하다 记住 jìzhu
반영하다 影射 yǐngshè
~에 관계없이 不管 bùguǎn
심리 상태를 표현하다[드러내다]
表达心理状态 biǎodá xīnlǐ zhuàngtài
A를 마음에 두다 把A放在心上 bǎ A fàng zài xīnshàng
~이든지 无论 wúlùn
반대로, 거꾸로, 도리어 相反 xiāngfǎn
설령 ~하더라도 即便 jíbiàn
A하기만 하면 B할 수 있다 只要A就B zhǐyào A jiù B

나만의 통번역 노트

1단계 한국어 문장을 의미 단위로 끊어 보세요.

2단계 한국어 문장을 중국어 어순(주+동+목) 구조로 바꿔 보세요.

3단계 활용해 보면 좋은 따페이, 구문, 성어를 적어 보세요.

4단계 번역해 보세요.

요점정리

핵심 문장 연습

1 우리가 어떤 생각을 하느냐에 따라 우리의 느낌이나 감정이 좌지우지되는 것이다.

↳ 我们的感受和情绪会随着我们的想法而变化。

항상 문장 맨 앞에 오던 '随着'가 문장 중간에도 쓰일 수 있다는 것을 확인하고, 이 문장을 간단하게 '동사+목적어' 구조로 바꾼 응용 문장도 공부해 두기 바란다.

[다르게 표현] 我们的想法左右着[决定着]我们的感受和情绪。

2 긍정적인 생각을 하면 긍정적인 느낌이 생각과 함께 일어났고, 마찬가지로 부정적인 생각을 하면 부정적인 느낌이 생각을 따라 같이 일어났다.

↳ 积极[乐观]的想法能够带来积极[乐观]的感受，消极[悲观]的想法能够带来消极[悲观]的感受。

[다르게 표현] 积极的感受来自积极的想法，消极的感受来自消极的想法。

3 그 사람이 무슨 말을 하든, 그 사람의 심리 상태를 드러내는 말일 뿐이다. 그런 말에 내가 굳이 상처 받을 이유가 없다고 여기고 마음에 담지 말자.

↳ <u>不管那个人说什么</u>，他只是在<u>表达</u>自己的心理状态。所以，不要<u>因</u>那些话<u>而</u>伤心，<u>不要把那些话放在心上</u>。

'그 사람이 무슨 말을 하든'은 '不管那个人说什么'라고 표현하며, '드러내다', '나타내다'는 동사 '表达'를 사용한다. '表示'는 서면어에서는 '말하다'의 의미로 쓰이니 혼동하지 않도록 하자. '그런 말에 상처 받지 말자'는 중국어 구문 '因A而B (A때문에 B하다)'를 활용해 볼 수 있다. '마음에 담지 말자' 역시 '不要把A放在心上'이란 표현을 외워서 번역하면 좋겠다.

4 상황이 아무리 좋아도 자기 생각 속에 빠져 주인이 되지 못하면 곧 다시 우울함에 끌려다닐 수밖에 없다는 사실을 기억하자.

↳ 切记，无论所处环境有多好，若陷入自己的想法中，无法成为内心的主人，就会<u>被忧郁牵着走</u>。

'끌려다니다'는 '被……牵着走'라고 표현한다. 유용한 표현이니 외워 두자. 하지만 역시 쉬운 표현이 아니라서 만약 이 표현을 생각하지 못했다면 어떻게 하는 것이 좋을까? 의미는 통하지만 최대한 쉬운 표현을 떠올려 보자. '受到影响'을 사용하면 의미도 통하고 간단하게 번역할 수 있다.

 주어진 문장을 힌트를 참고하여 중국어로 통역·번역해 보세요.

(1) 국가의 안보는 물론 중요하지만 그렇다고 사사건건 미국에 끌려다니는 모습은 보기 좋지 않다.

힌트: 国家安全, 固然, 以此为借口, 被……牵着鼻子走, 并非, 上策

(2) 먹방이 인기를 끌면서 맛집을 찾는 사람들의 수가 부쩍 늘었다고 한다.

힌트: 吃饭秀, 人气大增, 走街串巷, 寻访, 美食店, 一下子

모범답안
(1) 国家安全固然重要，但以此为借口凡事都被美国牵着鼻子走也并非上策。
(2) 近来，随着吃饭秀人气大增，走街串巷寻访美食店的人也一下子多了起来。

抑郁症治疗法

人生在世，每个人都会出现不同程度的忧郁情绪。然而，仔细观察那些导致抑郁的情况就能够发现几个特点。首先，最先引发忧郁情绪并让这种情绪持续下去的动力就是"个人反复的想法"。也就是说，我们的感受和情绪会随着我们的想法而变化。积极[乐观]的想法能够带来积极[乐观]的感受，消极[悲观]的想法能够带来消极[悲观]的感受。

想法是内心对身体内外状况的一种感知。据悉，人一天会产生2万次想法，这些想法主要依赖于过去的记忆，习惯性地出现。然而，问题是我们总是在不知不觉中陷入某种想法，内心被这一想法牵着走。

既然已经简单了解了想法的本质，今后不妨试试以下几种方法。首先，若产生忧郁的想法，切记这只是一种暂时的想法，不代表自己的整个人生。其次，若因他人对自己的评价而感到抑郁，就应该记住下面这一点。虽然听上去那个人在说"我"，但仔细听就会发现他的话正影射着他本人。不管那个人说什么，他只是在表达自己的心理状态。所以，不要因那些话而伤心，不要把那些话放在心上。最后，无论所处环境有多好，若想法出了问题就会感到抑郁。相反，即便处境困难，只要改变想法就会感谢眼前的一切。切记，无论所处环境有多好，若陷入自己的想法中，无法成为内心的主人，就会被忧郁牵着走。

★ 김영란법 金英兰法

　　김영란법, 즉〈부정청탁 및 금품 등 수수의 금지에 관한 법률〉은 공직자가 직무 관련성과 관계없이 100만 원 이상의 금품을 받으면 형사처벌 받도록 하는 법이다. 법안 발표 후 언론인과 사립학교 교직원이 법 적용 대상에 포함되면서 언론의 자유와 평등권 침해 우려가 있다는 반론도 제기되고 있다.

★ 간통죄 폐지 废除通奸罪

　　간통죄란 배우자가 있는 사람이 간통함으로써 성립하는 범죄이다. 2015년 2월 26일 "간통죄는 국민의 성적 자기결정권 및 사생활의 비밀과 자유를 침해하는 것으로 헌법에 위반된다"며 위헌 결정이 났다. 이로써 간통죄는 1953년에 제정된 후 62년 만에 폐지되었다.

★ 경단녀 职业生涯中断的女性

　　'경력 단절 여성'의 준말이다. 결혼 및 육아 문제로 퇴사하는 바람에 직장 경력이 단절된 여성을 이르는 말이다. 경단녀 현상은 곧 경력 단절을 기피하는 여성들의 저출산 현상을 낳고 있기 때문에 한국 정부에서는 이들의 재취업을 위한 여러 방안들을 마련하기 위해 골몰하고 있다.

UNIT 32

노인 빈곤문제, 이제 정부가 나서야 한다

Track 2-63

한 부모는 열 자녀를 키울 수 있어도, 열 자녀는 한 부모를 못 모신다는 옛말이 있다. 이를 현대적 의미로 재해석하면 부모가 노인이 되어 스스로를 돌볼 능력이 없으면 바로 노인 빈곤층이 된다는 말이다. **1** 앞으로 모든 선거에서 노인들 표를 의식한 노령연금 증액 공약이 빠지지 않겠지만, 생산가능인구가 내는 세금만으로는 세계 최고 속도로 늘어나는 노인 빈곤율 문제를 해결하긴 어려울 것이다. 따라서 국회와 정부는 국민들과 함께 힘을 모아 노인 빈곤 문제 해결책을 선제적으로 준비해 나가야 하는 시점에 있다.

첫째, 세금으로 노인 빈곤율을 완화하는 데는 한계가 있으므로 국가는 개인이 스스로 젊은 시절부터 노년에 대비할 수 있도록 교육하고, 공적 연금 보조를 위한 개인연금 저축 의무화 정책을 적극적으로 추진해야 한다. 둘째, 정부나 기업, 지역사회 등은 건강한 노인들이 시간제 일자리를 통해 생활에 필요한 소득을 벌 수 있도록 좀 더 적극적으로 취업 기회를 창출해야 한다. 셋째, 노인연금의 수혜자를 엄격하게 선별하고 관리해야 한다. 재정 능력이 있으면서도 노부모님들을 재정적으로 지원하지 않는 중장년 자식들의 도덕적 해이를 막기 위해, 자식들 중 가구당 세후 소득 혹은 순자산이 일정 수준을 넘거나 거주 지역의 시가가 일정 수준 이상인 노인에게는 노령연금을 지급하지 않고, 보다 더 어려운 노인들이 혜택을 받을 수 있도록 해야 한다. 마지막으로 현재 노인 세대의 처지에 대한 젊은 세대의 이해를 높이는 노력도 필요하다. **2** 지금의 노인 세대들은 한국 현대사에서 스스로를 희생하여 오늘날의 발전을 일궈낸 세대이다. 하지만 개인적으로는 미처 자신의 노년을 준비할 겨를도 없었거니와 소위 '중간에 끼인' 세대로 자신들이 부모에게 했던 봉양을 이제는 자식들에게 바라기 어렵게 되었다. **3** 필자는 부모를 모시지 않는 젊은 세대들이 어느 정도 세금을 부담하여 이들을 지원할 필요가 있다는 사회적 공감대를 도출하는 것도 중요하다고 본다.

참고 단어 및 구문

완화하다 缓解 huǎnjiě
힘쓰다 出力 chūlì
속담에[옛말에] ~란 말이 있다 俗话说 súhuà shuō
자녀를 양육하다 养育子女 yǎngyù zǐnǚ
부모를 봉양하다 赡养父母 shànyǎng fùmǔ
~의 각도에서 보면
从A的角度来看 cóng A de jiǎodù láikàn
나이가 들다, 연로하다 上年纪 shàng niánjì
능력을 잃다 失去能力 shīqù nénglì
A로 전락하다 沦落为A lúnluòwéi A
상향 조정하다 上调 shàngtiáo
노령연금 养老金 yǎnglǎojīn
선거공약 选举承诺 xuǎnjǔ chéngnuò
A만 가지고, A에만 의지하여 仅靠A jǐnkào A

생산가능인구 劳动年龄人口 láodòng niánlíng rénkǒu
세금을 납부하다 缴纳税款 jiǎonà shuìkuǎn
보조하다 辅助 fǔzhù
시간에 따라 비용을 계산하다, 시급
按小时计费 àn xiǎoshí jìfèi
돈을 벌다 挣钱 zhèngqián
수혜자 受惠者 shòuhuìzhě
선별하다 筛选 shāixuǎn
중장년층 中壮年 zhōngzhuàngnián
희생하다 牺牲 xīshēng
노년생활 晚年生活 wǎnnián shēnghuó
중간에 끼다 夹在中间 jiā zài zhōngjiān
공감대를 형성하다, 합의를 이루다
达成共识 dáchéng gòngshí

📝 나만의 통번역 노트

1단계 한국어 문장을 의미 단위로 끊어 보세요.

_____

_____

2단계 한국어 문장을 중국어 어순(주+동+목) 구조로 바꿔 보세요.

_____

_____

_____

3단계 활용해 보면 좋은 따페이, 구문, 성어를 적어 보세요.

_____

_____

_____

_____

4단계 번역해 보세요.

_____

_____

_____

_____

_____

_____

_____

📖 요점정리

핵심 문장 연습

1 앞으로 모든 선거에서 노인들 표를 의식한 노령연금 증액 공약이 빠지지 않겠지만,

↪ 在今后所有的选举中，老年人的一票不可小视，因此会出现很多上调养老金的选举承诺。

먼저 문장을 분석한 후 나름의 논리 구조를 잡아가면서 번역했다. 조금은 난도가 높은 응용 표현을 참고해 보자.

다르게 표현! 今后，在所有的选举中，政治家为了获得老年人的一票，将会做出上调养老金的承诺。

2 지금의 노인 세대들은 한국 현대사에서 스스로를 희생하여 오늘날의 발전을 일궈낸 세대이다.

↪ 在韩国现代史中，现在的老年人是通过牺牲自己实现国家发展的一代。

위의 문장은 본문에 충실한 번역이고 아래의 응용 문장은 나름의 논리로 다시 해석해서 번역한 것이다. 어떤 경우든 전달하는 메시지가 바뀌지 않는 한 다양한 표현이 가능하다.

다르게 표현! 在韩国现代史中，正是有了这些老年人的牺牲，才有了今天的韩国。

3 필자는 부모를 모시지 않는 젊은 세대들이 어느 정도 세금을 부담하여 이들을 지원할 필요가 있다는 사회적 공감대를 도출하는 것도 중요하다고 본다.

↪ 笔者认为，我们有必要达成一个共识，让不赡养父母的年轻人多缴纳一些税款，用来帮助老年人。

자식이 부모를 봉양하는 것은 '赡养'이고, 부모가 자식을 돌보는 것은 '养育'이다. 바꿔서 쓰지 않도록 주의하자. '帮助'는 서면어에서는 '有助于'로도 쓰인다. '~于'로 끝나는 출현 빈도가 높은 서면어 동사들을 정리해 보자.

执着于	집착하다	归咎于	탓으로 돌리다	以致于	~를 초래하다
得益于	덕분에, 힘입어	有利于	~하는 데 이롭다	不同于	~와 달리
等同于	~에 상당하다	相当于	~에 상응하다	来自于	~에서 오다
取决于	~에 달려있다	源自于	~에서 비롯되다	相对于	~에 상대적으로

 실력 확인 주어진 문장을 힌트를 참고하여 중국어로 통역·번역해 보세요.

(1) 한국의 반도체 산업은 지금 미국과 중국 사이에 낀 샌드위치 신세다.

힌트: 半导体产业, 夹在, 三名治夹心

(2) 청년 실업이 심각한 이유는 많은 청년들이 대기업만 선호하고 중소기업은 회피하기 때문이다.

힌트: 青年失业, 不断加剧, 原因在于, 把目标锁定在……, 不考虑, 中小企业

모범답안
(1) 眼下韩国的半导体产业已成为夹在美国和中国之间的"三明治夹心"。
(2) 青年失业问题不断加剧的主要原因在于年轻人只把目标锁定在大企业身上，而不考虑中小企业。

缓解老年贫困，需政府出力

Track 2-64

　　俗话说，"父母可养育10名子女，10名子女却无法赡养父母。"从现代角度来看，这意味着父母上了年纪，若失去照顾自己的能力，就会沦落为老年贫困阶层。在今后所有的选举中，老年人的一票不可小视，因此会出现很多上调养老金的选举承诺。但韩国是老年贫困率增速最快的国家，仅靠劳动年龄人口缴纳的税款很难解决这一问题。因此，韩国国会、政府以及国民应该齐心协力，为率先解决老年贫困问题而努力。

　　第一，在缓解老年贫困率方面，国家的税收是有限的。因此，应该教育个人从年轻的时候开始做好养老准备，有必要积极采取有关个人养老储蓄义务化的措施，以此来辅助国家养老金。第二，政府、企业以及社区有必要给身体健康的老年人提供按小时计费的工作，让他们能够挣钱养活自己。第三，对养老金制度受惠者进行严格筛选和管理。有些中壮年子女具备经济能力却不愿在经济方面赡养父母，为了防止他们的这种不道德行为，若子女每户税后所得或纯资产以及居住地的房价超过一定水平，就不发放养老金，以此来帮助更多需要帮助的老年人。最后，需要努力提升年轻一代对目前老年一代的理解。在韩国现代史中，现在的老年人是通过牺牲自己实现国家发展的一代。然而，这些人不仅没有余力准备自己的晚年生活，也无法指望子女赡养自己，成为"夹在中间"的一代。笔者认为，我们有必要达成一个共识，让不赡养父母的年轻人多缴纳一些税款，用来帮助老年人。

알아 두면 유용한 팁 _ 중국 사회 (1)

★ 개미족 蚁族
중국에서 1980년대에 태어난 젊은이 중 취업난으로 인해 빈곤한 도시 생활을 하는 고학력자들을 부르는 말이다. 지능은 높지만 힘이 없어 집단으로 모여 사는 모습이 개미와 비슷해 붙여진 이름이다.

★ 광장 댄스 广场舞
중국인들은 공원이나 광장에서 아침 저녁마다 여럿이 모여 흥겨운 음악을 틀어놓고 박자에 맞춰 춤을 춘다. 광장 댄스는 중국 도시의 특색있는 문화로 자리잡았지만 소음, 교통 불편 등의 문제를 야기해 논란이 되고 있다.

★ 대도시를 떠나 고향 또는 소도시로 돌아가는 현상 逃离北上广
베이징(北), 상하이(上), 광저우(广) 등 대도시에서 살던 사람들이 높은 물가와 생활 스트레스를 견디지 못해 도시를 떠나 고향 또는 소도시로 돌아가는 현상을 말한다. 최근 중국의 화이트 칼라 집단에서 증가하는 추세이다.

★ 맨손 결혼 裸婚
1980년대에 출생한 중국 빠링허우 세대가 결혼식도 올리지 않고, 반지도 집도 없이 혼인신고만 한 채 신혼여행도 가지 않는 결혼 풍습을 지칭하는 용어이다.

UNIT 33

다문화 자녀를 21세기 인재로 육성하라

1 최근 다문화 가족의 언어·문화적 특수성이 다문화 가족 자녀의 건강한 성장과 더불어 다문화 사회 전개에도 긍정적인 영향을 미칠 것이라는 인식이 제고되고 있다. 이중언어 습득을 통해 가족 간 의사소통 부재를 해소하고 긍정적인 정체성을 확립할 수 있다는 것이다. 여성가족부도 지난해부터 다문화 가족 자녀가 가정 내에서 외국 출신 부모의 언어를 함께 사용할 수 있는 환경을 조성하기 위해 관련 사업을 전국 각 지역 다문화 가족 지원 센터 200여 곳에서 적극 추진하고 있다. 이를 통해 다문화 가족 자녀들은 한국어뿐만 아니라 외국 출신 부모의 언어를 배우고, 두 개의 언어를 구사하면서 한국 문화와 다른 문화를 동시에 배우게 될 것이며 다른 언어만큼 다양한 세계를 경험할 수 있게 될 것이다.

2 전 세계를 대상으로 경제활동을 하고 나라 간 여행과 교류가 빈번한 국제화 시대에 우린 더 이상 우리 자녀들의 활동 무대를 한반도 안으로만 제한할 수 없다. 세계화 시대에 자녀들이 글로벌 인재로 자라나고 활동할 수 있도록 적극 지원해 주어야 한다.

3 가정에서부터 다양한 언어와 문화를 마음껏 접할 수 있는 여건을 조성해 나갈 때 자녀들은 글로벌 인재로 성장할 수 있는 자양분을 충분히 얻게 될 것이다. 모든 구성원이 함께 행복해하는 보다 풍요로운 우리의 미래를 위해 온 국민의 인식 변화와 정책적 지원이 절실한 시점이다.

참고 단어 및 구문

한국어	중국어	병음
다문화	多元文化	duōyuán wénhuà
육성하다, 기르다	培养	péiyǎng
특수성	特殊性	tèshūxìng
~에 도움이 되다	有助于	yǒuzhùyú
건강한 성장	健康成长	jiànkāng chéngzhǎng
공감을 얻다	得到共识	dédào gòngshí
광범위한	广泛	guǎngfàn
이중언어	两种语言	liǎngzhǒng yǔyán
소통하다	沟通	gōutōng
확립하다	树立	shùlì
정체성	自我认同感	zìwǒ rèntónggǎn
여성가족부	女性家族部	nǚxìng jiāzúbù
지원센터	支援中心	zhīyuán zhōngxīn
만들다	营造	yíngzào
외국 국적	外籍	wàijí
느끼다	感受	gǎnshòu
다양성	多样性	duōyàngxìng
~를 대상으로 하다	以……为对象	yǐ……wéi duìxiàng
교류하다	交流	jiāoliú
빈번하다	频繁	pínfán
글로벌 시대	全球化时代	quánqiúhuà shídài
활동 무대	活动舞台	huódòng wǔtái
제한하다	限制	xiànzhì
지지하다	支持	zhīchí
마음껏	尽情	jìnqíng
글로벌 인재	国际人才	guójì réncái
자양분	养分	yǎngfèn
접촉하다	接触	jiēchù
절실하다	迫切需要	pòqiè xūyào

나만의 통번역 노트

1단계 한국어 문장을 의미 단위로 끊어 보세요.

2단계 한국어 문장을 중국어 어순(주+동+목) 구조로 바꿔 보세요.

3단계 활용해 보면 좋은 따페이, 구문, 성어를 적어 보세요.

4단계 번역해 보세요.

요점정리

핵심 문장 연습

1 최근 다문화 가족의 언어·문화적 특수성이 다문화 가족 자녀의 건강한 성장과 더불어 다문화 사회 전개에도 긍정적인 영향을 미칠 것이라는 인식이 제고되고 있다.

↪ 近来，多元文化家庭的语言以及文化方面的特殊性有助于多元文化家庭子女的健康成长和多元文化社会的发展，这已得到广泛共识。

'긍정적인 영향을 미치다'라는 표현은 '对……产生积极影响'이라는 짜페이를 써 볼 수도 있지만 '有助于'를 사용해 간단한 '동+목' 구조로 번역할 수 있다. '인식이 제고되다'라는 표현은 '得到广泛共识'이라고 해서 광범위한 공감대를 형성했다는 의미를 살려준다. 하지만 만약 '越来越多的人'이라는 사람 주어를 넣어 번역하면 '점점 더 많은 사람들이 인식하다'라는 의미가 되기 때문에 굳이 뒤에서 따로 '인식이 제고되다'라는 표현을 살릴 필요가 없다.

越来越多的人意识到多元文化家庭的语言以及文化方面的特殊性有助于多元文化家庭子女的健康成长和多元文化社会的发展。

2 전 세계를 대상으로 경제활동을 하고 나라 간 여행과 교류가 빈번한 국제화 시대에 우린 더 이상 우리 자녀들의 활동 무대를 한반도 안으로만 제한할 수 없다. 세계화 시대에 자녀들이 글로벌 인재로 자라나고 활동할 수 있도록 적극 지원해 주어야 한다.

↪ 在以世界为对象进行经济活动、国与国之间的旅游和交流频繁的全球化时代，我们不能把子女的活动舞台限制在韩国，而应该在全球化时代支持子女成为国际人才。

'자녀들의 활동 무대를 한반도 안으로만 제한할 수 없다'는 '限制在……' 또는 '局限在……'를 사용해 번역할 수 있다.

我们不能把子女的活动舞台不能局限在韩国，而应该支持子女成为全球化时代的国际人才。

3 가정에서부터 다양한 언어와 문화를 마음껏 접할 수 있는 여건을 조성해 나갈 때 자녀들은 글로벌 인재로 성장할 수 있는 자양분을 충분히 얻게 될 것이다.

↪ 若在家里营造出能够尽情接触各类语言和文化的环境，子女就能成为国际人才。

'자녀들은 글로벌 인재로 성장할 수 있는 자양분을 충분히 얻게 될 것이다'를 가장 쉽게 표현하면 '동+목' 관계인 '子女就能成为国际人才'라고 할 수 있다. 아래의 응용 표현도 참고하자.

子女就能够获得成为国际人才的机会。／子女就能获取充足的养分，成为国际人才。

주어진 문장을 힌트를 참고하여 중국어로 통역·번역해 보세요.

(1) 어렸을 때 이중언어를 배운 아이들이 IQ가 높은 것으로 나타났다.

힌트: 据称, 两种语言, 智商

(2) 많은 부모들이 자녀를 글로벌 인재로 키우기 위해 어렸을 때부터 해외 유학을 보내고 있다.

힌트: 家长, 把……培养成, 国际型人才, 出国留学

(3) 다문화 가정이 늘어나면서 외국 문화에 관심 갖는 아이들이 많아졌다.

힌트: 随着, 多文化家庭, 对……感兴趣, 越来越多

모범답안 (1) 据称，从小学习两种语言的孩子，智商更高。(2) 如今许多家长为了把子女培养成国际型人才，在孩子小时候就把他们送出国留学。(3) 随着多文化家庭的增多，对外国文化感兴趣的孩子也越来越多。

应把多元文化家庭的子女培养成二十一世纪人才

近来，多元文化家庭的语言以及文化方面的特殊性有助于多元文化家庭子女的健康成长和多元文化社会的发展，这已得到广泛共识。通过学习两种语言，可以解决家庭之间的沟通问题，树立正确的自我认同感。女性家族部从去年开始在全国各地200多家多元文化家庭支援中心积极推进相关项目，营造让多元文化家庭子女在家里使用外籍父母母语的环境。通过这一项目，多元文化家庭子女不仅能够学到韩语，还能学到外籍父母的语言，在使用两种语言的过程中，同时学习韩国文化和他国文化，从而感受世界的多样性。

在以世界为对象进行经济活动、国与国之间的旅游和交流频繁的全球化时代，我们不能把子女的活动舞台限制在韩国，而应该在全球化时代支持子女成为国际人才。

若在家里营造出能够尽情接触各类语言和文化的环境，子女就能成为国际人才。目前，为了让所有社会成员都幸福，为了更美好的未来，迫切需要[急需]所有国民认识上的转变和政府政策上的支持。

★ 소강사회 小康社会

소강이란 1979년 12월 6일 등소평이 제시한 '온포(溫飽: 의식주 문제가 해결되는 수준)'에서부터 부유한 단계 사이의 중간 생활 수준을 지칭하는 말이다. 이를 전면적으로 달성한 소강사회는 곧 중국의 현대화를 의미한다고 볼 수 있다.

★ 두 자녀 정책 二孩政策

중국의 인구가 급격하게 증가하며 식량 문제 등이 불거지자 1978년 중국 당국은 한 가정 당 한 명의 자녀만 낳을 수 있는 '한 자녀 정책(산아제한정책)'을 실시하였다. 그러나 이후 출산율이 감소하면서 노동인구 감소, 고령화 문제들이 발생하자 2013년 11월 중국 정부는 부부 두 명 중 한 명이 독자이면 두 자녀를 허용하는 정책(单独二孩: 단독 두 자녀 정책)으로 기준을 완화했다. 2015년 10월에는 모든 부부가 두 자녀를 낳을 수 있도록 허용하기로 결정하면서 중국은 한 자녀 정책을 완전히 폐지했다(全面二孩: 전면 두자녀 정책 실행).

★ 유수아동 留守儿童

부모가 돈을 벌기 위해 도시로 나가서 농촌에 홀로 남겨진 아이들을 말한다. 현재 중국에는 약 6천 만 명의 유수아동이 존재하는데 이 아이들은 성장기 시절 부모의 충분한 관심과 보호를 받지 못하고 있다. 이들 중 일부는 악행을 저지르거나 범죄에 연루되기도 해 심각한 사회문제가 되고 있다.

UNIT 34

보편화되는 '스마트 의료'

Track 2-67

원격의료는 의사가 스마트폰이나 웹캠 등 정보통신기술(ICT)을 이용해 원거리로 환자를 진찰해 상담하거나 처방해 주는 것을 말한다. 의사협회는 원격의료에 알레르기 반응을 보이고 있다. 의사와 환자 사이의 대면 진료가 원격의료로 대체되면 오진 가능성이 높고, 대형 병원으로 환자가 몰려 가뜩이나 어려운 동네 병원이 고사할 수도 있다고 우려한다.

사실 원격의료는 세계적으로 보편화되는 추세다. 최근 웨어러블 기기(사용자의 몸에 부착해 입는 컴퓨터)와 스마트폰을 활용한 모바일 헬스케어 기술이 혁명적으로 진화하고 있다. 이미 의료 선진국에서는 모바일 장비를 활용해 혈당을 모니터링하는 수준을 넘어 앱으로 처방을 조절하는 사례도 등장하고 있다. ❶ 국내에서도 파킨슨병, 간질 등 운동장애를 가진 환자에게 다른 사람의 도움 없이 제시간에 맞춰 자동으로 약물이 투입돼 치료까지 가능한 '만능 파스(스마트스킨)'가 세계 최초로 개발됐다.

❷ 뇌신경 세포가 죽으면서 발생하는 알츠하이머병의 증상 완화 및 치료에 기여하는 웨어러블 기기도 임상시험 중이다. 한국은 최첨단 IT 국가로서 최적의 기술을 보유하고 있다. 이를 활용해 의료의 스마트화 흐름에 능동적으로 동참하는 것이 동네 의원도 살리고, 의료의 글로벌 경쟁력을 높이는 길이다.

참고 단어 및 구문

한국어	중국어	병음
스마트 의료	智能医疗	zhìnéng yīliáo
원격의료	远程医疗	yuǎnchéng yīliáo
웹캠	网络摄像	wǎngluò shèxiàng
정보통신기술	信息通信技术	xìnxī tōngxìn jìshù
치료하다	对……进行治疗	duì……jìnxíng zhìliáo
원격진료	远距离诊断	yuǎnjùlí zhěnduàn
과민 반응하다	敏感	mǐngǎn
대체되다	被……所代替	bèi……suǒ dàitì
오진	误诊	wùzhěn
몰려들다	涌入	yǒngrù
위협하다	威胁	wēixié
지역사회 병원	社区医院	shèqū yīyuàn
보급되다	普及	pǔjí
웨어러블 기기	穿戴设备	chuāndài shèbèi
빠르게 발전하다	突飞猛进	tūfēi měngjìn
모바일 장치	移动设备	yídòng shèbèi
혈당	血糖	xuètáng
검사하다	检测	jiǎncè
처방하다	开处方	kāi chǔfāng
파킨슨병	帕金森病	pàjīnsēnbìng
간질	癫痫	diānxián
완화하다	缓解	huǎnjiě
알츠하이머병	老年痴呆症	lǎonián chīdāizhèng
임상시험	临床试验	línchuáng shìyàn
살리다	拯救	zhěngjiù
국제경쟁력	国际竞争力	guójì jìngzhēnglì

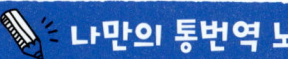
나만의 통번역 노트

1단계 한국어 문장을 의미 단위로 끊어 보세요.

2단계 한국어 문장을 중국어 어순(주+동+목) 구조로 바꿔 보세요.

3단계 활용해 보면 좋은 따페이, 구문, 성어를 적어 보세요.

4단계 번역해 보세요.

📖 요점정리

핵심 문장 연습

1. 국내에서도 파킨슨병, 간질 등 운동장애를 가진 환자에게 다른 사람의 도움 없이 제시간에 맞춰 자동으로 약물이 투입돼 치료까지 가능한 '만능 파스(스마트스킨)'가 세계 최초로 개발됐다.

   ↪ 韩国也研发出世界上首个能够帮助帕金森病、癫痫等运动障碍患者在没有他人的帮助下自动释放药物并进行治疗的"万能药膏(电子皮肤)"。

   이 문장은 본문의 어순대로 '만능 파스'를 길게 수식하는 부분을 앞으로 놓고 번역할 수도 있지만 수식 부분을 뒤로 보내 번역해도 좋다. 이렇게 되면 문장은 자연스럽게 두 문장으로 나눠지고 문장이 짧아지니 비문이 될 확률도 적다.

   다르게 표현! 韩国也研发出世界上首个"万能药膏",它能够帮助帕金森病、癫痫等运动障碍患者在没有他人的帮助下及时下药,并自动进行治疗。

2. 뇌신경 세포가 죽으면서 발생하는 알츠하이머병의 증상 완화 및 치료에 기여하는 웨어러블 기기도 임상시험 중이다.

   ↪ 同时,缓解并治疗因脑神经细胞坏死而导致的老年痴呆症的可穿戴设备正在进行临床试验。

   역시 이 문장도 어순대로 번역하게 되면 '웨어러블 기기'를 수식하는 표현이 길어서 복잡해질 수 있다. 다양한 방법을 고민해서 쉽고 간단한 표현으로 번역해 보자. '与……有关'을 활용하면 훨씬 간단하게 번역할 수 있다.

   다르게 표현! 与因脑神经细胞坏死而导致的年痴呆症有关的可穿戴设备正在进行临床试验。

▶ 의학 용어들을 정리해 두자.

| 대장암 大肠癌 | 폐암 肺癌 | 파킨슨병 帕金森病 | 췌장암 胰腺癌 | 자궁암 子宫癌 |
| 유방암 乳腺癌 | 우울증 抑郁症 | 갑상선암 甲状腺癌 | 에이즈 艾滋病 | 뇌종양 脑肿瘤 |

알츠하이머 병 老年痴呆症 = 阿尔茨海默氏病
루게릭병 肌萎缩症侧索硬化症 = 渐冻症

 실력확인 주어진 문장을 힌트를 참고하여 중국어로 통역·번역해 보세요.

(1) 과학기술이 발전함에 따라 첨단 기기를 이용해 환자를 원격치료하는 것이 가능해졌다.
　　힌트: 随着, 科技, 运用, 尖端设备, 远程治疗

(2) 의료 기술이 발전하면서 예전에는 불치병으로 여겨졌던 각종 암들이 치료 가능해졌다.
　　힌트: 被认为, 无法医治, 癌症, 得到治疗

(3) 최근에 사람의 심장박동과 신체 상태를 자동 모니터링해 주는 의류가 출시되었다.
　　힌트: 自动监测, 心脏跳动, 身体状况, 上市

모범답안 (1) 随着科技的发展,运用尖端设备对患者进行远程治疗成为可能。(2) 随着医疗技术的发展,以前被认为无法医治的各种癌症,如今也能得到治疗。(3) 最近一种能够自动监测心脏跳动与身体状况的衣服上市了。

"智能医疗"的普及

🎵 Track 2-68

远程医疗是指，医生通过智能手机或网络摄像等信息通信技术对患者进行远距离诊断、咨询或治疗。医协对远程医疗的反应过于敏感。他们担心若医生与患者之间的面对面诊疗方式被远程医疗所代替，误诊的可能性将更大。并且，患者将涌入大医院，这将严重威胁经营困难的社区医院。

事实上，远程医疗正逐步在全世界普及。最近，利用可穿戴设备和智能手机的移动健康管理技术突飞猛进。在医疗发达国家，其技术已经超越利用移动设备检测血糖的水平，移动设备已经能够自动开处方。韩国也研发出世界上首个能够帮助帕金森病、癫痫等运动障碍患者在没有他人的帮助下自动释放药物并进行治疗的"万能药膏(电子皮肤)"。

同时，缓解并治疗因脑神经细胞坏死而导致的老年痴呆症的可穿戴设备正在进行临床试验。韩国作为信息技术强国，具备一流的技术。只有利用这一优势积极参与智能医疗的变革，才能拯救社区医院，同时提高医疗方面的国际竞争力。

★ 미세먼지/초미세먼지/황사 颗粒物/细颗粒物/沙尘暴

미세먼지는 자동차, 공장 등에서 배출되는 대기오염 물질로 인해 인위적으로 발생한다. 미세먼지는 입자의 크기에 따라 10마이크로미터 이하인 미세먼지(PM10)와 2.5 마이크로미터 이하인 초미세먼지(PM2.5)로 나뉜다. 황사는 중국 사막의 모래가 봄철 편서풍을 타고 우리나라로 날아오는 자연현상이다.

★ 스펀지 도시 海绵城市

중국에서 사용되는 단어로 상습적인 침수 피해를 예방하고 수자원을 효과적으로 활용하기 위해 추진 중인 도시 형태이다. 원시적인 지형을 조성해서 도시가 스펀지처럼 빗물을 흡수하고 방출하는 기능을 하게 만드는 것이다.

★ 엘니뇨/라니냐 厄尔尼诺/拉尼娜

엘니뇨와 라니냐는 해수 온도가 변하면서 나타나는 현상으로, 지구온난화로 인해 최근 들어 자주 발생하고 있다. 엘니뇨는 일종의 해수 온난화 현상으로, 수온이 평소보다 높아지는 현상을 말한다. 라니냐는 엘니뇨의 반대 개념인데 해수 온도가 평소보다 낮아지는 현상을 뜻한다. 엘니뇨와 라니냐는 세계 곳곳에 홍수, 가뭄, 한파 같은 기상이변을 일으키며 큰 피해를 주고 있다.

알파고와 노동시장의 함수관계

인공지능의 발전 속도가 놀랍다. **1** 세간의 큰 관심 속에서 진행되었던 알파고와 이세돌의 대국은 그 승패 여부와 상관없이 인공지능의 수준이 예상보다 훨씬 높음을 우리에게 확실하게 각인시켰다. 젊은이들이 구직난을 겪는 것은 양질의 일자리만을 고집하기 때문이 아니다. 오히려 기술 발전의 가속화로 경제의 많은 영역에서 예전만큼 많은 인력이 필요하지 않다는 사실이 더욱 중요한 이유일 것이다.

알파고로 상징되는 인공지능과 로봇 기술의 발전 속도가 빠르면 빠를수록 노동시장의 불안정성과 소득 불평등의 정도는 심화될 가능성이 높다. 핵심 기술을 개발한 소수의 기업이 모든 부를 독점하고 나머지 대부분의 사람들은 분배로부터 소외당한다면 소비가 위축되어 경제의 지속 가능성에도 큰 타격을 줄 수 있다. **2** 노동시장의 급속한 기능 약화에 대비해 사회안전망의 효율성을 개선함과 동시에 이전과는 전혀 다른 소득 재분배 방식의 도입을 적극적으로 검토해야 한다.

우리는 그동안 기술의 발전이 인간을 널리 이롭게 만들 수 있을 것이라 믿어 왔다. **3** 이러한 믿음이 미래에도 유지될 수 있느냐에 관한 해답은 결국 우리가 얼마만큼 유연하게 상황 변화에 대한 준비를 할 수 있는가에 달려 있을 것이다.

참고 단어 및 구문

한국어	중국어	병음
알파고	阿尔法围棋	ā'ěrfǎwéiqí
함수관계	相关关系	xiāngguān guānxi
인공지능	人工智能	réngōng zhìnéng
사람을 놀라게 하다	惊人	jīngrén
주목받다	备受关注	bèishòu guānzhù
이세돌	李世石	Lǐ Shìshí
대국하다	对弈	duìyì
뛰어넘다	超出	chāochū
예측하다	预测	yùcè
~와 무관하다	与……无关	yǔ……wúguān
승패	胜败	shèngbài
취업난을 겪다	遭遇就业难	zāoyù jiùyènán
직장, 부서	岗位	gǎngwèi
고집스럽다	执着	zhízhuó
인적자원	人力资源	rénlì zīyuán
소득 불평등	收入不平等	shōurù bùpíngděng
독점하다	独吞	dútūn
제거하다	排除	páichú
소외되다	被排除	bèi páichú
위축되다	萎缩	wěisuō
지속 가능한 발전	可持续发展	kěchíxù fāzhǎn
타격을 주다	冲击	chōngjī
기능 쇠퇴	功能衰退	gōngnéng shuāituì
도입하다	导入	dǎorù
~와 다른	不同于	bùtóngyú
~에 달려있다	取决于	qǔjuéyú
융통성 있다	灵活	línghuó

나만의 통번역 노트

1단계 한국어 문장을 의미 단위로 끊어 보세요.

2단계 한국어 문장을 중국어 어순(주+동+목) 구조로 바꿔 보세요.

3단계 활용해 보면 좋은 따페이, 구문, 성어를 적어 보세요.

4단계 번역해 보세요.

📖 요점정리

핵심 문장 연습

1 세간의 큰 관심 속에서 진행되었던 알파고와 이세돌의 대국은 그 승패 여부와는 상관없이 인공지능의 수준이 예상보다 훨씬 높음을 우리에게 확실하게 각인시켰다.

↳ 备受关注的阿尔法围棋和李世石的对弈彻底让我们意识到人工智能的水平已经超出我们的预测，这与胜败无关。

이 문장에서는 중간에 들어간 '그 승패 여부와는 상관없이'가 번역할 때 은근히 거슬리는 부분이다. 그런데 이 문장은 핵심 문장 성분이 아니기 때문에 번역할 때는 생략해 버려도 의미 전달에 크게 무리가 없다. 하지만 그래도 표현하겠다면 문장 맨 뒤로 보내거나 '不管'을 넣어서 번역해 볼 수 있겠다.

다르게 표현! 阿尔法围棋和李世石的世纪之战备受关注，不管结果如何，人工智能的水平已超出我们的想象。

2 노동시장의 급속한 기능 약화에 대비해 사회안전망의 효율성을 개선함과 동시에 이전과는 전혀 다른 소득 재분배 방식의 도입을 적극적으로 검토해야 한다.

↳ 为了应对劳动市场速度过快的功能衰退现象，应提高社会安全网的效率，同时需要导入不同于以往的收入分配方式。

어순대로 번역해 봤을 때 '적극적으로 검토해야 한다'라는 표현은 생략해도 무방하다. 하지만 꼭 넣고 싶다면 '对……进行积极探讨'를 활용해서 번역할 수 있겠다.

다르게 표현! 同时需要对导入不同于以往的收入分配方式进行积极探讨。

3 이러한 믿음이 미래에도 유지될 수 있느냐에 관한 해답은 결국 우리가 얼마만큼 유연하게 상황 변화에 대한 준비를 할 수 있는가에 달려있을 것이다.

↳ 这种信心能否持续到未来取决于我们是否做好灵活应对变化的准备。

'能否'는 '할 수 있을지 없을지', '是否'는 '~인지 아닌지'의 뜻이다. 이외에도 '会否 (~일지 아닐지)'도 있다. 참고로 '是否存在 (존재할까?)'처럼 '是否'는 앞에 위치하지만 '存在与否 (존재여부)'에서 '与否'는 뒤에 온다.

 주어진 문장을 힌트를 참고하여 중국어로 통역·번역해 보세요.

(1) 미래 학자들은 인공지능이 발전하면 번잡한 업무에서 해방될 수 있어 사람들은 좀 더 가치 있는 일들을 하게 될 것이라고 예상했다.

힌트: 预测, 人工智能, 繁杂, 从……中, 解放, 有价值

___

(2) 일부 비관론자들은 로봇 산업이 발전하면 청년 실업 문제가 더욱 심각해질 것이라고 주장했다.

힌트: 悲观主义者, 机器人产业, 更加严峻

___

(3) 과학기술 발전이 가져온 혜택을 모든 사람이 함께 누릴 수 있도록 힘써야 한다.

힌트: 竭尽全力, 共享, 科技发展, 成果

___

모범답안
(1) 未来学者们预测称，人工智能的发展会把人类从繁杂的工作中解放出来，去做一些更有价值的事情。
(2) 一些悲观主义者主张机器人产业的发展将使得青年失业问题更加严峻。
(3) 我们应当竭尽全力，让所有人共享科技发展的成果。

"阿尔法围棋"和就业市场的相关关系

Track 2-70

　　人工智能的发展速度惊人。备受关注的阿尔法围棋和李世石的对弈彻底让我们意识到人工智能的水平已经超出我们的预测,这与胜败无关。年轻人遭遇"就业难"的主要原因不是对优质工作岗位的执着,而是技术的快速发展使许多经济领域不再像过去那样需要那么多人力资源。

　　阿尔法围棋所代表的人工智能和机器人技术的发展速度越快,劳动市场的不稳定性和收入不平等程度就越严重。若研发核心技术的少数企业独吞所有财富,使多数人被排除在利益分配之外,消费将会萎缩,从而给经济的可持续发展带来巨大冲击。为了应对劳动市场速度过快的功能衰退现象,应提高社会安全网的效率,同时需要导入不同于以往的收入分配方式。

　　一直以来,我们相信技术的发展会永远造福人类。这种信心能否持续到未来取决于我们是否做好灵活应对变化的准备。

 알아 두면 유용한 팁_ 환경 (2)

★ **바이오연료 生物燃料**
바이오에너지를 생산해 낼 수 있는 에너지원이 되는 식물·미생물·동물 등의 생물체(바이오매스)와 음식물 쓰레기·축산폐기물 등을 열분해하거나 발효시켜 만들어 낸 연료를 말한다. 바이오연료는 화석연료보다 이산화탄소를 적게 배출해 신재생에너지로 각광받고 있다. 대표적인 바이오연료의 생산 재료인 옥수수, 콩, 사탕수수로 에탄올(乙醇)을 만들어 낸다. 하지만 바이오 연료를 위해 많은 농작물들이 사용되면서 빈민국 기아 문제가 더욱 심각해지는 문제를 초래하고 있다.

★ **셰일가스 页岩气**
셰일가스는 지하 암층인 셰일층에 분포하고 있는 천연가스를 말한다. 지하 2~4km에 존재하고 있는 셰일가스를 추출하기 위해서는 이 셰일층을 부수고 추출해야 한다. 이를 위해 수평시추와 수압 파쇄법이라는 공법이 개발되었다.

★ **탄소배출권 거래 碳排放权交易**
탄소배출권 거래 제도는 탄소배출권을 시장에서 거래할 수 있게 만든 온실가스 감축 보조 수단이다. 국가나 기업별로 탄소배출량을 미리 정해 놓고, 의무 감축량을 초과 달성한 나라가 의무 감축량을 채우지 못한 나라에 그 초과분을 팔 수 있도록 한 제도이다. 유럽연합(EU)은 자체적으로 배출권 거래 시장을 형성해 거래를 진행 중이다. 한국도 세계 7위의 온실가스 배출국으로 2015년 1월부터 탄소배출권 거래 시장을 개장했다.

UNIT 36

블랙 컨슈머

Track 2-71

　감정노동 스트레스는 블랙 컨슈머들에 의해 극대화되는데 이로 인해 서비스직 종사자들의 이직율이 높아지고 있다. 이직율이 높아진다는 것은 기업의 입장에서 상당한 손해가 아닐 수 없다. **1** 숙련된 직원이 빠져나간 자리를 비숙련 근로자로 대체하는 악순환이 계속되기 때문이다.

　최근 연구에 따르면, **2** 서비스직 종사자가 악성 고객으로부터 부당한 요구를 받았을 때 올라간 스트레스 지수가 상급 관리자의 적절한 조치를 받았을 때 감소하여 스트레스가 완화되는 결과를 보였다. 즉 고객 서비스 담당자는 블랙 컨슈머의 부당한 요구를 들어주는 것이 부당한 조치라고 받아들이는데, 상급 관리자가 악성 고객의 잘못된 행동을 지적하고 적절한 조치를 취했을 때 더 이상 스트레스를 받지 않는 것이다. **3** 반면 잘못된 행동에 대한 잘못된 대응 조치는 감정노동 스트레스를 더 키운다.

　블랙 컨슈머에 대해 기업이 원칙적인 대응을 하고, 다수의 건전한 소비자가 기업의 원칙적 대응을 인정할 때 블랙 컨슈머 문제가 해결될 수 있다고 본다. SNS 이용자들의 의식 수준도 높아지고 있다. **4** 어떤 문제가 터질 때마다 들끓던 네티즌들도 진실에 다가서려는 신중한 모습을 보이고 있는 것이다. 기업의 원칙적 대응을 격려하는 소비자가 많아진다면 블랙 컨슈머 문제도 해결될 수 있다.

참고 단어 및 구문

한국어	중국어	병음
블랙 컨슈머	恶意消费者	èyì xiāofèizhě
심해지다	加重	jiāzhòng
감정노동	情绪劳动	qíngxù láodòng
이직율	离职率	lízhílǜ
손해보다	损失	sǔnshī
숙련공	熟练工	shúliàngōng
비숙련공	非熟练工	fēi shúliàngōng
인계받다	接班	jiēbān
부당한	不合理	bùhélǐ
스트레스 받다	受到压力	shòudào yālì
완화되다	缓解	huǎnjiě
응답하다	答应	dāying
배로 증가하다	倍增	bèizēng
조치를 취하다	采取措施	cǎiqǔ cuòshī
스트레스를 줄이다	减轻压力	jiǎnqīng yālì
순리적으로 문제가 해결되다	迎刃而解	yíngrèn'érjiě
SNS	社交网站	shèjiāo wǎngzhàn
의식 수준	意识水平	yìshí shuǐpíng
시끌벅적하다	闹得沸沸扬扬	nàode fèifèiyángyáng
네티즌	网民	wǎngmín
진상을 밝히다	寻找真相	xúnzhǎo zhēnxiàng
신중하다	慎重	shènzhòng
격려하다	支持	zhīchí
해결하기 쉽다	容易解决	róngyì jiějué

나만의 통번역 노트

1단계 한국어 문장을 의미 단위로 끊어 보세요.

2단계 한국어 문장을 중국어 어순(주+동+목) 구조로 바꿔 보세요.

3단계 활용해 보면 좋은 따페이, 구문, 성어를 적어 보세요.

4단계 번역해 보세요.

요점정리

핵심 문장 연습

1 숙련된 직원이 빠져나간 자리를 비숙련 근로자로 대체하는 악순환이 계속되기 때문이다.

↳ 因为，熟练工离职后，不断由非熟练工来接班，这会使企业陷入一种恶性循环。

'악순환이 계속되다' 즉 '악순환에 빠지다'는 '陷入……恶性循环'을 응용해 볼 수 있는데 이때는 사역문을 써야 한다. 즉 '使企业'라고 해야 뒤에 오는 '陷入……恶性循环'과 호응된다.

[다르게 표현!] 因为，这会使企业陷入不断用非熟练工替代熟练工的恶性循环。

2 서비스직 종사자가 악성 고객으로부터 부당한 요구를 받았을 때 올라간 스트레스 지수가 상급 관리자의 적절한 조치를 받았을 때 감소하여 스트레스가 완화되는 결과를 보였다.

↳ 从事服务业的人遇到不合理的要求时会受到很大的压力，而这些压力通过上司的合理安排后能够得到缓解。

위와 같이 번역할 수도 있지만 '상급 관리자의 적절한 조치'를 주어로 잡아서 문장을 '주+동+목' 구조로 간단하게 만들 수도 있다.

[다르게 표현!] 管理者适当的措施能够缓解服务人员因"恶意消费者"的不合理要求而产生的压力。

3 반면 잘못된 행동에 대한 잘못된 대응 조치는 감정노동 스트레스를 더 키운다.

↳ 而对待不合理行为时的错误应对方法反而会加大服务人员的压力。

'스트레스를 더 키우다'는 '加大……压力' 따페이를 활용할 수 있고, 응용해서 '导致压力倍增'이라고 할 수도 있겠다.

[다르게 표현!] 在情绪劳动方面，针对错误的行为采取错误的应对方法会导致压力倍增。

4 어떤 문제가 터질 때마다 들끓던 네티즌들도 진실에 다가서려는 신중한 모습을 보이고 있는 것이다.

↳ 过去，一出事儿就闹得沸沸扬扬。而现在，网民们开始寻找真相，慎重思考。

'~한 모습을 보이다'라는 표현은 '呈现……倾向' 따페이를 응용해 볼 수 있다.

[다르게 표현!] 曾经一出事儿就闹得沸沸扬扬的网民们正呈现出寻找真相、慎重思考的倾向。

 주어진 문장을 힌트를 참고하여 중국어로 통역·번역해 보세요.

(1) 블랙 컨슈머의 반대 개념은 화이트 컨슈머이다. 이들은 사회적 책임 의식을 가지고 정직하게 권리를 주장하며 기업 발전에 도움이 되는 제안을 하는 소비자를 말한다.

힌트: 相反, 概念, 白色消费者, 责任意识, 维护权利, 对……有益方案

_____

(2) 소비자들의 의식이 높아지면서 불량 기업들의 경영이 어려워지게 되었다.

힌트: 随着, 意识, 不良企业, 陷入, 困境

_____

(3) 건전한 소비는 경제의 선순환에 긍정적인 영향을 미친다.

힌트: 合理, 对……产生影响, 良性循环, 积极

_____

모범답안 (1) 与"恶意消费者"相反的概念是"白色消费者"。"白色消费者"是指那些具有社会责任意识，能够正当维护权利、提出对企业发展有益方案的消费者。(2) 随着消费者意识的提高，许多不良企业陷入经营困境。(3) 合理的消费能够对经济的良性循环产生积极影响。

恶意消费者

🎵 Track 2-72

　　"恶意消费者"会加重情绪劳动带来的压力。因此，服务业从业者的离职率日益增加。对企业而言，离职率的增加是一个巨大损失。因为，熟练工离职后，不断由非熟练工来接班，这会使企业陷入一种恶性循环。

　　最近有研究显示，从事服务业的人遇到不合理的要求时会受到很大的压力，而这些压力通过上司的合理安排后能够得到缓解。也就是说，当客服人员认为答应"恶意消费者"的要求不合理时，若上司指出顾客的不合理行为，并采取适当的措施的话，就能减轻员工的压力。而对待不合理行为时的错误应对方法反而会加大服务人员的压力。

　　若企业从原则上应对"恶意消费者"，并且多数正常消费者接受企业的这种应对方式，"恶意消费者"问题就能得到解决[迎刃而解]。社交网站用户的意识水平也越来越高。过去，一出事儿就闹得沸沸扬扬。而现在，网民们开始寻找真相，慎重思考。支持企业从原则上处理问题的消费者越多，"恶意消费者"问题就越容易解决。

✓ 알아 두면 유용한 팁 _ 환경 (3)

★ **멜라민 분유 파동 三聚氰胺事件 = 三鹿奶粉事件**
2008년 중국의 21개 업체 분유에서 유독 물질인 멜라민이 검출되면서 큰 파동을 일으켰다. 멜라민이 섞인 분유를 섭취한 영유아 6천여 명이 고통을 호소하고 4명이 사망했으며, 관련 기업 책임자들과 국가기관 담당자들이 체포되거나 사퇴했다. 또한 이 사건으로 중국산 식품에 대한 신뢰도 역시 큰 타격을 입어 한국과 대만을 비롯한 11개국이 중국산 유제품에 대한 수입을 중단했다. 아직도 많은 중국의 젊은 엄마들은 자녀의 분유를 구입하기 위해 홍콩으로 가는 수고를 마다하지 않고 있다.

★ **쓰레기 식용유 사건 地沟油事件**
하수도에서 채취하거나 음식물 쓰레기에서 짜낸 기름을 여러 번 가열해 새 식용유로 둔갑시켜 판매한 실태가 밝혀지면서 중국 전역이 충격에 빠졌다. 일부 식당에서 사용하는 것으로 밝혀진 쓰레기 식용유는 육안으로 식별이 불가능하다. 쓰레기 식용유의 사용은 국민의 먹거리와 직결될 뿐만 아니라 국가 이미지를 실추시키기 때문에 정부 차원에서 엄격하게 제재하고 있지만 이미 관련 시장이 대규모로 형성되어 있어 근절이 쉽지 않은 실정이다.

★ **전자 쓰레기 电子垃圾**
전자 쓰레기, 전자 폐기물은 원 사용자가 판매 혹은 기부하거나, 더 이상 가치가 없게 된 낡고 수명이 다한 여러 가지 형태의 전기·전자 제품을 뜻한다. 유럽연합에서는 대형 가전제품, 소형 가전제품, 사무·정보·통신 기기, 오락용 및 소비자 전자 제품, 조명 기구, 전동 공구 및 전자 장비, 완구와 스포츠 레저 용품, 의료 장비와 설비, 모니터 및 제어설비, 자동 디스펜서 등의 폐기물을 WEEE(Waste Electrical and Electronic Equipment, 전기 전자 제품 폐기물)로 정의하고 있다.

UNIT 37

경영의 패러다임 변화가 필요하다

디지털 시대에는 기술 발전이 매우 빠르기 때문에 조금만 늦게 시장에 나서도 선두를 따라 잡기가 거의 불가능하다. 기존의 거대한 공룡들은 새로운 환경에 적응하지 못한 반면에 별 볼 일 없던 작은 포유류들이 속도와 적응력을 앞세워 새로운 환경의 승자가 됐다.

지금 우리의 전통 기업들과 새로운 기업들과의 격차는 임원이나 직원들이 지금보다 더 열심히 해서 극복할 수 있는 문제가 아니다. **1** 지금 우리가 할 일은 이미 이들의 성공이 입증되고 정착돼 가는 것을 겸허히 인정하고 이들로부터 경영을 배우는 것이다.

2 100년이 아니라 200년의 역사를 가진 기업도 10년 된 기업이 성공적이면 그 경영을 따라하고 배워서 새롭게 재탄생해야 한다. 기존의 생각, 조직, 사람, 리더십, 제품, 마케팅은 그대로 두고 부문별, 부서별, 제품별 혁신을 부르짖는다면 절대 이들과 경쟁해서 이길 수 없다. 모든 산업 영역에서 온라인이 오프라인을 압도하고 있다. 시장 성장률에서도 이미 대세가 기울었다. **3** 이런 시장에서 디지털을 기존 운영이나 제품에 얹어 팔려고 하면 안 된다. 새로운 강자들은 디지털에 운영과 제품을 얹어 팔고 있다.

참고 단어 및 구문

한국어	중국어	병음
경영모델	经营模式	jīngyíng móshì
변혁, 개혁	变革	biàngé
시급하다	迫在眉睫	pòzàiméijié
디지털 시대	数字时代	shùzì shídài
한발 늦다	稍晚一步	shāowǎn yíbù
다투어 점령하다	抢占	qiǎngzhàn
선점	先机	xiānjī
공룡	恐龙	kǒnglóng
적응하다	适应	shìyìng
보잘것없다	不起眼	bùqǐyǎn
포유류	哺乳动物	bǔrǔ dòngwù
적응력	适应能力	shìyìng nénglì
승자	胜者	shèngzhě
전통 기업	传统企业	chuántǒng qǐyè
신생 기업	新生企业	xīnshēng qǐyè
임원	高管	gāoguǎn
직원	员工	yuángōng
극복하다	克服	kèfú
인정하다	认可	rènkě
다시 살아나다	重振旗鼓	chóngzhèn-qígǔ
리더십	领导力	lǐngdǎolì
마케팅	营销	yíngxiāo
호소하다	呼吁	hūyù
승리하다	获胜	huòshèng
온라인	线上	xiànshàng
오프라인	线下	xiànxià
성장률	增长率	zēngzhǎnglǜ
모델	模式	móshì
판매하다	销售	xiāoshòu

나만의 통번역 노트

1단계 한국어 문장을 의미 단위로 끊어 보세요.

2단계 한국어 문장을 중국어 어순(주+동+목) 구조로 바꿔 보세요.

3단계 활용해 보면 좋은 따페이, 구문, 성어를 적어 보세요.

4단계 번역해 보세요.

요점정리

핵심 문장 연습

1 지금 우리가 할 일은 이미 이들의 성공이 입증되고 정착돼 가는 것을 겸허히 인정하고 이들로부터 경영을 배우는 것이다.

↪ 现在我们需要的是认可其他企业的成功，学习他们的管理方式。

> '성공이 입증되고 정착돼 가는 것'이란 표현은 너무 장황하다. 간단하게 '기업의 성공'이라고 해도 된다. 수식 표현들은 중국어로 번역할 때 적당히 생략 가능하다고 여러 번 강조했다. '인정하다'라는 표현은 '认可'와 '接受'를 써 볼 수 있겠다.

다르게 표현! 虚心接受其他企业正在或已经获得的成功，学习他们的管理方式。

2 100년이 아니라 200년의 역사를 가진 기업도 10년 된 기업이 성공적이면 그 경영을 따라하고 배워서 새롭게 재탄생해야 한다.

↪ 若起步10年的企业获得成功，无论是拥有100年历史的企业，还是拥有200年历史的企业都应该学习成功企业的管理方针，重振旗鼓。

> 위 문장은 어순을 바꿔서 '即便……也……' 구문으로 번역하면 훨씬 간단하게 번역할 수 있고 의미도 모두 살릴 수 있다.

다르게 표현! 即便拥有100年或200年历史的企业，也要学习成功企业的管理方针，重振旗鼓。

3 이런 시장에서 디지털을 기존 운영이나 제품에 얹어 팔려고 하면 안 된다. 새로운 강자들은 디지털에 운영과 제품을 얹어 팔고 있다.

↪ 在这样的市场里，企业不能以数字为辅的模式进行原有的管理或销售，新的强者正以数字为主的模式进行管理和销售。

> '얹어 팔다'라는 표현을 직역하면 대단히 어렵게 꼬인다. 문장의 의미를 풀어서 번역 할 수 있어야 하겠다.

▶ '以'의 주요 용법들을 정리해 두자.

'以……为主', '以……为辅'는 모두 '以A为B (A를 B로 삼다)'를 응용한 표현이다. 참고로 '以市价偿还'에서 '以'는 '~로(써)'의 뜻으로 '시가로 상환하다'라는 의미이다. '世界需要各国的帮助，以保持安全。'에서 '以'는 '~하기 위해서(为)'의 뜻으로 쓰였다. '以'가 '为'의 뜻으로 쓰일 경우 위치는 첫문장에 오지 않고 뒷문장에 온다. 위치를 주의하자!

  주어진 문장을 힌트를 참고하여 중국어로 통역·번역해 보세요.

(1) 일본에는 100년 이상 된 기업들이 상당히 많다고 한다.

힌트: 据说, 诸多, 历经, 百年的企业

_____

(2) 책임감과 장인 정신이 바탕이 되어야 오래 생존할 수 있는 기업을 만들 수 있다.

힌트: 唯有, 以……为基础, 责任感, 匠人精神, 建立, 长久生存

_____

(3) 눈앞의 이익에만 급급한 기업들은 소비자들의 사랑을 받기 힘들다.

힌트: 只顾, 眼前利益, 受到青睐

_____

모범답안 (1) 据说日本有诸多历经百年的企业。(2) 唯有以责任感和匠人精神为基础，才能建立起能够长久生存的企业。
(3) 只顾眼前利益的企业，很难受到消费者的青睐。

经营模式的变革迫在眉睫

在数字时代，技术发展的速度越来越快，稍晚一步，就无法抢占先机。原有的"巨大恐龙"无法适应新环境，而一些不起眼的"小型哺乳动物"却通过速度和适应能力成为新环境中的胜者。

现在，韩国传统企业和新生企业之间的差距并不是通过高管或员工的不懈努力就能够克服的。现在我们需要的是认可其他企业的成功，学习他们的管理方式。

若起步10年的企业获得成功，无论是拥有100年历史的企业，还是拥有200年历史的企业都应该学习成功企业的管理方针，重振旗鼓。若不改变原有的想法、组织、人力资源、领导力、产品、营销方式，只呼吁各部门、各科室、各产品的革新，就无法在竞争中获胜。在所有产业领域中，线上超越了线下，市场增长率也是如此。在这样的市场里，企业不能以数字为辅的模式进行原有的管理或销售，新的强者正以数字为主的模式进行管理和销售。

알아 두면 유용한 팁 _ 환경 (4)

★ **교토의정서 京都议定书**
지구온난화가 범지구적 문제로 부각되면서 이를 해결하기 위해 1997년 12월 일본 교토에 각국 정상들이 모여 지구온난화를 야기하는 온실가스의 배출량을 감축하기로 하는 교토의정서를 만들었다. 1990년의 온실가스 배출량을 기준으로 5.2% 감축하는 것이 목표이며, 감축 대상은 이산화탄소를 포함한 메탄, 산화이질소 등이다.

★ **발리로드맵 巴厘岛路线图**
2012년 교토의정서 만료 이후 각국의 온실가스 감축량을 정하는 협상 규칙으로, 2007년 12월 15일 인도네시아 발리에서 폐막된 제13차 유엔 기후변화협약(UNFCCC) 당사국총회에서 채택된 상세 협상 규칙을 말한다. 발리로드맵에 따라 2013년부터 모든 나라는 온실가스 감축 의무를 지게 돼 각 나라들은 자국 실정에 맞게 '측정과 검증 가능한 방법'으로 온실가스를 줄여야 한다.

★ **폭스바겐 배출가스 조작 사건 大众尾气门事件**
세계적인 자동차 업체인 폭스바겐이 디젤 차량에 배출가스 조작 소프트웨어를 설치해 배출가스양을 조작한 사건이다. 이러한 사실이 밝혀지면서 폭스바겐은 전 세계적으로 1천 100만대의 리콜(召回) 조치에 들어갔고 벌금과 소송에 대한 배상액은 천문학적 숫자가 될 것으로 예상된다. 이 사건으로 인해 폭스바겐을 넘어 독일 전체의 신뢰도가 타격을 입었고, 세계적으로 디젤 차량의 판매도 크게 감소했다.

UNIT 38

죽어가는 지구를 살리자

🎵 Track 2-75

　　세계자연기금(WWF)의 '지구생명보고서 2014'에 따르면 지난 40년간 척추동물의 개체수가 52%나 급감했는데 그 주요 원인 중 하나가 바로 기후변화이다. **1** <u>기후 조건이 바뀌면 생물종에 필수적인 환경 조건이 변하게 되고 이에 따라 생물 다양성이 달라지게 되는데, 일부 생물종은 적응하지 못해 멸종하게 된다.</u> 한 생물종의 멸종, 그 영향은 거기서 그치지 않는다. 육상 및 해양 생태계는 지구 상의 생명을 지탱하고 있다. 우리는 곤충의 수분 작용, 토양 미생물의 탄소, 산소, 질소 순환 작용 등 생물 다양성의 역할이 지대하다는 점을 염두에 두어야 한다.

　　2 <u>기후변화는 생물 다양성뿐 아니라 인류에도 직접적인 영향을 미친다. 기후변화로 맑은 공기, 깨끗한 식수, 충분한 음식, 안전한 주거 등 인류의 건강을 좌우하는 사회적, 환경적인 요인이 변하고 있다.</u>

　　세계보건기구(WHO)는 기후변화로 인해 전염병의 전파 패턴이 변하게 될 것이라고 경고했다. **3** <u>기온과 강수 패턴이 바뀌게 되면 모기의 번식과 생존 가능성을 높여 말라리아나 뎅기열 같은 질병에 노출되는 지역이 늘어날 수 있다.</u> 하지만 가장 우려스러운 점은 기후변화로 초래될 자연재해이다. 더 강력해진 사이클론, 홍수, 산사태나 눈사태, 토사 유출, 산불 같은 자연재해로 최소한 인류의 절반 이상이 심각한 영향을 받을 수 있기 때문이다.

💡 참고 단어 및 구문

구하다 拯救 zhěngjiù	산소 氧 yǎng
죽어가는 지구 奄奄一息的地球 yǎnyǎn yìxī de dìqiú	질소 氮 dàn
세계자연기금(WWF) 世界自然基金会 shìjiè zìrán jījīnhuì	세계보건기구(WHO) 世界卫生组织 shìjiè wèishēng zǔzhī
척추동물 脊椎动物 jǐzhuī dòngwù	전염병 传染病 chuánrǎnbìng
개체수 个体数 gètǐshù	전파하다 传播 chuánbō
급감하다 减少 jiǎnshǎo	모기 蚊虫 wénchóng
다양성 多样性 duōyàngxìng	번식 繁殖 fánzhí
적응하다 适应 shìyìng	폭로하다, 드러내다 暴露 bàolù
멸종하다 灭亡 mièwáng	말라리아 疟疾 nüèji
여기서 그치지 않다 不止于此 bùzhǐyúcǐ	뎅기열 登革热 dēnggérè
육상 陆地 lùdì	걱정하다 担忧 dānyōu
지탱하다 支撑 zhīchēng	사이클론 热带风暴 rèdài fēngbào
곤충 昆虫 kūnchóng	홍수 洪水 hóngshuǐ
토양 土壤 tǔrǎng	산사태 泥石流 níshíliú
미생물 微生物 wēishēngwù	눈사태 雪崩 xuěbēng
탄소 碳 tàn	토사유실 水土流失 shuǐtǔ liúshī

나만의 통번역 노트

1단계 한국어 문장을 의미 단위로 끊어 보세요.

2단계 한국어 문장을 중국어 어순(주+동+목) 구조로 바꿔 보세요.

3단계 활용해 보면 좋은 따페이, 구문, 성어를 적어 보세요.

4단계 번역해 보세요.

📋 요점정리

UNIT 38

핵심 문장 연습

1 기후 조건이 바뀌면 생물종에 필수적인 환경 조건이 변하게 되고 이에 따라 생물 다양성이 달라지게 되는데, 일부 생물종은 적응하지 못해 멸종하게 된다.

↳ 气候变化使生物赖以生存的环境条件也发生变化，从而又使生物多样性发生变化，部分生物因无法适应这种环境而灭亡。

기후 조건이 환경 조건을 변화시키는 것이니 사역으로 표현하는 것이 좋겠다. 한국어는 평서문이지만 중국어로 번역할 때 사역문으로 번역되는 경우가 많으니 유의하도록 하자.

다르게 표현! 如果气候条件改变，那么生物赖以生存的环境条件也发生变化，生物多样性也随之有了变化，部分生物因无法适应这种环境而灭亡。

2 기후변화는 생물 다양성뿐 아니라 인류에도 직접적인 영향을 미친다. 기후변화로 맑은 공기, 깨끗한 식수, 충분한 음식, 안전한 주거 등 인류의 건강을 좌우하는 사회적, 환경적인 요인이 변하고 있다.

↳ 气候变化还会给人类带来影响，它会改变社会环境因素。如：干净的空气和水、充足的食物、安全的居住环境等。

응용해서 사역 문장으로도 번역할 수 있다.

다르게 표현! 气候变化会使左右人类健康的社会环境因素也发生变化。如：干净的空气和水、充足的食物、安全的居住环境等。

3 기온과 강수 패턴이 바뀌게 되면 모기의 번식과 생존 가능성을 높여 말라리아나 뎅기열 같은 질병에 노출되는 지역이 늘어날 수 있다.

↳ 若气温和降水模式发生变化，蚊虫的繁殖和生存可能性更大，将有更多的地方会暴露在疟疾、登革热等疾病中。

'范围将更广'을 서술어로 하면 문장이 더 간단해 진다. 복잡하고 어려운 표현이 많다고 꼭 좋은 번역이라고 할 수 없다. 가능하다면 간단하고 쉽게 번역하는 방법을 고민해 보자.

다르게 표현! 疟疾、登革热等疾病的范围将更广。

 실력 확인 주어진 문장을 힌트를 참고하여 중국어로 통역·번역해 보세요.

(1) 지구촌 곳곳에서 발생하고 있는 이상기후 현상은 인간들의 무분별한 개발로 초래된 재앙이다.
　　　　　　힌트: 地球村, 异常天气, 无节制, 开发, 招致, 灾祸

(2) 계속되는 가뭄으로 식량이 부족할 뿐만 아니라 각종 전염병까지 창궐해 여러 아프리카 국가들이 어려움을 겪고 있다.
　　　　　　힌트: 干旱, 粮食不足, 传染病, 猖獗, 非洲, 饱受

(3) 북반구는 계속되는 폭염으로, 남반구는 계속되는 한파로 인해 지구촌 곳곳이 몸살을 앓고 있다.
　　　　　　힌트: 北半球, 持续, 高温, 南半球, 寒流, 疲惫不堪

모범답안 (1) 当今地球村各处出现的异常天气，都是人类无节制开发招致的灾祸。(2) 由于长期干旱导致的粮食不足问题和各种传染病的猖獗，非洲各国正饱受痛苦。(3) 北半球持续高温，南半球寒流不断，我们的地球村已疲惫不堪。

拯救奄奄一息的地球

🎧 Track 2-76

　　世界自然基金会(WWF)的《2014地球生命报告》显示，过去40年间脊椎动物个体数减少了52%，其主要原因就是气候变化。气候变化使生物赖以生存的环境也发生变化，从而又使生物多样性发生变化，部分生物因无法适应这种环境而灭亡。一类生物种的灭亡所带来的影响不止于此。我们应该意识到，陆地以及海洋生态界支撑着地球上的生命，其中昆虫的传粉以及土壤微生物的碳、氧、氮循环等生物多样性的角色非常重要。

　　气候变化还会给人类带来影响，它会改变社会环境因素。如：干净的空气和水、充足的食物、安全的居住环境等。

　　世界卫生组织(WHO)警告称，气候变化将改变传染病的传播方式。若气温和降水模式发生变化，蚊虫的繁殖和生存可能性更大，将有更多的地方会暴露在疟疾、登革热等疾病中。然而，最令人担忧的是气候变化所引发的自然灾害。因为，日益严重的热带风暴、洪水、泥石流、雪崩、水土流失、山火等自然灾害将使至少一半的人类受到严重影响。

★ **IS** 伊斯兰国

급진 수니파 무장단체인 이라크-레반트 이슬람국가(ISIL)가 개명한 단체로, 시리아의 락까라는 지역에 그 본거지를 두고 있다. 현재 시리아 및 중동 지역에서 잔혹한 학살, 고문 등을 행하며 전 세계에 테러 공포를 불러 일으키고 있다. 현재 군사력과 자금력도 상당한 수준에 이르러 IS 테러를 근절하는 것은 매우 어렵다는 분석이 나오고 있다.

★ **알카에다** 基地组织

오사마 빈 라덴이 결성한 국제적 테러 조직이다. 주요 목적은 이슬람 국가들의 영향력 확대로, 2001년 9월 11일 미국 쌍둥이 빌딩 테러 사건의 배후이기도 하다. 창설자인 오사마 빈 라덴은 2011년 미군의 공격으로 사망한 것으로 알려졌으나 알카에다 조직 자체는 와해되지 않고 테러 활동을 자행하고 있다.

★ **지하디스트** 圣战者

'지하드(jihad)'란 이슬람교에서 '성전'을 뜻한다. 여기에서 파생되어 보통 성전에 참여하는 전사를 지하디스트라고 하는데 IS나 알카에다 등의 테러 조직들이 스스로를 지하디스트라 칭해 악행을 일삼아 최근엔 테러범의 의미로 변질되고 있다.

★ **보코하람** 博科圣地

2002년 결성된 나이지리아의 이슬람 극단주의 테러 조직을 말한다. 조직명인 '보코하람'은 나이지리아 북부 지역 방언으로 '서구식 교육은 죄악'이라는 뜻을 지니고 있다. 이처럼 비(非)이슬람 세력에 대한 적대의식을 지니고 이슬람 신정국가 건설이라는 목표를 외치며 여아 납치, 강제 결혼, 테러 등의 범죄 행위를 저질러 악명을 떨치고 있다.

난이도 上

기본

UNIT 39 애플의 성공 비결 분석
浅析苹果的成功秘诀

UNIT 40 미세먼지와의 전쟁은 시작됐다
人类与颗粒物的战争已经打响

UNIT 41 100세 시대의 교육을 논하다
论百岁时代的教育

UNIT 42 '피싱', '파밍', '스미싱' – 어떻게 다른가?
网络钓鱼、网址嫁接、短信钓鱼——三者的区别

UNIT 43 금연을 결심한 당신에게
献给想戒烟的您

UNIT 44 최고의 사회안전망
最可靠的社会安全网

UNIT 45 '코리아 블랙프라이데이'가 성공하려면?
如何让"韩国版黑色星期五"取得成功

UNIT 46 '한국의 취업전선' – 보이지 않는 총성
韩国的就业市场——"听不见的枪声"

• 한중 문장을 바로바로 대조해 보고, 실력을 업그레이드 하는 단계

심화

UNIT 47 문화강국
文化兴国

UNIT 48 한국인의 삶의 질
韩国人的生活质量

UNIT 49 반퇴시대 – 당신은 준비되어 있는가?
"退而不休"的时代——你做好准备了吗?

UNIT 50 '지진', 이제 남의 이야기가 아니다
韩国不再是地震安全地带

UNIT 51 아동학대범을 사회에서 추방하자
让"虐童犯"无立足之地

UNIT 52 무한 경쟁 시대에서 살아남으려면
"无限竞争时代"的生存之道

UNIT 53 흡연율을 낮추기 위한 획기적인 방법
如何有效降低吸烟率?

UNIT 39

애플의 성공 비결 분석

Track 2-77

1 애플의 성공 비결에 대해 많은 전문가들은 "말로는 쉽지만 실천은 어려운 공식이다. 이는 씻고(wash) 헹구고(rinse) 반복하고(repeat) 재창조하는 것(reinvent)이다. 애플은 이 같은 기본 공식을 따르고 있어 큰 성공을 거두었다"고 분석하고 있다. 애플의 성공 방정식을 보면 처음부터 획기적인 아이디어로 접근하는 것이 아니라 타사가 먼저 출시했지만 실패한 제품을 가져와 재창조한다는 점을 알 수 있다.

'씻고'는 그 제품의 실패 원인을 분석하는 것이다. 애플은 어떤 인프라, 어떤 콘텐츠, 어떤 핵심 기술이 부족했는지를 분석한다. 다음 '헹군다'는 것은 부족한 인프라·기술·콘텐츠를 어떻게 보강할지 고민하는 것을 말한다. 직접 개발할 것인지, 기술을 타사로부터 사 올 것인지, 인수합병이나 인수개발할 것인지 판단한다. 그 다음 '반복한다'는 것은 '헹군다'의 판단에 따라 **2** 기술 혁신과 서비스 혁신을 반복해 거의 완벽한 제품과 서비스를 준비하는 것을 의미한다. 이 모든 결과물을 바탕으로 애플은 멋진 디자인과 최고의 제품을 재창조하는 것이다.

시계를 예로 들어 보자. 2001년 미국 아이비엠과 일본의 씨티즌은 공동으로 손목시계형 컴퓨터를, 마이크로소프트는 2003년 스마트개인객체기술(SPOT)을 탑재한 시계를 출시했으나 모두 실패로 끝나고 말았다. 그러나 애플은 이처럼 실패한 제품을 재창조하여 2015년 전자 기기가 아닌 사파이어를 탑재한 독창적인 시계를 출시해 시장을 주도하고 있다. 상상의 혁신은 새로운 곳에서 나올 수 있다. 하지만 **3** 기존의 제품이 왜 실패했는지를 꼼꼼히 분석하고 새로운 차원의 신제품을 재창조하는 애플의 전략에서 우리는 새로운 혁신의 방법을 배울 수 있다. 실패한 것은 버리고 리더가 바뀌면 새것만 찾는 한국 정부나 한국 기업은 이를 깊게 생각해 볼 필요가 있다.

참고 단어 및 구문

분석하다 浅析 qiǎnxī
애플사(社) 苹果 píngguǒ = 苹果公司
성공 비결 成功秘诀 chénggōng mìjué
방정식 方程式 fāngchéngshì
씻다 洗 xǐ
헹구다 漂 piǎo
성공을 거두다 获得成功 huòdé chénggōng
성공 방정식을 꿰뚫어 보다
透过成功方程式 tòuguò chénggōng fāngchéngshì
획기적이다, 한 시대를 긋다 划时代 huà shídài
실패를 맛보다, 실패하다 遭遇失败 zāoyù shībài
하드웨어/소프트웨어 硬件/软件 yìngjiàn/ruǎnjiàn
인수합병(M&A) 并购 bìnggòu
선택하다 做出抉择 zuòchū juézé
A를 기초로 以A为基础 yǐ A wéi jīchǔ

디자인이 참신하다 款式新颖 kuǎnshì xīnyǐng
품질이 좋다 品质过硬 pǐnzhì guòyìng
A에 대해 이야기하자면, A를 보자면
就拿A来说 jiù ná A láishuō
마이크로소프트(MicroSoft) 微软 Wēiruǎn
A가 실패로 끝나다 A以失败告终 A yǐ shībài gàozhōng
A를 재창조하다
对A进行再创造 duì A jìnxíng zài chuàngzào
A를 출시하다 / A가 출시되다
推出A tuīchū A / A上市 A shàngshì
사파이어 蓝宝石 lánbǎoshí
A를 세밀히 분석하다
对A进行详细分析 duì A jìnxíng xiángxì fēnxī
지도자, 리더, 지도하다, 이끌다 领导 lǐngdǎo
취임하다 上任 shàngrèn
A하자마자 B하다 一A就B yī A jiù B

浅析苹果的成功秘诀

🔊 Track 2-78

❶很多专家称，苹果的成功方程式公式"说起来容易做起来难"，即，"洗"、"漂"、"反复"、"再创造"。苹果通过这种成功方程式获得了巨大的成功。透过苹果的成功方程式能够得知，苹果并不是一开始就具备划时代的创意，而是利用其他公司先上市却遭遇失败的产品来进行再创造。首先，"洗"是用来分析该产品的失败原因，苹果会分析该产品缺少哪种"硬软件"以及技术。其次，'漂'是指想方设法完善相关基础设施、技术、内容。苹果会在直接开发或购买技术、并购企业或合作开发等选项中做出抉择。

"反复"是指根据"漂"出来的判断，❷反复进行技术和服务上的创新，以此来创造几近完美的产品和服务。苹果以上述结果为基础重新创造出款式新颖、品质过硬的产品。

就拿手表来说。2001年美国IBM和日本西铁城通过合作，推出了一款手表型电脑；微软也在2003年推出了搭载"智能个人对象技术（SPOT）"的手表，但都以失败告终。然而，苹果通过对这些失败产品进行再创造，在2015年推出了用蓝宝石替代电子机械的创新手表，正主导相关市场。想象中的革新可以出自全新的事物。然而，❸在苹果对现有产品的失败进行详细分析并重新创造新产品的策略中，我们能够学到新的革新方法。在此，总是丢弃失败的经验、新领导一上任就寻找新策略的韩国政府和企业需要深思。

같은 문장 다른 표현

❶ 针对苹果的成功秘诀，专家们的分析结果显示，苹果按照"洗"、"漂"、"反复"、"创新"这一基本公式获得了非凡的业绩，但这说起来容易做起来难。

❷ 对技术和服务进行反复创新，

❸ 苹果的策略就是对现有产品的失败进行详细分析并重新创造新产品，而我们能够从中学到新的革新方法。

주어진 문장을 중국어로 통역·번역해 보세요.

(1) 한국 청소년 100명을 대상으로 설문 조사한 결과 90% 이상의 청소년들이 과외를 하고 있는 것으로 나타났다.

(2) 한미 양국은 사드 배치를 둘러싸고 열띤 토론을 벌였다.

(3) 중국 정부의 인더스트리 4.0 계획에서 향후 중국 경제의 방향을 짐작할 수 있다.

모범답안 (1) 针对100名韩国青少年进行的问卷调查结果显示，有90%的青少年正在接受私人教育。(2) 韩美两国围绕萨德部署问题进行了激烈的讨论。(3) 从中国政府推行的《工业4.0策略》中可以把握今后中国经济的走向。

UNIT 40

미세먼지와의 전쟁은 시작됐다

❶ 한국 국민 10명 중 9명(91.3%)은 지난 겨울 발생한 미세먼지 스모그가 과거에 비해 심해졌다고 생각하며 10명 중 3명은 미세먼지로 인한 질환을 앓은 것으로 조사됐다. 한 연구원에서 전국 성인남녀 2000명을 대상으로 실시한 여론조사에 따르면 응답자의 31%는 미세먼지로 인해 호흡기 질환과 아토피 등의 질환을 앓았다고 답했다. ❷ 이러한 조사는 미세먼지 오염이 바깥을 돌아다니면 목이 칼칼해지고 눈이 따끔거리는 등의 단순한 증상을 넘어 국민 생활을 불편하게 하는 수준으로 질병화되고 있음을 시사하고 있다. 잘 알려진 대로 미세먼지는 코와 기도를 거쳐 폐포에 도달해 폐와 혈액 속으로 들어가 호흡기 및 심혈관 질환을 일으킨다. 이런 미세먼지가 기관지 질환자뿐만 아니라 당뇨·동맥경화 등의 만성질환자들에게도 치명적인 영향을 끼칠 수 있다는 우려는 결코 과장이 아니다. 대기오염과 관련된 질병으로 2012년 한 해에만 800만 명이 사망했다는 세계보건기구(WHO)의 연구 결과도 의미심장하다.

절반 이상의 미세먼지는 중국에서 발생했다고 할 수 있다. 그러나 마냥 중국만 탓할 순 없다. 중국 정부가 '미세먼지와의 전쟁'을 선포했듯이 한국도 서둘러 특단의 조치를 취해야 한다. 자칫 호미로 막을 것을 가래로도 못 막을 심각한 상황이 올 수도 있다. 우선 우리가 생산하고 있는 미세먼지부터 줄여야 하며, 환경기준치(100㎍/㎥)도 강화해야 한다.

최근 한국 상공을 뒤덮은 스모그에 포함된 초미세먼지 비율은 85%에 이르렀다. 납과 비소, 아연 등 중금속 농도도 평상시보다 1.5배 높았다고 한다. 여기에 올봄은 미세먼지에 중국발 황사까지 빈발한다고 하니 국민들의 건강은 큰 위협을 받을 것이다. 중국과의 협력 시스템도 갖춰야 한다. ❸ 국제적인 '대기 오염 물질 이동에 관한 협약'을 맺어 오염 물질을 공동 관리하는 유럽 국가들의 선례를 참고할 필요가 있다. 중국과 미세먼지에 대한 정보를 교환하고 대응 지침을 만들어야 한다.

참고 단어 및 구문

한국어	중국어	병음
미세먼지	颗粒物	kēlìwù
전쟁	战争	zhànzhēng
전투가 시작되다	打响	dǎxiǎng
스모그	雾霾	wùmái
질병을 앓다	患上疾病	huànshàng jíbìng
A에게 여론조사를 하다	对A进行民意调查	duì A jìnxíng mínyì diàochá
호흡기	呼吸道	hūxīdào
피부병	皮肤病	pífūbìng
목이 칼칼하다	嗓子干涩	sǎngzi gānsè
눈이 따끔거리다	眼部发热	yǎnbù fārè
폐포(폐 세포)	肺泡	fèipào
심혈관	心血管	xīnxuèguǎn
기관지	支气管	zhīqìguǎn
당뇨병	糖尿病	tángniàobìng
동맥경화	动脉硬化	dòngmàiyìnghuà
A에게 치명적인 위험을 끼치다	给A带来致命危害	gěi A dàilái zhìmìng wēihài
~로 사망하다	死于	sǐyú
대기오염	大气污染	dàqì wūrǎn
질책하다, 질타하다	谴责	qiǎnzé
A에게 선전포고하다	向A宣战	xiàng A xuānzhàn
과감한 조치를 취하다	采取果断措施	cǎiqǔ guǒduàn cuòshī
납/비소/아연	铅/砷/锌	qiān/shēn/xīn
중금속 농도	重金属浓度	zhòngjīnshǔ nóngdù
황사, 모래 폭풍	沙尘暴	shāchénbào
건강을 위협하다	威胁健康	wēixié jiànkāng
협력 시스템을 세우다, 갖추다	建立合作机制	jiànlì hézuò jīzhì
~조약을 체결하다	签署……条约	qiānshǔ……tiáoyuē
A의 경험을 본받다	借鉴A的经验	jièjiàn A de jīngyàn

人类与颗粒物的战争已经打响

调查显示，❶91.3%的韩国国民认为去年冬季发生的雾霾比以往更严重，10人中有3人因颗粒物而患上疾病。一所研究院针对2000名成年男女进行的民意调查结果显示，31%的受访者称曾因颗粒物而患上呼吸道疾病和皮肤病。❷在过去，外出一段时间后就会出现嗓子干涩、眼部发热等症状，但现在颗粒物的污染已经超过这种水平，正引发各种疾病。众所周知，颗粒物通过鼻子和呼吸道进入肺泡，融入肺部和血液中，引发呼吸道疾病和心血管疾病。这种颗粒物会给支气管疾病患者和糖尿病、动脉硬化等慢性疾病患者带来致命危害，这些担忧并不夸张。世界卫生组织的一项研究结果显示，仅2012年全年就有800万人死于与大气污染有关的疾病，这一研究结果值得我们深思。

据悉，超过一半的颗粒物来自中国，但我们不能仅谴责中国。也就是说，正如中国政府向颗粒物宣战那样，韩国政府也应赶快采取果断措施。否则，后果不堪设想。首先，应该减少在韩国国内产生的颗粒物，同时需要强化环境标准。

最近，覆盖在韩国上空的雾霾中，细颗粒物占到85%，铅、砷、锌等重金属浓度是比平时的1.5倍。在此情况下，预计今年春季的颗粒物与中国的沙尘暴会频繁入侵韩国，这将严重威胁国民健康。其次，应该与中国建立合作机制。❸欧洲各国已签署《远距离越境大气污染条约》，共同管理污染物，韩国有必要借鉴这些国家的经验。韩国应该与中国互换与颗粒物有关的信息，制定共同应对指南。

같은 문장 다른 표현

❶ 韩国国民10人中有9人认为

❷ 如今，颗粒物污染不仅导致人们在外出一段时间后，出现嗓子干涩、眼部发热等症状，甚至还在引发各种疾病。

❸ 韩国有必要借鉴欧洲各国为了共同管理污染物已签署的《远距离越境大气污染条约》，与中国互换有关颗粒物的信息，制定共同应对指南。

주어진 문장을 중국어로 통역·번역해 보세요.

(1) 70%의 응답자들은 유엔의 대북 제재를 찬성하는 것으로 나타났다.

(2) 미세먼지로 인해 영유아들의 호흡기 질환 증세가 급증하고 있다.

(3) 브라질 정부는 한국 정부의 메르스 대응 방법을 거울삼아 지카 바이러스 확산 방지에 힘써야 한다.

모범답안
(1) 据悉，70%的受访者对联合国采取对朝制裁措施持肯定的态度。/ 70%的受访者赞成联合国采取对朝制裁措施。
(2) 由于颗粒物，婴幼儿患上呼吸道疾病的事例剧增。
(3) 巴西政府应借鉴韩国政府采取的应对中东呼吸综合症的方法，为防止寨卡病毒的蔓延作出努力。

UNIT 41

100세 시대의 교육을 논하다

Track 2-81

1 이 시대의 키워드는 지식 기반 사회, 고령화사회, 다문화·세계화 사회, 이 세 가지로 요약될 수 있다. 지식 기반 사회는 '아는 것이 힘', 즉 지식이 권력이자 경쟁력인 사회를 말한다. **2** 지식이 뒷받침되지 않으면 어떤 직장이나 개인의 생존도 보장할 수 없는 시대에 우리가 살고 있는 것이다.

또한 한국은 100세 인생 시대를 내다보는 고령화사회에 들어서고 있다. 누구나 별다른 사고가 없으면 기대수명 90세 이상을 채우게 될 것이다. 고령화사회에서는 학습이 삶의 질과 복지를 위한 중요 수단이 되고 있다. '논어'의 '배우고 때로 익히니 즐겁지 아니한가(學而時習之, 不亦悅乎)'라는 구절에서 알 수 있듯이 배우고 익히는 것은 인간의 근본적인 즐거움에 속한다. 또한 우리는 이미 다문화·세계화 시대에 살고 있다. 이러한 시대에는 학습을 통해 우리와 다른 민족·국가들을 이해하는 능력이 필수적이다.

3 지금까지 국가 발전 패러다임이 성장이라는 하나의 목표로 집중되었다면 앞으로는 성장·분배·복지가 선순환하며 균형 있게 발전해 나가야 한다. 이 같은 국가 발전 패러다임의 전환에는 평생교육이 가장 큰 역할을 할 것이다. 인적 자본의 축적을 통하여 지식 기반 사회를 더 공고히 하면서 사회적 자본이라 할 수 있는 법규범의 준수, 신뢰와 원칙의 존중, 나눔과 배려 같은 무형의 자본을 쌓아나가야 한다. 이 모든 일을 가능하게 하는 것이 바로 교육의 힘이다. 교육은 이 시대에 필요한 창조적 인재, 글로벌 인재, 도덕적 인재가 합쳐진 소프트 파워 인재를 만드는 유일한 방법이다.

참고 단어 및 구문

논하다 论 lùn
100세 시대 百岁时代 bǎisuì shídài
키워드, 핵심어 关键词 guānjiàncí
요약하다 摘要 zhāiyào
지식사회 知识社会 zhīshí shèhuì
고령화사회 老龄化社会 lǎolínghuà shèhuì
글로벌화, 국제화 全球化 quánqiúhuà
아는 것이 곧 힘이다 知识就是力量 zhīshi jiùshì lìliàng
~사회에 들어서다 步入……社会 bùrù……shèhuì
기대 수명 期望寿命 qīwàng shòumìng
삶의 질 生活质量 shēnghuó zhìliàng
복지 福利 fúlì
논어 论语 Lúnyǔ
속하다 属于 shǔyú
파악하고 이해하다 掌握了解 zhǎngwò liǎojiě
발전 모델, 발전 패러다임 发展模式 fāzhǎn móshì
A 위주로 하다, A를 주로하다 以A为主 yǐ A wéizhǔ

선순환하다
形成……良性循环 xíngchéng……liángxìng xúnhuán
분배하다, 분배 分配 fēnpèi
균형있는 발전을 이루다
实现均衡发展 shíxiàn jūnhéng fāzhǎn
평생교육 终身学习 zhōngshēn xuéxí = 终身教育
쌓다, 축적하다 积累 jīlěi
공고히 하다, 공고한 巩固 gǒnggù
A는 B라고 불린다 A被称为B A bèichēngwéi B
법과 기율을 준수하다 遵纪守法 zūnjìshǒufǎ
서로 믿고 존중하다 互信互尊 hùxìn hùzūn
나누다 分享 fēnxiǎng
살피다, 돌보다 关怀 guānhuái
무형의 자본 无形资本 wúxíng zīběn
A, B, C를 하나로 합치다
融A, B, C为一体 róng A, B, C wéi yìtǐ
소프트 파워/하드 파워/스마트 파워
软实力 ruǎnshílì / 硬实力 yìngshílì / 巧实力 qiǎoshílì

论百岁时代的教育

🔊 Track 2-82

❶ 这一时代的关键词可摘要为三个，即，知识社会、老龄化社会、多元文化·全球化社会。知识社会是指"知识就是力量"，即，权力与竞争力的社会。❷ 若没有知识作为基础，任何工作或个人的生存都无法得到保障，这就是我们所生活的时代。

韩国正步入"人生百岁时代"的老龄化社会。若不出什么意外，所有人的期望寿命都将超过90岁。为了提高老龄化社会的生活质量和福利水平，学习成为一个重要的手段。在《论语》的"学而时习之，不亦说乎"中，我们能够得知，学习属于人类原有的一种乐趣。此外，我们已经生活在多元文化以及全球化时代。在这种情况下，通过学习掌握了解其他民族与国家的能力是必需的。

❸ 一直以来，国家的发展模式以增长为主，但今后应形成增长、分配、福利的良性循环，实现均衡发展。在转换国家发展模式方面，终身教育将起到很大的作用。通过积累人力资源来巩固知识社会，同时也应该积累被称为社会资本的遵纪守法、互信互尊以及懂得分享和关怀的无形资本。这一切的实现都需要教育的力量，教育是培养这一时代所需要的融创新、国际、道德为一体的软实力人才的唯一方法。

같은 문장 다른 표현

❶ 这一时代的关键词可摘要为知识社会、老龄化社会、多元文化·全球化社会。
❷ 如今，我们生活在若没有知识作为基础任何工作或个人的生存都无法得到保障的时代。
❸ 如果说国家的发展模式一直以增长为主，那么今后则应该形成增长、分配、福利的良性循环，实现均衡发展。

 주어진 문장을 중국어로 통역·번역해 보세요.

(1) 전문가들은 미래 산업 분야의 핵심 키워드로 로봇, 인공지능, 3D 프린터를 꼽았다.

_____

(2) 인구 성장이 뒷받침되지 않는다면 지속적인 경제성장은 불가능하다.

_____

(3) 공평한 교육 기회 제공을 통해서 부의 대물림이라는 악순환을 끊고, 빈부 격차를 줄여 사회의 균형 발전을 이루어야 한다.

_____

모범답안 (1) 一些专家将机器人、人工智能、3D打印选定为未来工业领域的核心关键词。(2) 如果没有人口增长作为基础，我们就无法实现经济的可持续增长。(3) 应通过提供公平的教育机会，打破财富继承的恶性循环，缩短贫富差距，实现社会的均衡发展。

UNIT 11 175

UNIT 42

'피싱', '파밍', '스미싱' – 어떻게 다른가?

🎧 Track 2-83

1 인터넷과 스마트폰이 우리 생활에 깊숙이 들어오면서 우리를 괴롭히는 세 명의 악당이 나타났다. 피싱, 파밍, 스미싱이 바로 그들이다. 피싱(phishing)은 개인 정보(Private data)와 낚시(Fishing)의 합성어로 스팸 메일을 이용한 신종 인터넷 범죄를 말한다. 금융기관을 사칭하여 신용카드나 통장 계좌에 문제가 있다는 구실로 계좌번호나 비밀번호 등의 신상 정보를 요구하거나 이벤트, 설문 조사 등을 빙자해서 선물을 주겠다며 신상 정보나 연락처, 신용 정보를 요구하는 것이다. 파밍은 악성 코드에 감염된 사용자 PC를 조작(Farming)하여 금융 정보를 유출시키는 행위를 말한다. **2** 사용자 PC가 악성 코드에 감염되면 정상 홈페이지에 접속해도 피싱(가짜)사이트로 자동 유도된다. 이를 통해 해커들은 사용자를 속이고 금융 정보를 탈취한 후 범행 계좌로 돈을 이체하는 것이다. 스미싱은 문자 메시지(SMS)와 피싱(Phishing)의 합성어로 휴대전화 사용자에게 웹사이트 링크를 포함하는 문자메시지를 보내 휴대전화 사용자가 링크를 클릭하는 순간 소액 결제가 되게 하거나 개인·금융 정보를 탈취하는 것을 말한다. **3** 주로 '무료 쿠폰 제공', '돌잔치 초대장', '모바일 청첩장' 등과 같은 내용의 문자메시지 안에 인터넷 링크가 포함되어 있는데 이를 클릭하면 피해가 발생한다.

출처가 확인되지 않은 문자메시지의 링크를 클릭하지 않는 것이 제일 좋은 방법이지만 아차 하는 순간 클릭할 수도 있으며 그 순간 수십만 원의 결제가 진행된다. 소액 결제라 하기엔 너무나 큰 금액이다. 따라서 스마트폰 소액 결제를 이용하지 않는 사람은 스마트폰으로 고객센터(보통 114)에 전화를 걸어 이를 차단하거나 결제 한도를 적게 조정해야 한다. 특히 연로하신 부모님이나 어린 자녀가 스마트폰을 쓰는 경우 반드시 지금 전화를 걸어 소액 결제 차단 서비스를 신청해야 한다.

💡 참고 단어 및 구문

한국어	중국어	병음
피싱	网络钓鱼	wǎngluò diàoyú
파밍	网址嫁接	wǎngzhǐ jiàjiē
스미싱	短信钓鱼	duǎnxìn diàoyú
구별하다, 차이점	区别	qūbié
생활에 깊게 들어오다	深入生活	shēnrù shēnghuó
악마, 악당, 귀신	恶魔	èmó
삼총사	三剑客	sānjiànkè
A와 B의 합성어	A和B的合成词	A hé B de héchéngcí
스팸 메일	垃圾邮件	lājī yóujiàn
A라는 이유로	以A为由	yǐ A wéi yóu
신용카드	信用卡	xìnyòngkǎ
통장 계좌	存折账户	cúnzhé zhànghù
사용자	用户	yònghù
비밀번호	密码	mìmǎ
판촉 활동	促销活动	cùxiāo huódòng
조종하다, 제어하다	操控	cāokòng
악성 코드에 감염되다	被感染恶意代码	bèi gǎnrǎn èyì dàimǎ
훔치다	窃取	qièqǔ
로그인하다	登录	dēnglù
속이다, 사기치다	欺骗	qīpiàn
이체하다	转账	zhuǎnzhàng
A에게 문자를 보내다	给A发送短信	gěi A fāsòng duǎnxìn
인터넷 링크	网页链接	wǎngyè liànjiē
클릭하다	点击	diǎnjī
소액 결제	小额支付	xiǎo'é zhīfù
정보를 유출하다	泄漏信息	xièlòu xìnxī
할인 쿠폰	折扣券	zhékòuquàn
돌잔치 초대장	周岁宴邀请函	zhōusuìyàn yāoqǐnghán
청첩장	请帖	qǐngtiě
인터넷 주소	网址	wǎngzhǐ
속임수에 넘어가다, 사기당하다	上当受骗	shàngdāng shòupiàn
고객센터에 전화하다	拨打客服中心的电话	bōdǎ kèfú zhōngxīn de diànhuà
취소하다	取消	qǔxiāo

 참고 번역

网络钓鱼、网址嫁接、短信钓鱼——三者的区别

🎧 Track 2-84

❶ 网络和智能手机已深入我们的生活，给我们带来严重影响的"恶魔三剑客"也随之出现，它们就是网络钓鱼、网址嫁接、短信钓鱼。网络钓鱼(phishing)是个人信息(Private data)和钓鱼(Fishing)的合成词，是一种利用垃圾邮件的新型网络犯罪。犯罪分子冒充金融机构，以信用卡或存折账户出现问题为由，要求用户提供存折账号或密码以及个人信息，或通过促销活动、问卷调查等，以赠送用户礼品为由，要求用户提供个人信息或联系方式以及信用信息。网址嫁接是指通过操控被感染恶意代码的用户电脑窃取金融信息。❷ 若用户电脑被恶意代码感染，即便登录正常网页，电脑也会自动登录到"钓鱼网站"。随后犯罪分子们通过欺骗用户，窃取金融信息，并进行转账。短信钓鱼是短信(SMS)和网络钓鱼(Phishing)的合成词，通过给手机用户发送含有网页链接的短信，若用户点击链接，瞬间就会发生小额支付或泄漏个人及金融信息。❸ "提供免费折扣券"、"周岁宴邀请函"、"电子请帖"等短信里几乎都有网址，若点击这些网址，就会上当受骗。

因此，最好不要点击来源无法确认的短信链接，若一不小心点击链接，瞬间就可能支付数十万韩元。这一金额远大于小额支付。不使用智能手机小额支付服务的用户最好用智能手机拨打客服中心(通常为114)的电话，取消小额支付服务或调低支付额度。尤其是，若上了年纪的父母或年幼的子女也在使用智能手机，一定要马上打电话取消小额支付服务。

같은 문장 다른 표현

❶ 网络和智能手机已深入我们的生活，同时也出现了严重影响我们生活的"恶魔三剑客"，那就是网络钓鱼、网址嫁接、短信钓鱼。

❷ 若用户电脑被染上恶意代码，即使登录正常网页，也会被引诱到"钓鱼网站"。黑客们通过欺骗用户，获取金融信息，并进行转账。

❸ 含有恶意链接的短信通常以"提供免费折扣券"、"周岁宴邀请函"、"电子请帖"等内容为诱饵。

 실력확인 주어진 문장을 힌트를 참고하여 중국어로 통역·번역해 보세요.

(1) 스마트폰이 현대인의 일상 생활 속에 들어오면서 많은 변화를 가져다 주었다.

(2) 정부는 인터넷 피싱을 근절시키기 위해 많은 인력을 투입하고 보안을 강화하고 있다.

(3) 과학기술의 발전은 인류에게 많은 편리함을 가져다 주었지만 동시에 여태껏 겪어 보지 못한 많은 도전도 가져다 주었다.

모범답안 (1) 智能手机已融入到现代人的日常生活中，同时带来了不少的变化。(2) 政府为了打击[根除]网络钓鱼，增加人员投入，加强网络安全。(3) 科技发展给人类带来了诸多好处，同时也带来前所未有的挑战。

UNIT 42

UNIT 43

금연을 결심한 당신에게

Track 2-85

흡연이 몸에 좋지 않다는 것은 주지의 사실이다. 흡연자의 가족들도 간접흡연으로 피해를 볼 수 있다. 금연이 상책이다. 그래도 골초들은 흡연을 고집한다. 이럴 땐 어떻게 해야 할까? 아래에 흡연자를 위한 식단을 소개한다.

① <u>흡연자는 비흡연자보다 채소나 과일류의 섭취량을 늘려야 한다.</u> 이들이 잦은 음주를 하거나, 탄수화물 혹은 고칼로리 식품, 기름진 음식을 즐긴다면 건강에는 최악이다. 흡연자는 과일 섭취량이 낮아 식이섬유소, 비타민 A, 베타카로틴, 엽산, 비타민 C가 부족하기 쉽다. **②** <u>따라서 면역력을 강화해 주고 항산화 효과가 있으며 비타민 A가 풍부한 우유, 달걀, 당근, 시금치, 해조류 등을 많이 먹는 것이 좋다.</u> 베타카로틴이 많은 녹황색 채소를 많이 먹는 사람은 폐암 발병률이 낮다는 연구 결과도 있다.

흡연자는 비흡연자에 비해 비타민 C를 더 많이 소비한다. 담배 한 개비당 체내의 비타민 C 25mg 정도를 소모하기 때문에, 미국 보건당국은 흡연자들에게 비흡연자보다 매일 35mg의 비타민 C를 더 섭취할 것을 권장한다. 따라서 풋고추, 브로콜리, 케일, 양배추 등의 채소류와 딸기, 오렌지, 키위 등의 과일을 많이 먹는 것이 좋다. 항산화 효과가 있는 식물성 기름, 밀 배아, 땅콩, 아스파라거스 등도 좋은 선택이다.

③ <u>건강을 위해 담배를 끊으면 신경과민, 불안, 초조, 피로 등의 금단 증상이 생길 수 있다.</u> 이 때 비타민 B1을 충분히 섭취하면 후유증을 줄일 수 있다. 탄수화물 대사와 신경 기능에 필수적인 비타민 B1은 쌀이나 곡류의 배아에 많이 포함되어 있어 현미, 잡곡밥을 자주 먹으면 좋다. 돼지고기, 해바라기 씨앗, 땅콩 등도 도움이 된다.

참고 단어 및 구문

바치다 献给 xiàngěi
금연(하다) 戒烟 jièyān
흡연(하다) 吸烟 xīyān
간접흡연 二手烟 èrshǒuyān
피해를 보다 受到侵害 shòudào qīnhài
식단 食谱 shípǔ
채소 蔬菜 shūcài
탄수화물 碳水化合物 tànshuǐ-huàhéwù
기름진 음식 油腻食品 yóunì shípǐn
식이섬유소 膳食纤维素 shànshíxiānwéisù
비타민 维生素 wéishēngsù
카로틴 胡萝卜素 húluóbosù
엽산 叶酸 yèsuān
시금치 菠菜 bōcài
해조류 海藻类 hǎizǎolèi
면역력 免疫力 miǎnyìlì
밀리그램(mg) 毫克 háokè
풋고추 青辣椒 qīnglàjiāo

브로콜리 西兰花 xīlánhuā
케일 卷心菜 juǎnxīncài
양배추 洋白菜 yángbáicài
오렌지 橙子 chéngzi
키위 猕猴桃 míhóutáo
항산화 효능 抗氧化功效 kàngyǎnghuà gōngxiào
식물성 식용유 植物油 zhíwùyóu
밀 배아 麦胚 màipēi
땅콩 花生 huāshēng
아스파라거스 芦笋 lúsǔn
~에 도움이 된다 有助于 yǒuzhùyú
금단현상 戒断反应 jièduàn fǎnyìng
신경과민, 신경이 예민하다 神经过敏 shénjīng guòmǐn
증상을 완화하다 减轻……症状 jiǎnqīng……zhèngzhuàng
배아 胚芽 pēiyá
현미 糙米 cāomǐ
잡곡밥 杂粮饭 záliángfàn
해바라기씨 葵瓜子 kuíguāzi

献给想戒烟的您

Track 2-86

众所周知，吸烟有害健康，吸烟者的家人也会受到"二手烟"的侵害。因此，最好的方法就是戒烟。但是烟民们却很难戒烟，该怎么办呢？接下来，给大家介绍一下专门为吸烟者制定的食谱。

❶ 与非吸烟者相比，吸烟者应该多吃蔬菜和水果。若吸烟者频繁饮酒，爱吃碳水化合物或高热量食品以及油腻食品的话，健康将会受到威胁。由于吸烟者吃的水果较少，体内很容易缺乏膳食纤维素、维生素A、胡萝卜素、叶酸以及维生素C。❷ 因此，最好多食用牛奶、鸡蛋、胡萝卜、菠菜、海藻类等既能够提高免疫力，又富含具备抗氧化功效的维生素A的食物。研究结果显示，多食用富含胡萝卜素的绿黄色蔬菜的人，肺癌发病率较低。

与非吸烟者相比，吸烟者消耗的维生素C更多。由于一根烟会消耗体内25毫克的维生素C，美国卫生当局建议吸烟者每天比非吸烟者多摄取35毫克的维生素C。因此，应多食用青辣椒、西兰花、卷心菜、洋白菜等蔬菜与草莓、橙子、猕猴桃等水果。具有抗氧化功效的植物油、麦胚、花生、芦笋等也有助于吸烟者的健康。

❸ 为了健康开始戒烟的时候，可能会出现戒断反应，其症状为神经过敏、不安、焦虑、疲劳等。此时，充分摄取维生素B1，可减轻上述症状。在碳水化合物代谢与神经功能方面维生素B1是不可或缺的，其主要集中在大米或谷物的胚芽中，应经常食用糙米与杂粮饭。此外，猪肉、葵瓜子、花生等也有助于戒烟。

같은 문장 다른 표현

❶ 吸烟者应比非吸烟者吃更多的蔬菜和水果。
❷ 因此，最好应多食用既能够提高免疫力，又富含具备抗氧化功效的维生素A的食物，如牛奶、鸡蛋、胡萝卜、菠菜、海藻类等。
❸ 为了健康而戒烟时，可能会出现神经过敏、不安、焦虑、疲劳等戒断反应。

실력확인 주어진 문장을 중국어로 통역·번역해 보세요.

(1) 담배는 흡연자 본인뿐 아니라 가족들에게도 2차 흡연이라는 피해를 가져다 준다.

(2) 비만은 현대인의 건강을 위협하는 질병으로 비만 예방을 위해서는 식습관을 개선하고 규칙적인 운동을 하는 것이 제일 중요하다.

(3) 보건당국은 전염병의 확산을 막기 위해 귀가 후 반드시 손을 씻을 것을 당부했다.

모범답안 (1) 除吸烟者本人外，吸烟还会给其家人造成吸二手烟的危害。(2) 肥胖是威胁现代人健康的一种疾病，为了预防肥胖改善饮食习惯、坚持运动这两点至关重要。(3) 为了防止传染病的蔓延，卫生部提醒人们回家后务必先洗手。

UNIT 44

최고의 사회안전망

1 경제적 약자를 비롯한 사회 취약 계층의 자살 소식이 끊이질 않고 있다. 한국은 경제협력개발기구(OECD) 회원국 중 9년째 자살률 1위라는 불명예를 안고 있다. 노인 자살률도 1위다. 원인은 다양하지만 생활고로 인한 자살이 적지 않다. 1인당 국민소득은 늘어났지만 저소득층의 삶은 더 힘겨워지고 있다. 서민층의 삶이 안정되지 않고서는 기초가 튼튼한 경제는 요원하다.

2 10대는 진학 문제로, 20~30대는 취업 문제로, 40대 이상은 구조조정 공포나 제2의 인생 설계 문제로 스트레스에 짓눌리고 있다. 복지 예산 100조 원 시대에 접어들었지만 하루아침에 선진 복지국가 수준의 사회보장제도를 갖추기는 어렵다. 정부의 전체 지출액 가운데 생활보호비나 노인 복지·아동 보호 등의 사회복지비, 국민연금 등 정부의 사회보장비 지출이 차지하는 비중은 13%로 OECD 국가 중 가장 낮은 수준이다. 핀란드나 프랑스, 일본은 40%대이다.

3 고용보험이나 기초생활보장제도 등 미흡한 사회안전망을 정비하는 것이 우선이다. 저소득층이나 노인, 장애인, 아동 등으로 나눠 시행하는 생애주기별 맞춤형 복지가 성과를 낼 수 있도록 제도를 정착시키는 것도 큰 과제다. 궁극적으로 복지는 일자리에서 찾아야 한다. 한정된 재원으로 급격하게 늘어나는 복지 수요를 만족시키기는 어렵다. 소득 불균형은 경제를 위협하는 요인일 뿐만 아니라 상대적 박탈감으로 사회 내부의 긴장을 초래한다. 중앙정부와 지자체는 환경·문화·지역개발 등 사회적 일자리를, 민간 기업들은 지속 가능한 양질의 고용 기회를 창출하는 데 온 힘을 기울여야 한다.

참고 단어 및 구문

믿을 수 있는 可靠 kěkào
사회안전망 社会安全网 shèhuì ānquánwǎng
A를 포함하다 包括A在内 bāokuò A zàinèi
경제/사회 취약계층
经济/社会弱势群体 jīngjì/shèhuì ruòshì qúntǐ
끊이지 않다, 계속되다 接连不断 jiēlián búduàn
~라는 낙인을 찍다 打上……烙印 dǎshàng……làoyìn
1위를 차지하다 排名第一 páimíng dìyī
1인당 국민소득 人均国民收入 rénjūn guómín shōurù
곤란하다, 힘들다 艰难 jiānnán
보장받다, 보장되다 得到保障 dédào bǎozhàng
요원하다 遥不可及 yáobùkějí
진학 문제 升学问题 shēngxué wèntí
구조조정 结构调整 jiégòu tiáozhěng
억눌리다, 짓눌리다, 압박받다 备受压抑 bèishòu yāyì
하룻밤 사이에 一夜之间 yí yè zhī jiān
~수준에 도달하다 达到……水平 dádào……shuǐpíng
국민연금 养老金 yǎnglǎojīn

사회보장비 社会保障费用 shèhuì bǎozhàng fèiyòng
핀란드 芬兰 Fēnlán
프랑스 法国 Fǎguó
고용보험 就业保险 jiùyè bǎoxiǎn
기초생활보장제도 基础生活保障制度 jīchǔ shēnghuó bǎozhàng zhìdù
저소득층 低收入阶层 dīshōurù jiēcéng
장애인 残疾人 cánjírén
인생 단계[주기] 人生阶段 rénshēng jiēduàn
(몸에) 맞추다, 맞춤형 量身定做 liángshēn dìngzuò
효과를 보다 取得成效 qǔdé chéngxiào
철저히 관철하고 실시하다 贯彻落实 guànchè luòshí
소득 불균형 收入不均衡 shōurù bùjūnhéng
상대적 박탈감 相对剥夺感 xiāngduì bōduógǎn
일자리를 창출하다
创造工作岗位 chuàngzào gōngzuò gǎngwèi
최선을 다하다 全力以赴 quánlìyǐfù

最可靠的社会安全网

最近，❶包括经济弱势群体在内的社会弱势群体的自杀消息接连不断。在经合组织成员国中，韩国被打上自杀率连续9年排名第一的烙印，老年人自杀率也排名第一。自杀原因虽然有很多，但因生活上的困难而自杀的情况也不少。尽管人均国民收入在增加，低收入阶层的生活却日益艰难。若百姓的生活得不到保障，稳定的经济基础将遥不可及。

❷10多岁的孩子因升学问题、20~30岁的年轻人因就业问题、40岁以上的人因担心公司内部的结构调整以及准备"第二个"人生而备受压抑。虽说韩国的福利预算已达到100万亿韩元，但韩国的社会保障制度很难在一夜之间达到发达国家的水平。在政府的总支出中，生活保障费、老年人福利以及儿童保护等社会福利费用、养老金等政府的社会保障费用所占的比重为13%，在经合组织成员国中为最低水平。芬兰、法国以及日本的这一比例均为40%。

❸目前的首要任务就是改善就业保险或基础生活保障制度等尚不完善的社会安全网。为了使针对低收入阶层、老年人、残疾人、婴幼儿等不同人生阶段量身定做的福利制度能够取得成效，贯彻落实相关制度也是一个重要的课题。最后，还是要在工作岗位中寻找福利，有限的资金很难应对急剧增加的福利需求。收入不均衡不仅是威胁经济的主要原因，也会因相对剥夺感使社会内部变得更加紧张。中央政府和地方政府应在增加环境、文化、区域开发等社会工作岗位方面全力以赴，民间企业应在创造可持续、优质工作岗位方面全力以赴。

같은 문장 다른 표현

❶ 经济弱势群体等社会弱势群体的自杀消息不绝于耳。

❷ 韩国10多岁的孩子、20~30岁的年轻人、40岁以上的人分别因升学、就业、公司内部的结构调整以及准备"第二个"人生而备受压抑。

❸ 改善就业保险或基础生活保障制度等尚不完善的社会安全网迫在眉睫。

주어진 문장을 중국어로 통역·번역해 보세요.

(1) OECD 국가 중 청소년 자살율이 1위를 차지할 만큼 한국의 자살 문제는 심각한 사회문제이다.

(2) 올해 미국의 경제성장률은 3%, 한국은 1.5%, 중국은 6%로 중국이 3년 연속 경제성장률 1위를 차지하였다.

(3) 주식과 환율 시장의 계속되는 하락세를 막기 위해서는 투자자들의 시장에 대한 신뢰를 회복하는 것이 급선무이다.

모범답안
(1) 在经合组织成员国中韩国的青少年自杀率占第一位，在韩国自杀问题已经成了严重的社会问题。
(2) 今年美国、韩国、中国的经济增长率分别为3%、1.5%、6%，中国连续3年占据第一位。
(3) 最近出现世界股市、汇市持续下行的趋势，面对这种情况，恢复投资者对市场的信心迫在眉睫。

UNIT 45

'코리아 블랙프라이데이'가 성공하려면?

🎧 Track 2-89

❶ 내수 진작을 위해 정부가 주도하는 할인 행사인 '코리아 블랙프라이데이'가 시작된다. 미국의 연말 재고 소진 행사인 '블랙프라이데이'의 이름에서 따온 이번 행사는 백화점을 비롯해 대형마트, 편의점, 전통시장, 온라인 쇼핑몰 등 약 2만 7000여 개 점포가 참여해 동시에 세일을 한다.

이번 행사는 지난 8월 14일부터 시작된 '코리아 그랜드 세일'을 확대한 행사다. 코리아 그랜드 세일은 정부가 매년 12월부터 이듬해 2월까지 외국인들을 대상으로 진행하는 할인 행사이다. 하지만 올해는 메르스 사태로 위축된 소비를 진작하기 위해 8월부터 10월말까지로 앞당겼다.

여기에 본격적인 내수 진작을 위해 정부는 '코리아 블랙프라이데이'라는 이름을 걸고 10월 1일부터 행사 대상을 내국인에까지 확대했다. 하지만 업계 관계자들은 **❷ 이러한 정부 주도의 인위적인 소비 진작 행사는 실효성이 부족할 뿐만 아니라 부작용이 나올 수 있다는 점을 지적하고 있다.**

아울러 대형마트와 편의점까지 행사에 참여한다고 나서면 무리한 가격경쟁이 벌어질 수 있다는 우려의 목소리도 나오고 있다. **❸ 관계자들은 걸핏하면 '100원 전쟁'을 벌이는 판에 정부가 나서서 가격경쟁을 하라 부추기는 모습이 될 수 있다며 우려한다.** 이번 행사의 영향이 대형마트의 마진 감소에 그치지 않고 제조업체나 농어민 등에게도 그 여파가 미칠 수 있다는 우려도 있다.

💡 참고 단어 및 구문

코리아 블랙프라이데이(Korea Black Friday)
韩国版黑色星期五 Hánguóbǎn hēisè xīngqīwǔ
성공하다 取得成功 qǔdé chénggōng
내수를 진작시키다 提振内需 tízhèn nèixū
A가 주도하다 由A主导 yóu A zhǔdǎo
가격을 낮추다, 할인하다 降价 jiàngjià
막을 열다 打开帷幕 dǎkāi wéimù
~의 이름을 빌리다 借用……名称 jièyòng……míngchēng
재고 소진 행사 清仓活动 qīngcāng huódòng
백화점 百货商店 bǎihuòshāngdiàn
편의점 便利店 biànlìdiàn
재래시장, 전통시장 传统市场 chuántǒng shìchǎng
대형마트 大型超市 dàxíng chāoshì
온라인 쇼핑몰 网店 wǎngdiàn
상점 商铺 shāngpù
연장하다, 계속하다 延续 yánxù
코리아 그랜드 세일(Korea Grand Sale)
韩国购物季 Hánguó gòuwùjì

판촉 활동을 하다 展开促销活动 zhǎnkāi cùxiāo huódòng
중동호흡기증후군(MERS)
中东呼吸综合征 zhōngdōng hūxī zōnghézhēng
소비를 자극하다 刺激消费 cìjī xiāofèi
소비가 위축되다 消费萎缩 xiāofèi wěisuō
앞당기다 提前 tíqián
대상을 ~로 확대하다
把对象扩大到…… bǎ duìxiàng kuòdàdào……
인위적 人为 rénwéi
실효성이 부족하다 缺乏实效性 quēfá shíxiàoxìng
걸핏하면 ~하다 动辄 dòngzhé
가격 전쟁을 벌이다 展开价格战 zhǎnkāi jiàgé zhàn
선동하다, 부추기다 煽动 shāndòng
이윤을 낮추다 降低利润 jiàngdī lìrùn
제조업 制造业 zhìzàoyè
농어민 农渔民 nóngyúmín

如何让"韩国版黑色星期五"取得成功

🎵 Track 2-90

❶ 为了提振内需，由韩国政府主导的降价促销活动——"黑色星期五"拉开了帷幕。此次活动借用了美国年底清仓活动——"黑色星期五"的名称，百货商店、便利店、传统市场、网店等约2万7千多家商铺参与其中，降价促销。

此次活动延续了从8月14日开始的"韩国购物季"促销活动。"韩国购物季"是韩国政府从每年12月到第二年2月以外国人为对象展开的促销活动。而今年为了刺激因中东呼吸综合征而萎缩的消费，活动时间被提前到8月~10月底。

此外，为了彻底提振内需，政府以"韩国版黑色星期五"为名，从10月1日起把活动对象扩大到国内消费者。但业界却认为，❷ 这种由政府主导的试图人为刺激消费的活动缺乏实效性，会产生负面影响。

与此同时，大型超市和便利店也参与其中，有人担心这会引发过度的"价格竞争"。❸ 有人指出，在动辄就展开"100韩元价格战"的现实情况中，这一举措意味着政府在煽动"价格战"。这会降低大型超市的利润，从而导致制造业和农渔民也受到不利影响。

같은 문장 다른 표현

❶ 由韩国政府主导的、以提振内需为目的的降价促销活动——"黑色星期五"拉开帷幕。
❷ 由于这一活动由政府主导，且试图人为刺激消费，既缺乏实效性，还会负面影响。
❸ 有人指出，在"100韩元价格战"已成为家常便饭的今天，这一举措意味着政府在煽动"价格战"。

 주어진 문장을 중국어로 통역·번역해 보세요.

(1) 중국 국무원이 주최하는 제2차 정치국 정책 회의가 오늘 베이징에서 개막하였다.

(2) 만약 영국이 브렉시트를 결정한다면 영국 경제에 도움이 되지 않을뿐더러 다른 영역에도 적지 않은 악영향을 초래할 수 있다.

(3) 트럼프의 당선으로 전 세계가 충격에 휩싸였다. 미국 곳곳에서 반대 시위가 끊이지 않고 있다.

모범답안
(1) 由中国国务院主办的第二届政治局政策会议于今日在北京召开。
(2) 如果英国决定脱离欧盟，不仅影响英国的经济，也会带来不少其他方面的负面影响。
(3) 特朗普胜选震惊世界，美国多地持续爆发反特朗普游行示威。

UNIT 46

'한국의 취업전선' - 보이지 않는 총성

Track 2-91

❶ 공직 사회도 젊고 우수한 인재들이 필요하다. 그러나 젊은 층이 특정 분야에 지나치게 많이 몰리는 것은 사회의 균형 발전이란 측면에서 바람직하지 못하다. 특히 공무원이 되려고 하는 이유가 공공의 일을 통해 보람을 얻고 사회에 기여하겠다는 포부때문이라기보다 고용과 보상의 안정성 때문이라면 더욱 문제다. 어떤 사회든 청년층은 그 사회의 미래를 개척하는 이들이다. 젊은이들이 다양한 분야에 진출해 도전 정신을 보여야 그 사회가 새로운 활력을 얻고 발전할 수 있다. 그런 점에서 청년들이 공무원 시험에 몰리는 현실은 가벼이 넘길 일이 아니다. 그러나 청년들이 패기를 잃고 있다며 마냥 나무랄 수는 없다. ❷ 직장을 오래 다니는 것이 무엇보다 중요해진 현실은 이들을 공무원 시험에 매달리게 했고 이러한 점에서 한국 사회와 경제의 현실을 되짚어 봐야 한다.

다른 한편엔 고령층(55~79세)의 고단한 현실이 있다. 보건복지부가 주최한 '고령사회 대책 토론회'에서 발표된 자료에 따르면 2007~2012년 한국 남성의 평균 실제 은퇴 연령은 71세였다. ❸ 이는 경제협력개발기구(OECD) 회원국 중 가장 높은 수치로 한국만 유일하게 70세 이상이었다. 통계청이 발표한 조사 결과에서도 58%의 노년층이 일하고 싶어 하는 이유로 '생계를 위해서'를 꼽았다. 지난 1년간 연금을 받지 않은 고령층이 절반을 넘었다는 조사 결과가 '고령에도 일을 하지 않으면 안 되는' 처지를 설명해 준다. 청년층과 고령층이 처한 현실은 한국 사회가 활력을 잃어가고 있으며 노후에도 안정된 삶을 살아가기가 어려워지고 있음을 보여준다. 이는 활력이 떨어지고 있는 우리 경제에 대한 심각한 경고다.

참고 단어 및 구문

한국어	중국어	병음
총소리	枪声	qiāngshēng
공직	公职	gōngzhí
확실히, 분명히, 참으로	的确	díquè
우수하다	优秀	yōuxiù
쏟아져 들어오다	涌入	yǒngrù
불리하다, 좋지 못하다	不利于	búlìyú
동기	动机	dòngjī
국민을 위해 봉사하다	为民服务	wèimín fúwù
A에 공헌하다	为A做出贡献	wéi A zuòchū gòngxiàn
안정적이다	稳定	wěndìng
미래를 개척하다	开拓未来	kāituò wèilái
~에 발을 들여놓다	涉足	shèzú
도전 정신을 발휘하다	发挥挑战精神	fāhuī tiǎozhàn jīngshén
활력을 얻다	获得活力	huòdé huólì
소홀히 하다, 등한시하다	忽略	hūlüè
(사람이) 한 곳에 모이다	扎堆	zhāduī
나무라다, 책망하다	责怪	zéguài
A보다 낫다, A를 능가하다	胜于A	shèngyú A
A에 집착하다[몰두하다]	执着于A	zhízhuóyú A
반성(하다)	反思	fǎnsī
잔혹한 현실	残酷的现实	cánkù de xiànshí
보건복지부	保健福祉部	bǎojiàn fúzhǐbù
주최하다	主办	zhǔbàn
토론회, 세미나	讨论会	tǎolùnhuì
퇴직 연령, 정년	退休年龄	tuìxiū niánlíng
통계청	统计厅	tǒngjìtīng
생계[가계]에 보태다	补贴生计	bǔtiē shēngjì
연금을 수령하다	领到养老金	lǐngdào yǎnglǎojīn
활력을 잃다	失去活力	shīqù huólì
경종을 울리다	敲响了警钟	qiāoxiǎng le jǐngzhōng

韩国的就业市场——"听不见的枪声"

🎧 Track 2-92

① 公职队伍的确需要年轻优秀的人才，但年轻人过多涌入某一特定领域不利于社会的均衡发展。若青年们备考公务员的动机不是为民服务，也不是为社会做出贡献，而是为了稳定的工作和收入的话，问题就更为严重。无论在哪个社会，年轻人都是开拓未来的一代。只有年轻人涉足各领域，发挥挑战精神，社会才能获得新的活力，向前发展。因此，我们不能忽略年轻人扎堆备考公务员的现象，也不能责怪年轻人没有雄心壮志。② 在稳定的工作胜于一切的现实中，年轻人不得不执着于公务员考试。由此可见，我们需要反思我们的社会和经济现状。

另外，老年人(55~79岁)也面临着残酷的现实。在保健福祉部主办的"老龄化社会对策讨论会"中公布的一项资料显示，2007~2012年韩国男性的平均实际退休年龄为71岁。③ 在经合组织成员国中排在首位，韩国是成员国中唯一一个退休年龄超过70岁的国家。在统计厅发布的调查结果中，有58%的老年人想继续工作的原因是"为了补贴生计"。有超过一半的老年人在过去1年间没能领到养老金，这一调查结果也反映出"上了年纪不得不工作"的现实。年轻人和老年人的现实处境意味着我们的社会正失去活力，今后很难过上稳定的老年生活。这给正失去活力的韩国经济敲响了警钟。

같은 문장 다른 표현

① 公职队伍的确需要年轻优秀的人才，但从社会的均衡发展的角度来看，年轻人不应过多涌入某一特定领域。
② 在找一份能多干几天的工作胜于一切的现实中，
③ 成员国中唯一一个退休年龄超过70岁的国家就是韩国。

 주어진 문장을 중국어로 통역·번역해 보세요.

(1) 젊은이들 사이에서 불고 있는 공무원 붐은 안정적인 직업을 선호하는 경향을 반영한다.

_____

(2) 외모지상주의가 만연하면서 많은 여성들이 성형을 당연한 것으로 여기기 시작했다.

_____

(3) 아동 학대는 아동의 신체적 건강뿐 아니라 정신적 건강에도 악영향을 미쳐 건강한 사회 건설에 위협이 된다.

_____

모범답안 (1) 目前在青年人群中掀起的公务员热反映出大多数韩国青年比较青睐稳定的工作。(2) 外貌至上主义的蔓延使不少女性把整容视为理所当然。(3) 虐待儿童会对儿童的身心健康产生负面影响，也不利于打造健康社会。

UNIT 47

문화강국

🌐 Track 2-93

21세기는 문화의 시대라고 한다. 문화적 가치나 문화적 토양이 인간의 삶을 풍성하고 행복하게 해 줄 뿐만 아니라 사회 발전을 가능하게 하는 기반이 된다는 것이다. 특히 중요한 것은 문화적 감수성이 경제 발전 과정에서 피폐해진 정신문화와 인간성을 회복시키는 필수불가결한 요소라는 점이다.

한국 경제의 성장 잠재력이 갈수록 정체되고 있다. **❶ 이러한 상황은 기존의 성장 동인이 후발 추격자에게 추월당하고 새로운 성장 동인을 찾지 못하는 데 기인한다. ❷ 지금 우리가 찾아야 할 새로운 성장 동인은 다름 아닌 '문화'다.** 창조적 경제사회에서는 창조적 아이디어가 중요한 자원이자 생산요소가 되기 때문이다. **❸ 그런데 창조적 아이디어는 튼튼하고 풍부한 문화적 기반 위에서만 꽃피울 수 있다.**

문화는 그 자체만으로도 커다란 경제적 가치를 지닌다. 영화 '타이타닉'의 흥행 수익이 현대자동차가 쏘나타 40만대를 수출하는 금액과 같았는데, 이는 문화 콘텐츠가 가지는 경제적 가치가 얼마나 큰지를 보여주는 단적인 사례다. 문화 산업이 서비스 및 제조업 등 다른 산업에 미치는 전후방 파급 효과도 크다.

그러면 어떻게 해야 문화 융성을 기하고 행복한 경제를 만들어 나갈 수 있을까. 시장 질서의 올바른 확립과 인간 존중의 사회 풍토 조성, 윤리 경영의 강화, 교육 혁신과 신뢰 인프라의 확고한 구축, 사회안전망 확충과 서민 경제 활성화 등이 필요하겠다.

참고 단어 및 구문

문화강국 文化兴国 wénhuà xīngguó	타이타닉 泰坦尼克号 tàitǎnníkèhào
토양 土壤 tǔrǎng	흥행 수익 票房收入 piàofáng shōurù
추진하다 推动 tuīdòng	소나타 索纳塔 Suǒnàtǎ
피폐해지다 疲惫 píbèi	전형적인 典型 diǎnxíng
상실하다 丧失 sàngshī	문화 콘텐츠 文化内容 wénhuà nèiróng
위로하다 慰藉 wèijiè	파급효과 波及效应 bōjí xiàoyìng
되찾다 找回 zhǎohuí	번창하다 昌盛 chāngshèng
잠재력 潜力 qiánlì	분위기 氛围 fēnwéi
정체되다 停滞 tíngzhì	윤리경영 伦理经营 lúnlǐ jīngyíng
추월하다 超越 chāoyuè	구축 构建 gòujiàn
아직 ~하지 않다 尚未 shàngwèi	확충하다 扩大 kuòdà
A뿐 아니라 B이다 即A也B jí A yě B	활성화하다 激活 jīhuó
튼튼하게 하다 牢固 láogù	

文化兴国

🎧 Track 2-94

　　21世纪是文化时代。文化价值和文化土壤使人类的生活更加丰富、幸福，同时也是推动社会发展的基础。尤其重要的是，在经济发展的过程中人们的精神会变得日益疲惫，逐渐丧失人性，而文化能够给人们提供精神上的慰藉，让我们慢慢找回人生。

　　韩国经济的增长潜力日益停滞。因为，❶现有增长动力被竞争对手超越，新的增长动力却尚未找到。❷如今，我们需要寻找的新增长动力就是"文化"。在以创新为主的经济社会里，创意既是重要的资源，也是一种生产要素。❸但创意只有在牢固和丰富的文化基础上才能得到发展。

　　文化本身就具备巨大的经济价值。电影《泰坦尼克号》的票房收入相当于现代汽车出口40万辆索纳塔，这是一个典型的例子，反映出文化内容所具备的经济价值之大。文化产业给服务业及制造业等其它产业带来的波及效应也相当大。

　　那么，我们如何才能实现"文化昌盛"，创造幸福经济？我们需要做的是，建立良好的市场秩序，营造相互尊重的社会氛围，强化伦理经营，进行教育革新，构建诚信体系，扩大社会安全网，激活国民经济。

같은 문장 다른 표현

❶ 现有增长动力被"后来居上者"超越。
❷ 我们需要寻找的新增长动力不是别的，而是文化。
❸ 但创意只有在牢固和丰富的文化基础上才能开花结果。

실력 확인 주어진 문장을 중국어로 통역·번역해 보세요.

(1) 〈태양의 후예〉가 해외 수출로 벌어들인 수입은 1700억 달러로 1분기 제조업 매출과 맞먹는다.

(2) 지금 우리 사회에 필요한 것은 약자에 대한 관심이지 선심성 지원이 아니다.

(3) 청년 세대에 대한 전방위적 지원이 바탕이 되어야 심각한 실업 문제를 해결할 수 있다.

(4) 묻지마 살인, 높은 자살율 등은 한국 사회의 불안한 단면을 반영하고 있다.

모범답안 (1)《太阳的后裔》出口至海外创造了1700亿美元的收入，这相当于第一季度制造业的销售额。(2) 目前韩国社会最需要的是对弱者的关怀，而不是因一时兴起进行的捐助。(3) 只有为年轻人进行全方位的扶持，才能解决目前严重的失业问题。(4) 随机杀人，自杀率高等问题都反映出韩国社会不安的一面。

UNIT 48

한국인의 삶의 질

유엔을 비롯한 여러 국제기구에서 발표하는 각종 보고서에서 우리나라의 행복 관련 지수는 대체로 낮다. 유엔에서 지난 3월 내놓은 '2016년 세계 행복 보고서'에 따르면 우리나라 행복지수는 조사 대상 157개국 가운데 58위였다. 전체적으로는 중상위 그룹이지만 경제협력개발기구(OECD) 35개 회원국 가운데서는 29위였다. 지난해 우리나라가 외형적으로 수출 규모 세계 6위, 국내총생산(GDP) 세계 11위를 기록한 것에 비하면 **1** 행복지수는 상대적으로 형편없는 수준이다. **2** 이는 GDP가 증가한다고 행복지수가 높아지는 것이 아니라는 점을 보여 준다. 우리나라는 2011년부터 조사하고 있는 OECD의 '보다 나은 삶의 지수(BLI: Better Life Index)'에서도 만년 꼴찌다. "도움의 손길이 필요할 때 기댈 수 있는 사람이 있느냐"는 질문에 우리나라 사람들은 평균 72%가 "그렇다"고 답했다고 한다. 남성과 여성은 큰 차이가 없었지만 초등학교 졸업자(53%)와 대졸자(83%) 사이에는 큰 차이가 있었다. 이 조사를 그대로 받아들일 수는 없지만 우리 국민의 약 28%가 고립무원의 상태라는 점은 짐작할 수 있다.

성인뿐만 아니라 아동의 삶의 질도 매한가지다. OECD 아동복지 지표에 따르면 우리나라 아이들의 학업 성취는 뛰어나지만 아동의 권리인 삶의 질은 최하위였다. 아동교육의 중점이 삶의 질 개선에 있지 않고 아동 발달 교육에 치우쳐 있는 게 문제다. 아동들이 나이가 들면 삶의 질이 나아질 수 있을까. 연령별 행복도는 보통 청소년기에 상대적으로 높게 나타나다가 40대나 은퇴 시기가 다가오는 50대 후반에 가장 낮고, 65세 이상 노년층이 되면 높아지는 게 세계적인 추세다. **3** 그러나 우리는 나이가 들수록 행복도가 떨어지는 경향을 보이고 있다. 노인 빈곤율 1위와 노인 자살률 1위라는 우울한 지표가 이를 방증한다.

참고 단어 및 구문

삶의 질　生活质量　shēnghuó zhìliàng	믿을 만하다　值得依靠　zhíde yīkào
유엔(UN)　联合国　Liánhéguó	차이　差异　chàyì
지수　指数　zhǐshù	고립무원　孤立无援　gūlìwúyuán
~위를 차지하다　排在　páizài = 位居	하위(권)　下游　xiàyóu
~에 처하다　处于　chǔyú	무시하다　忽略　hūlüè
중상위　中上游　zhōngshàngyóu	발육하다　发育　fāyù
회원국　成员国　chéngyuánguó	개선되다　得到改善　dédào gǎishàn
규모　规模　guīmó	행복도　幸福度　xìngfúdù
국내총생산　国内生产总值　guónèi shēngchǎn zǒngzhí	퇴직하다　退休　tuìxiū
뜻대로 되지 않다　不尽如人意　bújìn rú rényì	추세를 보이다　呈现趋势　chéngxiàn qūshì
~와 같지 않다　不等于　bùděngyú	빈곤율　贫困率　pínkùnlǜ
보다 나은 삶의 지수(BLI)　美好生活指数　měihǎo shēnghuó zhǐshù	우울하다　沮丧　jǔsàng
	명백한 증거　明证　míngzhèng
꼴찌　倒数第一　dàoshǔ dìyī	

韩国人的生活质量

Track 2-96

在联合国等国际机构公布的各种报告中，韩国与幸福有关的指数几乎都很低。联合国去年3月公布的《2016年世界幸福报告》显示，在157个调查对象国中，韩国的幸福指数排在第58位。虽然从整体来看处于中上游，但在35个经合组织成员国中位居第29位。去年，韩国的出口规模为世界第六，国内生产总值为世界第十一。❶<u>与此相比，幸福指数不尽如人意。</u>❷<u>由此可见，GDP的增加并不等于幸福指数的上升。</u>

经合组织从2011年开始进行的"美好生活指数"调查中，韩国一直都是倒数第一。在"需要帮助时，周围是否有值得依靠的人"的提问中，72%的受访者回答"有"。男性和女性之间没有太大的差异，但拥有小学学历的人和拥有大学学历的人之间存在明显的差异。虽然我们没有必要完全相信这一调查结果，但至少这一结果告诉我们有28%的韩国人孤立无援。

除了成年人外，儿童的生活质量也是如此。经合组织儿童福利指标显示，虽然韩国儿童的学习成果较为突出，但儿童的权利，也就是生活质量处于最下游。这是因为，韩国儿童教育忽略了生活质量的改善，只重视儿童的发育。儿童长大后，生活质量会得到改善吗？各年龄段的幸福度显示，通常青少年时期的幸福度较高，到了40多岁或快要退休的50多岁时，幸福度最低，超过65岁时，幸福度开始回升，这也是一种国际趋势。❸<u>然而，韩国却呈现出年龄越大幸福度越低的趋势。</u>老年人贫困率第一和自杀率第一这些令人沮丧的指标就是一个明证。

같은 문장 다른 표현

❶ 与此相比，幸福指数显得较为糟糕。
❷ GDP与幸福指数不成正比。
❸ 韩国却呈现出幸福度根据年龄的增加而下降的趋势。

실력 확인

주어진 문장을 중국어로 통역·번역해 보세요.

(1) 최근 갤럭시 노트 7 스마트폰 리콜 사태로 삼성은 난처한 상황에 빠졌다.

(2) 성적과 행복은 비례하지 않는다. 자신이 하고 싶은 것을 하는 것이 진정한 행복이다.

(3) 지역간 발전 불균형이 심해 지면서 지역 간 님비 현상이 심각해지는 추세를 보이고 있다.

(4) 님비 현상의 반대는 핌피 현상으로 자기가 살고 있는 지역사회에 이득이 되는 시설을 유치하기 위해 애쓰는 것을 의미한다.

모범답안
(1) 盖乐世7的召回事件使三星公司陷入了尴尬的境地。(2) 成绩与幸福不成正比，做自己想做的事才最幸福。
(3) 地区发展不均衡导致各地区的邻避现象愈演愈烈。
(4) "邻喜现象"与"邻避现象"相反，是指当地居民想方设法吸引更多有利于该地区发展的设施。

UNIT 49

반퇴시대, 당신은 준비되어 있는가?

우리나라 40대의 절반 이상이 자녀 교육비를 지출 1순위로 꼽았다. 반면 6.2%만이 노후자금 마련을 우선순위로 선택했다. 40~50대의 과반수는 성인 자녀에게 경제적 지원을 계속하고 있다. 취업난으로 자녀의 경제적 독립이 늦어지면서 **❶ 취업 준비 비용과 생활비를 대야 하기 때문이다.**

예전에는 자식 교육만 잘 시키면 대부분의 노후가 편안했다. 자녀들이 봉양을 했기 때문이다. 하지만 지금의 중년 세대는 그런 기대를 아예 접는 것이 현명하다. 1980년대 우리나라 노인들은 노후 수입원 중 자녀의 도움이 70%를 넘었다. 지금은 30%로 낮아졌다. 현재 중년 세대가 노인이 되는 미래엔 **❷ 미국이나 일본처럼 자녀 도움이 거의 없어질 게 분명하다.**

빈곤한 노후를 맞지 않으려면 중년 세대는 지출, 특히 교육비를 줄여야 한다. 교육비 비중을 소득의 20% 정도로 낮추는 것이 필요하다. 자녀 교육비를 절약해 생긴 여유 자금은 개인연금이나 자신의 교육비로 투자하는 게 좋다. 고령화로 지금 중년 세대는 교육-취업-반퇴-재교육-재취업-완퇴(完退)의 라이프 사이클을 밟을 것이기 때문이다. 노인이 돼서도 괜찮은 일자리를 가지려면 중년 때 인생 후반전을 준비해야 한다. 자녀의 결혼 비용도 마찬가지다. 자식에 대한 의무감, 혹은 체면 때문에 노후를 위한 최후의 종잣돈을 날리는 어리석음을 범하지 말아야 한다.

참고 단어 및 구문

한국어	중국어	병음
반퇴시대	"退而不休"的时代	tuì ér bùxiū de shídài
교육비	教育费	jiàoyùfèi
노후자금	养老费用	yǎnglǎo fèiyòng
연령대	年龄段	niánlíngduàn
여전히	依旧	yījiù
취업난	就业难	jiùyènán
초래하다	导致	dǎozhì
경제적 독립	经济独立	jīngjì dúlì
맡다, 감당하다	承担	chéngdān
봉양하다	赡养	shànyǎng
향유하다	安享	ānxiǎng
말년	晚年	wǎnnián
포기하다	放弃	fàngqì
기대하다	期待	qīdài
현명하다	明智	míngzhì
피할 수 없다	不可避免	bùkěbìmiǎn
지출	支出	zhīchū
연금	养老金	yǎnglǎojīn
고령화	老龄化	lǎolínghuà
총수입	总收入	zǒngshōurù
남은 인생	下半辈子	xiàbànbèizi
의무감	义务感	yìwùgǎn
절약한 돈	省下来的钱	shěngxiàlai de qián
체면	面子	miànzi
다 써버리다	用光	yòngguāng
저축	积蓄	jīxù
어리석은 행동	傻事	shǎshì

"退而不休"的时代，你做好准备了吗?

🎧 Track 2-98

　　在40岁年龄段的韩国人当中，有半数以上的人指出最大的开销是子女的教育费，而回答准备养老金的人仅为6.2%。在40、50岁年龄段中，多数人依旧在给已成年的子女经济上的帮助。这是因为"就业难"导致子女经济独立越来越晚，❶父母不得不承担子女就业准备所需要的费用和生活费。

　　过去，只要教育好子女就能安享晚年。因为，子女会赡养父母。但对目前的中年一代而言，放弃这种期待是明智的。20世纪80年代，韩国老年人养老费用的70%来自子女，现在降到30%。如今的中年一代老了之后，❷会像美国或日本那样难以期待子女的帮助，这是不可避免的。

　　若想避免贫困的老年生活，中年一代需要减少支出，尤其是教育支出。有必要把教育费的比例减少到总收入的20%左右，把省下来的钱用在个人养老金或自我开发方面。因为，如今的中年一代因老龄化时代的到来需要度过教育就业——退而不休——继续教育——再就业——彻底退休的一生。老了之后，若想找到不错的工作，需要在中年时期做好下半辈子的准备。子女的结婚费用也是如此。不要因为对子女的义务感或面子而做出用光所有积蓄的傻事。

같은 문장 다른 표현

❶ 父母只能继续为子女提供就业所需的费用和生活费。
❷ 也会重蹈美国和日本的覆辙，难以期待子女的帮助。

실력확인 주어진 문장을 중국어로 통역·번역해 보세요.

(1) 무상급식 공약을 지키기 위해서 경기도 교육청이 급식 예산을 지원하기로 했다.

(2) 50%가 넘는 독거노인들이 자녀로부터 경제적 지원을 받지 못하는 것으로 나타났다.

(3) 노후 대비는 오늘날 많은 노인 세대가 직면한 최대의 난제이자 심각한 사회문제이다.

(4) 최근 노인 범죄가 급증하고 있다. 노후 대책 미비가 그 원인으로 분석되고 있다.

모범답안 (1) 京畿道教育厅将划拨午餐预算，以兑现提供免费午餐这一竞选承诺。(2) 统计显示，有50%以上的空巢老人无法获得子女们提供的经济援助。(3) 如何安度晚年是当前老人们面对的难题，同时也是亟待解决的社会问题。(4) 近来老人犯罪事件频发，主要原因是缺乏养老规划。

UNIT 50

지진, 이제 남의 이야기가 아니다

Track 2-99

　　태풍과 지진. 둘 다 인간을 무력화하는 자연재해의 대명사다. 어느 것이 더 빈번히 발생할까. 지진이다. 태풍이나 허리케인은 많아 봐야 1년에 수십 건 등장하지만 지진은 수백만 건 일어난다. 규모 2.0~2.9의 지진은 1년에 130만 건 발생한다는 통계도 있다. 어느 것이 인명 피해가 더 클까. 역시 지진이다. 1900년 이후 파괴력이 컸던 10대 지진으로 생명을 잃은 이는 대략 160만 명에 달한다. 태풍 사망자보다 훨씬 많다.

　　1 한국은 지진 경계 의식이 매우 희박한 국가다. 지난해 국토교통부 자료에 따르면 전국의 내진 설계 적용 대상 공동주택 중 내진 기능을 갖춘 건물은 60%인 18만 5334동에 그쳤다. 서울·경기권이 특히 취약하다. **2 왜 이런가.** 크게 두 가지 이유가 있다. 하나는 천혜의 자연조건을 굳건히 믿는 일반 정서다. 다른 하나는 돈 문제다. 지진 대비에 천문학적인 비용이 들 것 뻔하니 아예 눈을 감아버리는 것이다. 이 중 첫 번째 이유는 근거가 약하다. 조선왕조실록만 봐도 지진 기록이 끊임없이 등장한다. 두 번째 이유는 어느 정도 일리가 있다. 근래 새롭게 부상한 복지 비용만으로도 국가가 발칵 뒤집히는 판국이다. 이런 상황에서 **3 지진 대비 비용을 짊어지자고 주창하기는 어렵게 돼 있다.**

　　지진 예측은 기대하지 않는 편이 낫다. **4 하지만 무대책으로 있어서는 안 된다.** 예측은 못 해도 **5 대비는 해야 할 것 아닌가.** 그래야 비극을 피하거나 줄일 수 있다. 벤치마킹 대상도 있다. 바로 일본이다. 그들이 지진과 싸워온 역사적 과정을 참고하여 우리의 제도를 손보고 위험 요소를 차분히 줄여가야 한다.

참고 단어 및 구문

한국어	중국어	병음
지진	地震	dìzhèn
안전지대	安全地带	ānquán dìdài
태풍	台风	táifēng
저항할 수 없다	无力抵抗	wúlì dǐkàng
전형	典型	diǎnxíng
자연재해	自然灾害	zìránzāihài
빈번하다	频繁	pínfán
허리케인	飓风	jùfēng
많아봐야	顶多	dǐngduō
인명 피해	人员伤亡	rényuán shāngwáng
파괴력	破坏力	pòhuàilì
생명을 앗아가다	夺走生命	duózǒu shēngmìng
훨씬 크다	远大于	yuǎn dàyú
지진 예방 의식	防震意识	fángzhèn yìshí
희박하다	薄弱	bóruò
국토교통부	国土交通部	guóshì jiāotōng bù
내진 설계	抗震设计	kàngzhèn shèjì = 抗震功能
낙관적이지 못하다	不乐观	bú lèguān
천혜 조건을 갖추다	得天独厚	détiāndúhòu
자연조건	自然条件	zìrán tiáojiàn
재정 문제	财政问题	cáizhèng wèntí
아예, 차라리	干脆	gāncuì
보고도 못 본 체하다	视而不见	shì'érbújiàn
근거가 부족하다	缺乏依据	quēfá yījù
무수히	无数次	wúshùcì
복지	福利	fúlì
대단히 부담되다	不堪重负	bùkān zhòngfù
바라다	指望	zhǐwàng
냉담하게 처리하다	漠然处之	mòránchǔzhī
철저히 준비하다	做好准备	zuòhǎo zhǔnbèi
피하다	避免	bìmiǎn
비극	悲剧	bēijù
모방하다	效仿	xiàofǎng
경험을 거울삼다	借鉴经验	jièjiàn jīngyàn
서서히	逐步	zhúbù

韩国不再是地震安全地带

台风和地震都是人类无力抵抗的典型自然灾害。哪一个更频繁发生？答案就是地震。台风和飓风1年顶多发生数十次，地震却达数百万次。据统计，一年间里氏2.0~2.9级的地震发生130多万次。哪一个人员伤亡更严重？也是地震。1900年以后，破坏力较大的十大地震夺走了160多万人的生命，远大于台风遇难者人数。

❶韩国是防震意识非常薄弱的国家。去年国土交通部公布的资料显示，在需要具备抗震功能的公共住宅中，只有60%具备抗震功能，为18.5334万栋。首尔一带的情况更不乐观。❷为什么会这样呢？原因大致有两点。一是，国民普遍相信韩国具备得天独厚的自然条件。二是，财政问题。防震肯定需要投入不少的费用，所以政府干脆视而不见。前者缺乏依据，仅从《朝鲜王朝实录》中就能够得知韩国曾发生过无数次地震。后者有一定的道理。最近，新增的福利支出就让整个韩国社会不堪重负。在这种情况下，❸无法提出增加防震费用的建议。

虽然不能指望能够预测到地震，❹但我们不能漠然处之。即便无法预测，❺也应做好预防准备。只有这样才能避免悲剧的发生，减少相关损失。韩国有可以效仿的对象，就是日本。我们应借鉴日本的防震抗震经验，逐步改善韩国的防震体系，减少各种隐患。

같은 문장 다른 표현

❶ 韩国的防震意识非常薄弱。
❷ 其原因何在？
❸ 增加与防震有关的预算有些不现实。
❹ 但我们不能坐视不管，什么也不做。
❺ 也应未雨绸缪。

주어진 문장을 중국어로 통역·번역해 보세요.

(1) 경주에서 발생한 지진으로 많은 가옥들이 파손되고 10여 명의 인명 피해가 발생했다.

(2) 한국도 더 이상 지진 안전지대가 아니다. 정부는 지진 대처 방안을 마련하여 국민들에게 적극 홍보해야 한다.

(3) 일본은 건물 설계 시 내진 설계를 의무화하고 있다.

(4) 지진이 발생한다는 뉴스가 보도되자 많은 시민들이 비상 식량을 사재기하고 있다.

모범답안 (1) 庆州地区发生的地震使房屋受损，并导致10余人受伤。(2) 韩国已不再是地震的安全地带，政府应制订地震安全指南并积极向全体国民宣传。(3) 在日本设计建筑物时，必须进行抗震设计。(4) 地震的消息一经传出，许多市民便争先恐后地储备应急食品。

UNIT 51

아동학대범을 사회에서 추방하자

현행법에서는 아동 상해치사의 처벌 대상을 '사망에 이르게 한 직접적 폭행'을 가한 자로 한정하고 있다. 실제로 아동 학대치사는 한 차례 폭행으로 빚어진 경우가 드물다. 통상 어린 자녀에 대한 보호자의 폭행은 상습적이며, 반복될수록 강도가 심해진다. 아무도 보지 않는 집 안에서 저항할 힘이 없는 아이를 때리다 보면, 아이를 제 맘대로 해도 된다는 악의 본능이 활성화하는 탓이다. 그러다가 조금 심하게 때린 어느 날 아이는 죽어나간다. 현재 한국의 형법은 장기간에 걸쳐 끊임없이 반복된 폭행을 고려하지 않은 채 사망에 이르게 한 마지막 폭행만을 상해치사로 처벌하도록 규정하고 있다. 이는 꼭 아이가 죽어야만 처벌이 가능하다는 뜻이다. 그렇기에 한국의 형법은 아이러니한 상황에 처해있다.

'흉기를 준비해야 살인죄'라는 식의 판단 역시 법조계 안에서만 통용되는 인식일 뿐이다. 때리는 손을 막을 힘이 있고 경찰에 신고할 줄도 아는 성인이라면 치밀하게 흉기를 준비해야 목숨을 앗을 수 있겠지만, 어린 아이의 신체는 손과 발을 사용하는 것만으로도 충분히 뼈를 부러뜨리고 숨이 끊어지게 할 수 있다. 노약자를 보호해야 하는 게 이런 이유 때문 아닌가.

1 아동에 대한 학대치사는 여느 상해치사보다 엄히 처벌하는 것이 옳다. 양형의 형평성, 처벌의 예측 가능성도 물론 고려해야 한다. **2** 그러면 이제부터 아동학대 끝에 발생한 치사 사건을 살인죄에 준할 만큼 엄벌하는 양형 기준을 세우도록 하자. 살인의 의도를 따져 살인죄를 적용하는 것은 그만둬도 된다. 대신 상습 학대가 있었는지를 더 중요하게 따져서 그것만으로도 중형을 피할 수 없도록 하자. 훈육이라는 명분 아래 아이를 때리다간 오래도록 아이를 못 보게 된다는 예측을 누구나 할 수 있게 하자.

참고 단어 및 구문

한국어	중국어	병음
아동학대범	虐童犯	nüètóngfàn
발붙이다	立足之地	lìzú zhī dì
상해치사	伤害致死	shānghài zhì sǐ
처벌 대상	处罚对象	chǔfá duìxiàng
한정되다	限于	xiànyú
직접 폭행	直接暴行	zhíjiē bàoxíng
보호자	监护人	jiānhùrén
습관이 되다	习以为常	xíyǐwéicháng
구타하다	殴打	ōudǎ
저항 능력	反抗能力	fǎnkàng nénglì
악의 본성	罪恶本性	zuì'è běnxìng
제 마음대로 하다	随心所欲	suíxīnsuǒyù
죄와 벌을 확정하다	定罪处罚	dìngzuì chǔfá
난처한 지경에 빠지다	陷入尴尬	xiànrù gāngà
자기모순	自相矛盾	zìxiāng máodùn
흉기	凶器	xiōngqì
살인죄	杀人罪	shārénzuì
통하다	行得通	xíngdetōng
신고하다	报警	bàojǐng
세심하게 계획하다	精心策划	jīngxīn cèhuà
살인계획	杀人计划	shārén jìhuà
학대치사	虐待致死	nüēdài zhì sǐ
양형의 형평성	量刑的公正性	liàngxíng de gōngzhèngxìng
예측 가능성	可预测性	kěyùcèxìng
학대하다	虐待	nüèdài
~에 포함시키다	列入……之中	lièrù……zhīzhōng
~를 이유로 들다	以……为由	yǐ……wéiyóu
훈육	教训	jiàoxùn

让"虐童犯"无立足之地

在现有的法规中，儿童伤害致死的处罚对象仅限于"导致死亡的直接暴行"。但实际上，一次暴力行为导致儿童伤害致死的情况很少。一般情况下，监护人对儿童的暴力行为习以为常，并且强度也越来越大。这是因为经常在没有外人的家里殴打没有反抗能力的孩子，会激发保护者的罪恶本性，使监护人以为可以随心所欲地对待孩子。就这样，若某天下手比较重，孩子就会失去生命。目前韩国刑法不考虑长期重复不断的暴力，仅根据导致死亡的最后一次暴力以伤害致死罪定罪处罚。这意味着只有孩子死了，才能定罪处罚，使刑法陷入了自相矛盾的尴尬。

此外，"只有准备凶器，才会构成杀人罪"这一逻辑也仅在法律界行得通。若被殴打的对象是具备反抗能力、知道报警的成年人，那就需要准备凶器，精心策划杀人计划，但孩子的身体不同于成年人，仅用手脚就会打断孩子的骨头，导致其死亡。保护老弱者的原因不就在于此吗？

❶<u>与任何伤害致死相比，与儿童有关的虐待致死需要更加严厉的处罚。</u>同时也应该考虑量刑的公正性、定罪处罚的可预测性。❷<u>那么，我们应该对虐待儿童致死案件制定以杀人罪为准的量刑标准。</u>不应该再根据是否有意杀人来适用杀人罪，而应该根据是否经常虐待受害者来判罪，将习以为常的虐待行为列入重刑之中。同时，我们每个人都应该明白，若以教训孩子为由殴打孩子，很有可能将永远失去孩子。

같은 문장 다른 표현

❶ 与任何伤害致死相比，与儿童有关的虐待致死更应严惩不贷。
❷ 我们应该对虐待儿童致死案件进行相当于杀人罪的严厉处罚。

 실력 확인

주어진 문장을 중국어로 통역·번역해 보세요.

(1) 생활고를 비관한 부모들이 자녀와 동반자살을 선택하고 있어 안타까움을 주고 있다.

(2) 아동 학대를 막기 위해서 지역사회의 신고 의식을 강화할 필요가 있다.

(3) 아동 학대는 아동에게 신체적 고통뿐 아니라 정신적으로도 평생 씻을 수 없는 트라우마를 남긴다.

(4) 어린이들이 건강하게 잘 자랄 수 있도록 어린이 복지 시스템을 완비해야 한다.

모범답안 (1) 父母因无法忍受艰苦的生活而与孩子一同自杀，这不得不让人感到惋惜。(2) 为防止虐童事件的发生，应大力提高人们的举报意识。(3) 虐童行为不仅给儿童带来身体上的痛苦，还会在他们的心中留下难以抹去的阴影。(4) 改善儿童福利系统能帮助儿童健康快乐地成长。

UNIT 52

무한 경쟁 시대에서 살아남으려면

🔊 Track 2-103

빨리 변하고 무한 경쟁하는 시대에 ❶ 중소 ICT 기업은 어떻게 생존할 수 있을까? 살아남기 위해서 무엇이 중요한 요소일지 생각해 보자. 첫째, 속도와 유연성이다. ❷ 기업 대표를 만나보면 시장 요구는 시급한데 제품 또는 서비스 개발이 느려서 문제라고 한다. 여기저기서 경쟁자들이 치고 나오기 때문이다. 이게 아니다 싶으면 미련 없이 포기하고 방향을 빨리 전환해야 한다. 구글과 같은 소프트웨어 회사에서 무인 자동차를 만드는 시대가 됐다.

둘째, 창의성과 협력이다. 창의성은 차별화된 제품을 기획할 수 있는 능력, 프로세스를 효율화할 수 있는 능력, 단가를 낮출 수 있는 능력, 수익이 날 수 있는 비즈니스 모델을 만드는 능력을 포함한다. 가치 사슬의 모든 과정에서 창의성이 발휘될 수 있도록 교육과 시스템을 갖춰야 하겠지만, 창의성은 협력에 의해 발현되기도 한다. 오픈 이노베이션을 도모하는 기술 협력은 말할 것도 없고 중소기업에 절실한 경영과 마케팅에도 협력이 필요하다. 시너지가 있을 만한 제품 회사들과 협력하거나 경험 많은 전문가들로 구성된 자문 회사와 협력할 때 창의적인 접근이 가능할 것이다.

셋째, 글로벌 감각이다. 어느 나라에서 어떤 기술과 제품이 튀어나올지 모른다. 정치, 경제, 기술은 국경 없이 움직이고 있다. 기회와 위험이 어디에서 다가오고 있는지 세계를 관찰해야 한다. 마지막으로 강조하고 싶은 것은 핵심 가치다. 업종과 상품은 바꿀 수 있어도 ❸ 회사가 지속되려면 핵심 가치를 놓쳐서는 안 된다. 직원들에게 이익이 분배되고, 기업 간에 상생하며, 사회에 공헌하는 기업 가치를 붙잡고 100년 이상 살아남는 위대한 기업을 기대해 본다.

💡 참고 단어 및 구문

한국어	中文	병음
무한경쟁	无限竞争	wúxiàn jìngzhēng
생존법	生存之道	shēngcún zhī dào
치열하다	激烈	jīliè
융통성, 유연성	灵活性	línghuóxìng
연구 개발하다	研发	yánfā
구글	谷歌	Gǔgē
무인 자동차	无人驾驶汽车	wúrén jiàshǐ qìchē
창의성	创新	chuàngxīn
이윤	利润	lìrùn
가치 사슬	价值链	jiàzhíliàn
프로세스	过程	guòchéng
~에서 비롯되다	源于	yuányú
강구하다, 모색하다	谋求	móuqiú
오픈 이노베이션	开放式创新	kāifàngshì chuàngxīn
절박하다	迫切	pòqiè
마케팅	营销	yíngxiāo
고군분투하다	孤军奋战	gūjūn fènzhàn
베테랑	资深专家	zīshēn zhuānjiā
컨설팅 회사	咨询公司	zīxún gōngsī
관찰하다	观察	guānchá
유지하다	维持	wéichí
핵심 가치	核心价值	héxīn jiàzhí
상생하다	共赢	gòngyíng
A에 공헌하다	为A做出贡献	wèi A zuòchū gòngxiàn

"无限竞争时代"的生存之道

在变化如此之快、竞争如此激烈的时代，❶中小ICT企业怎样才能生存下去？为了生存，最重要的因素有哪些？首先，速度和灵活性。❷企业老板们认为问题在于市场需求的更新速度很快，产品和服务的研发速度却很慢，而且到处都是竞争对手。若觉得这条路不好走，就尽快放弃这条路，换一个方向。谷歌等软件公司制造无人驾驶汽车的时代已到来。

第二，创新与合作。创新是指能够创造新产品、提高生产效率、降低成本、创造利润的能力。在整个价值链的过程中都应具备能够发挥创新能力的教育和体系。此外，创新也源于合作。且不说谋求"开放式创新"，在中小企业迫切关注的经营和营销方面也需要合作。仅以技术为竞争力"孤军奋战"的企业并不少。只有与拥有优秀产品的企业或由资深专家组成的咨询公司合作，才能实现创新。

第三，全球性思维。我们无法得知哪个国家突然研发出哪些技术和产品。政治、经济、技术方面的无国界已成为现实。若想把握机遇和风险，就需要观察这个世界。最后，笔者想强调的是核心价值。行业的类型和商品可以更换，❸但若想维持企业的发展，不能忽视核心价值。希望更多企业能够重视企业价值，把利益分配给员工，实现企业间的共赢，为社会做出贡献，成为具有百年以上历史的伟大企业。

같은 문장 다른 표현

❶ 中小ICT企业生存之道是什么？
❷ 企业老板们认为问题在于产品和服务方面的研发赶不上市场的需求，竞争对手随处可见。若觉得这条路走不下去了，
❸ 但若想维持企业的发展，应该抓牢核心价值。

주어진 문장을 중국어로 통역·번역해 보세요.

(1) BMW 차량 화재 사건에 대처하는 독일 정부의 미온적 태도에 많은 한국 소비자들이 불만을 토로했다.

(2) 문제가 발생했을 때 초기 단계부터 회사가 개입해서 소비자들의 불만을 해결하도록 해야 한다. 그렇지 않으면 결국 소비자들에게 외면당하게 된다.

(3) 중국 내 주요 드론 기업들이 첨단 기술을 무기로 세계 드론 강자로 부상하고 있다. 한국은 이런 추세에 대해 강 건너 불구경해서는 안 된다.

(4) 정부는 경쟁력 있는 스타트업 기업들을 지원하여 빠르게 혁신을 이루어야 한다.

모범답안 (1) 德国政府对宝马车起火一事的态度甚为消极，韩国消费者对此表示强烈不满。(2) 在问题发生时公司应当积极出面来平息消费者的不满，否则会失去消费者的信赖。(3) 中国国内无人机龙头企业凭借尖端技术优势逐渐成为世界无人机行业的佼佼者。对此，韩国决不能再"隔岸观火"。(4) 政府应支持有竞争力的初创企业，以尽快实现创新。

UNIT 53

흡연율을 낮추기 위한 획기적인 방법

경고 그림 도입은 담배 규제의 국제적 표준이다. 우리나라를 포함해 전 세계 180개국이 비준한 〈담배규제기본협약〉은 담뱃갑 앞뒤 면의 50% 이상에 경고 그림을 인쇄하도록 권고하고 있다. 2015년 현재 77개국이 그림 경고를 도입했다. 유럽연합의 모든 회원국은 내년부터 경고 그림을 도입한다. 경고 그림은 선진국에서만 도입한 것이 아니다. 칠레, 우루과이 등 중남미와 태국, 파키스탄, 스리랑카 등 아시아 국가도 경고 그림을 도입했다. 최근 이를 도입하는 나라가 크게 늘고 있으나 어떤 부작용도 보고된 바가 없다.

1 담배 회사는 여러 이유를 들어 경고 그림 도입을 반대하고 있다. 이유는 명확하다. 청소년을 새로운 흡연자로 유인하는 것이 어려워지고 결국 담배 소비가 줄어 경제적으로 손해를 보기 때문이다. 외국 담배 회사는 여러 나라에서 다양한 방식으로 경고 그림 도입을 방해해 왔다. **2** 이들은 경고 그림이 담배 소비를 줄이는 데 효과가 없으며 비흡연자와 흡연자 모두에게 과도한 혐오감을 준다고 주장하고 있다. **3** 그러나 담배 소비에 영향이 없다면 굳이 이를 반대할 이유가 없다.

경고 그림이 아니라 담배 자체가 건강을 해치는 더 혐오스런 물건이다. 담배는 담배 회사가 만든 목적대로 소비하면 사용자의 절반을 죽이는 아주 예외적인 상품이다. 그렇기 때문에 담배에 대한 규제 역시 예외적으로 강력하다. 담배만을 규제하기 위해 별도의 국제조약이 존재하는 것도 이 때문이다. **4** 담뱃갑에 경고 그림을 도입하는 것은 국가의 과도한 개입이 아니라 국민에게 담배의 해로움을 제대로 알려주기 위한 국가의 당연한 의무다.

참고 단어 및 구문

한국어	중국어	병음
낮추다	降低	jiàngdī
흡연율	吸烟率	xīyānlǜ
경고 그림	警示图	jǐngshìtú
규제하다	控制	kòngzhì
비준하다	签署	qiānshǔ
체결국	缔约方	dìyuēfāng
유럽연합	欧盟	Ōuméng
채택하다	采用	cǎiyòng
선진국	发达国家	fādá guójiā
칠레	智利	Zhìlì
우루과이	乌拉圭	Wūlāguī
파키스탄	巴基斯坦	Bājīsītǎn
스리랑카	斯里兰卡	Sīlǐlánkǎ
대폭의	大幅	dàfú
아직 ~하지 않다	尚未	shàngwèi
부작용	负面影响	fùmiàn yǐngxiǎng
명백히 알다	显而易见	xiǎn'éryìjiàn
유인하다	诱惑	yòuhuò
흡연자	烟民	yānmín
손해를 보다	受损	shòusǔn
온갖 방법(을 다하다)	千方百计	qiānfāng-bǎijì
반감	反感	fǎngǎn
강력하다	强硬	qiángyìng
국제조약	国际公约	guójì gōngyuē
담배갑	烟盒	yānhé
간섭, 개입하다	干涉	gānshè
의무를 이행하다	履行义务	lǚxíng yìwù
사실대로	如实	rúshí
알리다	告知	gàozhī

如何有效降低吸烟率?

Track 2-106

　　印制警示图是控制烟草的一种国际标准。包括韩国在内的全世界180个国家签署的《烟草控制框架公约》建议缔约方在烟盒的正反两面印制超过其面积50%的警示图。截至目前，有77个国家在烟盒上印制了警示图。欧盟所有成员国将从明年开始采用警示图。除了发达国家外，智利、乌拉圭等中南美国家和泰国、巴基斯坦、斯里兰卡等亚洲国家也采用了这种方案。最近，采用这种方案的国家大幅增加，尚未发现任何负面影响。

　　❶烟草公司以各种各样的理由反对采用警示图。原因是显而易见的。那就是，难以诱惑青少年成为新的烟民，从而导致烟草消费量下降，最终使企业的经济利益受损。国外的烟草企业千方百计阻碍警示图的使用。❷他们主张警示图在降低烟草消费方面没有什么效果，反而让人反感。❸但若警示图不会影响到烟草的消费，也就没有理由反对这种做法。

　　其实，最让人反感的不是警示图，而是有害健康的烟草。烟草是一种极其特殊的商品，按照烟草企业的制造目的去消费的话，约有一半的消费者将会死亡。因此，有关烟草的管制也格外强硬。这就是世界上存在专门针对烟草的国际公约的原因。❹在烟盒上印制警示图不是国家的过度干涉，而是国家理应履行的义务，以此把烟草的危害如实告知国民。

같은 문장 다른 표현

❶ 烟草公司千方百计反对采用警示图。
❷ 他们主张警示图无法有效降低烟草的消费，反而会让非吸烟者和吸烟者产生厌恶情绪。
❸ 但若不会影响到烟草的消费，为什么要反对呢？
❹ 在烟盒上印制警示图不是国家在"多管闲事"。

실력 확인 주어진 문장을 중국어로 통역·번역해 보세요.

(1) 담배가 폐암을 유발한다는 공익광고가 젊은 층들의 흡연율을 낮추는 데 기여했다고 한다.

(2) 임산부의 흡연은 여성 자신뿐 아니라 태아에도 영향을 미쳐 기형아 출산 가능성이 30% 이상 높아진다고 한다.

(3) 흡연으로 초래된 질환 치료를 위해 해마다 300억 원의 예산이 투입되고 있다.

(4) 직접 흡연도 물론 해롭지만 간접흡연은 흡연자 가족 건강에도 큰 해를 입힌다.

 모범답안 (1) 专家表示提醒人们吸烟容易诱发肺癌的公益广告有效降低了年轻人的吸烟率。(2) 孕妇吸烟不仅对本人有害，还会危害胎儿的健康，导致生下畸形儿的几率增加30%以上。(3) 每年都会有高达300亿韩元的政府预算被用于治疗吸烟所引发的疾病。(4) 吸烟有害健康，而二手烟的危害则会严重影响家人的健康。

요약 시험과 에세이 시험의 모범 사례

한국외대 통번역 대학원의 시험 유형과 이화여대 통번역 대학원의 시험 유형은 전혀 다르다. 여기서는 한국외대 통번역 대학원의 시험 유형인 요약 시험과 에세이 시험의 모범 사례를 소개해서 시험을 준비하는 학생들에게 가이드라인을 제시하고자 한다. 요약의 모범 사례들은 지문을 들려주고 15분 안에 작성한 글이며 에세이는 20분 안에 작성한 것이다. 중한 요약의 경우 다소 미흡하더라도 실제 시험에 대한 이해를 돕기 위해 오탈자 수정을 제외하고 수험생의 답안을 그대로 실었음을 참고하기 바란다.

요약 시험에서 들려주는 지문은 상당히 긴 편이다. 보통 7~8분 정도인데 어느 해에는 10분이 넘어가는 지문이 나와서 학생들이 당황했던 기억이 있다. 긴 지문을 들으면서 글의 흐름을 테이킹 해야 하기 때문에 집중력과 분석력을 요한다. 요약하는 시간은 지문을 들려주는 시간을 포함해서 30분이다. 보통 10분 이내의 지문이 출제되니 20분 정도 안에 완성해야 답안지를 검토한 뒤 제출할 수 있다.

1 요약

요약 시험에 출제되는 지문은 길이가 길기 때문에 전체적인 흐름과 맥락을 잡으면서 테이킹을 하는 것이 관건이다. 일단 테이킹이 끝나면 문장의 흐름에서 포인트 되는 부분들을 표시해서 자신이 이해한 논리 흐름에 맞게 쓸 부분과 버릴 부분을 빨리 판단해야 한다. 그런 다음 요약을 시작한다. 요약을 할 때 주의할 것은 본문에 없는 내용을 임의로 지어내거나 오역이 들어가는 것은 감점요인이니 절대 이런 실수를 해서는 안 된다. 긴 문장의 내용을 얼마나 센스 있게 압축해서 요약했는지, 문장에서 말하고자 하는 논리를 잘 이해했는지, 적절한 전문용어나 키워드 단어들이 잘 표현됐는가에 따라 고득점을 받게 된다. 요약의 분량은 학생들의 요약 스타일에 따라 다소 차이가 있는데 보통 12줄~15줄 정도로 요약하는 연습을 하면 좋다. 너무 짧으면 디테일을 놓치기 쉽고 너무 길면 요약의 느낌보다 번역의 느낌을 주게 된다.

① 한중 요약

지문

　최근 서점에서는 분노 문제를 다룬 계몽서가 꾸준히 팔리고 있다. 주류 독서층인 청장년층에서 분노의 조절이나 해결방안에 관심이 많아서일 것이다. 사실 우리 주변에서 일어나는 각종 사회 병리적 현상은 대부분 분노에서 비롯된 것이다. 내면의 분노가 밖으로 표출되면서 폭력이나 폭언으로 나타나기 때문이다. 분노가 안으로 쌓여 부정적 감정에 압도되면 사람은 우울해지거나 삶을 비관하게 되고 심지어 자살도 생각하게 된다. 또한 분노가 사회적 공통분모를 찾아 집단적 분노로 응집되면 그것은 집단적·정치적 행동으로 표출되기도 한다. 한 예로 최근 우리 사회에서 빈발하는 이른바 '묻지마 살인' 사건도 분노를 제대로 제어하지 못한 범죄자의 행위인 셈이다.
　우리는 일상에서 분노의 감정이 여러 행태로 나타나는 것을 자주 보게 된다. 분노 감정을 제대로 처리하지 못하면 개인 성향에 따라 신경과민, 궤변, 탐욕, 무책임, 태만, 현실 도피, 잦은 다툼이나 시비, 상대에 대한 냉소적 태도나 무관심, 극단적 사고방식, 섹스나 알코올 남용 등으로 이어진다. 물론 이러한 성향을 지닌 사람들 가운데 자신의 내면이 오랫동안 분노의 감정에 휘말려있음을 알아채지 못하는 경우도 있다. 또한 일부는 아예 자신이 어떠한 분노의 감정도 없다고 부정해버리는 경우도 있다. 오랫동안 마음 지층에 깔린 분노를 다스리지 못하면 성격은 충동적 성향으로 바뀌게 되고 인지 기능에도 문제가 생긴다. 어떤 상황에서 성급한 판단이나 오판을 내리는 경향도 실은 억압된 분노

탓이다. 억압된 분노가 많게 되면 인간관계에서 중요한 덕목인 원만한 인간관계 형성이 어렵게 되고 유머나 사고 유연도 떨어지기 마련이다. 분노는 창의적 사고방식에도 악영향을 준다. 과민하고 잘 토라지는 성격도 부지불식간에 내면에 쌓인 분노 탓이 크다. 그뿐인가. 지속적으로 억압한 분노는 신체 질병을 유발시키고 지병을 악화시키기도 한다. 다스리지 못한 분노는 점차 일상에서 행복과 기쁨을 누리는 공간마저 빼앗아 버린다.

분노는 또한 단순한 '느낌'이 아니다. 분노는 화가 난 감정과 함께 상대에게 복수하려는 의지가 합쳐진 정신적 현상이다. 상대가 자신에게 손해나 위험을 가했다는 생각에 상대에게 곧바로 보복하려는 의지가 생긴다. 물론 분노는 인간이 생리적으로 자신을 보호하기 위해 외부 공격에 대한 방어적 반응이기도 하다. 이에 따라 분노가 반드시 도덕적으로 나쁜 것이라고 규정하기 어려운 점도 없지 않다. 그러나 분노는 어쩔 수 없는 지각상의 '느낌'이 아니라 복수에 대한 '의지' 작용이 크다. 이는 역설적으로 우리 스스로 분노를 조절하는 일이 가능하다는 점을 보여주는 대목이다. 정신의학에서는 분노 조절이 실패하면 치유가 필요한 '질환'으로 간주하고 있는 게 현실이다. 분노조절장애는 대부분 뇌신경의 미세한 장애로도 판독이 가능하기 때문이다.

어떤 원인이 분노를 촉발하더라도 우리가 시간을 두고 분노의 뿌리에 대한 분석과 성찰을 거친다면 분노에 휘말리지 않을 수 있다. 분노가 일어나면 순간 멈추고 호흡에 집중하는 연습을 길게 하면 도움이 된다. 마음을 가라앉힌 뒤 분노를 일으킨 반응을 생각해 보고 마음속에서 진행되었던 사고 과정과 더불어 자신이 '겪은 감정의 과정'을 곰곰이 돌이켜 보는 습관을 기르는 일도 중요하다. 다만 이런 성찰 과정에서 어떤 판단이든 일단 유보하는 태도가 관건이다. 이렇게 반복 연습을 하다 보면 자연스레 마음의 평정이 뒤따르기 마련이다. 분노를 이처럼 관리하는 것은 뇌 과학적으로도 입증이 된 방법이다.

> **요약 예시**
>
> 　　最近在书店里能够看到很多有关调节愤怒的书，这是因为许多人越来越关注如何自我调节愤怒情绪。其实，许多社会性问题的发生，也与人们的愤怒情绪有关。如果愤怒长时间在心中积累，并且得不到排解的话，就会让人变得忧郁、悲观、甚至作出自杀等极端的行为。而且若这种愤怒演变为集体愤怒，就会导致一些集体性，政治性大事件的发生。
>
> 　　在日常生活中人们会通过各种各样的方式宣泄自己的愤怒情绪。例如，依赖酒精、逃避现实、与他人争吵等。而这些人当中有些人并不知道自己正处于愤怒的状态，也有一些人不承认自己正在愤怒。
>
> 　　若愤怒长期得不到宣泄就会出现一系列副作用。例如，认知能力下降、人际关系难以维持、失去社交能力、无法进行创新思维、诱发心理疾病等。愤怒会夺走生活中的快乐和幸福感。
>
> 　　愤怒并不是单纯的感觉，它是一种精神现象。因此愤怒并非无法控制，只要找到其根源，愤怒情绪也可以得到调节。若感到莫名的愤怒，不妨尝试一下深呼吸，理一理自己的思绪，心平气和地想想为什么会感到愤怒。若坚持这种习惯，相信人们一定能够从愤怒中解脱出来。

지문

　현대에 오면서 수학은 복잡한 문제들, 과학기술의 문제뿐만 아니라 우리 사회의 문제까지 복합적인 문제를 해결하는 중요한 도구가 되었다. 그런데 또 시대가 변해서 4차 산업혁명이 도래하고 있다. 이 시대는 더 이상 지식의 시대가 아니다. 하나의 일자리 내에서도 전문성이 끊임없이 변하고, 게다가 일자리 자체가 없어지고 생기는 이런 일들이 빈번해지는 시대이기 때문이다. 즉, 하나의 전문성만 갖고는 평생 살아나갈 수가 없다는 뜻이다. 학교에서 배운 지식으로 평생 버티는 시대는 지났다. 끊임없이 새로운 지식을, 또는 새로운 것들을 배우고 학습하는 능력이 중요한 것이다. 이러한 능력은 천부적인 것이 아니고 훈련하고 연습을 통해서 배워야 하는 스킬이다. 이러한 스킬은 생각 연습을 통해서 이루어지는데 수학은 그 생각 연습의 가장 중요한 도구이다.

　이러한 관점에서 수학을 지식의 전달 방식으로 보지 않고 생각의 과정을 연습하고 문제를 해결하는 능력을 키우는 과정으로 인식해야 한다. 오히려 배워 왔던 수학적 지식은 사실 잊어버려도 상관없다. 그 과정에서 터득한 생각하는 방식만 기억하면 된다. 이러한 수학의 특성이 가장 중요한 시대가 되었다고 본다. 지금의 교육과정에서 수학은 아주 많은 문제를 빠른 시간 안에 풀어내는 기술로 변질하였다. 하지만 원래 수학은 어떤 문제를 풀어나가는 생각의 과정을 연습하는 과목이다. 단순한 반복형 학습을 통해서 단순한 문제들을 계속 풀어나가는 기술은 정작 사회에 진출했을 때 필요한 능력과는 무관하다. 실제 일자리에서 요구하는 능력은 복잡다단한 문제를 출발부터 차근차근히 원인을 분석하고 해결해 나가는 문제 해결 능력이기 때문이다. 그래서 단순히 많은 문제를 짧은 시간 안에 푸는 연습보다 문제의 수를 줄이고 시간을 여유 있게 두고 자기 풀이 과정을 기록하는 것이 훨씬 더 중요하다. 답이 틀려도 풀이 과정이 맞았다면 점수를 주고, 설사 답이 맞았더라도 풀이 과정이 틀렸다면 점수를 안 주는 방식으로 생각의 과정을 평가해야 한다.

　더욱이 수학의 역사는 거의 3만 년에 육박한다. 그 오랜 세월 동안 수학은 문명의 필요에 의해서 발전했기 때문에 우리가 배우는 수학적 개념들은 당시에 반드시 필요한 어떤 상황이 있었다. 그렇기 때문에 하나의 수학적 개념이 출현하게 된 역사적 상황을 같이 가르쳐야 학생들이 이게 왜 나왔는지 그 필연성을 이해할 수 있다. 또한 지금 배우고 있는 수학 개념이 어디에 쓰이고 있는지를 가르쳐 줘야 배움의 동기가 생긴다. 최근 수학의 활용은 이공계뿐만 아니라 전통적인 문과 영역에서도 굉장히 활발해지고 있다. 수학이 자기 미래의 계획과 관계가 있다는 것을 알게 되면 조금 어렵더라도 공부할 이유가 생긴다.

　일반인들이 과학에 대해서 갖는 관심의 정도도 굉장히 높아졌다. 그래서 요즘은 과학의 대중화라는 표현 대신 대중의 과학 이해라는 표현을 더 많이 쓰게 되었다. 과학의 대중화는 마치 엘리트인 과학자들이 시혜하듯이 과학 지식을 나눠 준다는 말처럼 들리지만, 대중의 과학 이해는 주어가 대중으로 바뀌면서 대중의 지적 호기심과 필요에 의해서 과학에 접근하는 그런 관점으로 바뀌게 되었다. 백 마디 말보다 한 번 보는 게 개념이해에 더 도움이 된다. 결국, 수학이라는 것도 단지 지식을 전수하고 문제를 강압적으로 풀게 하는 것이 아니라 풀어야 할 이유를 주는 것이 중요한 시대가 되었다.

요약 예시

　　数学本身有着独特的美，这才是数学的本质。随着第四次工业革命的到来，掌握符合时代潮流的知识越来越重要。与以往观念不同，仅靠一种专业知识难以存活，要通过不断学习来增强自身实力。在这样的一个复杂多变的社会里，数学可以为我们指明方向。

　　获取新知识的能力并不是与生俱来的，需要有后天的训练与练习来培养。也就是说，学习能力并不是天赋的才能而是后天培养而来的技巧。而培养这种能力时，数学可以成为良好的工具。进行数学教育时，应着重以下几点：

　　首先，在进行数学教育时，要让学生学会如何进行思考。当今的韩国数学教育仅考虑做题的数量与速度，不重视做题(解题)的过程。比较是否做了更多的题目是毫无意义的，真正的教育应让学生学会解题，并培养出思考能力。这样才能让学生在复杂多变的社会中具备思考能力。

其次，进行数学教育时，应同步进行历史教育。数学拥有三万余年的历史，每一阶段的发展有其历史渊源。只有同步进行历史教育，才能让学生明白学习数学的必要性。

最后，进行数学教育时应让学生明白数学可以应用到什么样的领域。这可以成为学习数学的动机。如今，数学不仅在科学领域，还在文科领域中广泛应用。因此，让学生明白数学与自身未来密切相联，可以激发学习的动力。

如今科学也在逐渐走近大众生活。从"大众的科学"一词可以得知，这比"科学的大众化"更加明确地指向人们的生活，有助于激发学习动力。"百言不如一见"，与强迫式的教育相比，让人们真正体会到学习的重要性与学习的理由更加重要。

지문

동북아 지역, 즉 한중일 3국은 왜 산업이 강할까. 여러 가지 이유가 있겠지만 필자는 이곳에서야말로 산업들 사이에 진정한 경쟁과 협력 관계가 이뤄지고 있기 때문이라고 생각한다.

경쟁과 협력의 공존 상태, 즉 영어로 '코피티션(copetition)'이란 개념은 경영학에서 세계 최고의 명문대로 꼽히는 하버드대 교수들이 창안한 용어다. 기업들이 경쟁하면서도 협력하는 상황을 표현하려는 용어지만 어쩌면 이미 한중일 3국에서는 산업들 차원에서 오래전부터 일어나고 있던 현상이 아닐까 싶다.

하지만 우리 눈에는 보통 한중일 3국의 산업 간 협력보다 경쟁 현상이 더 뚜렷이 보이는 것은 어쩔 수 없다. 우리가 산업이라고 인식하는 주요 제조업 대부분에서 이들 3국이 세계시장을 주름잡고 있고 그 경쟁의 치열함은 이미 누구에게나 잘 보이기 때문이다.

철강·전자·조선·석유화학 등 전통적인 중화학 분야에서 이미 한중일 3국은 전 세계 시장의 절반 이상을 차지하는 주요 공급처가 돼 있다. 돌이켜보면 이들 산업에서 한국은 1970~1980년대에 일본 산업의 절대 우위를 넘어서려고 발버둥친 바 있고 1990년대부터 2000년대 초반까지 우위를 맛보다가 최근에는 중국에 주도권이 넘어가는 상황까지 맞았다.

그렇게 일본에서 시작해 한국을 거치면서 중국에 이르기까지의 치열한 경쟁 상황은 이제 첨단산업 쪽으로 번져가고 있다. 물론 이 분야들에서도 중국의 우위가 심화돼 가는 양상을 보일 것은 불문가지다. 반드시 염두에 둬야 할 것은 이러한 3국 사이의 치열한 경쟁이야말로 이 지역 산업의 경쟁력을 높인 원동력이었다는 점이다.

하지만 이들 산업들의 경쟁 상황의 이면을 자세히 들여다보면 한중일 3국의 산업 간 협력이 전개되고 있는 모습도 특별하다. 한중일 3국 사이에 이들 주요 산업과 첨단산업 분야에서의 부품·소재의 교역 모습을 보면 점점 더 심화돼 가는 모습이기 때문이다. 비록 대부분의 완성 제품 산업에서 일본의 우위가 사라졌다고 하더라도 핵심 부품·소재 분야에서의 일본의 기술적 우위는 아직 절대적인 수준으로 간주해도 틀림이 없다. 수면 위에서는 치열한 경쟁 양상이 벌어지고 있지만 이들 3국의 산업들은 서로의 장점을 활용하는 협력 관계를 치밀하게 전개하고 있다. 이러한 한중일 3국 산업의 경쟁과 협력 관계는 북미나 유럽 등 다른 제조업 강세지역에서 그렇게 발달하지 못한 독특한 분업의 모습인 것으로 보인다.

그렇다면 우리 산업들이 이러한 한중일 3국 사이의 경쟁과 협력 관계에서 가져야 할 자세는 무엇일까. 첫째, 변화에 대응하는 유연한 자세를 가져야 한다. 중국 산업이 절대적으로 한국에 의존하고 있던 시절을 회상하며 아직도 중국 산업을 경쟁상대로만 생각하고 기술적 협력을 기피한다면 그런 산업의 미래는 어두울 수밖에 없다.

앞으로 한중일 3국이 개척해야 할 새로운 경쟁과 협력 분야는 신산업 분야일 것이다. 이 분야에서는 한중일 3국 어느 나라가 우위에 서 있다고 할 수 없을 정도로 불확실한 상황이라고 할 수 있다. 기술력을 강조하는 분야에서는 아직 일본이 우위에 설 수 있다고 하겠지만 새로운 아이디어를 도입하는 분야와 시장의 크기에 의존하는 분야에서는 중국이 아무래도 우위에 올라설 가능성이 높다. 한국의 신산업은 아마도 우리 산업들이 가졌던 역동성 그리고 소비자들의 빠른 수요 변화를 포착하는 능력 등에서 실력을 발휘해 일본과 중국의 신산업과 경쟁해야 할 것이다. 전통 산업에서 그러했듯이 보이지 않는 부분에서 3국 신산업이 협력을 모색해야 할 것은 자명한 일이다.

요약 예시

　　竞争与合作的共存，是东亚三国工业取得举世瞩目成就的根源。长期以来，韩、中、日三国在工业上既展开激烈竞争，又展开着密切的合作。

　　若粗略地看，韩、中、日三国在工业上的竞争态势更加明显。在传统重工业领域，三国以日、韩、中的顺序轮流占据了市场优势。而如今，三国竞争的展开对象，演化至高科技产业。从半导体到智能手机领域，三国都在进行激烈的竞争。三国的竞争使各自的产业竞争力不断提升。

　　然而仔细地看，就会发现三国之间也建立了明显的合作关系。尤其是在高科技产业，三国之间核心零部件及材料的交易往来日益增多。虽然日本已经失去了生产高科技产品制成品时的优势，但在出口核心零部件及材料方面仍保持着优势。韩、中两国的生产能力也大大提升，中国在这些方面的对外依赖度也减少，三国之间则呈现出携手并进的面貌。

　　三国利用各自的优势，在竞争与合作共存的情况下形成了与众不同的分工体系。那么韩国应如何看待这种竞争与合作？韩国应始终保持灵活应对变化的态度。在新产业领域与日、中保持竞争与合作的同时，发挥自身优势，在各方面，尤其是在尚未全面发展的领域中，保持合作。

② 중한 요약

지문

　　　　"互联网+慈善"也能放心爱

　　《慈善法》对于通过网络开展募捐有明确的规定。《慈善法》第23条规定"慈善组织通过互联网开展公开募捐的，应当在国务院民政部门统一或者指定的慈善信息平台发布募捐信息"。这意味着以后慈善团体要在网上发布募捐信息，只能通过国家认定的募捐平台。我们要弄清楚个人求助与慈善募捐的区别。《慈善法》第二十一条规定，慈善募捐是指慈善组织基于慈善宗旨募集财产的活动，这是慈善法当中慈善募捐的定义。个人求助是自然人为解决自己或家庭的困难，请求特定人群给予帮助。所以，朋友圈找特定的朋友求助并不属于慈善活动，《慈善法》并未对此禁止。

　　民政部官方微博对二者的区别也给出了答案。一是主体不同。个人求助主体是自然人，而慈善募捐主体是慈善组织。二是目的不同。个人求助目的是为了解决自身或家庭存在的困难，而慈善募捐只能基于慈善的宗旨。三是法律关系不同。个人求助主要产生民事法律责任；而慈善募捐不仅涉及捐赠人和慈善组织之间的民事法律关系，还涉及行政机关与慈善组织之间的行政法律关系。四是剩余财产的处理不同。个人求助中，赠予人将财产给受赠人后，财产的所有权随之转移受赠人，如果事先没有约定，剩余财产如何处理，包括到现在一直是实践中争议比较大的问题；而慈善募捐中，慈善项目终止后财产有剩余的，按照方案或协议处理；如果捐赠方案未规定或捐赠协议未约定的，慈善组织应将剩余财产用于目的相同或者相近的项目，并向社会公开。

　　《慈善法》明确规定，慈善组织开展公开募捐须首先取得公开募捐资格，网络募捐须在指定的慈善信息平台发布信息。那么具体的程序是什么呢？慈善组织符合相关条件可以向县级以上人民政府民政部门申请和申领；获得资格以后，开展公开募捐，必须制定公开募捐方案，并在登记的民政部门备案。在募捐活动现场或者募捐活动载体的显著位置，还需要公布本组织名称、公开募捐资格证书、募捐方案、联系方式、募捐信息查询方法等。

　　"互联网+"概念已成为一种新的经济形态与社会共识，她的确立改变着、并将进一步改变中国社会各方面要素的组合方式与运行方式。在网络高度发达的今天，充分发挥其优化集成与精准迅捷的特性，将更加有助于引领产业发展与社会进步。"互联网+慈善"是中国慈善事业的必由之路。相对于之前受制于地理与传递方式、资源与需求难以匹配等诸多问题，互联网彻底改变了慈善机构只能依赖单一渠道及设点募捐的传统模式，由此降低了筹款门槛与传递成本，极大便利了民众捐赠，使全民慈善的美好愿景成为可能。其次，互联网在链接慈善需求与慈善资源、协调慈善机构与受助目标方面发挥了积极作用，使捐赠人的意愿、受助者的需求和慈善组织的工作三者完美衔接，以最快捷、最经济、最合理的方式将慈善资源加以有效配置，为"精准慈善"、"目标公益"的实现创造了有利条件。

　　尤为重要的是，互联网为慈善事业引来了阳光，制造了透明。以传统的线下慈善模式，平台运作相对封闭，监管制度易存死角，从捐赠到受赠周期过长、操作过繁、程序过多，从而造成了信任的暗箱。而互联网公开透明的特性使各方都可以轻易查证善款善物的使用、捐赠对象的境况与需求等信息，将慈善事业做成了真正的"透明口袋"。随着《慈善法》的施行，中国网络慈善将由此进入"固定入口、统一监管"模式，以往的网络募捐乱象与弊端将得以规范，使慈善事业行走在正确的轨道上。

> **요약 예시**
>
> 　　최근 중국의 자선법은 인터넷을 통한 공개 모금에 대해 명확한 규정을 제시했다. 자선법 23조에 따르면 자선단체는 인터넷 공개 모금 시 국무원 민정부의 허가를 받아야 하고 모금 관련 정보를 국가가 인정하는 플랫폼에 게시하여야 한다. 올 9월 1일 실시된 자선법은 개인구제와 자선단체 모금 활동에 대해서도 명확한 구분선을 그었다. 자선법 21조에서는 자선 모금 활동은 자선단체가 공익적인 목적에 의해 자금을 모으는 활동이며 개인구제는 자신과 가족의 어려움을 해결하기 위해 자금 지원을 요청하는 것이므로 자선활동에 속하지 않는다고 명시했다. 자선단체와 개인의 모금 활동은 모금 주체, 목적, 법적 상관관계, 잉여 모금액 처리 방법 등에서도 차이가 존재한다. 자선단체가 공개 모금 활동을 전개하기 위해서는 관련 플랫폼에 모금 정보를 게재해야 하는 등 절차가 필요하다. 우선 국무원 민정부 등 부서에서 모금 활동 자격을 획득한 후 모금 관련 계획과 구체적인 모금 방안, 자선 프로그램의 명칭, 연락처 등 정보를 모두 공개해야 한다.
>
> 　　'인터넷+'는 경제의 새로운 한 형태로서 중국 사회를 획기적으로 바꾸고 있다. '인터넷+ 자선' 역시 중국의 자선 문화를 크게 바꾸고 있는 중이다. 우선 과거 공간적인 제약, 모금액 전달 방식, 수요자와 모금자 간의 미스매칭 등 여러 문제들이 인터넷 자선 활동으로 인해 해결되고 있다. 자선의 '문턱'은 낮아지고 있으며 더욱 많은 국민들이 더욱 빠르고 편리하게 자선 활동에 참여할 수 있게 되었다. 또한 인터넷 자선 활동은 실질적 자금 수요와 자원을 연결시켜 신속하고 합리적인 자원 분배를 가능케 했다. 가장 중요한 것은 인터넷 자선 활동이 그간 불투명하고 제대로 관리 감독 되지 않았던 자선 활동을 더욱 공개적이고 투명하게 만들어 주었다는 점이다. 이처럼 인터넷 자선활동은 그간 중국 자선 문화의 폐단을 줄이고 더욱 올바른 길로 자선 문화를 인도할 것이다.

共享发展：追求发展与共享的统一

习近平同志指出："让老百姓过上好日子是我们一切工作的出发点和落脚点。"由此提出的共享发展理念，是以马克思主义为指导、继承中国优秀文化传统、体现社会主义本质要求的具有科学性、创新性的发展理念。

共享发展理念把发展与共享统一起来，是对马克思主义有关思想理论的继承和发展。马克思主义之所以要建立社会主义社会，就是要让劳动人民摆脱在旧制度下受剥削受压迫的穷困境地，过上富足、公平的美好生活。经典作家们指出，建设社会主义要抓好两大环节：一是快速发展生产力，二是实现共同富裕。但怎样抓好这两大环节，需要在社会主义实践中探索，不断提出和完善具体理念与路径。

中国古代先贤鉴于"朱门酒肉臭，路有冻死骨""富者田连阡陌，贫者无立锥之地"的社会不公现象，提出了大同社会思想。中国民主革命先行者孙中山把"民生"作为三民主义的重要内容。但是，旧中国的社会历史条件决定了先贤们的大同思想不可能实现。当前，我国经济发展进入新常态，发展生产力和社会主义生产关系，如期实现"两个一百年"奋斗目标，逐步实现共同富裕，需要与时俱进创新发展理念。党的十八届五中全会提出的创新、协调、绿色、开放、共享的新发展理念，提出了发展生产力和实现社会主义生产目的的新理念新途径。其中，共享发展理念追求发展与共享的统一，体现了中国特色社会主义的本质要求，是我国发展新阶段提高人民获得感、增强发展动力、增进人民团结、最终实现共同富裕的方向指引和基本遵循。

共享发展，坚持人民主体地位，体现了以人民为中心的发展思想。它包括的内容全面而丰富。共享什么？共享改革发展的物质文化成果，共享优质的教育、就业、医疗、社保等基本公共服务，共享安全和谐舒适的生活环境，共享青山绿水、蓝天白云，等等。其中，消灭贫困、缩小收入差距、逐步实现共同富裕是共享发展的核心内容。

共享发展的特征可以概括为五个方面：一是全民共享，不是少数人共享、一部分人共享，而是城乡全体人民共享。二是全面共享，包括共享经济、政治、文化、社会、生态文明等各方面改革发展成果。三是共建共享，天上不会掉馅饼，共享的成果要靠全民共同建设而获得。四是渐进共享，共享的内容是随着生产力不断发展和财富不断增加而不断丰富的。我国社会主义会经历不同发展阶段，各阶段生产力发展的状况和共享的状况会有所不同，总趋势是不断发展与完善，最终到未来共产主义社会，实现各尽所能、按需分配。可见，共享是一个不断丰富和完善其内涵的长期历史过程。五是共享而非均享，人的能力有大小、贡献有差异，因而个人收入分配不会均等。再者，人的消费需求有差别，不可能都吃一样的饭、穿一样的衣、住一样的房、开一样的车。孔子讲"不患寡而患不均，不患贫而患不安"，提出了生产力落后、财寡民贫条件下的朴素公平思想。在新的社会条件下和发展基础上，我们追求的是兼患寡与不公平、贫与不安定，以共享发展逐步解决不均问题，走向共同富裕。

实现共享发展，仅靠生产力发展和财富增加还不够，这是物质保证。即使在生产力高度发展、财富充分涌流的条件下，也会出现贫富分化。因此，实现共享发展还需要制度保证。我国是社会主义国家，劳动人民是生产资料和社会财富的主人。只有坚持和完善公有制为主体、多种所有制经济共同发展的基本经济制度，才能逐步实现共享发展。同时，实现共享发展还需要分配制度保证。现阶段，必须贯彻落实按劳分配为主体、多种分配形式并存的收入分配制度，不仅在国民收入再分配领域要更加注重公平，而且在初次分配领域也要把公平和效率统一起来，努力实现居民收入增长和经济发展同步、劳动报酬增长和劳动生产率提高同步，从而把提高人民获得感和增强发展动力统一起来。

요약 예시

시진핑 주석이 제시한 공유 발전 이념은 사회의 본질적인 요구하에 나타난 것이며 혁신 발전 이념과 그 맥락을 같이한다. 이는 중국 공산당이 오랫동안 견지해 온 마르크스주의를 계승한 것이다. 공유 발전 사회 확립은 오랫동안 각종 수탈과 압박에 시달려 온 국민들이 빈곤에서 벗어나 질 좋은 삶을 누리게 하는 것이 그 목적이다. 일찍이 중국의 고대 지식인들은 '대동사회'라는 이념을 제시하며 모두가 잘 사는 사회를 꿈꿔왔다. 하지만 사회적, 역사적 조건 속에서는 이러한 사회를 구현해 내지 못했다. 현재 중국은 뉴노멀 시대에 진입해 생산력과 생산관계를 재조정해 '두 개의 백년' 목표를 실현하기 위해 도약의 발판 위에 서 있다. 시대의 흐름에 발맞춰 혁신 발전을 도모하기 위해 제18차 5중전회에서는 '공유'를 포함한 5가지 발전 이념을 제시하였다. 공유 발전 이념은 생산력 발전을 위해 새로운 루트를 개척해 발전의 성과가 모두에게 돌아가도록 할 뿐만 아니라, 사회 단결을 촉진시켜 사회 구성원 모두가 부유해지는 데 일조할 것이다. 국민을 중심으로 구성된 공유 발전 이념은 취업, 의료 등 공공서비스 부문, 안전하고 쾌적한 생활환경 부분, 아름다운 환경을 재건하기 위한 측면 등의 성과를 공유하는 것이 그 근본이다. 이로써 빈곤을 해소하고 빈부격차를 줄여나갈 것이다. 공유 발전 이념의 핵심은 크게 5가지로 나뉜다. 첫째로, 사회의 소수나 일부분이 아닌 국민 모두가 발전의 성과를 공유하는 것이다. 둘째로, 경제, 사회, 환경, 문화 전반적인 부문의 성과를 다 같이 향유하는 것이다. 셋째로, 국민 모두가 공유 사회 구축을 위해 노력하는 것이다. 넷째로는, 중국 사회 현황에 맞춰 점진적으로 공유 사회를 조절해 나가는 것이 이에 해당한다. 마지막으로는, 공유가 모든 것을 동시에 나누자는 것은 아니며, 사회의 발전 성과가 빈곤 계층 등 사회적 약자에게 두루 돌아가도록 해야 한다. 사회의 전반적인 발전은 물질적인 요소로만 이뤄지진 않는다. 부의 흐름이 원활할 때에도 빈부격차는 나타나기 마련이다. 그렇기에 정부가 나서 제도적인 보장을 약속해야 한다. 사회를 구성하는 주축인 노동자를 보호하고, 국유제를 기반으로 한 각종 소유제도가 원활히 운영되어야 진정한 의미의 공유 발전 이념을 실현할 수 있을 것이다.

지문

TPP给中日韩贸易带来哪些变数

TPP出现以后，中日韩FTA谈判进程受阻。由于美日同盟和美韩同盟的连带作用，日本与韩国对美国主导的TPP谈判表现积极。中日韩三国对TPP表现出了不同的态度：日本已正式加入TPP，韩国加入TPP谈判，中国对TPP持开放态度。日本与韩国更加注重借助TPP与美国拉近距离，使美国重返亚洲的战略向前迈进一大步。

首先是中国对加入TPP的态度。2010年美国加入TPP之后，TPP成为美国亚太再平衡战略的基石。面对TPP的发展形势，中国商务部发言人曾表示，TPP是当前亚太地区重要的自贸协定之一，中方对符合世界贸易组织规则、有助于促进亚太区域经济一体化的制度建设均持开放态度，希望TPP协定与本地区其他自由贸易安排相互促进，共同为亚太地区的贸易投资和经济发展作出贡献。同日，新华社刊发文章指出，目前中国尚未加入TPP，但未来不排除中国在适宜时候提出加入。

其次是日本加入TPP的原因。当世界第二大经济体中国被TPP排除在外时，作为世界第三大经济体的日本被纳入了TPP。日本加入TPP不仅有其政治意图也有其经济意图。首先，从经济领域看，亚洲金融危机爆发以来，日本的国内生产总值增速持续放缓，国内人口老龄化使得国内需求不足，同时日本出口贸易的竞争力也受到严峻挑战。日本的一些财团、学者和产业界认为这是由于存在"贸易壁垒"的缘故。因此，日本极其重视同美洲和亚洲的一些国家开展区域经济贸易合作。日本政府认为加入TPP会带动本国工业的发展，避免产业空心化。另外，近些年来，日本不断加强与美国、韩国等发达国家的贸易合作，但是，日本逐渐意识到美日、日韩的双边贸易量不足其总贸易量的五分之一，而且不会再出现大幅度的增长，因此迫切希望与亚太地区开展更深层次的贸易合作，提高本国在亚太地区的地位、提振本国经济。

再次是韩国对加入TPP态度转变的原因。在2013年年底前，韩国一直表示拒绝加入TPP。2015年，美国总统奥巴马签署了贸易"快速道"授权法案，意味着"亚太再平衡战略"得到落实，进一步拉近了美国与日本之间的距离。受此影响，韩国表现出了加入TPP的积极性。韩国对TPP的态度发生改变的原因主要有以下两点：第一，2013年3月日本正式加入TPP谈判促使韩国态度发生改变。韩国政府曾做过一个调查，目前，韩国与FTA生效国和地区的贸易额占韩国贸易总额的35%，而日本仅为19%。但是如果日本加入TPP以及与欧盟的协定生效，而韩国不加入TPP，那么五年后，韩国的这一比例将为69%，而日本将追赶至64%。第二，跨太平洋伙伴关系协定(TPP)国的国民生产总值将近21万亿美元，其中包括最近同韩国达成自由贸易协定的澳大利亚、墨西哥、加拿大。韩国已与10个TPP会员国签订FTA，加入TPP可以使韩日建立自贸区关系，有利于扩大韩国对日本的出口，尤其对日本农产品、水产品市场出口有望扩大，有利于韩国突破双边自贸区协定过多，造成原产地规则过于复杂、使用效率降低的弊端。

日本与韩国加入美国主导的TPP对中日韩FTA谈判进程有很大的影响。首先，日本与韩国加入TPP会阻碍中日韩FTA谈判的进程。当前，日本是TPP的成员国，韩国宣布了加入TPP谈判，韩国与日本又是中日韩FTA战略的成员国，一旦韩国与日本加入TPP后，两国对TPP的关注使得其国内资源从投向中国市场开始转为投向TPP成员国，对与中国分享FTA成果的兴趣与热情大减，这将直接影响到已经实施的中韩FTA和未来中日韩FTA战略布局的进程。其次，从日本加入TPP谈判的密集程度可以看出，一旦韩国正式启动加入美国主导的TPP，也会同日本一样，参与到密集的谈判中去。这不仅会进一步阻碍中日韩FTA的谈判进程，而且日本和韩国还会用TPP的高规格、高标准来衡量中日韩FTA，可能进而要求中国在劳工保护、农产品出口和环境保护等方面的问题做出改进。最后，韩国与日本加入TPP后，TPP的某些成员国不仅有比中国更加廉价的劳动力，而且其贸易产品会对我国的贸易产品进行贸易替代，对我国的贸易产品出口造成冲击。

요약 예시

　　환태평양경제동반자협정(TPP)를 둘러싼 한미일 간의 협력이 심화되면서 한중일 FTA 협상 진행에 제약 요소들이 늘어났다. 현재 일본은 TPP에 가입을 한 상태이고, 한국은 TPP 협상에 참여 하겠다는 의사를 밝혔다. 물론 중국이 TPP가 미국의 '아시아 재균형 전략'의 일부라 생각해 줄곧 가입을 거부했지만 TPP가 다른 자유무역 협정들과 긍정적인 효과를 내기를 기대하며 적절한 시기에 가입을 논의하겠다는 의사를 밝혔다. 일본이 TPP에 가입을 한 이유로는 경제적, 정치적 요인이 있다. 그중 경제적으로는 현재 GDP 성장률 정체, 고령화, 수요부진 등의 문제를 안고 있는 일본이 TPP를 통해 수출 경쟁력을 올리기 위해서이고, 다른 TPP회원국들과의 교류를 늘려 국제적 지위와 경제우위를 제고시키기 위한 목적도 가지고 있다. 한국이 TPP 가입에 대해 긍정적으로 바뀌게 된 데에는 일본과 미국의 관계가 밀접해진 배경이 있다. 일본이 TPP에 가입하면 교역액이 점차 증가해 결국 5년 뒤 한국의 총 교역액을 따라잡을 것이라는 우려 때문이다. 또한 한국은 TPP를 통해 대일 농수산물 수출을 늘릴 수 있다. 일본과 한국이 TPP에 가입할 시 한중일 FTA에 미칠 영향은 세 가지가 있다. 우선, 이는 한중일 FTA 협상 진행에 제약요인으로 작용할 것이다. 한국과 일본의 관심이 TPP로 쏠리게 되면 한중일 FTA에 대한 중시도는 낮아질 수밖에 없다. 둘째, 한미일 관계가 밀접해 지면서 한국과 일본은 한중일 FTA에 더욱 까다로운 기준과 조건을 제시할 것이다. 셋째, TPP의 다른 회원국들의 값싼 노동력이 중국의 노동력을 대체 하게 될 우려도 있다.

2 에세이

에세이를 쓰라고 하면 많은 학생들이 막막해 한다. 거기다 생각지 못한 주제라면 더욱 까다롭게 느껴져 어디서부터 어떻게 시작해야 좋을지 난감해 한다. 에세이도 쓰는 요령이 있으니 참고해 보면 좋겠다. 우선 서론 부분에 주제와 자연스레 연결되는 적절한 에피소드, 속담, 유명인들의 명언 한 마디를 잘 인용하면 눈길을 끌게 된다. 이런 방법으로 서론에서 주목을 끌었다면 본론에서는 자신의 주장을 뒷받침할 근거 2~3개를 논리적으로 주장하고 결론에서 다시 한 번 간단하게 주제를 정리해 주면서 마무리하면 비교적 깔끔한 문장이라는 느낌을 준다. 여기에다 키워드를 규칙적으로 써 주면 통일성이 느껴져 훨씬 더 논리적인 느낌을 줄 수 있다.

① 한국어 에세이

> **주제 1** 디지털 치매란 무엇이며 디지털 치매 예방을 위해 우리가 할 수 있는 것들에 대해 자신의 생각을 한국어로 논술하세요.

예시 1

"누구누구 전화번호가 뭐더라? 누구 생일 언제더라? 아, 뭐였지? 옛날엔 다 기억했는데…" 이건 요새 나의 입버릇이다. 과거엔 친구의 생일이나 전화번호도 잘 기억했는데, 요샌 핸드폰 없이는 아무것도 하지 못하는 '바보'가 된 것 같다. 이렇게 바보가 된 기분을 느낄 때면, 늘 집에서 반사적으로 하는 말이 있다. "아, 나 벌써 치매인가 봐"

사실 이는 맞는 말이다. 비단 나뿐만 아니라 많은 이들이 조금씩 소위 말하는 "디지털 치매"에 물들어가고 있다. 디지털 치매란, 사람들이 핸드폰 등 디지털 기계에 너무 의존해 점차 스스로 기억하지 않으려 하고, 이로 인해 기억력이 감퇴되는 현상을 의미한다. 이러한 현상은 스마트폰과 컴퓨터 보급으로 인해 활발히 번지고 있는데 경중에서부터 중증까지 증상은 다양하나 주로 젊은 층을 대상으로 무섭게 번지고 있다고 한다.

이러한 디지털 치매를 많은 이들이 대수롭게 여기고 있지 않지만 이건 꽤나 심각한 문제라 할 수 있다. 경중만으로 보면 그저 필요한 정보가 잘 생각이 나지 않는 것뿐이지만, 스마트폰이나 컴퓨터가 없으면 아무것도 하지 못하는 바보가 된다는 점은 매우 우려스럽다. 이는 자연스레 학습능력 등을 떨어뜨리고, 나아가 장래에는 진짜 치매로 이어질 수도 있으니, 어찌 경계하지 않을 수 있겠는가.

그렇기에 우리는 마땅히 이러한 '디지털 치매'를 경계하고 벗어나려는 노력을 해야 한다. 모름지기 '바늘 도둑이 소 도둑 된다'고 했다. 노후 시에 더 심각한 치매를 앓고 싶지 않다면, 핸드폰 없이 아무것도 못하는 '핸드폰 좀비'가 되고 싶지 않다면 지금이라도 생활 습관을 바꾸려는 노력을 해야 한다. 그렇다면 어떤 방법이 있을까? 나는 이에 대해 요새 내가 하고 있는 몇 가지 방법을 예로 들고 싶다.

우선, 스마트폰 의존도를 줄여야 한다. 소위 말하는 디지털 디톡스의 좁은 뜻이 여기에 포함될 수 있겠다. 스마트폰 메모장에 일일이 써두거나 녹음기를 틀고 녹음하는 버릇을 버리고 내 손으로 직접 메모하고, 기억해 보려는 노력이 필요하다. 스마트폰에 쓰거나 검색하는 습관을 줄이고 최대한 떠올리려 노력해 보자. 이때 스마트폰은 단지 '전화기'의 역할에만 충실하도록 두면 된다.

다음은 책이나 글을 읽고 그 내용을 기억해 보거나, 직접 글을 써 봐야 한다. 디지털 치매의 가장 큰 증상 중 하나가 스스로 말하고자 하는 바조차 끝까지 붙잡지 못하기에 글을 읽고 파악하는 능력, 쓰는 능력도 현저히 떨어지는 것이라고 한다. 그렇기에 전자도서가 아닌 종이 책, 신문을 읽고 그 내용을 직접 간추리거나 정리해 보고, 자신의 의견을 직접 표현하는 습관을 길러야 한다. 물론 습관이 안 된다면 취미로도 좋다.

마지막으로는 머리, 기억력을 사용하는 게임을 해 보는 것도 좋다. 우리는 가끔 장난으로 나중에 나이 들어서 치매 안 걸리려면 화투나 쳐야 한다고 우스갯소리를 하는데, 이것은 이미 과학적으로 검증된 사실이다. 고스톱, 포커 등 카드놀이에서부터 퍼즐 맞추기 등 소소한 두뇌 게임이 뇌의 기억력을 유지시켜 준다고 하니, 스마트폰으로 웹툰이나 폰 게임을 하기보다 이러한 두뇌 게임을 하는 것을 권장하고 싶다.

얼마 전, 엄마와 대화를 하며 큰 충격을 받았다. 그것은 스마트폰도 컴퓨터도 잘 못 쓰시는 엄마가 전화번호에서부터 신문이나 뉴스 내용을 놀라우리만큼 나보다 '잘' 기억하고 계셨기 때문이다. 디지털 치매의 위력을 실감한 순간이었다. 이는 너와 나만의 이야기는 아니다. 연로한 부모님보다도 못한 기억력이라니 말이 되는 소리인가. 스스로 디지털 치매에서 벗어나려는 노력을 해 보자. 지금부터 시작해도 결코 늦지 않았다.

▶**평가)** 서론과 결론 부분에서 자신이 일상에서 경험한 에피소드를 소개하면서 주제를 부각시키고 있다. 우리가 흔히 경험하게 되는 일이라 쉽게 이해가 되고 그러다 보니 또 쉽게 설득 당하게 된다.

예시 2

네비게이션이 처음 출시되었을 때, 운전을 굉장히 좋아하시는 우리 외삼촌께서는 네비게이션이 사람을 바보로 만들어 멀쩡한 사람도 '길치'가 될 것이라며 쓴 웃음을 지으셨다. 처음엔 자신의 머릿속에 있는 지도로만 운전을 하시던 외삼촌도 몇 년이 지난 지금 휴대폰 지도앱을 손에 달고 사신다. 이렇듯 기술의 발달은 도저히 우리가 막을 수 없는 파도와 같다. 폐해가 분명 있음을 알면서도 거부할 수가 없다. 스마트폰이 우리 생활에서 한시도 내려놓을 수 없는 필수품이 된 지금, 그로 인해 발생하게 된 디지털 치매 증상 역시 남 일이 아니게 되었다.

디지털 치매란, 스마트폰에 과도하게 의존해 인간 고유의 기억능력과 인지능력이 퇴화하는 증상을 말한다. 그 원인은 누구나 다 알고 있듯 바로 '스마트폰'이다. 우리 손안의 이 '똑똑한' 물건은 우리를 대신해 기억해 주고, 계산해 주며 검색까지 해 준다. 그러는 사이 사람들은 점점 '바보'가 되어가고 있었던 것이다. 사태는 우리의 예상보다 심각하다. 한국에서는 벌써 스마트폰 중독과 디지털 치매 증상을 호소하는 이가 많아져 전문적인 치료기관이 등장했을 정도다. 하지만 이미 너무 깊숙이 우리 삶에 들어와 버린 스마트폰을 버리고 과거 '주먹구구' 시대로 돌아갈 수는 없는 법. 그렇다면 디지털 치매를 예방하고 스마트폰을 좀 더 우리에게 이롭게 사용하는 방법은 무엇이 있을까? 나는 아래와 같은 생활 속 작은 실천이 도움이 될 것이라 믿는다.

첫째, 스마트폰을 잠시 내려놓고 친구들과의 대화를 늘리고 막간을 이용해 기억력에 도움이 되는 게임들을 함께 한다. '시장에 가면'이라는 게임이 있다. 시장에서 볼 수 있는 물건을 한명씩 돌아가며 말해 하나씩 가짓수를 늘려 기억하지 못하면 벌칙을 받는 것이다. 이런 게임을 친구들과 밥을 먹거나 잡담할 때 등 막간을 이용해 함께 하는 것이다. 기억력 증진에도 도움이 되고, 친구들과 분위기도 화기애애해지고, 일석이조가 아닌가!

둘째, 하루에 30분 독서를 한다. 종이 책을 읽으면 스마트 기기로 읽는 전자책보다 훨씬 효과적으로 인간의 대뇌에 정보가 전달된다는 연구결과가 있다. 독서는 인지능력, 독해능력, 언어구사능력은 물론 인간의 뇌를 가장 효율적으로 발달시킬 수 있는 가장 간편하고 쉬운 방법 중 하나이다. 책을 항상 손이 닿는 곳에 두고 30분이 아니더라도 5분, 10분 시간이 나는 대로 읽다보면 나도 모르게 책을 읽고 있는 나를 발견할 수 있다.

스마트폰은 우리에게 무한한 편리함과 바다와 같은 지식을 안겨 주었지만, 스마트폰이 우리를 언제든 '바보'로 만들어 버릴 수 있는 물건이라는 점을 잊어서는 안 된다. 스마트폰을 개발해 낸 똑똑한 인류가 스마트폰으로 인해 바보가 된다면 이 얼마나 아이러니한 일인가! 작은 스마트폰 액정 속에 우리 인류의 지식과 지혜가 갇혀선 안 된다. 지금이라도 스마트폰을 내려놓고, 책을 펼쳐 보자.

주제 2 부르카 착용 금지법에 대한 자신의 견해를 한국어로 논술하세요.

예시 1

　소설 〈주홍글씨〉의 주인공은 간통죄를 판결 받으며 평생 간통이라는 단어를 의미하는 철자 'A'를 가슴에 달고 살 것을 명령 받는다. 주홍색으로 수놓아진 이 'A'라는 글자 탓에 주인공은 일생 동안 사람들의 조롱과 손가락질을 받으며 살아간다. 얼핏 보면 오래전 소설 속의 이야기지만, 나와 다른 집단을 구분 짓고 손가락질하며 기피하는 행동은 비단 어제 오늘만의 일은 아닌 듯하다. 유럽에서 일련의 테러 사건이 벌어진 후 피부가 약간 까맣거나 히잡, 부르카를 쓴 여성을 피하는 것을 보면 말이다. 이슬람교도들의 경전, 복장은 또 다른 '주홍글씨'가 되어 그들의 삶을 옭아매고 있다.

　본디 이슬람교는 기독교나 불교 여타 종교와 다름없이 인간의 회개를 주장하고 사후 세계에서의 안녕을 기도하는 종교였다. 기독교의 서로 다른 종파가 〈성경〉에 대해 서로 다른 해석을 하고 토론하는 것과 마찬가지로 이슬람교 역시 각 종파마다 경전인 〈코란〉을 해석하는 방식이 다르다. 그러나 이 과정 속에서 이슬람 극단조직 'IS'처럼 지하드(성전)를 주장하며 이슬람교의 무력 투쟁을 주장하는 세력이 등장했다. 이들은 전 세계 곳곳에서 분쟁을 일으키고 사회 분열을 조장하며 힘없는 여성과 어린이들까지도 전쟁터로 내몰고 있다. 하지만 이와 동시에 우리가 깨달아야 할 사실 중 하나는 이들 역시 이슬람의 종파 중 하나일 뿐이며 이들이 전체 무슬림을 대표하지는 않는다는 사실이다. 대다수의 무슬림이 율법에 따라 생활하고 있으며 무슬림이 아닌 사람들과 마찬가지로 무분별한 살육과 전쟁이 종식되고 평화의 시대를 열어나가길 간절히 바라고 있다. 부르카를 착용하는 여성들 역시 마찬가지다. 그녀들 역시 자신들의 신앙에 따라 입어야 할 옷을 입는 것뿐이며 우리와 마찬가지로 평화를 갈망하고 있다. 이들이 부르카를 착용한 것은 우리와 조금 다른 옷을 입은 것에 지나지 않는다. 이들이 무슬림이라고 해서 극단주의 세력과 동일시해서는 안 되며, 이들을 극단주의 세력과 동일시하는 것은 일반화의 오류다.

　뿐만 아니라 부르카의 착용을 금지하는 것은 개인 선택의 자유를 침해하는 것이다. 이는 유럽으로 하여금 걷잡을 수 없는 분열의 길로 한 발 더 나아가게 할 수도 있다. 두말할 필요 없이 기존에 유럽 지역의 거주자들은 자신이 원하는 옷을 자신의 스타일대로 맞춰 입을 수 있는 자유를 누리고 있다. 패션 중심지인 로마, 런던, 파리 그 어느 도시의 시민들 누구도 자신이 거주하고 있는 지역에서 열린 패션쇼의 컬렉션만 입지는 않는다. 기분에 따라, 날씨에 따라 바뀔 수 있는 게 옷이다. 즉 자신의 선택에 맞춰 옷을 바꿔 입을 수 있다는 소리다. 유럽 시민들이 당연히 누리고 있는 자유를 법으로써 이슬람 여성들을 규제한다면 유럽 시민들이라면 누구나 누릴 수 있는 자유를 침해하는 것이다. 이렇듯 단순히 이슬람계라서 받게 되는 제약이 하나 둘씩 점차 늘어나다 보면 이슬람 사회의 분노가 사회 전반적으로 표출될 것이라는 건 불 보듯 뻔한 일이다. 그들의 불만이 점차 쌓이다 보면 제2, 제3의 파리 테러와 리옹 테러 사건이 유럽 전역에서 동시다발적으로 일어나게 될 것이다. 자유에 대한 침해는 더 큰 반발을 불러올 것이며 이는 '외로운 늑대'들에게 먹잇감을 던져주는 것과 다름없다.

　단순히 이슬람이라는 이유만으로 사람이 사람을 차별하는 일이 일어나서는 안 된다. 분쟁과 분열이 가득한 시대 속에 이슬람 출신자들에게 '주홍글씨'라는 낙인을 찍기보다는 화합과 포용으로 대해야 한다. 그들이 유럽 사회는 물론 우리 사회에 녹아들 수 있고 다 같이 전진할 수 있어야만 평화의 시대를 열어갈 수 있다. 히잡과 부르카를 규제하고 무슬림에 대한 날선 비판을 하는 것보다 그들이 우리 사회의 일원이 되도록 아낌없는 지원과 관용의 태도를 보여야 함이 옳다.

평가) 소설 〈주홍글씨〉의 내용을 인용하여 부르카가 현대판 주홍글씨임을 설득시켜 나간 점이 돋보인 에세이다. 서론과 결론 부분에 '주홍글씨'라는 키워드가 수미쌍관을 이루면서 통일성이 느껴지고 전체적으로 논리적인 글이라는 느낌을 준다.

예시 2

　문화이론 중 '용광로' 문화와 '샐러드 볼' 문화가 있다. '용광로' 문화는 용광로 안에 모든 문화가 녹아 하나의 문화가 되는 것이고, '샐러드 볼' 문화는 여러 개의 문화가 각자의 특색과 맛을 조화시켜 새로운 하나의 문화를 탄생시키는 것이다. 나는 이 두 문화개념 중 '샐러드 볼' 문화이념이 실현되어야 한다고 생각한다. 즉, 서로 다른 문화는 존중받고 보호되어야 할 가치가 있다고 생각한다. 따라서 공공장소에서 부르카 착용을 금지하는 것에 반대의 한 표를 던진다.

　먼저, 공공장소에서의 부르카 착용 금지법은 '인종차별'적인 법안이다. 모든 인종은 각자가 믿는 종교가 있고 그에 따르는 문화가 있다. 부르카를 착용하는 것 역시 오래전부터 그러한 전통에 따라 많은 이슬람 여성들은 그렇게 생활해 왔다. 지금에 와서 이러한 문화를 금지하고 제재하는 것은 '선입견'이며 '색안경'을 낀 행위에 해당한다고 생각한다. 비록 최근 들어 테러사건으로 이슬람계의 이미지가 큰 손상을 입었지만 이것은 일부 극소수의 테러리스트들에 의한 행동이며, 극소수의 행동이 모든 이슬람계 사람들에게 피해를 준다는 것은 불공평한 일이 아닐 수 없다.

　둘째, '부르카착용'은 하나의 문화행위로서 보호받아야 할 가치가 있다. 위에서 말한 바와 같이 '샐러드 볼' 이론은 각 문화가 각자의 특징이 보호된다는 전제하에 융합이 이루어져야 '가장 맛있는 샐러드' 맛이 난다는 것을 말해 준다. 만약 사람들이 이번에 부르카 착용을 금지하고 이 문화를 영원히 사라지게 만든다면 결국 샐러드 중에 한 재료를 억지로 골라내어 없애버리는 것과 똑같은 행위를 하는 것이며, 나중에 또 다른 문화도 침해받을 수 있는 가능성을 열어두는 것과 같다. 따라서 이 부르카 착용 또한 하나의 문화행위로써 보호받아야 마땅하다.

　'인권'이 중요하듯 '문화' 또한 차별받지 않고 보호되어야 할 중요한 부분이다. 이슬람 민족에게 있어 부르카를 쓰는 것은 일상생활이며 그들의 존재 이유이다. 소수의 테러리스트들이 부르카를 쓰고 테러를 일으키고 전 세계의 악당으로 물의를 일으키고 있지만 그렇다고 해서 그들의 문화를 없애겠다고 나서는 것은 옳지 않은 일이며 그보다는 그들의 테러 행위를 막는 데 더욱 집중해야만 한다. 이 세상의 모든 문화는 보호받을 가치가 있다.

▶ 평가) '용광로' 문화와 '샐러드 볼' 문화라는 문화이론을 서론 부분에 인용하면서 시선을 집중시켰고 본론에서도 부르카 착용에 대해 자신의 주장을 펼치면서 적절하게 문화이론을 비유적으로 묘사하여 쉽게 이해가 가도록 하였다.

② 중국어 에세이

주제 1   최근 전 세계 이목을 끌고 있는 머리 이식수술 시행에 대한 자신의 견해를 전공 중국어로 논술하세요.

예시 1

　"水可载舟，亦可覆舟"。各种技术的发展会使人类进步，也能让人类沉沦。医学技术的发展为人类减轻了病痛的折磨，但试图长生不死的欲望，让医学朝着越来越极端的方向发展。"遗体冷冻技术"、"转基因技术"、"头部移植手术"就是典型的例子。最近人们围绕"头部移植手术"议论纷纷，而我个人对这一手术持消极的态度，原因如下：

　首先，该技术的成功率还有待考证。技术尚处于初步阶段，因此在手术的过程中会有可能让无辜的人白白牺牲。生命非儿戏，把自己的生命交给一个尚不成熟的技术，我们要承受的风险太大。

其次，生老病死是人之常情。长命百岁，比不意味着能够幸福百岁。即便我们冒着风险去做"头部移植手术"，换来的也不一定是幸福的人生。与其用医学技术来延命，不如好好享受剩余的人生，其实活得精彩，活得有"质量"，往往比活得长久更有意义。

　　最后，很有可能成为有钱人的专属。"头部移植手术"毕竟是一门大手术，它需要的医疗费用肯定不菲。其实，现在还有很多人因为付不起医疗费，而放弃治疗。在这种情况下，"头部移植手术"也很有可能成为有钱人延长寿命，实现长生不老的手段，而那些真正需要该手术的人却无法成为受益者。

　　"火可暖身，亦可焚身"。医学技术的发展在造福人类的同时，也受一些商业利益的驱使，朝着极端的方向发展。希望人们能够领悟生老病死这一人之常情，而不要被长生不死这一不切实际的梦所迷惑。

예시 2

　　我们从前只在小说和电影中看到过人类换头的场面，而在明年，我们即将看到真实的换头手术，这是人类在医疗技术领域的一次巨大挑战，是科技进一步发展的明证。然而，有人却认为这种头部移植手术违背伦理道德，应被禁止。但我认为，不论是从伦理角度来看，还是从科技发展角度来看，这场头部移植手术都势在必行。

　　从伦理道德上来看：患有身体残疾的俄罗斯小伙儿渴望能像正常人一样活动，那么通过发达的医疗技术圆他的梦想怎么能说不符合伦理呢？捐身体和捐头的人都是出于自愿，也不存在侵犯人权的问题。但也有人说，两个人的身体和头合并在一起的话，那这个人到底是谁？人不同于其他物种的根本原因就是人有思想，而决定人类思想的一切构造都存在于脑部，而识别人的第一步——脸，也同样在头部。这样问题就迎刃而解了，在换头手术中贡献头部的人决定了手术合体的身份，因为他将掌握新躯体的一切行为和思想。

　　再从科学技术的发展层面看：人类没有翅膀，却能乘着飞机上天，人类没有鳃，却能借助潜艇深入海底。一切人类没有的，都可以通过科学技术创造。而这一次次的科技突破也源于科学工作者的不断尝试。这次的头部移植手术一旦成功，将为身体残疾的人带来新的曙光，也给他们的家人带来希望。同时因头部受损而意外死亡的人，也可以把躯体捐献给他人，以另一种方式继续延续自己的生命。

　　人们在看待头部移植手术时，大可不必过于紧张。人在肝硬化时可换肝，肾衰竭时可换肾，那么为何不可在身体残疾时换一副身躯。而头部移植手术中，真正被移植的是人类的身体，这会为人类的发展带来不可估量的贡献。对待科技的发展，我们一定要持有包容辩证的眼光，正视每一次科技的突破，才能共享科技带来的成果。

평가) 같은 주제에 대해서 한 사람은 반대하는 입장을 또 한 사람은 찬성하는 입장을 논술하였다. 읽어 보면 저마다의 논거가 타당성이 있어서 상당히 설득력이 있다. 중국어 에세이를 쓸 때도 서론, 본론, 결론으로 나눠서 서론에서는 주제에 대한 자신의 생각을 피력하고 본론에서는 그 이유를 뒷받침할 논거를 구체적으로 이야기하고 결론에서 다시 한번 말하고자 하는 주제를 정리해 주면 전체적으로 깔끔한 에세이라는 느낌을 주게 된다. 본론에서 首先, 其次, 最后 등 표현을 이용해서 생각들을 정리해서 쓰면 좋다. 그렇다고 반드시 써야 하는 것은 아니지만 상대적으로 논지가 분명해 보이기 때문에 글이 논리적으로 보인다.

주제 2 증강현실과 가상현실의 차이점에 대해 논하고 게임산업을 발전시켜야 할 이유와 발전을 위해 어떤 노력을 기울어야 하는지에 대한 자신의 견해를 전공언어로 논술하세요.

예시 1

　　"哎，在中国就玩不了了口袋妖怪GO吗？""口袋妖怪GO？那是虚拟现实游戏吗？""你不知道吗？这是增强现实，不是虚拟现实""有什么区别啊，反正都是虚拟的"在这两个人的对话中，你有没有发现一个误区？是的，是增强现实(AR)和虚拟现实(VR)的区别，我们简单研究一下这两者的区别。

　　其实，很多人认为AR和VR没什么两样，但这是完全错误的想法。首先，使用机器有区别，AR需要的只有智能手机或者任天堂3DS等机器，但VR需要头戴器，也需要高端电脑或其他游戏机。

　　其次，AR是以现实为基础，加三维图像。比如说在"口袋妖怪GO"中，用智能手机可以看到在我旁边的皮卡丘，其中背景是现实，虚拟的只有皮卡丘。而VR中没有现实，从背景到一个物体都是虚拟的。而VR与AR如此受到青睐的现在，有人提出韩国需要振兴游戏产业，我们到底为什么需要振兴游戏产业呢？

　　首先，游戏是韩国的骄傲，而且韩国人很擅长玩游戏，所以这些要素都适合韩国扶持游戏产业。

　　其次，这是现在就业难的突破口，现在韩国的游戏产业因各种限制而变得"微小"，但韩国人知道哪一种游戏好玩，该怎么办。所以若把游戏产业完善下去，就会有很多人才涌入这个行业当中。那我们该怎么振兴游戏行业呢？

　　第一，要找到合适的内容。"口袋妖怪GO"取得成功以后有报道称，韩国也会制作"宝露露GO"。我看到这一消息后就认为，"口袋妖怪GO"的成功原因不是增强现实，而是口袋妖怪本身的内容，如果韩国政府没有意识到这一点，就不会在游戏行业中取得成功。能够吸引眼球的内容才是可以振兴游戏产业的良方。

　　第二，要放松管制。其实，至今已有很多人才想制作创新游戏，但因为存在许多管制而没做成。如果政府全面扶持游戏产业，放松规制就会给处于低迷期的游戏产业注入活力。

　　总而言之，"口袋妖怪GO"让我们意识到了游戏产业的重要性，为了该行业取得成功，需要的不只是技术，而是适当的内容与可以制作、可以玩的环境。我希望韩国政府尽早认识到这一点，给游戏行业添加活力！

예시 2

　　最近从美国开始兴起了一款名为"口袋精灵GO"的手机游戏，其人气之高看看韩国的束草便可知，大批的游戏玩家拿着手机前去束草"抓精灵"，带动了当地的食宿收入。这看似只是一款有趣的游戏，但却运用了时下备受关注的"增强现实"技术。

　　增强现实与虚拟现实不同。虚拟现实技术是为人们打造一副完全不同的画面，再在画面上加音效，使人们身临其境于不同的环境。而增强现实技术则是在人们所处的原环境基础上叠加画面和音效。就像游戏"口袋精灵GO"那样，你用肉眼看不到的精灵，用手机却能看到，这不禁增加了游戏的真实性和趣味性。

　　增强现实与虚拟现实两大技术的出现，可谓是为人类的游戏体验带来了前所未有的期待，人们已经开始想象自己带着头盔畅游在假想世界里的画面了。而这两种技术对于韩国的游戏产业来说无疑是不可错失的良机。

首先，在技术层面上，韩国的游戏公司应抓紧时间加速开发。大部分技术始于美国，所以韩国企业应不吝吸纳国外高级人才，将眼光放长远，哪怕短期内会在人力上造成大笔的开销，但从长远看来收入依然无限大。

　　其次就是在游戏内容创新上，韩国企业应向日本学习。日本利用本国发达的动漫文化，吸引了大批的动漫爱好者。而韩国也有自己独特的韩国文化，可利用虚拟现实技术制作"VR演唱会"，将男性专属的游戏领域扩大到喜欢韩流文化的少女领域。

　　最后，韩国政府也要为游戏产业的发展适当放宽规制。近年来，原本高度发达的韩国游戏产业因政府的"防沉迷"政策而陷入不振。游戏市场萎缩使游戏减产，仿佛失去了活力。政府应该意识到，在此次增强现实与虚拟现实技术发展的紧要关头，游戏已不仅是针对韩国青少年，而是即将要向全世界人民开放。机不可失，失不再来，韩国政府应做好调控，让韩国游戏企业放手一搏。

　　当然，游戏产业的发展，也确实给我们带来了负面影响，比如不顾安全的去抓"精灵"。这就需要我们每个人做好自身调控，在享受游戏带来的快感的同时，也要注意安全，防沉迷。

주제3 인공지능 시대에 통역사가 갖춰야 할 자질에 대해 자신의 생각을 전공언어로 논술하세요.

예시

　　人工智能(AI)时代已经拉开帷幕，并且正在威胁着人们的工作岗位，此时，作为一个翻译官应该如何应对AI的挑战？翻译官应具备的能力和素质又是什么呢？

　　首先，要不断扩大自己的知识面。在瞬息万变的当今社会，若想在与人工智能的竞争中存活下来，就必须要有充分的知识做支撑。要通过坚持不懈地学习，积累各种知识，还要时刻关注国际热点问题，把握时代的发展趋势，只有这样，才不会在人工智能时代的浪潮中被淘汰。

　　其次，要成为一个通才。也就是说，不仅要说一口流利的外语，还要学习其他技能。仅凭外语能力很难在与人工智能的竞争中取胜，必须要有一套自己的"独门绝技"，才能应对人工智能和其他翻译官的挑战。例如，若一名翻译官掌握编程技术的话，就能自主开发翻译应用(APP)，因此精通科技，就会成为人工智能时代的"获胜法宝"。

　　最后，要寻找属于自己的蓝海。虽然目前人工智能翻译正在以惊人的速度发展，但要真正取代人工翻译还有许多应该克服的局限性。因此，在未来一段时间内会形成一种机器翻译与人工翻译共存的格局。有需求就有市场。作为一名翻译官就应该善于把握市场的需求，开拓自己的一片蓝海。例如，前不久有则消息显示，目前出现了一种"翻译共享"服务。在共享经济不断发展的当今社会，翻译官也可以通过翻译共享，与全世界的客户和翻译官互联互通，从而进军世界舞台。

　　如今，人工智能已经渗透到生活的方方面面。然而任何一项技术的发展都是一把"双刃剑"，它给我们带来挑战的同时也会给我们创造机遇。因此，作为一名翻译官不应对人工智能时代望而却步，而是要做好准备，不断提升自己的能力。蓄势待发以便顺利地实现"转危为机"，人工智能时代，我拭目以待。

다락원 홈페이지에서 무료로
MP3 파일 다운로드 및 실시간 재생

중국어 통번역 대학원 입시마스터

지은이 이선아
펴낸이 정규도
펴낸곳 (주)다락원

초판 1쇄 발행 2016년 12월 22일
초판 7쇄 발행 2025년 2월 26일

기획·편집 김혜민, 이상윤
디자인 조화연, 임미영
녹음 曹红梅, 朴龙君, 이영아

다락원 경기도 파주시 문발로 211
전화 (02)736-2031(내선 250~252/내선 430~431)
팩스 (02)732-2037
출판등록 1977년 9월 16일 제406-2008-000007호

Copyright ⓒ 2016, 이선아

저자 및 출판사의 허락 없이 이 책의 일부 또는 전부를 무단 복제·전재·발췌할 수 없습니다. 구입 후 철회는 회사 내규에 부합하는 경우에 가능하므로 구입처에 문의하시기 바랍니다. 분실·파손 등에 따른 소비자 피해에 대해서는 공정거래위원회에서 고시한 소비자 분쟁 해결 기준에 따라 보상 가능합니다. 잘못된 책은 바꿔 드립니다.

ISBN 978-89-277-2196-3 18720

www.darakwon.co.kr
다락원 홈페이지를 방문하시면 상세한 출판 정보와 함께 동영상 강좌, MP3 자료 등 다양한 어학 정보를 얻으실 수 있습니다.

A에 집중하다 集中于A
A에 집착하다, A에 몰두하다 执着于A
A에게 B를 빌려주다 向A出租B
A에게 가이드 라인[행동지침]을 제공하다
　　向A提供行动指南
A에게 ~기회를 주다 给A提供……机会
A에게 끌려가다 被A牵着走
A에게 문의하다, 상담하다 向A进行咨询
A에게 문자를 보내다 给A发送短信
A에게 변화를 가져오다 给A带来变化
A에게 복수하다 向A报仇
A에게 부정적인 영향을[효과를] 가져오다
　　给A带来负面影响
A에게 서비스를 제공하다 为A提供服务
A에게 선전포고하다 向A宣战
A에게 여론조사를 하다 对A进行民意调查
A에게 있어서, A의 입장에서 보면 对于A来说
A에게 치명적인 결과를 초래하다
　　对A造成致命后果/影响
A에게 치명적인 위협을 끼치다
　　给A带来致命危害
A에게 서비스를 제공하다 给A提供……服务
A에서 벗어나다, 빠져나오다 从A中摆脱出来
A에서 비롯되다, A에 근원하다 源于A
A에서 알 수 있다 从A中可以得知
A와 B로 만들어지다[이루어지다] 由A和B制成
A와 B를 동등하게 보다 A和B划等号
A와 B를 동시에 하다[아울러 고려하다]
　　兼顾A和B
A와 B를 하나로 모으다 集A和B为一体
A와 B의 합성어 A和B的合成词
A와 결합하다 与A结合
A와 관계가 있다 与A有关
A와 교류하다 与A进行交流
A와 다르다 不同于A
A와 동등하다, A와 같다 等同于A
A와 영상통화를 하다 与A进行视频通话

A 위주로 하다, A를 주로 하다 以A为主
A의 각도에서 보면 从A角度来看
A의 경험을 본받다 借鉴A的经验
A의 동행 하에, A와 함께 在A的陪同下
A의 입장에서 말하자면 对于A来说
A일 뿐만 아니라 또 B하다
　　不仅A，还B bùjǐn A, hái B
A중에서 1위를 차지하다 在A中位居首位
A하기만 하면 B할 수 있다 只要A就B
A하자마자 B하다 一A就B
A할수록 B하다 越A越B
A해야만 B한다 只有A才B
A해야만 비로소 B할 수 있다 只有A才能B
A뿐 아니라 B이다 即A也B
B형 초음파 B超
CC [자동차 배기량] 排量
IT기술 信息技术
SNS 社交网站
100세 시대 百岁时代

흡연자　烟民
흥행수익　票房收入
희박하다　薄弱
희생하다　牺牲
희열을 느끼다　感受到喜悦
힘을 합치다　齐心协力
힘쓰다　出力

기타

1위를 차지하다　排名第一
1인당　人均
1인당 국민소득　人均国民收入
3D 프린터　三维打印机
A가 B로 대체되다　A被B替代
A가 B로 뽑히다　A被选为B
A가 B로 전향하다[바뀌다]　A转变为B
A가 B에 관련되어 있다　A关系到B
A가 B에 만연하다　A蔓延在B
A가 아니라 B이다　不是A，而是B
A가 주도하다　由A主导
A가 실패로 끝나다　A以失败告终
A가 출시되다　A上市
A는 B에 있는 것이 아니라 C에 있다
　　A不在于B，而在于C
A는 B와 C로 나뉘어진다　A分为B和C
A는 B라고 불린다　A被称为B
A는 커녕 B조차 ~하다　别说A，连B也
A라는 이유로　以A为由
A란 B이다[A란 B를 가르키는 말이다]　A是指B
A로 귀속되다　归属为A
A로 몸살을 앓고 있다　饱受A之苦
A로 인해 B하다　因A而B
A로 전락하다　沦落为A
A를 B로 간주하다　把A视为B

A를 B에게 넘기다　把A交给B
A를 B로 여기다[간주하다]　把A视为B
A를 B에 빼앗기다　A被B抢走
A를 기준으로 판단하다　以A为标准来判断
A를 기초로　以A为基础
A를 대상으로 조사하다　以A为对象进行调查
A를 마음에 두다　把A放在心上
A를 명심하다, A를 꼭 기억하다　切记A
A를 목적으로　以A为目的
A를 ~이내로 통제하다　将A控制在······以内
A를 본받다　借鉴A
A를 세밀히 분석하다　对A进行详细分析
A를 시범지역으로 하다　把A作为试点
A를 심사숙고하게 만들다　让A陷入深思
A를 위해 자신을 희생하다　为A牺牲自己
A를 재창조하다　对A进行再创造
A를 최소화하다　把A降到最低
A를 출시하다　推出A
A를 포함하다　包括A在内
A를 ~에 투자하다　将A投资在······上
A, B, C를 하나로 합치다　融A，B，C为一体
A만 가지고, A에만 의지하여　仅靠A
A 못지않다　不亚于A
A보다 낫다, A를 능가하다　胜于A
A에 공헌하다　为A做出贡献
A에 관해 설문 조사하다　针对A进行问卷调查
A에 대한 지원　对A的扶持
A에 대해 긍정적인 태도를 취하다
　　对A持肯定态度
A에 대해 이야기하자면, A를 보자면
　　就拿A来说
A에 목적이 있다, A에 그 취지가 있다　旨在A
A에 부정적인 영향을 미치다
　　给A带来负面影响
A에 의존하다, A에 달려있다　依赖于A
A에 이익을 가져오다　给A带来利益

학대(하다)　虐待
학대치사　虐待致死
한계점[임계점]에 다다르다　达到临界点
(사람이) 한 곳에 모이다　扎堆
한발 늦다　稍晚一步
한정되다　限于
한편으로는 A하고, 다른 한편으로는 B하다　一方面A，另一方面B
~라고 할 만하다　可谓
함수관계　相关关系
할인 쿠폰　折扣券
항산화 효능　抗氧化功效
해결되다　得到解决
해결하기 쉽다　容易解决
해마다 상승하다　逐年上升
해바라기씨　葵瓜子
해조류　海藻类
핵심가치　核心价值
햄릿　哈姆雷特
행복(하다)　幸福
행복도　幸福度
행복지수　幸福指数
향유하다　安享
허리케인　飓风
허영　虚荣
헹구다　漂
혁신을 가져오다　带来变革
현명하다　智
현미　糙米
현실, 현황　现状
~의 현황에 부합하다　符合……现状
혈당　血糖
협력 시스템을 세우다[갖추다]　建立合作机制
협력하다　齐心协力
~형식으로, ~형태로　以……形式
형질　形质

호소하다　呼吁
호스피스　临终护理
호흡기　呼吸道
혼용하다　混用
홍수　洪水
화력발전　火力发电
화목한 가족　和睦的家庭
화석연료　化石燃料
화장실　卫生间
화학제품　化学制品
확대하다　扩大
확률　概率
확립하다　树立
확실히, 분명히, 참으로　的确
확충하다　扩大
환경　环境
환경오염　环境污染
환경 호르몬　环境激素[荷尔蒙]
환상　幻觉
활동 무대　活动舞台
활력을 얻다/잃다　获得/失去活力
활성화하다　激活
황사, 모래폭풍　沙尘暴
회원국　成员国
획기적이다, 한 시대를 긋다　划时代
효과를 보다　取得成效
효과적으로 이용하다　有效利用
효과적인　行之有效
훈육　教训
훔치다　窃取
훨씬 크다　远大于
휴식시간　休息时间
흉기　凶器
흡수하다　吸收
흡연(하다)　吸烟
흡연율　吸烟率

테러리즘　恐怖主义
토론회, 세미나　讨论会
토사유실　水土流失
토양　土壤
톤(t)　吨
통계청　统计厅
통신비　话费
통신사　通讯商
통장 계좌　存折账户
통풍　通风
통하다　行得通
퇴직 연령, 정년　退休年龄
퇴직하다　退休
트랜스젠더　变性人
특수성　特殊性
튼튼하게 하다　牢固

ㅍ

파괴력　破坏力
파급효과　波及效应
파밍　网址嫁接
파악하고 이해하다　掌握了解
파키스탄　巴基斯坦
파킨슨병　帕金森病
판매량　销量
판매액　销售额
판매하다　销售
판촉활동　促销活动
판촉활동을 열다　展开促销活动
패러다임　格局
편을 가르다　拉帮结派
편의점　便利店
평, 면적을 세는 단위　坪
평생교육　终身学习

폐인　废人
폐포(폐 세포)　肺泡
포기하다　放弃
포유류　哺乳动物
~에 포함시키다　列入……之中
폭, 짝 [문, 창문 등을 세는 양사]　扇
폭력　暴力
폭로하다, 드러내다　暴露
표면적으로 보면　从表面上来看
품질이 좋다　品质过硬
풋고추　青辣椒
풍경　风景线
풍요롭다, 풍족하다　富饶
프랑스　法国
프로세스　过程
프로젝트　项目
플라스틱　塑料
피부병　皮肤病
피싱　网络钓鱼
피폐해지다　疲惫
피하다　避免
피할 수 없다　不可避免
핀란드　芬兰
필수품　必需品

ㅎ

~하기 쉽다　易于
하드웨어　硬件
하드 파워　硬实力
하락하다, 감소하다　下降
하룻밤 사이에　一夜之间
하우스 푸어　房奴
하위(권)　下游
학업 성적　学习成绩

체내 세포 体内细胞
체류 기간을 연장하다 延长滞留时间
체면 面子
초래하다 导致
초음파 검사 超声波检查
촉감 触感
총, 총기 枪支
총소리 枪声
총수입 总收入
최선을 다하다 全力以赴
추구하다 追求
추세를 보이다 呈现趋势
추월하다 超越
추적 관찰 跟踪观察
추진하다 推出, 推动
출구 出路
출산 비용 生育费用
출산 용품, 유아 용품 婴儿用品
출산율 生育率
출산율을 올리다 提高生育率
출시하다 问世
출중하다 出众
충격을 받다 遭到冲击
충동 冲动
충족하다 充足
취소하다 取消
취업난 就业难
취업난을 겪다 遭遇就业难
취업률 就业率
취임하다 上任
취재원 信息提供者
취재 방식 采访方式
치열하다 激烈
치료받다 接受治疗
치료하다 对……进行治疗
친환경[녹색] 경제 绿色经济

칠레 智利

ㅋ

카로틴 胡萝卜素
커뮤니케이션 沟通
커뮤니케이션[소통]을 실현하다 实现……沟通
컨설팅 회사 咨询公司
컴퓨터 计算机
케일 卷心菜
코리아 그랜드 세일 韩国购物季
코리아 블랙프라이데이 韩国版黑色星期五
콘텐츠 内容
~보다 크다 大于
클릭하다 点击
키워드, 핵심어 关键词
키위 猕猴桃

ㅌ

타격을 주다 冲击
타깃, 겨냥하다 针对
타락하다 堕落
타이타닉 泰坦尼克号
타인과 비교하다 与他人进行比较
탁아 保育
탄생하다 诞生
탄소 碳
탄수화물 碳水化合物
태도를 바꾸다 改变态度
태블릿 PC 平板电脑
태아 胎儿
태풍 台风
테러 恐怖事件

중재하다 仲裁
중형차 中型车
즉, 다시 말해 即, 也就是说
즉시 立马
증명하다 证明
증상을 완화하다 减轻……症状
지구 건너편[반대편] 地球的另一端
지구온난화 全球变暖
지구 온도 地球温度
지금까지 迄今为止
지도자, 리더, 지도하다, 이끌다 领导
지배하다, 통제하다 支配
지속 가능한 발전을 실현하다 实现可持续发展
지수 指数
지식 知识
지식사회 知识社会
지역사회 병원 社区医院
지원(하다) 支援, 扶持
지원센터 支援中心
지위가 상승하다 地位提升
지자체, 지방정부 地方政府
지적 성장 智力发育
지지하다 支持
지진 地震
지진 예방 의식 防震意识
지출 支出
지출하다 花费
지탱하다 支撑
지하철 요금 地铁票价
직면하다 面临
직원 员工
직위 职位
직장, 부서 岗位
직장을 바꾸다, 이직하다 换工作
직장 여성 职场女性
직접 폭행 直接暴行

진면목 真面目
진상을 밝히다 寻找真相
진학 문제 升学问题
질병을 앓다 患上疾病
질서 정연하다 井然有序
질소 氮
질책하다, 질타하다 谴责
집으로 방문하다 上门
집중력 注意力＝集中力

ㅊ

차이 差异
차이[격차]가 뚜렷하다 差距明显
(순위를) 차지하다 排在
창의력 创意力
창의성 创新
창조경제 创造经济
채 [건물을 세는 양사] 座
채소 蔬菜
채택하다 采用
채팅 网聊
책임자, 담당자 负责人
처방하다 开处方
처벌 대상 处罚对象
(~에) 처하다, 놓이다 处于
척추동물 脊椎动物
천혜 조건을 갖추다 得天独厚
철저히 관철하고 실시하다 贯彻落实
철저히 준비하다 做好准备
첨단산업 尖端技术
첫사랑 初恋
청정 에너지 清洁能源
청첩장 请帖
체결국 缔约方

절박하다	迫切
절실하다	迫切需要
절약한 돈	省下来的钱
점차적으로	逐渐
접촉하다	接触
정보를 검색하다	搜索信息
정보를 공유하다	共享信息
정보를 수집하다	收集信息
정보를 유출하다	泄漏信息
정보를 입력하다	输入信息
정보를 접하다	接触信息
정보생태계	信息生态
정보통신기술	信息通信技术
정보화	信息化
정신, 의식	精神
정신과에서 진료받다	到精神科就诊
정책을 추진하다	推进政策, 推行政策
정책을 취하다	采取政策
정체되다	停滞
정체성	自我认同感
정치적 박해	政治迫害
제거하다	根除＝排除
~제도를 만들다	制定……制度
제로섬 게임	零和博弈
제 마음대로 하다	随心所欲
제조업	制造业
제조업 공동화	制造业空洞化
제트기	喷气式飞机
제한받지 않다	不受限制
제한하다	局限, 限制
조금도 과장되지 않다[과언이 아니다]	
	一点儿也不跨张
조마조마하다	感到不安
조산 전문가	助产专家
조소하다, 조각	雕塑
~조약을 체결하다	签署……条约
조정하다, 중재하다	调解
조종하다, 제어하다	操控
조짐, 기미, 흔적	迹象
조치를 시행하다[실시하다]	落实措施
조치를 취하다	制定措施, 采取措施
존엄사	尊严死
존재감	存在感
종교 요인	宗教因素
종교 분쟁	宗教纷争
종이	纸张
종합적인 대책을 제정하다	制定综合对策
종합적으로 고려하다	综合考虑
(죄상을) 규탄하다, 성토하다, 고발하다	控诉
죄와 벌을 확정하다	定罪处罚
주목 받다	备受关注
주의력결핍장애(ADHD)	多动症
주최하다	主办
주택 가격이 상승하다/하락하다	
	房价上涨/下跌
죽다	身亡
죽어가는 지구	奄奄一息的地球
죽음에 직면하다, 죽음이 임박하다	面临死亡
준비하다	做好准备
줄곧, 내내	一直
중간에 끼다	夹在中间
중금속 농도	重金属浓度
중독되다	成瘾
중동호흡기증후군(MERS)	中东呼吸综合征
중산층	中产阶层
중산층에 속하다	属于中产阶层
중상위	中上游
중소기업	中小企业
중심을 ~에 두다	把重心放在……方面
중앙정부	中央政府
중요한 영향을 미치다	举足轻重
중장년층	中壮年

일석삼조　一石三鸟
일자리 창출, 일자리를 창출하다　创造工作岗位
임금, 봉급　工资
임금, 급료　薪水
임대하다　租房
임상실험　临床试验
임신(하다)　怀孕
임신부　孕妇
임원　高管

장애인　残疾人
장점　优点
장화홍련전　蔷花红莲传
재고 소진 행사　清仓活动
재래시장, 전통시장　传统市场
재정 문제　财政问题
저금(하다)　存款
저금리　低息
저성장　低增长
저소득층　低收入阶层
저장　保存
저축　积蓄
저출산　低生育
저탄소　低碳
저항 능력　反抗能力
저항할 수 없다　无力抵抗
적과 나를 구분하다　区分敌我
적어도, 최소한　至少
적응력　适应能力
적응하다　适应
전기요금　电价
전략을 취하다　采取……战略
전송(하다)　传送
전염병　传染病
전자 칠판　电子黑板
전자파, 방사선　辐射
전쟁　战争
전체 인구　整体人口
전통 기업　传统企业
전통적인　传统
전투가 시작되다　打响
전파하다　传播
전혀 효율성이 없다　毫无效率
전형, 대표, 전형적인　典型
전형적인 예　典型的例子
절망과 고통을 느끼다　感到绝望和痛苦

ㅈ

자가관리　自我管理
자극하다　刺激
자기개발　自我开发
자기만족　自我满足
자기모순　自相矛盾
자녀를 양육하다　养育子女
(아이가) 자라다　长大
자살　自杀
자신의 생명을 초개처럼 여기다
　　视自己的生命为草芥
자양분　养分
자연재해　自然灾害
자연조건　自然条件
자원봉사하다　参加志愿活动
작용하다　起到……作用
잔혹하다, 잔인하다, 냉혹하다　残酷
잔혹한 현실　残酷的现实
잘 알다　深知
잘 팔리다　畅销
잠재력　潜力
잡곡밥　杂粮饭
잡홉핑족　跳槽族
장려금을 받다　获得……奖励

월 평균 수입 月均收入
웨어러블 기기 穿戴设备
웹캠 网络摄像
위대하다 伟大
위로하다 慰藉
위축되다 萎缩
위험군 危险人群
위협하다 威胁
유럽연합 欧盟
유로화 欧元
유리창 玻璃窗
유모차 婴儿车
유사하다 类似……
유아용 침대 婴儿床
유엔(UN) 联合国
유엔환경계획(UNEP) 联合国环境规划署
유연성, 융통성 灵活性
유인하다 诱惑
유지하다 维持
육상 陆地
육성하다, 기르다 培养
윤리경영 伦理经营
융통성 있다 灵活
응답하다 答应
의견이 불일치하다 意见不一致
의료 기기 医疗仪器
의무감 义务感
의무를 이해하다 履行义务
의식수준 意识水平
의식하다 在意
이기적이다 自私
~이든지 无论
이런 식으로 나간다면 长此以往
이롭지 않다 不利于
~의 이름을 빌리다 借用……名称
이미지 形象

이산화탄소 배출량 二氧化碳排放量
이세돌 李世石
이슈가 되다, 초점이 맞춰지다 成为焦点
이어서 接下来
이웃 邻居
~를 이유로 들다 以……为由
이윤 利润
이윤을 낮추다 降低利润
이전하다 转移到
이중성 两面性
이중언어 两种语言
이직(하다) 离职
이직율 离职率
이체하다 转账
이해관계 利害关系
인간관계를 맺다 形成人际关系
인격 人格
인계받다 接班
인공지능 人工智能
인구절벽 人口悬崖
인권 人权
인명피해 人员伤亡
인상하다 上调
인생 단계[주기] 人生阶段
인쇄술 印刷术
인수합병(M&A) 并购
인위적 人为
인적자원 人力资源
인정하다 认可
인지 认知
인터넷 링크 网页链接
인터넷 주소 网址
인터넷 중독 网络上瘾
인터넷 포털 사이트 门户网站
인터뷰에 응한 사람, 응답자 受访者
인터뷰하다 接受……采访

여기서 그치지 않다 不止于此
여성가족부 女性家族部
여성스럽다 有女人味儿
여성 호르몬 雌性激素
여전히 依旧
여전히 ~ 하다 依然
역내 区域内
역사를 바꾸다 改变历史
역전(되다) 逆转
역할을 맡다 扮演角色
연구 개발(하다) 研发 = 研究开发
연금 养老金
연금을 수령하다 领到养老金
연령대 年龄段
연명 치료를 중단하다 中断延命治疗
연장하다 延续
열량을[칼로리를] 얻다 获取热量
열쇠를 쥐다 钥匙掌握在……中
염가의 廉价
엽산 叶酸
영양성분 营养成分
영역, 분야 领域
영향(을 끼치다) 影响
영향을 주다 带来……影响
예측 가능성 可预测性
예측하다 预测
옛말에[속담에] ~란 말이 있다 俗话说
오래되다 由来已久
오래된, 낡은 旧
오렌지 橙子
오진 误诊
오프라인 线下
오픈 이노베이션 开放式创新
온갖 방법(을 다하다) 千方百计
온도를 낮추다 降温
온라인 线上 = 在线

온라인 쇼핑몰 网店
온실가스 温室气体
온실가스를 배출하다 排放温室气体
완전히 다르다, 딴판이다 完全不同
완화하다 缓解
외국 국적 外籍
외국인 투자 外商投资
외부로 유출되다 外流
외부에서 투자를 유치하다 招商引资
외자를 유치하다 吸引外资
요구하다 要求
요리를 세는 양사 道
요약하다 摘要
요원하다 遥不可及
요청을 거절하다 拒绝邀请
우루과이 乌拉圭
우수하다 优秀
우울증 抑郁症
우울증 환자 抑郁症患者
우울하다 沮丧
우울한 기분 忧郁情绪
우울함을 불러일으키다 引发抑郁
우주 비행사 宇航员
우주 여행 星际旅行 = 太空航行
워킹 푸어 穷忙族
원격의료 远程医疗
원격진료, 텔레메디신 远程诊疗 = 远距离诊断
원금 本金
원스톱 서비스 一条龙服务
원자력 발전소 核电站
원자력 발전소를 철거하다 拆除核电站
원자력 에너지 核能
원주민 原住民
원한을 풀다 化解冤仇
원흉 罪魁祸首
월스트리트 저널 华尔街日报

실내 온도 室内温度
실버산업 银发产业
실시간 모니터링하다 实时监控
실패를 맛보다, 실패하다 遭遇失败
실효성이 부족하다 缺乏实效性
싫어하다 讨厌
심리상담을 받다 进行心理咨询
심리 상태를 표현하다[드러내다]
　　表达心理状态
심사권[비준권]을 지니다 具备审批权
심해지다 加重
심혈관 心血管
싱가포르 新加坡
쌓다, 축적하다 积累
쏟아져 들어오다 涌入
씨앗 种子
씻다 洗

○

아날로그 시대 模拟时代
아는 것이 곧 힘이다 知识就是力量
아는 바에 의하면 ~라고 한다 据悉＝听说
아동 儿童
아동학대범 虐童犯
아래와 같다 如下
아무런 의미도[소용이] 없다, 조금도 쓸모가 없다
　　毫无意义
아스파라거스 芦笋
아시아 亚洲
아예, 차라리 干脆
아직 ~하지 않다 尚未
아파트 公寓
악기를 연주하다 演奏乐器
악마, 악당, 귀신 恶魔

악성 코드에 감염되다 被感染恶意代码
악의 본성 罪恶本性
안락사 安乐死
안락사를 허용하다 允许安乐死
안보 安全
안전지대 安全地带
안절부절하다 坐立不安
안정적이다 稳定
앉아서 보고만 있다 坐视不管
알리다 告知
알츠하이머병 老年痴呆症
알파고 阿尔法围棋
암을 유발하다 致癌
앞당기다 提前
애플사(社) 苹果, 苹果公司
앱[어플리케이션]을 다운로드하다 下载应用
약자를 돕다 帮助弱者
양배추 洋白菜
양육 育儿
양질의 优质
양형의 형평성 量刑的公正性
어리석은 행동 傻事
어린이집 幼儿园
어플리케이션 应用程序
어플리케이션을 탑재하다 搭载应用
억눌리다, 짓눌리다, 압박받다 备受压抑
억울함을 호소하다 诉冤
얻다, 획득하다 获得
얽히고설키다 错综复杂
에너지 공급 能源供给
에너지 절약 节能
에너지 제로 零能耗
에너지 효율을 높이다 提高能源效率
에이즈(AIDS) 艾滋病
엔진 发动机, 引擎
~로 여기다 把……视为

소유권 所有权	스트레스 받다 受到压力
소유물 所属物	스팸메일 垃圾邮件
소재 素材	스포트라이트 聚光灯
소통하다 沟通	스포트라이트를 받다 备受关注
소프트웨어 软件	습관이 되다 习以为常
소프트 파워 软实力	승객 乘客
소홀히 하다, 등한시하다 忽略	승리하다 获胜
속이다, 사기치다 欺骗	승자 胜者
속임수에 넘어가다, 사기당하다 上当受骗	승패 胜败
속하다 属于	시금치 菠菜
손해를 보다 受损	시급 [시간에 따라 비용을 계산함] 按小时计费
손해보다 损失	시급하다 迫在眉睫
수도권 首都圈	시끌벅적하다 闹得沸沸扬扬
수명 寿命	~시대가 도래하다 ……时代到来
수업 참여도 课堂参与度	시민 폭동 民众暴动
수요 需求	시선 视线
수은 水银	시세 차익을 얻다 获得差价
~수준에 도달하다 达到……水平	시원하다 凉爽
수첩 记事本	시위(하다) 示威
수출 주도형 出口主导型	시장 경기가 좋다 市场景气
수혜자 受惠者	시장을 활성화하다 激活市场
숙련공 熟练工	시진핑 习近平
순리적으로 문제가 해결되다 迎刃而解	식단 食谱
순서대로, 차례로 依次	식량 粮食
순식간에 瞬时间, 转眼间, 刹那间	식물성 식용유 植物油
숨 막히다, 질식하다 令人窒息	식이섬유소 膳食纤维素
스리랑카 斯里兰卡	신경 과민, 신경이 예민하다 神经过敏
스마트 교육 智能教育	신고하다 报警
스마트 의료 智能医疗	~의 신분으로 以……身份
스마트 파워 巧实力	신생 기업 新生企业
스마트폰 智能手机	신성장동력 新增长动力
스마트폰 게임 手游	신용카드 信用卡
스모그 雾霾	신재생에너지 新可再生能源
스미싱 短信钓鱼	신중하다 慎重
스위스 瑞士	신질서 新秩序
스트레스를 줄이다 减轻压力	신청자 申请者

살아남다 生存下去	선거 공약 选举承诺
살인계획 杀人计划	선동하다, 부추기다 煽动
살인죄 杀人罪	선명한 대비를 이루다 形成鲜明对比
살충제 杀虫剂	선순환하다 形成……良性循环
살피다, 돌보다 关怀	선점 先机
삶의 만족도 生活满意度	선택하다 做出选择
삶의 질 生活质量	선별하다 筛选
삼총사 三剑客	설령 ~하더라도 即便
상가건물 商厦	설문 조사 问卷调查
상대적 박탈감 相对剥夺感	설치하다 安装
상류사회, 상류층 上流社会	섭씨(℃) 摄氏度
상생하다 共赢	성공 방정식을 꿰뚫어 보다 透过成功方程式
상승치 上升值	성공 비결 成功秘诀
상승하다, 증가하다 上升	성공을 거두다 获得成功
상실감 失落感	성 소수자 跨性别者
상점 商铺	성장률 增长率
상해치사 伤害致死	성전환 수술을 하다 做变性手术
상향 조정하다 上调	세계보건기구(WHO) 世界卫生组织
상환기간 还贷期限	세계자연기금(WWF) 世界自然基金会
상황이 심각하다, 열악하다 情况严重	세금을 납부하다 缴纳税款
색채 色彩	세상을 떠나다 离开人世
샐러리맨 上班族	세수 혜택 税收优惠
생각지 못한 意想不到	세심하게 계획하다 精心策划
생계[가계]에 보태다 补贴生计	세심히 관찰하다 仔细观察
생명을 앗아가다 夺走生命	세척제 洗涤剂
생산 라인 生产线	셰익스피어 莎士比亚
생산가능인구 劳动年龄人口	소나타 索纳塔
생식/면역/신경계통 生殖/免疫/神经系统	소득 불균형 收入不均衡
생존법 生存之道	소득 불평등 收入不平等
생환[회복] 가능성이 있다 有生还可能性	소모하다 消耗
생활에 깊게 들어오다 深入生活	소비가 위축되다 消费萎缩
생활의 질 生活质量	소비를 자극하다 刺激消费
서로 믿고 존중하다 互信互尊	소비심리 消费心理
서로 협력하다 相互合作	소수민족 少数民族
서비스 노동자, 종업원 服务人员	소액결제 小额支付
서서히 逐步	소외되다 被排除

부정적인 영향[효과]를 일으키다
　　引发负面影响
부추기다　助长
부품　零部件
부피가 크거나 고정된 물체를 세는 양사　座
부합하다　符合
부활, 회복　复苏
분노하다　愤怒
분만　分娩
분말 형태　粉末状
분석하다　浅析
분양 가격　楼盘市价
분위기　氛围
분유　奶粉
분쟁　纠纷
분주히 뛰어다니다, 분주하다　奔波
불경기　不景气
불리하다, 좋지 못하다　不利于
불만을 제기하다　提出不满
불안하다　令人不安, 动荡不安
불임　不孕不育, 不孕症
불티나게 팔리다　卖得更火
브랜드 가치　品牌价值
브로콜리　西兰花
블랙컨슈머　恶意消费者
비례하다　成正比
~에서 비롯되다　源于
비밀번호　密码
비소　砷
비숙련공　非熟练工
비싼 제품　高价商品
~비용을 부담하다　承担……费用
비준하다　签署
비타민　维生素
빅데이터 기술　大数据技术
빈곤율　贫困率

빈곤을 벗어날 수 없다　无法脱贫
빈번하다　频繁
빗물　雨水
빠르게 발전하다　突飞猛进
빠른 속도　超快的速度
빠지다　沉迷于
빠지다　陷入
빨리빨리 문화　快节奏文化

ㅅ

사라지다, 소실되다　消失
사람을 놀라게 하다　惊人
사막　沙漠
사망하다　死亡
~로 사망하다　死于
사실대로　如实
사법제도　司法制度
사용자　用户
사이클론　热带风暴
사칭하다, ~인 체하다　冒充
사파이어　蓝宝石
사회보장비　社会保障费用
사회 분위기　社会氛围
사회안전망　社会安全网
사회안전망을 구축하다　构建社会安全网
~사회에 들어서다　步入……社会
사회에서 소외되다　在社会上被边缘化
사회 인식　社会观念
산사태　泥石流
산소　氧
산후조리　产后护理
~에 살고 있다　生活在……中
살리다　拯救
살림하다, 집안을 돌보다　持家

믿을 수 있는 可靠
밀리그램(mg) 毫克
밀 배아 麦胚

ㅂ

바라다 指望
바라다, 희망하다 愿
바지 裤子
바치다 献给
반대로, 거꾸로, 도리어 相反
반감 反感
반면 与此相比
반비례하다 成反比
반성(하다) 反思
반영하다 影射
반퇴시대 "退而不休"的时代
발걸음을[속도를] 늦추다 放慢……步伐
발명품, 발명하다 发明
발육 장애 发育障碍
발육하다 发育
~에 발을 들여놓다 涉足
발전 모델, 발전 패러다임 发展模式
방송국 电视台
~방안[방법]을 제시하다 提出……方案
방정식 方程式
방지하다 防止
방해하다 阻碍
배로 증가하다 倍增
배신당하다 遭遇背叛
배아 胚芽
백화점 百货商店
번식 繁殖
번창하다 昌盛
~의 범위를 넘어서다 超出……范围

범죄 犯罪
법과 기율을 준수하다 遵纪守法 ↔ 违法乱纪
벗어나다 摆脱
베냇저고리[영아복] 婴儿装
베테랑 资深专家
변화가 매우 크다 今非昔比
변혁, 개혁 变革
병력 病历
보건복지부 保健福祉部
보건소 保健所
보고도 못 본 체하다 视而不见
보고서, 보고하다 报告
보급, 보급되다, 보편화되다 普及
보다 나은 삶의 지수(BLI) 美好生活指数
보복 운전 报复性驾驶
~인 것처럼 보이다 显得
보이지 않는 킬러 隐形杀手
보잘것없다 不起眼
보장받다, 보장되다 得到保障
보장하다 保障
보조금 补贴
보조하다 辅助
보험회사 保险公司
보호자 监护人
복사하다, 복사 复制
복수하다 复仇
복지 福利
볼펜 圆珠笔
봉양하다 赡养
부담감 包袱
부당한 不合理
부동산 시장 楼市
부모를 봉양하다 赡养父母
부작용 负面影响
부작용을 일으키다 引发副作用
부정적/비관적 消极/悲观

ㄹ

로그인하다 登录
로봇 机器人
~로서 作为
리더십 领导力
리쇼어링 回岸

ㅁ

마음껏 尽情
마이크로소프트(MicroSoft) 微软
마치 ~와 같다 犹如
마케팅 营销
막을 열다 打开帷幕
만능열쇠 万能钥匙
만들다 营造
~로 만들어지다 由A制成
만성질병 慢性疾病
만성피로 慢性疲劳
많아봐야 顶多
말년 晚年
말라리아 疟疾
(바람에) 말리다 风干
~라고 말할 수 있다, ~라고 할만하다 可谓
맞벌이 双职工
(몸에) 맞추다, 맞춤형 量身定做
맡다, 감당하다 承担
매 ~마다 每隔
매우 다양하다 多种多样
매우 적다 偏少
매우 중요하다 重中之重
면역력 免疫力
멸종하다 灭亡
명백한 증거 明证

명백히 알다 显而易见
명품 奢侈品
명품 시장 奢侈品市场
모기 蚊虫
모델 模式
모바일 기기[장치] 移动设备
모바일 기술 移动技术
모방하다 模拟, 效仿
모색하다 谋求
목이 칼칼하다 嗓子干涩
몰려들다 涌入
못생기다 长相难看
~와 무관하다 与……无关
무기 武器
무료 검사를 받다 接受免费检查
무수히 无数次
무시하다 忽略
무인 자동차 无人驾驶汽车
무한 경쟁 无限竞争
무형의 자본 无形资本
문자 文字
문제가 어디에 있나 问题何在
~문제를 대하다 对待……问题
~문제를 신중하게 대응하다[다루다] 谨慎对待……问题
문제에 직면하다 面临问题
문화강국 文化兴国
문화 콘텐츠 文化内容
물거품이 되다 化为泡影
물 부족 水资源匮乏
물에 빠지다 溺水
미 항공우주국(NASA) 美国国家航空航天局
미래를 개척하다 开拓未来
미생물 微生物
미세먼지 颗粒物
믿을 만하다 值得依靠

ㄷ

다문화 多元文化
~와 다른 不同于
다 써버리다 用光
다시 말해 也就是说
다시 살아나다 重振旗鼓
다양성 多样性
다투어 점령하다 抢占
단골 손님, 단골 소재 常客
단백질 蛋白质
~에 달려있다 取决于
담배갑 烟盒
당뇨병 糖尿病
대국하다 对弈
대기오염 大气污染
대단히 부담되다 不堪重负
~를 대상으로 하다 以……为对象
대상을 ~로 확대하다 把对象扩大到……
대세 新潮流
~대오에 합류하다[끼어들다] 加入……队伍
대응하다 应对
대중매체 媒体
대책을 강구하다 探索对策
대체되다 被……所代替
대출금을 상환하다[갚다] 还贷, 偿还贷款
대출하다, 대출 贷款
대출신청 申请贷款
대폭의 大幅
대하다, 대처하다 对待
대형마트 大型超市
(스마트폰) 데이터 사용률 流量使用率
뎅기열 登革热
~에 도달하다, 달하다 达到
도소매 批发零售店
도움이 되다 有助于

도입하다 导入
도전을 맞닥뜨리다 遇到……挑战
도전 정신을 발휘하다 发挥挑战精神
독거노인 独居老人
독일 德国
독점하다 独吞
돈을 벌다 挣钱
돌보다 照顾
돌이킬 수 없는 无法挽回
돌잔치 초대장 周岁宴邀请函
동기 动机
동맥경화 动脉硬化
동맹 同盟
되찾다 找回
두 눈으로 지켜보다 双目直视
두 배로 늘다, 배가하다 翻一番
뒤쳐지다 落后于
뒷주머니 后兜
드라마를 제작하다 制作电视剧
드론, 무인기 无人机
디자인이 참신하다 款式新颖
디지털 교과서 数码教材
디지털 부호, 디지털 코드 数字编码
디지털 시대 数字时代
디지털화 数字化
디지털 종이 数码纸张
디지털 치매 数码痴呆症
땅콩 花生
뛰어넘다 超出
뜨거운 화제가 되다 成为热门话题
뜻대로 되지 않다 不尽如人意
뜻밖에도, 의외로 竟是
뜻밖이다 出乎意料

금연(하다) 戒烟
금융 위기가 발발하다 金融危机爆发
급감하다 减少, 剧减
급선무 当务之急
급히 필요로 하다 急需
긍정적/낙관적 积极/乐观
기관지 支气管
기능 功能
기능 쇠퇴 功能衰退
기대수명 期望寿命
기대하다 期待
기름진 음식 油腻食品
기반 基石
~기술을 도입하다 引进……技术
기억 记忆
기억력 记忆力
~을 기억하다 记住
기저귀 尿不湿
기준 标准
기초생활보장제도 基础生活保障制度
기형아 畸形儿
기후변화 气候变化
깨달음을 주다, 시사점을 주다 留下启示
꼴찌 倒数第一
끊이지 않다, 계속되다 接连不断
끊임없이 不断

ㄴ

나날이 증가하다 与日俱增
나누다 分享
나무라다, 책망하다 责怪
나쁘다, 엉망이다 糟糕
나이가 들다, 연로하다 上年纪
낙관적이지 못하다 不乐观

~라는 낙인을 찍다 打上……烙印
난민 문제 难民问题
난민을 받아들이다 接纳难民
난처한 지경에 빠지다 陷入尴尬
날개를 달다 添翼
남은 인생 下半辈子
납 铅
낮추다 降低
내가 흥하면 남은 망하다 我兴你亡
내수를 진작시키다 提振内需
내전 内战
내진 설계 抗震设计
냉담하게 처리하다 漠然处之
냉전 시대 冷战时期
냉전적 사고 冷战思维
너그러이 용서하다 宽恕
너무나 A하다, 과도하게 A하다 过于A
네티즌 网民
노년생활 晚年生活
노동력 劳动力
~를 위해 노력하다 为……做出努力
노령연금 养老金
노사 관계 劳资关系
노출하다 暴露
노후자금 养老费用
녹음하다 录音
논어 论语
논하다 论
농약 农药
농어민 农渔民
높이다 提高
눈사태 雪崩
눈이 따끔거리다 眼部发热
능력을 잃다 失去能力
능력이 약해지다 能力减弱

고용보험 就业保险
고집스럽다 执着
고혈압 高血压
곤경에 빠지다 陷入困境
곤란하다, 힘들다 艰难
곤충 昆虫
공감대를 형성하다 达成共识, 形成共识
공감을 얻다 获得共鸣, 得到共识
공고히 하다, 공고한 巩固
공동선 共同善
공동체를 만들다 营造共同体
공룡 恐龙
공무원 公务员
공부 압박 学习压力
공연히 화내다 无端发火
공예품 工艺品
공유 경제 共享经济
공직 公职
공포스럽다 令人恐惧
과감한 조치를 취하다 采取果断措施
과목, 기술 등을 세는 양사 门
과민 반응하다 敏感
과시하다 炫耀
과언이 아니다 不夸张
과제 课题
과학 잡지 科学杂志
관계 단절 关系的断裂
~에 관계없이 不管
관용적이다, 관대하다 宽容
관찰하다 观察
광고 广告
광고 매출 广告收入
광범위한 广泛
교류하다 交流
교육 구조 教育结构

교육비 教育费
구글 谷歌
구분하다 区分
구별하다, 차이점 区别
구제하다 挽救
구조조정 结构调整
구축 构建
구타하다 殴打
구하다 拯救
국가 산업 경쟁력 国家产业竞争力
국내총생산 国内生产总值
국민을 위해 봉사하다 为民服务
국민연금 养老金
국제경쟁력 国际竞争力
국제조약 国际公约
국토교통부 国土交通部
군사 军事
군사력을 증강시키다[강화하다] 增强军事力量
궁합이 잘 맞다 符合
권선징악 惩恶劝善
규모 规模
규제 规制
규제하다 控制
균형있는 발전을 이루다 实现均衡发展
그늘 阴影
그렇다 치다 先不说
그림의 떡 可望不可即
극복하다 克服
근거가 부족하다 缺乏依据
글로벌 금융 위기 全球金融危机
글로벌 시대 全球化时代
글로벌 인재 国际人才
글로벌화, 국제화 全球化
금단증세 戒断症状
금단현상 戒断反应
금액 金额

한중

ㄱ

가격을 낮추다, 할인하다　降价
가격 상승　价格上涨
가격 전쟁을 벌이다　展开价格战
가장 자신 있는 요리　拿手菜
가정 공동체　家庭共同体
가짜, 거짓이　伪
가처분소득　可支配收入
가치사슬　价值链
각광받다, 주목을 받다　备受关注
~의 각도에서 보면　从A的角度来看
간섭, 개입하다　干涉
간접흡연　二手烟
간질　癫痫
간호사　护士
감사함, 감사하다　感恩
감시 및 통제 시스템　监控系统
감정　情绪
감정노동자　情绪劳动者
감정을 존중하다　尊重感情
값싼　廉价
강구하다　谋求
강력하다　强硬
~와 같지 않다　不等于
개선되다　得到改善
개조되다　被改造为
개체수　个体数
객차　车厢
거액(의)　巨额
걱정(하다)　担忧
걱정거리　隐患
건강을 위협하다　威胁健康
건강한 성장　健康成长
건축물　建筑
걸맞다　符合
걸핏하면 ~하다　动辄
검사 비용　检查费用
검사하다　检测
격려하다　支持
결여　缺失
결정하다　决定
경고 그림　警示图
경기불황　经济萧条
경력단절　履历断层
경영모델　经营模式
경이롭다　令人惊讶
경쟁 구도　竞争格局
경쟁심　竞争心理
경제를 살리다　提振经济
경제/사회 취약계층　经济/社会弱势群体
경제 성장 동력　经济增长动力
경제적 독립　经济独立
경제적 손실을 발생시키다　造成经济损失
경제적 손실을 입다　遭受经济损失
경제협력개발기구(OECD)　经合组织
경종을 울리다　敲响了警钟
경험을 거울삼다　借鉴经验
계모, 의붓어머니　继母
계속하다, 지속하다　持续
계획적인　计划性
고갈(되다)　枯竭
고개들다　抬头
고객　顾客
고객센터에 전화하다　拨打客服中心的电话
고군분투하다　孤军奋战
고귀한 존재　宝贵存在
고려하다　考虑
고령화　老龄化
고령화사회　老龄化社会
고립무원　孤立无援
고용률　雇佣率

资源库 zīyuánkù 웹하드
资源配置 zīyuán pèizhì 자원 배분
资助 zīzhù (재물로) 돕다
滋生 zīshēng 자생하다, 초래하다
滋养 zīyǎng 길러내다
自……以来 zì……yǐlái ~이후로
自发 zìfā 자발적으로
自觉 zìjué 스스로, 자발적으로
自然而然地 zìrán'érrán de 자연스럽게
自然灾害 zìrán zāihài 자연재해
自然资源 zìrán zīyuán 천연자원
自杀性爆炸事件 zìshāxìng bàozhà shìjiàn 자살 폭탄 사건
自身 zìshēn 스스로
自食苦果 zìshí-kǔguǒ 자업자득
自我意识 zìwǒ yìshí 자아의식, 자의식
自信 zìxìn 자신감
自愿 zìyuàn 자원하다, 자발적인
自主 zìzhǔ 스스로, 자주적으로
总额 zǒng'é 총액
总部 zǒngbù 본부
总裁 zǒngcái 총재
总参谋长 zǒngcānmóuzhǎng 참모총장
总书记 zǒngshūjì 총서기
总数 zǒngshù 총합
总体来说 zǒngtǐ láishuō 전반적으로
总体上 zǒngtǐshàng 전체적으로
总之 zǒngzhī 총괄하면, 요컨대
纵容 zòngróng 방임하다, 용인하다
纵深 zòngshēn 깊숙한 (단계)
走歪路 zǒu wāilù 잘못된 길을 가다
走廊 zǒuláng 복도, 회랑 → 벨트
走强 zǒuqiáng 상승하는 추세이다
走势 zǒushì 추세
走向 zǒuxiàng ~를 향하여 발전하다
租赁 zūlìn 임대(하다), 임차(하다)
足见 zújiàn 충분히 알 수 있다

阻碍 zǔ'ài 방해하다, 저지하다
阻挡 zǔdǎng 저지하다, 가로막다
阻塞 zǔsè 막다
组成单位 zǔchéng dānwèi 구성단위
组分 zǔfèn 성분
组合 zǔhé 결합
组建 zǔjiàn 조직하다
组装 zǔzhuāng 조립하다
攥紧 zuànjǐn 꼭 쥐다
最不发达国家 zuì bù fādá guójiā 최빈국
最大程度地 zuì dà chéngdù de 최대한
最大限度地 zuì dà xiàndù de 최대한
尊严 zūnyán 존엄
尊严死 zūnyánsǐ 존엄사
遵从 zūncóng 따르다, 복종하다
遵守 zūnshǒu 준수하다
遵循 zūnxún 따르다
作出抉择 zuòchū juézé 선택을 내리다
作出努力 zuòchū nǔlì 노력하다
作出判断 zuòchū pànduàn 판단을 내리다
作为 zuòwéi ~로서
做出反应 zuòchū fǎnyìng 반응하다
做出努力 zuòchū nǔlì 노력하다
做出选择 zuòchū xuǎnzé 선택하다
做出卓越贡献 zuòchū zhuóyuè gòngxiàn 큰 공헌을 하다
做法 zuòfǎ 방법

重金属 zhòngjīnshǔ 중금속
重量级 zhòngliàngjí 중량급
重压 zhòngyā 중압, 부담
重灾区 zhòngzāiqū 피해를 심각하게 입은 지역
舟 zhōu 배
周边国家 zhōubiān guójiā 주변국
周年 zhōunián 주년
周期 zhōuqī 주기
周围环境 zhōuwéi huánjìng 주변 환경
诸多 zhūduō 많은, 여러 가지
竹篮打水 zhú lán dǎ shuǐ 밑 빠진 독에 물 붓기
逐步 zhúbù 점차
逐渐 zhújiàn 점점, 점차
主导 zhǔdǎo 주도하다
主导权 zhǔdǎoquán 주도권
主动 zhǔdòng 자발적으로, 주동적으로
主力军 zhǔlìjūn 주역
主流 zhǔliú 주류
主权 zhǔquán 주권
主体 zhǔtǐ 주체
主席 zhǔxí 의장
主旋律 zhǔxuánlǜ 기조, 핵심
助手 zhùshǒu 비서
助长 zhùzhǎng 조장하다
住房 zhùfáng 주택
住户 zhùhù 주민
住宿 zhùsù 숙박
住宅 zhùzhái 주택
注册 zhùcè 등록하다
注重 zhùzhòng 중시하다
注册 zhùcè 등록하다
注解 zhùjiě 해석, 주석
驻韩美军 zhù hán měijūn 주한미군
祝贺 zhùhè 축하하다
祝愿 zhùyuàn 축원
抓捕 zhuābǔ 붙잡다
抓住观众 zhuāzhù guānzhòng 관객을 사로잡다

专门 zhuānmén 전문적으로, 특별히
专业 zhuānyè 전공
专制 zhuānzhì 전제정치
转变 zhuǎnbiàn 바꾸다, 변화
转达 zhuǎndá 전달하다
转化 zhuǎnhuà 바꾸다
转嫁 zhuǎnjià 떠넘기다, 전가하다
转型 zhuǎnxíng 전환, 변화, 전환하다
转移 zhuǎnyí 바꾸다, 옮기다, 전이, 이동
转移到 zhuǎnyídào ~로 옮겨가다, 전이되다
转折点 zhuǎnzhédiǎn 전환점, 터닝포인트
赚钱 zhuànqián 돈을 벌다
庄子 Zhuāngzǐ 장자
装 zhuāng 담다
装备 zhuāngbèi 장비
壮大 zhuàngdà 강대해지다
状元 zhuàngyuán 장원, (시험에서) 1등
追加 zhuījiā 추가
追求 zhuīqiú 추구하다, ~를 원하다
追溯 zhuīsù 추적하다
追随 zhuīsuí 따라하다, 뒤따르다
追问 zhuīwèn 질문하다
追逐 zhuīzhú 쫓다, 추구하다
追逐梦想 zhuīzhú mèngxiǎng 꿈을 쫓다
准确 zhǔnquè 정확하다, 확실하다, 틀림없다
捉襟见肘 zhuōjīn jiànzhǒu 재정 곤란에 빠지다
着力 zhuólì 힘을 쓰다, 애쓰다
着眼于 zhuóyǎnyú ~에 착안하다
着装 zhuózhuāng 옷차림, 패션
镯子 zhuózǐ 팔찌
咨询 zīxún 문의하다
资产 zīchǎn 자산
资格 zīgé 자격
资金 zījīn 자금
资深 zīshēn 경력이 오랜, 베테랑의
资源 zīyuán 자원
资源分配 zīyuán fēnpèi 자원 배분

职能 zhínéng 직책과 기능
职位 zhíwèi 직위
植物 zhíwù 식물
殖民 zhímín 식민통치하다
只要A就B zhǐyào A jiù B A하기만 하면 B하다
只有A才B zhǐyǒu A cái B A해야 B하다
旨在 zhǐzài ~을 목적으로 하다, 취지는 ~이다
纸上谈兵 zhǐ shàng tán bīng 탁상공론
指标 zhǐbiāo 지표, 수치
指导 zhǐdǎo 이끌다, 지도하다
指挥 zhǐhuī 지휘하다
指挥棒 zhǐhuībàng 지휘봉
指尖 zhǐjiān 손가락 끝
指尖世界 zhǐjiān shìjiè 손가락 세계 → 핸드폰
指令 zhǐlìng 명령, 지시
指南 zhǐnán 지침
指示牌 zhǐshìpái 안내판
指向 zhǐxiàng 방향, 지향점
至关重要 zhìguān zhòngyào 매우 중요하다
至于 zhìyú ~에 대해
志愿 zhìyuàn 지원하다
制订 zhìdìng 제정하다
制定 zhìdìng 제정하다
制定权 zhìdìngquán 제정권
制定政策 zhìdìng zhèngcè 정책을 제정하다
制取 zhìqǔ 추출하다
制约 zhìyuē 막다, 제약하다
制造麻烦 zhìzào máfan 문제를 일으키다
制造商 zhìzàoshāng 제조업체
制造业 zhìzàoyè 제조업
质疑 zhìyí 의심하다
质子 zhìzǐ 양성자
治安 zhì'ān 치안
治理 zhìlǐ 거버넌스
治愈 zhìyù 치료하다, 완치하다
桎梏 zhìgù 질곡, 제약
致辞 zhìcí 연설

致使 zhìshǐ 초래하다, 야기하다
致力于 zhìlìyú 애쓰다, 힘쓰다
秩序 zhìxù 질서
智库 zhìkù 싱크탱크
智能 zhìnéng 스마트
智能手表 zhìnéng shǒubiǎo 스마트워치
智能腕带 zhìnéng wàndài 스마트밴드
智能眼镜 zhìnéng yǎnjìng 스마트글래스
置办 zhìbàn 마련하다, 장만하다
置身于 zhìshēnyú ~에 두다
置于 zhìyú ~에 놓다, 위치하다
置之度外 zhìzhī-dùwài 도외시하다, 제외시키다
中长期目标 zhōngchángqī mùbiāo 중장기 목표
中东呼吸综合征 Zhōngdōng hūxī zōnghézhēng 중동호흡기증후군(MERS), 메르스
中共 Zhōng Gòng 중국 공산당
中国梦 Zhōngguómèng 차이나 드림
中国制造2025 Zhōngguó zhìzào èr líng èr wǔ 중국제조 2025
中介 zhōngjiè 중개하다
中亚 Zhōng Yà 중앙아시아
中值 zhōngzhí 중간값
中子 zhōngzǐ 중성자
忠诚度 zhōngchéngdù 충성도
终结 zhōngjié 종식, 종말, 끝나다, 종결하다
《终结者》 zhōngjiézhě 터미네이터
终生 zhōngshēng 평생
仲裁案 zhòngcái'àn 중재안
仲裁程序 zhòngcái chéngxù 중재절차
仲裁庭 zhòngcáitíng 중재재판소
众包 zhòngbāo 크라우드 소싱
众筹 zhòngchóu 크라우드 펀딩
众所周知 zhòngsuǒzhōuzhī 모두가 다 알고 있다
种植 zhònghí 심다
重创 zhòngchuāng 심한 타격을 주다, 중상을 입히다
重点 zhòngdiǎn 중점적으로
重化学工业 zhònghuàxué gōngyè 중화학공업

侦察 zhēnchá 정찰하다
真诚 zhēnchéng 진실되다
真挚 zhēnzhì 마음에서 우러나는
阵阵 zhènzhèn 이따금
振翅高飞 zhèn chì gāo fēi 날개를 치며 높이 날다
震撼 zhènhàn 흥분시키다
震惊 zhènjīng 경악하게 하다
镇 zhèn 진, 읍 [행정 구역]
争吵 zhēngchǎo 말다툼하다
争当 zhēngdāng 앞다투어 ~가 되다
争端 zhēngduān 분쟁
争夺 zhēngduó 쟁탈하다, 다투다
争分夺秒 zhēngfēnduómiǎo 분초를 다투다
争取 zhēngqǔ 쟁취하다
争先恐后 zhēngxiān kǒnghòu 뒤질세라, 앞다투어
争议 zhēngyì 논쟁, 논란
症结 zhēngjié 문제점
征求 zhēngqiú 구하다, 묻다
征求意见 zhēngqiú yìjiàn 의견을 수렴하다
征收 zhēngshōu 징수하다
蒸发 zhēngfā 증발하다
蒸腾 zhēngténg 김이 오르다
拯救 zhěngjiù 구하다
整改 zhěnggǎi 정리 개혁하다
整合 zhěnghé 통합하다, 재통합시키다
整肃 zhěngsù 숙청하다
整体 zhěngtǐ 전체, 전부
整形 zhěngxíng 성형
正如 zhèngrú ~처럼, 했듯이
正式上线 zhèngshì shàngxiàn
　　공식적으로 출시되다
正式员工 zhèngshì yuángōng 정규직
正义与发展党 zhèngyì yǔ fāzhǎndǎng
　　정의개발당
正因如此 zhèng yīn rúcǐ 바로 이 때문에
证实 zhèngshí 증명하다
证书 zhèngshū 증명서

郑重 zhèngzhòng 정중히
政变 zhèngbiàn 쿠데타
政党 zhèngdǎng 정당
政府部门 zhèngfǔ bùmén 정부 부처
政府采购 zhèngfǔ cǎigòu 정부조달
政府机构 zhèngfǔ jīgòu 정부 기관
政教分离 zhèngjiào fēnlí 신정 분리, 정교 분리
政界 zhèngjiè 정치계, 정계
政局 zhèngjú 정국
政客 zhèngkè 정치인
政企分开 zhèngqǐ fēnkāi 정경분리
政权 zhèngquán 정권
政治右倾 zhèngzhì yòuqīng 정치 우경화
挣钱 zhèngqián 돈을 벌다
症状 zhèngzhuàng 증상
之余 zhī yú ~하고 난 나머지
支 zhī 자루 [총을 세는 양사]
支撑 zhīchēng 뒷받침(하다), 지지대, 지탱하다
支持 zhīchí 지원, 뒷받침, 지지하다
支持者 zhīchízhě 옹호자
支出 zhīchū 지출
支点 zhīdiǎn 지점, 거점, 지탱점, 구심점
支付能力 zhīfù nénglì 지불 능력
支配 zhīpèi 지배하다, 운용하다
支援 zhīyuán 원조, 지원하다
支柱 zhīzhù 기둥, 버팀목
知情权 zhīqíngquán 알 권리
知晓 zhīxiǎo 알다, 이해하다
执行 zhíxíng 집행하다, 이행하다
执行任务/命令 zhíxíng rènwù/mìnglìng
　　임무/명령을 수행하다
执政 zhízhèng 집권하다
执政党 zhízhèngdǎng 집권당, 여당
值得 zhídé ~할 만하다, ~할 만한 가치가 있다
值得警惕 zhídé jǐngtì 경계해야 한다
直接交换 zhíjiē jiāohuàn 직접 교환
直接介入 zhíjiē jièrù 직접 개입하다

在线 zàixiàn 온라인
在意 zàiyì 의식하다
在于 zàiyú ~에 있다
载体 zàitǐ 매개체, 운반체, 캐리어,
攒钱 zǎnqián 돈을 벌다
暂缓 zànhuǎn 잠시 미루다
暂时 zànshí 잠시
遭到拒绝 zāodào jùjué 거절당하다
遭受 zāoshòu 당하다
遭受冲击 zāoshòu chōngjī 충격을 받다
遭遇 zāoyù 당하다, 맞닥뜨리다
早期痴呆症 zǎoqī chīdāizhèng 치매 초기
造成 zàochéng 초래하다
造福 zàofú 행복하게 하다
责令 zélìng 명령을 내리다
责任 zérèn 책임
责任感 zérèngǎn 책임감
择偶 zé'ǒu 배우자를 선택하다
增多 zēngduō 많아지다
增幅 zēngfú 증가폭
增加胜算 zēngjiā shèngsuàn 경쟁력이 강화되다
增进互信 zēngjìn hùxìn 상호 신뢰 증진
增强……能力 zēngqiáng……nénglì
　~능력을 강화하다
增强竞争力 zēngqiáng jìngzhēnglì
　경쟁력을 강화하다
增强现实 zēngqiáng xiànshí 증강현실
增税 zēngshuì 증세
增速 zēngsù 증가 속도
增速放缓 zēngsù fànghuǎn 성장 속도가 둔화하다
增长势头 zēngzhǎng shìtóu 성장세
增长速度 zēngzhǎng sùdù 성장 속도, 성장률
增至 zēngzhì ~까지 증가하다
赠送 zèngsòng 증정하다
扎在人堆里 zhā zài réndui li 사람들 틈 사이에서
扎堆 zhāduī 한곳에 모이다
扎实 zhāshi 견실하다, 튼튼하다

闸门 zhámén 갑문, 장벽, 수문
炸薯条 zháshǔtiáo 감자튀김
债务 zhàiwù 채무
债务危机 zhàiwù wēijī 채무 위기
沾上 zhānshàng (나쁜 일에) 물들다
詹姆斯·邦德 Zhānmǔsī·bāngdé 제임스 본드
展示 zhǎnshì 나타내다
展望 zhǎnwàng 전망
展望五国 zhǎnwàng wǔ guó VISTA 5개국
展现 zhǎnxiàn 나타나다
占 zhàn 차지하다
占据 zhànjù 차지하다, 점유하다
占据强势 zhànjù qiángshì 우위를 점하다
占据优势 zhànjù yōushì 우위를 차지하다
战斗 zhàndòu 대결을 하다
战斗力 zhàndòulì 전투력
战舰 zhànjiàn 전함
战乱 zhànluàn 전란
战略 zhànlüè 전략
战略威慑 zhànlüè wēishè 전략적 억지
绽放 zhànfàng 터지다, 활짝 피다
长辈 zhǎngbèi 웃어른, 연장자
涨速 zhǎngsù 상승 속도
掌握 zhǎngwò 숙달하다, 파악하다
障碍 zhàng'ài 장애, 장애물
招牌 zhāopai 간판
招收 zhāoshōu 모집하다, 받아들이다
找工作 zhǎo gōngzuò 일자리를 구하다, 취업
召开 zhàokāi 개최하다, 열다
照搬 zhàobān 답습하다
照样 zhàoyàng 그대로 하다, 여전히
折射 zhéshè 굴절하다, 반영하다
折腾 zhēteng 괴롭히다
这并不意味着 zhè bìng bú yìwèizhe
　~를 의미하진 않는다
针对 zhēnduì 겨냥하다, ~에 대하여
针对性 zhēnduìxìng 맞춤형

宇宙大爆炸 yǔzhòu dàbàozhà 빅뱅
语汇 yǔhuì 어휘
玉米 yùmǐ 옥수수
育儿津贴 yù'ér jīntiē 육아 보조금
预案 yù'àn 매뉴얼, 대응책
预测 yùcè 예측하다
预估 yùgū 짐작하다, 예상하다
预计 yùjì 예측하다
预见 yùjiàn 예측하다
预料 yùliào 예상하다
预谋 yùmóu 사전 모의하다, 일을 꾸미다
预期 yùqī 예상하다, 예기하다, 전망, 예측
预期寿命 yùqī shòumìng 기대 수명
预算 yùsuàn 예산
欲 yù 하고자 하다
遇到 yùdào 만나다, 맞닥뜨리다
遇上 yùshàng 만나다
御寒 yùhán 추위를 막다, 방한
寓言 yùyán 우화
愈发 yùfā 더욱
愈加 yùjiā 더욱
愈来愈多 yù lái yù duō 갈수록 많아지다
元件 yuánjiàn 부품
元首 yuánshǒu 원수, 구성 요소
元素 yuánsù 요소
原材料 yuáncáiliào 원자재
原创 yuánchuàng 처음으로 만들다
原料 yuánliào 원료
原型 yuánxíng 원형
原油价格 yuányóu jiàgé 원유 가격, 유가
原子 yuánzǐ 원자
援助 yuánzhù 원조, 지원, 도와주다
源于 yuányú ~에서 비롯되다, 원인은 ~이다
源自 yuánzì ~에서 기인하다
源自于 yuánzìyú ~에 기인하다, ~에서 발원하다
远低于 yuǎn dīyú 훨씬 낮다
远高于A yuǎn gāoyú A A보다 훨씬 높다

远程 yuǎnchéng 원거리, 원격
远道而来 yuǎndào ér lái 멀리서 오다
远见 yuǎnjiàn 통찰력, 선견지명
远远超出 yuǎnyuǎn chāochū 훨씬 초과하다
愿景 yuànjǐng 희망, 바람, 바람, 꿈
愿望 yuànwàng 바람, 희망
约定 yuēdìng 약속하다
约束 yuēshù 규제하다
月光族 yuèguāngzú
   월광족 [월급을 받으면 다 써버리는 젊은 층]
悦乐 yuèlè 밝다
跃过 yuèguò 뛰어넘다
越过 yuèguò 뛰어넘다, 극복하다
越南 Yuènán 베트남
越演越烈 yuè yǎn yuè liè 갈수록 심각해지다
允许 yǔnxǔ 허락하다
运输 yùnshū 운송하다
运行 yùnxíng 운영하다, 작동하다
运营 yùnyíng 운영(하다), 경영
蕴含 yùnhán 내포하다

Z

杂音 záyīn 잡음
咋 zǎ 어째서, 어떻게, 왜
再加上 zài jiāshàng 게다가
再也没 zài yě méi 다시는 ~하지 않다
在不久的将来 zài bùjiǔ de jiānglái
   머지않은 미래에
在……的基础上 zài……de jīchǔ shàng
   ~의 기초 위에서
在……的前提下 zài……de qiántí xià
   ~라는 전제하에
在某种程度上 zài mǒuzhǒng chéngdù shàng
   어느 정도
在全球范围内 zài quánqiú fànwéi nèi
   전 세계적으로

优惠礼包 yōuhuì lǐbāo 사은품
优惠券 yōuhuìquàn 할인권, 쿠폰
忧虑 yōulǜ 우려하다, 걱정하다
优势 yōushì 우세, 우위, 장점
优先 yōuxiān 우선
优秀的人才 yōuxiù de réncái 우수한 인재
优越 yōuyuè 우수하다
优质 yōuzhì 양질의, 우수한 품질의
尤其 yóuqí 특히
尤须 yóuxū 더욱 ~해야 한다
尤为 yóuwéi 특히
由A构成 yóu A gòuchéng A로 구성되다
由A来负责任 yóu A lái fùzérèn A가 책임지다
由A转B yóu A zhuǎn B A에서 B로 바뀌다
由A转为B yóu A zhuǎnwéi B A에서 B로 바뀌다
由A组成 yóu A zǔchéng A로 구성되다
由此 yóu cǐ 이로 인해, 이에 따라
由此而来 yóu cǐ ér lái 여기에서 비롯되었다
由此可见 yóu cǐ kějiàn 이를 통해 알 수 있듯이
由近及远 yóu jìn jí yuǎn
　　　가까운 곳에서 먼 곳까지 확장되다
油气井 yóuqìjǐng 석유 가스정
油田 yóutián 유전
游客 yóukè 요우커 [중국인 관광객]
游手好闲 yóushǒu-hàoxián
　　　빈둥거리며 게으름만 피우다
游戏 yóuxì 게임
友好关系 yǒuhǎo guānxì 우호적인 관계
友谊 yǒuyì 우정
有……可循 yǒu……kěxún 따라할 만한 ~가 있다
有碍 yǒu'ài 방해되다
有备无患 yǒubèi-wúhuàn 유비무환
有机 yǒujī 유기물의, 유기체의
有价 yǒujià 유용한
有利 yǒulì 유리하다, 이롭다
有史以来 yǒu shǐ yǐ lái 역사상
有所不同 yǒu suǒ bùtóng 다소 다르다
有所改善 yǒu suǒ gǎishàn 어느 정도 개선되다

有所作为 yǒu suǒ zuòwéi 적극적으로 하다
有信心 yǒu xìnxīn 자신감이 있다, 믿음이 있다
有眼光 yǒu yǎnguāng 안목이 있다
有望 yǒuwàng
　　　~하기를 기대하다, 가능성이 있다, 예상하다
有限 yǒuxiàn 한계가 있다, 제한적이다
有效 yǒuxiào 효과적인
有序 yǒuxù 질서 정연하다
有益 yǒuyì 유익한
有朝一日 yǒuzhāo-yírì 언젠가는
有助于 yǒuzhùyú ~에 도움이 되다
幼儿 yòu'ér 유아
诱惑 yòuhuò 매력
于……年 yú……nián ~년에
余力 yúlì 여력
娱乐 yúlè 엔터테인먼트
渔翁得利 yúwēng dé lì 어부지리
愉快 yúkuài 즐거운
虞 yú 우려
愚蠢 yúchǔn 멍청하다
舆论 yúlùn 여론
与A不同 yǔ A bùtóng A와 다르다
与A相比 yǔ A xiāngbǐ A와 비교해 보면
与A形成鲜明对比
yǔ A xíngchéng xiānmíng duìbǐ
　　　A와 뚜렷한 대비를 이루다
与A有关 yǔ A yǒuguān A와 관련이 있다
与……无关 yǔ……wúguān ~와 무관한
与……有关 yǔ……yǒuguān ~와 관련있다
与此同时 yǔ cǐ tóngshí 이와 동시에
与此相比 yǔ cǐ xiāngbǐ 이에 비해
与此相反 yǔ cǐ xiāngfǎn 반면
与其A，不如B yǔqí A, bùrú B
　　　A하느니 B하는 것이 낫다
与生俱来 yǔshēng-jùlái 천성적으로 가지고 있다
与时俱进 yǔshí-jùjìn 시대에 맞춰 변화하다
与众不同 yǔ zhòng bùtóng 남다른, 남보다 뛰어난
予以 yǔyǐ ~을 주다

抑制 yìzhì 억제하다
易受 yìshòu ~받기 쉽다
疫情 yìqíng 전염병 발생과 유행 상황
益处 yìchù 이점
翌年 yìnián 이듬해
意见不一 yìjiàn bùyī 의견이 분분하다
意识 yìshí 의식하다
意味着 yìwèizhe ~를 의미하다
意愿 yìyuàn 바람, 소망
意志 yìzhì 의지
溢出 yìchū 넘치다
溢回效应 yì huí xiàoyìng 스필백(spill back)
因A而B yīn A ér B A 때문에 B하다
因此 yīncǐ 따라서
因素 yīnsù 요인
阴影 yīnyǐng 그림자
铟 yīn 인듐
银河系 yínhéxì 은하계
引导 yǐndǎo 이끌다, 유도하다
引发 yǐnfā 일으키다, 야기하다
引力 yǐnlì 만유인력
引领 yǐnlǐng 이끌다
引起 yǐnqǐ 끌다
引起关注 yǐnqǐ guānzhù 관심을 끌다
引擎 yǐnqíng 엔진
隐蔽 yǐnbì 은폐하다, 숨기다
隐身 yǐnshēn 투명인간, 투명 기술
隐身衣 yǐnshēnyī 투명망토
隐形 yǐnxíng 투명한
印度 Yìndù 인도
印象 yìnxiàng 인상
印证 yìnzhèng 증명하다
应当 yīngdāng 마땅히
婴儿 yīng'ér 아기
迎来 yínglái 맞이하다
荧屏 yíngpíng 스크린
盈利 yínglì 이윤을 얻다

营销 yíngxiāo 마케팅
营养 yíngyǎng 영양(분)
营造良好环境 yíngzào liánghǎo huánjìng
　　좋은 환경을 조성하다
赢得时间 yíngdé shíjiān 시간을 벌다
赢得/受到……青睐 yíngdé/shòudào……qīnglài
　　~의 환영을 받다
赢家 yíngjiā 승자
影子 yǐngzi 그림자
应A邀请 yìng A yāoqǐng A의 초청에 응하다
应对 yìngduì 대응하다
应对措施 yìngduì cuòshī 대응 조치
应对能力 yìngduì nénglì 대응 능력
应对挑战 yìngduì tiǎozhàn 도전에 대응하다
应试 yìngshì 입시, 응시하다
应用 yìngyòng 응용
应用程序 yìngyòng chéngxù 앱
硬杠杠 yìnggànggàng
　　위반할 수 없는 규정이나 기준
硬件 yìngjiàn 하드웨어
硬性 yìngxìng 엄격한
拥抱 yōngbào 받아들이다, 포용하다
拥堵 yōngdǔ 막히다
拥挤 yōngjǐ 붐비다
拥有 yōngyǒu 가지다
永续 yǒngxù 영원한
勇气 yǒngqì 용기
涌进 yǒngjìn (사람·사물이) 많이 밀려들다
涌入 yǒngrù 유입하다, 몰려들다
涌向 yǒngxiàng 모여들다, 몰려가다
用户 yònghù 사용자
用途 yòngtú 용도
用心 yòngxīn 열심히
用于 yòngyú ~에 사용하다
优点 yōudiǎn 장점
优化 yōuhuà 최적화하다
优惠 yōuhuì 혜택
优惠活动 yōuhuì huódòng 할인 이벤트

一大笔 yídàbǐ 거액의
一大批 yídàpī 대량의
一带一路 yí dài yí lù 일대일로
一旦 yídàn 일단 ~하면
一道 yídào 함께
一点儿也没错 yìdiǎnr yě méi cuò
　　　틀린 게 하나도 없다
一度 yídù 한때
一番 yìfān 한바탕, 한번
一环 yìhuán 일환
一己之力 yìjǐ zhī lì 자기만의 힘
一己之私 yìjǐ zhī sī 이기주의, 사사로운 이익
一举一动 yìjǔ yídòng 일거수일투족
一揽子 yìlǎnzi 일괄, 원스톱
一揽子货币 yìlǎnzi huòbì 통화바스켓
一律 yílǜ 일률적으로, 모두
一落千丈 yíluò-qiānzhàng 급락하다
一幕幕情景 yí mù mù qíngjǐng 한장면 한장면
一批 yìpī 한 무리의
一体化 yìtǐhuà 통합
一味 yíwèi 오로지, 맹목적으로
一系列 yíxìliè 일련의, 연속의
一枝独秀 yìzhī-dúxiù 홀로 뛰어나다
一直以来 yìzhí yǐlái 그동안, 줄곧
一阵子 yízhènzi 한동안
伊拉克 Yīlākè 이라크
伊朗 Yīlǎng 이란
伊斯兰 Yīsīlán 이슬람
伊始 yīshǐ 시작하다
伊斯兰国 Yīsīlánguó IS
伊斯兰教 Yīsīlánjiào 이슬람교
衣食住行 yī-shí-zhù-xíng 의식주행
医疗费 yīliáofèi 병원비
医治 yīzhì 복구하다, 치료하다
依法 yīfǎ 법에 따라
依法依规 yīfǎ yī guī 법과 규칙에 따라
依据 yījù 근거, 근거하다

依靠 yīkào ~에 의지하여, ~를 통하여,
依赖 yīlài 의지하다, 의존하다
依赖心理 yīlài xīnlǐ 의존 심리
依赖于 yīlàiyú ~에 의지하다
依赖症 yīlàizhèng 의존증
依然 yīrán 여전히
依托 yītuō 의지하다, 근거, 바탕
依照 yīzhào ~에 따라
贻害 yíhài 해를 끼치다, 후환을 남기다
移民 yímín 이민
移动互联网 yídòng hùliánwǎng
　　　모바일 인터넷
遗憾的是 yíhàn de shì 유감스러운 것은
遗忘 yíwàng 잊어버리다
颐养天年 yíyǎng tiānnián
　　　심신을 보양하여 천수를 누리다
乙醇 yǐchún 에탄올
以A而著称 yǐ A ér zhùchēng A로 유명한
以A为B yǐ A wéi B A를 B로 하다
以A为代表 yǐ A wéi dàibiǎo A를 대표로 하다
以A为基础 yǐ A wéi jīchǔ A를 기초로 하다
以A为例 yǐ A wéi lì A를 예로 들자면
以A为先 yǐ A wéi xiān A를 우선시하다
以A为主体 yǐ A wéi zhǔtǐ A를 주체로 하다
以……告终 yǐ……gàozhōng
　　　~로 끝을 맺다, 결말나다
以失败告终 yǐ shībài gàozhōng 실패로 끝나다
以致 yǐzhì ~를 초래하다
义务 yìwù 임무
议程 yìchéng 아젠다, 의정, 안건
议论纷纷 yìlùn fēnfēn 의론이 분분하다
议题 yìtí 의제
议席 yìxí 의석
亦 yì 또한
异化 yìhuà 변질되다
异军突起 yìjūn-tūqǐ
　　　새로운 세력이 갑자기 출현하다
异性 yìxìng 이성

压力 yālì 압박, 스트레스
押金 yājīn 보증금
亚马孙雨林 Yàmǎsūn yǔlín 아마존 우림
亚太 Yàtài 아시아와 태평양, 아태
亚太经合组织 Yàtài jīnghé zǔzhī
　　아시아태평양경제협력체(APEC)
亚太再平衡战略 Yàtài zàipínghéng zhànlüè
　　아시아태평양 재균형 정책
亚洲基础设施投资银行
Yàzhōu jīchǔ shèshī tóuzī yínháng
　　아시아인프라투자은행(AIIB)
亚洲开发银行 Yàzhōu kāifā yínháng
　　아시아개발은행(ADB)
烟草提价 yāncǎo tíjià 담뱃값 인상
延长 yáncháng 연장하다, 늘이다
延长退休年龄 yáncháng tuìxiū niánlíng
　　퇴직 연령을 연장하다
延伸 yánshēn 확장, 확장하다
延续 yánxù 지속하다, 연장하다
严冬 yándōng 엄동설한, 몹시 추운 겨울
严格 yángé 엄격하다
严寒 yánhán 혹한
严峻 yánjùn 심각하다
严密 yánmì 빈틈없다
严明 yánmíng 엄격하고 공정하다
严重 yánzhòng 심각하다
言行 yánxíng 언행
沿海 yánhǎi 연해 지역
沿线国家 yánxiàn guójiā
　　일대일로 선상에 있는 관련 국가
沿循 yánxún 따르다
沿着 yánzhe (일정한 노선을) 따라서
研发 yánfā 연구 개발하다
研讨会 yántǎohuì 토론회, 세미나
研制 yánzhì 연구 제작하다
掩盖 yǎngài 감추다, 덮어 가리다, 숨기다
眼光 yǎnguāng 시선, 안목
眼界 yǎnjiè 시야, 안목
眼前 yǎnqián 현재, 목전

眼神 yǎnshén 눈빛
眼下 yǎnxià 현재
演变 yǎnbiàn 변화 발전하다, 변화
演进 yǎnjìn 발전하다, 진보하다
演习 yǎnxí 훈련하다
演员 yǎnyuán 배우
央行行长 yāngháng hángzhǎng 중앙은행 총재
阳光 yángguāng 햇빛
养成 yǎngchéng 습관이 되다
养成/培养习惯 yǎngchéng/péiyǎng xíguàn
　　습관을 기르다
养虎自伤 yǎnghǔ zìshāng 화를 자초한 꼴이 되다
养活 yǎnghuo 먹여살리다
养育 yǎngyù 양육
样板 yàngbǎn 샘플
夭折 yāozhé 중도에 실패하다, 단명하다
腰包 yāobāo (허리춤에 차는) 지갑
邀请 yāoqǐng 초대하다, 초청하다
摇 yáo 흔들다
遥不可及 yáo bùkě jí 요원하다, 아득하다
遥控 yáokòng 원격 조정
药方 yàofāng 약(처방)
要道 yàodào 중요한 길
要素 yàosù 요소
要务 yàowù 중요한 임무
钥匙 yàoshi 열쇠
耶伦 Yēlún 옐런 [珍妮特·耶伦 재닛 옐런]
也罢 yěbà ~해도 그만이다
也就是说 yě jiùshì shuō 즉, 다시 말해
也门 Yěmén 예멘
业绩 yèjì 업적, 실적
业界 yèjiè 업계
页岩 yèyán 셰일
页岩油气 yèyán yóuqì 셰일 오일·가스
液晶屏 yèjīngpíng 액정 화면
一A就B yī A jiù B A하자 바로 B하다
一病不起 yí bìng bù qǐ 몸져눕다

新西兰 Xīnxīlán 뉴질랜드
新鲜 xīnxiān 신기하다, 신선하다
新兴产业 xīnxīng chǎnyè 신흥산업
新兴经济体 xīnxīng jīngjìtǐ 신흥경제체
新兴市场 xīnxīng shìchǎng 이머징마켓
新兴市场国家 xīnxīng shìchǎng guójiā
　　이머징마켓 국가
新兴市场经济体 xīnxīng shìchǎng jīngjìtǐ
　　이머징마켓 국가
新型大国关系 xīnxíng dàguó guānxì
　　신형대국관계
新一届 xīn yí jiè 새로운 정부 지도층
新一轮 xīn yì lún 새로운
新自由主义 xīn zìyóu zhǔyì 신자유주의
新钻十一国 xīnzuān shíyī guó 넥스트-11
薪资 xīnzī 임금
信奉 xìnfèng 신봉하다
信号 xìnhào 신호
信托 xìntuō 신탁, 위탁하다
信息 xìnxī 정보
信息收集 xìnxī shōují 정보 수집
信息搜索 xìnxī sōusuǒ 정보 검색
信息通信技术(ICT) xìnxī tōngxìn jìshù
　　정보통신기술
信用等级 xìnyòng děngjí 신용 등급
兴国 xīngguó 나라를 일으키다
兴起 xīngqǐ 일어나기 시작하다
兴趣学习班 xìngqù xuéxíbān 특기 적성 수업
兴衰 xīngshuāi 흥망성쇠
星际 xīngjì 성간
《星际穿越》 xīngjì chuānyuè 인터스텔라
行人 xíngrén 보행자
行色匆匆 xíngsè cōngcōng 바빠보이다
行之有效 xíng zhī yǒuxiào 실행하여 효과가 있다
形貌 xíngmào 모습
形势 xíngshì 정세, 형세
形同虚设 xíng tóng xūshè 유명무실하다
性情 xìngqíng 성격

胸怀 xiōnghuái 포부, 마음, 아량
休闲 xiūxián 레저, 여가
修补漏洞 xiūbǔ lòudòng 결함을 막다
修养 xiūyǎng 심신 수양하다
虚拟 xūnǐ 가상의, 사이버
虚拟空间 xūnǐ kōngjiān 사이버 공간
需要一个过程 xūyào yí ge guòchéng
　　어느 정도 시간이 필요하다
叙利亚 Xùlìyà 시리아
续航能力 xùháng nénglì 수명, 용량
宣布 xuānbù 선포하다, 발표하다
宣传 xuānchuán 선전, 홍보
宣示 xuānshì 공식적으로 선언하다
悬殊 xuánshū 차이가 크다
选择和集中 xuǎnzé hé jízhōng 선택과 집중
绚丽 xuànlì 화려하고 아름답다
绚丽多彩 xuànlì duōcǎi 화려하고 다채롭다
削减 xuējiǎn 삭감하다, 줄이다
削弱 xuēruò 약해지다
靴子 xuēzi 장화, 부츠
学历 xuélì 학력
学龄前儿童 xuélíngqián értóng 미취학 아동
学区 xuéqū 학군
学识丰厚 xuéshí fēnghòu 학식이 풍부하다
熏陶 xūntáo 영향을 주다, 훈도하다
寻求 xúnqiú 찾다, 추구하다
寻找 xúnzhǎo 찾다
询问 xúnwèn 묻다, 의견을 구하다
循环 xúnhuán 순환
训练师 xùnliànshī 트레이너
迅猛 xùnměng 급격하다, 빠르다
迅速 xùnsù 빠르게

Y

压过 yāguò 압도하다

相濡以沫 xiāngrú-yǐmò
　　곤경 속에서 서로 의지하고 도와주다
相向而行 xiāngxiàng ér xíng
　　서로 바라보면서 함께 나아가다
详细 xiángxì 상세하다
享受 xiǎngshòu 누리다
享有权利 xiǎngyǒu quánlì 권리를 누리다
响亮 xiǎngliàng 우렁차다
响应 xiǎngyìng 반응하다
向好 xiànghǎo 호전되다, 좋아지다
向来 xiànglái 줄곧
向往 xiàngwǎng 간절히 바라다, 동경하다
向下调整 xiàngxià tiáozhěng 하향 조정하다
项目 xiàngmù 프로젝트
象征 xiàngzhēng 상징(하다)
消除 xiāochú 없애다
消除贫困 xiāochú pínkùn 빈곤 퇴치
消除疑虑 xiāochú yílǜ 우려를 불식시키다
消费税率 xiāofèi shuìlǜ 소비세율
消费萎缩 xiāofèi wěisuō 소비 위축
消费心理 xiāofèi xīnlǐ 소비심리
消费者物价 xiāofèizhě wùjià 소비자물가
消耗 xiāohào 소모하다, 소비하다
消极 xiāojí 소극적인, 부정적인
消失 xiāoshī 사라지다, 없어지다
萧规曹随 xiāoguī-cáosuí
　　전에 쓰던 방식을 그대로 답습하다
销量 xiāoliàng 판매량
销售 xiāoshòu 판매하다, 매출
销售额 xiāoshòu'é 판매액, 매출액
销售一空 xiāoshòu yìkōng 매진되다
小微企业 xiǎowēi qǐyè 소기업, 스타트업 기업
小镇 xiǎozhèn 작은 마을
小众 xiǎozhòng 매니아, 소수
小组 xiǎozǔ 팀
孝敬 xiàojìng 효도하다
校外教育 xiàowài jiàoyù 사교육, 과외 교육
校园 xiàoyuán 캠퍼스, 교정

校园暴力 xiàoyuán bàolì 학교폭력
校园枪击案 xiàoyuán qiāngjī'àn 캠퍼스 총기 사건
效率 xiàolǜ 효율
效益 xiàoyì 효익
效应 xiàoyìng 효과
协会 xiéhuì 협회
协商 xiéshāng 협상, 협상하다
协调 xiétiáo 어울리게 하다, 조율하다, 협력, 협조
协同 xiétóng 협력하다
协议 xiéyì 협의
协助 xiézhù 협조하다
挟持 xiéchí 협박하다
携手 xiéshǒu 협력하다
懈怠 xièdài 나태하다
心得 xīndé 컨디션, 느낌, 소감
心急火燎 xīnjí-huǒliǎo 마음이 조급하다
心灵 xīnlíng 마음
心情舒畅 xīnqíng shūchàng 마음이 편하다
心事 xīnshì 근심거리
心态 xīntài 심리 상태
心智 xīnzhì 지혜
芯片 xīnpiàn 칩
辛苦 xīnkǔ 고생스럽다
欣赏 xīnshǎng 감상하다
欣喜 xīnxǐ 기쁘다
新常态 xīnchángtài 뉴노멀
新词 xīncí 신조어
新大陆 Xīn Dàlù 신대륙, 미국
新房 xīnfáng 신혼집
新建 xīnjiàn 새로 건설하다, 신설
新名词 xīnmíngcí 신조어
新能源 xīnnéngyuán 신 에너지
新年伊始 xīnnián yīshǐ 새해부터, 신년부터
新奇 xīnqí 신기하다, 새롭다
新任 xīnrèn 새로 취임하다
新生 xīnshēng 신생아, 갓 태어난
新闻发布会 xīnwén fābùhuì 기자회견

误认(为) wùrèn(wéi) 착각하다
雾霾 wùmái 스모그

X

X 波段雷达 X bōduàn léidá X 밴드 레이더
西班牙马德里 Xībānyá Mǎdélǐ 스페인 마드리드
西共体 xīgòngtǐ 서아프리카 경제공동체
西亚北非 Xī Yà Běi Fēi 서아시아와 북아프리카
吸引 xīyǐn 끌어당기다, 매료시키다
吸引力 xīyǐnlì 매력
惜贷 xīdài 대출해 주기를 꺼리는 현상
稀缺 xīquē 희소하다, 결핍하다
稀有元素 xīyǒu yuánsù 희귀원소
习俗 xísú 풍습
习以为常 xíyǐwéicháng 습관이 되다, 일상화되다
袭击 xíjī 습격(하다)
袭来 xílái 덮쳐 오다
洗牌 xǐpái 재조정하다
系列 xìliè 연쇄
细胞 xìbāo 세포
细化 xìhuà 세분화하다
细节 xìjié 세세한 부분, 세부 사항
细微 xìwēi 세밀한, 미세한
瑕疵 xiácī 흠, 결함
下大气力 xià dà qìlì 최선을 다해, 힘써
下跌 xiàdiē 떨어지다, 하락하다
下定决心 xiàdìng juéxīn 결심하다, 결정하다
下放 xiàfàng 하부로 이양하다
下滑 xiàhuá 하락하다, 떨어지다
下行 xiàxíng 하락하다
下载 xiàzǎi 다운로드하다
下载安装 xiàzǎi ānzhuāng 다운로드하여 설치하다
下载量 xiàzǎi liàng 다운로드 횟수

夏季达沃斯论坛 xiàjì dáwòsī lùntán 하계 다보스 포럼
夏威夷 Xiàwēiyí 하와이
先后 xiānhòu 잇따라, 차례로
先行者 xiānxíngzhě 선구자, 개척자
掀起……浪潮 xiānqǐ……làngcháo ~열풍이 불다
掀起……热潮 xiānqǐ……rècháo ~붐을 일으키다
鲜明 xiānmíng 선명하다, 명백하다
嫌 xián 싫어하다
显得 xiǎnde ~처럼 보인다
显而易见 xiǎn'éryìjiàn 분명하고 뚜렷이 보이다
显示 xiǎnshì 보여주다
显著 xiǎnzhù 현저하다, 뚜렷하다
现金 xiànjīn 현금
现有 xiànyǒu 기존의, 현재의
限定 xiàndìng 제한하다, 국한시키다
限制 xiànzhì 제한하다, 한정하다
线上 xiànshàng 온라인
线下 xiànxià 오프라인
宪兵 xiànbīng 헌병
陷阱 xiànjǐng 함정
陷入 xiànrù ~에 빠지다
陷入困境 xiànrù kùnjìng 곤경에 빠지다
陷入陷阱 xiànrù xiànjǐng 함정에 빠지다
相处 xiāngchǔ 공존하다
相当于 xiāngdāngyú ~와 같다
相对而言 xiāngduì ér yán 상대적으로
相对于 xiāngduìyú ~와 비교해서
相反 xiāngfǎn 반대로, 오히려
相逢 xiāngféng 만나다
相互补充关系 xiānghù bǔchōng guānxì 상호 보완 관계
相互依赖 xiānghù yīlài 상호 의존
相继 xiāngjì 잇따라, 계속해서
相聚 xiāngjù 모이다
相貌 xiàngmào 용모, 생김새
相让 xiāngràng 양보하다

往往 wǎngwǎng 흔히
危害 wēihài 폐해, 손상, 위협하다, 해를 끼치다
危言耸听 wēiyán-sǒngtīng
　　일부러 놀래는 말을 하여 사람들을 두렵게 하다
威胁 wēixié 위협(하다)
威信 wēixìn 체면, 권위, 위신
微小 wēixiǎo 미세한
微信群 wēixìnqún 위챗 채팅방
为顶峰 wéi dǐngfēng 정점에 이르다
为……所不容 wéi……suǒ bùróng ~로 금지하다
为人 wéirén 사람 됨됨이
为人父母 wéirén fùmǔ 부모가 되다
为生 wéishēng ~를 생업으로 삼다
违法 wéifǎ 법을 어기다
违反 wéifǎn 어기다
违宪 wéixiàn 위헌
围城 wéichéng 도시를 포위하다, 골칫거리
围堵 wéidǔ 둘러싸다, 봉쇄하다
围绕 wéirào ~를 둘러싸고
唯有 wéiyǒu 오직
唯有如此 wéiyǒu rúcǐ 이렇게 해야만
维持 wéichí 유지하다, 지키다
维度 wéidù 차원
维护 wéihù 유지 보수하다, 보호하다, 지키다
维护和平 wéihù hépíng 평화 수호
伟大 wěidà 위대한
伪装 wěizhuāng 위장
萎缩 wěisuō 위축
卫星 wèixīng 위성
为此 wèicǐ 이 때문에, 이를 위해
未曾 wèicéng ~한 적이 없다
未婚 wèihūn 미혼
未来走向 wèilái zǒuxiàng 향후 추세
味道 wèidào 냄새, 맛
畏惧 wèijù 두려워하다
慰藉 wèijiè 위로하다
温床 wēnchuáng 온상
温暖 wēnnuǎn 따뜻하다

温室气体 wēnshì qìtǐ 온실 가스
温室效应 wēnshì xiàoyìng 온실효과
文化圈 wénhuàquān 문화권
文件 wénjiàn 문서
稳增长 wěn zēngzhǎng 안정적인 성장
稳中向好 wěn zhōng xiànghǎo
　　안정적으로 성장하다
稳步 wěnbù 점진적으로, 안정되게
稳定 wěndìng 안정적이다, 안정되다
稳健 wěnjiàn 탄탄하다, 굳건하다
问候 wènhòu 안부, 인사, 안부를 묻다
问世 wènshì 세상에 나오다, 등장하다
乌拉尔山 Wūlā'ěr shān 우랄산(맥)
屋檐 wūyán 지붕
无比 wúbǐ 비할 바가 없이 뛰어나다
无处可逃 wú chù kě táo 도망칠 곳이 없다
无辜民众 wúgū mínzhòng 무고한 시민
无国界 wú guójiè 국경 없는
无节制 wú jiézhì 무절제한, 무분별한
无可厚非 wúkěhòufēi 크게 비난할 바가 아니다
无可奈何 wúkěnàihé 어찌 할 도리가 없다
无力 wúlì ~할 능력이 없다
无论 wúlùn ~를 막론하고
无情 wúqíng 무정하다, 냉정하다
无穷 wúqióng 무궁무진한
无人驾驶汽车 wúrén jiàshǐqìchē 무인 자동차
无所顾忌 wúsuǒ gùjì 아무런 거리낌 없이
无限 wúxiàn 무한한
无药可救 wú yào kě jiù 가망이 없는, 희망이 없는
无疑 wúyí 틀림없이
无作为状态 wúzuòwéi zhuàngtài 무정부 상태
武力清场 wǔlì qīngchǎng 무력 투쟁
舞台 wǔtái 무대
务实 wùshí 실무적인
物价 wùjià 물가
物业费 wùyèfèi 관리비
物质 wùzhì 물질
误差 wùchā 오차

突出　tūchū　두드러지다, 뚜렷하다, 대두되다
突尼斯　Tūnísī　튀니지
突破　tūpò　돌파하다, 넘어서다, 극복하다, 성과
突破口　tūpòkǒu　돌파구
突兀　tūwù　유별나다
途径　tújìng　경로, 수단
土耳其　Tǔ'ěqí　터키
土壤　tǔrǎng　토양
团结　tuánjié　단결하다
团体　tuántǐ　단체
推波助澜　tuībō-zhùlán
　　사태가 번지도록 선동하다[부추기다]
推迟　tuīchí　미루다, 늦추다, 연기하다
推崇　tuīchóng　추앙하다
推出　tuīchū　출시하다
推出/出台……政策　tuīchū/chūtái……zhèngcè
　　~정책을 실시하다
推动　tuīdòng　추진하다, 촉진하다
推动力　tuīdònglì　추진력
推断　tuīduàn　미루어 판단하다
推翻　tuīfān　전복시키다, 뒤집다
推高　tuīgāo　올리다
推广　tuīguǎng　널리 확대하다
推荐入学制度　tuījiàn rùxué zhìdù　추천입학제
推进　tuījìn　추진하다
推力　tuīlì　추진력
推手　tuīshǒu　촉매제
推销　tuīxiāo　마케팅하다, 팔다
推行　tuīxíng　추진하다
退出　tuìchū　물러나다
退出量化宽松政策
tuìchū liànghuà kuānsōng zhèngcè
　　양적 완화 정책 종료, 출구정책
退群　tuìqún　단체 채팅방에서 나가다
拖累　tuōlěi　발목잡다, 짐이 되다, 연루되다
脱离轨道　tuōlí guǐdào　궤도를 벗어나다
脱欧公投　tuō Ōu gōngtóu　브렉시트 국민투표
脱贫　tuōpín　빈곤 퇴치, 빈곤에서 벗어나다

妥善　tuǒshàn　적절하다, 타당하다
妥善应对　tuǒshàn yìngduì　적절히 대응하다
拓宽　tuòkuān　확장하다
拓展　tuòzhǎn　확장하다

W

挖掘　wājué　발굴하다, 찾아내다
挖掘潜力　wājué qiánlì　잠재력을 발굴하다
洼地　wādì　저지대, 움푹한 지대 → 사각지대
外表　wàibiǎo　겉모습
外国直接投资　wàiguó zhíjiē tóuzī　해외 직접 투자
外汇　wàihuì　외화, 외환
外汇储备　wàihuì chǔbèi　외환 보유
外流　wàiliú　해외 유출
外贸　wàimào　대외무역
外销　wàixiāo　해외 판매
外在美　wàizàiměi　외면의 아름다움
弯曲　wānqū　구부리다, 휘다
完善　wánshàn　완비하다
完整性　wánzhěngxìng　완전성
玩家　wánjiā　게임 유저, 게이머
玩乐　wánlè　놀다
玩游戏　wán yóuxì　게임하다
顽强　wánqiáng　끈질기게, 완강하게
顽症　wánzhèng　고질병
晚餐　wǎncān　저녁
晚婚　wǎnhūn　만혼
晚期癌症　wǎnqī áizhèng　말기 암
万般不得已　wànbān bùdéyǐ　어쩔 수 없다
万能　wànnéng　만능이다
万亿　wànyì　조(兆)
网购　wǎnggòu　온라인 쇼핑
网络　wǎngluò　네트워크, 인터넷, 망
网络社交媒体　wǎngluò shèjiāo méitǐ　SNS
网瘾　wǎngyǐn　인터넷 중독

提高效率 tígāo xiàolǜ 효율을 높이다
提供贷款 tígōng dàikuǎn 차관을 제공하다
提供机会 tígōng jīhuì 기회를 제공하다
提交 tíjiāo 제출하다
提炼 tíliàn 추출하다
提前 tíqián 미리, 앞당기다
提取 tíqǔ 채취하다
提升 tíshēng 향상되다, 업그레이드
提醒 tíxǐng 일깨우다
提议 tíyì 제의, 제안하다
提振 tízhèn 부양하다
题材 tícái 소재, 주제
体会 tǐhuì 체득하다
体面 tǐmiàn 체면이 서다
体贴 tǐtiē 자상하게 보살피다
体验 tǐyàn 체험(하다)
体制 tǐzhì 체제
替代 tìdài 대체하다
天然气 tiānránqì 천연가스
天生 tiānshēng 타고난, 태생적인
添加 tiānjiā 보태다, 첨가하다
填报 tiánbào 작성하여 보고하다
填补亏空 tiánbǔ kuīkōng 결손을[적자를] 메우다
条件 tiáojiàn 조건
条码 tiáomǎ 바코드
调低 tiáodī 하향 조정하다
调节供需 tiáojié gōngxū 공급과 수요 조절
调控 tiáokòng 조정하다
调整 tiáozhěng 조정하다, 조절하다
挑衅 tiǎoxìn 도발하다, 싸움을 걸다
跳出 tiàochū 벗어나다
跳出……怪圈 tiàochū……guàiquān
　　~악순환[수렁]에서 벗어나다
跳绳 tiàoshéng 줄넘기
跳水 tiàoshuǐ 급락하다
跳远 tiàoyuǎn 멀리뛰기
跳跃龙门 tiàoyuè lóngmén
　　출세하다, 개천에서 용나다

贴近 tiējìn 가깝다
贴心 tiēxīn 마음에 들다
铁娘子 tiě niángzǐ 철의 여인
听觉 tīngjué 청각
停留 tíngliú ~에 정체하다, 머물다
停止 tíngzhǐ 멈추다
停转 tíngzhuàn 멈추다
通道 tōngdào 통로, 경로
通过 tōngguò 통과하다
通货紧缩 tōnghuò jǐnsuō 디플레이션
通货膨胀 tōnghuò péngzhàng 인플레이션
通缩 tōngsuō 디플레이션
通往 tōngwǎng ~로 (나아)가다
通信 tōngxìn 통신
通胀 tōngzhàng 인플레이션
通胀率 tōngzhànglǜ 인플레이션율
同A相比 tóng A xiāngbǐ A와 비교해
同比 tóngbǐ 동기 대비
同步 tóngbù 함께, 동시에
同质化 tóngzhìhuà 획일화
同舟共济 tóngzhōu-gòngjì
　　함께 협력하여 곤경을 헤쳐 나가다
统筹 tǒngchóu 전면적으로 계획을 세우다
统计 tǒngjì 통계
统计厅 tǒngjìtīng 통계청
桶 tǒng 배럴
偷换 tōuhuàn 몰래[슬쩍] 바꾸다
头号 tóuhào 첫 번째
头盔 tóukuī 헬멧, 헤드셋
投放 tóufàng 투자하다
投行 tóuháng 투자은행
投射 tóushè 투사하다
投身到 tóushēndào ~에 뛰어들다
投资 tóuzī 투자
透露 tòulù 밝히다
透明 tòumíng 투명하다
凸显 tūxiǎn
　　두드러지다, 부각되다, 분명하게 나타내다

死板 sǐbǎn 융통성 없는, 틀에 박힌
死伤者人数 sǐshāngzhě rénshù 사상자 수
四分五裂 sìfēn-wǔliè 사분오열되다
四个全面 sì gè quánmiàn 4개 전면
四起 sìqǐ 도처에서 나타나다
似乎 sìhū 마치 ~인것 같다
饲料 sìliào 사료
肆无忌惮 sìwú-jìdàn 제멋대로 굴고 거리낌이 없다
松散 sōngsǎn 흩어지다
宋国 Sòng guó 송나라
诉求 sùqiú 호소하여 요구하다
素质教育 sùzhì jiàoyù 인성 교육
宿命 sùmìng 숙명
塑料 sùliào 플라스틱
塑造 sùzào 만들다
随后 suíhòu 뒤이어, 이어서
随时 suíshí 수시로
随着 suízhe ~함에 따라
随之 suízhī 이에 따라
损害 sǔnhài 손해를 입다, 손상시키다
缩短 suōduǎn 단축하다
缩水 suōshuǐ 줄어들다
缩小 suōxiǎo 줄어들다 → 상쇄되다
所占比例 suǒ zhàn bǐlì 차지하는 비율
所属 suǒshǔ 산하, 소속된
所谓 suǒwèi 소위, 이른바
所在地 suǒzàidì 소재지
琐事 suǒshì 번거로운 일
锁区 suǒqū 사용 금지 구역, 봉쇄구역

T

他意 tāyì 다른 뜻, 타의
踏实 tāshí 편안하다, 성실하다
台词 táicí 대사

抬高 táigāo 올리다, 높이다
太阳能 tàiyángnéng 태양 에너지
太阳能板 tàiyáng néngbǎn 태양광 패널
态势 tàishì 상태, 형세, 추세
昙花一现 tánhuā-yíxiàn 사람이나 사물이 덧없이 사라지다
谈不上 tán bú shàng 말할 것도 없다
谈得上 tán de shàng ~라고 말할 수 있다
谈婚论嫁 tán hūn lùn jià 결혼에 대해 이야기하다
谈恋爱 tán liàn'ài 연애하다
谈判 tánpàn 협상
弹性工作时间 tánxìng gōngzuò shíjiān 탄력 근무 시간제
坦诚 tǎnchéng 솔직하게
坦克 tǎnkè 탱크
坦言 tǎnyán 솔직하게 말하다
探测设备 tàncè shèbèi 탐측기
探究 tànjiū 탐구하다
探索 tànsuǒ 탐색하다, 찾다
探讨 tàntǎo 조사 연구하다
倘若 tǎngruò 만약
躺 tǎng 눕다
淘汰 táotài 도태하다
特立独行 tèlì-dúxíng 독자적인
特权 tèquán 특권
特殊 tèshū 특별하다, 특수하다
特许经营 tèxǔ jīngyíng 특허 경영, 프랜차이즈 경영
特征 tèzhēng 특징
疼爱 téng'ài 매우 사랑하다
梯度 tīdù 단계별, 순서별로
梯队 tīduì 진영
提倡 tíchàng 제창하다
提出 tíchū 제시하다
提到 tídào 언급하다
提高 tígāo 제고하다, 향상시키다
提高生活质量 tígāo shēnghuó zhìliàng 삶의 질을 높이다

受访 shòufǎng 인터뷰에 응하다
受伤 shòushāng 부상을 입다
受损 shòusǔn 손해를 입다
受益者 shòuyìzhě 수혜자
受制于 shòuzhìyú ~의 제한을 받다
受阻 shòuzǔ 저지당하다
兽人 shòurén 수인, 짐승의 의인화를 가리키는 말
纾解 shūjiě 해제하다 → 털어내다
舒缓 shūhuǎn 느리다, 완만하다
舒适 shūshì 편안하다
疏导 shūdǎo 잘 통하게[흐르게] 하다
疏通 shūtōng 잘 통하게 하다
输入 shūrù 입력하다
熟悉 shúxī 잘 알다
属于 shǔyú ~에 속하다, ~의 소유이다
署 shǔ 부처, ~부
术语 shùyǔ 전문용어
束缚 shùfù 속박
束之高阁 shùzhīgāogé 내버려 둔 채 사용하지 않다
竖起 shùqǐ 세우다
数倍于 shùbèiyú ~의 수 배나 된다
数次 shùcì 여러 차례
数据 shùjù 데이터
数理化 shùlǐhuà 수학, 물리학, 화학
数量 shùliàng 수량
数码 shùmǎ 디지털
数码痴呆症 shùmǎ chīdāizhèng 디지털 치매
数以百计 shù yǐ bǎi jì 수많은
数以亿计 shù yǐ yì jì 수억 개에 달하는, 수많은
数值 shùzhí 수치
数字化 shùzìhuà 디지털
刷 shuā (SNS를) 하다
刷新纪录 shuā xīn jìlù 신기록을 갱신하다
衰减 shuāijiǎn 떨어지다
衰退 shuāituì 쇠퇴하다, 쇠락하다
率先 shuàixiān 앞장서서, 솔선하여

双边 shuāngbiān 양자 간
双边关系 shuāngbiān guānxì 양국 관계
双重 shuāngchóng 이중의
双重标准 shuāngchóng biāozhǔn 이중잣대
双重属性 shuāngchóng shǔxìng 이중 속성
双刃剑 shuāngrènjiàn 양날의 검
双11 shuāng shíyī 11월 11일, 솔로데이
双赢 shuāngyíng 윈윈(win-win), 양측 모두 이익을 얻다
水坝 shuǐbà 댐, 둑
水涨船高 shuǐzhǎng-chuángāo 물이 불어나면 배도 위로 올라간다
水资源 shuǐzīyuán 수자원
税费 shuìfèi 세금과 비용
税收 shuìshōu 세금 수입
睡眠 shuìmián 수면
顺理成章 shùnlǐ-chéngzhāng 당연하다, 이치에 맞게 저절로 잘 풀리다
顺利 shùnlì 순조롭게
顺势而为 shùnshì ér wéi 추세의 변화에 따르다
顺其自然 shùn qí zìrán 그대로 내버려 두다
顺水推舟 shùnshuǐ-tuīzhōu 물 들어 올 때 노 젓는다, 기회를 놓치지 않고
顺应 shùnyìng 순응하다
瞬间 shùnjiān 순간
说到底 shuō dàodǐ 결론적으로 말하다
硕博 shuòbó 석사, 박사
司令 sīlìng 사령관
司令部 sīlìngbù 사령부
丝绸之路经济带 sīchóu zhī lù jīngjìdài 실크로드 경제벨트
丝毫 sīháo 추호도, 조금도
丝路基金 sīlù jījīn 실크로드 펀드
私相授受 sī xiāng shòushòu 몰래 주고받다
私心 sīxīn 사심, 이기심
思路 sīlù 사고(의 방향)
斯诺登 Sīnuòdēng 스노우든 [인명]
撕 sī 찢다

实践 shíjiàn 실천하다
实施 shíshī 실시하다
实时 shíshí 실시간으로
实时聊天 shíshí liáotiān 실시간 채팅
实体经济 shítǐ jīngjì 실물경제
实现梦想 shíxiàn mèngxiǎng 꿈을 이루다
实行 shíxíng 실행하다
实验室 shíyànshì 실험실
实用性 shíyòngxìng 실용성
实招 shízhāo 실질적인 방법
使命 shǐmìng 사명
始终 shǐzhōng 시종, 줄곧
示范 shìfàn 모범(을 보이다)
示威者 shìwēizhě 시위자, 시위 세력
世代 shìdài 대대손손
世界化 shìjièhuà 글로벌화
世界贸易组织 Shìjiè Màoyì Zǔzhī
　　세계무역기구(WTO)
世界气象组织 shìjiè qìxiàng zǔzhī
　　세계기상기구(WMO)
世界银行 Shìjiè Yínháng 세계은행(WB)
世界之最 shìjiè zhī zuì 세계 최고
世俗势力 shìsú shìlì 세속주의 세력
市场主体 shìchǎng zhǔtǐ 시장 주체
势必 shìbì 반드시
势头 shìtóu 추세
势在必行 shìzàibìxíng 피할 수 없는 추세이다
事与愿违 shìyǔyuànwéi
　　일이 바라는 대로 되지 않다
事在人为 shìzàirénwéi
　　모든 일은 사람 하기에 달렸다
试点 shìdiǎn 시범 지구
试图 shìtú 시도하다
视而不见 shì'érbújiàn 보고도 못 본 체하다
视觉 shìjué 시각
视频 shìpín 동영상
视听享受 shìtīng xiǎngshòu 눈과 귀로 즐기다
视线 shìxiàn 시선, 시야

视野 shìyě 안목, 시야
适当 shìdàng 적당한
适得其反 shìdé-qífǎn 역효과가 나다
适度 shìdù 적당한, 적절하다
适合 shìhé 적합하다
适龄 shìlíng 적령기이다
适应 shìyìng 적응하다
适用于 shìyòngyú ~에 적용되다
释放 shìfàng 방출하다, 내보내다
收费 shōufèi 비용, 돈을 받다
收获果实 shōuhuò guǒshí 성과를 얻다
收入 shōurù 소득
收拾 shōushi 정리하다, 수습하다
收缩 shōusuō 축소하다
收益 shōuyì 수익
收支 shōuzhī 수지
收支不平衡 shōuzhī bùpínghéng 수지 불균형
手机软件 shǒujī ruǎnjiàn 휴대전화 앱
手腕 shǒuwàn 손목
手写 shǒuxiě 손으로 쓰다, 메모
手游 shǒuyóu 모바일 게임
首脑 shǒunǎo 지도자, 정상
首席经济学家 shǒuxí jīngjì xuéjiā
　　수석 이코노미스트
首选 shǒuxuǎn 가장 먼저 선택하다
受A限制 shòu A xiànzhì A의 제약을 받다
受重伤 shòu zhòngshāng 중상을 입다
受暴 shòubào 폭력을 당하다
受挫 shòucuò 좌절되다
受到创伤 shòudào chuāngshāng 상처를 입다
受到打击 shòudào dǎjī 충격을 받다
受到……青睐 shòudào……qīnglài
　　~의 환영을 받다
受到热捧 shòudào rèpěng 큰 환영을 받다
受到伤害 shòudào shānghài 피해를 입다
受到抑制 shòudào yìzhì 제약을 받다
受到重创 shòudào zhòngchuāng
　　심각한 타격을 입다

社会氛围 shèhuì fēnwéi 사회 분위기
社会排斥 shèhuì páichì 사회적 따돌림
社交 shèjiāo SNS
射杀 shèshā 쏘아 죽이다
涉及 shèjí 연관되다
摄像机 shèxiàngjī 카메라
摄像头 shèxiàngtóu 카메라 렌즈
摄影工作室 shèyǐng gōngzuòshì 스튜디오
申请 shēnqǐng 신청하다, 부탁하다
身边 shēnbiān 주변의
身份 shēnfèn 신분
身心 shēnxīn 심신
深层次 shēncéngcì 심층적으로
深化改革 shēnhuà gǎigé 심화 개혁
深刻 shēnkè 심각하게
深入 shēnrù 깊이 들어가다
深思 shēnsī 깊이 고민하다
深夜 shēnyè 심야, 한밤
深远 shēnyuǎn (영향이) 크고 깊다
神经 shénjīng 신경
神经元 shénjīngyuán 뉴런
神经元网络 shénjīngyuán wǎngluò 신경망
神奇 shénqí 신기하다
审批 shěnpī 심사하여 비준하다
慎重 shènzhòng 신중하다
升级 shēngjí 올라가다, (사태가) 심해지다
升级换代 shēngjí huàndài 상품을 업그레이드하다
升级版 shēngjíbǎn 업그레이드 버전
升至 shēngzhì ~까지 오르다
生不如死 shēng bùrú sǐ 사는 게 죽는 것보다 못하다
生地 shēngdì 낯선 곳
生活改善 shēnghuó gǎishàn 민생 개선
生活节奏 shēnghuó jiézòu 생활 리듬
生活质量 shēnghuó zhìliàng 삶의 질
生命周期 shēngmìng zhōuqī 수명, 라이프 사이클
生物 shēngwù 바이오, 생물학

生物多样性 shēngwù duōyàngxìng 생물 다양성
生物燃料 shēngwù ránliào 바이오 연료
生效 shēngxiào 발효되다
生育 shēngyù 출산
生育水平 shēngyù shuǐpíng 출산율
生育率 shēngyùlǜ 출산율
生源 shēngyuán 학생 자원, 인재풀
牲畜 shēngchù 가축
盛开 shèngkāi 만개하다
盛情 shèngqíng 극진하게
盛宴 shèngyàn 성대한 연회
剩男 shèngnán 노총각
剩女 shèngnǚ 노처녀
失衡 shīhéng 균형을 잃다, 불균형
失控 shīkòng 통제력을 잃다, 제어하지 못하다
失落感 shīluògǎn 상실감, 실망감
失去平衡 shīqù pínghéng 균형을 잃다, 불균형
失去兴趣 shīqù xìngqù 흥미를 잃다
失信于 shīxìnyú ~의 신뢰를 잃다
失业率 shīyèlǜ 실업률
施暴 shībào 폭력을 휘두르다
施压 shīyā 압력을 가하다
石油开采 shíyóu kāicǎi 석유 채굴
时代潮流 shídài cháoliú 시대적 조류
时点 shídiǎn 시기
时过境迁 shíguò-jìngqiān 시간이 흐름에 따라 상황도 변하다
时间节点 shíjiān jiédiǎn 시간 노드(node)
时间精力 shíjiān jīnglì 시간과 노력
时空转移 shíkōng zhuǎnyí 시공간 이동
时髦 shímáo 유행이다, 최신식이다
时尚 shíshàng 유행
时势 shíshì 시대의 흐름, 추세
时有 shíyǒu 자주, 늘
识别 shíbié 식별하다
实惠 shíhuì 실질적인 혜택
实际情况 shíjì qíngkuàng 실제 상황

仍未 réng wèi 아직 ~이 아니다
仍需时日 réng xū shírì 시간이 필요하다
仍旧 réngjiù 여전히, 변함없이
仍然 réngrán 여전히
日本首相安倍晋三 Rìběn shǒuxiàng Ānbèi Jìnsān 아베 신조 일본 총리
日常消费品 rìcháng xiāofèipǐn 일상 용품
日趋 rìqū 나날이, 더더욱
日新月异 rìxīnyuèyì 나날이 새로워지다
日益 rìyì 날로, 나날이 더욱
日臻成熟 rìzhēn chéngshú 나날이 발전하다
容不得 róng bù dé ~해서는 안 된다
融合 rónghé 통합, 융합, 결합하다
融化 rónghuà 녹다
融洽 róngqià 화목하다, 사이가 좋다
融入 róngrù 진입하다
融通 róngtōng 유통시키다, 통달하다
如今 rújīn 오늘날
辱骂 rǔmà 욕설을 퍼붓다
入手 rùshǒu 착수하다
软件 ruǎnjiàn 소프트웨어, 앱
锐减 ruìjiǎn 급감하다
瑞士 Ruìshì 스위스
弱化 ruòhuà 약화하다

S

撒切尔夫人 Sāqiè'ěr fūrén 마가렛 대처
塞给 sāi gěi 쥐여 주다
三明治 sānmíngzhì 샌드위치
三抛族 sānpāozú 삼포세대, 삼포족
三维 sānwéi 3차원
丧失 sàngshī 잃어버리다
色彩 sècǎi 색채
森林 sēnlín 삼림, 숲

杀猪 shāzhū 돼지 도축
杀虫剂 shāchóngjì 살충제
杀戮 shālù 살육하다
杀手机器人 shāshǒu jīqìrén 킬러 로봇
沙特 Shātè 사우디아라비아
刹车 shāchē 브레이크를 밟다
闪过 shǎnguò 나타나다, 스치다
闪婚 shǎnhūn 속성 결혼
闪离 shǎnlí 속성 이혼
闪闪发光 shǎnshǎn fāguāng 부각되다, 반짝반짝 빛나다
扇 shàn 폭, 짝 [문, 창문 등을 세는 양사]
善良 shànliáng 착한
善于 shànyú ~를 잘하다
赡养 shànyǎng 부양하다
伤害 shānghài 피해, 손상, 손상시키다
伤痕 shānghén 상처, 상흔
伤亡 shāngwáng 부상과 사망
商机 shāngjī 비즈니스 기회
商讨 shāngtǎo 논의하다
上吊自杀 shàngdiào zìshā 목매달아 자살하다
上任 shàngrèn 취임하다
上升 shàngshēng 오르다
上述 shàngshù 앞서 말한
上调 shàngtiáo 상향 조정하다
上涨 shàngzhǎng (물가가) 오르다
尚 shàng 아직
尚未 shàngwèi 아직 ~하지 않다
烧 shāo 연소하다
少子化 shǎozǐhuà 저출산
设备 shèbèi 설비, 시설
设计 shèjì 디자인
设计师 shèjìshī 설계자 → 정책 결정자
设立 shèlì 설립하다
社会安宁 shèhuì ānníng 사회의 안녕
社会保障 shèhuì bǎozhàng 사회보장
社会地位 shèhuì dìwèi 사회적 지위

取得成功　qǔdé chénggōng　성공하다
取得共识　qǔdé gòngshí　합의를 이루다
取得进展　qǔdé jìnzhǎn
　　　　　진전을 이뤄내다, 성과를 얻다
取得胜利　qǔdé shènglì　승리하다
取向　qǔxiàng　추세, 방향
取消　qǔxiāo　취소하다
权力　quánlì　권력
权威　quánwēi　권위 있는, 권위적인
权威性　quánwēixìng　권위성
全局　quánjú　전체적인 국면
全情　quánqíng　모든 정
全球变暖　quánqiú biànnuǎn　지구온난화
全球定位系统　quánqiú dìngwèi xìtǒng　GPS
全球化　quánqiúhuà　국제화, 글로벌화
全球气候变化　quánqiú qìhòu biànhuà
　　　　　기후변화
全球气候变暖　quánqiú qìhòu biànnuǎn
　　　　　기후변화
全然　quánrán　완전히
全职主妇　quánzhí zhǔfù　전업주부
缺乏　quēfá　부족하다
缺少　quēshǎo　부족하다
缺失　quēshī　부족, 부족하다
确保　quèbǎo　확보하다
确定　quèdìng　확인하다
确认　quèrèn　승인, 확인, 확신하다
确实　quèshí　확실히, 틀림없이
确信　quèxìn　확신하다
群芳争艳　qúnfāng zhēngyàn
　　　　　여러 꽃[미녀]들이 아름다움을 겨루다
群体　qúntǐ　무리

R

然而　rán'ér　그러나
燃料　ránliào　연료

燃煤　ránméi　석탄
燃烧　ránshāo　연소하다
让父母累弯了腰　ràng fùmǔ lèiwān le yāo
　　　　　부모 등골을 휘게 하다
绕过　ràoguò　돌아가다
热潮　rècháo　열기
热忱　rèchén　열정
热带雨林　rèdài yǔlín　열대우림
热点　rèdiǎn　이슈
热烈　rèliè　열렬히
热门　rèmén　인기 업종[분야]
热门话题　rèmén huàtí　화제의 단어
热切　rèqiè　간절하다
热情　rèqíng　다정하다, 친절하다
热情接待　rèqíng jiēdài
　　　　　열렬히 환영하다[대접하다]
人才济济　réncái jǐjǐ　인재가 넘치다
人道主义　réndào zhǔyì　인도주의
人格　réngé　인격
人工智能　réngōng zhìnéng　인공지능
人际关系　rénjì guānxì　인간관계
人均　rénjūn　1인당
人口红利　rénkǒu hónglì　인구 보너스
人口走私者　rénkǒu zǒusīzhě　인신매매범
人品　rénpǐn　인품
人群　rénqún　사람들 무리
人为　rénwéi　인위적으로, 인위적이다
人心所向　rénxīn suǒxiàng
　　　　　민심의 향배, 여러 사람이 바라고 지지하는 것
人员伤亡　rényuán shāngwáng　인명 피해
人造　rénzào　인공, 인조의
认同感　rèntónggǎn　공감, 정체성
认证　rènzhèng　인증
认知　rènzhī　인지
任教　rènjiào　교편을 잡다
任务　rènwù　임무
任意　rènyì　마음대로, 제멋대로
仍　réng　여전히

铅 qiān 납
签署 qiānshǔ 체결하다
前功尽弃 qiángōng-jìnqì 공든 탑이 무너지다
前景 qiánjǐng 전망
前景美好 qiánjǐng měihǎo 전망이 밝다
前所未有 qiánsuǒwèiyǒu 전례 없는
前提 qiántí 전제
前往 qiánwǎng 나아가다
前夕 qiánxī 전날 밤, 전야
前行 qiánxíng 앞으로 나아가다
前沿 qiányán 최전방
前置条件 qiánzhì tiáojiàn 전제조건
钱财 qiáncái 금전, 재물
钱景 qiánjǐng 수익성
潜力 qiánlì 잠재력
潜能 qiánnéng 잠재력
浅 qiǎn 얕다
谴责 qiǎnzé 규탄하다, 비난하다
欠缺 qiànquē 결핍되다
欠债 qiànzhài 부채
枪声 qiāngshēng 총성
枪手 qiāngshǒu 총격범
枪械 qiāngxiè 총(기)
强调 qiángdiào 강조하다
强降水 qiángjiàngshuǐ 폭우
强劲 qiángjìng 강력하다
强推 qiángtuī 강압적으로 추진하다
强硬 qiángyìng 강경하다
强有力 qiángyǒulì 강력하다, 탄탄하다
强制 qiángzhì 강제하다
抢夺 qiǎngduó 갈취하다, 강탈하다
抢占制高点 qiǎngzhàn zhìgāodiǎn
    고지를 선점하다
敲响警钟 qiāoxiǎng jǐngzhōng 경종을 울리다
乔布斯 Qiáobùsī 스티브 잡스
悄然 qiǎorán 은연중에
切断渠道 qiēduàn qúdào 경로를 차단하다

切切实实 qièqie shíshí 실질적이다
切实 qièshí 실질적이다
钦定 qīndìng 정하다
侵入 qīnrù 들어오다
侵占 qīnzhàn 점령하다
勤俭节约 qínjiǎn jiéyuē 근검절약하다
青睐 qīnglài 인기, 선호하다
轻松 qīngsōng
    수월하다, 가뿐하다, 가벼운 마음으로
轻微 qīngwēi 약간의
轻易 qīngyì 쉽게
倾向 qīngxiàng ~하는 경향이 있다, 경향
倾向于 qīngxiàngyú ~하는 경향이 있다
清除 qīngchú 깨끗이 없애다, 근절하다
清洁 qīngjié 청정
清迈倡议 Qīngmài chàngyì
    치앙마이 이니셔티브(CMI)
清晰 qīngxī 분명하다
清醒 qīngxǐng 또렷하다, 분명하다
清醒头脑 qīngxǐng tóunǎo 냉철하고 이성적으로
情感 qínggǎn 감정
情结 qíngjié 로망, 콤플렉스
情境 qíngjìng 상황
情绪 qíngxù 감정, 정서
求职 qiúzhí 구직
区别 qūbié 구별, 차별, 구별하다
区分 qūfēn 구분하다
曲折 qūzhé 곡절이 많다, 우여곡절
趋势 qūshì 추세
趋向于 qūxiàngyú ~하는 경향이 있다
趋于 qūyú ~하는 경향이 있다
趋之若鹜 qūzhī-ruòwù 우르르 몰려가다
渠道 qúdào 루트, 경로, 통로
取长补短 qǔcháng-bǔduǎn
    장점을 취하고 단점을 보완하다
取代 qǔdài 대체하다
取得 qǔdé 얻다
取得长足进展 qǔdé chángzú jìnzhǎn
    장족의 발전을 이뤄내다

拼接 pīnjiē 연결하다
拼命 pīnmìng 필사적으로 하다
贫富差距 pínfù chājù 빈부 격차
贫穷 pínqióng 빈곤하다
频繁 pínfán 잦다, 빈번하다
频率 pínlǜ 빈도(수)
频频 pínpín 빈번히, 자주
品牌 pǐnpái 브랜드
平板电脑 píngbǎn diànnǎo 태블릿 PC
平均 píngjūn 평균
平均化 píngjūnhuà 평준화
平台 píngtái 플랫폼
平息 píngxī 진압하다, 수습하다
评估 pínggū 평가하다
评价 píngjià 평가하다
苹果音乐应用 píngguǒ yīnyuè yìngyòng
　　　아이튠즈
苹果应用商店 píngguǒ yìngyòng shāngdiàn
　　　애플 앱스토어
凭 píng ~를 가지고, 의지하여
凭借 píngjiè ~에 의거하여
屏幕 píngmù 스크린, 액정
屏幕尺寸 píngmù chǐcùn 디스플레이 크기
屏障 píngzhàng 장벽
瓶 píng 병
瓶颈 píngjǐng 병목, 장애물, 걸림돌
迫切需求 pòqiè xūqiú 간절한[절박한] 요구
迫使 pòshǐ ~하도록 하다
迫在眉睫 pòzàiméijié
　　　발등에 불이 떨어지다, 매우 긴박하다
破产 pòchǎn 파산하다
破除偏见 pòchú piānjiàn 편견을 해소하다
破坏 pòhuài 해치다, 파괴하다
铺垫 pūdiàn 깔다, 바닥을 다지다
普遍 pǔbiàn 보편적인, 일반적인
普遍现象 pǔbiàn xiànxiàng 보편적인 현상
普及 pǔjí 보급, 보급하다
谱写 pǔxiě 쓰다, 새로운 장을 열다

Q

七国集团 qī guó jítuán G7
期待 qīdài 기대하다
期满 qīmǎn 기간이 만료되다
期盼 qīpàn 기대하다
欺凌 qīlíng 괴롭히다
齐聚 qíjù 한 곳에 모이다
齐头并进 qítóu-bìngjìn 함께 나란히 나아가다
齐心 qíxīn 합심하다
其实 qíshí 사실
歧视 qíshì 차별
企鹅 qǐ'é 펭귄
企划财政部 qǐhuà cáizhèngbù 기획재정부
企业家 qǐyèjiā 기업가
启动 qǐdòng 개시하다, 시동을 걸다, 시작하다
启示 qǐshì 시사점
起 qǐ 건 [사건의 양사]
起到……作用 qǐdào……zuòyòng
　　　~한 작용[역할]을 하다
起点 qǐdiǎn 기점
起着举足轻重的作用
qǐzhe jǔzú-qīngzhòng de zuòyòng
　　　중요한 역할을 하다
气候变化 qìhòu biànhuà 기후변화
气候灾难 qìhòu zāinàn 기후재난
气温 qìwēn 기온
气象灾害 qìxiàng zāihài 기상재해
汽车厂商 qìchē chǎngshāng 자동차 제조업체
汽油 qìyóu 휘발유
契约 qìyuē 계약
恰好 qiàhǎo 마침, 하필이면
千军万马过独木桥 qiānjūn-wànmǎ guò dúmùqiáo
　　　낙타가 바늘 구멍을 통과하다
千年发展目标 qiānnián fāzhǎn mùbiāo
　　　밀레니엄 개발 목표(MDGs)
千篇一律 qiānpiān-yílǜ 천편일률적이다
千兆瓦 qiānzhàowǎ 기가와트
牵制 qiānzhì 견제하다

扭曲 niǔqū 삐뚤어지다, 왜곡하다
农民工 nóngmíngōng 농민공
浓 nóng 짙다
浓度 nóngdù 농도
浓重 nóngzhòng 짙다 강하다
女士们，先生们 nǚshìmen, xiānshēngmen
　　　신사 숙녀 여러분
女性经济学 nǚxìng jīngjìxué 우머노믹스
诺贝尔经济学奖获得者
Nuòbèi'ěr jīngjìxuéjiǎng huòdézhě
　　　노벨 경제학상 수상자

O

欧盟 Ōuméng 유럽연합(EU)
欧亚 Ōu Yà 유럽과 아시아, 유라시아
殴打 ōudǎ 구타하다
偶发事件 ǒufā shìjiàn 우발적인 사건, 돌발 사건

P

拍婚纱照 pāi hūnshāzhào 웨딩 촬영을 하다
拍下认证照片 pāixià rènzhèng zhàopiàn
　　　인증 사진을 찍다
拍卖 pāimài 경매하다
拍摄 pāishè 촬영하다
拍照 pāizhào 사진을 찍다
排出 páichū 배출하다
排放 páifàng 배출하다
排列 páiliè 배열하다
排名 páimíng 순위를 매기다, 순위
排山倒海 páishān-dǎohǎi 위세가 대단하다
排污 páiwū 오물을 배출하다
徘徊 páihuái 배회하다
攀升 pānshēng 끊임없이 오르다
抛弃 pāoqì 포기하다

陪伴 péibàn 동반하다 → 배우자
陪护 péihù (환자를) 보살펴 주다, 간병인
陪同 péitóng 함께
培养 péiyǎng 기르다, 배양하다
培养产业 péiyǎng chǎnyè 산업을 육성하다
培育 péiyù 육성하다, 키우다, 배양하다
赔偿 péicháng 배상하다
配额 pèi'é 할당액
配合 pèihé 보조를 맞추다, 협동하다
配偶 pèi'ǒu 배우자
配套 pèitào 세트로 만들다, 결합하다
盆地 péndì 분지
朋友圈 péngyouquān
　　　위챗의 모멘트 [글과 사진을 올리는 곳]
蓬勃兴起 péngbó xīngqǐ 활발하게 일어나다
碰上难题 pèngshàng nántí 난제에 맞닥뜨리다
批准 pīzhǔn 허가하다
披露 pīlù 드러내다
皮肉 píròu 육체
皮尤研究中心 Píyóu yánjiū zhōngxīn
　　　퓨 리서치 센터
疲惫 píbèi 몹시 피곤하다
疲弱 píruò 부진하다
疲于奔命 píyúbēnmìng
　　　~하기 바쁘다, ~에 목숨걸다
偏 piān ~한 편이다, 기울다
偏高 piāngāo 비교적 높다
偏好 piānhào 기호
偏离 piānlí 벗어나다
偏离……道路 piānlí……dàolù
　　　~ 노선에서 벗어나다
偏袒 piāntǎn 편향되다, 두둔하다
偏移 piānyí 한쪽으로 이동하다
偏远 piānyuǎn 외지다
篇幅 piānfú 폭, 지면
篇章 piānzhāng 장
漂洗 piǎoxǐ 헹구다, 세탁
拼 pīn 필사적으로 하다

民营资本 mínyíng zīběn 민간 자본
民众 mínzhòng 국민
敏感 mǐngǎn 민감하다
名列 mínglie 이름이 ~에 오르다
名列前茅 mínglièqiánmáo 선두에 있다
名牌 míngpái 유명 (브랜드), 이름 있는
名义GDP míngyì GDP 명목 GDP
明显 míngxiǎn 명백하다
明星 míngxīng 스타
模糊 móhu 모호하다
模块 mókuài 모듈
模拟 mónǐ 시뮬레이션하다, 모의 실험하다
模式 móshì 방식, 모델
模型 móxíng 모형
摩根士丹利 Mógēnshìdānlì 모건 스탠리
磨灭 mómiè 없어지다, 사라지다
魔法 mófǎ 마법
陌生 mòshēng 낯설다
脉脉温情 mòmò wēnqíng 따뜻한 온정
墨西哥 Mòxīgē 멕시코
谋 móu 도모하다, 계획하다
谋求 móuqiú 모색하다
木匠 mùjiang 목공
木讷 mùnè 소박하고 말수가 적다
穆巴拉克 Mùbālākè 무바라크 대통령

N

拿……来说 ná……láishuō ~를 예로 들자면
拿出 náchū 꺼내다
哪怕 nǎpà 설령 ~라 해도
纳米粒子 nàmǐ lìzǐ 나노입자
纳入 nàrù 포함시키다
乃至 nǎizhì 더 나아가
奶嘴儿 nǎizuǐr 젖꼭지
南非 Nánfēi 남아프리카

南共体 nángòngtǐ 남아프리카 개발공동체
南下 nánxià 남하하다
难敌风浪 nán dí fēnglàng 순탄치 못하다
难怪 nánguài 어쩐지
难关 nánguān 난관, 난점
难免 nánmiǎn 면하기 어렵다
难上加难 nán shàng jiā nán 설상가상
难言之隐 nányánzhīyǐn 말 못할 사정
难以 nányǐ ~하기 어렵다
难以承受 nányǐ chéngshòu 감당하기 힘들다
难以回避 nányǐ huíbì 피할 수 없다
难以计算 nányǐ jìsuàn 헤아릴 수 없이 많다
难以忘怀 nányǐ wànghuái 잊을 수 없다
难以为继 nányǐ wéi jì 지속되기 어렵다
难以置信 nányǐ zhìxìn 믿을 수 없다
难民 nànmín 난민
难民潮 nànmín cháo 난민 사태
内阁 nèigé 내각
内涵 nèihán 내포, 의미
内华达州 Nèihuádá zhōu 네바다 주
内幕 nèimù 내막
内容 nèiróng 콘텐츠
内需 nèixū 내수
内在美 nèizàiměi 내면의 아름다움
内战 nèizhàn 내전
内政 nèizhèng 내정
能耗 nénghào 에너지 소모
能效 néngxiào 에너지 효율
能源 néngyuán 에너지
尼日利亚 Nírìlìyà 나이지리아
拟 nǐ ~하려고 하다
逆转 nìzhuǎn (원상태로) 돌리다, 번복하다
匿名性 nìmíngxìng 익명성
年平均 nián píngjūn 연평균
年轻人 niánqīngrén 젊은이
凝聚 níngjù 응집하다
宁愿 nìngyuàn 차라리 ~할지언정

落后 luòhòu 낙후하다
落实 luòshí 실현되다, 이행하다

M

麻烦 máfan 귀찮다
麻木 mámù 마비되다, 무감각하다
买得起 mǎi de qǐ 살 수 있다(능력이 되다)
卖光 màiguāng 매진되다
迈阿密 Mài'āmì 마이애미
迈进一步 màijìn yíbù 한발 더 내딛다
迈向 màixiàng ~로 나아가다, 내딛다
脉络 màiluò 맥락
满足 mǎnzú 만족시키다, 충족시키다
满足需求 mǎnzú xūqiú 수요를 만족시키다
蔓延 mànyán 만연하다, 확산되다, 번지다
漫长 màncháng 길다
漫画 mànhuà 만화
慢性 mànxìng 만성의
盲目 mángmù 맹목적으로
盲目崇信 mángmù chóngxìn 맹신하다
矛盾 máodùn 모순, 갈등
冒风险 mào fēngxiǎn 위험을 무릅쓰다
冒险 màoxiǎn 모험
贸易保护主义 màoyì bǎohù zhǔyì 보호무역주의
貌似 màosì ~인 것처럼 보이다
没准儿 méizhǔnr ~할 수도 있다
媒妁 méishuò 중매쟁이
媒体 méitǐ 매체, 언론
媒体界 méitǐjiè 언론계
煤炭 méitàn 석탄
每隔 měigé 매 ~마다
每桶 měitǒng 배럴당
美国安纳伯格庄园会晤
Měiguó ānnàbógé zhuāngyuán huìwù
미국 써니랜드 회담

美国联邦公开市场委员会
Měiguó liánbāng gōngkāi shìchǎng wěiyuánhuì
미국 연방공개시장위원회(FOMC)
美国中央情报局 Měiguó zhōngyāng qíngbàojú
미국 중앙정보국(CIA)
美联储 Měiliánchǔ 미국 연방준비제도이사회
美食检索 měishí jiǎnsuǒ 맛집 검색
美宇航局 měi yǔhángjú 미 항공우주국(NASA)
美元走强 měiyuán zǒuqiáng 달러 강세
魅力 mèilì 매력
门店 méndiàn 상점
门槛 ménkǎn 진입 장벽
猛增 měngzēng 급증하다
孟加拉国 Mèngjiālāguó 방글라데시
弥合 míhé 메우다
迷人魅力 mírén mèilì (사람을 홀리는) 매력
迷恋 míliàn ~에 빠지다
弥补缺口 míbǔ quēkǒu 결함을 보완하다
密不可分 mì bù kě fēn 밀접한 관련이 있는
密切 mìqiè 밀접하다
密切关注 mìqiè guānzhù 면밀히 주시하다
免除 miǎnchú 면제하다
免费 miǎnfèi 무료로
免试 miǎnshì 무시험, 시험 면제
免疫力 miǎnyìlì 면역력
免于 miǎnyú ~에서 벗어나다
勉强 miǎnqiǎng 강요하다, 억지로 ~하다
面积 miànjī 면적
面临 miànlín 직면하다
面临挑战 miànlín tiǎozhàn 도전에 직면하다
面世 miànshì 세상에 선을 보이다, 세상에 나오다
描绘 miáohuì 그리다
灭顶之灾 mièdǐngzhīzāi 치명적인 재앙
民调 míndiào 여론조사
民风纯朴 mínfēng chúnpǔ 민심이 순박하다
民间交往 mínjiān jiāowǎng 민간 교류
民间企业 mínjiān qǐyè 민간기업
民意 mínyì 민심, 여론

联合国安理会 Liánhéguó ānlǐhuì
　　유엔 안전보장이사회(안보리)
联合国发展峰会 Liánhéguó fāzhǎn fēnghuì
　　유엔 개발 정상회의
联合声明 liánhé shēngmíng 연합성명, 공동성명
联合作战 liánhé zuòzhàn 연합 작전
联盟 liánméng 동맹, 연맹
联系 liánxì 연락
联想 liánxiǎng 연상하다
廉价 liánjià 저가, 염가
廉价劳动力 liánjià láodònglì 저가 노동력
脸蛋 liǎndàn 얼굴
粮食 liángshi 식량
两个一百年 liǎng gè yìbǎi nián 두 개의 백년
两极分化 liǎngjí fēnhuà 양극화
两极化 liǎngjíhuà 양극화
两难 liǎngnán 이러지도 저러지도 못하다
亮点 liàngdiǎn 빼어난 점, 눈에 띄는 성과
亮起红灯 liàngqǐ hóngdēng 빨간불이 켜지다
辆 liàng 대, 량 [차량을 세는 양사]
量化宽松政策 liànghuà kuānsōng zhèngcè
　　양적 완화 정책
量化宽松措施 liànghuà kuānsōng cuòshī
　　양적 완화 정책
聊天群组 liáotiān qúnzǔ 단체 채팅방
寥寥无几 liáoliáo wújǐ 매우 적다
列 liè 부류, 열
劣势 lièshì 열위
裂 liè 갈라지다, 트다
邻国 línguó 이웃 국가
邻近 línjìn 가까이 있다, 이웃하다
临别 línbié 이별을 앞두다
临界点 línjièdiǎn 임계점
临近 línjìn 다가오다, 가까워지다
灵丹妙药 língdān-miàoyào 만병통치약
灵活性 línghuóxìng 융통성
凌晨 língchén 새벽
零和博弈 línghé bóyì 제로섬 게임

零售店 língshòudiàn 소매점, 판매점
零售商 língshòushāng 소매상
零售业 língshòuyè 소매업
领 lǐng 수령하다
领导 lǐngdǎo 이끌다, 지도하다, 지도층
领导人 lǐngdǎorén 지도자
领军人物 lǐngjūn rénwù 리더격인 인물
领域 lǐngyù 분야, 영역
另类 lìnglèi 특이하다
令人担忧 lìng rén dānyōu 걱정스럽다, 우려되다
令人神往 lìng rén shénwǎng
　　사람의 눈길을 끌다
留下创伤 liúxià chuāngshāng 상처를 남기다
流窜 liúcuàn 도피하다
流动 liúdòng 옮겨다니다, 이동하다
流动性 liúdòngxìng 유동성
垄断 lǒngduàn 독점(하다)
笼罩 lǒngzhào 뒤덮다, 휩싸이다
卢梭 Lúsuō 루소
陆军 lùjūn 육군
陆上 lùshàng 육상
路径 lùjìng 통로, 경로, 수단, 방법
录取 lùqǔ 합격시키다
旅游业 lǚyóuyè 관광업
旅店 lǚdiàn 숙박소, 여관
屡见报端 lǚjiàn bàoduān 자주 보도되다
屡教不改 lǚjiào-bùgǎi
　　몇 번 주의를 줘도 고치지 않다
履行 lǚxíng 이행하다
绿色 lǜsè 친환경
绿色和平组织 lǜsè hépíng zǔzhī 그린피스
伦理 lúnlǐ 윤리
轮番 lúnfān 교대로 ~하다
轮子 lúnzi 바퀴
论据 lùnjù 논거
论文 lùnwén 논문
落榜 luòbǎng 시험에 떨어지다
落地 luòdì 떨어지다

L

拉动 lādòng 이끌다
拉动内需 lādòng nèixū 내수 진작
垃圾分类 lājī fēnlèi 분리수거
垃圾袋 lājīdài 쓰레기 봉투
拉加德 lājiādé 라가르드 [인명]
拉开帷幕 lākāi wéimù 막을 올리다
拉里·佩奇 lālǐ·pèiqí 래리 페이지 [미국의 세르게 이 브린과 함께 구글을 창립한 기업가]
来源 láiyuán 기원, 원천
来之不易 lái zhī bú yì 이루기 어려운
蓝海 lánhǎi 블루오션
蓝图 lántú 청사진
懒 lǎn 나태하다, 게으르다
滥用 lànyòng 남용하다
浪潮 làngcháo 붐, 조류
浪费 làngfèi 낭비
劳动密集型 láodòng mìjíxíng 노동집약형
劳动力成本 láodònglì chéngběn 인건비
牢靠 láokào 탄탄하다
老龄化 lǎolínghuà 노령화
老婆 lǎopo 아내
佬 lǎo 사내, 놈
乐观 lèguān 낙관하다
乐趣 lèqù 즐거움
乐在其中 lè zài qízhōng 즐기다
雷达 léidá 레이더
类似 lèisì 유사하다
类似于 lèisìyú ~와 비슷하다
棱镜门 léngjìngmén 프리즘 게이트
冷静思考 lěngjìng sīkǎo 냉정히 생각하다
冷气团 lěngqìtuán 한랭기단
冷战 lěngzhàn 냉전
厘米 límǐ 센티미터
离不开 líbùkāi 매우 밀접한 관계가 있다, 없어서는 안 된다
离职 lízhí 직장을 떠나다

黎巴嫩 Líbānèn 레바논
黎民百姓 límín bǎixìng 일반 백성, 평민
罹患 líhuàn 병이 들다
理工科 lǐgōngkē 이공 계열
理论 lǐlùn 이론
理所应当 lǐ suǒ yīngdāng 당연하다
理性 lǐxìng 이성적으로
理想 lǐxiǎng 이상
理应 lǐyīng 마땅히 ~해야 한다
锂 lǐ 리튬
力避 lìbì 애써 피하다
力争 lìzhēng 매우 노력하다, 힘쓰다
历次 lìcì 지금까지
历史使命 lìshǐ shǐmìng 역사적 사명
立法 lìfǎ 입법
立即 lìjí 즉시
立足 lìzú 정착하다, 적응하다, 발붙이다
利弊 lìbì 장단점, 이로움과 폐단
利比亚 Lìbǐyà 리비아
利好 lìhǎo 호재, 희소식
利己 lìjǐ 이기적인
利率 lìlǜ 금리
利润 lìrùn 이윤
利息 lìxī 이자
利益 lìyì 이익
例如 lìrú 예를 들어
例行公事 lìxíng-gōngshì 관례대로만 처리하는 업무 방식, 형식적인 절차
俩人 liǎrén 두 사람
连A都B lián A dōu B A조차 B하다
连本带息 lián běn dài xī 원금에 이자를 합치다
连想都不敢想 lián xiǎng dōu bùgǎn xiǎng 생각조차 못하다
连通 liántōng 연결되다
连续 liánxù 연속, 연이어, 계속
联动性 liándòngxìng 연결성
联合国 Liánhéguó 유엔(UN) , 국제연합

开展合作 kāizhǎn hézuò 협력하다
开展救援 kāizhǎn jiùyuán 구조활동을 하다
看护 kānhù 돌보다
看守 kānshǒu 돌보다, 보살피다
堪为 kānwéi ~라고 볼 수 있다
坎 kǎn 고비, 위기의 순간
砍伐 kǎnfá 벌목
看不见的 kànbújiàn de 보이지 않는
看待 kàndài 대하다
看淡 kàndàn 좋게 보지 않다
看脸时代 kànliǎn shídài 외모지상주의 시대
看清 kànqīng 분명히 파악하다
看似 kànsì ~인 것처럼 보이다
看重 kànzhòng 중시하다
抗击 kàngjī 저항하며 반격하다
考上 kǎoshàng (시험에) 합격하다
考生 kǎoshēng 수험생
考验 kǎoyàn 시험하다
靠 kào 의지하다
科幻 kēhuàn 공상 과학(SF)
科幻电影 kēhuàn diànyǐng SF 영화
科幻小说 kēhuàn xiǎoshuō SF 소설
科技 kējì 과학기술
科研 kēyán 과학 연구
可控 kě kòng 통제 가능하다
可持续 kěchíxù 지속 가능하다
可持续发展 kěchíxù fāzhǎn 지속 가능한 발전
可见 kějiàn 볼 수 있듯이
可见光 kějiànguāng 가시광선
可怕 kěpà 두렵다
可谓 kěwèi ~라고 할 만하다, ~라고 할 수 있다
可再生能源 kězàishēng néngyuán
    재생 가능 에너지
克 kè 그램(g)
克服 kèfú 극복하다
客房 kèfáng 객실
客户端 kèhùduān 클라이언트
刻画 kèhuà 묘사하다

刻意 kèyì 애써서, 힘껏
课题 kètí 과제
啃老 kěnlǎo 부모의 등골을 빼먹다
空虚 kōngxū 공허하다
空白 kòngbái 공백
恐 kǒng 아마
恐怖(主义) kǒngbù (zhǔyì) 테러(리즘)
恐慌 kǒnghuāng 당황하다, 공황, 두려움
恐惧 kǒngjù 두려움, 두려워하다
恐怕 kǒngpà 아마 ~일 것이다
控制 kòngzhì 통제하다, 제어하다
苦恼 kǔnǎo 고뇌(하다), 몹시 괴롭다
苦涩现实 kǔsè xiànshí 씁쓸한 현실
苦心 kǔxīn 심혈을 기울여
库尔德分离势力 Kù'ěrdé fēnlí shìlì
    쿠르드 분리주의세력
酷 kù 멋지다, 쿨하다
夸大 kuādà 과장하다, 과대하다
跨国公司 kuàguó gōngsī 다국적기업
跨境 kuàjìng 국경을 넘다, 글로벌, 국경을 넘어선
快车道 kuàichēdào 매우 빠르게 발전하는 상태
宽广 kuānguǎng 넓은
宽松 kuānsōng 느슨하다, 완화하다
款项 kuǎnxiàng 비용, 조항
狂热 kuángrè 열성적인, 매니악한
况且 kuàngqiě 게다가, 하물며
矿产 kuàngchǎn 광산
矿山 kuàngshān 광산
框架 kuàngjià 프레임, 뼈대, 틀
亏损 kuīsǔn 적자
捆绑 kǔnbǎng 줄로 묶다
困境 kùnjìng 딜레마, 곤경
扩充 kuòchōng 확충하다
扩大 kuòdà 확대, 확대하다
扩大范围 kuòdà fànwéi 범위를 넓히다
扩大内需 kuòdà nèixū 내수 확대
扩散 kuòsàn 확산되다
扩张 kuòzhāng 확대, 확장, 확장하다

精英 jīngyīng 엘리트
警告 jǐnggào 경고하다
警示 jǐngshì 경고하다
竞相 jìngxiāng 다투어 ~를 하다
竞争 jìngzhēng 경쟁
竞争性货币贬值 jìngzhēngxìng huòbì biǎnzhí
　　경쟁적인 통화 평가절하
静默 jìngmò 침묵하다, 조용히 하다
境地 jìngdì 지경
境内 jìngnèi 국내
镜花水月 jìnghuā-shuǐyuè 허황된 일
纠缠 jiūchán 뒤엉키다
究竟 jiūjìng 도대체
究其原因 jiū qí yuányīn 그 원인을 살펴보다
久而久之 jiǔ'érjiǔzhī 오랜 시일이 지나다
救活 jiùhuó 목숨을 구하다
救死扶伤 jiùsǐ-fúshāng
　　죽음에 처한 사람을 구조하고 부상자를 돌보다
就业岗位 jiùyè gǎngwèi 일자리
居住 jūzhù 거주하다
局势 júshì 국면, 정세
局限于 júxiànyú ~에 국한되다
举措 jǔcuò 조치
举行 jǔxíng 개최하다, 열다
举足轻重 jǔzú-qīngzhòng 중요한
巨变 jùbiàn 큰 변화가 일어나다
拒不 jùbù 결코 ~하지 않다
拒绝 jùjué 거절하다
具备 jùbèi 갖추다, 탑재하다
具备……条件 jùbèi……tiáojiàn
　　~를 위한 조건을 갖추다
具有 jùyǒu 지니다, 구비하다, 가지고 있다
具有优势 jùyǒu yōushì 우위를 점하다
剧烈 jùliè 극렬하다, 격렬하다
剧增 jùzēng 급증하다
据统计 jù tǒngjì 통계에 따르면
据悉 jùxī 아는 바에 의하면, 소식에 따르면
惧怕 jùpà 두려워하다

聚宝盆 jùbǎopén 화수분, 자원의 보고
聚合 jùhé (한데) 모이다, 집합하다
聚集 jùjí 모이다
聚焦 jùjiāo 초점을 모으다, 집중하다
决策 juécè 정책 결정, 결정하다
抉择 juézé 선택하다
角色 juésè 역할, 배역
绝非 juéfēi 절대 ~가 아니다
绝无可能 juéwú kěnéng 절대 불가능하다
绝症 juézhèng 불치병
崛起 juéqǐ 굴기, 부상
军队 jūnduì 군대
军舰 jūnjiàn 군함
军事对峙 jūnshì duìzhì 군사적 대치
均 jūn 모두
均等 jūnděng 균등하다
均衡 jūnhéng 균형
均值 jūnzhí 평균치
龟手 jūn shǒu 손이 트다

K

开枪 kāiqiāng 총을 쏘다
开办 kāibàn 개설하다
开采 kāicǎi 채굴하다
开车 kāichē 운전하다, 차를 몰다
开创 kāichuàng 시작하다, 열다
开店 kāidiàn 가게를 열다
开动脑筋 kāidòng nǎojīn 머리를 쓰다, 고민하다
开连锁 kāi liánsuǒ 프랜차이즈를 열다
开朗 kāilǎng 밝다
开辟 kāipì 개척하다
开启 kāiqǐ 열다, 걷다
开始于 kāishǐyú ~에 시작되다
开拓精神 kāituò jīngshén 개척 정신
开展 kāizhǎn 시행하다, 펼치다

解放军 jiěfàngjūn 중국 인민 해방군
解决分歧 jiějué fēnqí 이견을 해소하다
解决争议 jiějué zhēngyì 논쟁을 해결하다
介入 jièrù 개입하다
戒赌 jièdǔ 도박을 끊다
届 jiè 차 [회의, 정권 등을 세는 양사]
届时 jièshí 그 때가 되다, 정한 기일이 되다
界定 jièdìng 한계나 범위를 정하다
借此 jiècǐ 이를 기회로 삼아
借鉴 jièjiàn 참고하다, 본보기로 삼다
借债 jièzhài 빚을 내다, 돈을 빌리다
借助 jièzhù ~의 힘을 빌리다, 도움을 받다
金额 jīn'é 금액
金矿石 jīnkuàngshí 금광석
金秋 jīnqiū 가을
金融 jīnróng 금융
金融市场 jīnróng shìchǎng 금융시장
金属 jīnshǔ 금속
金砖国家 Jīnzhuān Guójiā 브릭스(BRICS) 국가
金砖国家新开发银
Jīnzhuān Guójiā xīnkāifā yínháng
　　브릭스 국가 신 개발은행
津津乐道 jīnjīn lè dào 흥미진진하게 이야기하다
仅为 jǐnwéi 겨우 ~밖에 안 된다
尽管A，但B jǐnguǎn A, dàn B
　　비록 A하지만 B하다
尽量 jǐnliàng 최대한, 마음껏
紧急 jǐnjí 긴급하다, 긴박하다
紧急状态 jǐnjí zhuàngtài 긴급상황
紧紧拥抱 jǐnjǐn yōngbào 꼭 껴안다
紧密 jǐnmì 긴밀하다
紧迫 jǐnpò 긴박하다, 시급하다
紧随A之后 jǐnsuí A zhīhòu A 뒤를 바짝 쫓다
紧缩 jǐnsuō 긴축
紧张 jǐnzhāng 긴장하다, 급박하다
谨防 jǐnfáng 몹시 경계하다
尽可能 jǐnkěnéng 될 수 있는 한
尽快 jǐnkuài 최대한 빨리

尽情 jìnqíng 실컷, 마음껏
进程 jìnchéng 과정, 프로세스
进而 jìn'ér 더 나아가
进口 jìnkǒu 수입, 수입하다
进入 jìnrù 진입하다
进行导航 jìnxíng dǎoháng 길 안내를 하다
进行国事访问 jìnxíng guóshì fǎngwèn
　　국빈 방문하다
进行思考 jìnxíng sīkǎo 숙고하다
进行研讨 jìnxíng yántǎo 토론하다
进行研究 jìnxíng yánjiū 연구하다
进展缓慢 jìnzhǎn huǎnmàn 진전이 더디다
京津冀 jīngjìnjì 베이징, 텐진, 허베이
经 jīng 거치다, 통과하다
经得起 jīng de qǐ 견뎌낼 수 있다
经费 jīngfèi 경비
经过 jīngguò 거치다, 통하여
经合组织 jīnghé zǔzhī 경제협력개발기구(OECD)
经济集中 jīngjì jízhōng 경제 집중화 현상
经济景气 jīngjì jǐngqì 경기 호황
经济腾飞 jīngjì téngfēi 경제의 비약적인 발전
经济体 jīngjìtǐ 경제체
《经济学人》 jīngjì xuérén 이코노미스트
经济增速放缓 jīngjì zēngsù fànghuǎn
　　경제성장 속도가 둔화하다
经济增长模式 jīngjì zēngzhǎng móshì
　　경제성장모델
经济总量 jīngjì zǒngliàng 경제 규모
经久不衰 jīngjiǔ bù shuāi 오랫동안 시들지 않다
经历 jīnglì 겪다, 체험하다
经验 jīngyàn 경험, 노하우
惊恐 jīngkǒng 놀라 두려워하다
惊人 jīngrén 사람을 놀라게 하다
精灵 jīnglíng 포켓몬
精灵宝可梦 jīnglíng bǎokěmèng 포켓몬스터
精灵宝可梦GO jīnglíng bǎokěmèng GO
　　포켓몬 고
精确 jīngquè 정밀하다, 정확하다

减轻痛苦 jiǎnqīng tòngkǔ 고통을 덜어주다
减弱 jiǎnruò 약해지다
减免税费 jiǎnmiǎn shuìfèi 세금 감면
简称 jiǎnchēng 줄임말, 약칭, 간단하게 부르다
简政放权 jiǎnzhèng-fàngquán
　　행정 간소화와 권력 하부 이양
见怪不怪 jiànguài bú guài
　　이상한 일을 겪어도 아무렇지 않게 생각하다
见证 jiànzhèng
　　눈으로 직접 보아 증명할 수 있다
见诸报端 jiàn zhū bàoduān 신문에 실리다
间歇性 jiànxiēxìng 간헐적인
建构 jiàngòu 만들다
建交 jiànjiāo 수교하다
剑指 jiànzhǐ 겨누다, 견제하다
健全 jiànquán 온전하다
鉴于 jiànyú ~을 감안하면
鉴于此 jiànyú cǐ 이를 감안하면
江原道束草 Jiāngyuán Dào Shùcǎo 강원도 속초
将A视为B jiāng A shìwéi B A를 B로 간주하다
将A转化为B jiāng A zhuǎnhuàwéi B
　　A를 B로 바꾸다
将A转为B jiāng A zhuǎnwéi B A를 B로 전환하다
僵尸 jiāngshī 좀비, 유령
疆界 jiāngjiè 국경
讲话 jiǎnghuà 연설
讲究 jiǎngjiū 중시하다
讲述 jiǎngshù 이야기하다
讲座 jiǎngzuò 강좌, 강의
降低 jiàngdī 낮추다
降幅 jiàngfú 하락폭
降临 jiànglín 들이닥치다, 다가오다
交月租 jiāo yuèzū 월세를 내다
交汇 jiāohuì 합류하다, 공존하다
交流 jiāoliú 대화, 교류
交往 jiāowǎng 왕래(하다), 교류(하다)
郊外 jiāowài 교외
焦点 jiāodiǎn 초점

焦虑 jiāolǜ 걱정, 우려
脚步 jiǎobù (발)걸음, 속도
脚踏实地 jiǎotàshídì 성실하다
叫喊 jiàohǎn 부르짖다
较为 jiàowéi 비교적
教授 jiàoshòu 가르치다
阶层 jiēcéng 계층
阶层固化 jiēcéng gùhuà 계층 고착화
阶段 jiēduàn 단계
阶段性 jiēduànxìng 단계적인
阶级 jiējí 계급
接班人 jiēbānrén 후계자, 후임자
接触 jiēchù 접촉하다, 왕래하다
接近 jiējìn 육박하다, 근접하다, 가깝다
接连不断 jiēlián búduàn 끊임없이, 연이어
接纳 jiēnà 받아들이다, 수용하다
接受 jiēshòu 받아들이다
接受高等教育 jiēshòu gāoděng jiàoyù
　　고등교육을 받다
揭露 jiēlù 폭로하다
节能 jiénéng (에너지를) 절약하다
节能减排 jiénéng jiǎnpái
　　에너지 절약 및 온실가스 감축
节省 jiéshěng 절약하다
节衣缩食 jiéyī-suōshí 절약하다
节约资源 jiéyuē zīyuán 자원 절약
节奏 jiézòu 리듬
结构 jiégòu 구조
结构调整 jiégòu tiáozhěng 구조조정
结构性矛盾 jiégòuxìng máodùn 구조적 모순
结合 jiéhé 결합하다
结论 jiélùn 결론
结束 jiéshù 끝나다
捷径 jiéjìng 지름길
截然不同 jiérán bùtóng 전혀 다르다
截至 jiézhì ~까지
截至目前 jiézhì mùqián 현재까지
解放 jiěfàng 벗어나다, 해방하다

给予 jǐyǔ 주다
计算机 jìsuànjī 컴퓨터
记录 jìlù 기록(하다)
记录在册 jìlù zài cè 명부에 기록되어 있다
伎俩 jìliǎng 속임수, 계략
技能 jìnéng 기능, 기술력, 능력
技术密集型 jìshù mìjíxíng 기술집약형
技校 jìxiào 기술학교, 전문대
季度 jìdù 분기
迹象 jìxiàng 조짐, 기미, 현상
既A, 又B jì A, yòu B A이면서 B이다
既然 jìrán ~한 바에야
继……之后 jì……zhīhòu ~에 이어
继承 jìchéng 계승하다
继任 jìrèn 직무를 이어받다
寄托 jìtuō (이상, 감정 등을 어떤 사물에) 두다
寄希望于 jì xīwàngyú ~에 희망을 걸다
暨 jì 및, ~와
加大 jiādà 확대하다
加大投入 jiādà tóurù 투자를 늘리다
加大压力 jiādà yālì 부담을 가중시키다
加工 jiāgōng 가공
加紧 jiājǐn 다그치다
加剧 jiājù 가중시키다, 악화되다, 심각해지다
加快 jiākuài 속도를 올리다, 박차를 가하다
加仑 jiālún 갤런
加强合作 jiāqiáng hézuò 협력을 강화하다
加深 jiāshēn 더욱 심해지다, 심화하다
加速 jiāsù 가속하다, 속도를 내다
加息 jiāxī 금리 인상
家暴 jiābào 가정폭력
家庭经济状况 jiātíng jīngjì zhuàngkuàng
　　가정 형편
家庭主妇 jiātíng zhǔfù 가정주부
家务 jiāwù 집안일
家园 jiāyuán 가정
家长 jiāzhǎng 가장, 학부모

嘉宾 jiābīn 귀빈
镓 jiā 갈륨
假若 jiǎruò 만약
假设 jiǎshè 가설
假以时日 jiǎyǐshírì 나중에
价值连城 jiàzhí-liánchéng
　　물건이 매우 진귀하다, 값비싸다
价值判断 jiàzhí pànduàn 가치판단
价值链 jiàzhíliàn 가치사슬
驾驶 jiàshǐ 운전하다
嫁妆 jiàzhuang 혼수
尖端高科技 jiānduān gāokējì 첨단 과학기술
坚定 jiāndìng
　　결연하다, 확고부동하다, 확고히 하다
坚定不移 jiāndìng bù yí 조금도 흔들림이 없다
坚决 jiānjué 결연하다, 단호히
坚强 jiānqiáng 굳세다, 완강하다
坚实 jiānshí 튼튼하다
坚信 jiānxìn 굳게 믿다
艰巨 jiānjù 어렵고 힘들다
艰难 jiānnán 어렵고 힘들다
艰难度日 jiānnán dùrì 힘들게 살아가다
艰难曲折 jiānnán qūzhé 풍파, 순탄치 못한 길
艰辛 jiānxīn 고생(스럽다)
监测 jiāncè 관측하다, 탐측하다, 모니터링하다
监督 jiāndū 감독(하다)
监管 jiānguǎn 관리 감독, 감독하다
监狱 jiānyù 감옥
兼顾工作和家庭 jiāngù gōngzuò hé jiātíng
　　일과 가정생활을 병행하다
兼顾工作和育儿 jiāngù gōngzuò hé yù'ér
　　일과 육아를 병행하다
兼具 jiānjù 겸비하다
兼容 jiānróng 포용하다
检测 jiǎncè 측정하다
检验 jiǎnyàn 시험, 검증, 시험하다
减缓 jiǎnhuǎn 느려지다, 둔화되다
减排 jiǎnpái 온실가스 감축

货币 huòbì 통화
货币互换协议 huòbì hùhuàn xiéyì
　　　통화 스왑 협정
货币政策 huòbì zhèngcè 통화정책
获得 huòdé 얻다
获得重赏 huòdé zhòngshǎng 큰상을 받다
获取 huòqǔ 얻다
获取资讯 huòqǔ zīxùn 정보를 획득하다

J

饥饿 jī'è 배고픔, 기아
饥渴 jīkě 굶주리다, 목마르다
机不离手 jī bù lí shǒu
　　　스마트폰을 손에서 놓지 않다
机关 jīguān 기관
机构 jīgòu 기구, 기관
机器人 jīqìrén 로봇
机遇 jīyù (좋은) 기회, 찬스
机制 jīzhì 메커니즘, 시스템
鸡肋 jīlèi 계륵
鸡窝里飞出金凤凰 jīwō li fēichū jīnfènghuáng
　　　개천에서 용 나다
积极 jījí 적극적이다, 긍정적이다
积累 jīlěi 쌓다, 누적
积累财富 jīlěi cáifù 부를 축적하다
基本面 jīběnmiàn 펀더멘털
基础货币 jīchǔ huòbì 본원통화
基础设施 jīchǔ shèshī 인프라
基础设施建设 jīchǔ shèshī jiànshè
　　　인프라 건설
基础四国 jīchǔ sì guó BASIC 4개국
基金 jījīn 펀드
基因 jīyīn 유전자
基于 jīyú ~때문에
跻身……之列 jīshēn……zhīliè ~에 들어서다
激发 jīfā 불러일으키다, 촉발[촉진]시키다

激发活力 jīfā huólì 활력을 불어넣다
激光 jīguāng 레이저
激进 jījìn 급진적이다
激励 jīlì 포상, 북돋워 주다
激烈 jīliè 격렬하다
激情 jīqíng 격정
及时 jíshí 제때에, 즉시, 곧바로
及时行乐 jíshí xínglè 현재를 즐기다, 카르페 디엠
岌岌可危 jíjí kě wēi 매우 위험하다
极有可能 jí yǒu kěnéng 가능성이 매우 크다
极地 jídì 극지방
极端 jíduān 극단
极端天气 jíduān tiānqì 이상기후
极其 jíqí 매우, 몹시
极为复杂 jíwéi fùzá 매우 복잡하다
极限 jíxiàn 극한, 한계점
即A，又B jí A, yòu B A하고, B하다
即便 jíbiàn 설령 ~일지라도
即便如此 jíbiàn rúcǐ 그럼에도 불구하고
即将 jíjiāng 곧, 머지않아
即刻 jíkè 즉시, 바로
即使A，也B jíshǐ A yě B
　　　설령 A라 하더라도 B하다
亟待解决 jídài jiějué 해결이 시급하다
急剧 jíjù 급격하게
急切 jíqiè 절박한, 다급한
急于 jíyú ~하는 데 급급하다
急着 jízhe 서둘러 ~하다
集聚 jíjù 모이다
集体 jítǐ 집단, 단체
集体主义 jítǐ zhǔyì 집단주의, 공동체주의
集团 jítuán 그룹
集中精力 jízhōng jīnglì 집중하다
己方 jǐfāng 아군
己任 jǐrèn 자기의 임무, 소임
挤 jǐ 서로 밀치다, 붐비다
挤压 jǐyā 내리누르다, 압박하다

| 呼吸 hūxī 호흡하다
| 呼吁 hūyù 호소하다
| 互联互通 hùlián hùtōng 상호 연결
| 互利共赢 hùlì gòngyíng
  모두가 이익을 얻다, 윈윈(win-win)하다
| 户均 hùjūn 가구 평균, 가구당
| 户外 hùwài 실외, 야외, 아웃도어
| 花费 huāfèi 쓰다, 들이다
| 花架子 huājiàzǐ
  빛 좋은 개살구, 겉만 번지르르한 것
| 华尔街 Huá'ěrjiē 월스트리트
| 华盛顿 Huáshèngdùn 워싱턴
| 华夏 Huáxià 중화 민족
| 滑坡 huápō 하락, 내리막
| 化石能源 huàshí néngyuán 화석 에너지
| 化石燃料 huàshí ránliào 화석연료
| 化妆 huàzhuāng 메이크업
| 划分 huàfēn 나누다
| 话语权 huàyǔquán 발언권
| 怀疑 huáiyí 의심하다
| 怀孕 huáiyùn 임신
| 怀着 huáizhe (마음에) 품다, 가지다
| 坏风气 huài fēngqì 사회악, 나쁜 풍조
| 欢聚一堂 huānjù yì táng 한 자리에 모이다
| 欢笑 huānxiào 웃음
| 欢迎仪式 huānyíng yíshì 환영식
| 还得起 huán de qǐ 갚을 수 있다
| 环保 huánbǎo 친환경
| 环保节能 huánbǎo jiénéng
  환경 보호 및 에너지 절약
| 环顾 huángù 둘러보다
| 环节 huánjié 단계, 일환
| 环境污染 huánjìng wūrǎn 환경오염
| 环流 huánliú 환류
| 缓解 huǎnjiě 완화시키다
| 缓解压力 huǎnjiě yālì
  부담을 줄이다, 스트레스를 풀다
| 缓慢 huǎnmàn 더디다, 느리다

换取 huànqǔ 교환하여 얻다, 대가를 치르고 얻다
患上 huànshàng (병에) 걸리다
荒诞 huāngdàn 황당하다, 터무니없다
恢复 huīfù 회복하다
恢复平衡 huīfù pínghéng 균형을 되찾다
挥洒 huīsǎ 거리낌 없다
回报 huíbào 수익, 보수
回避 huíbì 회피하다
回潮 huícháo 되살아나다, 다시 나타나다
回答 huídá 대답하다
回归 huíguī 돌아가다, 회귀하다
回归正常 huíguī zhèngcháng 정상화하다
回流 huíliú 역류하다 → 리턴, 회귀
回迁 huíqiān 회귀하다
回升 huíshēng 다시 상승하다
回收 huíshōu 회수하다
回收处理 huíshōu chǔlǐ 회수 처리
回首过去 huíshǒu guòqù (과거를) 뒤돌아보니
毁 huǐ 부수다, 망쳐버리다
毁灭 huǐmiè 파괴하다
汇率 huìlǜ 환율
汇率变动 huìlǜ biàndòng 환율 변동
会晤 huìwù 회담
绘制 huìzhì 제작하다
惠及 huìjí 혜택이 미치다
婚房 hūnfáng 신혼집
婚礼 hūnlǐ 결혼식
婚龄 hūnlíng 혼인 연령
婚庆公司 hūnqìng gōngsī 웨딩 업체
婚纱 hūnshā 웨딩드레스
混搭 hùndā 믹스매치하다
混合 hùnhé 섞여 있다
活动半径 huódòng bànjìng 활동 반경
活跃 huóyuè 활력이 넘치다, 활발하다
火爆 huǒbào 인기 있다
伙伴 huǒbàn 동료, 파트너
或许 huòxǔ 아마

国际金融危机 guójì jīnróng wēijī 글로벌 금융 위기
国际能源署 guójì néngyuánshǔ 국제에너지기구(IEA)
国际社会 guójì shèhuì 국제사회
国内生产总值 guónèi shēngchǎn zǒngzhí 국내총생산(GDP)
国情 guóqíng 나라의 정세, 국정
国务院 guówùyuàn 국무부 [미국], 국무원 [중국]
国有 guóyǒu 국유, 국영
果断 guǒduàn 과감하다
过半 guòbàn 절반을 넘다
过度 guòdù 지나치게
过剩 guòshèng 과잉되다
过硬 guòyìng 훌륭하다, 탄탄하다
过早 guòzǎo 시기상조이다

H

海冰 hǎibīng 빙하
海量 hǎiliàng 방대한
海陆空 hǎilùkōng 육해공
海市蜃楼 hǎishì-shènlóu 신기루, 허황된 꿈
海湾国家 hǎiwān guójiā 걸프만 국가
海啸 hǎixiào 쓰나미, 해일
海牙 Hǎiyá 헤이그
海洋秩序 hǎiyáng zhìxù 해양 질서
含水量 hánshuǐliàng 수분 함유량
含有 hányǒu 가지고 있다, 포함하다
涵盖 hángài 포함하다
韩联社 Hánliánshè 연합뉴스
寒冷 hánlěng 춥다
罕见 hǎnjiàn 드물다
捍卫 hànwèi 수호하다
撼动 hàndòng 뒤흔들다
夯实 hāngshí 기초를 단단히 다지다
行当 hángdang 업종, 직업

行列 hángliè 대열
行业 hángyè 업계, 분야, 업종
航天 hángtiān 우주 비행의
毫无根据地 háowú gēnjù de 근거 없이
好莱坞大片 Hǎoláiwū dàpiān 헐리우드 블록버스터
好转 hǎozhuǎn 호전되다
号召 hàozhào 호소(하다)
耗费 hàofèi 들이다, 소비하다
耗水 hàoshuǐ 물을 소비하다
呵护 hēhù 보호하다, 애지중지하다
合法化 héfǎhuà 합법화
合法权利 héfǎ quánlì 합법적 권리
合法性 héfǎxìng 합법성
合规 héguī 규칙에 부합하다
合力 hélì 단결하다, 힘을 모으다
合作 hézuò 협력하다
合作共赢 hézuò gòngyíng 협력 원윈
何不 hébù 어찌 ~하지 않느냐
何等 héděng 얼마나
何况 hékuàng 게다가, 하물며
和谐 héxié 조화로운, 조화롭다
和谐一致 héxié yízhì 잘 어울리다, 조화롭다
核 hé 핵
核心技术 héxīn jìshù 핵심 기술
红利 hónglì 보너스, 혜택
红外(光) hóngwài(guāng) 적외선
红线 hóngxiàn 마지노선
宏观经济 hóngguān jīngjì 거시경제
宏观经济政策 hóngguān jīngjì zhèngcè 거시경제정책
洪水 hóngshuǐ 홍수
后 hòu 포스트, ~한 후
后勤 hòuqín 후방 근무, 병참 보급 업무
后退 hòutuì 퇴하다
呼唤 hūhuàn 외치다
忽略 hūlüè 소홀히 하다, 등한시하다
忽视 hūshì 소홀히 하다, 무시하다

供应量 gōngyìngliàng 공급량
供应商 gōngyìngshāng 공급업체
巩固 gǒnggù 공고히 하다
汞 gǒng 수은
共绘 gònghuì 함께 그리다
共商 gòngshāng 함께 협상하다
共识 gòngshí 공감대, 공통된 인식
共鸣 gòngmíng 공감
共享 gòngxiǎng 공유하다, 함께 누리다
共有 gòng yǒu 총 ~이 있다
共赢 gòngyíng 윈윈(win-win)
贡献 gòngxiàn 공헌하다
贡献度 gòngxiàndù 기여도, 공헌도
贡献率 gòngxiànlǜ 공헌도
供职 gòngzhí 일하다
构建 gòujiàn 구축하다, 만들다
构建……关系 gòujiàn……guānxì
　~ 관계를 구축하다
构建中美新型大国关系
gòujiàn zhōngměi xīnxíng dàguó guānxì
　미중 신형대국관계 구축
构想 gòuxiǎng 생각, 아이디어, 구상, 계획
购买 gòumǎi 구매하다
购买力 gòumǎilì 구매력
购物 gòuwù 구매
够呛 gòuqiàng 죽겠다, 고되다
估算 gūsuàn 계산, 추산(하다)
谷歌 Gǔgē 구글
谷歌地图 Gǔgē dìtú 구글맵
股 gǔ 기체, 냄새, 힘 등을 세는 양사
骨干 gǔgàn 핵심 인물
鼓励 gǔlì 격려하다, 장려하다, 촉진시키다
鼓舞 gǔwǔ 고무되다
固定 gùdìng 고정적인
固然 gùrán 물론 ~하지만
故意 gùyì 고의로
雇佣 gùyōng 고용
雇员 gùyuán 직원

关闭边界 guānbì biānjiè 국경을 닫다
关键 guānjiàn 관건
关键在于 guānjiàn zàiyú 관건은 ~에 있다
关口 guānkǒu 기준, 관문
关切 guānqiè 배려하다, 많은 관심을 갖다
关税 guānshuì 관세
关停 guāntíng 폐쇄하다
观测 guāncè 관측(하다)
观看 guānkàn 보다, 관람하다
观象台 guānxiàngtái 관측소
观众 guānzhòng 관객, 관중
官方 guānfāng 정부 측, 공식적인
管控 guǎnkòng 관리 통제하다, 컨트롤하다
管理 guǎnlǐ 경영(학과)
惯常 guàncháng 습관적인, 일반적인
惯于 guànyú ~에 습관이 되다, ~에 익숙하다
光 guāng 단지 ~만 하다
光彩夺目 guāngcǎi duómù 아름다워 이목을 끌다
光伏 guāngfú 태양광, 발전(PV)
光明 guāngmíng 밝게 빛나다
光线 guāngxiàn 광선, 빛
广电 guǎngdiàn 방송
广泛 guǎngfàn 광범위하다, 폭넓다
广阔 guǎngkuò 광활하다, 넓다
归国 guīguó 귀국하다
归属感 guīshǔgǎn 귀속감
规范 guīfàn 규범화하다
规划 guīhuà 기획하다, 계획
规模 guīmó 규모
规则 guīzé 규칙
规章制度 guīzhāng zhìdù 규정
硅 guī 실리콘
轨道 guǐdào 궤도
贵宾 guìbīn 귀빈
锅炉 guōlú 보일러
国产化 guóchǎnhuà 국산화
国际货币基金组织 guójì huòbì jījīn zǔzhī
　국제통화기금(IMF)

尴尬 gāngà 곤란하다, 난처하다
赶在……之前 gǎnzài……zhīqián ~하기 전에
敢于 gǎnyú 용감히 ~하다
感叹 gǎntàn 감탄하다
感知 gǎnzhī 센서, 감지하다
钢铁 gāngtiě 철강
《钢铁侠》 gāngtiěxiá 아이언맨
岗位 gǎngwèi 직장
港口 gǎngkǒu 항구
高昂 gāo'áng 비싸다
高层次 gāocéngcì 고차원적인
高层将领 gāocéng jiànglǐng 고위급 장교
高端 gāoduān 첨단의, 고급의
高风险 gāofēngxiǎn 고위험성
高官 gāoguān 고위 관직자
高居首位 gāojū shǒuwèi 1위를 차지하다
高频率 gāopínlǜ 빈도수가 높다
高校 gāoxiào 대학교
高效 gāoxiào 고효율의
高学历 gāoxuélì 고학력
高压 gāoyā 고기압
高涨 gāozhǎng 고조되다
搞 gǎo 하다
搞清楚 gǎo qīngchǔ 명확히 하다
搞研究 gǎo yánjiū 연구하다
搞活 gǎohuó 활성화하다
告别 gàobié 이별하다
告终 gàozhōng 끝나다
鸽派 gēpài 비둘기파(온건파)
歌曲 gēqǔ 음원
格局 géjú 구조, 국면
镉 gé 카드뮴
个百分点 gèbǎifēndiǎn % 포인트
个性化 gèxìnghuà 개인 맞춤형
各扫门前雪 gè sǎo ménqián xuě
　　 자기 집 앞 눈은 자기가 치우기
根据 gēnjù ~에 따라

根源 gēnyuán 근본 원인
跟进 gēnjìn 따라가다
跟踪分析 gēnzōng fēnxī 추적 분석
更深层次 gèng shēncéngcì 더욱 심도 있는
工程 gōngchéng 프로젝트
工具 gōngjù 도구, 수단
工人 gōngrén 노동자
工时 gōngshí 업무 시간
工业革命 gōngyè gémìng 산업혁명
工艺 gōngyì 공정
工资 gōngzī 임금
工资收入 gōngzī shōurù 월급
工作岗位 gōngzuò gǎngwèi 일자리
工作经历断层 gōngzuò jīnglì duàncéng
　　 경력 단절
工作效率 gōngzuò xiàolǜ 업무 효율
公布 gōngbù 발표하다
公共产品 gōnggòng chǎnpǐn 공공재
公共福利 gōnggòng fúlì 공공복지
公立学校 gōnglì xuéxiào 공립학교, 공교육
公路行驶 gōnglù xíngshǐ 도로 주행
公平正义 gōngpíng zhèngyì
　　 공평하고 정의롭다
公说公有理婆说婆有理
gōng shuō gōng yǒu lǐ pó shuō pó yǒu lǐ
　　 시비를 가리기가 쉽지 않다
公务员 gōngwùyuán 공무원
公益性 gōngyìxìng 공익성
公众 gōngzhòng 국민
公众场合 gōngzhòng chǎnghé 공공장소
功成身退 gōng chéng shēn tuì
　　 공을 세운 뒤 곧 물러나서 명성을 지키다
功能 gōngnéng 기능
攻击 gōngjī 공격하다
攻势 gōngshì 공세
供给 gōngjǐ 공급
供暖 gōngnuǎn 난방
供应 gōngyìng 공급

分外 fēnwài 아주 심하게, 유달리, 특별히
分享 fēnxiǎng 공유(하다)
分享经济 fēnxiǎng jīngjì 공유 경제
纷纷 fēnfēn 쉴 새 없이, 계속해서, 연달아
粉碎 fěnsuì 산산조각나다
奋斗 fèndòu 분투(하다), 고생(하다)
奋斗目标 fèndòu mùbiāo 분투 목표
愤慨 fènkǎi 분개하다
丰富 fēngfù 풍부하다
风暴 fēngbào 대소동, 사태
风电 fēngdiàn 풍력 발전
风靡 fēngmǐ 휩쓸다, 유행하다
风险 fēngxiǎn 리스크, 위험
风险投资产业 fēngxiǎn tóuzī chǎnyè
　벤처 투자 산업
风雨 fēngyǔ 비바람, 혹독한 시련
奉行 fèngxíng 신봉하다, 추구하다
佛罗里达州 Fóluólǐdá zhōu 플로리다 주
否则 fǒuzé 그렇지 않으면
夫妇 fūfù 부부
孵化 fūhuà 인큐베이팅
扶持 fúchí 지원하다
扶持政策 fúchí zhèngcè 부양정책, 지원정책
扶植 fúzhí 육성하다
服务 fúwù 서비스
服役 fúyì 병역 복무하다
浮躁 fúzào 불안정하다, 조급하다
符合 fúhé 부합하다
符合利益 fúhé lìyì 이익에 부합하다
幅度 fúdù 폭, 정도
福分 fúfèn 행운, 복
福利 fúlì 복지
福祉 fúzhǐ 복지
父辈 fùbèi 부모 세대, 아버지 세대
付出 fùchū 지불하다, 바치다
付出努力 fùchū nǔlì 노력하다
付诸实施 fùzhū shíshī 실천에 옮기다

负担 fùdān 부담(하다), 짐
负面 fùmiàn 부정적인
负面影响 fùmiàn yǐngxiǎng 부정적인 영향
负责 fùzé 담당하다, 책임지다
负增长 fùzēngzhǎng 마이너스 성장
复苏 fùsū 회복
复兴 fùxīng 부흥하다
复杂多变 fùzá duōbiàn 복잡다단, 변화무쌍
复制 fùzhì 복제하다
副校长 fùxiàozhǎng 부총장
赋予 fùyǔ 부여하다
富国强兵 fùguó qiángbīng 부국강병
富裕 fùyù 부유한
腹地 fùdì 중심 지역, 내륙 지역
覆巢之下无完卵 fù cháo zhī xià wú wán luǎn
　엎어진 둥지에 성한 알 없다, 전체가 궤멸되면
　개인도 헤어나지 못한다
覆盖范围 fùgài fànwéi 도달 범위

G

改变 gǎibiàn 바꾸다
改变对……的态度 gǎibiàn duì……de tàidù
　～에 대한 태도를 바꾸다
改革 gǎigé 개혁
改革开放 gǎigé kāifàng 개혁 개방
改进 gǎijìn 개선하다
改善 gǎishàn 개선
改造 gǎizào 개조하다
改组 gǎizǔ 재정비하다, 개편하다
概率 gàilǜ 확률
概念 gàiniàn 개념
概念股 gàiniàngǔ 테마주
干旱 gānhàn 가뭄
干净 gānjìng 깨끗하다
干政 gānzhèng 정치에 개입[간섭]하다
甘当 gāndāng 기꺼이 ～하다

发言权扩大 fāyánquán kuòdà 발언권 확대
发育 fāyù 성장, 발육
发展模式 fāzhǎn móshì 발전 모델
发展潜力 fāzhǎn qiánlì 발전 잠재력
发展中国家 fāzhǎnzhōng guójiā 개발도상국
乏力 fálì 능력이 부족하다
法规 fǎguī 법규
法国 Fǎguó 프랑스
法理不容 fǎlǐ bùróng 법과 이치가 용납하지 않다
法治 fǎzhì 법치
翻墙 fānqiáng 벽을 넘다, IP 우회
凡事 fánshì 모든 일, 만사
繁巨 fánjù 막중하다, 복잡하다
繁荣 fánróng 번영하다, 크게 발전하다
反而 fǎn'ér 반대로, 오히려
反恐 fǎnkǒng 테러리즘에 맞서다, 반테러
反馈 fǎnkuì 피드백, 되돌아오다
反美主义情绪 fǎnměi zhǔyì qíngxù 반미 정서
反射 fǎnshè 반사하다
反思 fǎnsī 반성하다
反弹 fǎntán 반등하다
反省 fǎnxǐng 반성하다
反映 fǎnyìng 반영하다
返还给 fǎnhuán gěi ~에게 돌려주다
返修率 fǎnxiūlǜ A/S율
犯下大错 fànxià dàcuò 큰 실수를 저지르다
泛滥 fànlàn 범람하다
范例 fànlì 모범 사례, 모델
范围 fànwéi 범위
方方面面 fāngfāngmiànmiàn 각 방면
方针 fāngzhēn 방침
防备 fángbèi 대비하다, 대응하다
防范 fángfàn 방비하다
防控 fángkòng 방지하다
防御 fángyù 방어하다
防止 fángzhǐ 방지하다
防治 fángzhì 예방 퇴치하다

妨碍 fáng'ài 방해하다, 저해하다
房倒屋塌 fángdǎo wūtā 집이 무너지다
房地产 fángdìchǎn 부동산
房东 fángdōng 집주인
房价 fángjià 집값, 부동산 가격
房奴 fángnú 하우스 푸어
仿佛 fǎngfú 마치 ~인 것 같다
访韩 fǎng Hán 방한
访问 fǎngwèn 방문하다
纺织 fǎngzhī 방직
放错位置 fàngcuò wèizhì 잘못 두다
放缓 fànghuǎn 둔화하다
放管结合 fàng guǎn jiéhé
  규제 완화와 관리 감독의 결합
放开 fàngkāi (제한을) 풀다, 완화하다
飞速 fēisù 매우 빠르다
飞跃 fēiyuè 도약하다, 비약적으로 발전하다
飞涨 fēizhǎng 급증하다
非但 fēidàn 비단 ~뿐만 아니라
非能源 fēinéngyuán 비에너지
非同寻常 fēitóng xúncháng
  보통 일이 아니다, 각별하다
非洲 Fēizhōu 아프리카
菲律宾 Fēilǜbīn 필리핀
肺 fèi 허파, 폐
废气 fèiqì 가스, 연기
废弃 fèiqì 버리다
分别 fēnbié 각각, 따로따로
分布 fēnbù 분포
分布图 fēnbùtú 분포도
分成 fēnchéng 나누다
分工 fēngōng 분업
分拣 fēnjiǎn 구별하여 고르다
分类垃圾桶 fēnlèi lājītǒng 분리수거함
分离 fēnlí 분리하다, 디커플링
分配 fēnpèi 분배하다
分歧 fēnqí 이견
分散 fēnsàn 분산하다

独自 dúzì 혼자
堵窟窿 dǔ kūlong 구멍을 메우다
赌博 dǔbó 도박
杜绝 dùjué 철저히 막다, 없애다, 근절하다
短缺 duǎnquē 부족하다
短时记忆 duǎnshí jìyì 단기 기억
短暂 duǎnzàn 잠깐, (시간이) 짧다
断母乳 duàn mǔrǔ 모유를 끊다
锻炼 duànliàn 단련하다
队伍 duìwu 집단
对A有益 duì A yǒuyì A에 유익하다
对此 duì cǐ 이에 대해
对……而言 duì……éryán ~에 대해 말하자면
对比 duìbǐ 비교하다, 대비하다
对冲 duìchōng 상쇄하다
对待 duìdài 대응하다
对华战略 duìhuá zhànlüè 대중 전략
对抗 duìkàng 대립하다
对手 duìshǒu 라이벌, 상대
对外开放 duìwài kāifàng 대외 개방
对于A来说/讲 duìyú A láishuō/jiǎng
　　A에 대해 말하자면
吨 dūn 톤(t)
敦促 dūncù 촉구하다
多边 duōbiān 다자간
多边贸易体制 duōbiān màoyì tǐzhì
　　다자간 무역 체제
多重 duōchóng 여러 가지, 다중의
多方位 duōfāngwèi 다방면으로
多哈 Duōhā 도하
多哈回合谈判 Duōhā huíhé tánpàn
　　도하 라운드 협상
多极化 duōjíhuà 다극화
多元化 duōyuánhuà 다원화
多姿多彩 duō zī duō cǎi 갖가지로 다양하다
夺回 duóhuí 되찾다
堕入 duòrù 떨어지다, 빠지다

E

俄勒冈州 Élēigāng zhōu 오리건 주
厄瓜多尔 Èguāduō'ěr 에콰도르
恶化 èhuà 악화되다
恶习 èxí 악습, 나쁜 습관
恶性循环 èxìng xúnhuán 악순환
遏止 èzhǐ 저지하다
遏制 èzhì 힘껏 저지하다, 억제하다
遏阻 èzǔ 저지하다
二十国集团 èrshí guó jítuán G20
二选一 èr xuǎn yī 양자택일
二氧化碳 èryǎnghuàtàn 이산화탄소
二战 Èrzhàn 2차 세계대전

F

发表讲话 fābiǎo jiǎnghuà 연설을 하다
发出呼声 fāchū hūshēng 목소리를 내다
发出警告 fāchū jǐnggào 경고하다
发达国家 fādá guójiā 선진국
发达经济体 fādá jīngjìtǐ 선진국
发电量 fādiànliàng 발전량
发电站 fādiànzhàn 발전소
发动 fādòng 일으키다
发放 fāfàng 지급하다
发光二极管 fāguāng'èrjíguǎn
　　발광다이오드(LED)
发挥……作用 fāhuī……zuòyòng
　　~역할[작용]을 하다
发挥重要作用 fāhuī zhòngyào zuòyòng
　　중요한 역할을 하다
发酵 fājiào 발효하다 → (문제가) 악화되다
发掘 fājué 발굴하다
发生矛盾 fāshēng máodùn 갈등이 생기다
发现新大陆 fāxiàn Xīn Dàlù 신대륙 발견
发言权 fāyánquán 발언권

低迷 dīmí 불경기이다, 불황이다
低收入者 dīshōurùzhě 저소득자
低碳 dītàn 저탄소
低头族 dītóuzú 수그리족
低位 dīwèi 낮은 위치, 낮은 편
低位运行 dīwèi yùnxíng 저가에서 움직이다
低于 dīyú ~보다 낮다
抵价 dǐjià 가격 할인
抵抗 dǐkàng 대항하다
抵抗力 dǐkànglì 저항력
抵消 dǐxiāo 상쇄하다
抵御 dǐyù 저항하다
抵制 dǐzhì 저지하다
底层 dǐcéng 하류층, 하층민
地表 dìbiǎo 지표면
地基 dìjī 토대
地理环境 dìlǐ huánjìng 지리 환경
地理位置 dìlǐ wèizhì 지리적 위치
地盘 dìpán 세력 범위, 근거지
地图导航 dìtú dǎoháng 네비게이션
地位 dìwèi 지위
递补 dìbǔ 보충하다, 메우다
第一印象 dìyī yìnxiàng 첫인상
颠倒黑白 diāndǎo-hēibái 사실을 왜곡하다
典型 diǎnxíng 전형적이다
点滴 diǎndī 아주 사소한 것
点燃 diǎnrán 불 지피다
电池 diànchí 배터리
电磁波 diàncíbō 전자파
电磁力 diàncílì 전자기력
电能 diànnéng 전기 에너지
电商 diànshāng 전자상거래
电线 diànxiàn 전선
电子垃圾 diànzǐ lājī 전자 쓰레기
电子书 diànzǐshū 전자책, e-Book
电子展 diànzǐzhǎn 전자기기 박람회
叼着 diāozhe 입에 물다

调查显示 diàochá xiǎnshì 조사 결과에 따르면
调动 diàodòng 불러일으키다
调研 diàoyán 연구 조사하다
调用 diàoyòng 동원하여 사용하다
爹妈 diēmā 부모
跌入 diērù ~에 빠지다, 떨어지다
顶尖 dǐngjiān 최고의
订满 dìngmǎn 예약이 다 차다
订阅 dìngyuè 구독하다
定价 dìngjià 가격을 정하다
定力 dìnglì 굳건한[확고한] 의지, 신념
定期 dìngqī 정기적인
定位 dìngwèi 위치를 정하다
丢弃 diūqì 버리다, 포기하다
丢三落四 diūsān-làsì 건망증, 이것저것 잊어버리다
东盟 Dōngméng 동남아시아 국가연합(ASEAN)
东山再起 dōngshān-zàiqǐ 재기하다, 권토중래
懂得 dǒngdé 알다, 이해하다
动粗 dòngcū 난폭한 짓을 하다 → 비난하다
动荡 dòngdàng 불안하다, 요동치다, 혼란, 동요
动刀子 dòng dāozi 수술하다
动机 dòngjī 동기
动力 dònglì 동력, 에너지
动力源 dònglìyuán 원동력
动辄 dòngzhé 걸핏하면
冻结 dòngjié 동결하다
都不为过 dōu bù wéi guò ~라 해도 과언이 아니다
斗争 dòuzhēng 투쟁하다, 싸우다
逗趣 dòuqù 유머
督促 dūcù 독촉하다
毒害 dúhài 폐해
毒药 dúyào 독약
独裁 dúcái 독재
独到之处 dúdào zhī chù 독특한 점
独角戏 dújiǎoxì 독무대
独身主义 dúshēn zhǔyì 독신주의
独特 dútè 독특한

大脑 dànǎo 대뇌
大怒 dànù 몹시 화나다
大批 dàpī 대량의, 많은
大牌 dàpái 유명 브랜드
大气 dàqì 대기
大趋势 dàqūshì 메가트렌드
大势 dàshì 추세
大头 dàtóu 대부분
大显身手 dàxiǎn-shēnshǒu 큰 활약을 하다
大有可为 dàyǒu-kěwéi 발전의 여지가 매우 많다
大有人在 dàyǒu-rénzài
　　～한 사람들이 부지기수이다
大有作为 dàyǒu-zuòwéi 크게 이바지할 수 있다
大于 dàyú ～보다 크다
大众创业、万众创新
dàzhòng chuàngyè, wànzhòng chuàngxīn
　　대중의 창업, 만인의 혁신
代表性 dàibiǎoxìng 대표적인
代际间 dàijì jiān 세대 간
代替 dàitì 대체하다
代替关系 dàitì guānxì 대체 관계
带动 dàidòng 촉진시키다, 이끌다, 진작시키다
带来负面影响 dàilái fùmiàn yǐngxiǎng
　　부정적인 영향을 끼치다
带薪休假 dàixīn xiūjià 유급휴가
贷款 dàikuǎn 대출
贷款额 dàikuǎn'é 대출액
待遇 dàiyù 대우
戴姆勒 Dàimǔlè 다임러
担当 dāndāng 책임, 역할, 책임지다
担负重任 dānfù zhòngrèn 막중한 책임을 지다
担心 dānxīn 걱정하다
担忧 dānyōu 걱정하다, 우려하다
单薄 dānbó 빈약하다
单纯 dānchún 단순히, 오로지
单方面 dānfāngmiàn 일방적으로
单婚族 dānhūnzú 싱글웨딩족
胆识 dǎnshí 담력과 식견

诞生 dànshēng 탄생하다
诞下 dànxià 낳다, 출산하다
淡化 dànhuà 희미해지다, 약해지다
当地时间 dāngdì shíjiān 현지시각
当地市场 dāngdì shìchǎng 현지 시장
当年 dāngnián 그때
党的十八大 dǎng de shíbā dà
　　중국 공산당 제18차 전국대표대회(당대회)
党魁 dǎngkuí 당수
导弹 dǎodàn 미사일
导弹防御系统 dǎodàn fángyù xìtǒng
　　미사일 방어 체계
导航系统 dǎoháng xìtǒng 항법 시스템, GPS
导向 dǎoxiàng 이끌다
导演 dǎoyǎn 감독
导致 dǎozhì 야기하다
岛礁争议 dǎojiāo zhēngyì 도서분쟁
到来 dàolái 도래(하다)
到头来 dàotóulái 결국
到位 dàowèi 딱 들어맞다
倒退 dàotuì 퇴보하다
倒转 dàozhuǎn 거꾸로 돌다
道德修养 dàodé xiūyǎng 도덕 수양
得不偿失 débùchángshī 득보다 실이 더 크다
得到启示 dédào qǐshì 시사점을 얻다
得到提升 dédào tíshēng 상승하다
得到证实 dédào zhèngshí 입증되다
得到尊重 dédào zūnzhòng 존중받다
得天独厚 détiāndúhòu 우월한, 천혜의
得以 déyǐ ～할 수 있다
得益于 déyìyú ～덕분에
登陆 dēnglù 로그인, 접속
等待 děngdài 기다리다
等于 děngyú ～와 같다
低端 dīduān 저급의
低可探测技术 dīkětàncè jìshù 스텔스 기술
低龄化 dīlínghuà 저연령화

创新力 chuàngxīnlì 창의력
创意 chuàngyì 창의적인 아이디어, 독창적인 견해
创造环境 chuàngzào huánjìng 환경을 조성하다
创造经济 chuàngzào jīngjì 창조경제
创造力 chuàngzàolì 창의력
创造条件 chuàngzào tiáojiàn 조건을 만들다
垂直 chuízhí 수직
锤炼 chuíliàn 단련하다, 갈고 닦다
纯粹 chúncuì 순수하다, 순전히, 전적으로
纯属 chúnshǔ 완전히 ~에 속하다
绰号 chuòhào 별명
辞职 cízhí 사직하다
此前 cǐqián 이전의
此外 cǐwài 이외에
刺激 cìjī 독려하다, 부양하다, 북돋우다
刺激经济 cìjī jīngjì 경기를 부양하다
从A起步 cóng A qǐbù A에서 시작되다
从A转变为B cóng A zhuǎnbiànwéi B
　　A에서 B로 바꾸다
从……的角度来看 cóng……de jiǎodù láikàn
　　~의 관점에서 보면
从短期来看 cóng duǎnqī láikàn 단기적으로 보면
从根本上 cóng gēnběn shàng 근본적으로
从何而来 cóng hé ér lái 어디서 오는가
从……开始 cóng……kāishǐ ~에서 시작하다
从……来看 cóng……láikàn ~측면에서 보자면
从事 cóngshì 종사하다
从未 cóngwèi 지금까지 ~한 적이 없다
从……中获益 cóng……zhōng huòyì
　　~에서 이득을 얻다
从……着力 cóng……zhuólì ~에 힘쓰다
粗放式 cūfàngshì 조방형
促进 cùjìn 촉진시키다
促使 cùshǐ ~하도록 하다
催生 cuīshēng 촉진하다
摧残 cuīcán 심한 손상을 주다, 학대하다
脆弱 cuìruò 취약하다
存款准备金 cúnkuǎn zhǔnbèijīn 지급준비금

措施 cuòshī 조치
错位 cuòwèi 어긋나다, 위치가 전도되다
错误 cuòwù 잘못되다

D

达标 dábiāo 기준에 부합하다
达成协议 dáchéng xiéyì 합의를 이루다
达成一致 dáchéng yīzhì 합의하다
达到……地步 dádào……dìbù ~지경에 이르다
达到目标 dádào mùbiāo 목표에 도달하다
达到……目的 dádào……mùdì ~목적을 달성하다
打包票 dǎbāopiào 보증하다
打发 dǎfa 보내다
打工 dǎgōng 일하다, 아르바이트하다
打击 dǎjī 격퇴하다, 타격, 충격
打击腐败 dǎjī fǔbài 부패 척결
打击恐怖主义 dǎjī kǒngbù zhǔyì
　　테러리즘을 격퇴하다
打拼 dǎpīn 최선을 다하다
打破 dǎpò 깨트리다
打破纪录 dǎpò jìlù 기록을 깨다
打通 dǎtōng 트이게 하다, 연결하다
打造 dǎzào 구축하다, 만들다, 조성하다
大巴 dàbā 버스
大败 dàbài 참패하다, 참패시키다
大材小用 dàcái-xiǎoyòng 큰 인재를 작은 일에 쓰다
大臣 dàchén 대신
大打折扣 dà dǎ zhékòu 크게 반감하다
大胆 dàdǎn 대담하다
大而全 dà'érquán 방대하고 철저한
大幅 dàfú 대폭
大幅提高 dàfú tígāo 대폭으로 높이다
大规模 dàguīmó 대규모
大惊小怪 dàjīng-xiǎoguài
　　별것 아닌 일에 크게 놀라다

重蹈……覆辙 chóngdǎo……fùzhé
　～의 전철을 밟다
重叠 chóngdié 중첩되다
重返 chóngfǎn 다시 돌아가다
重返亚洲 chóngfǎn Yàzhōu 아시아 회귀 정책
重逢 chóngféng 다시 만나다
重复 chóngfù 중복되다
重建 chóngjiàn 재건
重启 chóngqǐ 다시 시작하다, 재개하다
重演 chóngyǎn 되풀이되다, 재현되다
重振 chóngzhèn 부흥시키다, 재건하다
重组 chóngzǔ 재편하다, 구조조정을 하다
抽签 chōuqiān 추첨하다, 제비를 뽑다
仇敌 chóudí 적
筹办 chóubàn 준비하다, 기획하다
筹划 chóuhuà 계획하다
筹钱 chóuqián 돈을 모으다
出彩 chūcǎi 성공하다, 일을 훌륭히 해내다
出点子 chū diǎnzi 아이디어를 내다
出海口 chūhǎikǒu 출항로
出货(量) chūhuò(liàng) 출하(량)
出局 chūjú 밀려나다, 실격되다
出口额 chūkǒu'é 수출액
出力 chūlì 힘을 쓰다
出路 chūlù 출로, 해결방안
出色 chūsè 뛰어나다
出台 chūtái 정식으로 공포하다
出席 chūxí 참석하다
出于 chūyú ～에서 비롯되다
出资比例 chūzī bǐlì 출자 비율
初步 chūbù 초보적인
初衷 chūzhōng 본래의 뜻, 초심, 취지
除A外 chú A wài A를 제외하고
除非 chúfēi 오직 ～해야 (비로소)
除了A，也B chúle A, yě B A이외에 B도
处罚 chǔfá 처벌하다
处境 chǔjìng 처지

处理 chǔlǐ 처리하다
处于 chǔyú ～에 처하다, 놓이다
处于合理区间 chǔyú hélǐ qūjiān
　합리적인 구간에 있다
处于萌芽阶段 chǔyú méngyá jiēduàn
　걸음마 단계에 있다
处于起步阶段 chǔyú qǐbù jiēduàn
　시작 단계에 있다
处于……状态 chǔyú……zhuàngtài
　～한 상황에 처하다
处在……阶段 chǔzài……jiēduàn ～단계에 있다
处置 chǔzhì 처리하다
处置不当 chǔzhì búdàng 제대로 처리하지 못하다
储存 chǔcún 저장하다
储量 chǔliàng 매장량, 저장량, 비축량
储蓄 chǔxù 저축
怵头 chùtóu 주눅이 들다
触发 chùfā 촉진하다
触摸 chùmō 만지다
揣摩 chuǎimó 꼼꼼히 연구하다, 탐구하다
穿戴式智能设备 chuāndàishì zhìnéng shèbèi
　웨어러블 스마트 기기
穿行 chuānxíng 다니다
传播 chuánbō 전파(하다)
传感 chuángǎn 센서
传感器 chuángǎnqì 센서
传来 chuánlái 전해지다, 들려 오다
传输 chuánshū 전송, 보내다
传统观念 chuántǒng guānniàn 전통적인 관념
传宗接代 chuánzōng-jiēdài 대를 잇다
创新高 chuàng xīngāo 최고치를 기록하다
创举 chuàngjǔ 최초의 시도
创客 chuàngkè 창업자
创伤 chuāngshāng 상처
创始人 chuàngshǐrén 창시자, 창립인
创投 chuàngtóu 창업 투자
创新 chuàngxīn 혁신(적인)
创新点子 chuàngxīn diǎnzi 참신한 아이디어

厂商 chǎngshāng 공장
场景 chǎngjǐng 장면
场面 chǎngmiàn 장면
超标 chāobiāo 기준을 초과하다
超过 chāoguò 초과하다
超越 chāoyuè 초월하다
巢穴 cháoxué 둥지, 은신처
朝 cháo ~를 향해
朝野 cháoyě 여야, 정부와 민간
朝着 cháozhe ~를 향해
朝着……方向 cháozhe……fāngxiàng
　~방향을 향해
潮爸潮妈 cháo bà cháo mā 유행을 따르는 부모
潮流 cháoliú 열풍, 유행, 추세
炒 chǎo 투기하다, 볶다
车距 chējù 차간거리
车票 chēpiào 차표
彻底 chèdǐ 철저하다, 제대로
沉浸 chénjìn 심취되다, 빠져있다
沉溺 chénnì 빠지다
趁热打铁 chènrè-dǎtiě
　한창 때를 이용하여 신속히 일을 마치다
称为 chēngwéi ~라고 부르다
撑起 chēngqǐ 떠받치다
成 chéng 10분의 1, 할
成本 chéngběn 비용, 코스트
成风 chéngfēng 보편화되다, 일반화되다
成果 chéngguǒ 성과
成绩 chéngjì 성과
成交 chéngjiāo 거래가 성사되다
成立 chénglì 창립, 성립하다
成品油 chéngpǐnyóu 석유 완제품
成器 chéngqì 유용한 사람이 되다, 인재가 되다
成熟 chéngshú 성숙하다
成效 chéngxiào 효과
成员国 chéngyuánguó 회원국
呈献 chéngxiàn 바치다

呈现 chéngxiàn 나타나다
诚意 chéngyì 성의
诚挚 chéngzhì 진심 어린
诚挚谢意 chéngzhì xièyì 진심 어린 감사
承担 chéngdān 담당하다, 책임지다
承担得起 chéngdān de qǐ 감당할 수 있다
承担责任 chéngdān zérèn 책임을 지다
乘风破浪 chéngfēng pòlàng
　위험을 무릅쓰고 용감하게 나아가다
承接 chéngjiē 담당하다
承诺 chéngnuò 서약, 약속(하다), 승낙하다
承认 chéngrèn 인정하다
承受 chéngshòu 받아들이다, 감당하다, 겪다
承受……代价 chéngshòu……dàijià
　~대가를 감당하다
承受负担 chéngshòu fùdān 부담을 감당하다
吃了不少苦头 chīle bùshǎo kǔtóu
　애먹다, 고생하다
迟缓 chíhuǎn 둔화되다
持久 chíjiǔ 오래된, 지속되다
持枪 chíqiāng 총기를 보유하다
持水能力 chíshuǐ nénglì 수분 함유량
持续 chíxù 지속하다, 지속적으로
持有 chíyǒu 가지고 있다
冲 chōng 돌진하다
冲抵 chōngdǐ 상쇄하다
冲动 chōngdòng 충동
冲击 chōngjī 타격, 충격
冲破 chōngpò 돌파하다
充分发挥 chōngfèn fāhuī 충분히 발휘하다
充满 chōngmǎn 가득 차다
充满希望 chōngmǎn xīwàng 희망으로 가득 차다
充足 chōngzú 충분하다
憧憬 chōngjǐng 동경하다
虫洞 chóngdòng 웜홀
虫害 chónghài 병충해
虫灾 chóngzāi 병충해
重重 chóngchóng 여러 가지

不再是 búzàishì 더 이상 ~가 아니다
不在少数 búzài shǎoshù 결코 드물지 않다
不在意 búzàiyì 개의치 않다
布局 bùjú 구도, 구조, 국면
步伐 bùfá 발걸음, 속도
步骤 bùzhòu 절차
部门 bùmén 부처, 부서
部署萨德反导系统 bùshǔ sàdé fǎndǎo xìtǒng
  사드 배치
部长 bùzhǎng 장관

C

才干出色 cáigàn chūsè 재능이 뛰어나다
财富 cáifù 재산
财经 cáijīng 재정과 경제
财长 cáizhǎng 재무장관
财政赤字 cáizhèng chìzì 재정 적자
裁定 cáidìng 법원이 판결을 내리다
裁决结果 cáijué jiéguǒ 재판 결과
采访 cǎifǎng 인터뷰하다
采取措施 cǎiqǔ cuòshī 조치를 취하다
采取行动 cǎiqǔ xíngdòng 행동을 취하다
采用 cǎiyòng 이용하다, 채택하다
彩礼 cǎilǐ 혼수, 예물, 예단
参战 cānzhàn 참전하다
餐饮业 cānyǐnyè 요식업
残酷 cánkù 잔혹하다, 참혹하다
残酷性 cánkùxìng 잔혹함
惨剧 cǎnjù 참사
惨重 cǎnzhòng 극심하다
仓促上阵 cāngcù shàngzhèn 급하게 진입하다
苍鹰 cāngyīng 매
操控 cāokòng 조작하다, 조종하다
操心 cāoxīn 고민하다, 신경을 쓰다
操作 cāozuò 조작하다, 운영하다, 다루다

草根 cǎogēn 서민
草坪 cǎopíng 잔디밭
测距仪 cèjùyí 거리측정기
测量 cèliáng 측정하다
测试 cèshì 테스트
测算 cèsuàn 추산
策划 cèhuà 정책을 기획하다
层面 céngmiàn 방면, 영역, 측면
曾经 céngjīng 일찍이
差距 chājù 차이, 격차, 괴리
差异 chāyì 차이
察觉 chájué 느끼다
拆东墙补西墙 chāi dōngqiáng bǔ xīqiáng
  아랫돌 빼서 윗돌 괴기, 하석상대
柴油 cháiyóu 디젤
缠着 chánzhe 조르다
产出 chǎnchū 생산량
产供销 chǎngōngxiāo 생산·공급·판매
产量 chǎnliàng 생산량
产生重大影响 chǎnshēng zhòngdà yǐngxiǎng
  심각한 영향을 끼치다
产生质疑 chǎnshēng zhìyí 의구심이 생기다
产业结构 chǎnyè jiégòu 산업구조
产业链条 chǎnyè liàntiáo 산업 사슬
产业园 chǎnyèyuán 산업단지
阐明 chǎnmíng 명확하게 밝히다
倡导 chàngdǎo 제창하다, 옹호하다
倡议 chàngyì 제창하다
长期来看 chángqī láikàn 장기적으로 봤을 때
长期以来 chángqī yǐlái 오랫동안
长寿 chángshòu 장수(하다)
长远来看 chángyuǎn láikàn 장기적으로 봤을 때
长远利益 chángyuǎn lìyì 장기적 이익
常规 chángguī 일반적인, 통상적인
常年 chángnián 오랜 기간, 일년 내내
尝试 chángshì 시도해 보다
尝鲜者 chángxiānzhě 얼리어답터
偿还 chánghuán 갚다, 상환하다

标本兼治 biāoběn-jiānzhì
　　표면과 근본을 모두 해결하다
标志 biāozhì 상징하다, 의미하다
标志性 biāozhìxìng 상징적인
标准 biāozhǔn 기준
表层 biǎocéng 표층
表示深切的关注 biǎoshì shēnqiè de guānzhù
　　깊은 관심을 표하다
表现出……态度 biǎoxiànchū……tàidù
　　~한 태도를 보이다
冰冷 bīnglěng 차가운
冰天雪地 bīngtiān-xuědì 눈으로 뒤덮여 있다
秉持 bǐngchí 유지하다
并不乐观 bìng bú lèguān 낙관적이지 않다
并不鲜见 bìng bù xiǎn jiàn 결코 드물지 않다
并非 bìngfēi 결코 ~가 아니다
并非个例 bìngfēi gèlì 특수 케이스가 아니다
并肩 bìngjiān 어깨를 나란히 하다
波长 bōcháng 파장
波动 bōdòng
　　오르락내리락하다, 요동치다, 흔들리다
波及 bōjí 퍼지다, 확산되다
波鲁鲁 Bōlǔlǔ 뽀로로
波音公司 Bōyīn gōngsī 보잉사
玻璃 bōli 유리
剥夺 bōduó 박탈하다
播放 bōfàng 방송하다
博大 bódà 풍부하다
博弈 bóyì 게임, 경쟁, 힘겨루기
薄弱 bóruò 취약하다
补救 bǔjiù 완하다, 만회하다
补贴 bǔtiē 보조금, 지원
补习班 bǔxíbān 학원
补助 bǔzhù 보조금
捕捉 bǔzhuō 붙잡다
哺乳动物 bǔrǔ dòngwù 포유동물
不得不 bùdébù 어쩔 수 없이
不得已 bùdéyǐ 어쩔 수 없이

不二之选 bú èr zhī xuǎn 유일한 선택
不乏 bùfá 적지 않다, 매우 많다
不妨 bùfáng ~해도 무방하다, 괜찮다
不负责任 búfùzérèn 무책임하다
不顾 búgù ~에도 불구하고, ~를 무시하고
不管不问 bùguǎn búwèn
　　신경 쓰지 않다, 전혀 상관하지 않다
不管怎么说 bùguǎn zěnme shuō
　　어쨌든, 하여튼
不合理 bùhélǐ 불합리하다
不及 bùjí ~만 못하다, 못 미치다
不减反增 bù jiǎn fǎn zēng
　　줄지 않고 오히려 증가하다
不解 bùjiě 이해할 수 없다
不仅 bùjǐn ~할 뿐만 아니라
不仅仅 bùjǐnjǐn ~일 뿐만 아니라
不均衡 bùjūnhéng 불균형, 고르지 않다
不堪 bùkān 견딜 수 없다, ~할 수 없다
不可否认的是 bùkě fǒurèn de shì
　　부인할 수 없는 것은
不可忽视 bùkě hūshì 간과할 수 없다
不可或缺 bùkě-huòquē 없어서는 안 되는
不力 búlì 효과를 얻지 못하다
不利于 búlìyú ~에 불리하다
不了了之 bùliǎo-liǎozhī
　　중간에서 흐지부지 그만두다
不确定 búquèdìng 불확실성
不确定性 búquèdìngxìng 불확실성
不然 bùrán 그렇지 않다
不容 bùróng 용납할 수 없다
不容忽视 bùróng hūshì
　　홀시할 수 없다, 간과할 수 없다
不如从前 bùrú cóngqián 예전만 못하다
不同于 bùtóngyú ~와 다르다
不畏 búwèi 두렵지 않다
不务正业 búwùzhèngyè 비정규직에 종사하다
不易 búyì 쉽지 않다
不由 bùyóu 저절로
不再 búzài 더 이상 ~가 아니다

保留 bǎoliú 남겨 두다
保密 bǎomì 기밀 보안
保障 bǎozhàng 보장하다
保障民生 bǎozhàng mínshēng 민생 보장
保证 bǎozhèng 보장하다
报考 bàokǎo 응시하다
抱有信心 bàoyǒu xìnxīn 자신감을 가지다
抱怨 bàoyuàn 불평하다
暴动 bàodòng 폭동
暴风雨 bàofēngyǔ 폭풍우
暴力 bàolì 폭력
爆发 bàofā 발발하다
爆破 bàopò 폭파하다
爆炸 bàozhà (큰 소리를 내며) 폭발하다
悲剧 bēijù 비극
悲痛 bēitòng 비통해하다
北半球 běibànqiú 북반구
北极 běijí 북극
贝壳 bèiké 조개
贝鲁特 Bèilǔtè 베이루트
备考 bèikǎo 시험 대비, 입시 준비
备受关注 bèishòu guānzhù 주목을 받다
备受好评 bèishòu hǎopíng 호평을 받다
背道而驰 bèidào'érchí 완전히 정반대이다
背后 bèihòu 배후(에), 이면에, ~뒤에
悖论 bèilùn 패러독스, 역설
被称之为 bèi chēng zhī wéi ~라고 불리다
被看作 bèi kànzuò ~로 간주되다
被迫 bèipò 강요받다, 어쩔수 없이 ~하다
奔驰 Bēnchí 벤츠
奔着 bēnzhe 달리다
本币 běnbì 자국 통화
本钱 běnqián 밑천
本身 běnshēn 그 자체, 본인
本事 běnshì 능력, 재능
本无 běnwú 원래 ~가 없다[아니다]
本性 běnxìng 본성

崩溃 bēngkuì 붕괴, 무너지다
逼近 bījìn 육박하다
比不上 bǐbúshàng 비교할 수 없다
比尔·盖茨 Bǐěr·gàicí 빌 게이츠
比较优势 bǐjiào yōushì 비교우위
比例 bǐlì 비율
比预想得更快 bǐ yùxiǎng de gèng kuài
　　　　예상보다 더 빨리
比重 bǐzhòng 비율, 비중
彼岸 bǐ'àn 피안
彼此 bǐcǐ 서로, 피차
必经之路 bì jīng zhī lù
　　　　반드시 거쳐야 할 길 또는 과정
必由之路 bìyóuzhīlù 반드시 거쳐야 할 길[단계]
必争之地 bì zhēng zhī dì
　　　　쌍방이 반드시 다투게 될 전략적 요충지
毕竟 bìjìng 결국
毕马威 bìmǎwēi 산동회계법인(KPMG)
闭合 bìhé 닫다, 치다
秘鲁 Bìlǔ 페루
避风港湾 bìfēng gǎngwān 피난처
避开 bìkāi 피하다
避免 bìmiǎn 피하다
避让 bìràng 피하다, 양보하다
边界 biānjiè 국경, 경계
边缘地带 biānyuán dìdài
　　　　가장자리 지대 → 사각지대
边缘化 biānyuánhuà 비주류화하다
编程 biānchéng 프로그래밍
贬值 biǎnzhí 평가절하
变废为宝 biàn fèi wéi bǎo 쓰레기를 보물로 만들다
变革 biàngé 개혁, 변혁하다
变数 biànshù 변수
变态 biàntài 변태
便捷 biànjié 빠르고 편리하다
遍布 biànbù 분포하다
遍地 biàndì 도처에
辩护者 biànhùzhě 찬성측, 옹호론자

A

A大于B A dàyú B A가 B보다 크다
APEC蓝 APEC lán APEC 블루
A远远超过B A yuǎnyuǎn chāoguò B
  A가 B를 훨씬 초과하다
阿富汗 Āfùhàn 아프가니스탄
阿根廷 Āgēntíng 아르헨티나
阿拉伯国家 Ālābó guójiā 아랍 국가
阿拉伯之春 Ālābó zhī chūn 아랍의 봄
埃尔多安 Āi'ěrduō'ān 에르도안 대통령
埃及 Āijí 이집트
挨饿 ái'è 기아, 굶주리다
艾奥瓦州 Àiàowǎ zhōu 아이오와 주
爱荷华 Àihéhuá 아이오와
爱护 àihù 잘 보살피다
爱美之心，人皆有之
  ài měi zhī xīn, rén jiē yǒu zhī
  누구나 예뻐 보이고 싶은 마음이 있다
爱因斯坦 Àiyīnsītǎn 아인슈타인
安保 ānbǎo 안보
安静 ānjìng 조용하다
安纳伯格庄园 Ānnàbógé zhuāngyuán 써니랜드
安全 ānquán 안전, 보안, 안보
安身立命 ānshēn lìmìng
  근심없이 몸을 의탁하며 살다
安装 ānzhuāng 설치하다
按兵不动 ànbīng-búdòng
  잠시 멈추고 시기를 기다리다, 복지부동
按部就班 ànbù-jiùbān 순서대로 하나씩 진행하다
按键钮 àn jiànniǔ 버튼을 누르다
按期 ànqī 기한대로, 기한 내에
按照 ànzhào ~에 따라, ~에 의해
暗物质 ànwùzhí 암흑물질
昂贵 ángguì 비싸다
昂首 ángshǒu 머리를 들다
奥巴马 Àobāmǎ 오바마
奥地利 Àodìlì 오스트리아
奥秘 àomì 비밀, 수수께끼 → 비결
澳大利亚 Àodàlìyà 호주

B

巴基斯坦 Bājīsītǎn 파키스탄
巴黎 Bālí 파리
巴西 Bāxī 브라질
把A视为B bǎ A shìwéi B A를 B라고 여기다
把视线转向……上
  bǎ shìxiàn zhuǎnxiàng……shàng
  시선[관심]을 ~로 돌리다
把握 bǎwò 파악하다
霸权 bàquán 패권
白 bái 헛되이
白宫 Bái Gōng 백악관
百花齐放 bǎihuā-qífàng
  다양한 형식이 함께 발전하다
百叶窗 bǎiyèchuāng 블라인드
摆脱 bǎituō 벗어나다
败光 bàiguāng 탕진하다
般的 bānde ~와 같은
颁布 bānbù 반포하다, 공포하다
版图 bǎntú 판도, 형세
办公司 bàn gōngsī 회사를 설립하다
办学 bànxué 학교를 설립하다
半壁江山 bànbì-jiāngshān 국토의 반
扮演……角色 bànyǎn……juésè ~역할을 하다
伴随着 bànsuízhe ~가 따르다, ~가 수반되다
包含 bāohán 포함하다
包括 bāokuò 포함하다
饱和 bǎohé 포화 상태에 이르다, 최고조에 달하다
饱受 bǎoshòu 실컷 당하다, 겪다
宝库 bǎokù 보고
保持 bǎochí 유지하다
保底 bǎodǐ 최저 한계를 보장하다
保护主义 bǎohù zhǔyì 보호주의
保驾护航 bǎojià hùháng 보호하다, 뒷받침하다

중국어 통번역 대학원 입시 마스터

어휘 노트